Johannes Ludwig

Zur Ökonomie der Medien: Zwischen Marktversagen und Querfinanzierung

Studien zur Kommunikationswissenschaft
Band 33

Johannes Ludwig

Zur Ökonomie der Medien: Zwischen Marktversagen und Querfinanzierung

Von J. W. Goethe bis zum Nachrichtenmagazin Der Spiegel

Springer Fachmedien Wiesbaden GmbH

Diese Arbeit wurde am Fachbereich Philosophie und Sozialwissenschaften, Institut für Publizistik- und Kommunikationswissenschaft, der Freien Universität Berlin eingereicht und angenommen.

Ursprünglich erschienen bei Westdeutscher Verlag GmbH, Opladen/Wiesbaden, 1998.
Der Westdeutsche Verlag ist ein Unternehmen der Bertelsmann Fachinformation GmbH.

http://www.westdeutschervlg.de

Höchste inhaltliche und technische Qualität unserer Produkte ist unser Ziel. Bei der Produktion und Verbreitung unserer Bücher wollen wir die Umwelt schonen: Dieses Buch ist auf säurefreiem und chlorfrei gebleichtem Papier gedruckt. Die Einschweißfolie besteht aus Polyäthylen und damit aus organischen Grundstoffen, die weder bei der Herstellung noch bei der Verbrennung Schadstoffe freisetzen.

ISBN 978-3-531-13159-7 ISBN 978-3-663-07755-8 (eBook)
DOI 10.1007/978-3-663-07755-8

Inhalt

Formale Hinweise und Abkürzungen

Die Zitierweise lehnt sich an das angelsächsische System an: Einfache Quellenangaben mit Namen, Jahr und Seitenverweis erscheinen, in Klammern gesetzt, im Fließtext. Detaillierte Anmerkungen und/oder weitere Quellenhinweise werden in Fußnotenform präsentiert. Dies bezieht sich im Einzelfall auch auf bibliographische Hinweise von genannten oder zitierten Werken aus den Bereichen Literatur bzw. Publizistik.

Vornamen werden grundsätzlich in kleinen, Nachnamen in großen Buchstaben geschrieben. Werke bzw. Buchtitel von nicht-wissenschaftlichen Autoren sind ebenso wie Titel von medialen Produkten bzw. Medien kursiv gesetzt. Die Schreibweise lehnt sich dabei, soweit möglich, an das originale Schriftbild bzw. Unternehmens-Logo an.

Für alle Buchveröffentlichungen gilt, daß zusätzlich zum Erscheinungsort auch der Verlagsname erscheint, was sowohl bei wissenschaftlichen Titeln, und natürlich in ganz besonderem Maße bei publizistisch-literarischen Veröffentlichungen, einen relevanten Informationswert darstellt. Ebenso sind die die jeweiligen Untertitel bibliographiert.

Auf weitgehend überflüsige Praktiken hingegen wird verzichtet. So beispielsweise auf die Jahrgangsangaben bei Periodika, sofern diese eine jahresdurchgängige Seitennummerierung aufweisen. Wenn die Kennzeichnung einer bestimmten Heft- oder Bandausgabe erforderlich ist, wird diese direkt an den Titel des fraglichen Periodikums als bloße Ziffer angehängt. Danach erscheinen, wie gehabt durch Doppelpunkt getrennt, die relevanten Seitenangaben.

Römische Zahlen stehen entweder für nummerierte Bände ein- und desselben Titels oder für fortlaufende Teile eines (wissenschaftlichen) Beitrages in einem Periodikum.

Die übliche Abkürzung "S." wird durch einen vorangehenden Doppelpunkt überflüssig, vor dem die nächstrelevante Information zum Auffinden einer Quelle steht, usw... Beispiel (betrifft erste Fußnote in der vorliegenden Arbeit):
SCHELLE, Hansjörg (1983-85): C.M.Wielands Briefwechsel mit Friedrich Vieweg. In MLN (vormals Modern Language Notes): I/1983: 399-425; II/1984: 673-699; III/1985: 632-637.

Wird eine Veröffentlichung mit zwei Jahreszahlen ausgewiesen, die durch einen Schrägstrich voneinander getrennt sind, so bedeutet die erste Jahresangabe das allererste Erscheinungsjahr, die zweite das Erscheinungsjahr der aktuell zitierten Ausgabe bzw. Auflage. Für Veröffentlichungen, die innerhalb mehrerer Jahre entstanden bzw. publiziert worden sind, werden erstes und letztes Erscheinungsjahr, verbunden durch einen Bindestrich, angegeben. Dies ist häufig bei mehrbändigen Buchausgaben oder auch periodischen Artikeln anzutreffen, die in Teilen über einen längeren Zeitraum hinweg erschienen sind.

Alle Abbildungen oder Tabellen tragen die Nummer des jeweiligen Kapitelabschnittes.

Häufig benutzte Abkürzungen sind der nachfolgenden Übersicht zu entnehmen:

Abo	Abonnement
Bde.	Bände
BöBl	Börsenblatt für den Deutschen Buchhandel
DB	Deckungsbeitrag
DdD	Daten deutscher Dichtung, 2 Bde.; vgl. weitere Angaben im Literaturverzeichnis
DL	Deutsche Literatur. Eine Sozialgeschichte, 10 Bde.; vgl. weitere Angaben im Literaturverzeichnis
É	Elastizität (Preiselastizität)
EH	Einzelhandel
Ex	Exemplar
G	Gewinn
G+V	Gewinn- und Verlustrechnung
GV	Gesamtverzeichnis des deutschsprachigen Schifttums; vgl. weitere Hinweise im Literaturverzeichnis
Hervh.d.	Hervorhebung durch
Hg.	Herausgeber(in)
hgv.	herausgegeben von
KILLY	KILLY, Walther (1988-1993) (Hg.): Literatur Lexikon, vgl. weitere Angaben im Literaturverzeichnis
KNLL	Kindlers Neues Literatur Lexikon
Mio.	Millionen
QuZ I-IV	Quellen und Zeugnisse zur Druckgeschichte von Goethes Werken; vgl. weitere Angaben im Literaturverzeichnis
rHK	redaktionelle Herstellkosten
Rt	Reichsthaler; wenn nicht anders angegeben: synonym für Th
sog.	sogenannt(e)
Th	Thaler; wenn nicht anders angegeben: synonym für Rt
tHK	technische Herstellkosten
V	Verlust
VE	Verlagserlöse
VPE	Verkaufs(preis)erlöse
Verf.	Verfasser der vorliegenden Arbeit
verk. Ex.	verkaufte Exemplare
WAE	Werbe-/Anzeigenerlöse
WAP	Werbe-/Anzeigenpreis
WAS	Werbe-/Anzeigenseiten

Vorbemerkung(en)

„Wenn man wirklich die Welt wenigstens ein bißchen so sehen und über sie reden will, wie sie ist, dann muß man akzeptieren, daß man sich immer im Komplizierten, Unklaren, Unreinen, Unscharfen usw. und also im Widerspruch zu den gewöhnlichen Vorstellungen von strenger Wissenschaftlichkeit befindet."

Pierre BOURDIEU (1991: 283), Soziologe

„Wenn ein Benöthigter und ein Geiziger zusammen treffen, so kommt der erste immer zu kurz." kritische Anmerkung Christoph Martin WIELANDs (1794) in einem Brief an seinen Verleger Georg Joachim GÖSCHEN

„Ich verlange in allem – Leben, Möglichkeit des Daseins, und dann ist's gut. ... das Gefühl, daß was geschaffen sei, Leben habe ... sei das einzige Kriterium in Kunstsachen." Georg BÜCHNER (1835) in seiner Erzählung *Lenz*

„Wozu ein Jahr lang hart arbeiten, um einen Roman zu schreiben, wenn man in jeder Buchhandlung für ein paar Dollar einen Roman kaufen kann?"

Mark TWAIN, erst Schriftsetzer, Mississippi–Lotse, Goldgräber, danach Journalist und Bücherschreiber zu einem Zeitpunkt (nach 1865), als er von solch ironischen Statements (gut) leben konnte

„Die Stellung eines Schriftstellers ist miserabel. ... Die, die mit Literatur und Tagespolitik handeln, werden reich, die, die sie machen, hungern entweder oder schlagen sich durch. Aus diesem Geld–Elend resultiert dann das Schlimmere: der Tintensklave wird geboren. Die für 'Freiheit' arbeiten, stehen in Unfreiheit und sind oft trauriger dran als der mittelalterliche Hörige."

Einschätzung Theodor FONTANEs (1891) über sich selbst und die meisten seiner Kollegen

„Wer Lyrik schreibt, ist verrückt."

Peter RÜHMKORF (1983), vormals Lektor im Rowohlt–Verlag, inzwischen nur noch Autor

„Ein ernst zu nehmender Verlag ist ohne Ausbeutung nicht zu halten."

Klaus WAGENBACH, Berliner Verleger, der dies noch immer durchhält

„Bleibt die andere, wohl seltenere Art Verleger: die, die Bücher verkaufen will, nach denen keine Nachfrage besteht, deren fixe Ideen ignoriert oder gar abgelenkt werden. Da wird das Absatzproblem zur Quadratur des Zirkels."

Wieland Herzfelde, Verleger des ehemaligen Malik-Verlages

„Der Zuschauer darf sich seine Regierung wählen, also auch sein Fernsehprogramm. Ich wundere mich auch hin und wieder über die Wahl, aber der Wurm muß dem Fisch schmecken und nicht dem Angler."

Helmut THOMA, RTL-Chef, in einem SPIEGEL-Gespräch vom 15.10.1990

$$G(y) = E(y) - K(y)$$
$$G\ max!: G'(y) = E'(y) - K'(y) = 0$$
$$E'(y) = K'(y) \quad bzw. \quad p = K'$$
$$sowie\ K'' > 0$$

Ökonomische Gewinnmaximierungsregel, mit der (heutzutage) jeder Student der Wirtschaftswissenschaften spätestens im zweiten Semester vertraut gemacht wird.

Zwischen der kritischen Einschätzung des französischen Soziologen Pierre BOURDIEU zur Leistungsfähigkeit von Wissenschaft und der formal–eleganten, sprich unkomplizierten Wahrnehmung der Dinge durch traditionelle Ökonomen liegt – nicht nur symbolisch wie hier zusammengestellt – die Realität, grob umrissen von Personen, die mit ihren eigenen „Unternehmungen" in der tatsächlich existierenden Welt zurechtkommen (müssen bzw. mußten) und die hier im weitesten Sinn als „Medienunternehmer" bezeichnet werden sollen: Autoren, Dichter, Schriftsteller, Publizisten, Journalisten, Verleger, Manager usw. Mit der skizzierten Realität, die ebenfalls Gegensätzlichkeiten zum Ausdruck bringt, wird sich die vorliegende Arbeit auseinandersetzen. Die kritische Auseinandersetzung kann sich dabei nur in einem Spannungsfeld bewegen. Auf der einen Seite: Vorstellungen über ästhetische Maximen, d.h. publizistische Ansprüche, also beispielsweise literarische oder journalistische Kriterien; auf der anderen Seite das wirtschaftswissenschaftliche Paradigma der Zweckrationalität, nach dem unternehmerische „Angebote" nur dann zustande kommen, wenn sich dabei ein Überschuß der Erlöse über den Aufwand realisieren läßt.

Plakativ gesprochen läuft die Fragestellung der Untersuchung darauf hinaus, ob und wie sich „Schreiben" und „Verlegen" rechnet. Beziehungsweise etwas präziser formuliert, unter welchen Bedingungen sich „Schreiben" und „Verlegen", zwei Synonyme, die für Medien im weitesten Sinne stehen sollen, ökonomisch verwirklichen lassen. Um die Antwort, die später sehr viel differenzierter ausfallen wird, stark verkürzt vorweg zu nehmen: „Schreiben" und „Verlegen" rechnet sich nicht (immer) von vornherein. Vielmehr haben sich im Lauf der Jahrhunderte, seit sich Kommunikation auch über mediale Angebote manifestiert, spezifische ökonomische Techniken entwickelt, die als ausge-sprochen innovative Anpassungsmechanismen seitens der „Medienunternehmer" bezeichnet werden können, um entweder – im Vergleich zum notwendigen „Investitions"–Aufwand – zu geringe „Erträge" und/oder fehlende, d.h. nicht ausreichende „Nachfrage" auszugleichen und ihre „Angebote" zumindest einem potentiellen „Markt" präsentieren zu können.

Die zu untersuchenden Fragen und Probleme sollen vor allem aus einer ökonomischen Perspektive beleuchtet werden. Dies hat zwei Gründe:

* Die Wirtschaftswissenschaften haben diesen – inzwischen sehr großen – Realitätsbereich merkwürdigerweise bis heute weitgehendst ausgeblendet. So gibt es längst sehr spezialisierte wirtschaftswissenschaftliche Forschungen zu vielen, nach sehr speziellen 'Gesetzen' und Regeln arbeitenden Bereichen wie etwa die Gesundheits- oder die Informationsökonomie, eine (allerdings noch recht junge) Ökonomie des Sports und auch eine schon 'ältere' Kunstökonomie. Überlegungen zur Ökonomie der Medien hingegen sind entweder noch recht neu und haben daher noch wenig empirische Basis oder sind nur auf vereinzelte Problemfelder focussiert wie z.B. die

medienökonomische Konzentrationsforschung. Die relevanten Fragen nach den wirtschaftlichen Entstehungsbedingungen und Funktionsmechanismen von Kommunikation und Publizistik im weitesten Sinne zu stellen und Versuche zu unternehmen, ökonomische Antworten zu finden, erscheint daher ausgesprochen reizvoll wie lohnend.

* Umgekehrt haben auch die mehr hermeneutisch orientierten Wissenschaftsdisziplinen solche Fragen allenfalls am Rande gestreift, ohne indes fundierte Aussagen darüber machen zu wollen bzw. zu können: Überlegungen, die auf real-existierende Zusammenhänge von „Produktion" und ihrer Entstehung rekurrieren, liegen außerhalb ihres Blickwinkels und Selbstverständnisses.

Somit verbleibt ein vorwiegend ökonomisch ausgerichteter Ansatz und dessen methodisches Instrumentarium grundsätzlich als adäquate Perspektive, die oben grob umrissene Fragestellung einzufangen und zu bearbeiten.

Allerdings sei an dieser Stelle gleich auf ein grundsätzlich methodisches Problem hingewiesen. Will man die Welt der Medien, insbesondere deren Ausschnitt des Schreibens und Verlegens „wirklich" im Sinne BOURDIEUs beschreiben, eine Welt, die wie alle anderen Lebensbereiche nach eigenen, selbst definierten Regeln funktioniert, die sich allerdings in diesem Fall weit weniger durch ausschließlich rein zweckrationale Motivationen reguliert, und möchte man andererseits eben jene Realität mit einer wissenschaftstheoretischen Herangehensweise analysieren, nach deren Eigenlogik der Zweckrationalität die fragliche Realität eigentlich gar nicht funktionieren kann, so müssen bei der Betrachtung im Einzelfall Unschärfen verbleiben, die sich nicht nur aufgrund unterschiedlicher Denk- und Erklärungsmuster und natürlich auch verschiedener Begriffssysteme ergeben, sondern die ihren Grund auch in völlig konträren Paradigmen haben: Ästhetizismus versus ökonomischer Gewinnmaximierung. Beispielhaft läßt sich dies anhand der „Produktions"–Bedingungen zweier – nach offizieller Lesart 'der' beiden – Autoren im sog. Land der Dichter und Denker schlechthin demonstrieren: Johann Wolfgang GOETHE und Friedrich SCHILLER. Der eine, in staatlichen Diensten, schrieb quasi nebenbei und hätte sich spätestens in seiner zweiten Lebenshälfte vom Schreiben allein finanzieren können. Der andere, durch seine berühmte Flucht aus der (ver- bzw.) ge-ordneten Welt zum 'Aussteiger' avanciert, hatte die größte Zeit seines Lebens Mühe, sein ausschließliches Autorendasein ökonomisch zu organisieren und war erst in den letzten fünf Lebensjahren imstande, sich vom Schreiben zu ernähren. Andere unbekannte Autoren wie Samuel Christoph Abraham LÜTKEMÜLLER[1] haben, im Gegensatz zu SCHILLER, früher oder später aufgegeben.

Stellt man im Rahmen der volkswirtschaftlichen Theorie die relevante Frage, ob diese Fälle nun einen 'Gewinn' oder 'Verlust' bedeuten, so würde eine Beurteilung GOETHEs positiv ausfallen, da sich dessen literarisches Angebot einen eigenen

1 LÜTKEMÜLLER (1767–1833) hatte mit 21 Jahren sein erstes Werk vorgelegt, wurde von Christoph Martin WIELAND (1733–1813) gesponsert, gab aber wegen mangelnden finanziellen Erfolges im Alter von 37 Jahren das Schreiben auf und ist heute praktisch weltweit vergessen. Name und Wirken wurden erst in den 80er Jahren dieses Jahrhunderts, also rd. 150 Jahre nach dessen Tod, von Hansjörg SCHELLE ausgegraben, einem deutsch-amerikanischen Hochschullehrer an der University of Michigan in Ann Arbor, der im Zusammenhang mit seinen WIELAND–Forschungen auf ihn gestoßen ist. Vgl. SCHELLE 1983–85 II: 673–699.

„Markt“ erschlossen hatte, mithin von einer „optimalen Allokation“ gesprochen werden kann. Anders bei LÜTKEMÜLLER, dessen Ressourcen zunächst in „unproduktive“, weil nicht gewinnträchtige Felder geflossen waren und damit eine ärgerliche Verschwendung an sich 'knapper' Ressourcen darstellten, die, anderswo investiert, dort einen höheren Beitrag zur „gesellschaftliche Wohlfahrt“ hätten leisten können. Einem „Anbieter“ wie LÜTKEMÜLLER würde die traditionelle Wirtschaftswissenschaft noch zugute halten, daß er, wenn auch spät, irgendwann die Konsequenzen aus seinen Mißerfolgen gezogen hatte. Eindeutig negativ hingegen muß das Urteil über Namen wie Jakob Michael Reinhold LENZ, Heinrich von KLEIST, Annette DROSTE-HÜLSHOFF, Georg BÜCHNER oder Arno SCHMIDT ausfallen, die, ohne die „Signale des Marktes“ zu beachten, einfach weiterproduzierten. SCHILLER würde eine differenziertere Bewertung erfordern, weil man dessen langwieriges Durchhalten bis zum finanziellen Durchbruch als „Investition“ interpretieren könnte, woran sich allerdings die Anschlußfrage stellen würde, ob die kalkulatorische Verzinsung des eingesetzten (Human-)Kapitals nicht doch in einem anderen Bereich wesentlich produktiver, sprich finanziell ergiebiger gewesen wäre. So die Sicht der Wirtschaftswissenschaften.

Kultur-, Kunst und Literaturwissenschaften haben dazu verständlicherweise eine andere Sicht der Dinge. Bewertungskategorien wie individuelle und/oder gesellschaftliche „Gewinne“ bzw. „Verluste“ werden von ihnen anders definiert. Allerdings ohne nennenswerten Bezug zur real bedeutsamen Frage, wie sich denn der aus ihrer Sicht positive 'Output' ökonomisch organisieren läßt. Umgekehrt sieht sich die wirtschaftswissenschaftliche Analyse (bisher) außerstande, nicht–Ziel–Mittel–optimierte Dimensionen in ihr Blickfeld aufzunehmen.

Die vorliegende Arbeit will genau dazu einen Beitrag leisten, indem sie einen eigenständigen Ansatz zu formulieren sucht, der zum einen nach den (besonderen) Bedingungen kommunikativen und publizistischen Handels in Form von Produktion und Rezeption („Konsumption“) fragt, daraus resultierende spezifische Probleme eruiert und die ökonomischen Lösungswege rekonstruiert, mittels derer sich „Schreiben“ und „Verlegen“ 'rechnen' läßt. Denn eines ist unbestritten: Das, was es nach der traditionellen ökonomischen Sicht der Dinge gar nicht geben kann, existiert real: Medien, Publizistik, Literatur bzw. die freien Künste ganz allgemein.

Bei dieser methodischen Wanderung zwischen zwei sehr gegensätzlichen Wahrnehmungswelten und wissenschaftlicher Herangehensweise müssen verbleibende Unschärfen in der Analyse eines weiter focussierten Blickwinkels und (leider) auch einige ungeklärte Details weiteren Forschungen vorbehalten bleiben.

1. Einleitende Überlegungen: Marktversagen als Problem?

1.1 Nicht kostendeckende Preise und/oder Erlöse als ökonomischer 'Normalfall' auf Medienmärkten?

Das Kernproblem der ökonomischen Organisation von Medien auf freien Märkten läßt sich beispielhaft an einem Medienprodukt demonstrieren, das seinen potentiellen Markt(anteil) längst ausgeschöpft hat und als „eingeführt" gelten kann – ein Produkt, das sich somit in einer wirtschaftlichen Lebensphase befindet, in der die ökonomischen Spielräume hinsichtlich Markterschließungsaufwand sowie Erlös- und Kostenoptimierung weitgehend ausgelotet sind: das Nachrichtenmagazin *DER SPIEGEL*.

1.1.1 Beispiel *DER SPIEGEL*

Die Abb. 1.1.1 verdeutlicht graphisch die angedeutete Situation: Bei einer durchschnittlichen Auflagenhöhe von rund 1,1 Mio. Ex. im Jahr 1992 betragen die Herstellkosten pro verkauftem Exemplar 6,55 DM. Die Erlöse aus dem Verkauf des eigentlichen Produktes *SPIEGEL*, d.h. die sog. Vertriebserlöse (t.w. auch als Verlagserlöse bezeichnet) liegen weit darunter, bei durchschnittlich 2,90 DM pro verkauftem Einzelstück. Die Differenz zwischen Ertrag und Herstellungsaufwand macht 3,65 DM aus und ist damit deutlich größer als der eigentliche Verkaufserlös aus dem Produktabsatz.

Vereinfacht gesagt, würde *DER SPIEGEL* 'rote Zahlen schreiben'. Tatsächlich aber macht er Gewinne, denn die Zeitschrift lebt zusätzlich von Einnahmen aus dem Verkauf von Anzeigenraum, hat also Werbe- und Anzeigeneinnahmen. Diese liegen, wiederum pro verkauftem Exemplar gerechnet, zwar ebenfalls unter den Durchschnittskosten, Verkaufserlöse plus Werbe-/Anzeigeneinnahmen zusammengenommen ergeben dann allerdings 8,20 DM, womit sich das Blatt auf der wirtschaftlich sicheren Seite befindet: pro Einzelstück 1,65 DM Gewinn.

Abb. 1.1.1: *DER SPIEGEL*: Erlösstruktur und Durchschnittskostenverlauf - Daten in DM pro verkauftem Exemplar, 1992

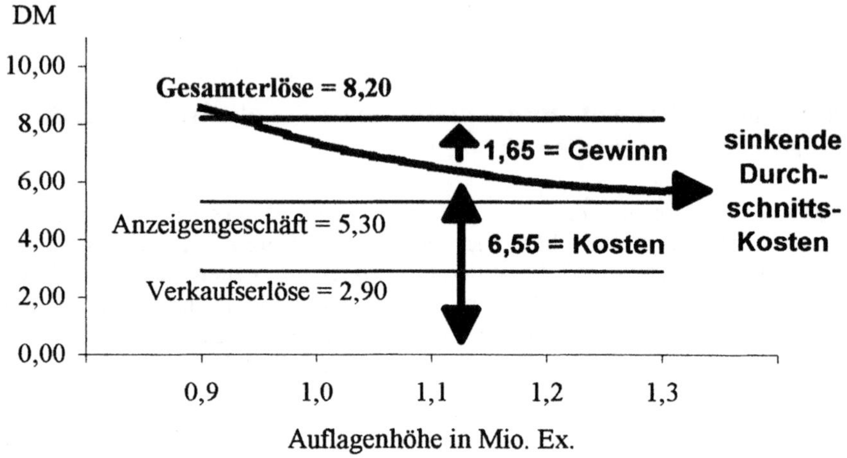

Hinter diesen Zahlen verbirgt sich das ökonomische Grundproblem, das potentiell zu Marktversagen führen kann: Die durchschnittlichen Herstellkosten sind mit dem 2,26fachen mehr als doppelt so hoch wie der Produktpreis. Die Abb. 1.1.1, die den tatsächlichen Kostenverlauf des Produktes innerhalb der hier ausgewiesenen Auflagenspanne wiedergibt,[1] legt einen weiteren Zusammenhang offen: den eines fallenden Durchschnittskostenverlaufs. Das bedeutet, daß die sog. Grenzkosten unterhalb der Durchschnitts- bzw. Stückkosten liegen (müssen), so daß die traditionelle „Grenzkosten=Preis"–Regel, wie sie die wirtschaftswissenschaftliche Theorie, insbesondere die neoklassischen Preistheorie postuliert, gar nicht zur Anwendung kommen kann. Nach der 'klassischen' Lehrbuchtheorie ist eine solche Markt–Situation weder denkbar noch real möglich.[2] Einen Ansatz, die vorliegende finanzielle Situati-

1 Zu den genauen Zahlen und deren Quellen vgl. Kap. 6.3.1.

2 Die traditionelle Lehrbuch-, insbesondere die neoklassische Preistheorie hat vor allem den Marktfall der vollständigen Konkurrenz vor Augen, in dem aufgrund der unendlichen Konkurrenz und weiterer Annahmen die „Grenzkosten=Preis"–Regel gilt. Immerhin setzt sich die Theorie aber auch mit der Situation eines Monopols auseinander, die sie mittels mathematischer Formalmodellgleichungen allerdings nur unter der Voraussetzung steigender Durchschnitts-, insbesondere Grenzkostenkurven zu diskutieren imstande ist. Den Fall längerfristig sinkender Durchschnittskosten, also den sog. Fall eines natürlichen Monopols, unabhängig davon, ob konstante oder sinkende Grenzkostenverläufe in diesem Bereich vorliegen, wurde erstmals 1926 von Piero SRAFFA untersucht und Anfang der 50er Jahre von dem Betriebswirtschaftler Erich GUTENBERG wieder aufgegriffen und weiterentwickelt (vgl. GUTENBERG 1954 I). Wie mit dem Phänomen eines „natürlichen Monopols" und dessen optimaler Preisbildung umgegangen werden kann bzw. sollte, wird in der Volkswirtschaftslehre seit den 70er Jahren diskutiert, wobei die wissenschaftliche Theorieentwicklung noch nicht zu einem einheitlichen Schluß gelangt ist. Die vorgeschlagenen Preisregeln variieren zwischen Verpflichtungserklärungen des (natürlichen) Monopolisten zu Grenzkostenpreisen bei gleichzeitiger Defizitabdeckung durch den Staat, pareto-optimaler Preisdifferenzierung bis hin zu einer Preisstellung

on *eines* Produktes mit den Erlös- und Kostenstrukturen *zweier* Märkte zu erklären, bietet die Wirtschaftswissenschaft m.W. bisher nicht. Unabhängig davon verbleibt das real-existierende Problem, daß sich *DER SPIEGEL* nicht ausschließlich aus den Verkaufserlösen des eigentlichen Produktes *SPIEGEL* finanzieren kann, was zwei Gründe hat. Zum einen ist der Verkaufspreis 'zu niedrig'[3], zum anderen sind die Stückkosten 'zu hoch'. Vor allem in letzterem Umstand steckt das eigentliche Problem: Die Herstellkosten von Medienprodukten sind zu einem außerordentlich hohen Anteil fix bzw. sprungfix. Beim *SPIEGEL* machen sie rd. 77% der gesamten Kosten aus. Genau daraus resultiert ein (potentiell) ungewöhnlich starker Fixkostendegressionseffekt.

Wollte sich *DER SPIEGEL ohne* die zusätzlichen Erlöse aus dem Werbe-/Anzeigengeschäft finanzieren, so hätte er – rein ökonomisch betrachtet – zwei Möglichkeiten, um sich mit dem hohen Fixkostenanteil der publizistischen und technischen Herstellung zu arrangieren. Fall 1: eine Ausweitung der Produktion bis zu derjenigen Outputmenge, bei der sich die Durchschnittskosten pro Stück aufgrund der degressiven Fixkostenwirkung bis auf die Höhe der jetzigen Verkaufserlöse abgebaut haben. Fall 2: eine Anhebung der Verkaufspreise auf mindestens kostendeckendes Niveau. Rechnet man beide hypothetischen Fälle mit (potentiell) realen Zahlenwerten, so würden die alternativen Lösungen so aussehen: Im ersten Fall müßte *DER SPIEGEL* seine verkaufte Auflage um etwa 270% auf fast das Dreifache steigern. Sollte das aktuelle Stückgewinnvolumen ebenfalls Bestandteil der Kalkulation sein, so müßte das Magazin seine Auflage knapp vervierfachen.

Die zweite Lösungsvariante, eine Anhebung der Verkaufserlöse bei unveränderter Auflagenhöhe, würde einen Copypreis von 11,30 DM (anstatt 5 DM) implizieren. Es liegt auf der Hand, daß beide Möglichkeiten als reale Varianten wenig plausibel sind, wobei die letztere noch am ehesten vorstellbar zu sein scheint.[4]

Zusammengefaßt läßt sich das ökonomische Grundproblem im Zusammenhang zwischen der absoluten Höhe von – insbesondere fixen – Kosten auf der einen Seite und ihrer Verrechnung alternativ über die Preisstellung und/oder eine ausreichende große Absatzmenge auf der anderen ausmachen. Für den *SPIEGEL* existiert eine funktionstüchtige Lösung dieses Problems in einem zweiten Markt, konkret im zusätzlichen Anzeigengeschäft. Die lösungsbeschränkenden Restriktionen des *eigentlichen* Problems liegen dabei zum einen in nicht kostendeckenden (Verkaufs-)Preisen des eigentlichen Produkts, zum anderen in der Höhe der Nachfrage, konkret des Marktpo-

---

nach Durchschnittskosten bzw. Ramsey–Preisbildung. Andere Regulierungsvorschläge setzen auf die Bildung sogenannter bestreitbarer Märkte (Contestable Markets), wirtschaftliche Gegengewichte (countervailing power) oder qualitativ-quantitative Marktergebnisvorgaben. Vgl. dazu auch FRITSCH/WEIN/EWERS 1993: 134–162. Allerdings sei betont, daß man bei solchen Wettbewerbsleitbildern vor allem Unternehmen im Auge hat, die eher im Bereich der 'öffentlichen' Infrastrukturversorgung (z.B. Post, Telekommunikation, Elektrizitätsversorgung usw.) aktiv sind als im Bereich der Medien.

3 Genauer gesagt ist der Durchschnitt aus allen unterschiedlichen Verkaufspreisen (Copypreis bzw. Abo–Preis, Preisstellung bei Sonderverkäufen usw.) zu gering.

4 Dies wäre vor allem eine Frage der Akzeptanz des Preisniveaus des *SPIEGELs* bzw. von Preisstrukturen ganz allgemein seitens der Käufer bzw. Rezipienten. Außerdem müßten negative Nachfrage–Effekte aus Preiselastizitäten berücksichtigt werden. Mit diesen Zusammenhängen beschäftigt sich intensiver das Kap. 5.3.2.

tentials, um den bedeutsamen Effekt der Fixkostendegression vollends ausnutzen zu können.

1.1.2 F.C. DELIUS: Lyrik

Das gleiche Problem stellt sich – in leicht abgewandelter Form – für schreibende Autoren. Allerdings fällt deren Spektrum an Lösungsmöglichkeiten geringer aus. Problematisiert sei dies am Beispiel eines Lyrikbandes des Schriftstellers Friedrich Christian DELIUS, der 1975 ein Buch mit dem Titel *Ein Bankier auf der Flucht* (Berlin, Rotbuch-Verlag), bestehend aus 40 „Gedichten und Reisebildern", so der Untertitel, veröffentlicht hatte. Darunter eine *Moritat auf Helmut Hortens Angst und Ende*, die „pünktlich 1.652 Tage nach dem Erscheinen des Buches" (Rotbuch 1979: 28) im Jahre 1979 zum Stein des Anstoßes wurde: Der namentlich angesprochene Ex–Kaufhauskönig Helmut HORTEN ließ aus seiner schweizerischen Steueroase Tessin den Berliner Autor F.C. DELIUS wegen Verletzung seiner Persönlichkeitsrechte und ansonsten wegen „übler Nachrede" vor dem Hamburger Landgericht verklagen.[5]

Das Beispiel erscheint aus zwei Gründen geeignet. Zum einen handelt es vom publizistischen Produkt „Lyrik", dessen Absatzpotentiale besonders klein ausfallen. Deutschsprachige Lyriktitel kommen heutzutage in den (aller-)seltensten Fällen über eine verkaufte Auflage von 2.000 Exemplaren hinaus. Dies betont die hier im Blickfeld stehende Restriktionsbedingung Marktpotential und deren ökonomische Konsequenzen. Zum zweiten erfreute sich dieses Buch einer ungewöhnlich hohen Nachfrage, so daß unsere nachfolgenden quantitativen Überlegungen, die stellvertretend für andere Fälle stehen sollen, eher zu 'rosig' ausfallen, mithin unsere Ergebnisse im Zweifel, sprich in der Realität, weit schlechtere Ergebnisse zeitigen dürften.

Geklärt werden soll die Frage, wie sich ein solches Buch ökonomisch organisieren läßt, insbesondere, wie sich ein solcher, in diesem Fall vergleichsweise besonders gut verkäuflicher Lyriktitel, für den Autor 'rechnet', wie es also um das Verhältnis Aufwand und Ertrag bestellt ist bzw. wie im ökonomischen Idealfall die potentiellen Variablen „Verkaufspreis" und „Marktpotential" aussehen müßten. Denn eines steht von vornherein fest: mittels Werbe-/Anzeigeneinnahmen läßt sich dieses mediale Produkt nicht finanzieren, so daß sich die Lösung des Grundproblems auf die beiden erwähnten relevanten Einflußgrößen reduziert.

Folgende Daten sind von Interesse: Der Verkaufspreis des Buches betrug seinerzeit 7 DM, der Honorarsatz für den Autor lag bei 10% vom Netto–Ladenpreis, die Verlagsabrechnung gegenüber dem Autor erfolgte jeweils zum Jahresende und jeweils nach Verkauf. Die Auflagen-, Absatz- und Honorarentwicklung ist in Tab. 1.1.2 rekonstruiert.

Angenommen, der Autor hätte für seine 40 „Gedichte und Reisebilder" einen Zeitaufwand von zusammengenommen 3 Monaten investiert[6] und für diesen Zeit-

5 Konkret ging es um Unterlassung der Verbreitung dreier inkriminierter Gedichtzeilen, die HORTEN als Parteienfinanzierer ansprechen.

6 Es sei ausdrücklich darauf hingewiesen, daß es sich bei einem solchen Versuch einer Quantifizierung um eine hypothetische Kalkulation handeln muß, gerade bei Lyrik, deren ästhetisch-materielle

raum ein Einkommen in Höhe von runden 15.000 DM[7] benötigt, um seinen Lebensunterhalt für sich, seine Frau und seine beiden Töchter zu bestreiten, so läßt sich der Absatz- und der dazu parallelen Honorarentwicklung entnehmen, daß sich der Autor vom Lyrikschreiben beim besten Willen nicht finanzieren konnte. Rechnet man diese Kalkulation weiter, indem man etwa unterstellt, der Autor hätte, um seine unabdingbaren Ausgaben zu bezahlen, in fraglicher Höhe einen entsprechenden verzinslichen Überziehungskredit aufnehmen müssen, so sähe das Aufwands–Ertrags–Ergebnis noch negativer aus. Diese Daten stehen für die tatsächliche ökonomische Situation.

Potentielle Lösungsmöglichkeiten für ein ausgeglicheneres Aufwands–Ertragsverhältnis, konkret für höhere Verkaufserlöse der besagten Lyrik–Produktion bestünden somit, da sich ein Erlös immer aus Preis multipliziert mit der verkauften Menge ergibt, nur in eben jenen beiden Variablen (höherer) Verkaufspreis und/oder (größeres) Auflagen- bzw. Absatzvolumen. Die Alternativen lassen sich einfach kalkulieren. Variante 1 wäre 1975 auf einen Bruttoladenpreis von 12,60 DM für das 70seitige Buch hinausgelaufen,[8] Variante 2 hätte ein notwendiges Absatzvolumen von 23.077 verkauften Exemplaren bedeutet.[9] Oben wurde darauf hingewiesen, daß die Nachfrage für das fragliche Buch vergleichsweise groß ausgefallen war, was drei Gründe hat. Zum ersten konnte der Titel von dem Mitte der 70er Jahre zu beobachtenden Lyrik– „Boom“ profitieren, der, literaturgeschichtlich gedeutet, Ergebnis einer Hinwendung zum Subjektiven („Neue Sensibilität“) darstellt.[10] Zum zweiten war der Name DELIUS zu diesem Zeitpunkt nicht ganz unbekannt, da sich Autor und der kürzlich erst gerade neu geborene Verlag vor Gericht mit dem Großkonzern Siemens auseinandersetzen mußten[11], was sich für die Nachfrage eher vorteilhaft

Produktionsweisen und -zeiten sehr unterschiedlich sein können. F.C. DELIUS sieht sich selbst außerstande, dafür – und dies auch noch nachträglich – Zeitkapazitäten anzugeben. Tatsächlich sind die Gedichte im Zeitraum zwischen 1970 und 1975 entstanden, insbesondere in den Jahren 1973 und 1974, als DELIUS zu diesem Zeitpunkt Lektor erst bei Klaus WAGENBACH, danach im Rotbuch Verlag war.

7 Dies hätte dem durchschnittlichen Bruttoeinkommen eines Angestellten (3.223 DM im Monat) im Jahre 1975 entsprochen, wenn man es für einen Selbständigen (keine Arbeitgeberbeiträge zur Sozialversicherung, kein bezahlter Urlaub, Krankheit usw.) umgerechnet hätte: aufgerundet (3 x 3.300 DM) x 150%; vgl. Statistisches Bundesamt: Datenreport 1994:337; dortige Angabe für 1993 rückgerechnet auf 1975 mit Hilfe der Einkommensindices des Sachverständigenrates zur Begutachtung der gesamtwirtschaftlichen Entwicklung.

8 Rechnung: (1) 15.000 DM an notw. Einkommen : 12.700 tats. verk. Ex = 1,18 DM Honorar/Ex; (2) 1,18 DM umgerechnet auf 100% = 11,80; (3) + 7% MwSt = 12,60 DM.

9 Rechnung: 15.000 DM an notw. Einkommen : 0,65 DM Honorar/Ex. = 23.077 notwendige Ex.

10 Parallel zum Ende der Ära der Studentenbewegung. Einer der maßgebl. Vertreter der „Neuen Sensibilität“ war beispielsweise auch Jürgen THEOBALDY, der 1977 eine Sammlung zeitgenössischer Lyrik unter dem Titel *Und ich bewege mich doch. Gedichte vor und nach 1968* herausgegeben hatte. In einer Nachbemerkung erklärte der Herausgeber, selber Lyriker, das Gedicht zum „Ort der Auseinandersetzung“. Gedichte müßten sich – etwa im Gegensatz zur Romantik – auch mit Inhalten beschäftigen, die „gesellschaftlich aktuell sind“.

11 Betraf F.C. DELIUS (1972): *Unsere Siemenswelt. Eine Festschrift zum 125jährigen Bestehen des Hauses S.* Berlin (Rotbuch). Aufgrund des hohen Streitwertes (200.000 DM) sah sich der junge Verlag nicht imstande, dieses Verfahren durch alle Instanzen zu boxen und mußte daher 'klein beigeben', indem einige umstrittene Passagen gestrichen wurden.

denn nachteilig ausgewirkt haben dürfte.[12] Zum dritten erlebte der Buchtitel eine zweite 'Konjunktur', als Helmut HORTEN Klage erhob.

Tab. 1.1.2: F.C. DELIUS (1975): *Ein Bankier auf der Flucht.* Berlin (Rotbuch): Auflagen, Absatzentwicklung und Autoren–Honorarerlöse

Jahr	Auflage	Absatzentwicklung in Exemplaren jährlich	Absatzentwicklung in Exemplaren kumuliert	Honorar in DM
1975	1. A.: 1.–4. Tsd.	4.000	4.000	2.600
1976 (Buch wird sehr gut aufgenommen, erste Rezensionsphase)	2. A.: 5.–6. Tsd. 3. A.: 7.–10. Tsd.	2.500	6.500	1.625
1977		1.000	7.500	650
1978		500	8.000	325
1979 (HORTEN klagt: Landgericht, zweite Rezensionswelle)		2.000	10.000	1.300
1980	4 A.: 10.–11. Tsd.	1.500	11.500	975
1981 (Revision beim OLG)	5. A.: 12.–13. Tsd.	500	12.000	325
1982 (vorl. letzte Instanz: DELIUS und Rotbuch gewinnen vor dem BGH)		600	12.600	390
1983	keine weiteren Auflagen	0	12.600	0
		100	12.700	65
1995		0	12.700	
	5 Auflagen		**12.700**	**8.255**

Quelle: Zusammengestellt nach Angaben der Europäischen Verlagsanstalt (EVA), Hamburg, die den Rotbuch Verlag übernommen hat, sowie F.C.DELIUS

Allein aufgrund diese öffentlichkeitswirksamen juristischen Intervention nach knapp fünf Jahren, wenn der publizistisch-ökonomische Lebenszyklus eines Lyrikbuches

12 In diesem Zusammenhang läßt sich eine recht ausführliche und häufigere Berichterstattung sowie Rezensionstätigkeit in den (vorwiegend Print-)Medien beobachten. Die reale „Satire auf Festschriften und Großkonzerne“ (Buchklappentext), die in gewisser Weise auch investigativen Charakter hatte, was zu dieser Zeit in jenen Kreisen ebenfalls 'politically correct' war, konnte im Gegensatz zum lyrischen Titel eine sehr viel höhere Auflage realisieren: bis 1991 rund 42.000 Exemplare.

eigentlich zu Ende ist, hatte die Nachfrage nochmals um rund 50% des bisherigen Absatzes zugenommen. So gesehen fallen die hiesigen quantitativen kalkulatorischen Überlegungen über das ökonomische Grundproblem publizistisch–literarischer Kommunikation eher zu günstig aus.[13]

1.1.3 Johann Wolfgang GOETHE: *Faust, Wilhelm Meister, Iphigenie*

Das Problem, nachfrageunabhängige, d.h. fixe Kosten publizistischen Produktionsaufwandes nicht über ein ausreichend großes Marktpotential verrechnen zu können, ist grundsätzlich uralt, stellt sich aber erst mit dem Beginn der ökonomischen Emanzipation publizistischer und künstlerischer Kommunikation, den man ganz grob und für jeweilige Genres unterschiedlich in die Übergangsphase vom Späten Mittelalter zur Frühen Neuzeit datieren kann. Für den Bereich der Print–Medien betrifft dies beispielsweise die Ära des beginnenden technisierten Buchdrucks, also etwa Johannes GUTENBERGs Aktivitäten, der seine „Bibel mit 42 Zeilen“ in einer Auflage von etwa 180 Exemplaren (Gutenberg 1981: Info G 1.1.1) produzierte und nicht auf ein großes Absatzpotential angewiesen war: Käufer waren zahlungsbereite und vor allem zahlungsfähige kirchliche und weltliche Fürsten. Für das Erscheinen der ersten periodischen Wochenblätter im deutschsprachigen Raum (Straßburg, Wolfenbüttel, Basel u.a.m.) sowie alle später entstehenden Intelligenzblätter und Zeitungsunternehmungen gilt ähnliches: Kostendeckung wurde weniger über die abgesetzte Menge als vielmehr über ein sehr hohes Preisniveau realisiert.

Spätestens im letzten Drittel des 18. Jahrhunderts begannen sich die ökonomischen Gewichte zu verschieben. Mit dem Entstehen der „bürgerlichen Öffentlichkeit“ (vgl. HABERMAS 1962), die einen „Strukturwandel“ der Kommunikationskultur gerade der publizistisch-literarischen Öffentlichkeit darstellt, weil sie immer größere Schichten in die 'öffentlichen Diskussionen' einbezog, und zeitgleich mit der Herausbildung der sog. Unterhaltungsliteratur[14], betraten nicht nur die bisherigen Verleger von Büchern und periodischen Schriften, sondern nun auch die Autoren das Neuland freien marktwirtschaftlichen Austausches zwischen Angebot und Nachfrage. Spätestens in dieser politisch und kulturgeschichtlich und ebenso ökonomisch bedeutsamen Phase – einer vergleichsweise kurzen wie intensiven Zeitspanne, in der sich die bereits begonnene Trennung von Kirche, Hof und Staat endgültig fortsetzte, was wiederum die publizistische Kommunikation aus der höfischen Abhängigkeit in die wirtschaftliche Selbständigkeit zwang – beginnen die ökonomischen Zusammenhänge zwischen materiellem Produktionsaufwand und dessen mögliche Verrechnungsmechanismen in den individuellen Entscheidungskalkülen aller am Medienleben teilnehmenden 'Unternehmer' durchzuschlagen.

13 Als Gegenbeispiel sozusagen sei auf einen anderen Lyriktitel desselben Autors hingewiesen: *Japanische Rolltreppen*. Reinbek (Rowohlt) 1989, der es bis 1995 (nur) auf eine (allerdings repräsentative) Auflage von rund 1.500 Exemplaren brachte.

14 Durch Autoren wie Johann Martin MILLER (z.B. 1776: *Siegwart, eine Klostergeschichte*), Karl Gottlob CRAMER (z.B. 1789–91: *Erasmus Schleicher*) oder August LAFONTAINE (z.B. 1791–94: *Die Gewalt der Liebe*).

Dies betraf auch einen Autor wie Johann Wolfgang GOETHE. Einige Blicke auf einige seiner relevanten Werke, die heute zur Weltliteratur zählen, mögen die Zusammenhänge verdeutlichen. Nach seinem ersten weithin bekannt gewordenen, aber noch anonym und im Selbstverlag veröffentlichten Titel *Götz von Berlichingen* 1773 wurde GOETHE vor allem ein Jahr später mit den *Leiden des jungen Werther* regelrecht populär, noch bevor er sich in den weimarischen Staatsdienst begab. Der *Werther* löste mit seinen damals völlig nonkonformistischen Idealen und dem überzeugten Handeln des Protagonisten in der Öffentlichkeit, insbesondere unter jüngeren Menschen, eine Art Hysterie aus, die von den einen Zeitgenossen als „Wertherfieber“ empfunden, von den Autoren der Spätaufklärung und den 'Staats'-Vertretern heftig bekämpft wurde.[15] Dieses Werk, das GOETHE in die Form eines Briefromans gegossen und „einem Nachtwandler ähnlich“[16] in vier Wochen 'heruntergeschrieben' hatte, kam auf ungewöhnlich hohe Absatzzahlen; die Forscherin zur Druckgeschichte der GOETHEschen Werke, Waltraud HAGEN (1983: 21), hat die Zahl von 4.500 Exemplaren für die autorisierte Ausgabe des Originalverlages plus weitere 4.500 Raubdrucke rekonstruiert. Dies entspricht in etwa dem drei- bis vierfachen üblicher Auflagenhöhen der damaligen Zeit. Der außerordentlich hohe Bekanntheitsgrad, der seinerseits auch damals schon den Absatz beflügelt haben dürfte, erklärt sich zudem aus dem Umstand, daß der *Werther*, wenn schon nicht von jedem selbst gelesen, so doch durch die hohe Aufmerksamkeit selbst durch Bänkelsänger und Leierkastenspieler als Idee und potentielles Leitbild bis in die sozialen Randschichten (Bauern, Arbeiter usw.) hinein verbreitet war (vgl. JÄGER 1974: 387 ff.). Über das ökonomische Ergebnis für Autor und Verleger wissen wir leider nichts. Das große Absatzvolumen spricht indes für einen positiven Überschuß der Erträge über den publizistisch-ökonomischen Aufwand.

Anders verhält sich die Situation bei GOETHEs erster Gesamtausgabe in 8 Bänden, die Georg Joachim GÖSCHEN aus Leipzig 1787 besorgte und die ein halbes Jahr vor GOETHEs heimlicher Abreise nach Italien in der Allgemeinen Literatur-Zeitung groß angekündigt wurde. Für GOETHE verkörperte die Ausgabe seiner bisherigen Schriften sozusagen die Summe seines bisherigen schriftstellerischen Daseins, seines von ihm selbst so empfundenen „ersten“ Lebens.[17] Das wirtschaftliche Ergebnis dieses publizistisch-literarischen Unternehmens indes kam einem Desaster gleich: Von der gedruckten Auflage in Höhe von 3.000 Exemplaren (HAGEN 1983: 22 ff) konnte der Verleger in einem Zeitraum von eineinhalb Jahren ganze 603 Exemplare verkaufen. GÖSCHENs Verkaufserlösen in Höhe von 5.367 Thalern standen Aufwendungen in Höhe von 7.087 Thalern gegenüber, Verlust also 1.720

15 Vgl. JÄGER 1974: 394, 398 ff.; nach JÄGERs Darstellung ging es den Gegnern darum, „die Verbreitung eines Werkes zu hindern, das den Tugend- und Pflichtenkatalog der Aufklärung korrumpiert“ (a.a.O.). GOETHE hatte im übrigen dieses Werk 1787, also in seiner „klassischen“ Stil- und Schaffensphase, u.a. wegen der von ihm als falsch und mißverständlich empfundenen Rezeption durch das Publikum an vielen Stellen umgeschrieben bzw. wesentlich entschärft, vgl. JÄGER 1974: 393, 396.

16 GOETHE (1814): *Aus meinem Leben. Dichtung und Wahrheit III,* zit. n. ENGELSING 1976: 441

17 Brief GOETHEs aus Italien an seinen Herzog KARL AUGUST v. 11.8.1887; konkret spricht GOETHE davon, seine „erste (oder eigentlich meine zweyte) Schriftsteller–Epoche“ abzuschließen.

Thaler.[18] Um die Größenordnung zu verdeutlichen: Dies entsprach beispielsweise mehr als einem ganzen Jahresgehalt des gut dotierten Geheimen Rates GOETHE. Stellte sich das Unternehmen der ersten Gesamtausgabe für den Verleger als ein Flop heraus, so war es zumindest für den Autor lohnender; GOETHE hatte sich unabhängig von der Druckauflagen- und auch der Absatzhöhe ein Pauschalhonorar von 2.000 Thalern ausbedungen (KRIEG 1953: 94). GOETHE, der als Staatsdiener („Finanzminister") fest angestellt war und ein mehr als auskömmliches Salär erhielt – er gehörte mit seinem Einkommen zu den 49 Spitzenverdienern in Weimar (EBERHARDT 1951: 24 ff) – war finanziell nicht unbedingt auf seine Buchtantiemen angewiesen, gleichwohl er einen finanziell aufwendigen Lebensstil bevorzugte. Deutlich wird aber aus den Zahlen, daß GOETHE das Ergebnis seiner publizistisch-literarischen Aktivitäten aus nunmehr mehr als zehn Jahren, die sich in einer achtbändigen Ausgabe (2.604 Druckseiten) dokumentierten, nicht mit seinen Honorareinkünften hätte finanzieren können, selbst unter Einrechnung seiner vermutlich erfreulichen Bilanz aus dem *Werther*: 2.000 Thaler dividiert durch 12 Jahre produktiver Poetentätigkeit ergäbe ein jahresdurchschnittliches Honorar von 167 Thalern, was dem 1,5fachen des damaligen Durchschnittseinkommens eines Handwerkergesellen entsprochen hätte.

Noch stärker kontrastiert das wirtschaftliche Ergebnis mit der kulturgeschichtlichen Bedeutung bei einem anderen Werk, das bis heute weltweit zu den bedeutendsten der Klassik zählt und auch GOETHE selbst sehr am Herzen lag, die *Iphigenie auf Tauris*. GÖSCHEN hatte davon parallel zur Gesamtausgabe 450 Exemplare drucken lassen. Absatz in eineinhalb Jahren: 312 Exemplare. Ungeachtet der geringen absoluten Höhe sind dies immerhin 69% der auch auf das Marktpotential hin kalkulierten Druckauflage. Das Absatzergebnis der Gesamtausgabe lag – verglichen mit der Druckauflage – bei 20,1%. Damit hatte auch ein „Dichter und Denker" wie GOETHE ersteinmal mit dem Urproblem eines vergleichsweise (zu) geringen Marktpotentials zu kämpfen.[19] Inwieweit das hohe Preisniveau für Medien im allgemeinen bzw. Bücher im speziellen und/oder die mangelnde Akzeptanz innerhalb der potentiellen Käuferschichten die relevantere Größe war, die das Marktpotential begrenzten, wird an späterer Stelle diskutiert. Als gesichert jedenfalls kann der Umstand angesehen werden, daß im ausgehenden 18. Jahrhundert der Zusammenhang zwischen Preis und Nachfragemenge, die sog. Preiselastizität der (potentiellen) Nachfrage, aufgrund der Parallelität von ständischer Schichtung, Kaufkraft und Bildung, konkret Lesevermögen, einen (noch) untergeordneten Stellenwert bei solchen Kaufentscheidungen hatte. Die weitere Ökonomie des GOETHEschen Schaffens sei skizzenhaft erläutert. Daten zu bedeutenden Werken und deren Auflagenhöhen sind der Abb. 1.1.3 [1] zu entnehmen.

---

18 Vgl. QuZ I: 446 mit der Kostenauflistung, die aufgrund der Notwendigkeit einer genauen Abrechnung GÖSCHENs mit seinen an diesem konkreten Unternehmen beteiligten Partnern, u.a. dem Weimarer Verleger und Industriellen Friedrich Justin BERTUCH, in Form eines Briefes erhalten geblieben ist. Was die Gründe für den Mißerfolg anbelangt, so sind diese vielfältig. HAGEN 1983: 27 nennt u.a. die Existenz von Vorräten bisher als Einzeltitel verlegter Werke, aber auch den Umstand, daß die publizistisch-literarische Lesewelt GOETHEs Stilwandel „noch nicht nachzuvollziehen mochte".

19 Dies gilt selbst dann, wenn man die Raubdrucke miteinbezieht.

Abb. 1.1.3 [1]: Johann Wolfgang GOETHE: Auflagenhöhen von *Werthers Leiden, Iphigenie, Wilhelm Meister, Faust u. GW-Ausgaben*

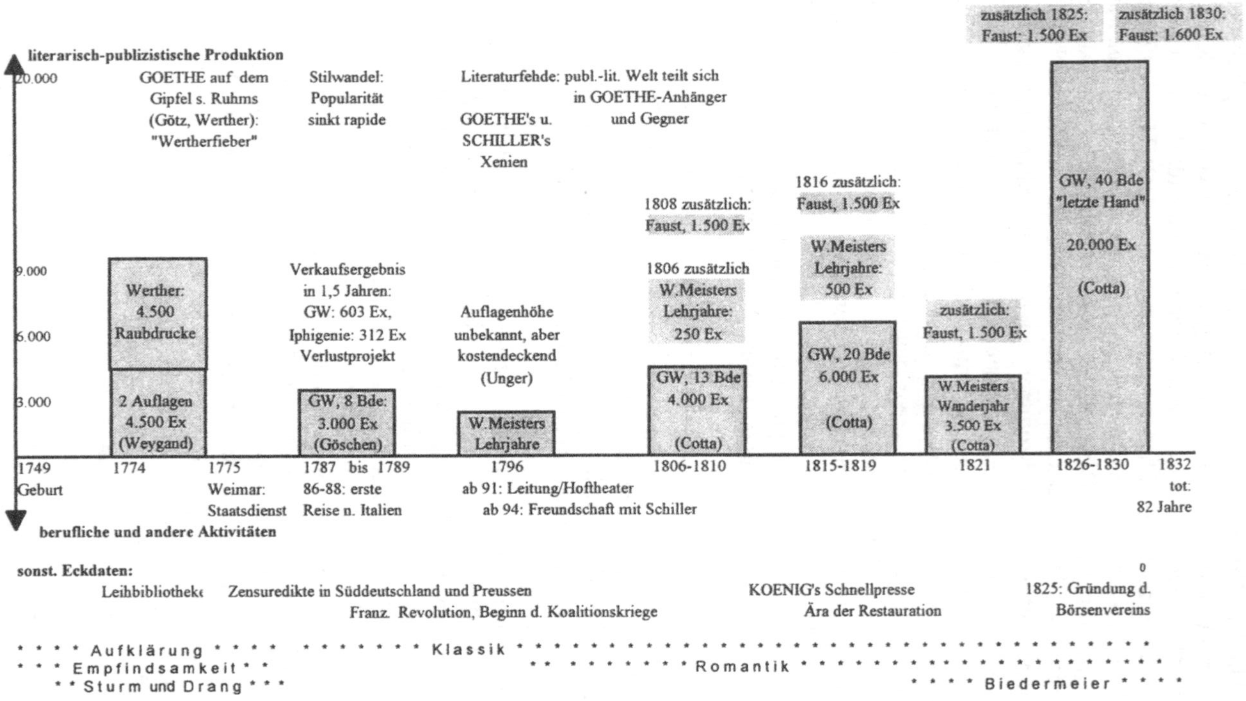

Legende: Die Auflagenhöhen stellen Druckauflagen dar - über Absatzzahlen existieren nur vereinzelt Informationen; GW=Gesammelte Werke;
Quellen: zusammengestellt n. HAGEN 1983, QuZ I 1966, QuZ III 1986, MANDELKOW 1975, MÜLLER 1804/1967, ROH 1948

Interessant ist der Umstand, daß sich der rechnerische Zusammenhang zwischen schriftstellerischen Erträgen, also Absatzpreis und Nachfragemenge/Marktpotential, nach dem – für die deutschsprachigen Territorien auch politisch markanten – Jahr 1806 zu 'bessern' beginnt. Dies gilt insbesondere für die drei Gesamtauflagen, die bei dem süddeutschen Verleger Johann Friedrich COTTA, Tübingen und Stuttgart, erschienen.[20] Für den nunmehr über fünfzigjährigen GOETHE näherten sich die durchschnittlichen jährlichen Honorarerträge immer mehr seinem Gehalt als Staatsdiener an, so daß er ab diesem Zeitraum grundsätzlich davon hätte leben können. Im einzelnen hatte sich diese Entwicklung wie folgt ergeben. Aufgrund der wirtschaftlichen Absicherung lag GOETHE sicherlich mehr an seinem publizistischen als ökonomischen Erfolg, wie aus vielen seiner Äußerungen hervorgeht.[21] Seine publizistische 'Reichweite', wie man heute sagen würde, begann allerdings nach seinem populären Erfolg mit *Werthers Leiden* und seinem vollzogenen Stilwandel, der sich nach seiner Ankunft in Weimar abzuzeichnen begann und den er während seiner heimlichen Italienreise endgültig vollzogen hatte, rapide zu sinken.

In die öffentliche Wahrnehmung in deutschen Landen geriet der weimarische Staatsdiener und Literat erst wieder, als er zusammen mit dem inzwischen befreundeten Friedrich SCHILLER nach dessen – mangels ausreichender Nachfrage – eingestellten Zeitschriftenprojekt *Horen* (1795–1797) ab 1796 die *Xenien* publizierte, die eine beispiellose Literaturfehde auslösten.[22] Die polarisierte Wahrnehmung in der Öffentlichkeit vermochte GOETHE ganz offenbar einen neuen Schub an Publicity zu verleihen, die sich zumindest nicht negativ bei seinen neuen Projekten ausgewirkt haben dürfte. Dennoch bleiben die Auflagenhöhen 'großer' Werke wie etwa *Wilhelm Meisters Lehrjahre*[23] oder auch der *Faust* (1. Teil), jeweils zeitgleich zu den neuen Gesamtausgaben ab 1806 und 1816 aufgelegt, auf vergleichsweise niedrigem Niveau stehen (vgl. Abb. 1.1.3 [1]). Dagegen konnten die Gesamtausgaben, die 1806 auf 13 Bände und 1816 auf 20 Bände angewachsen waren, weit bessere Ergebnisse einspielen – GOETHE wurde zu jener politisch frustrierenden Zeit ganz offenbar mehr als 'nationale' Identifikationsfigur bzw. literarisches 'Gesamtkunstwerk' empfunden,

20 13bändige Ausgabe 1806–1810; 20bändige Ausgabe 1815–1819 sowie die Ausgabe letzter Hand in 40 Bänden 1826–1830

21 So bekannte er etwa einem seiner späteren engeren Freunde, der (ebenfalls) viele seiner Gedichte vertonte, dem Leiter der Berliner Singakademie Carl Friedrich ZELTER: „Er möchte keinen Vers geschrieben haben, wenn ihn nicht tausend und abertausend Menschen läsen.“ Zit.n. ENGELSING 1973: 58

22 GOETHE und SCHILLER, die sich in einer Art „Schutz- und Trutzbündnis“ (ROH 1948: 159) zusammengeschlossen hatten, übten darin in Form von Epigrammen harsche und beißende Kritik an all jenen Autoren, von denen sie sich mißverstanden oder angegriffen fühlten. Aber auch das Publikum, die potentiellen Rezipienten, wurden nicht ausgespart. SCHILLER hatte sich bereits beim publizistisch-ökonomischen Niedergang seiner Zeitschrift *Horen* mehrfach negativ über den „großen Haufen“ ausgelassen und sprach sogar von „Ekel vor dem, was man öffentliches Urteil nennt“ – so in einem Brief an FICHTE, zit.n. ROH 1948: 160. Auf die *Xenien* wiederum reagierte die Gegenseite mit Gegenkritik, die nicht minder scharf und ätzend ausfiel. Die publizistisch-literarische Welt teilte sich daraufhin - inbesondere nach SCHILLERs Tod 1805 - in zwei Lager: in GOETHE–Anhänger und Gegner.

23 Erstmals 1796 bei UNGER in Berlin verlegt.

rezipiert und gekauft als seinem eigentlichen Anliegen nach, eigene Ideale auf seine Weise zu vermitteln.[24]

Präziser formuliert, konnte GOETHE aufgrund seines größeren Bekanntheits- und Wirkungsgrades und ungeachtet aller literarischen Auseinandersetzungen, die sich ohnehin nur in kleinen Zirkeln abspielten, mit seinen drei Gesamtausgaben den break–even–point durchbrechen, wodurch der Verlag zumindest GOETHEs inzwischen hohe Honorarforderungen, die als fixes Pauschalentgelt vereinbart worden waren, amortisieren konnte. Vor dem Hintergrund eines vergleichsweise stabil hohen Verkaufspreisniveaus und tendenziell eher sinkenden Herstellkosten, insbesondere bei Papier, aber zunehmender kaufbereiter Nachfrage, sprich steigenden Absatzahlen, agierte GOETHE geschäftstüchtig genug, um immer höhere Honorare für sich herauszuhandeln (vgl. Abb. 1.1.3 [2]). War das Geschäft mit den ersten beiden Gesamtauflagen für beide, Autor und Verleger COTTA, lukrativ, so ging das letzte Projekt zu GOETHEs Lebzeiten, die „Ausgabe letzter Hand“[25] ab 1826, zu Lasten des Verlegers: Aufgrund des nicht ganz so raschen Absatzes der vereinbarten hohen Auflage von 20.000 Exemplaren der nunmehr 40bändigen Gesamtausgabe letzter Hand ließ der return–on–investment dieses gigantischen Vorhabens[26] auf sich warten, was den COTTA-Verlag an den Rand des Konkurses brachte.[27] GOETHE indes konnte mit diesem Projekt, das er selbst er selbst als „Nationalangelegenheit“ betrachtete, den Gipfel seiner schriftstellerischen Karriere mit einem Vorabhonorar von 60.000 Thalern, was 73 Thaler pro Bogen[28] entsprach, auch auf wirtschaftlicher Ebene erklimmen. Die ökonomisch realisierbare Höhe dieses Gipfels muß man auch als Funktion seines hohen Lebensalters sehen:[29] Ruhm und realisierbares Marktpotential können sich als Funktion der Zeit darstellen.[30]

---

24 Einer der bedeutenden Wirkungs- und Rezeptionsforscher GOETHEscher Werke, Karl Robert MANDELKOW, spricht von „einer immer größere Schichten und Kreise des Publikums erfassenden Kanonisierung und Mythisierung Goethes“, weshalb das 'Evangelium' nur im komplettem Werk bestehen konnte, nicht in einzelnen Titeln; vgl. MANDELKOW I 1975: LXIII

25 *Goethe's Werke. Vollständige Ausgabe letzter Hand. Unter des durchlauchtigsten deutschen Bundes schützenden Privilegien, Band 1–40. Stuttgart und Tübingen, in der J.G.Cotta'schen Buchhandlung 1827–1830.*

26 Vergleichbar damit ist nur no ch das Projekt des BROCKHAUSschen Konversationslexikons, dessen 7. Auflage 1827–29 in 12.000 und sofort danach in 14.000 Exemplaren gedruckt wurde; vgl. GOLDFRIEDRICH IV 1913: 212.

27 Nach Angaben des Leiters des Marbacher Cotta–Archives, Bernhard FISCHER, betrugen die Kosten der Herstellung 280.000 fl und die Gewinnerwartung rund 180.000 fl. Erst 1831, also rund 5 Jahre nach Projektbeginn konnte mit dem Verkauf von 16.600 Ex. Kostendeckung erzielt werden. Ein weites Problem bestand darin, daß COTTA seine beiden Schnellpressen in Augsburg (*Allgemeine Zeitung*) gleichzeitig mit einer SCHILLER– und HERDER–Ausgabe (jeweils 10.000 Ex.) auslasten wollte. Da dies nicht funktionierte, mußte der Verlag eine dritte Schnellpresse anschaffen, so daß letztlich auch der „enorme Kapitaleinsatz“ und dessen Verzinsung mit zur „ruinösen Verlagsgeschichte von 1827 an“ beitrug (FISCHER, B. 1996: 6). Eine exakte Auswertung von Kosten und Erlösen indes wurde bisher noch nie durchgeführt, obwohl im Cotta–Archiv für die fraglichen Jahre und sozusagen lückenlos die gesamten Buchhaltungs- und Kalkulationsunterlagen archiviert sind, darunter auch das Druckauftragsbuch.

28 1 Bogen = 16 Seiten

29 GOETHE, 1749 geboren, starb 1832 und wurde über 82 Jahre alt.

30 SCHILLER beispielsweise hatte nicht soviel Glück: Er starb 1806, kaum daß er finanziell auf eigenen Füßen stehen konnte, mit knapp 46 Jahren. Zur *Ausgabe letzter Hand* muß angemerkt werden, daß bis zu GOETHEs Tod weniger als 12.000 Exemplare verkauft werden konnten.

Abb. 1.1.3 [2]: J.W.GOETHE: Auflagenhöhen, Umfang, Preise und Honorarerlöse seiner Gesamtausgaben zu Lebzeiten

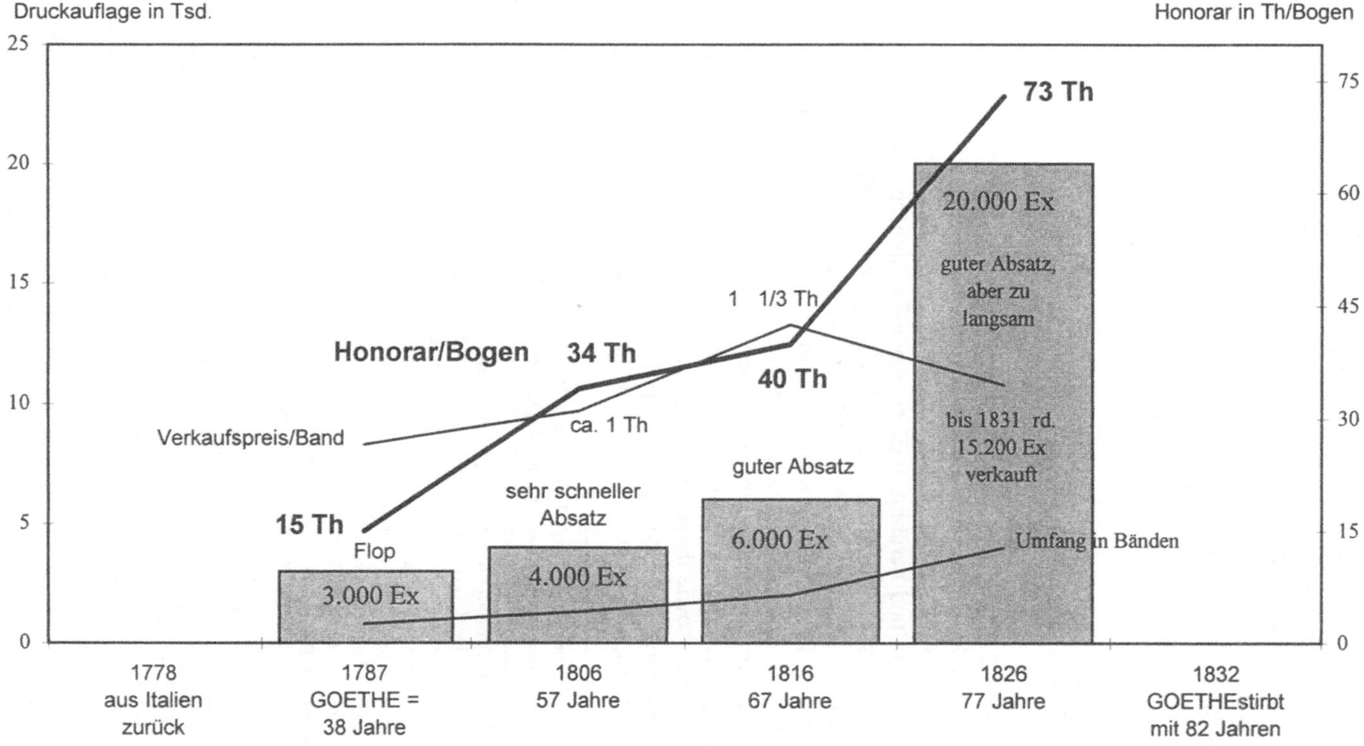

Quellen: zusammengestellt n. GOETHE-COTTA/KUHN 1979-83; HAGEN 1983; QuZ I, II u. III

Für GOETHE hatte sich das Schreiben zumindest in der zweiten Lebenshälfte 'gerechnet', nachdem Bekanntheitsgrad und Akzeptanz noch zu Lebzeiten groß genug wurden, um aus einem potentiellen Absatzmarkt ausreichend kaufbereite Nachfrage realisieren zu können. Gegen Ende seines Lebens überstiegen die finanziellen Honorarerträge seines publizistischen Schaffens sogar sein inzwischen ebenfalls erheblich aufgestocktes Staatseinkommen, so daß sich für GOETHE die Frage nach der 'Ökonomie des Schreibens' gar nicht unbedingt gestellt hatte.

1.1.4 Gustav Kiepenheuer Verlag: Publizistischer versus ökonomischer Lebenslauf

Das Problem gegensätzlicher Entwicklungstrends zwischen publizistisch-literarischer Aura und ökonomischer Befindlichkeit vermag das Beispiel des ehemaligen Gustav Kiepenheuer Verlages zu skizzieren. 1917 gegründet, wurde der Verlag relativ schnell bekannt und berühmt, weil er namhafte Autoren des politischen Expressionismus und insbesondere die junge Literatengeneration der Neuen Sachlichkeit um sich scharen konnte. Der Verleger Kiepenheuer praktizierte dabei ein 'Autorenrenten'-Modell, um nicht nur mittels partieller Vorschüsse den Zugriff auf die wichtigste Ressource zu gewährleisten, sondern den Autoren durch regelmäßige Zahlungen die Möglichkeit zu geben, frei und ohne jeglichen finanziellen Druck produzieren zu können. Über die detaillierten Usancen und die internen Finanzierungstechniken sowie deren 'Effizienz' ist bis heute sehr wenig, genauer gesagt, fast nichts bekannt.[31] Versucht man den publizistisch-ökonomischen Lebenslauf dieses Unternehmens, das „Gustav Kiepenheuer Verlag AG" hieß,[32] zu rekonstruieren,

31 Ideengeber für dieses Beispiel ist Ernst FISCHER, Hochschullehrer am Institut für Buchwesen der Johannes-Gutenberg-Universität in Mainz, der im Rahmen der 34. Büdinger Vorträge unter dem Thema „Medienunternehmer vom 18.–20. Jahrhundert I" im April 1996 einen Vortrag über Gustav KIEPENHEUER und dessen Verlag gehalten hatte. Die schriftliche Fassung dieses Referats wird erst Frühsommer 1997 vorliegen („Büdinger Forschungen zur Sozialgeschichte"), so daß nur auf vorgetragene Elemente zurückgegriffen werden kann. Die von FISCHER betonte gegensätzliche Entwicklung zwischen der literarischen und der wirtschaftlichen Seite dieses Verlages gab dann für die vorliegende Arbeit Anlaß, diese Aspekte unabhängig von der absehbaren Veröffentlichung des FISCHER-Aufsatzes zu verfolgen, um sie in dieses Kapitel mit aufnehmen zu können. Quellen für die publizistische Ebene: eigene Bibliographien zu den Autoren über Bibliotheken, mehrere telefonische Nachfragen mit dem Leiter der Abt. Rechte & Lizenzen, Martin LORENTZ, beim Kiepenheuer-Verlag in Leipzig sowie RAABE 1985, FABER 1984, FABER 1991, HILDEBRANDT 1996, KIEPENHEUER 1951, LANDSHOFF 1991. Quellen zur ökonomischen Situation: Handbuch Deutscher Aktiengesellschaften: 1926–1934, in denen die relevanten Positionen der Jahresabschlüsse und Informationen zur jeweiligen Eigenkapitalsituation veröffentlicht sind; außerdem Recherchen über das Berliner Handelsregister. Das vom Kiepenheuer Verlag, Leipzig, im Jahre 1996 an das Sächsische Staatsarchiv in Leipzig übereignete eigene Verlagsarchiv der Vorkriegszeit, soweit erhalten, konnte für diese Arbeit aus Zeitgründen (leider) nicht mehr genutzt werden, da die Dokumente erst im Herbst 1996 vollständig gesichtet, archiviert und für die Öffentlichkeit freigegeben wurden.

32 Die Gustav Kiepenheuer Verlags Aktiengesellschaft, gegründet 1909 in Weimar, 1919 Umzug nach Potsdam, seit 1928 in Berlin, ging 1933 in Konkurs und wurde am 20.9.1935 handelsregisterlich gelöscht. Nach 1945 wurde in Weimar erneut ein Gustav Kiepenheuer Verlag gegründet. Der Firmengründer selbst, Gustav KIEPENHEUER, wollte vor allem im Westen agieren und plante zusammen mit Joseph Caspar WITSCH den Kiepenheuer & Witsch Verlag in Köln, verstarb dann allerdings 1949, noch bevor der erste Titel dort erscheinen konnte. In der (Ex-)DDR verblieb bzw. wurde

so baut sich ein Bild, wie in Abb. 1.1.5 nachgezeichnet, auf: Der Verlag, der nach und nach immer mehr bekannte Autorennamen, zumindest vorübergehend (z.B. BRECHT, ZUCKMAYER), an sich zu binden verstand, konnte sich verhältnismäßig rasch ein entsprechendes literarisches Renommee aufbauen. Mit zunehmendem Bekanntheitsgrad wuchs auch die Angebotspalette. Hinsichtlich seines publizistischen Profils zählte der Verlag zu den bedeutendsten seiner Zeit, wofür beispielsweise die zweimalige Zuerkennung des damals sehr begehrten Kleistpreises an verlagseigne Autoren Zeugnis geben (1919: Leonhard FRANK, 1928: Anna SEGHERS). Mehrere Bestseller spülten zudem überdurchschnittliche Liquidität in die Verlagskasse. Allerdings, literarisch-publizistisches Profil und finanzielle Situation entwickelten sich gegenläufig: Mit zunehmendem publizistischem Output nahm auch der Kapitalverzehr in Form mehrerer Kapitalherabsetzungen zu bzw. stieg umgekehrt der Kapitalbedarf. Allein dies mußte an den Erträgen zehren: Die Umsatzrenditen, die erst zwischen 0 und 2 Prozent gependelt hatten, schlugen gegen Ende der 20er Jahre weit ins Negative aus. Nachdem 1932 der Verlust auf über 14% des Umsatzes gestiegen war, wurde im Juli 1933 die Liquidation beschlossen – der Verlag war, auf dem Höhepunkt seiner Autorenbindung und Titelpalette, zahlungsunfähig und damit konkursreif geworden.[33]

Damit läßt sich das ökonomische Grundproblem in diesem Fall folgendermaßen beschreiben: Um die hohen fixen Kosten der literarischen Produktion, die sich hier v.a. in hohen Vorschußhonoraren für den Verlag niedergeschlagen hatten, über die Fixkostendegression zu verrechnen, dazu war ganz offenbar das Marktpotential zu klein bzw. u.U. auch die damalige konjunkturelle Nachfrage zu gering. Da Bücher im Gegensatz zu periodischen Print-Medien keine geeigneten Werbeträgereigenschaften besitzen (vgl. Kap. 6.6.1), wäre eine solche zusätzliche Einnahmequelle (wie etwa beim *SPIEGEL*) für den Kiepenheuer Verlag ohne jegliche Lösungsrelevanz gewesen. Inwieweit ein Lösungsmodell, unzureichende Erlöse über einen zweiten Absatzmarkt, etwa über den Verkauf von Werbeplätzen, auszugleichen, für zumindest periodische Print-Medien eine ökonomisch zwingende Alternative sein kann oder muß, wird später in Kap. 6.3.5 ausführlich diskutiert. Zwar finanzieren

---

neu gegründet der Kiepenheuer-Verlag, Leipzig, der heute zusammen mit dem Aufbau Verlag sowie dem Verlag Rütten & Loening zur Verlagsgruppe LUNKEWITZ gehört (vgl. Kap. 6.4.2.4).

33 Die anbrechende Ära des sog. Dritten Reiches hatte die schwierige Situation des Verlages natürlich verschärft. So wurden Anfang 1933 rd. 75% der Produktion beschlagnahmt, 12 Bücher aus dem Verlag landeten lt. E. FISCHER 1933 auf dem Scheiterhaufen (Bücherverbrennung). Der größte Teil der Autoren sowie mehrere Verlagsmitarbeiter wie z.B. der kaufmännische Vorstand, Fritz H. LANDSHOFF, der Prokurist Walter LANDAUER oder auch der Cheflektor (gleichzeitig Autor) Hermann KESTEN mußten ins Exil ausweichen. Der Verlag wäre mit Sicherheit aber auch ohne die verschärfenden Umstände in das wirtschaftliche 'Aus' geschlittert. Dafür sprechen schon die finanziellen Daten in den Bilanzen der vorangegangenen Jahre. Per 31.12.1932 standen den Verbindlichkeiten auf der Passivseite (insbesondere gegenüber privaten Gläubigern) in Höhe von rd. 448.000 RM an Aktiva vor allem 156.000 RM Lagervorräte, 174.000 RM ausstehende Zahlungseingänge (Buchhandel) und insbesondere 145.000 RM Forderungen in Form von geleisteten Vorschüssen an Autoren gegenüber. Der Verlust war auf 27.000 RM angewachsen und hatte damit die Höhe von fast zwei Dritteln des inzwischen erneut herabgesetzten Aktienkapitals erreicht; vgl. Handbuch Deutscher Aktiengesellschaften 1934 III: 3628.

Abb. 1.1.4: Gustav Kiepenheuer Verlag : publizistischer und ökonomischer Lebenslauf

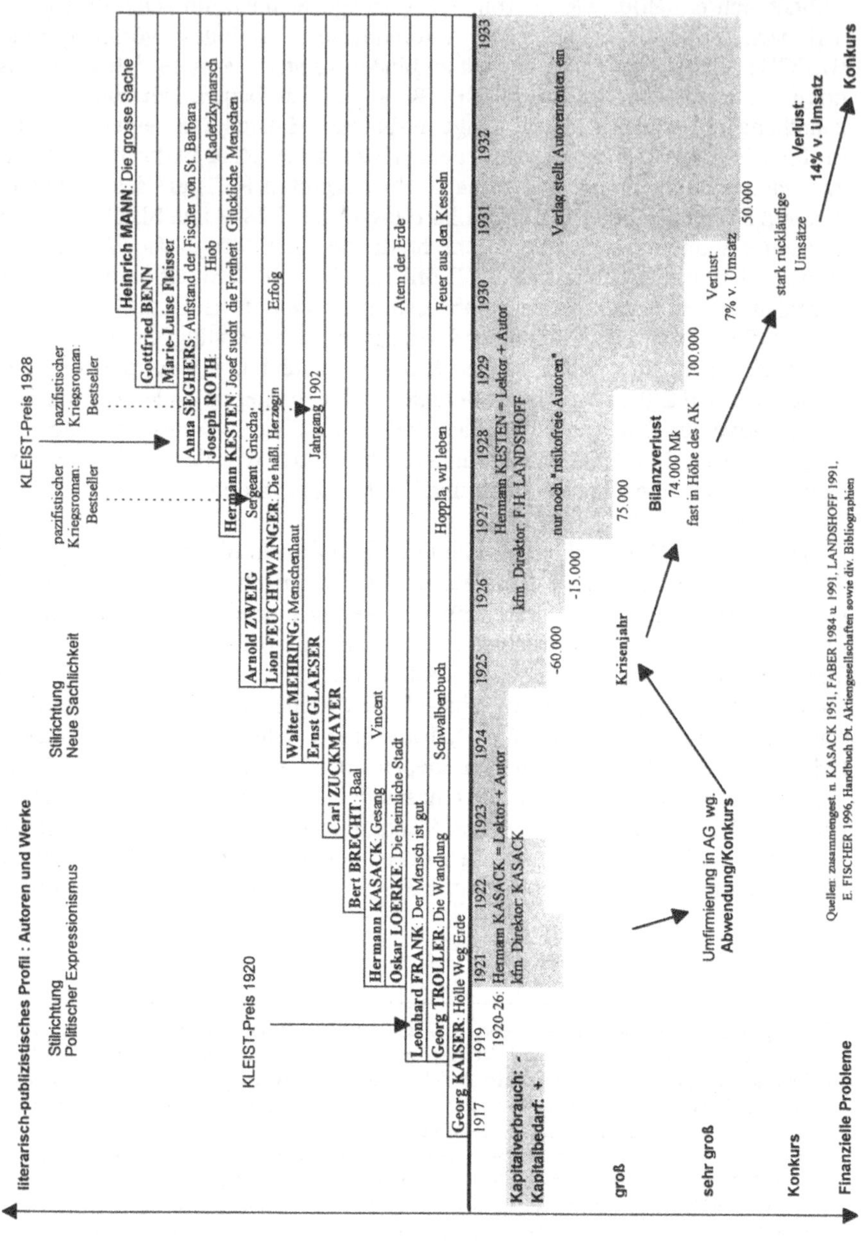

sich Zeitungen und Zeitschriften aus den skizzierten Gründen zum überwiegenden Teil mittels weiterer(Werbe-)Einnahmen, aber es gibt auch Gegenbeispiele. Die französische Wochenzeitung *Le Canard enchainé*, die in einer Auflage von knapp 400.000 Exemplaren erscheint, finanziert sich ausschließlich über den Verkauf ihres originären Produkts: kritische und satirische Publizistik.

1.1.5 Das ökonomische Grundproblem von Medien als potentielles Marktversagens-Phänomen

So verbleibt als Ergebnis einer ersten Problembetrachtung typischer publizistischer und medialer Marktsituationen eine Einschätzung wie folgt: Ein ökonomisches Grundproblem kann sich bei bestimmten Arten publizistischer Aussagenproduktion immer dann ergeben, wenn die Nachfrage nicht zum Angebot 'passt', konkret wenn sich das angebotsseitig anvisierte Marktpotential für die Kostendeckung als unzureichend erweist. Auf Märkten, auf denen 'reguläre' Wirtschaftsgüter umgesetzt werden, würde ein solches Angebot vom Markt verschwinden. Im Bereich der Publizistik und der Medien sieht eine solche Situation diffiziler aus: Trotz teilweise ökonomisch aussichtsloser Lage wird weiter produziert. Die Gründe lassen sich in weitgehend anderen Interessenslagen seitens der Anbieter vermuten, wie dies detaillierter in Kap. 4.1.6 untersucht werden soll. Der Fall einer Angebotsproduktion trotz - zunächst erwartbarer - unzureichender Kostendeckung stellt grundsätzlich ein Problem potentiellen Marktversagens dar.

Zwei erste Hinweise auf potentielle Lösungsstrategien hatten sich bei diesem ersten Blick in die Ökonomie von Publizistik und von Medien aufgetan: 1) Das Problem (zu) hoher fixer Kosten kann sich mit größer werdendem Absatzpotential entschärfen, gegebenenfalls sogar eine Lösung darstellen. 2) Zusätzliche Erlöse aus einem ganz anderen Markt können grundsätzlich eine weitere Problemlösung eröffnen. Die weiteren Überlegungen werden sich zunächst auf die Fixkostenproblematik konzentrieren, die unabhängig von jeweils möglichen Lösungsstrategien für potentielles Marktversagen ein spezifisches Charakteristikum aller Medien ist. Dazu verbleiben im Augenblick folgende Zusammenhänge als offene Fragen, denen im Lauf der Untersuchung detaillierter nachgegangen werden soll: 1) Welche weiteren Spezifitäten bestimmen die strukturelle Höhe fixer Kosten der publizistischen Produktion? 2) Welches sind die Bestimmungsfaktoren dafür, daß sich in vielen Fällen Medien allein über ein ausreichend hohes Verkaufspreisniveau nicht finanzieren lassen, und welche Einflußgrößen determinieren die Höhe der Nachfrage bzw. das Marktpotential? 3) Wie sehen konkrete ökonomische Lösungen aus, um dennoch publizisti-

---

Marktversagen bedeutet, daß längerfristig kein Angebot (mehr) zustande kommt. Zwei grundsätzliche Fallsituationen lassen sich unterscheiden. Fall 1: Der Markt versagt völlig. Fall 2: Der Markt versagt teilweise, funktioniert aber im Prinzip (immer noch). Das Marktversagen liegt in diesem Fall in einem Marktergebnis, das im Vergleich zu einem voll funktionierenden Markt anders ausfällt, sich beispielsweise in einem geringeren und/oder qualitativ schlechteren Angebot niederschlägt. Die Gründe können vielfältiger Natur sein. Medienspezifische Besonderheiten werden in den Kap. 4 und 5 ausführlich diskutiert. Ganz allgemein lassen sich externe Effekte, Unteilbarkeiten und deren ökonomischen Folgen, Informations- und Anpassungsmängel sowie Nichtrationalität als relevante Ursachen für Marktversagen ausmachen (vgl. z.B. FRITSCH/WEIN/EWERS 1993).

sche Angebote auf freien Märkten produzieren zu können? 4) Wie ist es um die ökonomisch-publizistische Funktionstüchtigkeit solcher Lösungsmodelle bestellt?

Diese Fragen geben die Grobstruktur aller weiteren Überlegungen und Analysen vor.

1.2 Produktspezifische Zusammenhänge zwischen Erstellungskosten, Fixkostendegression und Marktpotentialen auf unterschiedlichen Medienmärkten

Wirtschaftliche Gewinne (Erträge) lassen sich im Regelfall als Überschuß von Erlösen (Umsätzen bzw. Einnahmen) über die Kosten (Aufwand) realisieren bzw. steuern. Zwischen den Preisen als Erlöskomponente und Kosten als Aufwandsposition gibt es – abhängig von der angewandten Preisbildungsregel bzw. Kalkulationsphilosophie – einen funktionalen Zusammenhang dergestalt, daß, zwecks Kostendeckung, in die Preisstellung die Kosten eingehen (müssen). Dieser funktionale Zusammenhang kann jedoch unterschiedlich ausgeprägt sein. Variable Kosten, oder auch Grenzkosten, sind einem Produkt(preis) direkt zurechenbar. Eine Entscheidung über grundsätzliche Zuordnung und deren Höhe ist damit klar. Anders kann es sich mit fixen bzw. auch sprungfixen Kosten verhalten.

In einem Mehrproduktunternehmen ist die Frage der Preiskalkulation schon schwieriger, wenn die Fixkosten, die im Gegensatz zu den variablen Kosten nicht (direkt) mit der Produktionsmenge korrelieren, nicht eindeutig einzelnen Produkten zurechenbar sind. Dies betrifft zum Beispiel sog. Gemeinkosten wie etwa den Overhead von Unternehmen (Managementkosten, kalkulatorische Kosten usw.). Aber selbst im Fall klarer Fixkostenverursachung in einem Mehrprodukt- und natürlich erst recht in einem Einproduktunternehmen, wo dies ganz offenkundig ist, verbleibt das grundsätzliche Entscheidungsproblem, in welcher *Höhe* fixe (sprungfixe) Kosten verrechnet werden sollen (bzw. abhängig von der konkreten Nachfragesituation ggf. können): Hier schlägt bei der Berechnung von Stückkosten – bzw. eben auch der Kalkulation von Verkaufspreisen bei (noch) nicht abschätzbarer Nachfragemenge – der Effekt der Fixkostendegression durch. Es ist dies die potentielle Marktsituation eines sog. natürlichen Monopols, die in der Wirtschaftswissenschaft ganz allgemein unter dem Stichwort „sinkende Durchschnittskosten" bzw. genereller – und so gesehen sogar treffender – unter dem funktionalen Aspekt von „Unteilbarkeiten" diskutiert wird (so z.B. bei FRITSCH/WEIN/EWERS 1993: 123 ff.).

Auf potentielle Lösungswege für eine solche Entscheidungssituation wurde bereits im vorigen Abschnitt hingewiesen; spezifische Lösungsmodelle für den Bereich der Medien werden an späterer Stelle entwickelt. Hier interessieren zunächst zwei andere Aspekte: zum einen der Zusammenhang zwischen absoluter und relativer Höhe von fixen Kosten im Verhältnis zu den Gesamtkosten und deren ökonomische Bedeutung, zum zweiten Zusammenhänge zwischen (absoluter und relativer) Fixkostenhöhe und deren Determinanten.

An dieser Stelle wird eine erste Differenzierung des Kostenbegriffs und deren Belegung mit Begrifflichkeiten notwendig. Abhängig von der Organisation des gesamten Produktions- und Absatzprozesses eines publizistischen bzw. medialen oder auch künstlerischen „Produktes" und auch vor dem juristisch relevanten Hintergrund des dabei praktizierten Urheberrechts, das die Eigentums-, Verfügungs- und Nutzungsrechte von hier in besonders hohem Maße relevanten „Inputfaktoren" bzw. publizistisch/künstlerischen „Ressourcen" regelt, muß der Herstellaufwand solcher Produkte klar unterschieden werden:

* Zum einen in den (Herstell-)Aufwand bzw. die (Herstell-)Kosten des Originals beim geistig und/oder künstlerisch-kreativen „Produzenten". Dies betrifft v.a. Autoren, Ideengeber, geistige Erfinder usw.. Hierfür werden künftig Begriffe wie „Kosten der Aussagenproduktion", „Firstcopycosts" (abgekürzt „FCC") benutzt, oder auch (z.B. publizistische) „Inputkosten".[35]

* Die Kosten der technisch-materiellen Umsetzung bzw. die technisch-organisatorischen Kosten der Produktion (Produktionskosten), die dem Zweck dienen, „Originale" im Weg geeigneter Kommunikationswege potentiellen Nachfragern in den jeweils spezifischen Nutzungs- bzw. Rezeptionsmöglichkeiten 'verfügbar', also nutzbar machen zu können, seien als „Vervielfältigungskosten" oder allgemeiner als „technische Herstellkosten" (abgekürzt „tHK") bezeichnet.[36] Allgemeiner kann man von „Herstellkosten der Verbreitungsfähigkeit" sprechen (vgl. LUDWIG 1997a: 220).

* Weitere spezifisch-produktrelevante Unterscheidungen beziehen sich auf die Kosten der technisch-organisatorischen Distribution wie beispielsweise Vertriebskosten[37], auf den Transparenz- und Akzeptanzaufwand, der sich zumeist in Form von Ausgaben für (eigene) Werbung und Marketing sowie Öffentlichkeitsarbeit manifestiert[38], und auf die Kosten des Overheads, worunter v.a. Kosten des Managements[39] fallen.

---

35 In der sonst üblichen Sprachlichkeit, die auf die Stellung innerhalb von Produktionsabläufen generell focussiert, würde man auch von „Forschungs- und Entwicklungskosten" von Produkten sprechen können. Im Fall von Medien ist der Zusammenhang zwischen der 'Blaupause' und dem Endprodukt sehr viel enger. Während bei industriell hergestellten Gütern zwischen der innovativen Idee, einer chemischen Formel oder selbst einem Prototyp auf der Inputseite und den dann im Wege technischer Produktionsverfahren hergestellten Endprodukten als Output unterschieden werden kann, verkörpert etwa das Verfassen und Niederschreiben eines journalistischen Artikels oder eines Buches das Endprodukt selbst: Je nach Art der Verbreitungsusancen bzw. den Wunsch, dieses potentiellen Rezipienten zugänglich zu machen, ist dies zum einen ebenfalls im Wege der körperlichen Herstellung und Verbreitung möglich, aber auch in Form unkörperlicher Vervielfältigung und Nutzung, z.B. als allgemein zugänglicher Text im Internet (im 18. und 19. Jahrhundert z.B. durch Vorlesen). Dies hängt u.a. mit der potentiellen Nicht–Rivalität der Nutzung bei Medien–, aber auch bei künstlerischen Produkten zusammen, auf die im Kap. 4.2 detaillerter eingegangen werden wird.

36 In der Abgrenzung und Sprache des Urheberrechts sind damit die sog. Verwertungsrechte, konkret die Kosten der a) körperlichen Vervielfältigung und b) ggf. auch der öffentlichen Wiedergabe (z.B. Theaterbetrieb/Theateraufführung oder auch Kosten einer Ausstellung) gemeint. Der Vervielfältigungsaufwand ergibt sich dabei zum einen als Funktion der technischen Möglichkeiten der Zurverfügungstellung, zum anderen auch als Anpassungsverhalten seitens der Anbieter an das konkrete Nachfrage-, hier Rezeptionsverhalten.

37 Verbreitungskosten durch den Vertriebsweg Großhandel/Grosso und Einzelhandel, Aufwand eines Zustellsystems etwa bei Tageszeitungen, Kosten des Postzeitungsdienstes usw.

38 Wird hier deshalb als „Transparenz- und Akzeptanzaufwand" bezeichnet, weil es zu den spezifischen Eigenheiten der fraglichen Gütern gehört, daß sie – im Gegensatz zur sonstigen Markttheorie etwa jener der Konsumentensouveränität – oft ersteinmal unabhängig von den Nachfragepräferenzen erstellt werden, so z.B. bei vielen Büchern oder avantgardistischer Kunst, die dem aktuellen Zeitgeist zuwiderlaufen; dazu ausführlich im Kap. 4.5.

Mit diesen Differenzierungen lassen sich die oben angesprochenen Zusammenhänge schärfer analysieren.

Zunächst zur absoluten und relativen Höhe von Fixkosten und deren Bedeutung: Ein Rückgriff auf das vorangegangene Kapitel macht deutlich, wie eng die unterschiedliche absolute Höhe von fixen Kosten, hier am Beispiel von Inputkosten bzw. Firstcopycosts demonstriert, mit der eigentlich notwendigen Höhe des Marktpotentials korreliert, um den Aufwand kostendeckend mittels sinkender Fixkosten einzuspielen. So hatte die lyrische Produktion von F.C. DELIUS für den Autor einen unterstellten Lebensaufwand von 15.000 DM bedeutet, also ein vergleichsweise kleines Marktpotential von 23.000 Käufern erfordert, das sich aber so nicht realisieren ließ. Setzt man die GOETHEschen Honorarentgelte für seine Gesamtausgaben mit dem dazu notwendigen Lebensunterhalt gleich, so entsprächen die damaligen 2.000 Th für die erste 1787–Ausgabe rd. 100.000 DM (8 Bände), das 10.000 Th hohe Honorar für die zweite Ausgabe (13 Bände) 500.000 DM, die 16.000 Th für die Ausgabe von 1816 in 20 Bänden würden 800.000 DM bedeuten und die 60.000 Thaler für die „Ausgabe letzter Hand“ (40 Bände) ergäben auf heutige Verhältnisse umgerechnet dem stolzen Betrag von rund 3 Mio. DM.[40] Übersetzt auf unsere Fragestellung: GOETHEs Gesammelte Werke hatten – schon wegen ihres Umfangs – eine wesentlich größere Nachfragemenge erforderlich gemacht, die sich in einer Größenordnung von über 4.000 kaufbereiten Nachfragern erst nach 1806 aktivieren ließ. Stellt man die gleiche Betrachtung für den *SPIEGEL* an, so lägen dessen publizistische Inputkosten für eine einzige Ausgabe gerechnet bei rd. 2 Mio. DM, für das gesamte Jahr 1992 gesehen bei 112 Mio. DM (LUDWIG 1996a: 94,96). Um diesen und allen anderen Herstellaufwand kostendeckend zu verrechnen, bräuchte das Nachrichtenmagazin bei gegebenen Copypreis ein Absatzpotential von knapp 3 Mio. Käufern, die es in dieser Anzahl einfach nicht gibt. Noch höher fallen solche Zahlen bei Kinofilmen aus US–Produktion aus. Steven SPIELBERGs *Jurassic Park* von 1992, der umgerechnet rd. 84 Mio. DM gekostet hatte, rechnete sich – bei einem durchschnittlichen Erlös von 10 DM pro Zuschauer – erst ab 8,4 Mio. Besuchern.[41]

All diese Daten verdeutlichen, daß allein bereits die absolute Höhe der Firstcopycosts die eigentlich notwendige Größe des Marktes vorgeben, wenn eine Verrechnung eben jener Kosten allein über diesen Markt erfolgen soll. Umgekehrt tritt damit auch die ökonomische Notwendigkeit nach anderen Lösungen offen zu Tage, wenn das fragliche Marktpotential zur Kostendeckung nicht ausreicht und auf die Produktion nicht verzichtet werden soll.

Ausschlaggebend ist aber nicht nur die absolute Höhe, sondern auch die relative Bedeutung, also konkret die Frage, in welchem Umfang die absolute Höhe fixer Kosten auf die gesamte Kostenstruktur durchschlägt. Weiter stellt sich die Frage, ob

39 Also z.B. die oft als „Verlagskosten“ bzw. „kaufmännische Kosten des Verlags“, „Verwaltungskosten“ usw. bezeichneten Aufwendungen sowie sonst. Gemeinkosten inkl. kalkulatorische Kosten (Mieten, Zinsaufwendungen usw.).

40 1 Th entspricht, unter dem notwendigen Vorbehalt des grundsätzlichen Vergleichbarkeitsproblems über 170 Jahre, grob gerechnet etwa 50 DM.

41 Die (hohen) Produktionskosten eines Films entstehen fast ausschließlich bei der Herstellung des Originalstreifens: hier fallen die Kosten des geistigen Inputs und jene der künstlerisch-technisch-organisatorischen Produktion zusammen. Im speziellen Fall schlugen sehr hohe Entwicklungskosten für die computergesteuerten Animationsszenen zu Buch.

sich nicht auch die anderen Kostenarten entweder fix bzw. sprungfix verhalten. Hier lassen sich unterschiedliche Situationen feststellen. Während die Herstellung eines „Originals“ ausschließlich durch fixen Aufwand und völlig unabhängig von der späteren verkäuflichen Absatzmenge der ggf. vervielfältigten Kopien geprägt ist, verhält es sich mit den Vervielfältigungskosten bereits anders.

Bei der technischen Produktion der Vervielfältigung eines Buches ist ein erheblicher Teil dieser Kosten fix, bei Zeitungen und Zeitschriften vielfach sprungfix. Im Gegensatz zu den Printmedien, die einer vergleichsweise aufwendigen *körperlichen* Vervielfältigung bedürfen, die einen dann ebenfalls vergleichsweise aufwendigen körperlichen Distributionsaufwand nach sich zieht und damit die relative Bedeutung fixer Anteile an den Gesamtkosten wieder abschwächt, sind die Firstcopycosts bei audiovisuellen Medien sehr viel höher als bei Printmedien und die Distributionskosten aufgrund der geringeren Ausprägung an materieller Körperlichkeit ungleich niedriger. Beim Betrieb einer Fernsehstation etwa kann man von Vervielfältigungskosten gar nicht sprechen und bei Kinofilmen beziehen diese sich vor allem auf das Ziehen von Kopien. Sind die Vervielfältigungskosten im letzten Fall mehr oder weniger als variabel zu betrachten, die im Vergleich zu den gesamten Kosten einen niedrigen Stellenwert besitzen, so wird eine Filmproduktion zu fast 100% von Firstcopycosts determiniert.

Bei den Distributionskosten fällt die Betrachtung nicht minder differenziert aus. Beim Produkt Buch sind Kosten der technischen Diffusion zum großen Teil fix (z.B. Vertreter-Reisen), bei periodischen Printmedien sind zumindest die Transportkosten, die durch die Inanspruchnahme von Dritten entstehen (z.B. Postzeitungsdienst) variabel, wohingegen sich die Kosten eines Zustellnetzes (Trägersystem) bei Tageszeitungen in größerem Maße ersteinmal sprungfix verhalten, zumindest solange die individuellen Kapazitäten einzelner Zusteller nicht ausgelastet bzw. überschritten sind. Beim Betrieb von Fernsehsendern bestehen die Kosten der technischen Verteilung, egal ob auf terrestrischem Weg oder nicht, in der technischen Infrastruktur aus Sender– und/oder Kabelnetzen bzw. Satelliten und sind damit fast ausschließlich absatzmengenunabhängig.

Summa summarum verbleibt hier das – vorbehaltlich differenzierterer Analysen an späterer Stelle – vorläufige Ergebnis, daß sich nicht nur Inputkosten absatzmengenunabhängig und damit als weitgehend fix verhalten, sondern auch andere relevante Kostenarten, deren absolute und relative Höhe sehr unterschiedlich ausfallen kann. Insgesamt läßt sich bereits sagen, daß die fixen Kostenanteile bei Medien eher sehr hoch ausfallen, zumindest im Vergleich zu industriell gefertigten Produkten. Ohne auf die einzelnen Grade einzugehen, was späteren Betrachtungen vorbehalten bleibt, gibt die Übersicht 1.2 einen Überblick über die relativen Kostenstrukturen wichtiger Mediengattungen.

Die Daten beziehen sich dabei weitgehend auf das Jahr 1992, das auch künftig u.a. aus Vergleichbarkeitsgründen das Referenzjahr darstellen soll. Abweichungen gibt es nur dort, wo aus anderen Gründen keine entsprechenden Informationen und/oder Daten zu erhalten waren bzw. sich rekonstruieren ließen. Die Übersicht zu den Kostenstrukturen unterschiedlicher Mediengattungen stellt eine Art Produktionswertrechnung dar, und zwar aus der Perspektive von produzierenden bzw. vervielfältigenden Medienunternehmen. Der sozusagen individuelle Blick der Medien–

„Anbieter“ ist allerdings gesamtwirtschaftlich erweitert, was konkret bedeutet, daß die Kosten– bzw. Wertschöpfungsrechnungen der nachgelagerten Distributions- und Absatzstufen mit einbezogen worden sind, was i.E. kompliziertere Detailrechnungen erforderlich machte, da Unternehmen nur ihre jeweils eigenen Kostenstrukturen kalkulieren. Von daher erklärt sich auch der damit im Zusammenhang stehende umfangreiche Anmerkungsapparat. Da es vor allem um *Kosten*–Strukturen gehen soll, insbesondere um die Relationen medienrelevanten, genauer gesagt medienspezifischen Produktions- und Distributionsaufwandes, sind die Gewinne der Medienunternehmen selbst hier herausgerechnet. Die Gewinne aller vor- und nachgelagerten Produktions- und Absatzstufen hingegen sind (zwangsläufig) in den Betrachtungen enthalten, so daß die Kostenstrukturbetrachtung nur um die jeweiligen Gewinnpositionen erweitert werden müßte (was hier i.E. möglich ist), um die Rechnungen in eine vollständige Wertschöpfungsbetrachtung zu überführen.

Ein erster Blick auf die Kosten der Aussagenproduktion legt weitere Ergebnisse offen. So sind die Inputkosten, die bei Büchern etwa 10% ausmachen, bei periodischen Print–Medien rund doppelt so hoch. Eine Ausnahme stellt die wissenschaftliche Fachzeitschrift *JITE* dar, deren Inputkosten nicht aus Autorenhonoraren, sondern ausschließlich aus dem Gehalt eines betreuenden Redakteurs bestehen.[42] Bei audiovisuellen Medien wie beispielsweise Fernsehen, hier anhand von Daten eines öffentlich-rechtlichen Senders dargestellt, liegen die anteiligen, (fast ausschließlich) fixen „Produktionskosten“ am höchsten im Vergleich zu allen Mediengattungen: Sie beinhalten die Kosten der Aussagenproduktion ebenso wie den vergleichsweise hohen produktionstechnischen Aufwand zur Herstellung der Verbreitungsfähigkeit bzw. Sendefähigkeit. Getrennte Daten stehen leider nicht zur Verfügung. Demgegenüber fallen die relativen „Produktionskosten“ eines beispielhaften US–Kinofilms vergleichsweise gering aus. Dies hängt u.a. mit dem Umstand zusammen, daß unter die Sparte technischer Distributionsaufwand, ähnlich wie beim Medium Buch, auch die hohen Vertriebs–'Spannen' der Verleihgesellschaften und der einzelnen Kinotheater ausgewiesen sind. Der Aufwand beispielsweise nur für die technische Notwendigkeit der Kopienherstellung eines in der Herstellung vergleichsweise sehr teuren „Original“ macht ganze 4%–Punkte an den Gesamtkosten aus. Entsprechend reduzieren sich die relativen Anteile der geistig-kreativen und produktionstechnischen Firstcopycosts.

Nicht ganz unerwartet fallen die Daten zum technischen Distributionsaufwand aus. In der Rangfolge Buch–Zeitschriften/Zeitungen–Fernsehen reduziert sich der anteilige Aufwand um jeweils etwa die Hälfte, was durch drei Einflußgrößen erklärt werden kann: Bei den Printmediengattungen hat der Unterschied viel mit der potentiellen Zielgerichtetheit des Absatzes und der Umschlaghäufigkeit des Angebotes auf

42 Die Autoren, in der Regel auskömmlich bestallte Wissenschaftler, insbesondere Hochschullehrer, verzichten in der Regel auf solche Honorierung bzw. führen solche Arbeiten im Rahmen ihrer regulären Berufstätigkeit aus (Forschung und/oder Lehre).

Übersicht 1.2: Kostenstrukturen unterschiedlicher Mediengattungen[1]

Medium (Gesamtaufwand in DM, USD)	Kosten der Aussagen-produktion	Herstellung der Verbreitungs-fähigkeit	technische Distribution	Transparenz u. Akzep-tanz-aufwand	Manage-ment, kalk. Kosten	tenden-zielle Gewinn-situation
PRINTMEDIEN:						
BUCH Romantitel[2] (327.000 DM)	10%	18%	48%	11%	12%	im Normalfall: gering bis sehr gering
Wagenbach-Verlag[3] (6,2 Mio.)	8%	17%	50%	11%	9%	plusminus Null
ZEITSCHRIFT Durchschnitt[4] (14,3 Mrd. DM)	15%	42%	19%	2%	22%	1990: sehr gut
DER SPIEGEL[5] (448 Mio. DM)	25%	29%	20%	4%	23%	1992: glänzend
stern[6] (436 Mio. DM)	23%	49%	17%	2%	9%	1992: glänzend
Fachzeitschrift *JITE*[7] (153.000 DM)	10%	57%	5%	0%	27%	1992: glänzend
ZEITUNGEN Abonnement-Ztg.[8] Durchschnitt (6,1 Mrd. DM)	20%	39%	19%	0%	21%	1992: sehr gut
taz[9] 31,4 Mio. DM	21%	20%	27%	3%	28%	1992: Verlust
DIE ZEIT[10] (151,1 Mio. DM)	20%	33%	22%	0%	25%	1992: sehr gut
AUDIOVISUELLE MEDIEN:						
FERNSEHEN ZDF[11] (1,846 Mrd. DM)	Produktionskosten für den Sendebetrieb: 58%		9%	0%	32%	1990: geringer Überschuß
FILM[12] US–Kinofilm (83 Mio. $)	Produktionskosten für die Erstellung eines „Originals": 14%		44% (4% für Kopien, 40% für Kinomarge)	30%	13%	Gewinn
INTERNET[13]						
individuelle und öffentliche Kommunikation	individuell	entfallen bzw. nur indirekt	gering, da Betriebs-kosten	nahe 0	individuell	keine eigentl. Zielgröße
gewerbl. Nutzung (Online–Dienste)	individuell	produkt-abhängig	gering	derzeit noch gering	gering	z.Zt. Anlauf-verluste

Legende: siehe nächste Seite

Legende:

1 Kostenstrukturen aller Produktions– und Absatzstufen aus der Perspektive des jeweiligen Mediums bzw. Medienunternehmens (erste Spalte), wobei die Produktionswertrechnung aller vor– und nachgelagerten Stufen, also auch deren Gewinnspannen, aus der Sicht des jeweiligen Medienunternehmens „Kosten" darstellen. Die Überschüsse zwischen den eigenen Erlösen und Aufwendungen (Gewinne) sind hier herausgerechnet bzw. der Tendenz nach in der letzten Spalte angedeutet, so daß alle Fremd– und eigenen Kosten zusammengenommen die Bemessungsgrundlage von 100% darstellen. Gewinnsituation „glänzend" meint Umsatzrenditen von über 10%, „sehr gut" steht für Renditen zwischen 5 und 10%; mit „gering" bis „sehr gering" sind Werte zwischen 0 und 2% gemeint. Alle Zahlen ohne USt. Kosten der laufenden Anzeigenaquisition (z.B. lfde. Kosten der Anzeigenabteilung usw.) sind hier wegen der schwierigen Datenbeschaffung bzw. -abgrenzung unter Managementkosten erfaßt. Aufwendungen der Medien/Medienunternehmen für diskretionäre Werbemaßnahmen (z.B. Schalten eigener Werbung in anderen Medien usw.) werden in den Transparenz- und Akzeptanzkosten ausgewiesen. Daten, wenn nicht anders angegeben, für 1992. Zahlen in Klammern geben die gesamte Kostensumme (Bemessungsgrundlage 100%) in absoluten Größen an, die aber aus den erläuterten Gründen nicht mit den Umsatzzahlen der jeweiligen Branche oder des jeweiligen Unternehmens verwechselt werden darf.

2 Beispiel eines gutgehenden Romans als Hardcover: Auflage 10.000 Ex; alle Zahlen gerundet; Lektoratskosten unter Vervielfältigungskosten; Kalkulation: Rowohlt–Verlag, vgl. Tab. 6.6.2.3. Die vergleichsweise hohen Margen im Buch–Einzelhandel hängen u.a. auch mit der oftmals geringen Umschlagshäufigkeit bestimmter Buchgenres zusammen, die bei sog. Sortimentsbuchhandlungen ein Äquivalent für die entsprechenden Miet- und Lagerkosten darstellen (sollen); Transparenz- u. Akzeptanzkosten sind vor allem Kosten der Vertreterreisen (Kosten des Überzeugungsaufwands) sowie ggf. individuelle Werbeausgaben; zu Details vgl. Kap. 6.6

3 Daten für 1991. Quelle: Die Zwiebel. Almanach. Berlin (Wagenbach–Verlag). Zahlen für 1992 gibt es nicht (mehr): Der Wagenbach–Verlag, der bisher regelmäßig seine relevanten Aufwandpositionen veröffentlicht hat, weil er im Verstecken bzw. Hinterm–Berg–Halten („Staatsgeheimnis") mit solch aufschlußreichen Informationen keinen Sinn sah, hat seine Einschätzung ganz offenbar geändert. Auf eine diesbezügliche schriftliche Anfrage nach Zahlen für 1992 bzw. nach den Gründen der Nichtmehrveröffentlichung hatte der Verlag nicht (mehr) geantwortet.

4 Quelle: Daten wurden mittels verschiedener Rechnungen zusammengestellt, die z.T. auf der letztmalig in dieser Ausführlichkeit veröffentlichten Kostenstrukturstatistik 1990 des Stat. Bundesamtes (1990): FS 11, Reihe 5 sowie Angaben aus dem Geschäftsbericht des Grossoverbandes für 1990 fußen. Um- und Hilfsrechnungen wurden deshalb notwendig, weil zum einen die (t. w. bereits erhobenen) Daten der amtlichen Statistik ausgesprochen lückenhaft sind, zum anderen die Angaben der Verlage nicht mehr jene der nachgelagerten Distributionsstufen umfassen. Rechenschritte:
a) Da nur ein Teil des Absatzes über Groß- (GH) und Einzelhandel (EH) läuft, mußte zunächst dieser Anteil wertmäßig bestimmt werden, um dessen Wertschöpfung in die Durchschnittsbetrachtung des gesamten Absatzes bzw. den Gesamtaufwand einbeziehen zu können. Mittels der Kostenstrukturstatistik ist nur eine mengenmäßige Anteilsbestimmung möglich. Daher waren vorab Kalkulationen für den GH–EH–Verkauf notwendig, die auf die Wertschöpfungsanteile dieser beiden Stufen abstellen.
Bekannt sind zwei Größen, die der Grosso–Verband regelmäßig veröffentlicht: Brutto–EH–Umsatz sowie Abgabepreis netto des Grosso an den EH. Setzt man die Differenz zwischen beiden Größen (unter Berücksichtigung der USt) ins Verhältnis zum Netto–EH–Umsatz, so erhält man die durchschnittliche Rabattmarge des EH, die 1990 exakt 19,8, aufgerundet 20% beträgt und dem Wertschöpfungsanteil entspricht. Sie liegt damit im oberen Drittel der seitens der Verlage eingeräumten Handelsspanne, die zwischen 18,31 und 20,24% streut. Da es keine Informationen zur Höhe der Vorleistungen der Verlage an das Grosso gibt, muß dessen Wertschöpfung (bzw. die Vorleistungshöhe) geschätzt werden, was zunächst schwieriger ist, da die Funktionsrabatte beim Grosso stärker differieren: zwischen 14,5 und 29, 26%. Da allerdings das Grosso rd. 80% des Gesamtumsatzes mit 6% aller Titel (entspricht ca. 75 Einzeltiteln) macht (vgl. KAISER 1979:97) und für diese hochauflagigen Produkte die untere Skala der Rabattstruktur gilt, läßt sich daraus ein durchschnittlicher Funktionsrabatt von 17% ableiten. Damit stellt sich für Titel, die über den Weg des GH–EH gehen, die Aufteilung der Wertschöpfung folgendermaßen dar: Vorleistung der Verlage bzw. wertmäßges Volumen der Verlage an das Grosso = 63%, Grosso = 17% und EH = 20%.
b) in einem zweiten Schritt muß der Wert der GH– und EH–Wertschöpfung dem Kostenaufwand, u.a. auch dem Aufwand der techn. Distribution zugeschlagen werden, soweit er sich aus den Unternehmensrechnungen der Verlage ergibt. Der Wertschöpfungsanteil der Verlage in Höhe von 63% aller Wertschöpfungsstufen bezieht sich nämlich nur auf den Aufwand für den Teil der Produktion, die über den GH–EH abgesetzt wird. Die Berechnung des wertmäßigen Gesamtaufwands (Verlage + Grosso/EH) erfolgte in der Weise, daß die wertmäßige Wertschöpfung des GH+EH (37% des Netto–EH–Umsatzes) dem gesamten Umsatzvolumen der Zeitschriftenverlage (Kostenstrukturstatistik 1990: 13,486 Mrd. DM) zugerechnet wurde. Auf diese Größe, die der „Gesamtleistung" der Verlage entspricht, wurden die in den weiteren Einzelrechnungen benutzten Kostenstrukturdaten angelegt.

c) Um die Inputkosten zu berechnen, die v.a. aus redaktionellen Löhnen und Gehältern (sowie Honorarzahlungen + Lizenzen) bestehen, wurden die Lohn- und Gehaltskosten der Verlage anteilig nach redaktionellen und nicht-redaktionellen (Verlag, Management, Technik) Mitarbeitern geschlüsselt, und zwar mittels Daten zur Beschäftigtenstruktur (dort S. 16), wobei. allerdings von einem identischen Strukturniveau beim Einkommen ausgegangen werden muß. „Zusteller" wurden dabei nicht berücksichtigt, „Tätige Inhaber" fallen unter Management, freie Mitarbeiter werden bei dieser Umrechnung ebenfalls nicht gezählt, da deren Honorare gesondert ausgewiesen sind.
Danach entfällt 30,3% der Lohnsumme auf redaktionelle Tätigkeiten. Der Personalkostenanteil (dort S. 102) von durchschnittlich 22,8% (ungewichtetes arithmetisches Mittel) verteilt sich daher auf insgesamt 6,9%–Punkte für Redaktion + 15,9%–Punkte auf nicht-redaktionelle Tätigkeiten. Für die Inputkosten wurden den 6,9% weitere 4,5% für Honorare und Lizenzen, anteilig 1,1% (hier hälftig) für Post- und Fernemeldedienste sowie anteilig (hier hälftig) 3,9% an sonst. Kosten (Reisen, Kommunikation, Archiv usw.) zugeschlagen, so daß sich die Firstcopycosts auf 16,4% der „Gesamtleistung" stellen, die gleichzeitig auch das „Betriebsergebnis" enthält. Bezieht man die 16,4% nur auf die Kosten des Verlags, so erhöht sich der Inputkostenanteil auf 17,5%. Bezogen auf den Gesamtaufwand, also auch die Wertschöpfung der GH- und EH–Stufe berücksichtigend, machen die FCC 15,4% aus.
d) Die Vervielfältigungskosten lassen sich vergleichsweise einfach zusammenzustellen: Personalkosten für die techn. Mitarbeiter (Anteil 8,2%) in Höhe von 1,9% + Materialverbrauch 11,1% + Fremdleistungen der techn. Herstellung 28,1% + anteilige (hälftig) sonstige Kosten in Höhe von 3,9% ergeben zusammen 45,0% der Gesamtleistung bzw. auf den gesamten Aufwand berechnet 42,4%.
e) Die technischen Distributionskosten der Verlage setzen sich aus 7,6% (6,6 + 1,0%) bezogen auf die Gesamtleistung (Quelle: Kostenstrukturstatistik) plus die Wertschöpfungsanteile von Grosso– und EH (s.o.) zusammen: 2,4% des Gesamtaufwands.

5 Vgl. Kap. 6.3.1. Um den gesamten Produktionswert, also auch jenen im Groß- und Einzelhandel berücksichtigen zu können, der nicht mehr in der Unternehmensrechnung eines Verlages enthalten ist, wurde den unternehmensbezogenen Kosten–Größen, die z.B. als Distributionskosten nur Kosten der eigenen Verteilung sowie den Postzeitungsdienst umfassen, jene der fraglichen Distributionsstufen hinzu addiert. Dies geschah in der Weise, daß das entsprechende Wertschöpfungsvolumen der über diese Vertriebswege abgesetzten Exemplare gleichmäßig auf alle verkauften Exemplare umgerechnet wurde, weil an dieser Stelle keine vertriebsspezifische Betrachtung (sog. Spartenkalkulation) erfolgen soll, aber der Distributionsaufwand des gesamten Unternehmens SPIEGEL im Mittelpunkt der Betrachtungen steht. Die benötigten Daten wurden dabei anhand der Kalkulation für ein im Einzelhandel abgesetztes Exemplar für die gesamte über diesen Vertriebsweg verkaufte Auflage errechnet.

6 Daten: vgl. Kap. 6.3.2

7 JITE = Journal of Institutional and Theoretical Economics, vormals Zeitschrift für die gesamte Staatswissenschaft. Quelle: Verlag J.C.B.Mohr (Paul Siebeck).

8 Daten für 1992: Abonnementzeitungen, inkl. Sonntags- und Wochenzeitungen; keine Kaufzeitungen enthalten; als Quelle wurden die Zahlen der BDZV-Umsatzerhebung genutzt (Repräsentanz 97,1%) und auf 100% hochgerechnet; auf diese Bezugsgröße wurden dann auch die Informationen zur Kostenstruktur angelegt; Berechnung des Gesamtaufwandes bzw. der gesamten Wertschöpfung wie in Anm. 4

9 Daten: vgl. Kap. 6.5.2

10 Daten: vgl. Kap. 6.4.1

11 Zahlen für 1990: ZDF und anteilig 3SAT. Daten wurden zusammengestellt nach SEUFERT 1992:81–88 sowie ZDF–Jahrbuch 1991. Da es bei der Produktion von Fernsehen keine Vervielfältigungskosten gibt, wurden die Kosten der Erstellung des Originals 'Fernsehen' bzw. die 'software' als Firstcopycosts ausgewiesen. Man könnte hier allenfalls trennen in Kosten für geistig-kreative Vorleistungen (Idee zu einer Sendung oder Film, treatment, Manuskripterstellung, Recherchen usw.) und die technisch-mediale Umsetzung („Produktion"). Solche Informationen und Zahlen werden in dieser Abgrenzung beim ZDF aber nicht erfaßt.

12 Quelle: LEEDY 1980:1–3, der dort ein typisches kalkulatorisches Musterbeispiel für den Zeitraum um 1979 rechnet, hier zit. n. VOGEL 1986:104 ff. (Tab. „Revenues and costs for american major theatrical release"); das Gesamtkostenvolumen beläuft sich dabei auf 50 Mio. $. Technische Distributionskosten bestehen zum einen im Ziehen von Kopien, die in diesem Beispiel mit 3 Mio. $ bzw. 4% kalkuliert sind. Zum anderen fallen darunter auch die Margen („distribution fees") für die einzelnen Kinotheater, die mit 33 Mio. $ angesetzt sind, so daß diese Kostenposition – ähnlich wie beim Vertrieb von Büchern – aus einem vergleichsweise sehr geringen Anteil für technische Verteilung (Porto usw. bzw. Kopien) und einem sehr viel höheren Anteil besteht, der v.a. aufgrund der Margen für das unternehmerische Verteilnetz zustandekommt. Der hohe Anteil für Transparenz- und Akzeptanzaufwand besteht v.a. in gigantischem Werbeaufwand (20 Mio. $ für das Schalten von Anzeigen, 5 Mio. $ für andere PR–Aktivitäten), um den Film zu „pushen". Daß dabei die Marketingaufwendungen genauso groß sind oder t.w. noch höher liegen als die „Produktionskosten" (Firstcopycosts) ist in der US–Filmbranche schon längere Zeit die Regel.

13 Für die unterschiedlichen Nutzungen im Internet existieren derzeit nur grobe Daten zu gewerblichen Online–Diensten, jedoch noch keine näheren Informationen zu Kostenstrukturen im einzelnen. Vieles befindet sich immer noch in der Experimentier- und/oder (langsamen) Aufbauphase, da das Internet derzeit (noch) kein eigentliches Massenmedium darstellt. Daher können nur gröbere Einschätzungen über Trends gegeben werden. Zu relevanten Kostenkategorien der öffentlichen Kommunikation (Beispiel newsgroups) im Vergleich zu traditionellen Medien vgl. LUDWIG 1997a: 219–224.

der letzten Handelsstufe zu tun.[43] Im übrigen erklärt sich der Unterschied zwischen gedruckten und audiovisuellen Medien mit dem Grad an Körperlichkeit: Der körperliche Aufwand bei der Herstellung der Verbreitungsfähigkeit setzt sich zwangsläufig beim notwendigen Verteilungsaufwand fort. D.h., je geringer die Körperlichkeit eines Mediums, um so geringer der technisch-organisatorische Distributionsaufwand. Am geringsten sind solche Kosten bei einem virtuellen und digitalen Medium, dessen Aussagenproduktion elektronisch distribuiert wird wie etwa beim Internet (vgl. dazu die Zahlenbeispiele in Tab. 2.5.

Unterschiedliche Stellenwerte beim Transparenz- und Akzeptanzaufwand hängen in erster Linie mit der Nutzungsakzeptanz seitens der nachfragenden Rezipienten bzw. der jeweiligen Marktstellung zusammen, können aber auch Ausfluß ökonomischen Drucks sein, wenn anbietende Medienunternehmen zwecks Kostenminimierung bzw. Gewinnoptimierung via Fixkostendegression einen höheren Anteil beim Marktpotential durchzusetzen versuchen.[44]

Stand in den letzten Abschnitten die Frage nach der absoluten Höhe von fixen Kosten und deren relativer Bedeutung, konkret deren Auswirkungen auf die (eigentlich notwendige) Größe des Marktpotentials im Vordergrund, so muß sich der zweite Aspekt, wie oben angekündigt, auf die Determinanten von fixen Kosten, insbesondere von jenen der Aussagenproduktion (Inputkosten bzw. Firstcopycosts) konzentrieren. Die Übersicht 1.2 gibt dazu weitere Hinweise preis: Die absolute Höhe von Firstcopycosts ist eine Funktion der Mediengattung. Die Mediengattung wiederum hängt, wie Kunstgattungen ganz allgemein oder publizistische Genres im besonderen, von den spezifischen Kommunikations- und Ausdrucksformen und deren ästhetisch-technischen Notwendigkeiten ab. Vereinfacht gesagt wird ein Buchmanuskript meist von einem einzigen Autor geschrieben, zu dem sich in der Korrekturphase ein Lektor gesellt. Ein Film, in den Gestaltungselemente des Schreibens, Malens, Architekturentwerfens und Musikkomponierens eingehen und an dem mehrere ausführende Künste wie Schauspielerei, Maske, Ausstattung, Fotografie bzw. Kameraführung u.a.m. beteiligt sind, was sich u.a. in der Anzahl der Mitwirkenden niederschlägt, muß sich zwangsläufig aufwendiger darstellen. Ähnliches gilt für einen Fernsehsender, der die ganze Spannbreite aller möglichen Informations- und Unterhaltungsangebote das ganze Jahr über bereithalten möchte. Damit lassen sich die bisherigen Überlegungen zum Zusammenhang zwischen Kosten und Marktpotentialen erweitern und präzisieren:

* Fixkosten, insbesondere die Kosten der Aussagenproduktion bzw. die Firstcopycosts, sind vor allem genre- bzw. produktbestimmt. Dies gilt sowohl für deren abso-

---

43 Ein einzelner Buchtitel wird in der Regel einer unbekannten Zielgruppe angeboten, deren räumliche Verteilung ebensowenig bekannt ist. Periodische Print–Medien haben demgegenüber den Vorteil, daß sich aufgrund der Regelmäßigkeit der Erscheinungsweise ständig Optimierungen vornehmen lassen. Zu diesem Problem vgl. ausführlich im Kap. 4.5.

44 z.B. beim Versuch eines Fernsehsenders, die Einschaltquote(n) zu erhöhen.

lute wie relative Höhe, wobei über letztere auch andere Besonderheiten mitentscheiden können, die sich in produktspezifischen Kostenstrukturen ausdrücken.

* Fixkosten sind in allen Mediengattungen überdurchschnittlich hoch, wobei das Strukturniveau wiederum von Gattung zu Gattung bzw. innerhalb der publizistischen Genres variiert.

* Da fixe Aufwendungen beim Input (zunächst) unabhängig von der zu vervielfältigenden Absatzmenge bzw. unabhängig vom Verbreitungsgrad entstehen, weil dieser Input selbst das eigentliche mediale Produkt darstellt (Buchmanuskript, Stehsatz, Sendekassette, Masterband bzw. Filmoriginal), besteht zwischen Herstellungsaufwand und Verkaufserlösen ersteinmal nur ein sehr loser funktionaler Zusammenhang.[45]

* Wenn Medienunternehmen einen Überschuß der Erlöse über die Aufwendungen erzielen wollen, um mittel- und langfristig auf ihrem Markt präsent bleiben zu können, so müssen sich letztendlich auch die (hohen) Fixkosten(anteile) amortisieren, was fixkostenhöheabhängige Marktpotentialgrößen voraussetzt.

* Allerdings werden die Größenordnungen der benötigten Marktpotentiale auf einem freien Markt weniger durch die Anbieter und deren Produkte als vielmehr durch die Nachfragerpräferenzen der Rezipienten determiniert.

* Abhängig von der materiellen Körperlichkeit der Vervielfältigung sowie von der sachlichen, räumlichen und zeitlichen Zielgruppenbestimmbarkeit der potentiellen Rezipienten auf einem Markt verhalten sich die Kosten der technisch-organisatorischen Distribution. Diese enthalten in ebenfalls vergleichsweise hohe fixe Kostenanteile.

* Läßt sich das zur Kostendeckung notwendige Marktpotential selbst unter nachfragewirksamer Optimierung der Preisstellung nicht realisieren, so müssen auf Medienmärkten andere Lösungsmodelle gefunden werden, wenn auf die Produktion des fraglichen Produkts nicht verzichtet werden soll.

Solche Lösungen sahen zu unterschiedlichen Zeiten sehr verschieden aus. Sie bildeten sich jeweils in einem Handlungsfeld heraus, das auf der einen Seite von technischen Neuerungen geprägt war, auf der anderen Seite von gesellschaftlich-politischen Entwicklungen vorgegeben wurde, die Medien–"Unternehmer" der unterschiedlichsten Couleur für ihre Zwecke, Kommunikation mit ihrer Umwelt zu betreiben, zu nutzen begannen. Ob sich technischer Fortschritt eher als unabhängige Trendvariable ergab oder mehr aufgrund ökonomischen Anpassungsdrucks zustande

45 KRUSE (1994: 195) definiert diese Frage anders. Zwar spricht auch er – im Zusammenhang mit dem Medium Film – davon, daß es zumindest zum Produktionszeitpunkt „wegen der Konsum–Nichtrivalität und der Unsicherheit über die Zuschauer–Attraktivität keine funktional relevante Beziehung zwischen Preisen und Produktionskosten" gibt, da der relevante Nachfragefaktor die „inhaltliche Qualität im Sinne der Zuschauerpräferenzen" sei. Allerdings hat er dabei die Grenzkosten-Preis-Regel im Auge, die für ihn alleiniges Leitbild ist. Aus dieser Perspektive heraus erscheint es – zumindest bei diesem Medium – ebenso logisch, nur die „Grenzkosten der Verfügbarmachung" (a.a.O.: 185) zu betrachten, die in der Tat sehr gering ausfallen bzw. gegen Null gehen und so gesehen – eigentlich – auch nur einen Fast–Nullpreis nach sich ziehen dürften, weshalb als potentieller Absatzmarkt zwangsläufig der Weltmarkt in Betracht kommt. Zu Print–Produkten, bei denen sich die „Konsum–Nichtrivalität" vielschichtiger gestaltet und auch der Anteil fixer Kosten geringer ist, was einen ökonomisch ungleich komplizierteren Tatbestand darstellt, äußert sich KRUSE nicht.

kam, läßt sich dabei kaum sezieren. Den historischen Entwicklungslinien folgend läßt sich aber sagen, daß mit zunehmender politischer Mündigkeit und Selbstbehauptung auch eine ökonomische „Emanzipation“ einherging. Diese wurde vor allem von jenen vorangetrieben, die die publizistisch-technischen Möglichkeiten der Kommunikation mit Dritten möglichst effizient nutzen wollten bzw. mußten, damit sich dies auch von der 'Ökonomie der Kommunikation' her gesehen, konkret der Erlös- und Kostenseite realisieren ließ. Das nachfolgende Kapitel 2 wird diese Entwicklungslinien für die hiesigen Zwecke nachzeichnen.

2. Medienmärkte im Wandel dreier Jahrhunderte: Kommunikation und Publizistik zwischen technischem Fortschritt und ökonomischer Emanzipation

Das europäische Weltgeschehen und dessen Wahrnehmung spielte sich bis in die Mitte des 15. Jahrhunderts mehr oder weniger auf der Basis individueller Kommunikation ab: Massenkommunikation nach unserem heutigen Verständnis setzt ausreichende Vervielfältigungs- und Verbreitungsmöglichkeiten voraus, eine Bedingung, die sich mit Johannes GUTENBERGs 'Erfindung' des Buchdrucksystems um 1455 zu erfüllen begann.[1] Bis zur ersten intensiveren, d.h. bis zu einer – nach und nach – immer weitere Bevölkerungskreise erfassenden Nutzung, vergingen noch eine größere Anzahl von Dekaden, auch wenn GUTENBERGs Innovation für Martin LUTHERs Reformationsaktivitäten, die er 'strategisch' mittels öffentlicher Kommunikation (Thesenanschlag, Flugblätter) absicherte, ein erstes flächendeckenderes inhaltliches und auch räumliches 'Anwendungsgebiet' gefunden hatte. Erst mit der zunehmenden Säkularisierung entstanden auf 'Angebots'- wie 'Nachfrageseite' die potentiellen Voraussetzungen einer 'Massenkommunikation': neue (revolutionäre) potentielle Ideen und Diskussionen auf der einen bzw. Bedürfnisse nach mehr Teilhabe an den damaligen Fragen der Zeit auf der anderen Seite. Vor diesem kulturgeschichtlichen Hintergrund vermochten sich die ersten Zeitungen, sog. Intelligenzblätter und die Moralischen Wochenschriften (z.B. der Hamburger *Patriot*, vgl. KIRCHNER 1957) zu etablieren, deren Finanzierungsprinzip in (ausreichend) hohen Absatzpreisen bestand.

Einen ersten Höhepunkt fand diese Entwicklung im ausgehenden 18. Jahrhundert, entwicklungsgeschichtlich gesehen zwischen Aufklärungsära und den politisch unruhigen Zeiten der französischen Revolution. Bis dahin hatten erste Technisierungsentwicklungen und die zunehmende Politisierung der Massen zwangsläufig eine Ökonomisierung der Kommunikation im allgemeinen bzw. der publizistischen

---

1 Über Ort, Zeitpunkt und Motive bzw. genaue Hintergründe von GUTENBERGs Erfindung des Buchdrucksystems weiß man nur sehr wenig, und das, was überliefert ist, geht aus Gerichtsakten hervor: GUTENBERG stand mehrfach vor Gericht, teils weil er seinen Kreditverpflichtungen nicht nachkam, teils weil er eine Art Heiratsschwindler war. Seine revolutionäre Innovation wird um 1455 datiert. Nach Einschätzung von Roger MÜNCH vom Institut für Buchwesen an der Gutenberg–Universität Mainz, einem Geschichtsexperten für Drucktechnik, ist GUTENBERGs Erfindung auf zwei Ebenen zu sehen: Zunächst in der für die damalige 'geniale' Überlegung, bisher nur handschriftlich zu Papier gebrachte Sätze und Worte in ihren kleinsten Einheiten zu denken bzw. technisch zu zerlegen und diesen gedanklichen Schritt später zu re-organisieren. Die zweite Erfindung lag auf handwerklicher Ebene und betraf die technische Umsetzung, konkret in der dazu passenden Erfindung und Herstellung von einzelnen Buchstabentypen, einem Handgießapparat, dem Setzkasten sowie einer Druckpresse. So gesehen kann man von der Erfindung des Buchdruck–Systems sprechen, das in der Entwicklung einer software und in einer dazu geeigneten hardware bestand.

Vermittlung von Informationen, Meinungen und Ideen im speziellen ausgelöst: Die 'Kommunikatoren' begannen sich aus bisherigen (finanziell abgesicherten) Abhängigkeiten zu lösen und stellten sich als inputproduzierende Publizisten oder vervielfältigende Verleger ihren 'Märkten'. Ökonomisch betrachtet fand zu dieser Zeit eine sehr starke Ausdifferenzierung der vielfältigsten Aktivitäten statt.

GOETHE begab sich in den sicheren Hafen des Staatsdienstes, Aussteiger SCHILLER mußte sich, um seinen Lebensunterhalt zu bestreiten, zunächst als (schlecht entlohnter) Geschichtsprofessor in Jena verdingen. Gotthold Ephraim LESSING, erst Redakteur bei der *Vossischen Zeitung*, dann Herausgeber der bei NICOLAI erscheinenden *Briefe die Neueste Litteratur betreffend*, stieg als Sekretär eines preußischen Kommandanten finanziell erst auf, bis er mit dem Sprung in die Selbständigkeit ein ökonomisches Selbsthilfe–Unternehmen startete: als Autor und Verleger in einer Person der *Hamburgischen Dramaturgie*. Nach deren wirtschaftlichem Ende und der endgültigen 'Pleite' des „Deutschen Nationaltheaters" in Hamburg, für das LESSING als Dramaturg gearbeitet hatte, mußte er, total verschuldet, auch seine Druckerei aufgeben, nachdem er gerade noch KLOPSTOCKs *Hermanns Schlacht* organisieren konnte. Friedrich Gottlieb KLOPSTOCK riskierte einen marktwirtschaftlichen Gehversuch nur kurze Zeit später mit dem Subskriptionsversuch seiner *Gelehrtenrepublik*: Dieses absatz- und vertriebstechnisch innovative Projekt, bei dem durch ein großes Netz von Kollekteuren in über 250 Orten mehrere tausend Kaufbestellungen vor Drucklegung geordert wurden,[2] funktionierte und spielte einen deutlichen Überschuß ein; sein zweites Vorhaben indes mußte KLOPSTOCK aufgeben, weil er noch wenig über Konsumentenverhalten wissen konnte: Die Lektüre der *Gelehrtenrepublik* hatte sich für die Rezipienten als so 'schwierig' erwiesen, daß niemand mehr das nächste Produkt kaufen wollte, ohne es vorher gesehen zu haben.

KLOPSTOCKs Erfahrung sprach grundsätzlich nicht gegen die ökonomische Optimierung mittels Synchronisation von notwendigen Absatzzahlen und unumgänglichen Herstellkosten: Nur zehn Jahre später[3] entwickelte sich ein anderes Subskriptionsvorhaben zum ersten großen 'Best-' und 'Longseller' des 18. Jahrhunderts: Rudolph Zacharias BECKERs *Noth– und Hülfsbüchlein für Bauersleute*, das zu den bedeutendsten Schriften der Spätaufklärung zählt. Ohne auf BECKERs publizistische Motivation und sein „Unbehagen an elitärer Elfenbein–Literatur" (SIEGERT 1980: B 308) im Detail einzugehen,[4] brachte der Lehrer aus Dessau zusammen mit seinem Freund, Georg Joachim GÖSCHEN, der inzwischen mit einem eigenen Verlag in Leipzig selbständig war und u.a. die Werke des Autors und Ge-

---

2 Die Zahlen darüber gehen auseinander: zwischen 3.678 (SCHMIDT in DL IV: 66) und 6.656 Subskribenten (BORCHERDT 1922: 21). Als Kollekteure betätigten sich v.a. Gelehrte, Pfarrer, Lehrer und natürlich auch Autorenkollegen, die dafür eine Provision erhielten.

3 LESSINGs Projekt datiert von 1767, die KLOPSTOCKsche *Gelehrtenrepublik* von 1773/74; das hier in Rede stehende Gemeinschaftsunternehmen von GÖSCHEN und BECKER begann mit der 'Werbung' und dem 'Marketing' ab 1785.

4 Die vergleichsweise umfangreiche wie (fast) lückenlose Kenntnis über BECKER und dessen Wirken verdanken wir den Arbeiten Reinhart SIEGERTs, der sich mit diesem Phänomen sehr intensiv beschäftigt hat: vgl. SIEGERT 1978 (hier sehr ausführlich) und 1980. Auf ihn gehen auch die hier präsentierten Darstellungen zurück.

schichtsprofessors Friedrich SCHILLER aus Jena verlegte, ein publizistisches wie ökonomisches Meisterstück zuwege. Das *Noth- und Hülfsbüchlein*, das in vielen unterschiedlichen zielgruppenspezifischen Fassungen und ebenso vielen Auflagen erscheinen sollte, wurde erst über drei Jahre hinweg intensiv 'beworben' (SIEGERT 1980: B 310 f), während in der letzten Subskriptionsphase, die 28.000 Vorbestellungen erbrachte, bereits in vier Druckereien gleichzeitig gearbeitet wurde. Da im damals üblichen Handpressendruckverfahren die Druckdauer eines solchen Vorhabens trotz Aufteilung auf vier auch unter absatzlogistischen Aspekten ausgesuchten Drukkereibetrieben ein ganzes Jahr in Anspruch nahm, konnte der Inputprozeß des (zu-Ende-)Schreibens durch BECKER und die Vervielfältigungsproduktion zeitlich parallel laufen. Nicht minder auf die technisch-ökonomischen Möglichkeiten war die publizistische Verbreitung bzw. der wirtschaftliche Absatz ausgerichtet. Vergleichsweise günstig im Preis pro Stück betrug die Mindestabsatzmenge 8 Exemplare,[5] die zusammengenommen genausoviel kosteten wie ein Roman. Die Zielgruppe der Käufer bestand in 'Gebildeten', Gelehrten und öffentlichen Einrichtungen, die das Buch weiterverschenken sollten, u.a. an die Landbevölkerung, die BECKERs eigentliche Zielgruppe war und rund 80% der damaligen deutschsprachigen Bevölkerung ausmachte. Da BECKER sein „Hilfsbüchlein" paßgenau auf deren Bedürfnisse und Leseanforderungen hin geschrieben hatte, konnte sich das Buch schnell ausbreiten: Die Verbreitung um die Jahrhundertwende wird auf etwa 400.000 Exemplare geschätzt.[6]

Dem zunehmendem publizistischen Output entsprach die steigende Zahl von Verlagsgründungen. Es war dies die Zeit, als GÖSCHEN, seit 1785 mit einem eigenen Verlag selbständig, in dem SCHILLERs Zeitschrift *Thalia* und der *Don Carlos* erschienen waren,[7] die Abrechnung der ersten Gesamtausgabe seines Autors GOETHE zusammengestellte, die mit Verlust abschlossen hatte.

Neben der Weidmannschen Buchhandlung des heimlichen Verleger-Principals im Norden, Philipp Erasmus REICH, ebenfalls in Leipzig, hatte sich im Süden Johann Friedrich COTTA gerade etabliert, der nur kurze Zeit später über den inzwischen zu ihm abgeworbenen Friedrich SCHILLER und dessen Zeitschrift *Horen* Zugang zu Johann Wolfgang GOETHE suchte, was ihm auch gelingen sollte. Eine ganz wesentliche technisch-ökonomische Rahmenbedingung begünstigte erst die ökonomischen Emanzipationschancen, die wiederum das publizistische Leben aktivierten: Aufgrund des sog. Konditionenverkehrs, den REICH durchgesetzt hatte, konnte der Geldkreislauf im Verlagsgewerbe schneller als zuvor zirkulieren, was die Verlage imstande setzte, schneller in neue Produkte und Märkte zu investieren. In Berlin tat dies der Aufklärer, Schriftsteller und Verleger in einer Person, Christoph Friedrich NICOLAI, in Weimar setzte Christoph Martin WIELAND, ebenfalls Autor und Verleger, mit dem *Teutschen Merkur* öffentliche Diskussionen in Gang, die das aktivierten, was HABERMAS 1962 als das öffentliche Räsonnement der „bürgerlichen Öffentlichkeit" bezeichnet hatte.

---

5 8 Exemplare à 4 Groschen machten 1 Th 8 Gr aus.
6 So z.B. in KILLY über BECKER; ohne die zahlreichen Raubdrucke gerechnet.
7 GÖSCHEN hatte z.B. SCHILLERs *Thalia* und den *Don Carlos* verlegt; ebenso war er gerade Verleger des *Teutschen Merkurs*, den WIELAND in Weimar herausgab.

2.1 Entwicklung der Fixkostendominanz

Diesen raschen gesellschaftlichen Entwicklungsschüben auf politischer und ökonomischer Ebene hinkte die Vervielfältigungstechnik auf allen drei Dimensionen weit hinterher: Der Rohstoff für die Papierherstellung bestand immer noch aus Abfällen des Textilgewerbes („Lumpen"), das Papier wurde manuell geschüttet. Der Druckvorgang ging mittels Handpresse vonstatten. Papier- und Druckkosten hingen somit von der Vervielfältigsmenge ab, verhielten sich also variabel. Was den druckbedingten Satz betraf, so geschah dieser vorwiegend im Akkord. Eine spürbare Kostendegression pro Stück dieses an sich produktionsunabhängigen Aufwands konnte sich allerdings kaum auswirken, da sich die Auflagenhöhen von Büchern stabil um die 1.000 Exemplare und nur bei bekannteren Autoren bis zu 3.000 Stück bewegten. Auch im periodischen Printbereich kamen die Auflagen selten über eine 2.000er Grenze hinaus. Nachauflagen von erfolgreichen Büchern mußten ohnehin neu gesetzt werden, da die beweglichen Lettern durch den Druckvorgang relativ schnell „abgequetscht" (KRAMER 1985: 1224) waren. Der Aufwand für den Satz war damit zunächst eine sprungfixe Größe.[8]

Relevante technische Neuerungen setzten erst im 19. Jahrhundert ein. Zunächst auf dem Gebiet der Drucktechnik mit Friedrich KOENIGs Tiegel- bzw. Schnellpresse nach 1810, dann im Bereich der Papierherstellung 1819, als eine erstmals kapazitätsmäßig bedeutsame Papiermaschine in Berlin in Betrieb genommen wurde.[9] Der Rohstoff Textil wurde erst 1847 nach und nach durch das Holzschliffverfahren abgelöst, bis in den 70er Jahren die schnell aufkommende Zellstofftechnik die Papierherstellung revolutionierte und das bis dahin vergleichsweise hohe Papierpreisniveau zum Sinken zwang. Zeitlich am längsten hatte die Weiterentwicklung der Satztechnik auf sich warten lassen, die mit Otto MERGENTHALERs „Linotype" 1886 nach achtjähriger Versuchsphase ihren vorläufigen Abschluß fand.[10]

All diese Veränderungen hatten bedeutsame Auswirkungen auf das Kostengefüge der Medien, die für unsere Überlegungen, historisch betrachtet, nicht unwesentlich sind. So hatten die vielen größeren und kleineren technischen Fortschritte beim Drucken erhebliche Rationalisierungseffekte zu Folge, während die Satzkosten permanent stiegen.

---

8 GROTH III (1930: 20) zitiert den *Hamburgischen Unpartheyischen Correspondenten*, der zu Beginn des 19. Jahrhunderts auf eine Auflage von rd. 30.000 Ex. stieg, wofür „nicht weniger als 12 Handpressen" notwendig wurden und der Text sechsmal gesetzt werden mußte – ein weiterer Beleg für die damals technikbedingte sprungfixe Eigenschaft.

9 Die Kapazität bestand in 4 Bütten, in denen 122 cm breites Papier geschüttet werden konnte; um 1830 war die Technik weiter: Eine kleine Papiermühle konnte mit einer Bütte im 14–16-Stundenbetrieb übers Jahr zwischen 10 und 15 to Papier herstellen (vgl. H.M. KIRCHNER 1962: 431 f.). Eine Papier- „Fabrik", die 400–500 to Papier im Jahr zuwege brachte, gab es seit 1841 in Heilbronn.

10 H.M. KIRCHNER betont die technischen Schwierigkeiten gerade jener Innovation: „700 heute fast alle namenlos in die Geschichte eingegangene Erfindungen waren notwendig, um eine ausgereifte Erfindung einer Setzmaschine auf den Markt zu bringen" (KIRCHNER, H.M. 1962: 449).

Grund dafür war die in der zweiten Hälfte des 19. Jahrhunderts einsetzende und allmählich erstarkende Arbeiter- und Gewerkschaftsbewegung sowie später die BISMARCKsche Sozialgesetzgebung, die für ein steigendes Lohnniveau sorgten, was auf der Nachfrageseite wiederum Voraussetzung für die sich herausbildende Massenkaufkraft war, ohne die sich gerade die Massenkommunikationsmedien des 19. Jahrhunderts überhaupt nicht hätten entwickeln können. Satz und Druck, der wegen der produktionstechnischen Nähe meist von ein- und demselben Unternehmen ausgeführt wurde, entwickelte sich also gegenläufig, wobei der Anstieg des Kostenfaktors Satz den langfristigen Entwicklungstrend dominierte. Einer pseudonymen Rechnung eines Autors namens „R.H." in der Zeitschrift *Der Bibliothekar* aus dem Jahre 1912 zufolge,[11] die sich mit dem „Gesetz der Verminderung der Herstellungskosten pro Exemplar bei steigender Auflage" beschäftigte, hatten sich zwischen 1730 und 1910, also in einer Zeitspanne von 180 Jahren, die Satzkosten (real besehen) verfünffacht, wohingegen die Druckkosten „durch Verbesserung der Pressen am weiteren Steigen gehemmt" waren (a.a.O.). Was in dieser Betrachtung nur implizit zum Ausdruck kam, war der Umstand, daß der bis dahin mehr oder weniger als variabel wahrgenommene Druckaufwand mit zunehmender Mechanisierung immer mehr die funktionale Eigenschaft von (sprung)fixen Kosten angenommen hatte, was sich aufgrund der immer höheren Anschaffungs- bzw. Investitionskosten der inzwischen auch immer leistungsfähiger gewordenen Druckmaschinen ganz zwangsläufig ergeben mußte. Dies war eine ganz wesentliche Auswirkung des technischen Fortschritts auf die Ökonomie des Vervielfältigungsprozesses.

2.2 Kostenarten und Kostenstrukturen des Mediums Buch

Völlig vervielfältigungsmengenunabhängig, sprich fix, reagierten die Autorenhonorare, die meist als Pauschalbetrag pro gedrucktem Bogen kalkuliert wurden. Sie stiegen in zwei Wellen, und zwar marktwirtschaftlichen Gesetzmäßigkeiten folgend in Abhängigkeit von Angebots- und Nachfragesituation: im letzten Drittel des auslaufenden 18. Jahrhunderts bis über die Jahrhundertwende hinaus parallel zur zunehmenden Titelproduktion des Büchermarktes.[12] In der dann länger anhaltenden politischen und wirtschaftlichen Stagnationsphase der Restaurationsära fielen sie zurück und konnten einen zweiten, aber sehr viel langsameren Schub erst wieder in der zweiten Hälfte des 19. Jahrhunderts verzeichnen. Der raschere und steilere Honoraranstieg in der ersten Welle hing mit der – unter Berücksichtigung der damaligen Rezeptionsbedingungen wie Lesefähigkeit und Kaufkraft – vergleichsweise sehr viel stärkeren Akzeptanz und intensiveren Nutzung des Mediums Buch zusammen, wohingegen sich die Kaufbereitschaft in der zweiten Hälfte des 19. Jahrhunderts

11 R.H. (1912): Durchschnittliche Herstellungskosten eines wissenschaftlichen Werkes im 18. und 20. Jahrhundert. In: Der Bibliothekar Nr. 10: 507.

12 Nach JENTZSCH (1912, hier zit.n. RARISCH 1976) kamen 1770 1.144 Buchtitel, im Jahre 1800 2.569 Titel auf den „Markt". Von 1801–1805 wuchs die Buchproduktion auf 20.264 Titel und nahm danach in den nächsten Fünfjahreszeiträumen kontinuierlich ab. Erst 1821–1925 hatte sich der Büchermarkt wieder erholt und konnte mit 21.961 Titeln an die Entwicklung vor 1806 wieder anknüpfen.

mehr auf die Massenmedien, konkret die hochauflagigen und billigeren Zeitschriften und später auch auf die Tageszeitungen verlagerte. Ein Vergleich veränderter Kostenstrukturen eines wissenschaftlichen Buches, der ebenfalls von dem erwähnten Pseudonymus „R.H." stammt, ergibt für die Vergleichszeitpunkte 1730 und 1910 folgendes Bild:

Setzt man für 1730 die Fixkosten (hier fett gedruckt) ins Verhältnis zu den gesamten Kosten, so ergibt dies einen Anteil von 30,5%. Die Betrachtung für 1910 ergibt einen Wert von 68,7% ohne bzw. inkl. Druckkosten gerechnet einen Wert von 77,0%. Die Fixkostenstruktur hat sich demnach mehr als verdoppelt. Im Hinblick auf die Wirtschaftlichkeit der Kalkulation bedeutete dies, daß 1910 entweder der Absatzpreis strukturell sehr viel höher oder die Absatzmenge sehr viel größer sein mußte als im Jahre 1730, um alle fixen Kosten über den Markt verrechnen zu können.

Die Zufälligkeit der numerisch identischen Werte für den Druckkostenanteil (8%) der beiden Vergleichszeitpunkte täuscht über die gesunkene Bedeutung dieser Kostenposition. Aufschlußreicher ist eine Betrachtung, die auf die Gewichte einzelner Kostenrelationen abstellt. Druck und Satz verhielten sich um 1730 hinsichtlich ihrer Größenordnung bei 1:1 und stiegen bis 1910 auf ein Verhältnis von 1:3; das Verhältnis Druck zu Honoraren verschob sich von 1:2,5 auf 1:5. Das 1910 bereits erheblich niedrigere Papierpreisniveau (bzw. das tendenziell relevantere Kostengewicht des Druckvorgangs) läßt sich aus dem Vergleich der entsprechenden Größen Druck zu Papieranteil ersehen: 1:7,5 um 1730 bzw. 1:2,7 um 1910.

Tab.2.2 [1]: „Durchschnittliche Herstellkosten" eines wiss. Buches (20 Bogen) in 1.500 Ex

	um 1730 in Thaler		um 1910 in Mark	
Papier	75	61%	562	23%
Satz	**10**	**8%**	**620**	**25%**
Druck	10	8%	205	8%
Korrektur	**2,5**	**2%**	**60**	**2%**
Honorar	**25**	**20%**	**1.000**	**41%**
Summe/Kosten	122,5	100%	2.447	100%

Quelle: zusammengestellt nach „R.H." (1912: 507)

Verglichen mit heutigen Werten des ausgehenden 20. Jahrhunderts haben die weitgehend fixen Druckkosten relativ gesehen zwar einen ähnlichen Stellenwert, dies hängt aber mit erneut veränderten Kostenstrukturen insgesamt zusammen: Einmal ist das Niveau des variablen Kostenfaktors Papier wiederum erheblich, auch im Vergleich zu 1910, gesunken und liegt bei Auflagenhöhen von 2.000 bis 4.000 Buchexemplaren absolut betrachtet nicht höher als der Druckaufwand, sondern eher darunter (vgl. Kap. 6.6.2). Zum anderen hat sich, als Spiegelbild gesamtgesellschaftlichen 'Fortschrittes', gemessen etwa an der Ausdifferenzierung aller Lebensbereiche (zunehmende Komplexität à la LUHMANN) sowie unendlich vieler Wachstums- und Struktureffekte (vgl. z.B. die sog. Drei–Sektoren–Hypothese), eine andere Kostendimension in den Vordergrund geschoben, die ebenfalls (sprung-)fixen Kostencharakter hat: all jene betriebsnotwendigen Organisationsstrukturen, die sich als sog. Gemeinkosten in den Kalkulationen niederschlagen. Solche Kosten sind in der obigen Betrachtung überhaupt nicht enthalten.[13]

Um die Kostensteigerungen absolut gesehen zu verdeutlichen, sei die obige Vergleichsbetrachtung um die Umrechnung des Kostengefüges in ein einheitliches Währungsformat, in Thaler, erweitert, und zwar in zweierlei Form: zum einen rein nominal betrachtet, zum andern in realen Werten, um die Preisentwicklung über den (langen) Zeitraum einzufangen.[14]

Tab. 2.2 [2]: „Durchschnittliche Herstellkosten“ eines wiss. Buches (20 Bogen) in 1.500 Ex.: Entwicklung zwischen 1730 und 1910. Angaben hier alle in Th

	um 1730 (Basisjahr)	um 1910 nominal	real
Papier	75	187	49
Satz	**10**	**207**	**54**
Druck	10	68	18
Korrektur	**2,5**	**20**	**5**
Honorar	**25**	**333**	**87**
Summe/ Kosten	**147**	**815**	**213**

Quelle: zusammengestellt n. „R.H.“ (1912: 507)

Die weitere Entwicklung bis in die 90er Jahre des 20. Jahrhunderts läßt sich aus der nachfolgenden Abbildung 2.2 [3] ersehen. In ihr ist die Kostenhistorie seit 1776 bis 1992 anhand von einzelnen Buchprojekten dargestellt, die sich aus Sekundärquellen

13 Bei der dabei auftauchenden Frage, ob es Sinn macht, sozusagen probehalber die gleiche Rechnung um einen bestimmten Gemeinkostenanteil zu erweitern und diesen Vergleich erneut durchzuführen, stehen sich zwei Überlegungen gegenüber: Für eine solche Rechnung spräche die 'bessere' formale Vergleichbarkeit, dagegen der historische Umstand, daß man um 1730 mit solchen Kostenkategorien einfach nicht gerechnet hat und diese auch nicht in die Verkaufspreiskalkulation eingeflossen sind, unabhängig davon, ob man dieses Kostenphänomen wahrgenommen hat oder auch nicht. Aus diesem Grund wird hier so verfahren – wie bei den nachfolgenden Darstellungen auch –, daß historische Kostenbetrachtungen erst einmal im originalen Ansatz diskutiert werden, bevor eine – aus Gründen der Beispielhaftigkeit und in der Fragestellung erweiterte – (Nach-)Kalkulation erfolgt.

14 Im Originalaufsatz wurde dies nicht explizit gemacht, aber ein Hinweis auf die Sinnhaftigkeit einer solchen Betrachtung gegeben. Dafür wurde auch ein konkreter Kaufkraft–Umrechnungsfaktor genannt: 1 Rt = 11,52 Mk. Einen Beleg oder Quellenhinweis gibt der Verfasser „R.H.“ nicht. Die Währungsumstellung Thaler (norddeutscher Raum) und Gulden (Süddeutschland) einheitlich in Mark erfolgte im übrigen 1875. Danach waren 3 Mk = 1 Th bzw. Rt (Reichsthaler), wobei dieses Verhältnis für die nominale Umrechnung unterlegt wurde.

ermitteln bzw. rekonstruieren ließen. Nachvollziehbar wird die allmähliche Ausdifferenzierung des Produktionsprozesses und der Kostenarten - beides schlug sich in einem permanent verändernden Kostengefüge nieder: (Fixe) Gemeinkosten beispielsweise finden hier erstmals 1817 in Gestalt „sonstiger Kosten“ Eingang in die kalkulatorische Wahrnehmung.

2.3 Fixkosten und Degressionseffekte bei periodischen Printmedien

Die Wirkung der Fixkostendegression auf die Stückkostenkalkulation wurde in ihrer Tragweite vergleichsweise spät erkannt, was, wie bereits erwähnt, an dem hohen Preisniveau des variablen Kostenfaktors Papier und der bis ins 19. Jahrhundert hineinreichenden technikbedingten variablen Kosteneigenschaft des Druckvorgangs zusammenhing. So sind auch nur wenige Quellen überliefert, die auf diesen kostenentlastenden Mechanismus aufmerksam machen (konnten).[15] Bei Büchern war eine solche Situation eher selten entstanden,[16] bedeutender mußte sich dieser Effekt bei periodisch erscheinenden Printprodukten auswirken, wenn diese eine Auflagensteigerung realisierten. Allerdings ist die Datenlage zu (Tages-)Zeitungen bis ins 19. Jahrhundert hinein ausgesprochen dürr. Erhalten hat sich aber aus dem Jahr 1842 der 'Beteiligungsprospekt' für potentielle 'Anleger' eines Projekts namens *Rheinische Zeitung für Politik, Handel und Gewerbe*, in dessen 'Zeichnungsunterlagen' eine Wirtschaftlichkeitsberechnung für zwei unterschiedliche Auflagensituationen vorgerechnet wurde. Das Projekt hatte rechtlich die Form einer neu gegründeten Kommanditgesellschaft auf Aktien, die einen älteren Zeitungstitel erworben hatte, der

15 Über die Kostenkalkulationen des BECKERschen Bestsellers *Noth- und Hülfsbüchlein* haben sich leider keine Daten erhalten. Aus dem Hause COTTA existiert eine Kalkulation des Geschäftsführers der Druckerei in Augsburg, Wilhelm REICHEL, der 1820 seinem Chef in Stuttgart eine Aufstellung über alternative Kostensituationen im Zusammenhang mit dem Neudruck von GOETHEs *Faust* vorlegte. Dabei rekurrierte REICHEL ausschließlich auf die Kostenfaktoren Papier und Druck: Bei einer Auflage von 1.500 Ex. hätten die Druckkosten 61%, bei 2.000 Ex. 58% und bei 2.500 Ex. 57% ausgemacht, wobei allerdings nicht explizit auf diesen Effekt hingewiesen, sondern v.a. auf die absolute Höhe der Kosten abgestellt wird (vgl. QuZ IV: 1249). Bei dem Großprojekt der *Gesammelten Werke* SCHILLERs, die bei COTTA 1839 in einer Auflagenhöhe von 100.000 Ex. vervielfältigt wurden, müssen sich, da dies bereits auf Koenig & Bauerschen Schnellpressen geschah, solche Effekte in einer Größenordnung eingestellt haben, die die Kalkulatoren nicht übersehen konnten, selbst unter Berücksichtigung des Umstandes, daß der sonst fixe Aufwand für Satz insgesamt drei Male entstand, weil die gesetzten Buchstaben nicht so lange durchhielten. Dazu sind bisher keine detaillierteren Erkenntnisse vorhanden, was aber damit zusammenhängen mag, daß die umfangreiche Geschäftspapiere des Verlages aus dieser Zeit noch nicht ausgewertet wurden.

16 Dies konnte sich nur bei Neudruck auswirken, wenn der Satz noch vorhanden und nicht restlos „abgequetscht“ war. Der Druckaufwand gestaltete sich ja lange variabel, und wenn für eine Neuauflage ein zusätzliches Honorar vereinbart war, kam auch hier die Degressionswirkung nicht zum Tragen.

Abb. 2.2 [3]: Kostenarten und Kostenkalkulationen: Medium Buch vom 18. bis 20. Jahrhundert

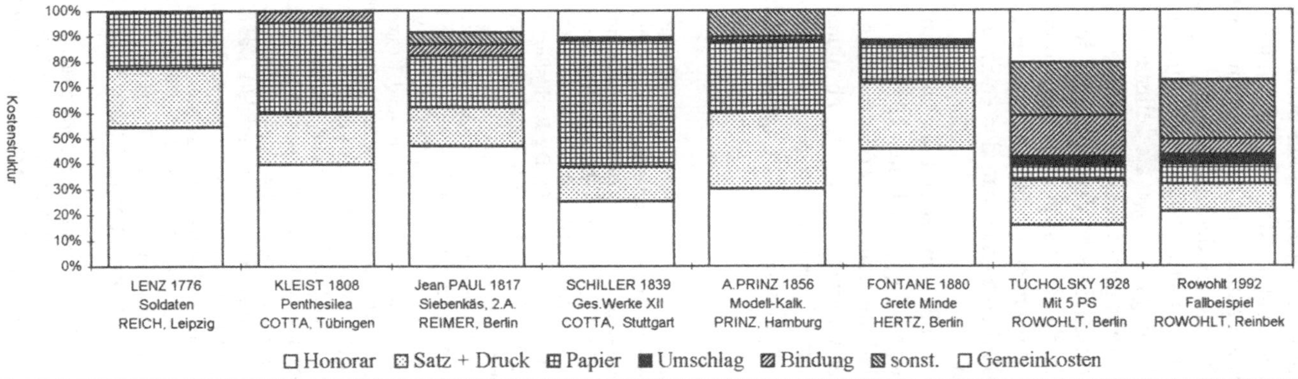

Kostenstrukturen in %

(Legende: oberste Zeile: Verlag u. Ort, mittl. Z.: Titel, untere Z.: Autor u. Erscheinungsjahr)

	REICH, Leipzig *Soldaten* **LENZ 1776**	COTTA, Tübingen *Penthesilea* **KLEIST 1808**	REIMER, Berlin *Siebenkäs, 2.A.* **Jean PAUL 1817**	COTTA, Stuttgart *Ges.Werke XII* **SCHILLER 1839**	PRINZ, Hamburg Modell-Kalk. **A.PRINZ 1856**	HERTZ, Berlin *Grete Minde* **FONTANE 1880**	ROWOHLT, Berlin *Mit 5 PS* **TUCHOLSKY 1928**	ROWOHLT, Reinbek Fallbeispiel **Rowohlt 1992**
Honorar	54,3	39,5	47,1	25,1	30	45,5	15,8	21,2
Satz + Druck	23,1	20,2	15,3	13,4	30	25,8	17,2	10,5
Papier	21,7	35,3	20	49,9	27,1	15	6,2	7,7
Umschlag	0	0	0	0,09	1	0,8	3,2	3,9
Bindung	0	4,6	4,5	0,9	1,5	1	16,3	6,1
sonst.	0,8	0,3	4,6	0	10,4	0	20,6	22,9
Gemeinkosten	0	0	8,7	10,6	0	11,9	20,7	27,8
Gesamtkosten	100	100	100	100	100	100	100	100
Auflagenhöhe	1.000	750	1.500	100.000 (!)	750	1.100	4.000	10.000

schlecht lief. Die Gründer, liberal eingestellte und finanzkräftige Bürger aus dem Kölner Raum, wollten ein publizistisches Gegengewicht zur pro Katholizismus eingestellten *Kölnischen Zeitung* aufbauen und in der zensurbedingten kurzen Lebensphase[17] hatte Karl MARX als Chefredakteur das Blatt zu einer publizistischen und wirtschaftlichen Blüte geführt, die die in dem 'Verkaufsprospekt' anvisierte Auflagenhöhe in kurzer Zeit fast realisiert hatte. Dabei wurde just auf eben diese Degressionswirkung abgestellt, die allerdings weniger als selbständiger Effekt als vielmehr im graduellen Vergleich zur Ertragsentwicklung wahrgenommen wurde, wie aus dem originalen Zitat hervorgeht: „Bei jeder Verdoppelung der Abonnentenzahl vermehren sich, wie man sieht, die Einnahmen um fast das Doppelte, während die Ausgaben nur stark um die Hälfte zunehmen, so daß hiernach sehr wohl erklärlich ist, wie eine Zeitung, die über 8000 Abonnenten hat, den enormen Gewinn von ca. 30 000 Thlr. jährlich abwerfen kann.“[18]

In Tab. 2.3 [1] sind die Zahlenwerte in Rt gelistet und der heutigen Kostenstruktur einer durchschnittlichen Tageszeitungsauflage des Jahres 1990, hier in Mio. DM, gegenübergestellt.[19] Aus Tab. 2.3 [2] sind die relativen Größenordnungen ersichtlich, die im kombinierten Vergleich zwischen relativen Werten und absoluten Größenordnungen interessante Rückschlüsse zulassen. Hier interessieren indes die Fixkosteneffekte, die in ihrer Gesamtheit und der Übersichtlichkeit halber nochmals in der Tab. 2.3 [3] zusammengezogen sind.

---

17 KOSZYK II 1966: 98 spricht ihr „jene kritische, geschlossene Form zu, die ihr bald den Ruf eintrug, die erste politische Zeitung Deutschlands zu sein.“ Die preußische Regierung, insbes. auch Friedrich Wilhelm IV, die diese Gründung als Gegengewicht zum katholizistischen Sprachrohr in Gestalt der *Kölner Zeitung* erst freudig begrüßt hatte, änderte sehr schnell ihre Meinung und sprach mit Wirkung zum 31.3.1843, knapp ein halbes Jahr, nachdem MARX den Posten des Chefredakteurs übernommen hatte, die endgültige Verbotsverfügung aus (a.a.O.: 99). Die Rechtsform KGaA hatten die Initiatoren seinerzeit gewählt, weil die Gründung eines Betriebes in dieser Unternehmensform, auch der Betrieb einer Zeitung, nicht konzessionspflichtig war (a.a.O.: 97).

18 Die Rechnungen und Aussagen über die Ertrags– bzw. Kostenverläufe beziehen sich auf die eigene Zeitung, die Zahl von 8.000 Abonnenten und den 30.000 Thaler–Gewinn auf die bisherige Monopolzeitung der Konkurrenz, die *Kölnische Zeitung*. Quelle: KLUTENTRETER (II 1967: 173 ff.).

19 Da es für heutige Tageszeitungen keine absoluten Werte zu Kosten und Kostenstrukturen, z.B. gestaffelt nach Auflagengrößenklassen gibt und der BDZV nur prozentuale Kostenstrukturen nennt, wurde dieses Beispiel folgendermaßen entwickelt: Aus auf der Basis eines Monatsstücks im Jahre 1990 absolut umgerechneten Daten zur Ertrags- und Aufwandsstruktur, die für 1990 noch mit Hilfe der Kostenstrukturstatistik aus der sog. Pressestatistik rekonstruiert werden konnte (zu den Umrechnungsergebnissen vgl. LUDWIG 1994: 196), wurde mittels einer durchschnittlichen Auflagenhöhe das Kostenvolumen dieser fiktiven 'durchschnittlichen Tageszeitung' gebildet. Das durchschnittliche Auflagenvolumen wiederum wurde mangels Daten zur durchschnittlichen Auflagenhöhe etwa einer mittleren Tageszeitung als Medianwert über alle Auflagengrößenklassen mittels der Pressestatistik 1990 (S. 40) berechnet. Damit wurden die Daten des Monatsstücks auf eine Auflagenhöhe von 100.000 Ex hochgerechnet, wobei eine Erscheinungsweise von 300 Tagen im Jahr bzw. sechsmal wöchentlich angesetzt wurde. Die *Rheinische Zeitung* erschien an 7 Tagen der Woche. Die Druckkosten wurden 1842 als variabel eingestuft.
Die 1990er variablen Kostenwerte für die Auflagenvariante einer Verdoppelung wurden, mangels konkreter Zahlen sowie der Einfachheit halber, ebenfalls verdoppelt; dies betrifft den Papieraufwand und den Vertrieb. Da die Satz- und Druckkosten vom BDZV nicht getrennt ausgewiesen werden und eine Verdoppelung einer Tageszeitungsauflage heutige Druckkapazitäten kaum vor Probleme stellen dürfte, erschien die Zuordnung dieses kombinierten Kostenblocks zu den Fixkosten vertretbar, auch wenn sich, in sehr geringem Umfange allerdings, Druckkosten in einem solchen Falle zumindest (leicht) sprungfix verhalten dürften.

Als Ergebnis verbleibt die erwartete Einschätzung, daß mit zunehmenden Fixkostenqualitäten der Zeitungsproduktion im Verlauf von knapp 150 Jahren auch der Grad der Degressionswirkung steigt; in diesem konkreten Beispiel um annähernd die doppelte Wirkung.[20] Dies belegt die entwicklungsgeschichtlich zunehmende Bedeutung des ökonomischen Grundproblems auch für ein periodisch erscheinendes Medium wie die Zeitung.

Tab. 2.3 [1]: Kostenstrukturen von Tageszeitungen im historischen Vergleich: Rheinische Zeitung 1842/43 versus Tageszeitung (Durchschnittsdaten für 1990

Rheinische Zeitung: Daten in Rt			Tageszeitung 1990: Daten in Mio. DM		
Auflagenhöhe	2.000	4.000	Auflagenhöhe	100.000	200.000
variable Kosten:					
Papier	2.880	5.760	Papier	5,832	11,665
Druck	1.040	1.560			
Vertrieb	4.967	12.400	Vertrieb	10,332	20,664
fixe Kosten:					
Satz	1.768	1.768	Satz + Druck	17,498	17,498
Redaktion, Verwaltung, Expedition u. sonstiges	6.960	6.960	Redaktion	10,332	10,332
			Anzeigen	6,888	6,888
			Verwaltung u. sonstiges	4,666	4,666
Summe	17.615	28.448	Summe	55,548	71,712

Tab. 2.3 [2]: Kostenstrukturen in %: 1842/43 versus 1990

Rheinische Zeitung: Daten in Rt			Tageszeitung 1990: Daten in Mio. DM		
Auflagenhöhe	2.000	4.000	Auflagenhöhe	100.000	200.000
variable Kosten:			Papier	10,5	16,3
Papier	16,4	20,3			
Druck	5,9	5,5	Vertrieb	18,6	28,8
Vertrieb	28,2	43,6			
fixe Kosten:					
Satz	10,0	6,2	Satz + Druck	31,5	24,4
Redaktion, Verwaltung, Expedition u. sonstiges	39,5	24,5	Redaktion	18,6	14,3
			Anzeigen	12,4	9,6
			Verwaltung u. sonstiges	8,4	6,5
	100%	100%		100%	100%

20 Obwohl der Fixkostenanteil zwischen beiden Zeitpunkten nur um rd. 20 Prozentpunkte zugenommen hatte. Im fraglichen Ergebnis steckt aber zusätzlich die Wirkung eines Basiseffektes.

Tab. 2.3 [3]: Fixkostenanteile in % und Degressionseffekte: 1842/43 versus 1990

	Rheinische Zeitung		Tageszeitung	
	2.000 Ex.	4.000 Ex.	100.000 Ex.	200.000 Ex.
variable Kosten	50,5%	69,4%	29,1%	45,1%
fixe Kosten	**49,5%**	**30,6%**	**70,9%**	**54,9%**
Stückkosten/Ex	211 Gr	171 Gr	555,50 DM	358,56 DM
Unterschied in %		**– 18,9%**		**– 35,5%**

Setzte sich die Erkenntnis und die bewußte ökonomische Umsetzung dieser Effekte erst in der zweiten Hälfte des 19. Jahrhunderts flächendeckend durch, so begann auch die wissenschaftliche Analyse vergleichsweise spät. Der Zeitungswissenschaftler Karl BÜCHER gehörte zu jenen, die sich mit diesem Mechanismus auseinandersetzten. 1903 rechnete er in seiner, vom Akademischen Schutzverein beauftragten, Denkschrift über den deutschen Verlagsbuchhandel (BERTENBURG 1912: V: „Anklageschrift") erstmals dieses Phänomen beispielhaft für das Medium 'Buch' durch (vgl. BÜCHER 1903: 226 ff.). 1910 gab er, in einer der damals renommiertesten 'volkswirtschaftlichen' Fachzeitschriften, der *Zeitschrift für die gesamte Staatswissenschaft,*[21] zum ersten Male dem Ganzen einen Namen, „Gesetz der Massenproduktion", und stellte notwendige Begrifflichkeiten wie „Nutzschwelle" und „Nutzhöhe der Massenproduktion" auf (BÜCHER 1920: 103). Damit wurde die Fixkostendegression und ihre ökonomischen Auswirkungen nicht zufällig am Beispiel der Medienbranche entdeckt. Den Zusammenhang zwischen den gewonnenen technisch-ökonomischen Vorteilen und den dadurch realisierbaren publizistischen Möglichkeiten brachte BÜCHER 1910 so auf den Punkt: „Der größte Teil der technischen Fortschritte ... beruht auf der Einfügung konstanter Kostenelemente an Stellen, wo vorher variable Kosten zu berechnen waren" (BÜCHER 1920: 92).

2.4 Fixkostenexplosion bei Film und Fernsehen

BÜCHER hatte sein Gesetz zu einem Zeitpunkt zu Papier gebracht, als sich gerade ein neues Medium, körperlich-materiell bestehend aus Zelluloid, seine Märkte zu erobern anschickte: das Medium Film, auf das BÜCHERs Erkenntnisse in besonderem Maße zutreffen sollten. Filmische Darstellung zeichnet sich aufgrund ihrer Einmalproduktion und ihres vergleichsweise geringen Grades an Körperlichkeit für die technische Distribution durch eine ausgeprägte Fixkostendominanz aus. Hinsichtlich der künstlerisch-ästhetischen Entwicklung war das Medium Film von einem rasanten Wachstum im Produktionsaufwand gekennzeichnet. Dies lag zum einen an den anspruchsvoller werdenden Sujets seit 1900, zum anderen an der zunehmenden Anzahl der künstlerischen und produktionstechnischen Mitarbeiter sowie dem sich ständig

21 Heißt heute *Journal of Institutional and Theoretical Economics* (*JITE*).

revolutionierenden Technikaufwand (Ton, Farbe usw.). Das steigende absolute Kostenvolumen mit jeder neuen Filmgeneration verstärkte die involvierten Wirkungen der Fixkostendominanz gerade bei diesem Medium.

Die Entwicklung dieses Phänomens und dessen potentielle Auswirkungen auf die Inhalte haben SCHMIDT/SCHMALENBACH/BÄCHLIN (1947: 7) bzw. BÄCHLIN (1947: *Der Film als Ware)* für die erste große künstlerisch-ästhetisch bedeutsame Ära zwischen 1910 und 1940 nachgezeichnet, die in Tab. 2.4 [1] wiedergegeben ist.

Tab. 2.4 [1]: Kostenexplosion beim Film zwischen 1910 und 1940:
Der Film wird zur „Ware" (BÄCHLIN)

Jahr	Länge in Metern maximal	Produktionskosten in SFr	notwendiges Marktpotential in Zuschauern	dto. als Index
1910	700	1.000	1.000	100
1915	2.000	10.000	10.000	1.000
1920	2.000	120.000	120.000	12.000
1930	2.800	700.000	700.000	70.000
1940	2.800	1.400.000	1.400.000	140.000

Im fraglichen Zeitraum von 30 Jahren hatte sich die durchschnittliche Filmdauer vervierfacht, die Produktionskosten waren um das 1.400fache explodiert.[22] Demgegenüber nehmen sich die Kostensteigerungen in den daran anschließenden 50 Jahren vergleichsweise bescheiden aus, selbst wenn man Hollywood-Standard anlegt: 1992 betrugen die durchschnittlichen Herstellkosten einer US-Filmproduktion knapp 30 Mio. $ bzw. umgerechnet rd. 42 Mio. DM - eine Kostensteigerung um das 30fache innerhalb von 50 Jahren.

Das potentielle Marktversagensproblem liegt wiederum in den finanziellen Konsequenzen bzw. den notwendigen Marktvolumina, die zur Kostendeckung benötigt werden. Relevante Lösungen bzw. Alternativen lassen sich anhand einfacher Überlegungen kalkulieren:

* Der genannte durchschnittliche Kinofilm in den USA würde inklusive 15 Mio. DM Marketingkosten (Gesamtaufwand umgerechnet 57 Mio. DM) bei einem durchschnittlichen Produzentenerlös von umgerechnet 5 DM pro Kinokarte für die Kostendeckung knapp 11,4 Mio. Besucher erfordern.

* Bei jährlich insgesamt rd. 1 Mrd. Kinobesuchern und 400 Neuproduktionen in den USA entfallen im Durchschnitt auf jeden Film jedoch nur 2,5 Mio. Besucher.

22 Die Autoren gehen bei ihrer Berechnung des notwendigen Marktpotentials in Zuschauern von einem Produzentenerlös von 1 Sfr aus. Die Kostendaten enthalten nur den Produktionsaufwand, also keine Marketingkosten oder Gewinnmargen für den Kinovertrieb. Berücksichtigt man, daß im fraglichen Zeitraum der Index der Lebenshaltungskosten in Deutschland nur um ganze 40 Prozentpunkte gestiegen ist, wird die Herausrechnung einer Inflationsrate vergleichsweise bedeutungslos.

* Zwecks Kostendeckung werden daher weitere Märkte benötigt, die sich US-Filme erfolgreich im Ausland, insbesondere auch in Deutschland suchen. Für die amerikanische Filmwirtschaft liegt die Lösung im Zwang zur Vielfachvermarktung, u.a. auf dem bundesdeutschen Kinomarkt.[23]

Die künstlerisch-ästhetischen Folgen für die Aussagenproduktion dieses absoluten Kosten- wie spezifischen Fixkostenphänomens, die sich ökonomisch weltweit in der Gründung von großen Kapitalgesellschaften, einem dominanten Engagement von Banken (Beispiel: Ufa-Gründung) und schnellen Konzentrationsprozessen niederschlugen, wurden bereits in den 20er und 30er Jahren problematisiert, wie beispielsweise von Siegfried KRACAUER (1932/1992: 260 ff): „Der Film ist innerhalb der kapitalistischen Wirtschaft eine Ware wie andere Waren auch. Er wird ... nicht im Interesse der Kunst oder der Aufklärung der Massen produziert, sondern um des Nutzens willen, den er abzuwerfen verspricht."[24]

Seine logische Fortsetzung fand dieses extrem ausgeprägte ökonomische Grundproblem in der zweiten Hälfte des 20. Jahrhunderts im immer stärker dominierenden Medium Fernsehen, das heute nicht nur als 'das' Massenmedium schlechthin, sondern auch als 'Leitmedium' gilt. Ein inzwischen täglich durchgehender Sendebetrieb, zunehmende technische Möglichkeiten und wachsenden Technikansprüche, aber auch die inhaltliche Spannbreite der Aussagenproduktionen katapultierten das absolute Kostenniveau in eine neue Größendimension. Das deutsche ZDF beispielsweise hatte 1992 einen Kostenapparat von knapp 2,2 Mrd. DM zu organisieren. Als öffentlich-rechtliche Fernsehanstalt[25] finanziert sich das ZDF wie die ARD über

23 Das amerikanische Problemlösungsmodell hat Auswirkungen für die deutsche Filmwirtschaft: (1) 1996 verzeichneten die Kinotheater 125 Mio. Besucher: im Durchschnitt 1,6 Kinobesuche pro Bundesbürger. Bei einem Produzentenerlös von 5 DM pro Kinokarte entspricht dies einem Einnahmevolumen von 620 Mio. DM. (2) Da der Marktanteil von US-Kinofilmen bei rd. 85% liegt, verbleiben für den deutschen Film rd. 90 Mio. DM. Umgelegt auf 65 deutsche Filme, die von durchschnittlich 160 Neuproduktionen in die Kinos kommen, sind dies 1,4 Mio DM pro Filmtitel. Die durchschnittlichen Produktionskosten liegen jedoch bedeutend höher. (3) Angenommen, der durchschnittliche Produktionsaufwand der bundesdeutschen Filmproduktionen läge bei rd. 10 Mio. DM, so würde das heimische Marktpotential für sämtliche 65 Neuproduktionen gerade ausreichen. Tatsächlich ist dies nicht der Fall, da das Marktvolumen von der US-Konkurrenz absorbiert wird.
Für den deutschen Film existieren theoretisch folgende Lösungen: 1) Ein Ausgleich über höhere Eintrittspreise zwecks Ausgleich zu geringer Besucherzahlen; dies kann indes schon aufgrund der Konkurrenzssituation nicht funktionieren. 2) Besucher qua Dekret ins (deutsche) Kino zwingen; auch diese Variante scheidet ebenfalls aus. 3) Subventionierung des deutschen Films, wie es tatäschlich praktiziert wird: mit rd. 200 Mio. DM aus den verschiedensten Fördertöpfen. Addiert man in obiger Rechnung zu den Produzentenerlösen in Höhe von 90 Mio. DM anteilige Filmförderungssubventionen in einer Größenordnung von 81 Mio. DM hinzu (Annahme gleichmäßig verteilter Förderbeträge auf alle Neuproduktionen), so würde sich das durchschnittliche Finanzierungsvolumen für jeden der 65 Kinofilme auf 2,6 Mio. DM erhöhen. Tatsächlich reicht auch dies nicht zur vollen Kostendeckung aus. Die weitergehende Alternative bestünde in einer Aufstockung staatlicher Ersatzleistungen für fehlende Zahlungsbereitschaft auf dem Markt, wie dies beispielsweise für die deutschen Theaterbühnen praktiziert wird: Staatliche Haushalte subventionierten im Jahre 1990 den Theaterbereich, der rd. 20 Mio. Besucher in die Hallen lockte, mit 4,2 Mrd. DM (Datenreport 1994: 141). Pro Besucher mit rund 210 DM. Die Filmförderung nimmt sich dagegen bescheiden aus: 200 Mio. DM dividiert durch 130 Mio. Kinobesucher ergeben die Summe von 1,54 DM - im Vergleich zur Theaterförderung ein Unterschied von 1 : 136.

24 So im Original in der *Frankfurter Zeitung* v. 23.5.1932

25 Der juristische Status ist .der einer Gemeinnützigen Anstalt des Öffentlichen Rechts

Zwangsgebühren, die von allen Fernsehgerätebesitzern erhoben werden unabhängig ihres tatsächlichen Fernsehkonsums. Die parafiskalische bzw. halbstaatliche Finanzierungsorganisation ist unter anderem auch Ausfluß des ökonomischen Grundproblems: Nur über ein sehr großes Marktpotential läßt sich der mediale Aufwand über vergleichsweise geringe Einzelbeträge refinanzieren.[26] Sog. privatwirtschaftlich organisierte TV-Unternehmen mit Vollprogramm finanzieren sich ebenfalls nicht über eine direkte Zahlungsbereitschaft ihrer Rezipienten, sondern nutzen die indirekte Finanzierung über Werbung (vgl. ausführlich Kap. 5.3). Lediglich Pay-TV-Sender mit spezifischem Programmangebot versuchen derzeit weltweit und mit unterschiedlichem Erfolg, ihre Kosten über die direkte Zahlungsbereitschaft seitens ihrer Abonnenten einzuspielen.[27]

Die verschiedenartigen Kostenvolumina unterschiedlicher Mediengattungen im Vergleich sind in Abb. 2.4 [2] zusammengestellt, die die 'Kostenexplosion' des Mediums Fernsehen deutlich macht. Zwecks besserer Vergleichbarkeit sind die Kosten der in Abb. 1.2 beispielhaft analysierten Medien, die dort auf ihre Kostenstrukturen untersucht wurden, hier 1) in absoluter Höhe und 2) auf die Anzahl medienspezifisch-notwendiger Mitarbeiter bezogen. Konkret wurden alle Kostensummen durch einen einheitlich fiktiven Jahreslohn von 65.500 DM dividiert.[28] Da Kosten und auch Vorleistungen letztlich Wertschöpfung repräsentieren, ist diese Umrechnung geeignet, den jeweils medienspezifischen Aufwand zu betonen:[29] Das Medium Fernsehen repräsentiert mit Abstand den höchsten medialen Aufwand.[30] Seiner Eigenschaft nach ist dieser Aufwand überwiegend fix, d.h. unabhängig von der nachgefragten Nutzungsmenge.

26 Verteilt man den Kostenaufwand auf die durchschnittliche Jahres-Nettoreichweite, d.h. auf rd. 26 Mio. ZDF-Zuschauer, so ergäbe dies einen monatlichen Finanzierungsbeitrag von rd. 7 DM. Tatsächlich waren 1992 insgesamt über 23 Mio. gebührenpflichtige Fernsehgeräte angemeldet.

27 Diese Versuche sind sämtlichst derzeit noch nicht abgeschlossen bzw. das seitens der Anbieter vermutete Marktpotential ist noch nicht ausgeschöpft. Vgl. ZIMMER (1996: 386 ff.). In der Bundesrepublik gibt es zur Zeit zwei solcher Projekte: Premiere und DF1.

28 Entspricht dem Jahresbruttolohn (13 Gehälter) eines Arbeitnehmers mit mittlerem Einkommen, wie ihn das Statistische Bundesamt in seinen laufenden Wirtschaftsrechnungen für das Jahr 1992 ermittelte. Dieses Einkommen wird im übrigen den Ausgabenbudgetbetrachtungen (u.a. Medienbudget) der amtlichen Statistik zugrunde gelegt. Ausführlich dazu im Kap. 5.2.2.1.

29 U.a. auch aufgrund der Ausblendung des Lohn- bzw. Einkommensgefälles. Die Kostenvolumina geben den Aufwand des bzw. im Jahre 1992 wieder (ZDF: 1990).

30 Die Vergleichbarkeit der Beispiele Buch und US-Kinofilm kann nur eingeschränkt gelten: In beiden Fällen handelt es sich um eine einmalige Produktion eines einzelnen Medienprodukts. Beim (kleinen) Buchverlag ist die Jahresproduktion wiedergegeben. Alle anderen Medien sind periodische Medienangebote, deren Aufwand hier für den Zeitraum eines ganzen Jahres abgebildet wird. Allerdings kann die Produktion sowohl eines Buches als eines Filmprojekts durchaus den Zeitraum eines ganzen Jahres in Anspruch nehmen.

Abb. 2.4 [2]: Kostenvolumina unterschiedlicher Mediengattungen im Vergleich: gemessen in durchschnittlichen Bruttojahreslöhnen (65.500 DM/1992)

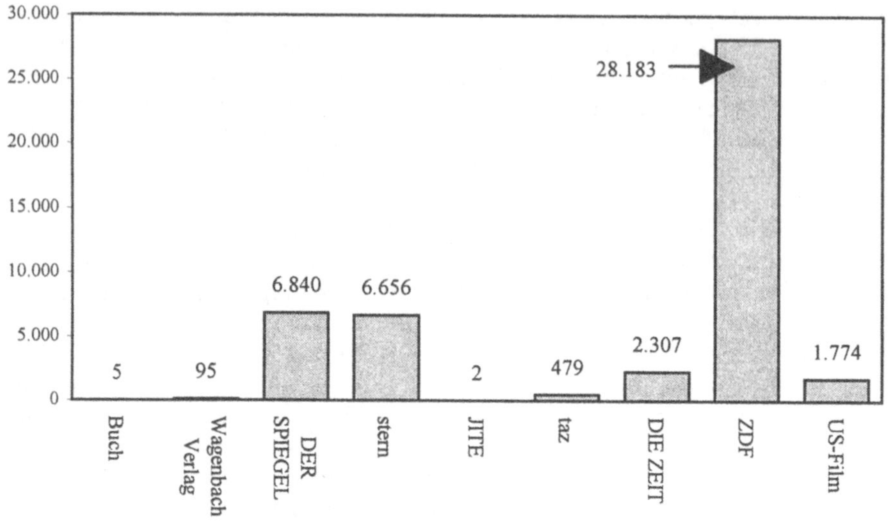

2.5 Virtualisierung und Digitalisierung: Kosten öffentlicher Kommunikation

Dieser Entwicklungstrend ist im ausgehenden 20. Jahrhundert, einem Zeitalter, das durch Aufholen der audiovisuellen Medien an Bedeutungsgewinn gegenüber den traditionell gewachsenen Printmedien–Branchen gekennzeichnet ist sowie durch ein atemberaubendes Tempo an Entwicklungen in der Computertechnik, (noch) nicht zu Ende. Dies betrifft z.B. das Medium Internet, wobei hierbei zweierlei verstanden werden kann: das Internet entweder (nur) als „technisches" und/oder auch „institutionelles Medium" (SCHMID/KUBICEK 1994: 403 f.).

Für die folgenden Überlegungen ist die potentielle Funktion des Internets als neue Plattform der Kommunikation von Relevanz. Ist der individuelle Zugang zu den publizistischen (Massen-)Medienmärkten entweder über das „System Publizistik" (z.B. über das Lancieren von Informationen oder medienspezifischen Formen der Aussagenproduktion) oder über den weitaus kostspieligeren ökonomischen Marktzugang (z.B. Bekanntgeben von Informationen via Anzeigen, Gründung oder Kauf von bestehenden Medienunternehmen) reglementiert, wobei die letztere Möglichkeit für die große Mehrheit der Nutzer von Medien aufgrund der notwendigen Höhe eines Kapitalengagements ausscheiden dürfte, so eröffnet das Medium Internet ganz neue Möglichkeiten der Kommunikation: den Zugang zur elektronischen Weltgemeinschaft.

Dieser einsetzende Wandel „vom dispersen Publikum zu 'elektronischen Gemeinschaften'" (HÖFLICH 1995: 518) ist mit erheblichen Veränderungen in der Ökonomik der öffentlichen Kommunikation verbunden, die sich vor allem aus den Kostendegressionseffekten der neuen Technik ergeben: Virtualität und Digitalisierung reduzieren bisher wirkende ökonomische Zugangsschranken zum Markt des öffentlichen Kommunizierens auf ein Minimum (vgl. LUDWIG 1997a). Machen die Fixkostenanteile einer modernen Tageszeitung Werte um die 70% aus, so liegen sie beim Medium Internet zwischen 90 und 95% (LUDWIG 1997a: 213). Entsprechend fallen die Degressionswirkungen aus. Das absolute (Fix-)Kostenniveau hingegen ist gering.

Rechnet man relevante Kostenkategorien traditioneller Medien (vgl. Übersicht 1.2) in absolute Kostenwerte und auf eine einheitliche Bemessungsgrundlage um, beispielsweise in Kosten pro Rezipient und Woche, und vergleicht man diese Daten mit entsprechenden Werten einer öffentlichen Kommunikation über das Internet, so wird auch der ökonomische 'Quantensprung' dieser neuen Kommunikationstechnik spürbar: Die Kosten der virtuellen Herstellung der Verbreitungsfähigkeit von Inputs (Aussagen) und deren digitale Verbreitung selbst liegen sozusagen außerhalb der finanziellen Wahrnehmbarkeit, wie in Tab. 2.5 ausgewiesen.

Die Degressionseffekte der Internet–Kommunikation (Fall newsgroups) hängen von der Reichweite der „sozialen Relevanz" der Aussagenproduktion und der dadurch geprägten Größe potentieller „elektronischer Gemeinschaften" ab. Die beiden relevanten Aufwandskategorien ergeben Kosten von 0,33 DM pro News Groups–Mitglied und Woche in einer 100–Personen umfassenden Internet–Community, die sich bis auf 0,0000007 DM reduzieren, wenn man als potentielle Reichweite die für Anfang 1997 geschätzten rund 50 Millionen Internet–Teilnehmer weltweit zugrunde legt.[31] Die Ökonomie der Internet–Technik ist nur die eine Seite. Da das Internet mit dem sog. Informationszeitalter in Verbindung gebracht wird und sich Information als eine Art Grundrecht interpretieren läßt, kann man die technische und ökonomische Entwicklung auch als sozialen Fortschritt verbuchen: Die Freiheit des Informationsflusses ist nicht mehr (ausschließlich) abhängig von der individuellen Kaufkraft der Menschen, die aus einer ungleichen Verteilung von Einkommen, Arbeitsplätzen und Lebensqualität resultiert. Vielmehr erfährt das sonst dominante marktwirtschaftliche Allokationsprinzip 'Preismechanismus', das auch die öffentliche Kommunikation beherrscht(e), einen Bedeutungsverlust zugunsten des Gleichheitsprinzips, das jeder in Anspruch nehmen kann, wenn er möchte (vgl. LUDWIG 1997a: 204). Ein ökonomischer Blick über die Jahrtausendschwelle läßt also ernsthaft hoffen.

31 Unterstellt wurde folgendes Kostengerüst: 1) Anschaffungskosten eines PC in Höhe von 3.000 DM, Nutzungsdauer 4 Jahre, zugerechneter Nutzungsanteil 40% auf Internetgebrauch bzw. 20% für Kommunikation über Newsgroups, was einem wöchentlichen Kostenaufwand von 3,12 DM entspricht. 2) Investition in ein Modem (300 DM, verteilt auf 4 Jahre), was pro Woche 1,56 DM bedeutet. 3) Telefonkosten: Citytarif-Nutzung (1997) für die Zeit zwischen 18 und 21 sowie 5 bis 9 Uhr, die für 10 Stunden 28,80 kostet. Eventuelle Providerkosten sind hier nicht mit angesetzt.
Unter Distributionsauwand in Tab. 2.5 sind die Kostenpositionen 2 (Modem) und 3 (Netzkosten) enthalten.

Tab. 2.5: Relevante Kommunikationskosten für Kommunikatoren:
a) pro Rezipient und Woche sowie
b) für alle Rezipienten wöchentlich, jeweils in DM gerechnet

	Herstellung der Verbreitungsfähigkeit		technischer Distributionsaufwand		Summe beider Kostenkategorien	
	a)	b)	a)	b)	a)	b)
DER SPIEGEL	0,42	2,5 Mio.	0,29	1,7 Mio.	0,71	4,2 Mio.
DIE ZEIT	0,75	0,960 Mio.	0,50	0,640 Mio.	1,25	1,6 Mio.
JITE (verk. Auflage. = 800 Ex.) bei unterschiedlichen Reichweiten:						
* 3.200 LpA	2.39	7.650	27,25	87.210	29,64	94.860
* 8.000 LpA	0,95	dto	10,90	dto	11,85	dto
* 80.000 LpA	0,10	dto	1,09	dto	1,19	dto
ZDF	0,84	20,6 Mio.	0,13	3,2 Mio.	0,97	23,8 Mio.
US–Kinofilm	0,87	17,4 Mio.	0,25	5,0 Mio.	1,12	22,4 Mio.
Internet–Kommunikation mit newsgroups bei unterschiedlicher Teilnehmerzahl:						
* 100	0,0313	–	0,3036	–	0,3349	–
* 1000	0,00313	–	0,03036	–	0,0335	–
* 50 Mio.	0,0000000624	–	0,000000607	–	0,0000007	–

Legende: Rezipient pro Woche = LpA älter als 14 J. bzw. Nettoreichweite des ZDFs 1990 f. alte Länder bzw. Anzahl der Kinobesucher inkl. vermuteter TV–Zuschauer im Rahmen der Mehrfachverwertung. Verbreitungsfähigkeitskosten bei den audiovisuellen Medien enthalten auch die Kosten der Aussagenproduktion, die sich mangels gesonderten Ausweises hier nicht trennen lassen. Bei den einzelnen Zahlen muß weiter berücksichtigt werden, daß sich in den Werten unterschiedliche Grade von Fixkostendegressionseffekten auswirken, die beim Fernsehen (24,470 Mio. Zuschauer) und beim Kinofilm (20 Mio. unterstellt) am größten und bei der Fachzeitschrift am geringsten ausfallen. Über die Reichweite dieser Zeitschrift gibt es keinerlei Zahlen und auch verlagsseitig keine Schätzungen, weshalb hier mit alternativen Reichweiten gerechnet wurde. Wollte man außerhalb dieser ökonomisch etablierten Medien Kommunikation betreiben, so müßte man wegen der erheblich geringer durchschlagenden Degressionswirkung mit erheblich höheren Kostenansätzen rechnen. Datenberechnung: vgl. Übersicht 1.2; Daten und Kosten der Internetnutzung : siehe LUDWIG 1997a: 218, 223.

3. Zum Gang der Untersuchung und zu Fragen der Methodik

3.1 Konzept und Aufbau

Die vorliegende Untersuchung will ein Spannungsfeld ausleuchten, das zwischen einem spezifischen Problem – hier als ökonomisches Grundproblem der Medienproduktion bezeichnet – und möglichen Lösungen liegt.

Das ökonomische Grundproblem kann sich potentiell in Marktversagen äußern. Das Lösungspotential liegt in Strategien, die hier als Querfinanzierung benannt sind. Deren Ziel besteht darin, potentielle Marktversagensprobleme aufzufangen bzw. auszugleichen. Das Schwergewicht der vorliegenden Untersuchung liegt daher auch in drei Kapiteln, die den Kern der Arbeit bilden: den Kapiteln 4 und 5 sowie 6.

Kapitel 4 und 5 setzen sich mit den strukturellen Besonderheiten auf Medienmärkten auseinander, wie sie sich auf Angebots- und Nachfrageseite ausmachen lassen. Hier werden die beobachtbaren Probleme, wie sie in Kapitel 1 beispielhaft demonstriert wurden, auf ihre Ursachen hin ergründet. Die Analyse versucht auch Antworten darauf zu geben, inwieweit sich spezifische ökonomische Phänomene, wie sie entwicklungsgeschichtlich in Kapitel 2 nachgezeichnet wurden, in ihrer Relevanz, d.h. in ihren konkreten Auswirkungen auf die Medienproduktion verändert haben, um das heutige Problemfeld schärfer beschreiben zu können: Angebotsseitige Medienproduktion und nachfrageseitige Mediennutzung offenbaren ein vergleichsweise großes Potential möglicher Marktversagensfälle.

Mögliche Strategien, Medienproduktion und -angebote trotz latent vorhandener Marktversagenphänomene aufrecht zu erhalten, sind Gegenstand der Analyse im Kapitel 6. Dort werden die auf den verschiedensten Märkten beobachtbaren Querfinanzierungstechniken im Detail rekonstruiert und systematisch auf ihre Funktionstüchtigkeit hin diskutiert. Interessant erscheint das Ergebnis: Auf die vielfältigen Besonderheiten der Angebotsproduktion, aber auch als Reaktion auf spezifische Mediennutzungsprofile haben sich angebotsseitig kreative Lösungstechniken herausgebildet.

Medien als marktmäßig institutionalisierte Form von Publizistik und öffentlicher (gesellschaftlicher) Kommunikation umfassen eine große Spannbreite unterschiedlicher Mediengattungen. Auch wenn die ersten Überlegungen zum ökonomischen Grundproblem auf alle Märkte, d.h. Print- und audio-visuelle Medien (einschließlich eines knappen Blicks über die Schwelle in das digital-virtuelle Zeitalter) rekurrierten, werden sich die weiteren Betrachtungen auf die Printmedienbranchen beschränken (müssen). Im Gegensatz zur häufigen Einengung medienökonomischer Diskussionen auf die Massenmedien ist hier auch das Medium Buch Gegenstand der Betrachtung, da es gewissermaßen einen Vorläufer aller heute gängiger Medien bzw. einen relevanten Fixpunkt der Medienmarktentwicklung markiert. Die Begrifflichkeit „Markt“ wird hier im übrigen nicht nur in rein ökonomischem Sinn als Ort der (ausschließlich monetären) Preisbildung verstanden, sondern ganz allgemein als ein 'Ort' des Austauschs: Dies können über das System „Preis“ bzw. mittels Leistung und Gegenleistung handelbare Waren und Dienstleistungen sein, aber ebenso auch nicht mit Eigentums- oder Verfügungsrechten versehene Güter wie frei zugängliche Informationen oder Meinungen betreffen (vgl. „Meinungsmarkt“).

3.2 (Wirtschafts-)Wissenschaftliche Forschungsperspektive

Antworten auf Fragen zur ökonomischen Funktionsweise einer ‘Branche’ wie jener der Medien, die sich zwischen Marktkräften auf der einen Seite und selbst gesetzten publizistisch-ästhetischen Normen wie Selbstverwirklichung oder Freiheit im Denken und Schaffen ungeachtet aller Zwänge auf der anderen Seite bewegen, machen einen breiten Beobachtungs- und Erklärungsansatz notwendig. Aus diesem Grund finden Überlegungen und Theorien aus sehr unterschiedlichen Disziplinen wie beispielsweise aus Literaturwissenschaft und -soziologie, aus der Wirtschafts- und Sozialgeschichte einschließlich der Technikforschung und natürlich aus den Kerngebieten kommunikationswissenschaftlicher Untersuchungsfelder - etwa der historischen und aktuellen Rezeptionsforschung - Eingang in die analytischen Betrachtungen.

Eine Untersuchung, die sich für ihre Problemstellung einer vorwiegend ökonomischen Perspektive bedient, muß sich aber auch mit wirtschaftswissenschaftlichen Ansätzen auseinandersetzen, um den eigenen methodischen Standort zu verdeutlichen, der Auswirkungen auf dadurch mögliche Erkenntnisinhalte haben kann. Eine solche Erläuterung macht insbesondere dann Sinn, wenn das eigene Erkenntnisinteresse über das allgemein interessierende Forschungsspektrum hinausgeht und man selbst das bisherige Nichtinteresse an einer bestimmten Fragestellung Beschränkungen in der fachlichen Wahrnehmung und/oder methodischen Restriktionen zuschreibt. Da sich auch die Wirtschaftswissenschaften in viele Lehr- und Forschungsrichtungen aufgespalten und konzentriert haben, sollen hier aus Kapazitätsgründen nur einige grundsätzliche Vorüberlegungen zum Erkenntnisinteresse dieser Wissenschaftsdiziplin greifen, wobei detailliertere Hinweise auf inhaltliche und/oder methodische Beiträge spezieller Forschungsschwerpunkte in gegebenem Zusammenhang erfolgen.

3.2.1 Zur Dominanz des neoklassischen Ansatzes

Das geringe Engagement der Wirtschaftswissenschaften an Fragen der Kommunikation im allgemeinen und den Medien im besonderen wurde bereits angesprochen. Der wesentliche Grund dafür dürfte in 'dem' Paradigma der beiden Hauptdisziplinen der Volks- und Betriebswirtschaftslehre liegen, die beide – in unterschiedlicher Intensität – allen menschlichen „Wirtschaftssubjekten“ Zweckrationalität unterstellen. Aus diesem Grund kann man beide Richtungen, etwas verkürzt formuliert, auch als Optimierungslehren hinsichtlich adäquaten Instrumenteneinsatzes bezeichnen: Entweder geht es darum, bei gegebenem Mitteleinsatz ein Maximum an Ergebnis herauszuholen oder ein bestimmtes Ziel(-Volumen) mit einem Minimum an Aufwand zu realisieren.

Von der Blickrichtung beide sehr ähnlich, unterscheiden sich die Volks- und Betriebswirtschaftslehre indes in ihrer Realitätsnähe zu ihren jeweils selbst definierten Problemstellungen: Die Volkswirtschaftslehre, früher auch als Nationalökonomie bezeichnet, arbeitet vorwiegend auf hochaggregiertem Level hinsichtlich ihrer Überlegungen und konkreten Analysen und verliert dabei sehr häufig die Sensibilität für das Detail, was in einer Gesellschaft, die sehr stark durch einen permanenten Prozess der Ausdifferenzierung in allen Lebensbereichen gekennzeichnet ist, Folgen für die theoretischen wie praktischen Erklärungsfähigkeiten haben muß.[1] Hingegen ist die Betriebswirtschaftslehre an ihrem Untersuchungsgegenstand sehr viel 'näher dran', weil ihr Focus auf viel realitätskonkretere und daher auch qualitativ wie quantitativ besser faßbare Probleme gerichtet ist als die mehr generalisierende Lehre von der Volkswirtschaft. Diese Gegensätze werden gerade auf zwei relevanten Betrachtungsebenen deutlich, die in beiden Disziplinen eine überragende Rolle spielen: 1) nachfrageseitig in der Theorie des Haushalts bzw. des Konsumentenverhaltens und 2) angebotsseitig in der Theorie der Unternehmung bzw. der Produktion. Die Erklärungsansätze beider Richtungen tangieren die hier vorliegende Fragestellung zur Ökonomie der Kommunikation und des Mediengeschehens.

Zu 1) Die in der Volkswirtschaftslehre übliche mikroökonomische Darstellung eines Wirtschaftssubjektes in Gestalt eines „Haushalts" läuft auf die Deutung als „homo oeconomicus" hinaus (vgl. z.B. KIRCHGÄSSNER 1990), dessen Handlungen sich als Ergebnis einer Nutzenmaximierung aufgrund gegebener Präferenzen einstellen. Aufgrund der Annahme strikter formaler Rationalität bei Kenntnis der Präferenzen sind sie demnach sogar genau vorherbestimmbar. Der Nutzen wird dabei vorwiegend in einer monetären Dimension gesehen, wobei zum Zweck der Eleganz einer formal-mathematischen Optimierung Nutzenkategorien sogar kardinalisiert und linearisiert werden (z.B. in den GOSSENschen Gesetzen). Diese Sichtweise unterstellt nicht nur eine eindimensionale Entscheidungsdimension, sondern negiert auch raum-, zeit- und umweltabhängige Einflußfaktoren wie z.B. Werte–Systeme, und dies ausgerechnet bei einem sozialen Wesen wie dem 'Menschen'. ALBERT hat diese Interpretation als „Modellplatonismus" bezeichnet (vgl. ALBERT 1967). In der Betriebswirtschaftlehre wird das Konsumentenverhalten weniger als das Ergebnis eines strengen individuellen Nutzen–Optimierungsprozesses gesehen, sondern als diffiziles Ergebnis sehr unterschiedlicher Motivationen und Interessenslagen sowie vielfältiger sozialer Umweltbedingungen, die sich nicht aus formal-mathematischen Gleichungssystemen ableiten, sondern die sich nur aufgrund empirischer Beobachtungen und sozialpsychologischer Erklärungen ermitteln lassen. Die Aussagen über

1 Dies läßt sich beispielsweise augenfällig an der Leistungsfähigkeit von volkswirtschaftlichen Prognosen ablesen. Während sozialwissenschaftlich ausgerichtete Empiriker etwa bei Umfragen oder auch Wahlprognosen sehr dicht an die tatsächlichen Verhältnisse bzw. Ergebnisse herankommen, liegen so gut wie alle Prognosen der volkswirtschaftlichen Disziplin regelmäßig weit daneben. Dies betrifft praktisch alle Vorhersagen und Einschätzungen, die etwa der Sachverständigenrat zur Begutachtung der gesamtwirtschaftlichen Lage abgibt, aber auch Trendabschätzungen der Bundesbank oder sonstiger Gutachter, die meist nicht bereit (oder methodisch nicht imstande) sind, die große Vielzahl unterschiedlicher Motive und Handlungsweisen von Menschen adäquat zu erfassen und/oder zu berücksichtigen.

ökonomische Verhaltensmuster von konsumierenden Individuen sind in der Betriebswirtschaftslehre und hier meist unter Fragestellungen wie Absatz- und Marketingprobleme ungleich differenzierter und für die wirtschaftliche Praxis sehr viel realitätsnäher als in der Volkswirtschaftslehre, die Konsumenten ansonsten nur noch als makroökonomische Größe in Form von (End-)Nachfrage sieht.

Diese völlig konträren Deutungen, die in so unterschiedlichen Standardwerken wie SCHUMANNs „Mikroökonomie" (1971/1992) und KROEBER-RIELs „Konsumentenverhalten" (1975/1992) gipfeln, haben Auswirkungen auch auf die ökonomische Bewertung. Für Mikrotheoretiker herrscht aufgrund vollständiger Information usw. absolute Konsumentensouveränität, weshalb übergeordnete, sprich steuernde Eingriffe in das Angebots- und Nachfragegeschehen in der Regel überflüssig sind. Konsumverhaltensforscher betrachten diese Interpretation als „ideologisches" Leitbild (so z.B. KROEBER-RIEL 1992: 676), das wenig mit der Realität gemein hat, weil sich das Individuum „Mensch" nicht ausschließlich auf einen Zusammenhang, bestehend aus den beiden Variablen Preis und Menge, reduzieren läßt. Für die vorliegende Untersuchung werden diese Fragen in mehreren Zusammenhängen relevant und dort ausführlicher diskutiert: einmal auf der Ebene der Rezipienten und deren Nachfrageverhalten (vgl. Kap. 5), zum anderen aber auch auf Produzenten- bzw. Anbieterebene, wenn es um die Angebotsbestimmung publizistischer Produktqualitäten (vgl. Kap. 4) und die Nutzungseinschätzungsfähigkeiten seitens der Nachfrager geht (z.B. Problem einer asymmetrischen Informationsverteilung).

Zu 2): In der Theorie der Unternehmung bzw. der Produktion sieht die unterschiedliche Realitätsnähe beider wirtschaftswissenschaftlicher Domänen ähnlich aus. Während die klassischen Volkswirtschaftslehren in der mikro- wie makroökonomischen Theorie das Unternehmen bzw. die Frage von Angebotsbereitstellung und Produktionsmenge als bequem quantifizierbares Optimierungsproblem unter absoluter Entscheidungssicherheit und unter ceteris paribus-Bedingungen betrachtet, erfahren die tatsächlichen Probleme etwa bei Produktionsplanung und Kostenverläufen, Finanzierungsmodalitäten und organisatorisch-rechtlichen Gestaltungsmöglichkeiten in der betriebswirtschaftlichen Perspektive eine sehr viel eingehendere Analyse. Dies hängt nicht nur mit dem grundsätzlichen Blickwinkel auf den Betrachtungsgegenstand – hier die Gesamtwirtschaft, dort der einzelne Betrieb – zusammen, sondern auch mit der grundsätzlichen Methodik der Betrachtungsweise. Vorwiegend auf statischen (Partial-)Modellen basieren volkswirtschaftiche Lehraussagen, die algebraischen Formelsystemen gleichen, „die meist nur ihre eigene Existenz beweisen wollen" und „die aus nichtssagenden Gleichungen und Ungleichungen bestehen und keinerlei Schlußfolgerungen zulassen" (BAUMOL 1992: 22). Betriebsbezogene Erkenntnisse hingegen betonen zwangsläufig dynamische Veränderungsprozesse, sind für die ökonomische Entscheidungspraxis von hohem theoretischem wie praktischem Erklärungsgehalt, lassen sich allerdings weniger einfach in formal-elegante Modellgleichungen fassen.

Diese unterschiedlichen methodischen Herangehensweisen zeitigen – ähnlich wie bei der verschiedenartigen Deutung des Rationalitätsprinzips – längst Auswirkungen auf die Inhalte selbst und nicht nur auf deren ökonomische Bewertung. Betroffen davon ist beispielsweise ein sehr bedeutsamer Sachverhalt in der Theorie der Unternehmung bzw. der Produktion, der in unserer Fragestellung eine ganz zentrale Rolle spielt, nämlich die Frage nach den typischen Kostenverläufen.

Zunächst zur Sichtweise der Volkswirtschaftslehre dazu. Das gesamte neoklassische Theoriegebilde geht vom 'klassischen' Ertragsgesetz aus, woraus spiegelbildlich ein sog. ertragsgesetzlicher Kostenverlauf resultiert: erst mit abnehmenden, später mit überproportional steigenden Kostenzuwächsen. Bzw. in der Dimension von Grenz- und Durchschnittskosten ausgedrückt: die Kostenfunktion ist zunächst von sinkenden Grenz- und Durchschnittskosten gekennzeichnet, wobei mit dem Wendepunkt des klassischen Ertragsverlaufs erst die Grenzkosten und danach auch die Durchschnittskosten wieder (an-)steigen. Erst dieses Verlaufsmodell ermöglicht überhaupt die neoklassische Theorienbildung der Unternehmung (und auch des Marktgleichgewichts) hinsichtlich der sog. Grenzkostenpreis–Regel und positiven Stückgewinnen.[2]

Diese Annahme eines ertragsgesetzlich geprägten Kostenverlaufs, die aus der Zeit der klassischen Nationalökonomie datiert,[3] konnte sich in der wirtschaftswissenschaftlichen Theorienbildung bis in die Mitte des 20. Jahrhunderts halten, obwohl bereits zu Anfang dieses Jahrhunderts erste Gegenstimmen laut wurden (so z.B. SRAFFA 1926). Erst mit Erich GUTENBERGs vierbändigem Standardwerk zur Betriebswirtschaftslehre von 1954 begann sich die Erkenntnis von weitgehend limitationalen Produktionsfaktoren und konstanten Skalenerträgen, zumindest im produktionsrelevanten Kapazitätsbereich, durchzusetzen: in der betriebswirtschaftlichen Disziplin. Die neoklassische Theorie, die sogar im auslaufenden 20. Jahrhundert die traditionellen volkswirtschaftlichen Lehrbücher dominiert, ignoriert diese inzwischen auch längst empirisch abgesicherte Existenz konstanter Skalenerträge bzw. weitgehend linearer Kostenverläufe weitgehend noch heute. Die vornehme Zurückhaltung ist verständlich. Da methodisch gesehen der ertragsgesetzliche Kostenverlauf die

2 Die Gewinnmaximierungsregel „Grenzkosten = Preis" im Nicht–Monopolfall und bei Existenz von Fixkosten stellt die notwendige Voraussetzung dar, zu der sich die hinreichende Bedingung gesellen muß, nach der die Zuwächse eben dieser Grenzkosten (bzw. mathematisch gesprochen die zweite Ableitung der Kostenfunktion) größer Null sein müssen. Dies bedeutet konkret, daß diese Regel ökonomisch nur im Bereich zunehmender Kosten bzw. positiver Grenzkosten (bzw. abnehmender Erträge) gelten kann, was in der Regel nach Überschreiten einer bestimmten produktionstechnischen Mindestmenge der Fall ist.
Genau besehen handelt es sich bei diesem Modellgebilde sogar um ein treffliches Beispiel, das die beschränkte Aussagefähigkeit rein mathematisch orientierter Logik bei ökonomischen Zusammenhängen gnadenlos offenlegt: formal gesehen würde die erste Gewinnmaximierungsbedingung völlig ausreichen, sofern keine Fixkosten anfielen, die aufgrund des Degressionseffektes eine 'Verzerrung' des kostenmäßigen Theoriegebildes bewirken (müssen). Wirtschaftlich gesehen verkehrt sich nämlich dadurch die Gewinnmaximierung in einen Verlust, da zwar der „Grenzkosten = Preis"–Philosophie Genüge getan wurde (die hinsichtlicher ihrer Annahmen bezüglich des sog. Wohlfahrtsgewinns wie etwa der Konsumenten- und Produzentenrente usw. aus Raumgründen nicht weiter problematisiert werden soll), die Stückkosten allerdings in diesem Bereich fallender Kostenzuwächse bzw. sinkender Grenzkosten höher ausfallen (müssen) als die damit erzielbaren Grenzkosten–Preise. In Höhe dieser Differenz entsteht dann Verlust.

3 Der Zusammenhang wurde erstmals von dem Physiokraten Robert Jacques TURGOT gegen Ende des 18. Jahrhunderts als Gesetz des abnehmenden Grenzertrags aufgestellt, und zwar für den landwirtschaftlichen Bereich. Im Lauf der Zeit wurde dieses „Gesetz" mehrfach erweitert und differenziert, so u.a. von Heinrich von THÜNEN. Dabei wurde aber bereits von beiden Theoretikern von fixen (Boden) und variablen (menschliche Arbeitskraft, Düngemittel) Produktionsfaktoren bzw. -kosten ausgegangen.

unumgängliche Modellvoraussetzung der Produktion- und Angebotstheorie sowie für die Anwendung der Grenzkostenpreis–Regel darstellt, würde sich der neoklassische Ansatz mit der Aufgabe dieser methodischen Prämisse selbst in Frage stellen.[4]

So blieb schon aus diesen Gründen das Phänomen Fixkostendegression in diesem Ansatz weitestgehend außen vor. Aufgrund der methodischen Enge dieses Modellgerüstes, das sich auf zwei Variablen, nämlich auf die Preis- und Mengenbetrachtung allen ökonomischen Geschehens konzentrierte, konnten aber auch alle weiteren Entwicklungen hinsichtlich des Erkenntnisinteresses und dazu geeigneter Methoden nicht mehr von der neoklassisch dominierten Preistheorie geleistet werden. Zwar spielten sich die ersten Diskussionen über Fixkosteneffekte und preispolitische Folgerungen im Rahmen der Theorie natürlicher Monopole Mitte der 70er Jahre noch vor dem formalen preistheoretischen Hintergrund ab,[5] sehr bald indes gerieten Anfang der 80er Jahre zusätzliche Analyse- und Bewertungskategorien wie wirtschaftspolitische Deregulierungserfahrungen auf wettbewerbliche Marktergebnisse[6] oder Fragen potentiellen Wettbewerbs in Form sog. bestreitbarer Märkte[7] in den Mittelpunkt der inhaltlichen Auseinandersetzung um „pareto-optimale“ Kostenverrechnungs- bzw. Preisbildungsregeln. Allerdings sind diese Diskussionen sehr stark auf wettbewerbspolitisch regulierte Ausnahmebereiche gemünzt.[8]

Der dieser Untersuchung zugrundeliegende Fall überdurchschnittlich hoher Fixkostenanteile bei der Produktion von Kommunikation und medialen Angeboten wurde allerdings auch von der Betriebswirtschaftslehre (noch) nicht entdeckt. Denn erst recht für eine realitätsnahe wirtschaftswissenschaftliche Disziplin muß zunächst die für den ökonomischen 'Normalfall' repräsentative Erfahrungsregel gelten, daß Produktion und Angebot nur dann zustande kommen, wenn sich über – hier allerdings weniger eng definierte – Kostenkalkulations- und Preisbildungsregeln ein Überschuß der Erlöse über die Aufwendungen erzielen läßt. So gesehen ist es inhaltlich wie methodisch nachvollziehbar, daß die Wirtschaftswissenschaften zwar immerhin Ausnahmefälle einer vorübergehenden Kostenunterdeckung untersuchen (sog. kurz- und längerfristige Preisuntergrenzen) und sich auch die Beschränkung auf kostendeckende 'Selbstkostenpreise' vorstellen können, den Fall einer nachhaltigen bzw. absehbar endgültigen Kostenunterdeckung aber ausschließen. Genau der nach dieser Logik undenkbare Ausnahmefall repräsentiert auf vielen Kommunikations- und Medienmärkten die 'Normalität'. Die ab Kap. 6 vorgestellten Untersuchungen wer-

---

4 Zur Kritik aller sonstigen Prämissen dieses Ansatzes vgl. die sehr prägnante Kritik bei RICHTER 1991: 398 ff.

5 Konkret im Zusammenhang mit „cross subsidizing“ (erstmals FAULHABER 1975) bei natürlichen Monopolen mit stark fallenden Durchschnittskosten und (zunächst) ungeklärter 'optimaler' Preisbildungsregel; danach im Zusammenhang mit dem Phänomen der Subadditivität bei BAUMOL 1977. Vgl. auch MÜLLER/VOGELSANG 1979, BLANKART 1980, NEUMANN/SCHWEIZER/v. WEIZSÄCKER 1982, KRUSE 1985.

6 Vgl. KNIEPS/MÜLLER/v. WEIZSÄCKER 1981; KNIEPS 1985, KNIEPS 1987a u. b, WINDISCH 1987.

7 Vgl. BAUMOL/PANZAR/WILLIG 1982.

8 Darunter fallen v.a. (öffentliche) a) Infrastrukturunternehmen wie z.B. Versorgungsbetriebe für Energie und Wasser, b) Unternehmen, die ihre (Dienst-)Leistungen mittels größerer Verbundnetze wie Schienen (Bahn) und Kabel (Telekommunikation) anbieten; aber auch c) der Luftverkehr ist angesprochen.

den die Adäquanz und Funktionstüchtigkeit von marktlichen Lösungsmodellen analysieren, die solche Situationen aufzufangen versuchen.

3.2.2 Andere Paradigmen: Von der Preistheorie zur Ökonomie der Institutionen

Die Herausbildung immer neuerer volkswirtschaftlicher Ansätze und Theorien bis hin zur gegenwärtig diskutierten Institutionenökonomik ist gleichzeitig die Entwicklung der Modell- bzw. Methodengeschichte, insbesondere in der Volkswirtschaftslehre. Daraus begründet sich auch die inhaltliche Annäherung an wirtschaftliche Realitäten, die man dieser Richtung zugute halten muß. Konkret steigt die Anzahl der relevanten Variablen, die im neoklassischen Optimierungsmodell nur aus zwei Größen bestanden hatte: als „gegebenen" angenommene Rahmenbedingungen wechseln nun zu endogenen Variablen, auch wenn dies zulasten der formalen Eleganz geht.[9]

Diese methodische Entwicklung hat interessante und heute noch aktuelle Ansätze hervorgebracht, die auch in der vorliegenden Untersuchung Anwendung finden. Im Rahmen der Diskussionen um das „repräsentative Unternehmen" (z.B. MARSHALL 1890), der „nature of the firm" (COASE 1937) und um die spezifische Branchenstruktur (z.B. SCHERER 1980) bildete sich beispielsweise die Forschungsperspektive „Industrial Organization" heraus, die vom Erkenntnisinteresse her gesehen zwischen Volks- und Betriebswirtschaftslehre steht und stark empirisch ausgerichtet ist. Auf deren Wegbereiter BAIN (1959) geht das dreistufige Betrachtungsmodell „Marktstruktur(en) ⇒ Marktverhalten ⇒ Marktergebnis" zurück, mit dem sich trennscharf Ursachen, Wirkungen und Folgen unterschiedlicher 'Branchen' oder Märkte analysieren und miteinander vergleichen lassen.

Die einzelnen Betrachtungsebenen, die in der aus den USA stammenden Industrial Organization–Forschung bis zu Detailfragen wie technikbedingte und/oder rechtlich beeinflußte Kostenverläufe oder die Preisstellungspolitik gehen, wurden im deutschsprachigen Raum durch Einbeziehung der Nachfrageseite zur „Marktökonomik" erweitert (OBERENDER/VÄTH 1989). Hier fließen bereits sehr 'naturgetreu' abgebildete Einflußvariablen in die Analysen ein, die den ausschließlich ökonomischen Blickwinkel längst überschritten haben, aber aus den 'fachfremden' Zusammenhängen genau ihren Erklärungsgehalt gewinnen.[10] Vom Modellkonzept her gesehen, würde sich die hier vorliegende Untersuchung hier am besten einordnen lassen.

9 SCHERER, der zu den Verfechtern empirisch abgesicherter Theorien zählt, hat dieses methodische Dilemma so formuliert: „To be sure, they should prefer a simpler theory over a more complex one when the two have equal explanatory power. But when a tradeoff must be made, the pure theorist will sacrifice some explanatory power for elegance, while the industrial organization specialist bends in the opposite direction" (SCHERER 1980: 4).

10 Beispielhaft zu nennen und in einem Sammelband von OBERENDER (1989) vertreten wären etwa GREIFFENBERG zum Markt der „Neuen Medien" oder auch KNIEPS/WEIZSÄCKER zum Telekommunikationsmarkt.

Weitere einzelne Entwicklungen wie die Analyse von Strategien (z.B. PORTER 1980, 1985, 1990) oder spieltheoretische Entscheidungsmodelle (z.B. RASMUSSEN 1989) sind inzwischen in der Ökonomie der Institutionen aufgegangen. Obwohl die Institutionenökonomik schwergewichtig auf (nur) drei Bausteinen aufbaut, dem Transaktionskosten– und dem Property–Rights–Ansatz sowie dem Konzept unvollständiger Verträge, gelingt ihr ein umfassendes Erklärungsmodell,[11] in dem Phänomene wie beispielsweise Unternehmenskonzentration in ganz neuem Licht erscheinen: Externes Wachstum wird weniger als Ergebnis unendlichen Strebens nach Größe und Macht gedeutet, sondern als effizientere Alternative für rechtlich unsichere Kooperation auf der Basis von Verträgen bzw. deren juristische Durchsetzungsfähigkeit im ökonomischen Ernstfall.[12]

Eine solche Sichtweise kann nicht mehr von perfekter Rationalität ausgehen, sondern unterstellt eingeschränktes rationales Verhalten aufgrund unvollständiger Informationen, deren Verifizierung mit zu hohen Kosten verbunden wäre. Ebensowenig geht der Ansatz vom 'redlichen' Marktteilnehmer aus, der schon aufgrund des unendlichen Konkurrenzdruckes zu ausschließlich verläßlichem und fairem Verhalten gezwungen würde. Statt dessen kalkuliert die Theorie die Folgen opportunistischer Verhaltensmuster von vornherein mit ein.[13] Für die nachfolgenden Analysen werden die erweiterten Motivdimensionen, aber auch die Überlegungen zu medienspezifischen Transaktionskosten eine Rolle spielen.

---

11 Einen sehr prägnanten Überblick zum Konzept der Institutionenökonomik bietet RICHTER 1991; eine auch dogmengeschichtliche und bewertende Einordnung der einzelnen Bausteine führt FELDMANN 1995 durch. Der Ansatz wurde im übrigen maßgeblich von Oliver WILLIAMSON geprägt (vgl. WILLIAMSON 1975, 1985, 1990).

12 Aus diesem Grund verfügt praktisch jedes Tageszeitungsunternehmen über eine eigene Druckerei, obwohl deren Kapazitäten mit dem eigenen Produkt nicht ausgelastet werden können. Die Alternative Fremddruck würde es einem (potentiellen) Konkurrenten ermöglichen, das fragliche Unternehmen zu Fall zu bringen – etwa durch Aufkauf der Druckerei und anschließender Vertragskündigung oder einfach durch das Vorspiegeln technischer Pannen: eine Tageszeitung, die an zwei oder mehreren Tagen hintereinander nicht erscheint (erscheinen kann), ist schnell vom Markt. Deswegen verfügen alle Zeitungshäuser bzw. deren Druckereien über zwei (!) vollständige Druckanlagen. Die Stuttgarter Zeitungs–Gruppe hält sogar drei komplette Druckstrecken vor, was im übrigen auch die Eigenschaft fixer (Druck-)Kosten determiniert.

13 Dies geht bis hin zum „Raubüberfall“ (hold–up) auf die Quasi–Rente des Vertragspartners. Mit „Raubüberfall“ ist eine Situation gemeint, in der ein Vertragspartner den anderen quasi erpressen kann, weil er sich nur durch einen jetzt höheren Preis in einer Dilemma–Situation freikaufen kann. Dies ist etwa ein beliebtes Mittel im Baubereich, wenn nicht von vornherein alle Details bis ins letzte geklärt sind: Sollen in letzter Minute irgendwelche Änderungen realisiert werden, so kommt dies den Auftraggeber sehr teuer, wenn er auf die Baufirma angewiesen ist, weil er im Zweifel nach Zeitplan fertig werden muß (Vertragsstrafen). Umgekehrt kann aber auch ein Auftraggeber einen Auftragnehmer unter Druck setzen, indem er etwa sein Honorar zurückhält und die auftragnehmende Baufirma zum Weitermachen zwingt: Nach den Regeln der VOB muß die ausführende Firma mehrere formale Fristen einhalten, bis sie selbst vom Vertrag zurücktreten kann. In diesem Fall muß sie dann zusehen, wie sie an das einbehaltene Honorar herankommt. Die „Raubüberfall“–Situation wurde erstmals von ALCHIAN/WOODWARD 1987: 128 (hier zit.n. RICHTER 1991: 412) theoretisch analysiert. Zu Beispielen und konkreten „Raubüberfall“–Strategien vgl. LUDWIG 1992.

3.2.3 Die Ökonomie der Medien: Vom „weiten Feld" zur eigenständigen Wissenschafts(sub)disziplin

Die Medienökonomie ist ein vergleichsweise junges Forschungsfeld, wenn man die Intensität und Regelmäßigkeit der Beschäftigung mit medienökonomischen Fragen als Indikator zugrunde legt. Inhaltliche Auseinandersetzungen mit einzelnen Problemen sind weit älter, wenn man etwa an Kaspar von STIELERs „Zeitungs Lust und Nutz" von 1695, an DIDEROTs Betrachtungen über den Buchmarkt aus dem Jahre 1767[14], an Karl BÜCHERs erste Arbeiten im 19. Jahrhundert oder an größere Fragestellungen denkt, die den Verein für Socialpolitik Anfang dieses Jahrhunderts beschäftigt hatten.[15] Als eigene Wissenschafts(sub)disziplin im Rahmen der Publizistik- und Kommunikationswissenschaften begann sich die Medienökonomie erst in den 70er Jahren im Rahmen der Pressekonzentrationsforschung zu etablieren (so z.B. NUSSBERGER 1971, KNOCHE/ZERDICK 1973 und 1974, AUFERMANN/LANGE/ZERDICK 1973, KLAUE/KNOCHE/ZERDICK 1980), wobei sich in den letzten zwanzig Jahren die Fragestellungen – nicht zuletzt aufgrund technischer Entwicklungen und medienpolitischer Veränderungen (Neue Medien, private Rundfunkanbieter) – zu erweitern begannen. So ist die Frage, ob die Ökonomie der Medien nur einfach ein „weites Feld" darstelle, wie es Wilbur SCHRAMM einst gesehen hatte, oder ob es dabei um „mehr als nur die Ökonomie der Medien" (KOPPER 1982) gehe, wohl entschieden: SCHENK/HENSEL postulieren 1987 in ihren Ausführungen zu „Forschungsstand und Forschungsaufgaben" die Medienökonomie erstens als interdisziplinären Forschungsansatz und zum zweiten als „Teilbereich der Kommunikationswissenschaften" (SCHENK/HENSEL 1987: 535, 543). Dabei kann offenbleiben, inwieweit sich angesichts der potentiellen Aufgabenfülle daraus nicht doch eine eigenständige Disziplin entwickelt.

Zu grundsätzlichen Wissensdefiziten sowie möglichen und notwendigen Forschungsfragen haben sich SCHENK/HENSEL prägnant geäußert, so daß hier eine ergänzende Skizzierung neuerer Arbeiten genügen kann, um den hier vorgelegten Ansatz in das bisherige Spektrum medienökonomischer Herangehensweisen einzuordnen. Verkürzt formuliert läßt sich sagen, daß praktisch alle früheren und auch neueren Forschungsergebnisse aus unterschiedlichen Gegenstandsfeldern (Werbemarkt, Zeitungslandschaft, rechtliche und ökonomische Organisationsfragen beim Rundfunk, Konzentrations- und Marktanteils- bzw. medienpolitische Einflußforschung usw.) meist aus einer makroökonomischen Perspektive erfolgen. Mikroökonomische Analysen liegen nur vereinzelt vor.[16] So wichtig und ergiebig makroökonomische Darstellungen sind, so wenig vermögen sie über das 'innere' Wirkungsgefüge der Medienproduktion und deren Probleme en détail etwas auszusagen

14 DIDEROT, Denis (1767): Lettre historique et politique adressée a un magistrat sur le commerce de la librairie. Introduction et notes marginales par Bernard Grasset. Paris (Grasset) 1937

15 1899 waren erstmals die „Verhältnisse im deutschen Colportagebuchhandel" Gegenstand des Interesses (vgl. HEINRICI 1899); 1912 ging es über die Preis- und Kostenstrukturen im Buch- und Druckereigewerbe (vgl. FRANCKEN 1912, BERTENBURG 1912), 1922 über die „geistigen Arbeiter" (vgl. SINZHEIMER 1922, FRANCKE/LOTZ 1922)

16 So z.B. zu Einzelfragen des Vertriebssystems (KNOCHE/ZERDICK 1991a, 1991b; STÜRZEBECHER 1995), zur Ökonomie der Zeitung (WITTE/SENN 1984) oder auch zu einzelnen Medien wie *DER SPIEGEL* (LUDWIG 1996a) oder *DIE ZEIT* (LUDWIG 1996b).

– aggregierte Betrachtungen sind immer nur die Summe unendlich vieler, aber eben auch sehr unterschiedlicher ökonomischer Einzelfälle, die sehr verschiedenartig ablaufen (können), und die in aggregierter Kumulation ein (völlig) verzerrtes Bild ergeben können. Will man die ökonomischen Besonderheiten allokativer oder distributiver Prozesse 'naturgetreu' ergründen, so muß man zwangsläufig den Focus auf die relevante(n) Aggregatsebene(n) richten.

Beispielsweise sind die zusammengezogenen Daten der Pressestatistik und auch der Kostenstrukturstatistik, die ohnehin für das Jahr 1992 zum letzten Mal und dies auch nur in verkürzterer Form als zuvor vorliegt, nicht imstande, darüber Aussagen zu machen, inwieweit etwa der überdurchschnittlich hohe Vertriebsaufwand bei überregionalen Tageszeitungen die eigentliche Marktzugangsschranke darstellt und weniger der „Teufelskreis“ (KOPPER 1983: 150) von notwendigen bzw. möglichen Auflagenzahlen und möglichen bzw. notwendigen Werbeeinnahmen.[17] Erkenntnisse hierüber könnten interessante Hinweise für die Wettbewerbspolitik liefern. Nicht minder für den publizistischen Wettbewerb relevant wären – in einer etwas erweiterten interdisziplinären Perspektive gesehen – die publizistisch-ökonomischen Wirkungszusammenhänge redaktionellen Managements: Stellt man in Rechnung, daß Rezipienten aufgrund adverser Informationsverteilung kostenintensive Qualitätsverbesserungen nur bis zu einem bestimmten Umfang wahrnehmen und ökonomisch zu würdigen imstande sind (vgl. Kap. 5.2), würden sich konkretere Informationen als äußerst nützlich erweisen. Derartige Fragen, die Auswirkungen ökonomischer Gegebenheiten und Zusammenhänge auf den publizistischen Output bzw. dessen Rückwirkungen auf das Funktionieren der Ökonomie zum Gegenstand haben, sind größtenteils noch nicht gestellt.

Einen ersten Anlauf[18] dazu hat 1994 HEINRICH unternommen, indem erstmals relevante Zusammenhänge des Systems „Ökonomie“ mit dem System „Publizistik“ zusammengeführt und auch Erkenntnisse aus anderen wirtschaftswissenschaftlichen Forschungsrichtungen berücksichtigt werden.[19] Da das Buch Lehrbuchcharakter hat, rangiert das Bemühen, Darstellungen und Zusammenhänge mehr grundsätzlicher und allgemeiner zu erfassen vor Versuchen, in die spezifische Materie konkreter Einzelprobleme einzusteigen, um daraus detailliertere Aussagen abzuleiten, was seinen Grund aber auch in mangelndem empirisch abgesicherten Wissen haben dürfte. Ge-

---

17 Beispielsweise lagen die Vertriebskosten der *Welt* 1994 ebensohoch wie deren Verlagserlöse durch den Verkauf der Zeitung (Abo–Quote = 75%), was bedeutet, daß – von Verlusten abgesehen – die Werbeerlöse alle anderen Kosten auffangen müssen. Bei der Tageszeitung *taz* lag dieser Aufwand (Abo–Quote = 63%) bei 28% (vgl. Kap.7.5.2). Nach der BDZV–Statistik 1994 machte der Vertriebsaufwand über alle Zeitungen hinweg gesehen (Abo–Quote lokaler Tageszeitungen = 90%) 20,3% der Verlagserlöse aus. Genauere Untersuchungen über diese Zusammenhänge gibt es (leider) nicht. Die Relevanz solcher Fragen liegt auf der Hand: Da es in Deutschland nur eine Hand voll überregionaler Tageszeitungen gibt, spielt sich der publizistische Wettbewerb vor allem auf lokaler Ebene ab, soweit es nicht sog. Einzeitungskreise betrifft. In anderen Ländern wird der regionale Wettbewerb schon aufgrund eines größeren Angebots überregionaler Konkurrenz geprägt.

18 Zeitlich gesehen gibt das Lehrbuch von PICARD von 1989 die erste größere zusammenfassende Übersicht über medienökonomisch relevante Fragestellungen. Allerdings ist dieses Werk bereits vom äußeren Umfang (136 Seiten) her gesehen nicht geeignet, den Anspruch eines Standardwerkes zu erheben.

19 HEINRICH 1994: Medienökonomie Bd. 1: Mediensystem, Zeitung, Zeitschrift, Anzeigenblatt. Ein zweiter Band, der diese Systematik für Hörfunk und Fernsehen weiterschreiben will, ist schon länger angekündigt, bis zum Redaktionsschluß dieser Arbeit indes nicht erschienen.

nau dies ist der Versuch der hier vorliegenden Untersuchung: ökonomische Mechanismen dort aufzuspüren, wo sie entstehen und nachzuzeichnen, wie sie sich von der Produktionsebene bzw. Angebotsseite auf die Nachfrage übertragen und trotz vielfältiger Allokationsprobleme im einzelnen letztendlich eine funktionsfähige 'Lösung' ansteuern, die über einen wie auch immer gearteten Marktmechanismus läuft.

Mit diesen Anmerkungen können erste Überlegungen zum Beitrag medienökonomischer Ansätze und Forschungen für den hier relevanten Untersuchungsgegenstand abgebrochen werden. Der jeweils konkrete Wissensstand wird an entsprechender Stelle diskutiert werden. Wie wichtig dabei der regelmäßige Blick auf jeweils andere Forschungsrichtungen und deren Einschätzungen sein sollte, mag eine kleine Beschreibung verdeutlichen, die von einem der derzeit renommiertesten Vertreter der deutschen Wirtschafts- und insbesondere auch Finanzwissenschaft, Hans-Werner SINN, stammt: Der Vertreter der traditionellen Ökonomie sprach im Zusammenhang mit Überlegungen zur Nichtrivalität des Konsums von Informationen und Werbefinanzierung davon, daß Zeitschriften dadurch zu „Werbeträgern degeneriert“ sind (SINN 1989: 87 f.). Einem Kommunikationswissenschaftler mag eine solche Einschätzung ein Ärgernis sein; im Gegensatz zum Wirtschaftswissenschaftler verfügt er aber über das Rüstzeug, die Entstehung einer solchen Wahrnehmung erklären zu können.

3.3 Forschungsablauf und Methodik

Inhaltlich-methodisch liegt der Untersuchung bzw. der involvierten Problemstellung ein „strukturorientierter“ Forschungsablauf (vgl. SCHENK/HENSEL 1987: 536) zugrunde. Konkret ist der Aufbau an ökonomisch relevanten Fragestellungen ausgerichtet und nicht formal nach Mediengattungen gelistet.[20] Viele Spezifika auf Medienmärkten lassen sich auf grundsätzliche Mechanismen zurückführen, die im Einzelfall nur ein besonderes Gewicht haben. Der forschungslogische Blickwinkel ist daher im Kern ein ökonomischer Ansatz. D.h. es werden die Entstehungsbedingungen der Produktion, die nachfragedeterminierenden Faktoren sowie das Zusammenspiel beider Interessen auf einzelnen Märkten betrachtet, wobei die besonderen Problemsituationen und die Lösungsmechanismen im Vordergrund aller Betrachtungen und Überlegungen stehen.

Aufgrund des vergleichsweise mageren Wissensstandes konnte bei vielen ökonomischen Überlegungen nicht auf vorhandene Forschungsansätze oder Theorien zurückgegriffen werden. Dies erklärt die hier in größerem Umfang angewandte Methodik induktiven Aufspürens bzw. Suchens nach ökonomisch faßbaren Zusammenhängen. Der inhaltlich-methodische Forschungsablauf lehnt sich dabei sehr stark an die Prinzipen von BUNGE (1967) an.

Was die Datenlage anbelangt, so sieht diese noch dürrer als der Bestand an theoretischen Vorüberlegungen aus, sofern sich das Forschungsinteresse auf mikroökonomi-

20 SCHENK/HENSEL sprechen in diesem Zusammenhang von einer „strukturorientierten“ versus einer „kommunikationswissenschaftlichen Gliederung“ (a.a.O.).

sche bzw. betriebswirtschaftliche Zusammenhänge der Medienproduktion selbst bezieht, wie dies hier schwerpunktmäßig der Fall ist:

* Die bisherige jährliche 'amtliche' Pressestatistik[21], die für 1994 letztmalig erschienen und inzwischen eingestellt ist, wies betriebswirtschaftlich relevante Informationen nur in sehr eingeschränktem Umfang aus. So wurden (wenige) „ausgewählte" Kostenpositionen ausschließlich formal nach Kostenarten ausgewiesen, nicht aber etwa nach in diesem Zusammenhang vor allem interessierenden Kosten- bzw. Produktionsfunktionen.[22] Eine zweijährlich erscheinende Ergänzung (t.w. als Kostenstrukturstatistik bezeichnet) wies – letztmalig für 1990 – zwar erheblich mehr relevante Informationen aus. Diese Daten wiederum sind alle hoch aggregiert und ohne Unterscheidung nach wichtigen Zeitschriftentypen aufgeführt. Ohnehin war deren Repräsentanz stark reduziert: Während die Pressestatistik mit allgemeinerem Datenausweis für alle Unternehmen, die Zeitungen und/oder Zeitschriften verlegten, regelmäßig Pflichtübung war, unabhängig davon, ob sie dem Verlagsgewerbe zuzurechnen sind oder auch nicht[23], fanden die Kostenstrukturerhebungen auf freiwilliger Basis statt.[24]

* Der Bundesverband Deutscher Zeitungsverleger (BDZV) gibt regelmäßig ein Jahrbuch heraus, in dem der Kostenaufwand von Abonnementzeitungen – sehr grob – immerhin für insgesamt 5 Kostengruppen ausgewiesen wird.[25] Aufgrund des ausschließlich prozentualen Ausweises sowohl der Kosten als auch der Erlöse auf deren jeweilige Gesamtsumme, bleibt beispielsweise die Differenzgröße 'Gewinn' verborgen. Von diesem Umstand abgesehen, stehen auch diese Daten auf wenig repräsentativen Füßen: Die Repräsentanz der Angaben liegt hier bei rd. 10%.[26] Die zweite statistische Erhebung betrifft die Umsatzerhebung, die mit deutlich über 90% schon einer Art Vollerhebung gleichkommt, deren Informationen indes weit weniger bedeutsam für ökonomische Fragestellungen sind.

* Für das Medium Buch fällt die Datenlage noch ungünstiger aus: Die regelmäßige Veröffentlichung „Buch und Buchhandel in Zahlen" stützte sich bisher in größerem Maß auf die Daten der Pressestatistik (Verlage, Zeitschriften). Zum eigentlichen

---

21 Statistisches Bundesamt: Fachserie 11 (Bildung und Kultur), Reihe 5 (Presse). Stuttgart (Metzler-Poeschel). Erschien bisher seit 1975.

22 Beispielsweise würde bei den Lohn- und Gehaltskosten deren Aufteilung auf den redaktionellen bzw. den kaufmännischen Bereich interessieren.

23 Darunter fielen grundsätzlich auch Betriebe, die sog. Kundenzeitschriften herausgeben, aber auch kirchliche Einrichtungen, die entsprechende periodische Printmedien produzierten.

24 Dies bedeutet, daß die Anzahl der berichtenden Unternehmen a) als geringer einzuschätzen ist und b) diese nicht dieselbe Grundgesamtheit verkörpern.

25 5 Kostenpositionen: 1) Technische Herstellung, wobei hier in Druck und Papierverbrauch differenziert wird, 2) Redaktion, 3) Anzeigenkosten, 4) Vertrieb, 5) Unternehmensleitung und Verwaltung.

26 Angabe des BDZV: Beim sog. Betriebsvergleich gehen in die Erhebung die Kostendaten von Unternehmen ein, deren Auflagevolumen bei 2,2 Mio. verk. Ex. liegt. Das gesamte Auflagenvolumen von Tageszeitungen lag 1991 in den Alten Ländern bei 21 Mio. verk. Ex.. Die Abgrenzung „Tageszeitung" wiederum ist nicht identisch mit den sonst ausgewiesenen „Abonnementzeitungen": In die erste Kategorie fallen Straßenverkaufszeitungen mit hinein (z.B. *BILD*-Zeitung), aber keine Wochenzeitungen, die wiederum bei den Abonnementzeitungen enthalten sind, bei denen aber die nicht abonnierbaren Straßenverkaufszeitungen fehlen.

Medium Buch werden praktisch keinerlei ökonomische bzw. betriebswirtschaftlich relevante Statistiken erhoben und/oder veröffentlicht.[27]

Für die vorliegende Untersuchung wurde daher vorrangig auf Primärdaten von Medienunternehmen zurückgegriffen. Die Beschaffung solcher Daten ist schwierig, kompliziert und aufwendig. Da die empirische Basis für den Forschungsablauf aufgrund Fehlens von statistischem Materials und auch wegen des hohen Aufwands der Datenbeschaffung von Unternehmen auf Fallbeispiele abgestellt war, anhand derer exemplarisch das ökonomische Wirkungsgefüge für die relevanten Einzelfragen aufgezeigt und analysiert werden sollte, wurden die Informationen und Daten in einem mehrstufigen Datenbeschaffungsprozess ermittelt. Wegen der grundsätzlichen, aber auch exemplarischen Bedeutung dieses Informationsgewinnungsverfahrens, soll dieser Prozess näher erläutert werden. Auch Betriebe der Medienbranche lassen sich wie die meisten Unternehmen ebenfalls – nur ungern bzw. eigentlich gar nicht in die „Bücher“ schauen, wenn es dazu keine Veranlassung gibt.[28]

Die Informations- und Zahlenbeschaffung lief auf ein mehrstufiges sequentielles Recherche- und Rekonstruktionsverfahren hinaus:

1) In einem ersten Schritt wurden aufgrund vorhandener Einzeldaten für einige wenige (Zuliefer-)Bereiche im weitesten Sinn und/oder in der Fachöffentlichkeit geschätzter Größen zu bestimmten Inputfaktoren (Beispiel Papierpreise, Umsatzzahlen von Druckereien, die sich zu anderen Größen in Bezug setzen lassen) sowie anhand diverser ökonomischer und/oder technischer Kriterien Plausibilitätsrechnungen angestellt, die sich im Rahmen von Sensitivitätsanalysen verfeinern ließen. Dies betraf beispielsweise Kalkulationen zur Grobstruktur der wichtigsten Erlös- und Kostenstrukturen bei den Medienunternehmen.

2) In ersten Gesprächen mit den betroffenen Unternehmen konnten solche Zusammenhänge grundsätzlich und in ihrer qualitativen Dimension verifiziert bzw. verfeinert und t.w. auch differenziert werden. Weiterhin war es möglich, vereinzelt detail-

---

27 Eine Ausnahme stellt die sog. Schnell-Umfrage Verlagsbuchhandel des Börsenvereins des Dt. Buchhandels dar, die aber a) nur sehr wenige Daten erhebt, deren Repräsentanz b) mit 50% vergleichsweise gering ausfällt und c) deren Informationen in keinerlei anonymisierter Form an die Fachöffentlichkeit gelangen - Die Ergebnisse dienen den Verlagen sowie dem sog. Verleger-Ausschuß des Börsenvereins zur persönlichen Information.

28 Eine solche kann in bestimmten Vorschriften der Unternehmenspublizität liegen. Beispielsweise müssen Aktiengesellschaften Jahresabschlüsse vorlegen, deren Aufbau und Inhalt gesetzlich im Aktiengesetz geregelt ist. Nach dem Publizitätsgesetz müssen Unternehmen unabhängig von ihrer Rechtsform bestimmte Mindestinformationen publizieren, wenn 2 von insgesamt 3 Kriterien erfüllt sind: a) eine Bilanzsumme von über 125 Mio. DM, b) Jahresumsatz größer 250 Mio. DM, c) über 5.000 Mitarbeiter. Eine inzwischen EG–weit grundsätzlich gültige und verbindliche Publizitätsrichtlinie, nach der auch mittlere Kapitalgesellschaften mindestpublizitätspflichtig sind und die sich zumindest formal auch in deutsches Recht niedergeschlagen hat (§§ 340, 341 HGB), hat jedoch keinerlei Auswirkungen: Der bundesdeutsche Gesetzgeber hat für die Nichteinhaltung dieser Veröffentlichungspflichten (z.B. dem Handelsregister gegenüber) keinerlei Sanktionen vorgesehen. Eine mehrmalige Stichprobe beim Handelsregister in Hamburg ergab, daß beispielsweise die Verlagsunternehmen von *SPIEGEL* oder *ZEIT* dieser Verpflichtung nicht nachkommen. Dasselbe gilt für den Heinrich Bauer Verlagsgruppe, die sich u.a. auch aus solchen Gründen in eine Vielzahl kleinerer Betriebs- und Verlagsgesellschaften aufgespalten hat.
Ungeachtet dessen wäre auch solches Zahlenmaterial vergleichsweise ungeeignet, da es wiederum a) zu aggregiert und b) zu völlig anderen Zwecken ausgewiesen wird und nicht auf die hier interessierenden Fragestellungen ausgerichtet ist.

liertere betriebswirtschaftliche Zusammenhänge qualitativ und teilweise auch quantitativ in Erfahrung zu bringen.

3) Mit diesem verbesserten Datengerüst wurden die ersten Kalkulationsrechnungen wiederum detaillierter und präziser durchgerechnet und mittels neuerlicher Sensitivitätsanalysen verbessert. Erfahrungsgemäß kommen solche Daten der Realität schon recht nahe.

4) Mit den präzisierten Informationen ließ sich eine neue 'Diskussionsrunde' bei den fraglichen Unternehmen starten. Die dabei präsentierten Ergebnisse können zumindest nicht schlechter, sprich realitätsferner ausfallen als die allerersten Rekonstruktionen. In der Regel ließen sich die erarbeiteten Informationen nochmals verbessern, teilweise sogar mehr oder weniger abgleichen.

Je nach Sachstand und eingespieltem bzw. auch 'kreativem' Vorgehen in solchen 'Verhandlungsrunden', das weitere und/oder ganz andersartige Rekonstruktionswege nach sich ziehen kann, ließen sich auf diese Weise Informationen und Daten gewinnen, die die jeweiligen Fallbeispielsituationen repräsentieren. Die präsentierten Zahlen können als recht genaue Abbildung der ökonomischen bzw. betriebswirtschaftlichen Realität angesehen werden.[29]

Im einzelnen wird auf dieses Verfahren in den jeweiligen Kapitelabschnitten nicht mehr verwiesen. Ebensowenig sind hier die einzelnen Gesprächs- und Recherchetermine gelistet, was auch aus Rücksicht auf die Sensibilität solcher Gespräche geschieht. Sofern Fallbeispiele bzw. deren Quellen nicht gesondert erwähnt und ausgewiesen werden, entstammen die verwendeten Zahlen dem hier beschriebenen Verfahren.[30]

Grundsätzlich lehnt sich diese Datenbeschaffungspraxis und die Überprüfung der daraus gewonnenen Erkenntnisse über Wirkungszusammenhänge methodisch sehr stark an den „engineering approach“ an, wie ihn etwa Frederic M. SCHERER bei seinen Arbeiten über die „Industrial Organization“–Forschung erfolgreich angewandt hatte (vgl. SCHERER 1980): Der Wissenschaftler wird zum fiktiven Praktiker, der von seinen Gesprächspartnern als solcher akzeptiert wird, wobei es – psychologisch gesehen – eine 'gemeinsame Ebene' gibt, auf der sich ein solcher Informationsaustausch organisieren läßt.

---

29 Die Abweichung zwischen rekonstruierten Datenwerten und tatsächlicher Zahlensituation ist, wie anhand mehrerer Stichproben für einzelne Größen während des mehrstufigen Rechercheverfahrens getestet werden konnte, geringer als 5%. Ein Großteil der Zahlen bildet die Realität sogar exakt ab. Dies betrifft beispielsweise das Zahlengerüst des Unternehmens *DIE ZEIT*: Hier war ursprünglich eine seitens des inzwischen verstorbenen *ZEIT*–Gründers, Gerd BUCERIUS, autorisierte Buchveröffentlichung geplant, die allerdings nicht (mehr) zustande kam. In diesem Zusammenhang hatte der Verleger BUCERIUS seitens des Verfassers dieser Arbeit vorgelegte Kalkulationsrechnungen, die der Realität ebenfalls sehr nahe kamen, auf den tatsächlichen Sachstand hin korrigiert. Gespräche über Kalkulationen, betriebswirtschaftliche Wirkungszusammenhänge usw. liefen im übrigen mit Buchverlagen vergleichsweise unkompliziert. Dies mag darin begründet liegen, daß viele Buchverlage nicht ganz so viel Grund haben, ihr ökonomisches 'Innenleben' zu verschleiern, weil damit vergleichsweise (sehr) wenig Geld zu verdienen bzw. Gewinn zu machen ist. Medienunternehmen wie die *taz* oder auch das *ÖKO–Test Magazin* kennen überhaupt keine Probleme, über ihre ökonomische Situation zu sprechen.

30 Die fraglichen Gespräche und Diskussionsrunden mit den später vorgestellten Medien bzw. Unternehmen fanden überwiegend in dem Zeitraum zwischen 1993 bis 1995 statt und waren von großen – auch offenbar psychologisch wichtigen – Pausen unterbrochen.

Historische Daten zur Ökonomie der Medien wurden aus sehr unterschiedlichen Sekundärquellen zusammengetragen und verarbeitet, die jeweils ausgewiesen sind. Die Umrechnungen der verschiedenen, auf deutschem Boden gehandelten und akzeptierten 'Währungen' im 18. und 19. Jahrhundert bis zur gemeinsamen Einheitswährung „Mark“ ab 1.1.1876, wurde anhand der sog. COTTA–Tabelle des gleichnamigen Verlagsunternehmens mit Sitz in Tübingen und Stuttgart vorgenommen.[31]

Hypothesen über vermutete Wirkungszusammenhänge wurden, soweit möglich, mittels Modellrechnungen getestet. Solche exemplarischen Beispielsrechnungen hatten entweder partialanalytischen Charakter (eine Methode, wie sie in einigen sehr stark formalanalytisch ausgerichteten volkswirtschaftlichen Forschungsrichtungen Anwendung findet) oder waren auch auf eine systemische Betrachtung (vgl. VESTER 1983/1992: 44) hin ausgerichtet.[32] Auch diese Ergebnisse wurden, soweit möglich, wiederum zwecks Rückkoppelung in das oben beschriebene Daten- bzw. Erkenntnisgewinnungsverfahren eingespeist.

Nach diesen erklärenden Anmerkungen zu Konzept, Forschungssperspektive und Methodik kann der erste gewichtige Schritt zunächst in die detaillierte Analyse der vielfältigen Besonderheiten auf Medienmärkten erfolgen.

---

31 Quelle/COTTA–Tabelle: Ausstellungskatalog „Cotta und das 19. Jahrhundert. Aus der literarischen Arbeit eines Verlages. Ständige Ausstellung des Schiller–Nationalmuseums und des Deutschen Literaturarchivs Marbach am Neckar“. Hg. v. KUHN, Dorothea. Marbach (Deutsche Schillergesellschaft) 1980: 152. Nach der Umrechnung des Hauses Cotta, dessen Sitz sich im Währungsgebiet des Guldens befand, wurde 1 Gulden (= 60 Kreuzer) mit 0,66 Reichsthaler gerechnet bzw. 3 Gulden entsprachen 2 Rt. 1 Thaler/Reichsthaler bestand anfänglich aus 24 Groschen bzw. 288 Pfennigen (1 Groschen = 12 Pfennige). 1 Carolin wurde etwa mir 6,5 Thalern, 1 Louisdor mit 5 Thalern verrechnet. Die 'Währungsverhältnisse' unterlagen regelmäßig Schwankungen, so daß die genannten 'Wechselkurse' Durchschnittswerte darstellen. Bei der Währungsumstellung zum 1.1.1876 wurde 1 Gulden mit 1,714 Mark und 1 Thaler mit 3 Mark angesetzt. Bzw. 1 Mark entsprach 0,583 Gulden bzw. 0,333 Thalern (ZELLFELDER 1991: 144). Ausländische Währungen wurden mit Hilfe der Währungstabellen von SCHNEIDER/SCHWARZER/ ZELLFELDER (1991) umgerechnet.

32 In einer partialanalytischen Betrachtung werden jeweils einzelne Variablen verändert, um deren Reaktion auf andere Größen zu beobachten. Man spricht in diesem Zusammenhang auch von der Anwendung der ceteris–paribus–Klausel. Bevorzugtes Anwendungsgebiet sind mikroökonomische Fragestellungen. Der Vorteil dieser Methode liegt in dem möglichen Erkenntnisprozess über die Art(en) der (eindimensionalen) Wechselwirkungen zwischen zwei Variablen. Beim systemischen Ansatz geht man von einer gleichzeitigen Änderung mehrerer Variablen aus oder auch ganzer Gruppen von Variablen. Das Haupterkenntnisinteresse ist auf Änderung der Ergebnisse von Wechselwirkungen gerichtet. Auf die Realität bzw. die Praxis bezogen sind systemische Betrachtungen sehr viel lebensnäher, da sich in der Realität selten immer nur eine Einflußgröße verändern bzw. isolieren läßt.
Für die Modellrechnungen, etwa im Zusammenhang mit der Frage, wie sich eine Marktausweitung (z.B. nachhaltige Auflagensteigerung) auf das Ertrags- und Aufwandsgefüge, konkret die Kostenstruktur und dort auf dominante Positionen auswirkt, wurden beide Methoden benutzt, wenn dies Sinn ergab. Bei einer fiktiven Marktausweitung, wie sie etwa für den *SPIEGEL* kalkuliert wurde (vgl. Tab. 7.3.4 [5] sowie [7a, 7b]), hängen die ökonomischen Ergebnisse einerseits sehr stark von den getroffenen Annahmen über den Verlauf der (sprungfixen) Druckkosten ab, die daher partialanalytisch variiert wurden. Zum anderen wird das effektive Gewinnvolumen auch davon determiniert, ob man bei der Modellrechnung einer zunehmender Marktausweitung zusätzlich von konstanten oder steigenden Erlösen etwa aufgrund ebenfalls steigender Werbe-/Anzeigenerlöse ausgeht. Für solche fiktiven Fallsituationen wurde mit beiden Ansätzen gearbeitet, um den gesamten potentiellen Spielraum solcher Wirkungszusammenhänge auszuloten.

4. Strukturelle Besonderheiten auf Medienmärkten: Angebotsseite

4.1 Publizistisch-mediale Produkte und Kommunikationsprozess

4.1.1 „Publizistische Produkte"

Unterscheidungen und dafür vergebene Begrifflichkeiten sind immer zweckgerichtet und können ohne Nennung der Kriterien keinen Absolutheitsanspruch erheben. In einem Bereich, der an die Dimension Ästhetik und des Künstlerischen grenzt, wird dies umso schwieriger, als sich beide Erlebensdimensionen nur aus sich selbst heraus definieren: zweckrationales Denken und Empfinden ist ihnen weitgehend fremd.[1] Dennoch bedarf es für unsere, hier wissenschaftliche, Zwecke einer Unterscheidung, um schon aufgrund der verschiedenen Motive für künstlerisch-publizistischen Schaffens Schlüsse auf die Funktionsfähigkeit bestimmter ökonomischer Allokationsmechanismen ziehen zu können.

Als „publizistische Produkte" seien Aussagenproduktionen gemeint, die sich im Rahmen von Kommunikationprozessen abspielen und die - zumindest seitens der Kommunikatoren - auf öffentliche Wahrnehmung und/oder öffentlichen Diskurs abzielen: Adressaten bzw. ökonomisch formuliert: 'potentielle Nachfrager' sind - kommunikationswissenschaftlich gesprochen - die dispersen Publika. Zwar zielen auch „Werbebotschaften" (HEINRICH) auf öffentliche Wirkung, mit der Begrifflichkeit „Publizistik" ist in Unterscheidung zu anderen Aussagenproduktionen indes nach gängiger Definition subjektives Engagement etwa in Form von Wertungen bzw. Meinungen verbunden (so z.B. SILBERMANN 1982: 365).[2]

Publizistische Produkte decken mithin ein sehr breites Spektrum textlicher Inhalte ab, die von künstlerischer Literatur, über journalistische Reportagen bis hin zu politischen Pamphleten reichen können. Literatur versteht sich in ihrer Gestaltungsfreiheit einmal als autonom, zum anderen erhebt sie aber auch einen „publizisti-

---

1 Auf die unendliche Debatte um inhaltliche Abgrenzungen etwa um den („hohen") Literaturbegriff, die sich in so obskure Fragestellungen verrennen kann, ob Rolf HOCHHUTHs *Stellvertreter* zur Literatur zähle oder nicht, wie dies 1964 an der Darmstädter Akademie für Sprache und Dichtung ernsthaft und nicht konsensfähig diskutiert worden war, oder um die Frage, ob die „Literatur als Kunst" jetzt einer politischen Alphabetisierung Platz machen müsse, wie dies Hans Magnus ENZENSBERGER bei der Verkündung des Todes der Literatur 1969 postuliert hatte, woraufhin er sich folgerichtig mit Medien und Medientheorien zu beschäftigen begann (vgl. ENZENSBERGER 1970), braucht hier nicht weiter eingegangen werden.

2 RÜHL (1993: 126) betrachtet publizistisches Geschehen in einem größeren Zusammenhang, indem er die „Publizistik als ein Funktionssystem der Gegenwartsgesellschaft" ansieht bzw. als ein „Funktionssystem des gesellschaftlichen Kommunikationsprozesses" ganz allgemein.

schen" Anspruch.[3] Adalbert STIFTER beispielsweise verstand sein publizistisches Wirken, das er selbst mit „literarischem" Schaffen bezeichnete, als „sittliche Offenbarung", die beim Leser auf eine „Erhebung oder Besserung" abziele. Diese starke Betonung des Ethischen ging dabei soweit, daß er seinen Arbeiten „nur einen sittlichen, keineswegs aber künstlerischen Wert" beimaß (STIFTER: Briefe, zit. n. AMANN 1978: 54).

Der italienische Dichter und Lyriker Eugenio MONTALE beschrieb den gesellschaftlichen Anspruch seiner Gedichte sehr viel nüchterner: Anläßlich seiner Dankesrede für den Nobelpreis für Literatur im Jahre 1975 bezeichnete er seine Lyrik als „unnützes, kaum je schädliches Produkt" (zit. n. LÜCKOFF 1996: 1). Hedwig COURTHS-MAHLER, deren Name für Trivialliteratur schlechthin steht, sprach von ihren Produkten als „Märchen für Erwachsene" (LÜBBE 1993: 13). Im Bereich der publizistischen bzw. journalistischen „Schreibe" gab und gibt es solche unterschiedlichen Einschätzungen und inhaltlichen Auseinandersetzungen[4] ebenso wie sich solche Fragen nach der Rolle und dem Selbstverständnis von Journalisten und den Wirkungen ihrer Tätigkeit in der heute aktuellen Kommunikatorforschung fortsetzen.

Für eine ökonomische Betrachtung jedenfalls reicht eine Kategorisierung aus, die sich sowohl aus Produzenten- wie aus Rezipientensicht inhaltlich an der möglichen und/oder beabsichtigten Nutzung, also an der spezifischen Dimension von Kommunikation (Information, Bildung, Unterhaltung) orientiert und die hinsichtlich des produktionstechnischen Vervielfältigungsprozesses (Print–Medien) bzw. des Verbreitungsprozesses (audio-visuelle Medien) auf die in Frage kommenden Kommunikationstechniken eingestellt ist. Diese geistig-kreativen Schöpfungen, die sozusagen Inputcharakter haben, unabhängig vom Grad der inhaltlichen und/oder formalästhetischen Weiterverarbeitung als Printmedium oder nur textliche Gestaltungskomponente in einem Film, sollen als „publizistische Produkte" bezeichnet werden.[5] Diese sind durch eine bestimmte äußere Form gekennzeichnet, die in irgendeiner Weise den Inhalt und ggf. auch die damit beabsichtigte Wirkung reflektiert.[6] Inwieweit diese

---

3 Eine weitumspannende Unterscheidung stammt von SCHWENGER, der die „Literaturproduktion" ganz allgemein in „Literatur" und „Schöne Literatur" auf der einen Seite sowie in „Gebrauchsliteratur" auf der anderen unterteilt, wobei er letztere Kategorie weiter in Trivialliteratur und Literatur für die mediale Weiterverarbeitung differenziert wie Textvorlagen für Filme beispielsweise (SCHWENGER 1979). Für letzteres existiert auch die Bezeichnung „Medien-Literatur" (vgl. SCHREIBER 1974: 25), die wiederum im Bereich des Filmproduktionsgewerbes oder des Fernsehens selbst weit gebrauchswertorientierter als (publizistische) Textvorlage bzw. als gebrauchsfähiges Filmmanuskript (Treatment, Drehbuch) angesehen würde.

4 Vgl. z.B. die Debatte um die Funktion und die Ästhetik der Reportage, die 1926 geführt wurde; so z.B. in der Literarischen Welt Nr. 26 v. 25.6.1926: Reportage und Dichtung. Eine Rundfrage.

5 Demnach würde ein Drehbuch genauso hierunterfallen wie die Vertonung eines (politischen) Lieds, wobei man letzteres aber von dem Endmedium her gesehen, als Komposition eines Musikers bezeichnen würde, ggf. mit Hinweis auf den Textautor. Die Musikvertonung stellt dann eine eigenständige Schöpfung dar, in der a) das publizistische Produkt „Text" bzw. „Gedicht" produktionstechnisch eingegangen ist, und b) aufgrund des transportierten publizistischen Inhalts die musikalische Ausarbeitung meist auch sehr stark prägt (z.B. Melodik, Rhythmik, Harmonik usw.). Bei der Weiterverarbeitung eines Dramas, etwa BÜCHNERs *Woyzeck* zu einer Oper, die Alban BERG 1923 rund 90 Jahre später komponiert hatte, verhält es sich ähnlich.

6 Zu Zusammenhängen zwischen a) dem Selbstverständnis und einer beabsichtigten Funktion bzw. Wirkung von „Literatur", b) der Sprachlichkeit und der Ausdrucksform sowie c) der äußeren Form

Wirkung eintritt, ist eine Frage der Wahrnehmung und der Akzeptanz auf Seiten der Rezipienten, weshalb diese Überlegungen an späterer Stelle diskutiert werden. Diesen potentiellen „Input"–Charakter auf Seiten des Produzenten hat ESCARPIT für das Medium Buch so beschrieben, was gleichermaßen für die Publizistik ganz generell gelten kann: „In Wirklichkeit gibt es keine literarischen Werke, sondern nur literarische Vollzüge, also Gedankenaustausch zwischen einem Autor und seinem Publikum. Ein Buch kann Absichten verfolgen, literarische Ansprüche stellen, das heißt, zum Gedankenaustausch aufrufen, aber ob ihm dieser gelingt, bleibt ungewiß" (ESCARPIT 1967: 38).

4.1.2 Mixgüter

Medienangebote stellen sich oft nicht als 'einheitliches' Produkt, d.h. als Angebot bestehend aus einer einzigen publizistischen Produktkomponente dar, sondern als ein Mix aus sehr unterschiedlichen Produktkomponenten, z.B. unterschiedlichen publizistischen Produkten. In der Literatur finden sich dafür verschiedene Umschreibungen. RÜHL (1993: 141) beispielsweise spricht von „publizistischen Herstellern und Bereitstellern, die mit sachlichen, sozialen und zeitlichen Komponenten publizistisches Material dekomponieren und 'kompatible' Kommunikationskomponenten zu Text, Rede, Bild und Musik und somit zu komplexen Programmformen rekomponieren." HEINRICH (1994: 101) stellt auf die 'Komplexität' solcher Produkte ab, die „aus den Elementen Information, Bildung, Unterhaltung und Meinungsvielfalt sowie Aufmerksamkeit für Werbung" bestehen. Die Unternehmensgruppe Bertelsmann, derzeit (1997) Europas größtes und weltweit gesehen viertgrößtes Medienunternehmen, charakterisiert in offiziellen Verlautbarungen wie Geschäftsberichten, Imagedarstellungen usw. die eigene Produktpalette mit „Information, Bildung und Unterhaltung", wobei der für das ökonomische Ergebnis nicht ganz unmaßgebliche Produktionszweig „Aufmerksamkeit für Werbung" (vgl. HEINRICH) vornehm-zurückhaltend außer Ansatz bleibt.[7]

---

publizistischer bzw. literarischer Werke in ihrer geschichtlichen Entwicklung seit der Weimarer Klassik bis in die 70er Jahre unseres Jahrhunderts vgl. SCHREIBER 1974.

7 Die Einnahmen aus dem Verkauf von Werbeplätzen bzw. dem Verkauf potentieller Aufmerksamkeit für Werbung haben in den einzelnen Geschäftsfeldern unterschiedliche Bedeutung. In der Geschäftssparte Buch (Buchclub, Buchproduktion wie z.B. Bertelsmann oder Goldmann Verlag in Deutschland, Bantam Doubleday Dell in den USA) ebenso wie in der Sparte Fachinformation sind solche Einnahmen fast Null. In der Sparte Privat–TV (RTL, RTL2, Vox usw.) dominieren sie zu fast 100% sämtliche Umsätze. Die Produktlinie Presse, deren Aktivitäten in der Konzerntochter Gruner+Jahr konzentriert sind und die rd. 20% zum Umsatz der Unternehmensgruppe beitragen, machen die Werbeerlöse im Durchschnitt über alle Produkte gesehen weniger als 20% aus (ca. 750 Mrd. DM bezogen auf 4,3 Mrd. DM Jahresumsatz 1994/95). Der Bertelsmann–Konzern, der unter Wirtschafts- und Medienjournalisten als grundsätzlich offener Ansprech- und Gesprächspartner gilt und der auch in seinen Jahresabschlüssen (inkl. freiwilliger Umwelt- und Sozialberichte) umfassend und detailliert Rechnung legt, weist solche Zahlen indes nicht aus. Dies erscheint im Hinblick auf die praktizierte Unternehmensphilosophie, nach der sich die Firmengruppe einerseits als ein Wertschöpfung produzierendes Unternehmen, andererseits als Bestandteil einer größeren sozialen Gemeinschaft versteht, unverständlich.

Riskiert man einen Blick in die Geschichte der Publizistik und ihrer Medien, so findet sich bereits in Rudolph Zacharias BECKERs *Noth- und Hülfsbüchlein für Bauersleute* ein bunter Mix publizistischer Aussagengestaltung. So macht etwa die Rahmenerzählung, wie sie der Untertitel ausweist, *Freuden- und Trauergeschichte des Dorfes Mildheim*, nur 40% des Buchumfanges aus; dazwischen sind 'sensationelle' und spannende (Kurz-)Geschichten, Lebensweisheiten sowie viele praktische Tips und Anleitungen für Verbesserungen des alltäglichen Lebens auf die beiden Bände verteilt. Um zusätzliche Lese- und Durchblätteranreize zu geben, wurden zum Zwekke des 'Layouts' regelmäßig Bilder eingestreut (vgl. SIEGERT 1980: B 313). Aber auch schon im 15. bis 17. Jahrhundert bestanden Einblattdrucke und broschierte Hefte regelmäßig aus einer Mischung aus informativem und unterhaltsamen bzw. auch sensationellen Produktkomponenten (vgl. SCHENDA 1973: 29 ff.). Den Zweck eines 'bunten Mix' hatte bereits Johann Wolfgang GOETHE im „Vorspiel auf dem Theater“ in seinem *Faust I* beschrieben. GOETHE, der lange Zeit als Direktor des herzoglichen Theaters fungierte, auf dessen Spielplänen Stücke des Erfolgsschriftstellers August Friedrich KOTZEBUE weit häufiger standen als eigene Werke oder solche von künstlerisch 'gleichrangig' empfundenen Schriftstellerkollegen, was GOETHE im übrigen nicht störte (vgl. BAUSINGER 1993: 112), wußte um die ökonomischen Vorzüge eines gemischten Schauspielangebots bestehend aus unterschiedlichen Gattungskategorien:

„Die Masse könnt ihr nur durch Masse zwingen,
Ein jeder sucht sich endlich selbst was aus.
Wer vieles bringt, wird manchem etwas bringen;
Und jeder geht zufrieden aus dem Haus.“

Unabhängig davon, wie eng oder weit man ein publizistisch-mediales Angebot definiert, vom einzelnen Buchtitel angefangen über die inhaltliche und/oder formale Spannbreite einer Zeitschrift bis hin zur umfassenderen Angebotspalette einer Schauspielbühne, besteht der (meist erfolgreiche) Versuch einer Mischung darin, unterschiedlichen Kommunikations- und Konsumbedürfnissen nachzukommen, um dadurch ein insgesamt größeres Marktpotential zu mobilisieren.[8] Die Mischung kann entweder aus Bestandteilen unterschiedlicher Gattungen oder aus Elementen innerhalb einer publizistischen Gattung bzw. eines Genres bestehen. Man könnte in diesem Zusammenhang von vertikaler bzw. horizontaler Mischung in Bezug auf die publizistische Aussagenmischung sprechen.

Sobald mediale Produkte Aufmerksamkeit für Werbung mitproduzieren bzw. mitverkaufen, erweitert sich der Produktmix um ein neues, d.h. grundsätzlich anderes Produkt, das sich aus Gründen einer Verbundproduktion (economies of scope) in dieser Mischung effizienter, d.h. vor allem auch kostengünstiger herstellen läßt (ausführlich: Kap. 6.3). Entscheidend ist für Mixgüter bzw. für die inhaltliche

zierendes Unternehmen, andererseits als Bestandteil einer größeren sozialen Gemeinschaft versteht, unverständlich.

8 HEINRICH (1994: 101) beispielsweise spricht von einem „Geschmacksgut“, interpretiert in diesem Zusammenhang die Unterschiedlichkeit von Rezipientenpräferenzen aus der Dimension individueller und subjektiver Geschmacksempfindung.

„Mischung“[9] medialer Angebote, daß sie komponierbar und in ihrer beabsichtigten Wirkung steuerbar, d.h. grundsätzlich optimierbar sind.[10]

Tatsächlich handelt es sich bei Mixgütern bzw. beim Prinzip der optimierten Mischung um einen Anpassungsprozeß an die permanente Ausdifferenzierung von Interessen und Nachfragewünschen von Rezipienten. Die Vielfalt der Produktmischung erhöht die statistische Wahrscheinlichkeit, selbst mit vergleichsweise wenig Einzelkomponenten (einzelne Artikel, einzelne Teile bzw. Bücher bei Zeitungen) immer noch Nachfrager an das Produkt bzw. einzelne Teile binden zu können. Leser von Zeitungen und Zeitschriften beispielsweise nutzen nur (noch) in den seltensten Fällen sämtliche Angebotsbestandteile eines Mediums.[11] Nicht nur aufgrund unterschiedlicher Interessensgewichte bei Rezipienten, sondern auch aufgrund zeitlicher Nutzungskapazitäten finden Selektionsprozesse nach unterschiedlichen Auswahlkriterien statt. Derlei Selektionsgewohnheiten auf der Nachfrageseite stellen das publizistische und ökonomische Pendant zum Angebotsmix der Aussagenproduktion dar.

9 Beispielsweise spricht die Redaktion der Illustrierten *stern* von der „Mischung“ eines Heftes. Darunter werden sämtliche Dimensionen der Aussagenproduktion wie publizistische Inhalte, formale und visuelle Aufmachung, Heftumfang und Heftaufbau, aber auch das Mischungsverhältnis von redaktionellen und Anzeigenseiten verstanden. In der Regel zeichnet sich jede Ausgabe durch eine andere Mischung aus, die vielfach vom aktuellen Berichterstattungsdruck vorgegeben wird. So können kurzfristig ins Blatt gehobene Geschichten eine Änderung der bisherigen optimierten Mischung notwendig machen, was erklärt, daß viele Beiträge, die für die Veröffentlichung eigentlich vorgesehen waren und möglicherweise auch schon gedruckt sind, aus Gründen der 'richtigen' Mischung wieder herausgenommen werden (müssen).

10 Mixgüter sind daher etwas grundsätzlich anderes als Kuppelprodukte bzw. -güter, deren Existenz und deren Outputverhältnis aufgrund meist technischer Gesetzmäßigkeiten vorgegeben ist. Allerdings könnte man ernsthaft darüber nachdenken, ob bzw. inwieweit Medienprodukte bzw. etwa die Werbung darin ein Komplementärgut darstellen: Hier käme es weniger auf den technisch fixierten Produktionsprozess an, sondern auf die gegenseitige Absatz–'Förderung' bzw. die Zwangsläufigkeit der wechselseitigen Abhängigkeit: Stellt man auf die ökonomische Bedeutung der Werbefinanzierung oder auch auf die erheblichen economies of scope bei der Produktion und bei der Distribution ab, so erscheint eine Klassifizierung als Komplementärgut nicht ganz abwegig, wobei diese Eigenschaft eher für die Produktkomponente Werbung und weniger für das publizistische Produkt zutreffen würde: Das publizistische Produkt ließe sich auch ohne Werbung vergleichsweise immer noch besser vermarkten als die Werbung ohne Einbettung in ein mediales Produkt. Von (zwingenden) „Kuppelprodukten“ (so z.B. MESTMÄCKER [1979: 26, zit.n. KIEFER 1997: 58]) kann man jedoch in keinem Fall sprechen.

11 Dies kann soweit gehen, daß etwa ein Leser der Wochenzeitung *DIE ZEIT* aus dem durchschnittlichen Umfang einer Ausgabe von über 60 Seiten Zeitung + mehr als 60 Seiten *Zeitmagazin* (1992) nur zwei oder drei Artikel rezipiert. So hatte bemerkenswerterweise Thomas MANG, Werbeexperte und Mitinhaber der Werbeagentur BMZ, in einer zweiseitigen Image–Anzeige in der *ZEIT* selbst (Nr. 25 v. 15.6.1990) sein eigenes Kauf- bzw. Leseverhalten erklärt: selbst wenn es nur „zwei, drei Beiträge“ sind, „die mich wirklich interessieren.“

4.1.3 Der Kommunikations- und Medienprozess als ökonomische Interpretation des LASSWELLschen Kommunikationsmodells

Der Kommunikations- und Medienprozess, aus dem sich Medienmärkte herausbilden, läßt sich in einer vereinfachten Form als sog. LASWELL-Formel abbilden: Wer sagt was auf welchem Weg zu wem mit welcher Wirkung? Zwar hat diese formalisierte Betrachtung mehrfach Ergänzungen und Erweiterungen erfahren, für eine systematische Skizzierung eignet sie sich aufgrund ihrer grundsätzlichen Darstellung immer noch: Unabhängig davon, ob die Nachfrage bzw. die Nutzung eines Mediums vom Kommunikator (Angebotsseite) oder Rezipienten (Nachfrageseite) induziert wird oder welche Rückkoppelungs- und/oder Verstärkereffekte dabei auftreten (können), ordnet diese „Formel“, die sich ansatzweise als Modell verstehen läßt, die relevanten Vorgänge, Ebenen und Beteiligten an diesem Prozess, woraus sich beispielsweise recht gut die relevanten Forschungsfelder der Publizistik- und Kommunikationswissenschaft ableiten lassen. Da die vorliegende Fragestellung auf die ökonomischen Dimensionen der Kommunikations- und Medienprozesse focussiert, eignet sich die LASWELL-Formel nicht minder, die im Einzelnen bedeutsamen ökonomischen Mechanismen dabei aufzuspüren. Gleichzeitig läßt sich diese Darstellung nutzen, die unterschiedlichen Begrifflichkeiten der Publizistik- und Kommunikations- als auch der Wirtschaftswissenschaft miteinander zu ‘synchronisieren’, indem die parallelen Termini gegenübergestellt werden. So gesehen handelt es sich bei dieser so erweiterten Dimension um eine ökonomische Interpretation des LASWELL’schen Kommunikationsmodells, das erste Hinweise auf die strukturellen Besonderheiten auf Kommunikations- bzw. Medienmärkten liefert, die in diesem und im nachfolgenden Kapitel Gegenstand eingehender Betrachtung werden.

Einige Anmerkungen erscheinen dazu angebracht.

Einen Zugang zum Kommunikationsvorgang aus wirtschaftswissenschaftlicher Sicht hat HEINRICH entwickelt, der diesen Akt als „Transformationsprozess“ von „Gütern“ bestimmter Art interpretiert, die dem (Medien-)Konsum dienen: „So kauft der Haushalt etwa Fernsehen und Flaschenbier, um daraus Unterhaltung zu produzieren“ (HEINRICH 1994: 17). HEINRICH unterscheidet diesen Prozess in drei Ebenen: in die Ebene der „stofflichen Träger“, die die Medieninhalte transportieren, also in Zeitung, Rundfunkfrequenzen, Kabel usw., 2) in die Ebene des „eigentlichen Inputs“: Information, Unterhaltung, Verbreitung von Werbung und 3) in die Ebene des „Outputs des Medienkonsumprozesses“, die mit Medienwirkungen gleichgesetzt werden (a.a.O.: 18). Im obigen Beispiel würde das Fernsehprogramm den medialen Input abgeben, stoffliche Träger wären terrestrische Frequenzen bzw. alternativ das Kabelnetz und die Unterhaltung würde den Output darstellen.

Übersicht 4.1.3: Ökonomische Übersetzung und Interpretation des LASWELLschen Kommunikationsmodells von 1948

LASWELL-Formel:	„Wer	sagt was	auf welchem Weg	zu wem	mit welchem Effekt?“
kommunikationswissenschaftliche Begriffe	Sender, Kommunikator	Aussage, Mitteilung, „Rezeptionsinhalte“ (VORDERER), „publ. Angebote“ (BERG/KIEFER) *Dimensionen*: Information, Bildung/Wissen, Kritik u. Kontrolle, Unterhaltung; „Verbreitung von Werbebotschaften“ „Aufmerksamkeit für Werbung“ (HEINRICH)	Kanal, Medium medienspezifische Kommunikations*formen*	Empfänger, Rezipient	Wirkung
ökonomische Übersetzung	Anbieter, geistig-kreativer Input-Produzent, Autor, Urheber	publizistisches Produkt, Idee, Konzept, Aussagenproduktion	Medium, Mittel zum Zweck, „stofflicher Träger“ (HEINRICH), Medienproduzent	Nachfrager, Konsument	Konsumfunktion, Konsumbedürfnis: Nutzen
		Transformationsprozess: mögliche Sichtweisen: a), b), c)			
		a) Input	Output		
		b) Input	(Medien-) Produkt		Output
			c) Input		Output
ökonomische Fragen und Probleme	Motive, Transaktionskosten, Investitonskosten, schöpferische Idee, Innovation	Gestaltung, Umsetzung, publizistisches Konzept, Inputkosten bzw. Firstcopycosts (FCC)	mediale Arbeitsteilung, Produktionskosten (Vervielfältigung, Verbreitung), Distributionskosten	Akzeptanz, Zahlungsbereitschaft, Marktpotential, Absatzvolumen, Transparenzaufwand	Nutzungsqualität, Nutzungsintensität, ökonomische Anschlußfolgen, mediale Konsum-Effekte

Diese Sicht der Dinge läßt für unsere Zwecke eine ganz wesentliche Stufe in dem Transformationsvorgang aus: die Produktionsebene des Kommunikators. Sie läßt aber auch einen zweiten Aspekt unberücksichtigt, nämlich den Umstand, daß sich in einem mehrstufigen Produktions- bzw. Konsumptionsprozess eine bestimmte Outputstufe immer auch gleichzeitig den Input der nachgelagerten Ebene darstellt. Insofern greift die Unterteilung in Input auf der einen und Output auf der anderen Seite zu kurz, weshalb hier eine differenzierte Analyse notwendig wird, in der Angebots- und Nachfrageseite Berücksichtigung finden. Dies ist bei einer ökonomischen Betrachtung publizistischen Geschehens schon deshalb unumgänglich, weil solche Aktivitäten vom publizistischen Produzenten bzw. Anbieter ausgehen (können).

Dazu wird es ebenso notwendig, die Aussagen von den „stofflichen Trägern“ bzw. den sie transportierenden Medien (Kommunikationstechniken) zu unterscheiden, weil sie in einer Marktbetrachtung zwei unterschiedliche Ebenen darstellen.[12] Somit verlängert sich die Transformationsbetrachtung, also die Betrachtung des Produktions-, Absatz- und Konsumprozesses um eine ganz entscheidende Stufe, nämlich die allererste, und deren Einsatzfaktor (Inputfaktor), das spezifische Aussagenprodukt (Mitteilung). Dieses kann sich in unterschiedlichen Dimensionen darstellen: als „publizistisches Produkt“ oder auch als Werbebotschaft.

4.2 Rivalitätsgrade im (Medien-)Konsum und Fixkostendegression

Mehrere Autoren schreiben den Medien und/oder einzelnen Kommunikationsdimensionen wie z.B. dem „Gut“ Information öffentliche Guts–Eigenschaften zu. Dies würde mehrere ökonomische Probleme erklären: Auf der Angebotsseite ließe sich das Phänomen des hohen Fixkostenanteils und dessen potentielle Degressionswirkungen begründen, nachfrageseitig hätte dies Auswirkungen auf die mobilisierbare Zahlungsbereitschaft der Rezipienten. Diese Zusammenhänge bedürfen einer gründlicheren Überprüfung.

Für PICARD stellen Kabel–TV und terrestrisches Fernsehen, Hörfunk und Film öffentliche Güter dar, während Bücher, periodische Printmedien, Schallplatten und Video(kassetten) Privatgüter sind (PICARD 1989: 19). HUTTER (1995: 106) erklärt Informationen grundsätzlich zum öffentlichen Gut, HEINRICH sieht in der Information ein „partiell öffentliches Gut“ (1994: 99). SINN (1989: 87 f.) wiederum differenziert in das öffentliche Gut „Informationsgewinnung“ sowie in das private Gut „Informationsverbreitung“, wobei als Unterscheidungskriterium die Existenz anfallender Kosten fungiert: Danach fallen Kosten vor allem für die Informationsbeschaffung an, „kaum aber für die Informationsverbreitung“ (a.a.O.).[13]

12 HEINRICH (1994: 20) meint, „daß eine durchgängige Trennung zwischen stofflichen Trägern und geistigen Inhalten nicht durchführbar ist und ökonomisch keinen Sinn ergibt.“ Diese Ansicht kann hier nicht geteilt werden. Inwieweit eine Trennung „Sinn macht“, hängt von der Fragestellung ab. Eine Unterscheidung ist durchaus möglich.

13 Das vollständige Zitat lautet bei SINN, der dies im Zusammenhang mit dem Problem adverser Informationsverteilung und einer Lösung in Form von Verbraucheraufklärung diskutiert, folgendermaßen: „Vielleicht effizienter als durch die Verbraucher wird Produktinformation durch Fachzeitschriften produziert und verbreitet, doch auch hier setzt die Nichtrivalität im Informationskonsum jedem Optimismus Grenzen. Nichtrivalität impliziert, daß Kosten für die Informationsgewinnung anfallen, kaum aber für die Informationsverbreitung. Wenn keine Werbeeinnahmen erzielt werden könnten, müßten die Zeitschriften Preise verlangen, die über den Grenzkosten der Informationsverbreitung liegen und deshalb auch solche Kunden abschrecken, die eigentlich noch kostendeckend bedient werden könnten. Dennoch würden diese Preise, da sie Zahlungsbereitschaften für das private Gut 'Informationsverbreitung', nicht aber für das öffentliche Gut 'Informationsgewinnung' verkörpern, den sozialen Wert der Informationsgewinnung nur unzureichend widerspiegeln und deshalb nur unzureichende Anreize zur Informationsgewinnung bieten. Es würden eben all die üblichen Schwierigkeiten der privaten Produktion öffentlicher Güter entstehen. Der wirkliche Zeitschriftenmarkt hat sich diesen Schwierigkeiten weitgehend dadurch entzogen, daß Zeitschriften zu Werbeträgern degeneriert sind. Die Produktion öffentlicher Information wird durch die Verbreitung privater Werbung ersetzt mit den beschriebenen Konsequenzen, die dies für die Verzerrung des Produktbildes beim Verbraucher hat.“

Diese Überlegungen sind nicht eben sehr präzise. Auch ist die Diskussion um „öffentliche Güter“, die ohnehin treffender „Kollektivgüter“ hießen, weitergegangen. In den 60er Jahren, als die MUSGRAVEschen Überlegungen (z.B. 1969: 126) die Diskussion prägten, war die Rede von „öffentlichen Gütern“, wenn die beiden Kriterien 1) „rivalisierender Konsum“ und 2) „nicht möglicher Ausschluß“ vorgelegen hatten. Traf eines der beiden Kriterien nicht zu, so bezeichnete man diese u.a. als Mischgüter, wobei man die beiden unterschiedlichen Fallsituationen inzwischen präziser charakterisiert: Bei Vorliegen von Nicht–Rivalität im Konsum, aber möglichem Ausschluß von Nichtzahlern spricht man von „Mautgütern“ oder auch „Clubgütern“ („Vereinsgut“), bei Konsumrivalität und unmöglichem Ausschluß von „Allmendegütern“ (z.B. BLANKART 1991: 56). Alle diese Überlegungen lassen sich für unsere Fragestellung verfeinern, mit entsprechenden Auswirkungen auf die Ergebnisbewertung, denn sog. öffentliche Güter sind nicht per se solche Güter. Vielmehr hängen deren zugesprochenen Eigenschaften (Konsumrivalität, Ausschließbarkeit) von zwei Dingen ab. Im ersten Fall vom Stand der Technik, die Auswirkungen auf den Grad der Kapazitätsbelastung haben kann (Rivalität). Im zweiten Fall von möglichen Ausschlußmechanismen. Mit letzterem Problem sei begonnen.

Zu 2) Das dem Nicht-Ausschließbarkeitsfall unterstellte free–rider–Problem ist kein allgemeingültiges Phänomen. Vielmehr ergibt sich das Nachfrageverhalten eines sog. Trittbrettfahrers aus der individuellen Bereitschaft, die (Nachfrage-)Präferenzen und seine dafür akzeptierte Zahlungsbereitschaft offenzulegen oder auch nicht. Alle gängigen Theorien streiten potentiellen Nachfragern nach solchen Gütern just diese Bereitwilligkeit ab. Daß diese angenommene Unwilligkeit zumindest von der Anzahl der in Frage kommenden Nutzer und deren anteilige Kostenbeiträge zur Finanzierung des fraglichen Gutes abhängig sein kann, hat OLSEN in seiner Theorie der Gruppengröße erkannt (vgl. OLSEN 1968: 13 f., 49): Je kleiner die Gruppe bzw. das nutzende „Kollektiv“ und je größer der individuelle Nutzen aus dem fraglichen Kollektivgut, umso größer ist die Wahrscheinlichkeit, daß sich die Kollektivmitglieder über die anteilige Finanzierung einigen.[14] Mit zunehmender Gruppengröße geht diese Bereitschaft und Konsensfähigkeit zurück.[15] Ebenso ist ein anderer Aspekt bisher wenig erforscht, nämlich jener, daß die tatsächliche Zahlungsbereitschaft auch vom Grad der Einsicht und der Akzeptanz solcher Zusammenhänge abhängen kann. Die „Verhüllung von Präferenzen“ (BLANKART 1991: 51) entspricht auf Eigennutz bedachtem, also letztlich egoistischem Verhalten, das die traditionelle Ökonomie mit

Werbung ersetzt mit den beschriebenen Konsequenzen, die dies für die Verzerrung des Produktbildes beim Verbraucher hat.“

14 OLSON begründet dies damit, daß die Alternative, wenn das fragliche Gut nicht bereitgestellt würde, für jeden eine herbe Enttäuschung wäre. D.h., man geht von vergleichsweise hohen Nutzen für jedes einzelne Klubmitglied aus. In jedem Fall müssen die individuellen Nutzen über den anteilig zugerechneten Kosten liegen, damit eine Einigung zustande kommt. Ein Extremfall der Bereitstellung kann darin bestehen, daß sich ein oder wenige Mitglieder in jedem Fall einen so hohen Nutzen versprechen, daß sie – aus welchen Gründen auch immer (z.B. Altruist) – den Großteil oder auch die ganze Finanzierung der Kosten übernehmen und sich am free–rider–Verhalten aller anderen nicht stören.

15 In diesen Fällen kann/muß die Bereitstellung der fraglichen Güter durch Anreize (z.B. Gewerkschaften, ADAC) oder mittels Zwang wie im Fall des Steuerstaats organisiert werden.

Rationalverhalten gleichsetzt. Tatsächlich lassen sich auch andere Verhaltensmuster beobachten. Spenden für gemeinnützige Zwecke oder finanzielle Engagements in Vereinen leben ebenso über die Offenlegung von Präferenzen und akzeptierter Eigenbeteiligung wie alle ehrenamtliche Aktivitäten oder erfolgreichen Aufrufe zu finanziellen, aber anonymen Beteiligungen an beispielsweise unvorhergesehenen Kosten–Störfällen (z.B. Prozeßkosten von gerichtlich angegriffenen Journalisten). Die Tageszeitung *taz* finanziert sich ebenfalls über eine bewußt praktizierte Verkaufspreisdifferenzierung in Abhängigkeit vom individuellen Einkommen. Die dazu notwendige Selbsteinschätzung der Abonnenten funktioniert nur mittels der tatsächlich praktizierten Akzeptanz eines solchen Allokationsmodells (vgl. Kap. 6.5).

Was die *technische* Ausschließbarkeit von potentiellen Nichtzahlern anbelangt, so unterliegt auch diese deutlichen Veränderungen. Als das bundesdeutsche Nachkriegsfernsehen öffentlich-rechtlich organisiert wurde, hatte man dies aufgrund der terrestrischen Sendetechnik u.a. mit der Unmöglichkeit der Anwendung des Ausschlußprinzips begründet. Kabel-, Satelliten-, Digitalisierungs- und Verschlüsselungstechniken machen diese Begründung heutzutage obsolet.

Zu 1) Unterliegen demnach nachfrageseitig Verhaltensweisen Bewußtseins- und Akzeptanzveränderungen und machen angebotsseitig technische Entwicklungen immer öfter Ausschlußlösungen möglich, so verbleibt als Charakteristikum von kollektiven Gütern oft nur noch die Eigenschaft des rivalisierenden Konsums. Aber auch hier vermögen technisch mögliche Verbesserungen Rivalitätsgrade potentiell zu reduzieren. Beispiele lassen sich naturgemäß in stark technisch geprägten Bereichen finden wie etwa in der Telekommunikation, der Kabel- und Satellitentechnik oder auch dem internationalen Computernetz (z.B. Internet).[16] Im Ergebnis bedeutet dies, daß man immer seltener von reinen öffentlichen Gütern oder öffentlichen Gütern in der Ausprägung sog. Allmendegüter sprechen kann. Eine Prüfung im konkreten Fall bleibt angesichts der ökonomischen Konsequenzen mehr als angebracht.

Neuere Sichtweisen dieses Problems konzentrieren sich daher auch von vornherein auf diesen Aspekt, in dem sie die Probleme von Marktversagensphänomenen vor allem aufgrund der Existenz externer Effekte[17] betonen (beispielsweise FRITSCH/WEIN/EWERS 1993). Von allen Ausprägungsmöglichkeiten sind hier (positive technische) externe Effekte im Konsum von besonderem Interesse, die darin bestehen können, daß Konsum nicht rivalisiert, konkret daß die Nutzung eines Gutes durch einen Konsumenten die zusätzliche Nutzung eines weiteren Konsumenten nicht beeinträchtigt: Der Konsum ist nicht teilbar. Bzw. in der Logik der klassi-

16 Vielfach sind es nicht nur rein technische, sondern oft auch durchdachtere bzw. intelligentere Lösungen, die etwas mit Organisation und technischen Prozessen zu tun haben wie etwa die sog. Proxy–Server (Zwischenspeicher), die die Inanspruchnahme des (internationalen) Netzverbunds entlasten.Auch die mit der Digitalisierung des Fernsehens absehbare nutzbare mengenmäßige Ausweitung des Programmangebots geht auf eine intelligentere Lösung zurück: Nicht mehr alle digitalisierten Informationen werden ständig gesendet, sondern nur (partielle) Veränderungen (z.B. im Bildaufbau). Diese ganz drastische Reduzierung von durchgeleiteten Informationsmengen ermöglichen den Durchsatz von nunmehr insgesamt größeren inhaltlichen Angeboten, oder anders gesagt, bisherige Kapazitätsnutzungen rivalisieren nicht mehr.

17 Ökonomen unterscheiden solche Effekte nach a) der Dimension in technische und monetäre Effekte sowie b) nach der Kategorie der individuellen Betroffenheit: Ein externer Effekt kann sich positiv oder negativ auswirken.

schen „Grenzkosten=Preis–Regel"-Philosophie der neoklassischen Wohlfahrtsökonomik[18] formuliert: Die Grenzkosten einer zusätzlichen Nutzung sind gleich Null, weshalb es ökonomisch ineffizient wäre, weitere Nachfrager bzw. Nutzer auszuschließen, und dies selbst dann, wenn ein Ausschluß grundsätzlich möglich wäre. Ein solcher Fall entspricht dann nicht mehr einem öffentlichen Gut, sondern kommt einer natürlichen Monopol–Situation gleich, die von der Besonderheit (hoher) fixer Kosten bzw. sinkenden Durchschnittskosten geprägt ist.

Die Relevanz dieser Kostensituation besteht nun darin, daß sich rein kalkulatorisch pro zusätzlichem Nutzer sinkende Fixkosten ergeben. Eine Ausweitung des Konsums ist daher für einen Produzenten bzw. Anbieter dann von Interesse, wenn sich bei fallenden Nutzerkosten ein unveränderter bzw. ein weniger stark fallender Nutzungspreis über Ausschluß realisieren läßt. Dies würde einen ersten denkbaren Fall darstellen. Ein zweiter Fall bestünde darin, daß Nutzungsausschluß für alle Nichtzahler nicht möglich wäre: Hier wird die Situation zum Problem. Unabhängig vom konkreten Einzelfall läßt sich die von einigen Autoren vermutete pauschale 'Öffentlichkeit' bzw. Nichtrivalität von Informationen bei genauerem Hinsehen kaum aufrecht erhalten, weshalb man mit HEINRICH nur von „partiell" öffentlichen Gütern sprechen kann. Informationen rivalisieren zwar grundsätzlich nicht im Konsum, nutzen sich also bei mehrfacher Verbreitung nicht ab, lassen sich aber vielfach Nichtzahlern vorenthalten.[19]

Inwieweit Informationen im weitesten Sinn („Aussagen", „Mitteilungen") über Medien weiter verbreitet werden (können), inwieweit also Ausschlußprozesse greifen, hängt angebotsseitig von deren medialem Verarbeitungsprozess (Art des Mediums) und auf der Nachfrageseite von der medialen Nutzungsakzeptanz, konkret der Reichweite und den Rezeptionsgewohnheiten ab. Hinsichtlich des Rezeptionsprozesses etwa lassen sich vielfältige Nutzungsusancen ausmachen, die man als Konsum–Sharing bezeichnen könnte. Die Idee bzw. das ökonomische Ziel besteht darin, gegebene (Mindest-)Kapazitäten eines bestimmten Konsum–Gutes, das im Konsum nicht oder nur eingeschränkt rivalisieren darf, besser auszulasten bzw. die anteiligen Finanzierungs- bzw. Nutzungskosten für einzelne Nutzer zu reduzieren, was letztlich auf ein Kosten–Sharing[20] hinausläuft: Medien bzw. die darüber vermittelten Aussagen lassen sich entweder parallel, also gleichzeitig durch mehrere Rezipienten, und/oder zeitversetzt von mehreren Rezipienten nacheinander mehrfach nutzen. Bei

18 Die neoklassisch dominierte Wohlfahrtsökonomik stellt die gedankliche Erweiterung des eigentlich–vollständigen–Konkurrenz–Modells auf all jene Situationen dar, die von diesem Idealbild abweichen, berücksichtigen also auch Phänomene wie externe Effekte. Allerdings ist das methodische Instrumentarium unverändert: Es werden nach wie vor sehr enge Annahmen wie Rationalität usw. unterstellt und auch die relevanten Modellvariablen bestehen nur aus Preis- und Mengengrößen.

19 Genau betrachtet reicht die Ausschließbarkeit des Gutes 'Information' von 0% im Falle von Allgemeinwissen oder allgemein zugänglichen Informationen bzw. Nachrichten über exklusiv 'verkäufliche' Informationen mit hohem Ausschließbarkeitsgrad bis zu fast 100%iger Ausschließbarkeit etwa im Falle von patentgeschützten Informationen oder auf geheimdienstlichem Wege gewonnenen Wissen: Die polaren Fälle unterscheiden sich in der jeweiligen Ausstattung des Gutes 'Information' mit Eigentums- bzw. Verfügungsrechten gleich welcher Art.

20 Solche Entwicklungen lassen sich als Time–Sharing von Ferienwohnanlagen, neuerdings auch als Car–Sharing beobachten.

disponiblen Medien geschieht dies meist zeitversetzt, bei flüchtigen Medien eher parallel, wobei aber auch Speichermedien wie Video eine zeitversetzte Rezeption ermöglichen. Die Mehrfach–Rezeption von einmal gekauften bzw. einmal bezahlten Printmedien kann sich im Familien- oder Freundeskreis abspielen, ist über Ausleihe eines Buches aus einer Bibliothek möglich, kann aber auch über mündliche Rezeption wie Vorlesen geschehen. Vorlesen hat dabei eine lange historische Tradition, was auf kulturelle Gepflogenheiten zurückgeht, wenn man etwa an das Signet der *Gartenlaube* aus dem 19. Jahrhundert denkt, in dem der Großvater als Oberhaupt der Familie die Seinen um sich schart, um alle mit den Inhalten der Lesestoffe zu beglücken. Andere Gründe lagen in Restriktionen wie Lesefähigkeit und/oder Kaufkraft.[21] Für die flüchtigen Medien gilt Analoges. Und für beide Fälle läßt sich konstatieren, daß Informationen, deren Kenntnis sich zunächst auf einen erweiterten Kreis von Lesern bzw. Hörern/Zuschauern beschränkt (Familie), durch soziale Prozesse (Weitererzählen, Diskussionen u.a.m.) nochmals weiter verbreitet werden können (Freundeskreis, am Arbeitsplatz usw.).

Dem Umstand, daß über Medien verbreitete Aussagen/Mitteilungen nicht nur auf den (exklusiven) Kreis der Käufer, sprich direkten Zahler beschränkt sind, sondern daß Medien oft mehrfach rezipiert werden, tragen die Medienunternehmen und auch jene, die über diese „Kanäle“ beispielsweise Werbebotschaften transportieren möchten, dadurch Rechnung, daß es bei der 'anteiligen' Kostenfinanzierung der Werbung verbreitenden Unternehmen nicht um die Zahl der Käufer eines Mediums ankommt, sondern daß sich als relevante Bezugsgröße für die Kosten- bzw. Preiskalkulation die Dimension „Reichweite“ durchgesetzt hat, etwa in Gestalt eines Tausendleserpreises bzw. Tausenderkontaktpreises. Diese Preise bzw. Kostenbeiträge steigen in der Regel mit zunehmender Reichweite, die sich über ein bestimmtes Medium realisieren läßt. Der Medienproduzent kann auf diese Weise die aufgrund der Mehrfachrezeption ausfallende Zahlungsbereitschaft (mehr als) ausgleichen.

Bei diesen Betrachtungen wird allerdings eine präzise Unterscheidung der Kostensituationen notwendig: Die Fixkosteneigenschaft der verbreiteten Aussagen bleibt in jedem Fall unverändert; was sich verändern kann, sind die produktionstechnisch bedingten Verbreitungs- bzw. Vervielfältigungskosten, die variablen oder auch sprungfixen Charakter haben können. Die konkrete Zusammensetzung hängt von der Art des Mediums (Printmedium oder audiovisuell), aber auch vom Grad der gestiegenen Verbreitung/Vervielfältigung ab (vgl. Übersicht 4.3.1 [5] auf S. 101).

Als Ergebnis verbleibt, daß über Medien verbreitete Aussagen grundsätzlich nicht durch rivalisierende Rezeption gekennzeichnet sind, daß sich aber über die Rezeptionsgewohnheiten hinsichtlich deren Verbreitung ein gewisser Ausschluß ergeben kann, der dem oben erwähnten Fall 1 entspricht.

Der zu klärende verbleibende Fall 2 eines öffentlichen Gutes bzw. genauer gesagt eines Falles von nicht-rivalisierender Rezeptionsfähigkeit, aber sehr hoher externer Effekte, von denen aufgrund ihrer Unteilbarkeit praktisch niemand ausgeschlossen

21 Vorlesen spielte sich beispielsweise auch in Lesegesellschaften und ähnlichen Institutionen ab. Über die historische Bedeutung und die Relevanz dieser Art von Rezeption (u.a. in Fabrikhallen während der Arbeit) für die kulturgeschichtliche Entwicklung hat SCHENDA sehr interessante Ergebnisse zutage gefördert. Dabei geht der Kommunikationshistoriker auch auf die ökonomischen Hintergründe und deren Implikationen ein; vgl. SCHENDA 1986.

werden kann, betrifft im Kommunikationsprozess v.a. die letzte Stufe: die unteilbaren Wirkungen von verbreiteten Aussagen und Mitteilungen. Ähnlich jedoch wie man bei der klassischen öffentlichen–Guts–Theorie zwischen den tatsächlichen öffentlichen Gütern und den dazu notwendigen technischen Vorkehrungen unterschieden hatte, also z.B. in das nicht-rivalisierende und nicht über das Ausschlußprinzip regulierbare Gut „Allgemeinbildung" bzw. der dazu unerläßlichen Produktionsstruktur, sprich der Infrastruktur „Schule", die nur begrenzt nicht rivalisiert (Klassengröße) und deren Nutzung über Ausschluß steuerbar wäre, so läßt sich diese differenzierende Betrachtungsweise auf die vorliegende Situation übertragen: Aussagen und Mitteilungen sind nur partiell nicht ausschlußfähig. Von deren gesellschaftlichen Folgewirkungen läßt sich praktisch niemand ausschließen. HEINRICH (1994: 100) beispielsweise führt sehr komplexe externe Effekte an, so etwa den Einfluß von schlechten Meldungen auf die Börsenkurse, die Folgen politischer Berichterstattung auf die Karriere von Politikern oder etwa die Auswirkungen eines bestimmten Fernsehkonsums auf Gewaltbereitschaft und Kriminalität. Andere Autoren stellen in ihren Wirkungsetrachtungen auf die gesellschaftliche 'Reichweite' ab. MERTEN (1994: 152) sieht als wichtigste Medieneigenschaft (z.B. Zeitung) deren Multiplikatorfunktion an, die „Publizität von allem für alle" schafft, ohne diesen aus dem ökonomischen Sprachrepertoire stammenden Begriff zu nutzen. KUNCZIK (1992: 15) betont, „daß die wichtigste Funktion von Massenkommunikation in der Stabilisierung des sozialen Systems (Gesellschaft) liegt", eine Sichtweise, die der von RÜHL entspricht, der die Publizistik als „autopoetisches Funktionssystem der Gesellschaft" betrachtet (RÜHL 1993: 137).[22]

Die Kommunikationsgeschichte hat solche Effekte bereits in früheren Zeiten als Determinante für viele relevante Entwicklungen untersucht: HABERMAS 1962 hat die Bedeutung der Literatur des ausgehenden 18. Jahrhunderts, die er in heutiger Sprachlichkeit als damaliges 'Massenmedium' begreifen würde, für das Entstehen einer „bürgerlichen Öffentlichkeit" herausgearbeitet, DANN (1987: 305) rekonstruiert den Zusammenhang zwischen dem (ausschließbaren) Medium Lesegesellschaften und den Anfängen „politischer Bildungsprozesse" zu dieser Zeit, deren (externe) Effekte in der „Praktizierung neuer, tendenziell demokratischer Verhaltensweisen" bestanden, die ihrerseits Vermischungs- und Anpassungsprozesse zwischen unterschiedlichen Ständen ausgelöst hatten (a.a.O.: 307 f.), und SCHENDA betont die Bedeutung einer Figur wie jene des Kolporteurs, der als „Bote mit Nachrichten aus der großen weiten Welt" (SCHENDA 1976: 268), nicht nur Ideenträger war; vielmehr beriet er seine 'Kunden' in den (unterentwickelten) ländlichen Gebieten, „beeinflußte ihre Freizeit und war, indem er Material anbot, das zur Übernahme wie auch zur Auseinandersetzung von Aberglauben und Wissen, Vernunft und Unver-

22 DORER 1995: 332 hebt z.B. die Bedeutung der „nichtkommerziellen Medien" als „Gewissen der Gesellschaft" hervor, die über ihre „Aufklärungs- und Aktivierungsarbeit, die direkt, aber auch über den Umweg des kommerziellen Massenmediensystems gesamtgesellschaftliche Lernprozesse einleiten kann." Damit fingieren die nichtkommerziellen Medien als „mediales Frühwarnsystem, auf das eine Risikogesellschaft angewiesen ist, soll die Stabilität des Gesamtsystems gewährleistet werden." Für diese öffentliche Aufgabe können (bzw. wollen) auch die nichtkommerziellen Medien keinen Kostenbeitrag durchsetzen.

nunft führen konnte, sowohl an der Steuerung als auch an der Relativierung ihrer Wertvorstellungen und Verhaltensnormen beteiligt" (NUSSER 1991: 31).

Unabhängig davon, wie die Externalisierung der Medieninhalte und Aussagen im einzelnen abläuft, z.B. über Themenkarrieren, Herausbildung einer „öffentlichen Meinung" oder auch im Weitergeben von Ideen zunächst im Bereich der Publizistik selbst,[23] läßt sich zusammenfassend resümieren: Aussagenproduktionen zeichnen sich durch geringe Rivalitätsgrade in der Rezeption, aber teilweise mögliche und dann sehr differenziert ablaufende Ausschlußmechanismen aus. Die externen Wirkungen dieser Kommunikationsinhalte hingegen rivalisieren ebenfalls nicht in ihrer Wahrnehmung. Ein Ausschluß ist nicht möglich, so daß über das Allokationsmodell Markt von jenen, die in den Genuß dieser Wirkungen kommen, keine anteiligen Finanzierungsbeiträge durchgesetzt werden können. Die Medienproduzenten müssen daher versuchen, ihre Kosten über den bedingt praktizierbaren Ausschluß bei der Medienproduktion selbst einzuspielen.

4.3 Produktionstechnische Unteilbarkeiten und Fixkostendegression

Die Bedeutung der Existenz von fixen Kosten und die ökonomischen Probleme, die mit ihren degressiven Effekten verbunden sind, wurde bereits mehrfach angesprochen. Im hiesigen Abschnitt soll dieses Phänomen präziser analysiert und die Wirkungen genauer systematisiert werden, um eindeutigere Erkenntnisse über den Umfang der Probleme und mögliche Lösungen zu gewinnen. Dazu soll zunächst ein sehr kurzer Abriß möglicher Kostensituationen die systematische Einordnung dieses Falles und die ökonomische Bedeutung des hier v.a. relevanten Kostenproblems verdeutlichen.

Fixkostendegression bedeutet sinkende Durchschnittskosten, d.h. abnehmende Gesamtkosten pro Stück. In diese Gesamtkosten gehen grundsätzlich fixe und variable Kosten ein, wobei sich variable Kosten entweder linear (proportional zur Ausbringungsmenge) bzw. konstant pro Stück oder auch ertragsgesetzlich verhalten können. Bei fixen Kosten ist die Situation eindeutig. Demnach sind im Prinzip vier Fallsituationen möglich, die ihrerseits unterschiedliche Durchschnitts- und Grenzkosten*verläufe* prägen. In den beiden Fällen von ausschließlich variablen Kostensituationen verhalten sich Durchschnitts- und Grenzkosten identisch, unabhängig davon, ob es sich um einen linearen oder sog. ertragsgesetzlichen Kostenverlauf handelt. Im linearen Fall sind Grenz- und Durchschnittskosten nicht nur identisch, sondern auch konstant, während ein ertragssgesetzlicher Kostenverlauf erst sinkende und dann wieder ansteigende Grenz- und Durchschnittskosten impliziert, wobei auch hier beide Kostenverläufe identisch ausfallen (müssen): Es handelt sich um einen sog. U–förmigen Kostenverlauf.

Die Kostensituation verkompliziert sich erst durch die Existenz von fixen Kosten. Variable Kosten, die sich nach dem Ertragsgesetz verhalten, plus fixe Kosten

23 So hat z.B. BÜCHNERs *Woyzeck* bzw. die Auseinandersetzung mit diesem „Trauerspielfragment" viele andere Autoren, namentlich jene des Naturalismus und Expressionismus wie HAUPTMANN, WEDEKIND, HEYM, RILKE oder HOFMANNSTHAL ganz wesentlich beeinflußt. Bert BRECHT rezipierte die Idee des Woyzeck in seinem Drama *Baal*, Max FRISCH in seinem Stück *Andorra*.

(hier Fall 3) ergeben die 'klassische' Kostenverlaufssituation, auf die die neoklassische Ökonomie rekurriert: Erst (U–förmig) sinkende Grenz- und Durchschnittskosten, danach beide wieder ansteigend, wobei im abnehmenden Bereich zunächst die Durchschnittskosten höher als die Grenzkosten sind, und nach dem Schnittpunkt beider Kosten(kurven) die Grenzkosten höher ausfallen als die Kosten im gesamten (bisherigen) Durchschnitt (bisherige Gesamtkosten pro Stück).

Dieser letztere Bereich markiert den 'klassischen' Gewinnmaximierungsfall, weil nur hier die nach der Grenzkosten=Preis–Philosophie notwendigen Gewinnmaximierungsbedingungen gegeben sind: niedrigere Stückkosten als der Preis, der ja den Grenzkosten entsprechen soll, sowie die Notwendigkeit, daß die Grenzkosten wieder zunehmende Tendenz haben.[24] Der andere (vierte und letzte) Fall betrifft die hier v.a. diskutierte Situation eines vorwiegend linearen variablen Kostenverlaufs bei gleichzeitig vergleichsweise hohen fixen Kosten, der sich in konstantenGrenzkosten, aber sinkenden Durchschnittskosten niederschlägt. Genau dieser Fall der Fixkostendegression bedarf im folgenden weiterer Präzisierung.

Zuvor sei angemerkt, daß die vier Fallsituationen vier grundsätzlich unterschiedliche Kostenverlauf*stypen* abdecken, was nicht ausschließt, daß verschiedene Variationen denkbar sind. Ein linear ansteigender Kostenverlauf muß sich nicht immer stetig linear verhalten, sondern dies kann sich auch mit Brüchen vollziehen, etwa dann, wenn die Höhe der Fixkosten beispielsweise in Abhängigkeit von bestimmten Produktionsmengen–Intervallen nach oben 'springt': Man spricht dann von sprungfixen Kosten, die sich jeweils innerhalb eines Intervalls fix verhalten, im größeren Ausbringungs–Trend gesehen aber eine gewisse variable Komponente beinhalten. Eine solche Betrachtung macht gleichzeitig die zeitliche Befristung von Kosteneigenschaften deutlich: In einer längerfristigen Perspektive können sich auch fix vorgegebene Kosten(arten) verändern, sei es durch technischen Fortschritt (Prozeßtechnik, Einsatzverhältnis von Produktionsfaktoren) und/oder Anpassung an sog. (mindest-)optimale Betriebsgrößen. Letztere Überlegung stellt auf langfristige Kostenverläufe ab, wobei sich die Produktionskapazitäten (meist) als variabel erweisen. Die nachfolgenden Betrachtungen stellen auf den lang- und kurzfristigen Zeithorizont ab. In der längerfristigen Betrachtung geht es v.a. um Größenvorteile, in kurzfristiger Sicht um die Effekte unterschiedlicher Auslastungsgrade gegebener (fixer) Kapazitäten.

Die Gründe für den Tatbestand sinkender Durchschnittskosten bzw. für die Fixkostendegression liegen letztlich in „Unteilbarkeiten" begründet, was bedeutet, daß sich Produktion und Konsum mangels ausreichender (flexibler) Teilbarkeit in kleinere Einheiten nicht immer den eigentlich (nur) notwendigen Produktions- und/oder nachgefragten Mengen anpassen lassen. Da solche Situationen eine erhebliche Abweichung von der vollständigen Teilbarkeitsannahme im neoklassischen Modell der vollständigen Konkurrenz bedeuten, können Unteilbarkeiten eine ganz wesentliche Erklärungsvariable für Marktversagen darstellen. Die Effekte von hier interessierenden unteilbaren Produktionskapazitäten lassen sich in zwei Gruppen unterscheiden: 1) in Skaleneffekte (economies of scale) und in 2) Verbund- bzw. Synergieeffekte

24 D.h. mathematisch gesehen: Die zweite Ableitung der (variablen) Kostenfunktion muß größer Null sein.

(economies of scope). Beide sollen auf ihre medienspezifische Bedeutung hin beleuchtet werden.

4.3.1 Unteilbarkeiten und Skaleneffekte

Angebotsseitig finden sich Unteilbarkeiten in der Medienproduktion im weitesten Sinne. Dazu zählen grundsätzlich die Produktions- bzw. Vervielfältigungstechnik, aber auch die Verbreitungstechnik, also das Distributions- und Absatzsystem (Transparenz- und Akzeptanzaufwand). In der traditionellen Ökonomie stehen vor allem Unteilbarkeiten in der Produktion i.e.S. im Vordergrund der Überlegungen. FRITSCH/WEIN/EWERS (1993: 124 f.) beispielsweise nennen die Existenz von Mindesteinsatzmengen bei Produktionsfaktoren, die sog. ingenieurwissenschaftliche Zwei–Drittel–Erfahrungsregel,[25] stochastische Größenersparnisse[26] oder auch die Notwendigkeit des kleinsten gemeinsamen Vielfachen[27] als typische Ausgangsfälle für potentielles Marktversagen. Allen Fällen ist gemeinsam, daß die produktionstechnisch mangelnden Teilbarkeiten bzw. die nicht mögliche situationsflexible Anpassung jenen Effekt bewirken, daß sich die jeweils unteilbaren, sprich fixen Kosten mit zunehmender Outputmenge auf immer mehr Produkte verteilen (können), wodurch die anteilige Fixkostendegression zum Zuge kommt.

Genau genommen wird die degressive Stückkostenwirkung durch zunehmende Skalenerträge verursacht, d.h. bei proportional zunehmendem Faktoreinsatz steigt der Output überproportional, weshalb sich die Bezeichnung „economies of scale" (Skalenerträge) herausgebildet hat. Eine andere Begrifflichkeit stellt in diesem Zusammenhang auf die relativen Kostenvorteile eines größeren gegenüber einem kleineren Unternehmen ab: Man spricht von „Betriebsgrößenvorteilen" - Vorteile und Wirkungen, die sich v.a. längerfristig realisieren lassen (z.B. Herausbildung eines natürlichen Monopols durch Verdrängungswettbewerb).[28] Die Wirkungsgrade hängen zunächst von der anteiligen Zusammensetzung der Gesamtkosten aus fixen und variablen Kostenkomponenten ab. Dieses Verhältnis wiederum wird von der jeweiligen Mediengattung bzw. deren spezifischen Technik determiniert.

Das nachfolgende Beispiel der technischen Herstellung eines Buches als sog. Hardcover, was einen vergleichsweise hohen Verarbeitungsaufwand etwa im Vergleich zu einem sog. Paperback oder zu einer Taschenbuchbindung bedingt, vermag unterschiedliche Degressionswirkungen im Einzelnen sowie im Zusammenwirken verdeutlichen. Die Kostenkalkulationen sind dabei für drei unterschiedliche Auflagenhöhen angegeben. Die fixen Kosten des gesamten Herstellungsaufwandes, also

25 Stellt auf die ingenieurwissenschaftliche Erfahrung ab, daß sich eine bestimmte Kapazität in ihrem Umfang um 1 Einheit erhöhen läßt, wobei der Anstieg des dazu notwendigen (Material-)Einsatzes oft nur ca. 2/3 (des vorherigen Einsatzvolumens) ausmacht.

26 Bedeutet, daß sich sog. Unwägbarkeiten mit steigender Betriebsgröße oft besser kalkulieren lassen, da sich Abweichungen von der erwarteten Norm bzw. der Wahrscheinlichkeit nach dem Gesetz der großen Zahl eher ausgleichen (müssen).

27 In einem mehrstufigen Produktionsprozess ergibt sich die kostenoptimale Gesamtgrößenkapazität beim kleinsten gemeinsamen Vielfachen aller mindestoptimalen Teilkapazitäten.

28 Vgl. dazu die umfangreiche ökonomische und/oder kommunikationswissenschaftliche Literatur zum Thema Pressekonzentration.

inkl. Autorenhonorar, Gemeinkosten beim Verlag usw. sind bei diesem typischen Buchprojekt eines 300–Seiten–Romans fast doppelt so hoch wie die variablen Kostenbestandteile, oder anders formuliert: fixe und variable Kosten verhalten sich im Verhältnis 71% zu 29%. Im Detail: Bezogen auf den Verlagserlös macht das Autorenhonorar 18%, die technischen Herstellkosten 31%, die Distributionskosten (Auslieferung) 17%, der Werbeaufwand 8% sowie alle Gemeinkosten (inkl. Lektorat) 22% aus. Als maximaler Gewinn bei vollständigem Absatz der gesamten Auflage verbleiben dem Verlag 3%.

Im Blickpunkt stehen hier die technischen Herstellkosten (tHK), wie in Tab. 4.3.1 [1] detaillierter anaylsiert.

Eine Auswertung ergibt unterschiedliche Grade an Degressionseffekten zwischen der 4.000er und 15.000er Auflage, die über alle Kostenarten –26% betragen: Der absolut fixe Satzaufwand wirkt sich bei steigender Auflage am stärksten degressiv aus (–74%), wobei man allerdings aufgrund der absolut gesehen vergleichsweise geringen Kostenhöhe (rd. 10% der gesamten technischen Herstellkosten) bei der prozentualen Betrachtung einen Basiseffekt in Rechnung stellen muß. Der Druckaufwand besteht zum allergrößten Teil aus sprungfixen Kosten,[29] bringt aber dennoch erhebliche Degressionseffekte zur Geltung (–49%). Die Verarbeitungskosten, die aus diversen Arbeitsgängen nach dem Druck bestehen,[30] sind im Grunde genommen variable Kosten, zeitigen aber bei der ersten Auflagenvariation dennoch einen Degressionseffekt (–16%), der weniger technisch, als vielmehr pekuniär begründet ist und sich bei diesem Produktionsmengensprung aus einem effizienteren Arbeitsablauf ergibt (Erreichen der mindestoptimalen Auftragsgröße). Außerdem sind hierin monetäre Größenvorteile (Mengenrabatt bei der Materialbeschaffung) enthalten.

Ein zweites Ergebnis besagt, daß sich die Degressionswirkungen nicht linear einstellen, sondern das Absinken der Stückkosten in einem ersten relevanten Bereich überproportional geschieht und danach weit schwächere Effekte zeigt: Eine Produktionsmengenausweitung um das Zweieinhalbfache bewirkt einen Effekt von 22%, bei einer Ausweitung um fast das Vierfache läßt sich die Wirkung um nur (noch) 4 Prozentpunkte auf 26% steigern.[31] Rein von der Kostenseite her gesehen würde eine

---

29 Betrifft die Bogenmontage, Einrichten der Druckmaschine und der Schneidemaschine sowie die kalk. Kapitalkosten des Maschinenparks. Variable Kosten bestehen v.a. in den Stundenlöhnen, Strom- und sonst. Materialverbrauch (Farbe).

30 a) Automatisches Falzen, Sortieren und Heften, b) Vorsatz/Nachsatz ankleben, c) Buchdeckelfertigung, Einhängen bzw. Binden, d) Einschweißen.

31 Dies hängt damit zusammen, daß sich bei steigender Produktionsmenge bereits absolut gesehen das Verhältnis zwischen fixen und variablen Kostenanteilen schwergewichtig zugunsten der variablen Kostenkomponenten verändert, unabhängig von der anteiligen Zusammensetzung zwischen fixen und variablen Kosten zu Beginn. Die (sinkende) Durchschnittskostenkurve verhält sich asymptotisch: In der Formel „Durchschnittskosten = Fixkosten/Menge + variable Kosten/Menge" muß sich die Wirkung der Fixkostenkomponente pro Stück bei zunehmender Menge schon deshalb abschwächen, weil die variablen Kosten pro Stück konstant bleiben. Darauf hat schon BÜCHER (1920: 101 f.) aufmerksam gemacht. Ansonsten läßt sich die asymptotische Degressionswirkung in anderen Branchen beobachten, die ebenfalls von sehr hohen Fixkosten geprägt sind wie etwa in der Luftfahrtindustrie: Fix verhalten sich nicht nur die F&E–Kosten, sondern auch viele humankapitaltechnische Produktionsvorgänge. Dort spricht man vom Lernkurveneffekt, d.h. die Fertigungsstunden pro Flugzeug (Fall Airbus) nehmen aufgrund steigender Erfahrung ab: Der Bau der 2. Einheit erfordert nur noch 80% der ursprünglich benötigten Fertigungsstunden, bei 4 Einheiten sind es noch

Lösung des Grundproblems v.a. in einer 'ersten' größeren Ausweitung des Absatzpotentials bestehen und weniger in einer unendlichen Nachfrageausweitung, da die relativen Kostenvorteile zu Beginn der Degressionswirkung am größten sind. Soweit zu den kurzfristigen Degressionseffekten.

Tab. 4.3.1 [1]: Technische Herstellkosten bei unterschiedlichen Auflagenhöhen

	4.000 Ex		**10.000 Ex.**		**15.000 Ex.**	
Kosten/tHK	in DM	in %	in DM	in %	in DM	in %
Satz	2.280	. 10,1%	2.280	...5,2%	2.280	..3,6%
Papier	5.746	.25,4%	14.182	32,2%	21.212	33,8%
Druck	5.456	.24,1%	8.250	18,7%	10.498	16,7%
Verarbeitung	9.172	. 40,5%	19.317	43,9%	28.789	45,9%
tHK/gesamt	**22.654**	**100%**	**44.029**	**100%**	**62.779**	**100%**
Fixkostendegressionseffekte in DM und in %:						
tHK pro Exemplar	5,66 DM **100%**		4,40 DM **– 22,2%**		4,19 DM **– 26,0%**	
bei einer Auflagensteigerung um	**100%**		**+ 150%**		**+ 275%**	
Kosten/tHK pro Exemplar in DM sowie Kosteneigenschaften bzw. Degressionseffekte:						
Satz	0,57 **degressiv**:		0,23 – 60%		0,15 – 74%	
Papier	1,44 **konstant bzw. variabel**:		1,42		1,41	
Druck	1,36 **degressiv**:		0,83 – 39%		0,70 – 49%	
Verarbeitung	2,29 **konstant bzw. variabel bis leicht degressiv**		1,93 – 16%		1,92 – 16%	

Daten für 1996. Quelle: Eichborn Verlag, Frankfurt/M. bzw. Fuldaer Verlagsanstalt, Fulda.

Im folgenden Beispiel des *SPIEGELs* sollen zwei andere Zusammenhänge analysiert werden: zum einen die Unterschiede zwischen kurz- und längerfristiger Durchschnittskostenentwicklung, soweit sie den technischen Herstellungsbereich betrifft, zum anderen die Degressionseffekte anhand des gesamten ökonomischen Wirkungsgefüges eines wöchentlichen Magazins, um die Größenordnung solcher Effekte in den verschiedenen Produktionsbereichen quantifizieren zu können. Dazu zunächst einige relevante Informationen:

64% bei 8 Einheiten 51%, bei 32 Einheiten 33% usw.; vgl. ZABKA 1980: 037–3, zit.n. BERG/TIELKE-HOSEMANN 1989: 123 f.

Die technische Herstellung des *SPIEGELs*, der 1992 in einer Druckauflage von 1,382 Mio. Ex. hergestellt und in einer jahresdurchschnittlichen Auflagenhöhe von 1,147 Mio. Ex. verkauft wurde, wird an zwei Standorten im Rotations–Tiefdruckverfahren gedruckt: Die kleinere Menge in Nürnberg (Bertelsmann–Tocher: Fa. Maul–Belser), der größere Teil der Auflage in Itzehohe in der dortigen Großdruckerei des G+J–Konzerns.[32]

Die letzte und entscheidende technische Herstellungsphase des *SPIEGELs* beginnt Freitag nachmittags und endet mit der Nachmittagsschicht am Samstag, wobei mehrere Teile, insbesondere die Anzeigenseiten zu diesem Zeitpunkt längst gedruckt sind. Dies bedeutet, daß die technische Endfertigung (restlicher Druck, Binden/Klammern usw.) des Nachrichtenmagazins in einer vergleichsweise kurzen Zeitspanne geschehen muß, die beim *SPIEGEL* die eigentliche Restriktionsgröße darstellt, da auch der allerletzte Redaktionsschluß am Freitag seitens der Redaktion häufig nach hinten hinausgeschoben wird. Die relevante Kapazitätsgrenze besteht u.a. aufgrund des Aktualitätsprinzips ausschließlich in der zeitlichen Dimension. Entsprechend sind mögliche Situationen vertraglich geregelt. Fällt ein von Ausgabe zu Ausgabe schwankendes Auflagenvolumen unter relativer Einhaltung der zeitlichen Fristen hinsichtlich der Druckvorlagen in ein vereinbartes Druckauflageninterval, so entstehen dem *SPIEGEL* keine zusätzlichen Kosten (Fall 2). Fällt ein bestimmtes Druckauflagenvolumen aus dem vereinbarten Intervall bzw. den vereinbarten und entsprechend vorgehaltenen Druckkapazitäten hinaus, so werden Zuschläge auf die überschießende Auflagenmenge fällig. Bei einem Überschreiten des Intervalls um 100.000 Exemplare liegen die Zusatzkosten für den *SPIEGEL* beispielsweise bei 100% (Fall 3). Würden bei der Druckerei, etwa aufgrund eines dauerhaft an-

32 *DER SPIEGEL* hatte 1990 den Vorteil, nach Auslaufen des alten Druckvertrages beim Axel–Springer–Konzern die ehemalige Druckerei gegen die nicht minder interessierte G+J–Druckerei ausspielen zu können, obwohl es zwischen dem G+J–Konzern, der eine knapp 25%ige Beteiligung am SPIEGEL hält, einen Optionsvertrag darauf gegeben hatte. *DER SPIEGEL* konnte bisher zu exklusiven Vorzugsbedingungen drucken, die rd. 40% unter dem Preisniveau liegen, die die G+J–Druckerei dem konzerneigenen Produkt *stern* in Rechnung stellt. So lag der Druckauftragswert des *SPIEGEL* (rd. 59,6 Mio. verk.Ex./pa) 1992 bei rd. 70 Mio. DM, der *stern* mußte für seine etwas höhere Auflage rd. 141 Mio. DM zahlen (rd. 68,6 Mio. verk.Ex./pa.), wobei der Druckauftrag des *sterns* als (unternehmens-) „politischer Preis" gilt, wie es ein Referent des G+J–Vorstandssekretariats beschrieb. Die Großdruckerei wurde v.a. für die konzerneigene Illustrierte *stern* errichtet, die im Gegensatz zum *SPIEGEL* ausschließlich in Itzehoe technisch hergestellt wird und donnerstags erscheint. Der stern ist ertragsmäßig das interessanteste Produkt im Hause G+J und wird auch deshalb stärker zur Finanzierung der Großdruckerei herangezogen. *DER SPIEGEL* erscheint montags und stellt daher eine ideale Auslastung der Kapazitäten für den zweiten Teil der Woche dar. Die Druckerei arbeitet im 4–Schichtbetrieb rund um die Uhr mit Ausnahme von Samstag abend bis Sonntag abend. *SPIEGEL* und *stern* nehmen zusammen ein Drittel der Kapazitäten in Anspruch.
Inzwischen ist der Druckvertrag für den *SPIEGEL* nicht mehr ganz so ideal. Bei Vertragsunterzeichnung 1990 druckte *DER SPIEGEL* mit Ausnahme der Anzeigen praktisch ausnahmslos in schwarz/weiß, wofür Druckereien im Vergleich zum Vierfarbdruck vergleichsweise sehr günstige Preise anbieten, obwohl sich von den Kosten her gesehen keine nennenswerten Unterschiede ergeben. Seit der Markteinführung von *Focus* sieht sich auch *DER SPIEGEL* genötigt, in „4c" zu drukken, was er in den redaktionellen Teilen anfänglich nur streckenweise tat, da die seinerzeit im Druckvertrag vereinbarten „4c–Zuschläge" sehr hoch ausfielen. Die Heftausweitung auf durchgehenden Vierfarbdruck hätte den *SPIEGEL* 1994/95 rd. 35 Mio. DM zusätzlich im Jahr gekostet. Aufgrund des Auflagenrückgangs und der deutlichen Reduktion des Heftumfangs seit 1994 betrugen die „4c"–Mehrkosten 1995 nur (noch) 24 Mio. DM.

haltenden Auflagenanstiegs, Neuinvestitionen nur für den Großkunden *SPIEGEL* notwendig, so würde die Druckerei die zusätzliche Auflagenmenge mit einem 300%igen Zuschlag in Rechnung stellen (Fall 4). Diese vier Fallsituationen inklusive des Normalfalls (Fall 1) geben die Grundlage für die nachfolgende Analyse in Tab. 4.1.3.1 [2] ab.

Tab. 4.3.1 [2]: Degressionswirkungen der technischen Herstellkosten (tHK) des *SPIEGELs* bei einer Auflagensteigerung um 100.000 verk.Ex. für unterschiedlich vertraglich vereinbarte Fallsituationen: Kosten–Daten a) absolut in Mio. DM/p.a. pro verk. Ex. und b) in DM/verk. Ex. (Daten für 1992)

		Druck	Papier	Summe/tHK
Fall 1: Normalfall 1992	absolut	59,9	49,1	109
	pro Ex.	1,00	0,82	1,82
Fall 2: Auflagenzuwachs innerhalb des vereinbarten Druckintervalls	absolut	59,9	53,2	113,1
	pro Ex.	0,92	0,82	1,74
		– 8,0%		– 4,4%
Fall 3: Zuschlag + 100%	absolut	65,7	53,2	118,9
	pro Ex.	1,01	0,82	1,83
		+ 1,0%		+ 0,5%
Fall 4: Zuschlag + 300%	absolut	76,9	53,2	130,1
	pro Ex.	1,19	0,82	1,98
		+ 19%		+ 8,8%

Legende: Diese Kalkulation enthält aus Gründen der Übersichtlichkeit nur die tHK–Daten für die verkauften *SPIEGEL*–Exemplare und nicht die Remissionskosten. Erst die Remissionskosten (= tHK der unverkauften Ex.) plus die tHK der hier ausgewiesenen verk. Ex. zusammen ergeben die tHK insgesamt. Zur Höhe der Remissionskosten beispielsweise im Fall 3 vgl. Tab. 4.3.1 [3].

Die Auswertung zeigt, daß die oben angenommene Auflagensteigerung, der eine unter Berücksichtigung der Remissionsquote entsprechende Mengensteigerung bei der Druckauflage vorausgehen muß, unterschiedliche Auswirkungen haben kann, die von den technischen, organisatorischen und ökonomischen Vereinbarungen abhängen. Der grundsätzlich überwiegend fixe Kostencharakter der Druckherstellung, der sich im Fall 2 als sog. Fortdruckkosten darstellt, kann sich in Abhängigkeit der jeweiligen (unteilbaren) Engpaßsituation verändern. Gäbe bei einem Nachrichtenmagazin nicht ein möglichst später Redaktionsschluß den knappen Zeithorizont der technischen Endfertigung vor, so würde sich eine Auflagensteigerung drucktechnisch durch effiziente Auslastungsorganisation bestehender Kapazitäten durchgehend degressiv auswirken, indem die beiden Fälle 3 und 4 obsolet würden. Tatsächlich jedoch verursacht ein Überschreiten des zeitlichen Kapazitätspotentials durch eine größere Produktionsmenge zusätzliche variable Kostenbestandteile, die ihre Ursache hauptsächlich in Überstundenvergütungen und Lohnzuschlägen (Wochenendtarife) haben und in diesem Fall *SPIEGEL*–spezifisch sind. Je nach Höhe der zusätzlichen Produktionsmenge und deren relativem Gewicht an der bisherigen Druckauflage schlagen solche Zusatzkosten mehr oder weniger deutlich zu Buch und können die

Degressionswirkung konterkarieren (Fall 3). Würde eine weitere Auflagensteigerung in diesem Fall ebenfalls mit einem linearen Zuschlag belegt, so würde die Kostenfunktion sogar variablen Charakter annehmen, da die Degressionseffekte der ersten Kapazität laut vertraglicher Vereinbarung bereits ausgeschöpft sind und alle weiteren Outputmengen zu einem einheitlichen Kostensatz verrechnet werden. Langfristig gesehen sähe eine Lösung dieser Situation sicher anders aus, ebenso wie jene im Fall 4, die zunächst darauf abstellt, daß die zusätzliche Auflagenmenge nur durch eine entsprechende Neuinvestition im Maschinenpark aufgefangen werden kann. Wäre es unmöglich, die zusätzliche Kapazität ausreichend auszulasten, was hier zunächst unterstellt wird, so würde das Druckunternehmen entsprechende Kosten (z.B. kalkulatorischer Art) mittels entsprechend hoher Zuschlagsfaktoren ersteinmal auf den einzigen 'Kunden' abwälzen. Längerfristig würde man auch diesen Fall anders organisieren, indem eine Lösung in Gestalt zusätzlicher Kapazitäten auf sprungfixe Degressionswirkungen hinausläuft.[33]

Wie Degressionswirkungen in allen Produktionsbereichen beim Nachrichtenmagazin *SPIEGEL* durchschlagen, zeigt die Tab. 4.3.1 [3], die in Form einer Deckungsbeitragsrechnung aufgebaut ist und die Kalkulation eines verkauften *SPIEGEL*-Exemplars für zwei Fälle nachvollzieht: die Auflagensituation des Jahres 1992 (voriger Fall 1) verglichen mit einer Auflagenausweitung um 100.000 Exemplare (voriger Fall 3).

Aus Sicht des Unternehmens beginnt die relevante Betrachtung beim Verlagserlös, von dem zunächst die Kosten der technischen Herstellung sowie der Vertriebsaufwand abgerechnet werden, deren Ergebnis den Deckungsbeitrag I (DB I) dar-

---

33 Noch nicht angesprochen wurde weder allgemein noch im Zusammenhang mit der Produktionsorganisation des *SPIEGELs* das Phänomen der Subadditivität. Damit wird der Umstand beschrieben, daß sich die Produktion eines Gutes 'in einer Hand' kostengünstiger darstellen kann, als wenn die gesamte Menge in Form von einzelnen Teilmengen von mehreren Produzenten oder auch Betriebsstätten angeboten würde. Ein solcher Umstand kann sich auf ein einziges, aber auch auf mehrere Produkte beziehen. Subadditivität kann sich dabei aufgrund von sinkenden Durchschnittskosten bzw. Skaleneffekten ergeben, sich aber auch bei variablen Kostengrößen einstellen, wenn sich durch Konzentration der Produktion an einem Standort Kostenvorteile erzielen lassen. Subadditivität ist damit in keinem Fall eindeutig. Sprungfixe Kosten etwa, die sich aufgrund einer subadditiven Kosteneigenschaft ergeben, ziehen zwar im jeweiligen Produktionsintervall eines einzigen Produzenten/Betriebsstätte sinkende Durchschnittkosten nach sich, sinken aber aufgrund der (Kosten-)Niveausprünge von Intervall zu Intervall nicht durchgängig. Dennoch ist es – in der Gesamtschau gesehen – günstiger, wenn die Produktion von einem einzigen Anbieter bzw. in einer einzigen Betriebsstätte erfolgt.
Nach FRITSCH/WEIN/EWERS (1993: 131 f.) stellt Subadditivität ein umfassendes Konzept der Erfassung aller möglichen Fälle sinkender Durchschnittskosten dar. Danach bedeuten steigende Skalenerträge immer auch sinkende Durchschnittskosten aufgrund subadditiver Kosteneigenschaften. Umgekehrt muß sich Subadditivität nicht immer in (durchgängig) sinkenden Durchschnittskosten äußern, und nicht immer gehen sinkende Durchschnittskosten auf (steigende) economies of scale zurück.
Inwieweit die Drucksituation des *SPIEGELs* einen subadditiven Kostenfall darstellt, ist fraglich. Eine eindeutige Beurteilung wäre nur im Vergleich mit der ökonomisch relevanten Alternative möglich, was bei einem solchen Druckauftrag allerdings eine hypothetische Betrachtung bleiben muß, solange keine ernsthaften Alternativen greifbare Gestalt annehmen. Grundsätzlich kann jedoch gesagt werden, daß die derzeitige Situation mit zwei Betriebsstätten solange vorteilhaft ist, solange *DER SPIEGEL* Drucktarife zahlt, die sich hauptsächlich am Umstand der Auslastung vorhandener Kapazitäten orientieren. Ein solcher Preisnachlaß kann günstiger sein als die Wirkung von Skaleneffekten des Drucks an einem einzigen Standort. Von diesem Fall kann hier ausgegangen werden.

stellt. In einer weiteren Betrachtung werden die publizistischen Inputkosten (Firstcopycosts), der Aufwand für Werbung und Marketing sowie alle restlichen Kosten kalkuliert, die die sog. Verlagskosten inkl. aller sog. kalkulatorischen Kosten abdecken. Das kalkulatorische Ergebnis bildet den Deckungsbeitrag II, der stark negativ ausfällt und erst durch die Werbe- und Anzeigeneinnahmen (WAE) wieder als Gewinn vor Steuer in den positiven Bereich gerät.

Von Bedeutung sind nun die Skaleneffekte einer Auflagenausweitung. Im technischen Herstellungsbereich, der den DB I determiniert, und der hier auch entsprechende Effekte im Vertrieb abbildet, fällt die Degressionswirkung schwach aus: Pro verkauftem Exemplar gerechnet stehen zwei Pfennigen Mehrkosten (Druck bzw. Remission) drei Pfennig Kostenreduktion beim Vertrieb gegenüber. Ließe sich die Auflagenausweitung im Rahmen der vereinbarten Druckkapazitätsbereitstellung bewerkstelligen, so würden sich zu der Vertriebskosteneinsparung 8 Pfennig an Kostenreduktion bei der technischen Herstellung und 1 Pfennig beim Remissionsaufwand gesellen. Die Skaleneffekte aus den technischen Produktionsgegebenheiten würden sich dann immerhin mit rd. 4% bezogen auf den Verlagserlös bemerkbar machen.

Mit ungleich größerem Gewicht schlagen economies of scale in den nichttechnischen Produktionsbereichen durch, namentlich beim redaktionellen Kostenaufwand (journalistische Mitarbeiter, Kommunikations- und Rechercheaufwand, Archiv/Dokumentation), der ziemlich genau die gleiche Größenordnung wie die technischen Herstellkosten aufweist, im Gegensatz dazu aber durchgängig als fix einzustufen ist. Da im Grunde genommen sämtliche Kostenpositionen, die zwischen dem ersten und zweiten Deckungsbeitrag verrechnet werden, zumindest kurz- und mittelfristig, fixen Charakter haben und in ihrer absoluten Höhe mehr als doppelt so hoch wie die (sprung-)fixen Kostenbestandteile bei der technischen Herstellung und dem Vertriebsapparat[34] ausfallen, muß die Degressionswirkung zwangsläufig entsprechend größer sein. Im aktuellen Beispiel erreichen diese Skaleneffekte immerhin den Wert von 0,32 DM pro Exemplar bzw. 11% des Verlagserlöses bzw. rd. 5% der Gesamtkosten. Eine Auflagensteigerung würde sich demnach für den *SPIEGEL* in jedem Falle 'rechnen', unabhängig von den ökonomisierten Restriktionen im technischen Herstellungsbereich, die sich aber vor allem beim Überschreiten kritischer Kapazitätsgrenzen zunächst gegenläufig auswirken (können). In der unterstellten Fallsituation würde der Gewinn vor Steuer um 0,33 DM auf 1,98 DM pro verkauftem Exemplar zunehmen.[35] Ließe sich die Situation im Rahmen der Fortdruck–Vereinbarung arrangieren, so würde sich bei den technischen Herstell- und den Remissionskosten ein Skaleneffekt von 0,09 DM auswirken, mithin den Stückgewinn auf 2,09 erhöhen.

34 Aufgrund der Annahme einer Verkaufs- bzw. Auflagensteigerung ausschließlich über den Einzelhandel bleiben z.B. die Postzeitungsgebühren in ihrer absoluten Höhe unverändert, wirken in diesem Fall also degressiv, gleichwohl sie variable Kosten darstellen.

35 Bei nunmehr 59,643 Mio. plus zusätzlich 5,2 Mio. verk. Ex. pro Jahr würde sich c.p. das Gewinnvolumen von 98 Mio. DM (Stand 1992) auf 128 Mio. DM vergrößern.

Tab. 4.3.1 [3]: Ökonomisches Wirkungsgefüge einer dauerhaften Auflagensteigerung des *SPIEGELs* um 100.000 verk. Ex. im Einzelhandel (1992)

	bisherige Kalkulation pro Ex. in DM	absolut in Mio. DM	neue Kalkulation absolut in Mio. DM	pro Ex. in DM	(grundsätzlicher) **Kosten-charakter**	**Veränderung pro Ex. in DM**
Copypreis	5,00			5,00		
./. 7 MwSt	0,33			0,33		
=	**4,67**			**4,67**		
./. anteilige Grosso– u. EH–Spannen[36]	0,95	56,7	64,8	1,00		+ 0,05
./. sonst. Abschläge[37]	0,54	32	k. Ä.	0,49		– 0,05
./. Ausgleichpos.[38]	0,28			0,28		k. Ä.
= Verlagserlös	**2,90**			**2,90**		**0,00**
./. Heftkosten:	1,82	109	118,9	1,83	**sprungfix bis variabel**	+ 0,01
* *Druck*	*1,00*	*59,9*	*65,7*	*1,01*	***sprungfix***	*+ 0,01*
* *Papier*	*0,82*	*49,1*	*53,2*	*k. Ä.*	***variabel***	*k. Ä.*
./. Remission[39]	0,35	20,7	23,3	0,36	**variabel**	+ 0,01
./. Versand/Verpack.	0,12	7,1	7,8	0,12	**variabel**	k. Ä.
./. Vertrieb über alle Absatzwege:	0,40	24	k. Ä.[40]	0,37		- 0,03
* *Speditionen*	*0,22*	*13,5*	*k. Ä.*	*0,21*	***fix***	*–0,01*
* *PZDt*	0,18	*10,5*	*k. Ä.*	*0,16*	***variabel***	–0,02
= DB I	**0,21**			**0,22**		**steigt um + 0,01**
./. redaktionelle Kosten	1,88	112	k. Ä.	1,72	**fix**	– 0,16
./. Werbung/Marketing	0,28	16,7	k. Ä.	0,26	**fix**	– 0,02
./. restlicheKosten	1,70	101	k. Ä.	1,56	**fix**	– 0,14
= DB II	**3,65 minus**			**3,32 minus**		**steigt um + 0,33**
+ WAE	5,30	316	k. Ä.	5,30		
= Gewinn vor Steuer	**1,65**			**1,98**		**+ 0,33**

Legende: kursiv gesetzte Zahlen stellen disaggregierte Daten dar, die bereits in einer 'höheren' Kategorie zusammengefasst sind, weshalb sie hier nicht doppelt gerechnet werden dürfen. Abkürzungen: EH = Einzelhandel, k. Ä. = keine Änderung; PZD = Postzeitungsdiensst, DB = Deckungsbeitrag, WAE = Werbe-/Anzeigeneinnahmen.

36 Grundsätzlich verhalten sich die Kosten für die Handelsspannen, bzw. genauer deren Mindererlöse, proportional zu den Erlösen aus diesem Vertriebsweg. Da hier die unterstellte Auflagensteigerung allein über den Einzelhandelsabsatz angenommen wurde, steigen die Ausgaben bzw. Mindereinnahmen stärker als wenn sich die Absatzausweitung parallel zu den bisherigen Vertriebsspartenanteilen verteilt hätte. Aus diesem Grund erhöhen sich die nunmehr auf die gestiegene Gesamtauflage umgelegten Mindererlöse absolut und pro Stück. Rechnungsweg: Wegen der Copypreiserhöhung auf 5 DM ab Heft 36/1992, die auch Auswirkungen auf die Berechnung der Funktionsrabatte hat, werden die zusätzlich unterstellten Verkäufe (+ 100.000 Ex./p.m.) von 5,2 Mio. Ex./p.a. auf alle Monate bzw. Ausgaben gleichverteilt. Also: EH–Volumen 30,530 Mio. Ex. (H. 1–36) + 13,569 Mio. Ex (H.37–52) = 44,099 Mio. Ex; Rechnung: (1) 30,530 Mio. Ex. x 1,42 DM Mindererlös/EH–Ex = 43,353 Mio. DM; 13,569 Mio. Ex x 1,58 DM = 21,439 Mio. DM; zusammen also 64,792 Mio. DM Mindererlösvolumen; (2) 64,792 Mio. DM : 64,843 Mio. Ex./p.a. (59,643 + 5,2 Mio) = 0,9992 DM = 1,00 DM

Ähnlich hoch wie im Fallbeispiel des Hamburger Nachrichtenmagazins fallen Skaleneffekte bei Tageszeitungen aus: Beim *SPIEGEL* liegt der dafür relevante Fixkostenanteil bei rd. 77%, bei einer Tageszeitung (Abo-Zeitung) bei ca. 71%.[41] Unterschiede lassen sich etwa im technischen Herstellungsbereich konstatieren. Tageszeitungsverlage verfügen in aller Regel über eine (konzern-)eigene Druckerei, die zwar ihre optimale Auslastung u.a. mit Akzidenzdruck steuert, im Falle einer spürbaren Auflagenausweitung ihre drucktechnische Ablauforganisation aber nach eigenen Erfordernissen einrichten kann. Die Verfügungsgewalt über eigene Druckkapazitäten stellt daher zwecks Ausnutzung von Skalenerträgen einen ganz erheblichen Vorteil dar. Ebenso wie die Kosten der Redaktion (SPIEGEL: 29%, Abo-Zeitung: 20%) unterscheiden sich die Kosten der technischen Verbreitung, die bei einer täglichen Abo-Zeitung mit 19% der Gesamtkosten fast das 2,5fache des SPIEGEL ausmachen und zumindest teilsweise fixen Aufwand beinhalten.[42]

Ein Vergleich der genannten (Print-)Medien mit Kostenstrukturdaten anderer Branchen (vgl. Abb. 4.1.3.1 [4]) betont die Unterschiede: Im Ernährungsgewerbe liegen die fixen Kostenanteile bei 34,6%, in der Papier- und Pappeindustrie bei 49,7% und im Druckgewerbe bei 57,0%. Im gesamten Durchschnitt des Verbrauchsgüter produzierenden Gewerbes liegt der Wert bei 50,1%.

---

37 Abschläge betreffen a) Mindereinnahmen aus z.B. sonstigen Verkäufen und b) Mehreinnahmen etwa aus dem Abo–Absatz. Da die hier unterstellte Auflagensteigerung diese Mehr- und Mindereinnahmen nicht tangiert, verteilen sich diese Abzugsposten auf eine nunmehr größere Absatzmenge, wirken sich also in diesem Beispiel degressiv aus.

38 Der Ansatz eines 'Ausgleichspostens' wurde notwendig, um die unterschiedliche Höhe der Copypreise im Jahre 1992 aufzufangen: *DER SPIEGEL* hatte seinen Copypreis ab Heft 37 von 4,50 DM auf 5,00 DM erhöht.

39 Heftkosten plus Remissionskosten zusammen ergeben die gesamten Kosten der technischen Herstellung.

40 Da hier der Fall einer Auflagensteigerung ausschließlich über den Einzelverkauf unterstellt wurde, ändern sich jene Vertriebskosten nicht, die unabhängig vom Mehrverkauf über Grosso/Einzelhandel sind. Allerdings wurde hier unterstellt, daß die Speditionskosten von den beiden Druckstandorten zu den Grossisten in diesem Fall nicht von der höheren Auflagenmenge tangiert sind. Die einzelverkaufsunabhängigen Vertriebskosten verteilen sich nunmehr auf eine größere Auflage, so daß sich ein schwach degressiver Effekt ergibt.

41 Beides sind Circa–Werte, die sich feiner differenzieren ließen. Beim *SPIEGEL* könnte man z.B. aus den Vertriebskosten den Transportaufwand (LKW) zu den Grosso–Stationen hinzurechnen und bei der technischen Herstellung kleinere Kostenpositionen nach ihrem Proportionalitätsgrad unterscheiden, der sich aus dem umfangreichen Druckvertragswerk ergäbe. Für die (Abonnement-)Zeitung liegen nur sehr grobe Daten der BDZV–Statistik vor bzw. für 1990 letztmalig Angaben der Presse–Kostenstrukturstatistik, die zwar differenzierter ausgewiesen sind, aber ökonomisch relevante Fragestellungen kaum berücksichtigen und deswegen danach auch nicht abgrenzen.

42 Fixen Aufwand stellen v.a. Kosten für den (eigenen) Fuhrpark sowie das im Vertrieb beschäftigte Personal dar. Die vom Verlag selbst organisierte Absatzmenge (Abos) wird von Zeitungen im lokalen/regionalen Bereich über ein (eigenes) Träger–/Zustellsystem arrangiert bzw. überregional über den Postzeitungsdienst abgewickelt, dessen sich auch überregional verbreitete Zeitschriften bedienen. In allen Fällen werden die Zustellkosten variabel kalkuliert, obwohl etwa im lokalen Bereich in einer hohen Absatzdichte durchaus Skaleneffekte enthalten sind. Über den Umfang und die genaue Wirkungsweise von solchen Effekten im Distributionssystem der Print–Medien gibt es bis heute wenig konkrete Erkenntnisse. STAHMER (1995: 21 ff.) beschäftigt sich mit solchen Überlegungen, die aber auf einer recht allgemeinen Betrachtungsebene stehen bleiben.

Abb. 4.3.1 [4]: Fixkostenanteile in unterschiedlichen Branchen

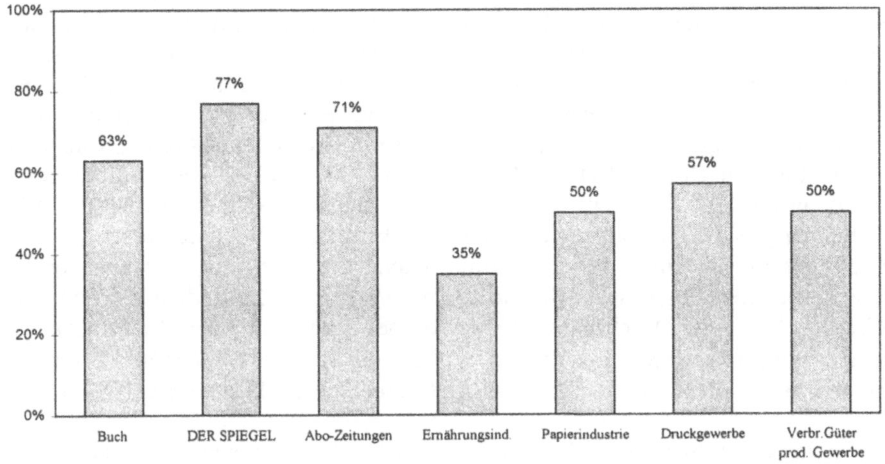

Daten: Statistisches Bundesamt: Kostenstruktur der Unternehmen, Fachserie 4, Reihe 4.3.3., Angaben für 1992 (wobei bestimmte Kostenkategorien wie z.B. „sonstige Kosten“ als fix und die „sonstigen Vorleistungen“ als variabel angenommen wurden) sowie eigene Berechnungen.

Als Ergänzung zur Quantifizierung relevanter Kostenarten und ihrer relativen wie absoluten Anteile innerhalb der einzelnen Mediengattungen, wie in Übersicht 1.2 detailliert dargestellt, sind in der hiesigen Tab. 4.3.1 [5] die Aufwandspositionen nochmals nach ihren tendenziell fixen und variablen Kostenelementen aufgegliedert, um die Unterschiede grundsätzlich zu verdeutlichen.

Tab. 4.3.1 [5]: Fixe und variable Kostenelemente bei Medien

	Inputaufwand bzw. Firstcopycosts	Vervielfältigung	Distribution	Akzeptanz- und Transparenz-aufwand
Buch	fix	Satz + Druck: fix Papier: variabel	variabel	(sprung-)fix
Zeitschrift	fix	Satz +Druck: fix Papier: variabel	variabel	fix
Zeitung	fix	Satz + Druck: fix Papier: variabel	weitgehend variabel	fix
Film	fix	Kopien: variabel	variabel	fix
TV	fix	–	fix	fix
Internet	fix	–	fix	–

4.3.2 Unteilbarkeiten und Verbundvorteile (Synergieeffekte)

Skaleneffekte durch Ausweitung der Mengenproduktion eines Gutes stellen nur eine Möglichkeit sinkender Durchschnittskosten dar. In einer anderen, einer Mehrprodukt–Variante können sich sinkende Durchschnittskosten einstellen, wenn sich Inputs für die Produktion mehrerer Güter nutzen lassen. Drei Situationen werden in der Literatur diskutiert. Zum einen Kostenvorteile im Fall der sog. Kuppelproduktion, ein technisch zwangsläufiger Fall: Die Produktion läßt sich nicht teilen. Einen zweiten Fall benennen FRITSCH/WEIN/EWERS (1993: 132) als „Portfolioeffekte bei Forschung und Entwicklung“: Mehrproduktunternehmen können unabwägbare Risiken bei der gleichzeitigen Entwicklung unterschiedlicher Produkte besser auf mehrere erfolgreiche Produkte verteilen. Eine solche Situation läßt sich auch auf Medienunternehmen übertragen. Der dritte Fall indes hat für Medien eine besondere Relevanz: Sinkende Durchschnittskosten können sich auch durch Mehrfachnutzung nicht ausgelasteter bzw. unverbrauchter bzw. auch unverbrauchbarer Kapazitäten ergeben, wenn diese im ‘Konsum’ nicht rivalisieren (vgl. auch HEINRICH 1994: 123).

Eine solche Situation tritt bei Medien schon aufgrund nichtrivalisierender Inputfaktoren regelmäßig auf. Typische Fälle betreffen beispielsweise Inputkomponenten wie ein Archiv bzw. eine Dokumentation, die sich nicht verbrauchen kann. Weitere Vorteile, die mit der Größe der Produktpalette eines Unternehmens zusammenhängen und für die sich Begrifflichkeiten wie „economies of scope“, „Verbundvorteile“, „Synergieeffekte“ durchgesetzt haben, liegen beispielsweise in der Auslastung von Druckkapazitäten, wobei die Skaleneffekte dann durch die eigene Angebots*breite*, und nicht durch die Angebots*menge* zustande kommen.

Ebenso lassen sich solche Effekte auf der Distributionsebene realisieren, weshalb für Medienunternehmen ein großer Anreiz besteht, nicht-rivalisierende Inputfaktoren mehrfach auf allen dafür möglichen Medienmärkten zu verwerten. Diesem Mechanismus ist die zunehmende Multimedialisierung und Globalisierung der Medienkonzerne zuzuschreiben.

Für unsere Fragestellung findet die Diskussion von Verbundeffekten an späterer Stelle, insbesondere im 6. Kapitel statt. Economies of scope bedeuten zwar ähnlich wie economies of scale Effekte mit spürbaren Auswirkungen, geben aber ganz im Gegensatz zu diesen keinen Grund für Marktversagen ab. Vielmehr stellt diese Art von Verbundvorteilen für unser hier so bezeichnetes ökonomisches Grundproblem, soweit es sich über unzureichende Größe des Marktpotentials eines einzigen Produktes nährt, Lösungsmechanismen dar: Wenn sich nicht ausreichend große Effekte aus der Nachfragemenge erzielen lassen, so können aufgrund der Nichtrivalität der relevanten Inputfaktoren Skaleneffekte aus der Mehrfachverwertung grundsätzlich einen Ausweg bedeuten. Des Lösungscharakters wegen werden diese Überlegungen an späterer Stelle durchgeführt.

4.4 Unterschiedliche Dimensionen von Produktivität

Produktivität als Meßziffer für Effizienz des Verhältnisses von Output zu Input bzw. Ertrag und Aufwand stellt eine wichtige Indikator-, aber auch Steuerungsgröße ökonomischen Handelns dar. Wird ein Ergebnis im Soll–Ist–Vergleich aufgrund vorgegebener Zielstellung als unzureichend betrachtet, läßt sich ein höherer Zielerreichungsgrad in der Regel über qualitativ bessere, d.h. geeignetere Einsatzfaktoren und/oder mittels Verbesserung der Prozeßtechnik realisieren. Inwieweit diese beiden Möglichkeiten Ansatzpunkte zur Lösung des ökonomischen Grundproblems darstellen, um im Fall unzureichender Mobilisierungsfähigkeit von Zahlungsbereitschaft und/oder eines zu geringen Marktpotentials dennoch ein ökonomisch akzeptables Ergebnis zu erwirtschaften, soll im folgenden untersucht werden.

Für den Bereich der Medien lassen sich zwei Ebenen auseinanderhalten, für die Produktivitäten in unterschiedlichen Dimensionen relevant sind: zum einen die Ebene der geistig-kreativen Produktion der Inputfaktoren (publizistische Idee bzw. publizistisches Konzept oder Produkt), zum anderen die Ebene der technischen Produktion, die für das jeweilige Medium die „stofflichen Träger" (HEINRICH 1994: 98), d.h. die notwendige Vervielfältigung (Print–Medien) bzw. technische Verbreitungsfähigkeit (audio-visuelle Medien) organisiert. Hier interessieren die geistig-kreativen Produktivitäten.

Für die geistig-kreative Produktionsebene, die die Produktivität des Produktionsfaktors 'menschliche Arbeitskraft' betrifft und hier weniger auf Qualifikationen wie handwerkliches Geschick oder manuelles Arbeitstempo abstellt, sondern vor allem auf Kreativität im weitesten Sinn, scheinen Produktivitätssteigerungen nur sehr begrenzt möglich, wie es bereits vor über 100 Jahren im *Börsenblatt für den Deutschen Buchhandel* angesprochen wurde: „Nehmen wir einen talentvollen und bekannten Schriftsteller an, der einen guten Roman geschrieben hat. Das Honorar, welches er *unter gewöhnlichen Umständen* (Hervh.i.O., Anm.d.Verf.) dafür von dem Verleger erhält, übersteigt selten 150 Thaler für den Band, oft sind es nur 100 Thaler. Um mit einer Familie einigermaßen behaglich existiren zu können, bedarf es 1200 Thaler; er müßte also, wollte er nur von der Roman–Schriftstellerei leben, 8 bis 12 Bände jährlich schreiben, was physisch und geistig unmöglich ist" (SCHMIDT-WEIßENFELS 1867: 1714).

Mit den Adjektiven „physisch" und „geistig" sind bereits die relevanten Dimensionen angesprochen, in denen sich schöpferisch-kreatives Schaffen abspielt. Auf den geistigen Produktionsprozess wirken mehrere Einflußgrößen ein, die man nach inneren Befindlichkeiten und äußeren Umwelt–Faktoren unterscheiden kann und die auch von der Art des 'Produktes' abhängen bzw. von dem dabei verfolgten publizistischen Ziel.

Abb. 4.4: Geistig-kreativer Produktionsprozess

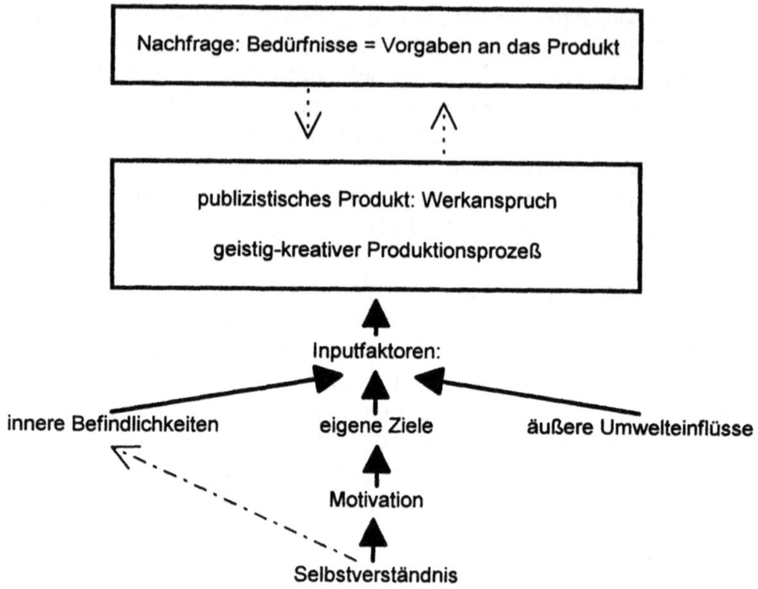

Geistig-kreative Produktion läßt sich auf der einen Seite im Rahmen eines hohen Grades an Selbstbestimmung über Ziel und Weg realisieren, was dann eher einen künstlerisch-publizistischen Schaffensprozess darstellt, kann aber auch auf der anderen Seite von konkreten Nachfragebedingungen abhängen, wenn diese Art und Tempo der Produktion vorgeben wie etwa bei publizistisch-journalistischer Produktion in einem stark von Aktualität und Periodizität geprägtem Medium. Im letzteren Fall ist der Selbstbestimmungsgrad ungleich geringer, gegebenenfalls schlagen hier sogar die ökonomischen (Anpassungs-)Notwendigkeiten auf den Produktionsprozess durch. Alle Variablen üben einen unterschiedlich starken Einfluß auf das Verhältnis zwischen Output und Input aus, das sich unmittelbar in Produktivitätsziffern niederschlägt. Die Zusammenhänge lassen sich wie in Abb. 4.4 schematisieren.

4.4.1 Innere Befindlichkeiten und eigene Ziele als Inputfaktoren

Innere psychische und physische Befindlichkeiten erklären sich, ebenso wie eigene Ziele, zu einem guten Teil aus dem Selbstverständnis eines „geistigen Arbeiters" (Verein für Socialpolitik 1922) heraus. Dieser Zusammenhang, insbesondere im Hinblick auf die Motivation als treibende (Produktions-)Kraft für selbst definierte publizistische Ziele, wird im übernächsten Kapitel näher untersucht. In diesem Abschnitt geht es zunächst um spezifische Produktionsprozesse, also um die Zusammenhänge zwischen eigenen Qualitätsansprüchen hinsichtlich der inhaltlichen Produktion (publizistisches Produkt/Werkanspruch) und der individuellen geistigen 'Sphäre' als Produktionsfaktor bzw. um die dabei produktionstechnisch bedingten Produktivitäten.

MAHRHOLZ hatte Anfang der 20er Jahre, als sich der Verein für Socialpolitik mit den Arbeits- und Lebensbedingungen der „geistigen Arbeiter" beschäftigte, die mehr „handwerkliche Schriftstellerei" etwa des Journalismus gegenüber der mehr selbstbestimmten publizistischen Aktivität durch einen höheren Grad an „intuitiver Produktivität" abgegrenzt, wobei er diesen Begriff nicht im Sinne von technischer Produktivität bemühte, sondern mehr als „Produktion" ansprach (MAHRHOLZ 1922: 60). Dieser Produktionsprozess kann sich sehr unterschiedlich darstellen. Aus der Geschichte der Literatur und der Publizistik sind Beispiele bekannt, in denen dieser Schaffensprozess sehr rasch oder auch recht langsam vorankommt, unabhängig davon, ob er mit inneren „Qualen" abläuft oder die Gedanken nur so sprudeln.

Theodor FONTANE, der als ehemaliger Journalist des „handwerklichen" Schreibens durchaus mächtig war, klagte beispielsweise im Zusammenhang mit seinem späteren literarischen Schaffen, im konkreten Fall bei seiner Arbeit an einer Novelle für die *Gartenlaube*: „So redlich ich mich quäle, es will mir nicht gelingen, mehr als *eine* (Hervh.i.O., Anm.d.Verf.) solche Arbeit im Jahr zu vollenden."[43] Aus seinem Leben wissen wir, wie sehr FONTANE oft innerlich mit sich gerungen hatte, bevor er seine Gedanken für schriftreif befand. Auch von Friedrich SCHILLER ist bekannt, wie lange grübelnd und mit sich selbst zweifelnd er an der Ausarbeitung seines *Wallenstein* gesessen hatte: Ursprünglich hatte er sich dafür einen zeitlichen Rahmen von sieben bis acht Monaten gesetzt, tatsächlich mehr als zwei Jahre benötigt. In einem seiner Briefe mußte SCHILLER konstatieren, daß ihn die Tragödie drei- bis viermal so viel Arbeit koste wie das vorzüglichste historische oder philosophische Manuskript (vgl. ENGELSING 1976: 443 f.). Anders sein fast gleichaltriger Kollege August LAFONTAINE, der etwa zur gleichen Zeit einen seiner bekanntesten Liebes- und Familienromane *Klara du Plessis und Klairant* geschrieben hatte, der ihm ohne innere „Qualen" aus der Feder lief. LAFONTAINE, der zu den erfolgreichsten Publizisten seiner Zeit zählte und trotz seines publizistisch-politischen Engagements ein anderes Genre abdeckte, hatte rd. 60, zum Teil mehrbändige Romane und Erzählungen verfasst.[44] LAFONTAINE, der wie SCHILLER seinen Output aus Ideen und Einfällen nährte, hatte offenbar weit weniger 'Skrupel', seine Gedanken unmittelbar zu Papier zu bringen und konnte damit eine weit höhere Produktivität realisieren, die sich für ihn unmittelbar auch finanziell auszahlte.

Publizistische Produktion zeichnet sich selten durch Kontinuitäten in den Arbeitsprozessen aus und stellt – aus dem Blickwinkel einer möglichst verläßlichen

43 Das vollständige Zitat lautet weiter: „und das ist dann – neben meinem kleinen Gehalt bei der Vossin (gemeint ist die *Vossische Zeitung*, Anm.d.Verf.) – meine Jahreseinnahme. Seide läßt sich dabei nicht spinnen, und ich bleibe Dachstubenpoet, trotzdem die Honorare fast so hoch liegen wie meine Wohnung", so in einem Brief an Adolf KRÖNER v. 12.5.1886, zit.n. WINCKLER 1986: 88).

44 LAFONTAINE wird zwar heute eher als Trivialliterat eingestuft, von mehreren namhaften Autoren und Literaturwissenschaftlern jedoch hinsichtlich seines ästhetischen Schaffens und publizistischen Wirkens gewürdigt, auch wenn er bei fast allen preußischen Königen und Kaisern als einer ihrer „Lieblingsschriftsteller" galt. KILLY notiert: „Seine besseren Romane sind heute zu Unrecht vergessen". Arno SCHMIDT, der sich auch mit Karl MAY beispielsweise sehr intensiv beschäftigte, hatte sich 1966 erstmals für diesen Autor stark gemacht; vgl. SCHMIDT 1984.

Planung – eine denkbar ungeeignete Kalkulationsgröße dar. Auf der einen Seite fallen notwendige Produktions–Arrangements in sehr kurzen Phasen ganz konzentriert an, was man auch als „Eingebung“ bezeichnet. GOETHE hatte seinen 100seitigen *Clavigo* in 8 Tagen und seinen *Werther*, bestehend aus 224 Seiten, in 4 Wochen „einem Nachtwandler ähnlich“ (GOETHE, zit.n. ENGELSING 1976: 440 f.) niedergeschrieben. Robert Louis STEVENSON setzte seine Idee einer Schauernovelle mit dem Titel *Der seltsame Fall des Doktor Jekyll und Mister Hyde* (rd. 100 Seiten) innerhalb von ganzen drei Tagen um, nachdem ihm ein Alptraum den letzten Anstoß dazu gegeben hatte.[45] Eine Beschreibung möglicher bzw. notwendiger Arrangements für eine „Eingebung“ ist von Eduard MÖRIKE überliefert: Danach sind es vor allem Zufälligkeiten, die sich kaum kalkulieren, wohl aber bei Eintreten sofort produktiv umsetzen lassen.[46]

Das andere Extrem dieses diskontinuierlichen Produktionsprozesses liegt in Phasen totaler 'Unproduktivität', auch „schöpferische Pausen“ genannt. Friedrich SCHILLER, der 1795 nach einer längeren Phase nicht-poetischen Schaffens wieder zur Poetik zurückgefunden hatte,[47] beschrieb die Funktionsfähigkeit dieses 'unproduktiven' Produktionsfaktors so: „Ich selbst habe meine poetische Fruchtbarkeit in diesem Jahr doch zum Teil der langen Pause zuzuschreiben, die ich in poetischen Arbeiten mache, und die mich Kräfte sammeln ließ“ (zit.n. SCHULZ 1960: 89). Solche Pausen, die physischen wie geistigen Rekreationsintervallen gleichkommen, aber sehr viel länger andauern können als dies bei mehr handwerklichen Tätigkeiten

---

45 STEVENSON war zu diesem Zeitpunkt bereits sehr krank und arbeitete das Manuskript drei Tage lang im Bett sitzend und ohne Unterbrechung aus. Nach Beendigung las STEVENSON sein Werk seiner wichtigsten Kritikerin vor, seiner Frau, die die Geschichte als ausgesprochen schlecht geschrieben empfand. Der Autor gab sich zunächst tief gekränkt, warf das Manuskript in den brennenden Kamin, begab sich wieder zu Bett und arbeitete erneut drei Tage hintereinander sozusagen in einem Stück: Die Geschichte hatte damit ihre endgültige Fassung; so im Vorwort von STEVENSONs zweiter Frau Fanny in der sog. Tusitala–Edition dieses Werkes (Bd. 5), erschienen in London, beschrieben: STEVENSON hatte in drei Tagen rd. 32.000 Wörter verarbeitet.

46 MÖRIKE beschreibt eine solche Situation 30 Jahre später nach dem fraglichen Einfall für seine Ballade *König Ringangs Töchterlein* von 1838 in einem Brief an seinen Freund Moritz von SCHWIND so: „Solche Momente plötzlicher Eingebung sind nicht gerade selten. Das Stärkste dieser Art, was ich an mir erfuhr, ist die Entstehung der Ballade Rohtraut. Ich stieß einmal, es war in Cleversulzbach, zufällig in einem Wörterbuch auf den mir bis dahin unbekannten altdeutschen Frauennamen. Er leuchtete mich an wie in einer Rosenglut, und mit ihm war auch schon die Königstochter da. Von dieser Vorstellung erwärmt, trat ich aus dem Zimmer zu ebener Erde in den Garten hinaus, ging einmal den breiten Weg bis zu hintersten Laube hinunter und hatte das Gedicht erfunden, fast gleichzeitig damit das Versmaß und die ersten Zeilen, worauf die Ausführung auch wie von selbst erfolgte“ (Zit.n. HOLTHUSEN 1971: 111).
Nicht erwähnt wurden in diesem Zusammenhang innere Gemütszustände wie Erregung oder Trance, die sich t.w. ganz bewußt, etwa durch Einnahme von Rauschmitteln (Alkohol, Drogen) herbeiführen lassen. Solche Faktoren dürften wohl eher bei mehr handwerklichen, d.h. bei nicht die eigentliche Produktion beeinträchtigenden, sondern fördernden Aktivitäten wie beispielsweise Aufführungskünsten von Bedeutung sein. So ist etwa von vielen Musikern bzw. Interpreten bekannt, daß sie am besten unter (leichtem) Alkoholeinfluß oder „mit Stoff“ 'am besten' spielen.

47 SCHILLER hatte die Jahre zuvor sein Einkommen u.a. 3 Jahre lang als Geschichtsprofessor in Jena verdient. In diese Zeit fallen historische Abhandlungen (*Geschichte des Dreißigjährigen Krieges*), philosophische Betrachtungen (*Über die ästhetische Erziehung des Menschen*) und ästhetische Studien (*Über Anmut und Würde. Vom Erhabenen; Über die ästhetische Erziehung des Menschen*). Seine Lyrikproduktion setzte 1795/96 zeitgleich mit der Herausgabe der Zeitschrift *Horen* ein, wenig später beginnt dann die Freundschaft mit GOETHE und die Phase seiner „klassischen“ Werke.

notwendig ist, lassen sich neben der Rekonvaleszenz–Funktion des „Ausgebranntsein" auch als natürliche Reifeprozesse interpretieren, in denen Ideen geboren werden und/oder sich 'setzen' müssen. Von Heinrich KELLER ist eine Einschätzung über Paul HEYSE überliefert, die sich auf den psychischen und physischen Zustand eines Kollegen bezog, der in 46 Jahren rd. 150 Novellen und Romane in Zeitungen und Zeitschriften geschrieben, aber nie schöpferisch pausiert hatte: Drei Manuskripte produzierte HEYSE im Jahresdurchschnitt. FONTANE, ebenfalls ein Zeitgenosse von KELLER und HEYSE, hatte es unter „Qualen" auf 1 Manuskript gebracht. KELLER über HEYSE: „Paul Heyses Zustand ist mir rätselhaft; er hat in ungefähr Jahresfrist einen Band der schönsten Verse gemacht, und doch soll er fortwährend krank sein. Vielleicht bringt eben das angegriffene Nervenwesen eine solche selbstmörderische Fähigkeitssteigerung mit sich. In diesen Fällen habe ich gute Nerven, bin dabei aber ein ungeschickter Kopf. Spaß beiseite, glaub ich fast, es räche sich, daß Heyse seit bald dreißig Jahren dichterisch tätig ist, ohne ein einziges Jahr Ableitung oder Abwechslung durch Amt, Lehrtätigkeit oder irgendeine andere profane Arbeitsweise genossen zu haben. Ein Mann wie *er*, der wirklich zu konsumieren hat, wird und muß hierbei selbst mitkonsumiert werden" (zit.n. WINCKLER 1986: 128, Anm. 58).

HEYSEs im Vergleich zu FONTANE höhere Produktivität hat kurz- und langfristig unterschiedliche Auswirkungen: HEYSE war zu Lebzeiten ein unter den Rezipienten, u.a. der *Gartenlaube*, hoch angesehener Mann, der finanziell ein „höchst angenehmes Dichterleben" (BECKER 1969: 386) führte, dessen Werke heute aber als nicht mehr von Bedeutung angesehen werden.[48] FONTANE führte ein sehr bescheidenes und zu Lebzeiten kaum publizistisch anerkanntes Autorendasein, zählt aber heutzutage zu Deutschlands großen „Dichtern und Denkern". Dieser Vergleich bildet eine allzuhäufige Dilemmasituation ab, die noch reichlich Gegenstand späterer Kapitel sein wird: ökonomische Anpassung versus publizistische Freiheit über das eigene Produkt.

Eine Quantifizierung von Produktivitätsziffern anhand von Output–Größen verglichen mit dem Aufwand, etwa gemessen in der Dimension Zeit, ist mit Schwierigkeiten verbunden. Zum einen wäre dazu eine direkte Vergleichbarkeit der Bewertung des Outputs unterschiedlicher Genres, Inhalte und Anspruchsniveaus notwendig, zum anderen müßten in der Zeitbetrachtung auch unverzichtbare schöpferische Pausenwerte in vergleichbarer Form eingehen. Dies kann in der vorliegenden Arbeit nicht geleistet werden. Gleichwohl soll hier ein grobes Vergleichskonzept, wie es ENGELSING 1976 erstmals konsequenter durchgeführt hatte, zumindest Anhaltspunkte für die Unterschiedlichkeit und die potentielle Größenordnung von geistig-kreativen Produktivitäten vermitteln. ENGELSING ermittelte sog. durchschnittliche Tagesleistungen von Autoren. Ein zeitlich weitergehender Blickwinkel, der auf die Dimension Jahr abstellt, ist indes geeigneter, auch unproduktive 'produktive' Rekreationszeiten einzufangen: Die sehr unterschiedlichen 'Produktivitäten' korrelieren sehr eng mit dem Selbstverständnis, den intendierten Zielen und den jeweiligen 'qualitativen' Werkansprüchen der geistig-kreativen „Arbeiter".

48 HEYSE hatte bereits zu Lebzeiten harsche Kritik erfahren: Conrad ALBERTI bezeichnete ihn 1889 als Inhaber einer „großen Novellenfabrik, zur Befriedigung des Lesebedürfnisses des denkfaulen Bildungspöbels, nach rein kaufmännischen Grundsätzen geleitet" (zit.n. BECKER 1969: 386).

Übersicht 4.4.1: „Produktivitäten“ von Autoren

Autor	Werkumfang/ Zeitraum	entspricht MS pro Jahr	Bemerkungen
Paul HEYSE	150 MS/46 J. Novellen, Erz., Romane	3,3	erst Hofpoet (Maximilian II. von Bayern), dann selbständig
Wilhelm RAABE	70 MS/ 55 J. Novellen, Erz., Romane	1,3	regelmäßiger Schreiber, weil finanziell davon abhängig
Th. FONTANE	33 MS/49 J.; Novellen, Erz., Romane, hist. Beschreibungen, dazu Gedichte	0,7	regelmäßger Schreiber, weil ab 1860 finanziell davon abhängig
Hans FALLADA	9 MS/17 J., Romane	0,5	Produktionsdauer t.w. 2–3 Wochen
H. COURTS-MAHLER	200 MS/38 J.	5,3	„Märchen für Erwachsene“, Erfolgsautorin
Ute DANELLA	10 MS/14 J. Unterhaltung	0,7	Bestsellerautorin
Johannes Mario SIMMEL	22 MS/40 J. Romane mit pol. Anspruch	0,5	Bestsellerautor
John GRISHAM	1. BV: 3 J., danach: 4 MS/4 J.	0,7	nach erstem Flop mit 2. Titel Erfolgsautor, 1 BV nun auch Erfolg
Heinz G. KONSALIK	150 MS/50 J.	3	„Volksschriftsteller“ (KONSALIK über KONSALIK)
Heinz Werner HÖBER	350 MS/34 J. „Jerry Cotton“–Groschenromane	10	quasi-industrielle Produktion (Bastei-Lübbe-Verlag)
Jason DARK (Hellmut RELLERGERD)	1.300 MS/27 J. „John Sinclair“–Groschenromane	48	industriell-rationalisierte Textproduktion für den Bastei–Lübbe–Verlag

Legende: Abkkürzungen: MS = Manuskript, Nov. = Novelle, Erz. = Erzählung, J = Jahre, BV = Buchveröffentlichung; Quellen: für HEYSE: BECKER 1969: 386; für RAABE: OPPERMANN 1970: 139 ff.; für FONTANE: NÜRNBERGER 1968: 166 ff.; für FALLADA: MANTHEY 1963: 179 ff.; für COURTHS-MAHLER: Unternehmensgruppe LÜBBE 1993: 13; für DANELLA: Verlag Hoffmann & Campe, Hamburg; für SIMMEL: Verlag Droemer/Knaur, München; für KONSALIK: SCHROEDER 1996: 3; für HÖBER und DARK: Bastei-Verlag; für GRISHAM: Heyne-Verlag, München.

4.4.2 Äußere Umwelteinflüsse als Inputfaktoren

Wie für alle menschlichen Arbeitstätigkeiten gilt auch hier, daß das äußere 'Klima' (z.B. Betriebsklima) eine nicht unwesentliche Rolle für Wohlbefinden, Motivation und Engagement spielt. Für kreative Tätigkeiten gilt dies in besonderem Maße, wie man aus der Organisationssoziologie und Arbeitspsychologie weiß.

Für geistig-kreatives Schaffen kommen mehrere Faktoren in Betracht. Wenn publizistisches Schaffen auf Aussagenproduktionen und Kommunikationsformen gerichtet ist, die auf Wahrnehmung und/oder Aktivierung von Öffentlichkeit zielen, so stellt die Akzeptanz der Rezipienten einen ganz wesentlichen Produktions-, weil Motivationsfaktor dar, wie unzählige Beispiele in der Literatur- und Publizistikgeschichte bzw. jener der Medien ganz allgemein belegen. Zum umgekehrten Fall sei hier stellvertretend eine Einschätzung von Franz GRILLPARZER angeführt, dessen literarisches Schaffen sich in der Zeit der Restauration zwischen Anerkennung und Zensur, öffentlicher Abweisung und Fördertum seitens der österreichischen Staatsbürokratie abspielte.[49] GRILLPARZER zog sich im Alter von 48 Jahren völlig frustriert aus dem literarischen Leben zurück,[50] Werke, die danach entstanden und die er „in der Schublade" (KILLY) behalten hatte, wurden erst nach seinem Tode aufgeführt. GRILLPARZER über seine äußere Situation und seine innere Befindlichkeit: „Freilich hätte man denken sollen, daß die Dinge für eine spätere Zeit aufbewahrt werden könnten, aber dies Schreiben für die Zukunft ins Ungewisse, das Bewußtsein, kein lebendes Echo zu finden – denn am Ende, wer sagt einem die Wahrheit und an wen soll man sich, um dieselbe zu erfahren, wenden, als an das Publikum – das hat mich immer entmutigt, mir alle Lust geraubt". Und: „Ich sterbe ab, und zwar von innen, was das Schlimmste ist. Ich fühle eine solche Verdrossenheit, daß ich unfähig bin, etwas zu arbeiten" (zit.n. ROH 1948: 202, 201).

Ein weiterer Produktionsfaktor kann im geistigen Klima bzw. in der befruchtenden Nähe zu Kollegen liegen, Vorteile, die man in der Ökonomie auch als Agglomerationsvorteile bezeichnen würde. GRILLPARZER hatte dies positiv von GOETHE erfahren, zu dem er sich, um der Wiener Polizei zu entgehen, vorübergehend begeben hatte: „Als ich meine vereinzelte Stellung in Wien beklagte, sagte Goethe, was wir seitdem gedruckt von ihm gelesen haben: daß der Mensch nur in Gesellschaft Gleicher oder Ähnlicher wirken könne. Wenn er und Schiller das geworden wären, als was die Welt sie anerkennt, verdankten sie es großenteils dieser fördernden und sich ergänzenden Wechselwirkung" (zit.n. ROH 1948: 200).[51]

---

49 GRILLPARZER hatte diverse 'Jobs' u.a. in der Finanzverwaltung, wo man ihm t.w. sehr wenig Aufgaben übertrug, um ihm publizistische Freiräume zu gewähren. Auf der anderen Seite stand er häufiger unter polizeilicher Beobachtung .

50 Konkreter Anlaß war der totale Flop seines Werkes *Weh' dem, der lügt* im Jahre 1840. Als neun Jahre später Heinrich LAUBE neuer Direktor des Wiener Burgtheaters wurde und die GRILLPARZERschen Werke aufführen wollte, lehnte GRILLPARZER ab: „Zu spät". Dem Erzherzog Maximilian gegenüber begründete er seine Meinung: „Meine Jahre nähern sich dem Greisenalter. Ich habe unter der Geistesanfeindung des früheren Systems viel gelitten, und die auftauchende neue Epoche kommt zu spät, als daß sie mir selbst noch Frucht bringen könnte" (zit.n. ROH 1948: 202)

51 Eine ähnliche Einschätzung hatte Adalbert STIFTER seinem Verleger Gustav HECKENAST gegenüber geäußert: „Haben Sie den Briefwechsel Göthes und Schillers gelesen? Wenn nicht, thun Sie es. Wie haben sich diese zwei Männer gegenseitig gehalten und gefördert, wie waren sie sich Säulen gegen die Gemeinheit der zahlreichen Kläffer gegen sie, deren Namen jetzt niemand mehr kennt. Sie und ich, wir sind keine Schiller und Göthe, aber halten und fördern können wir uns auch." (Brief Nr. 326 v. 4.11.1956, zit.n. BLASBERG 1990: 107). Eine ähnliche Rolle hatte Levin SCHÜCKING für Annette von DROSTE-HÜLSHOFF gespielt. Allerdings gibt es auch Gegenbeispiele; so lebten viele Autoren des Biedermeiers eher zurückgezogen und kontaktarm auf dem Land.
Daß sich auch die psychische und physische Nähe von Menschen des jeweils anderen Geschlechts, konkret Wohlbefindungsfaktoren wie das individuelle Liebesleben produktivitätssteigernd wirken können, läßt sich nicht minder durch Beispiele belegen: Geliebte gehen als Romangestalten in die

Auf äußere Faktoren wie beispielsweise Verschuldung und der Zwang, diese mit einem Übermaß an publizistischen Aktivitäten abzubauen, sei hier nur hingewiesen, auch wenn solche Fälle durch namhafte Autoren wie etwa Honoré de BALZAC belegt sind. BALZAC, der als der Begründer des realistischen Romans in Frankreich gilt, und in seinem Lebenswerk *La Comédie Humaine* über 140 Romane unterbringen wollte, von denen er allerdings weniger als 100 fertigstellen konnte, wurde als Mitinhaber einer Druckerei und Schriftsetzerei erst vom Pech und dann von Gläubigern verfolgt, so daß ihm nichts anderes übrig blieb, als immer nur zu schreiben, selbst Kolportagenromane, und es auf eine tägliche Arbeitszeit von 16–20 Stunden brachte. BALZAC, der sich mit Unmengen von Kaffee wach hielt, schrieb jährlich 2.000 Seiten, im Durchschnitt 5,5 Seiten pro Tag, und dies ohne jegliche schöpferische Pause (vgl. RECLAMS Literaturkalender 1957: 40).

4.4.3 Angebotsseitige Produktivitäten und nachfrageseitige Produktanforderungen

An die Stelle eigener Vorstellungen hinsichtlich Produkt und Qualität (publizistischer Anspruch) oder auch zusätzlich dazu können Ziele, Anspruchsnormen oder Erwartungen Dritter treten. In diesen Fällen, in denen Vorgaben 'extern' vorgeschaltet sind, unabhängig davon ob sie „vom Markt“ oder durch hierarchische Organisation des Medienproduktionsprozesses (Redaktion, Art des Medienunternehmen) 'erzwungen' sind, stellen sie (ökonomische) Restriktionen dar. Soweit solche Situationen geeignet sind, unfreiwillige Anpassung notwendig zu machen, kann dies erhebliche Produktivitätsprobleme, letztlich mit Auswirkungen auf die Qualität des publizistischen Outputs erzeugen,

Eine solche Situation ist bei sehr vielen Medien gegeben, die spezifische Kommunikations–Nachfragebedürfnisse befriedigen wie Informationen und aktuelle Nachrichten oder auch kurzweilige Unterhaltungswünsche. Hier werden Produktivitäten in vielen Fällen schlicht vom Produkt bzw. der Nachfrage her determiniert: Aktualität etwa kann sich – im Gegensatz zum eigenbestimmten publizistischen Schaffensprozess – nur in Form eines kontinuierlichen, schnellen und effizienten Produktionsprozesses vollziehen. Ökonomisch effiziente Produktion wiederum, die auf Marktnähe ausgerichtet ist, läßt sich im Regelfall über Spezialisierung und Arbeitsteilung organisieren, was einen entsprechenden Unternehmensaufbau, d.h. vom Produktionsprozess her gesehen, eine 'hierarchische' Ablauforganisation erforderlich macht: Angestellte bzw. freie Mitarbeiter als geistig-kreative oder mehr handwerklich-technisch arbeitende Inputproduzenten, Weiterverarbeiter etwa in Gestalt von Redakteuren und Layoutern sowie Vervielfältigungs- bzw. Verbreitungstechniker auf der letzten Produktionsstufe. All dies kann sich grundsätzlich auf den Grad der Anonymität und die Einbringungsfähigkeit eigener Ansprüche bei der geistig-kreativen Produktivität auswirken, unabhängig von als effizient bewährten organisationssozio-

Literatur ein oder werden in lyrischen Versen verewigt, so z.B. in Eduard MÖRIKEs Geliebte Luise Rau als „Agnes“ in *Maler Nolten*, die MÖRIKEs produktivste Zeiten mitverursacht hatte; vgl. z.B. KILLY.

logischen Managementprinzipien wie z.B. Team–Entscheidungen.[52] Im Ergebnis würde dies eine Beeinträchtigung der oben beschriebenen Produktionsfaktoren für den geistig-kreativen Produktionsprozess bedeuten.

Medienunternehmen, die zumindest von der Organisation her sowohl den geistigen Input–Prozess als auch die technische Vervielfältigung bzw. Verbreitung in sich vereinen, können, soweit sie sich in ihren medialen Angeboten nicht sehr eng spezialisiert haben, dieses potentielle Dilemma durch die Ausnutzung von Verbundvorteilen lösen. Verbundeffekte durch Größe wirken sich hier auf zweierlei Ebenen aus.

Zum ersten: Wenn unterschiedliche Arten von Kommunikation (Information, Bildung, Unterhaltung) verschiedene Verlaufsmuster von Produktivität zeitigen (Informationsverarbeitung in Form von Kurznachrichten versus Kreation eines Essay) und sich die publizistischen (End-)Produkte in einem inhaltlichen Mix hinsichtlich dieser Kommunikationsarten präsentieren, können sich unterschiedliche Produktivitätsrisiken umso eher ausgleichen, je variabler in der anteiligen Zusammensetzung der inhaltliche Mix der publizistischen Produkte ausfallen kann.

Zum zweiten wird aber auch innerhalb einer einzigen Kommunikationsproduktionssparte (Beispiel „Redaktion") aufgrund persönlich-psychischer Produktivitätsunterschiede der Einsatz von jeweils mehreren Kommunikatoren erforderlich, wenn die Marktnachfrage eine kontinuierlich schnellere Produktion notwendig macht. D.h., mit zunehmender Größe des mengenmäßigen Einsatzes von Inputfaktoren lassen sich die Risiken von auf feste Zeitpunkte hin schwer planbaren Produktivitäten auch innerhalb einer Redaktion besser streuen, konkret ökonomisch kalkulieren (Portfolio–Effekt). Ein Medienunternehmen wie *DIE ZEIT* streut ihre Produktivitätsrisiken, soweit sie durch innere Befindlichkeiten und Interessenslagen ihrer Autoren bedingt sind, durch eine weitere Variante: Die Wochenzeitung hat, von dem Umstand abgesehen, daß freie Mitarbeiter und gelegentliche Zulieferer das Blatt in einem sehr hohen Maße mitgestalten, neben festangestellten Redakteuren sog. Pauschalisten unter Vertrag, unter denen sich auch „Edelfedern" befinden, die je nach Muße und/oder kreativem Bedürfnis produzieren. Für ihre Inputproduktion erhalten sie ein vereinbartes Pauschalentgelt, ohne dafür eine bestimmte Mindestmengenverpflichtung einzugehen.[53]

Durch diesen zweidimensionalen, sprich inter- und intraredaktionellen Verbund (Produktmix, Risikostreuung) läßt sich ein von der Nachfrageseite ausgehender ho-

52 Darüber hinaus haben sich, völlig unabhängig von der hier untersuchten Branche der Medien mit ihrem hohen geistig-kreativen Inputanteil, sog. Kreativitätstechniken, also Ideenfindungsmethoden bzw. Problemlösungstechniken entwickelt, die heute eine eigene Forschungsrichtung in der Organisations- und Arbeitspsychologie darstellen. Den zunehmenden Fremdbestimmungsgrad oder auch „Entfremdungsprozess" der publizistisch-medialen Produktion wurde bereits 1922 vom Verein für Socialpolitik thematisiert, als sich die deutschsprachige Ökonomenwelt mit den „geistigen Arbeitern" beschäftigt hatte: Der größte Teil heutiger Autorentätigkeit fordert „Verzicht oder doch Beschränkung des Persönlichen, verlangt Unterordnung unter einen anderen Willen oder Eingliederung in eine oft wesensfremde Kollektivität. Dadurch wird die Tätigkeit des Schriftstellers, wenn auch unter Berücksichtigung gewisser gesellschaftlicher Formen, der Arbeit des Angestellten in der Industrie angenähert, etwa dem wissenschaftlichen Chemiker in einem Fabriklaboratorium. Diese Entwicklung ist noch nicht ausgereift, aber die Tendenz ist sehr lebendig und kraftvoll" (BRAUN 1922: 23).

53 Bei der *ZEIT* entfällt auf vier festangestellte Redakteure ein Pauschalist (1992: 193 Redakteure, 46 Pauschalisten); vgl. LUDWIG 1996 b: 292 f.

her Anpassungsdruck angebotsseitig auf individueller Ebene durch Gewährung vergleichsweise hoher Selbstbestimmungsgrade für die geistig-kreativen Inputproduzenten wieder weitgehend auflösen. Die relevanten Produktionsfaktoren (innere Befindlichkeiten und eigene Ziele) werden damit nicht mehr so stark negativ tangiert. Dieses Lösungspotential steht und fällt aber mit dem Umfang der möglichen economies of scope, die sich allerdings (nur) als Funktion der inhaltlichen Breite der medialen Angebotspalette ergeben.[54]

4.4.4 Produktivitätsziffern

Wie unterschiedlich Produktivitätsziffern zwischen mehr „handwerklicher Schriftstellerei" und „intuitiver Produktivität" (MAHRHOLZ, s.o.) bei mehr selbstbestimmten publizistischen Aktivitäten ausfallen können, hat ENGELSING (1976: 438 f.) am Beispiel von Theodor FONTANE rekonstruiert. FONTANE, der 1870 im Alter von 51 Jahren bei der *Kreuz–Zeitung* gekündigt hatte, um sich nunmehr völlig selbstbestimmt eigenen publizistischen Projekten widmen zu können, hatte sich die ersten zehn Jahre seiner Selbständigkeit neben dem dritten Teil seiner *Wanderungen durch die Mark Brandenburg* und seiner regelmäßigen Tätigkeit als Theaterkritiker für die *Vossische Zeitung* auf zeitgeschichtliche Themen[55] kapriziert, die mehr „dokumentarisch-journalistischen Produktions"–Charakter (ENGELSING 1976: 439) hatten. Erst 1878, im Alter von 58 Jahren, schrieb FONTANE seinen ersten Roman (*Vor dem Sturm*) und wechselte damit zur „dichterisch-romanhaften" Produktion (ENGELSING a.a.O.) über, die sich in veränderten Produktivitätsziffern niederschlagen mußte. In Tab. 4.4.4 [1] sind die Größenordnungen wiedergegeben, wobei als Meßziffer das absolute und prozentuale Verhältnis des schriftlich zu Papier gebrachten Outputs fungiert. Zusätzlich wurden die Daten mit einigen erklärenden Anmerkungen zum publizistischen Schaffensprozess von Theodor FONTANE ergänzt

So wie sich im Beispiel FONTANE unterschiedliche Produktivitätsziffern in Abhängigkeit vom publizistischen Produkt darstellen lassen, kann man solche Betrachtungen auch innerhalb der mehr handwerklich-journalistischen Produktion differenzieren. Vergleicht man unter diesem Aspekt mehr auf Aktualität focussierte und auf Chronistenpflichten bedachte Tageszeitungen mit einer mehr hintergründig berichtenden bzw. kommentierenden Wochenzeitung oder einem wöchentlichen Informationsmagazin, das den Anspruch auf investigative Berichterstattung erhebt, so kommen auch hier recht unterschiedliche Produktivitäten heraus, die einerseits mit

54 Theodor FONTANE hatte diesen Zusammenhang so erkannt, daß ein Zeitschriftenunternehmen mit vielen Zuarbeitern in einer wesentlich besseren Lage ist, etwa bei der Auswahl angebotener Inputs aber auch der regelmäßigen Verfügbarkeit bzw. Reproduzierbarkeit von Stoffen als ein einzelner freier Autor. Ohne diesen ökonomischen Portfolioeffekt so zu formulieren, hatte FONTANE dies in einem Brief an den Herausgeber der *Deutschen Rundschau*, Julius RODENBERG, der mehrere Novellen, Erzählungen u. Romane von FONTANE publiziert hatte, folgendermaßen beschrieben: „Es ist nicht gleichgültig für mich, ob ich die 'Rundschau' habe, aber es ist absolut gleichgültig für die 'Rundschau', ob sie mich hat" (FONTANE 1969: 23, zit. n. WINCKLER 1986: 91).

55 1879/71: *Der deutsche Krieg von 1866*, 2 Bde.; 1871: *Kriegsgefangen; Aus den Tagen der Occupation. Walter Scott*; 1872: *Willibald Alexis*; 1873: *Der Krieg gegen Frankreich 1870–1871*, 2 Bde.

der Dichte der Periodizität, andererseits aber auch mit dem Produkt selbst zusammenhängen: auf der einen Seite ein (bunter) Mix aus aktueller Nachrichtenvermittlung, Informations- und Serviceangeboten sowie auch unterhaltenden Elementen (Rätselecke usw.), dessen tägliches Zustandekommen unter einem sehr hohen Zeitdruck steht. Auf der anderen Seite im Wochenabstand kommentierende Meinungsbildung bzw. hintergründig und ausführlich recherchierte Nachrichten, „stories" und auch kontemplativere Betrachtungen, die weniger aufgrund von aktuellem Berichterstattungsdruck zustande kommen als mehr von kreativen Ideen und sinnierenden Überlegungen geprägt sind (vgl. Tab. 4.4.4 [2]).

Übersicht 4.4.4 [1]: Produktivitätsziffern zum geistig-kreativen Schaffensprozess von Theodor FONTANE

Alter	Zeitraum	Umfang in Seiten	in %	Anmerkungen
31–40	1850–59	1.500	9%	Gedichte, Belletristrik; Korrespondent in London
41–50	1860–69	2.500	15%	Redakteur/*Kreuz–Zeitung, Wanderungen I u. II,* zeitgesch. Veröffentlichungen
51–60	1870–79	5.600	35%	zeitgeschich. Themen, ab 1876 Wechsel von der „dok.-journ. Produktion zur dichterisch-romanhaften"
61–70	1880–89	3.000	18%	nunmehr Produktion von Novellen, Erzählungen u. Romanen
71–80	1890–98	3.600	22%	
	49 Jahre	16.200	100%	

Quelle: ENGELSING 1976: 438 f.; ergänzt mit Angaben zum publizistischen Schaffen

Lokalredakteure gehören zu jenen Journalisten, die rein quantitativ betrachtet am meisten „produzieren" müssen: täglich zwischen einer halben und zweieinhalb Seiten. Dies betrifft das Abfassen eigener Beiträge sowie die Redaktion von Fremdbeiträgen, die t.w. bis zu 70% der letztlich gedruckten Textmenge ausmachen können.[56] Weit weniger mengenorientiert produzieren beispielsweise Redakteure des politischen Teils einer Zeitung (publizistisch selbständige Einheit). Sehr deutlich werden die Unterschiede zwischen einer Tages- und einer Wochenzeitung, in diesem Fall der *ZEIT*: Ein *ZEIT*–Redakteur (des Zeitungsteils; ohne *ZEITmagazin* gerechnet) produziert im Jahresdurchschnitt nur 14% des Volumens eines Tageszeitungsjournalisten und noch geringer fällt dieser Wert mit 11% bei einem *SPIEGEL–*

56 Die hiesigen Daten stellen Erfahrungswerte dar, die der Verfasser im Rahmen seiner Tätigkeit als wiss. Mit. des Studiengangs Journalisten–Weiterbildung am Inst. f. Publizistik- u. Kommunikationswissenschaften der FU Berlin aufgrund vieler Gespräche und Diskussionen mit Lokalredakteuren der unterschiedlichsten Zeitungen aus ganz Deutschland im Zeitraum von 1992–1996 machen konnte.

Redaktionsangestellten aus.[57] In Seiten ausgedrückt, wobei man allerdings das unterschiedliche Format in Rechnung stellen muß, sind dies bei der Wochenzeitung *ZEIT* 11 redaktionelle Seiten im Jahr, bei der Berliner Tageszeitung *Tagesspiegel* 78 Seiten und bei regionalen Tageszeitungen kann dieser Wert bis zu 550 Seiten reichen. Ein *SPIEGEL*–Redakteur bringt es auf knapp 30 *SPIEGEL*–Seiten (ohne Anzeigen).

Tab. 4.4.4 [2]: Publizistische Produktivitäten bei periodisch erscheinenden Printmedien: jährliches Textvolumen pro Redakteur/Journalist in gedruckten Anschlägen (Daten für 1992)

	Anzahl der red. Seiten	Anzahl der Redakteure	Anschlags-volumen	Anschlagsvolumen pro Redakteur
Tageszeitung *Der Tagesspiegel*	8.144	105	235 Mio.	2,2 Mio.
Wochenzeitung *DIE ZEIT* (ohne Magazin)	2.363	214	66 Mio.	309.000
DER SPIEGEL	7.249	246	61 Mio.	248.000

Anmerkungen: Die Daten zum „Textvolumen" beziehen sich aus Gründen der besseren Vergleichbarkeit nicht ausschließlich auf die Textproduktion, sondern beinhalten auch das Layout, dessen Betreuung bei vielen Redakteuren, insbesondere bei Zeitungen, in deren Zuständigkeit fällt: Die Zahlen geben damit das Maximum der möglichen Inputproduktion bei gegebenen Formaten und Satzspiegeln an. Ebenfalls konnte hier nicht in die Produktion von festangestellten Redakteuren und freien Mitarbeitern unterschieden werden, wobei auch die Zulieferungen von außen wiederum von Redakteuren redigiert werden.[58]

Aus den bisherigen Vergleichen wird die Unterschiedlichkeit von produktionsbedingten Produktivitäten deutlich, die sich vor allem als Funktion dreier Variablen einstellen: publizistisches Konzept, dessen qualitative Umsetzung und Periodizität. Alle drei Variablen schlagen zwangsläufig auf die Ökonomie des jeweiligen Mediums durch.[59]

57 In Seiten ausgedrückt, wobei man allerdings das unterschiedliche Format in Rechnung stellen muß, sind dies bei der Wochenzeitung *ZEIT* 11 redaktionelle Seiten im Jahr, bei der Berliner Tageszeitung *Tagesspiegel* 78 Seiten und bei regionalen Tageszeitungen kann dieser Wert bis zu 550 Seiten reichen. Ein *SPIEGEL*–Redakteur bringt es auf knapp 30 *SPIEGEL*–Seiten (ohne Anzeigen).

58 Genauere Analysen müssen des quantitativen Ermittlungsaufwands wegen aber auch aus qualitativen Gründen (Abgrenzungskriterien- bzw. Variablensuche für die unterschiedlichen Produktivitätszusammenhänge) eigenen Untersuchungen vorbehalten bleiben. Im Zusammenhang mit der Diskussion um publizistische Qualität und Qualitätssicherung sowie der Forderung nach mehr redaktionellem Marketing machen die obigen Überlegungen die Relevanz solcher Analysen deutlich, um auf der einen Seite die Effizienz des Input–Produktionsprozesses zu verbessern, diese aber auf der anderen Seite unter realistischer Berücksichtigung unterschiedlicher Produktivitätspotentiale optimieren zu können. M.W. sind solche Untersuchungen bisher nicht in nennenswertem Umfang durchgeführt worden.

59 Für den künstlerischen Bereich hat RIEMANN eine grobe Betrachtung am Beispiel Ludwig van BEETHOVEN durchgeführt, indem er das völlig andere Werkverständnis des Musikers im Vergleich zu MOZART oder HAYDN analysiert: „In den älteren Epochen waren die verschiedenen Fassungen eines Kunstwerks nicht Stufen eines langwierigen Reifeprozesses, sondern Anpassungen an

Wie unabhängig von allen Anpassungen an Nachfrageerwartungen und ökonomischen Arrangements dazu literarisch-publizistische Produktion und Produktivität ausfallen können, wenn man sich dies als Kommunikator finanziell 'leisten' kann, hatte GOETHE vorgelebt. Der weimarische Staatsrat hatte mit dem Abfassen und Niederschreiben von drei seiner bedeutendsten und ihm persönlich wichtigen Werken bzw. Sujets insgesamt 60 Jahre verbracht, und zwar mit dem „Faust", der als *Urfaust*, als *Faust I* und *II* existiert, mit seinem *Wilhelm Meister*, der ebenfalls in drei Ausgaben überliefert ist (*Wilhelm Meisters theatralische Sendung, Lehrjahre, Wanderjahre*) und mit seinem Schauspiel *Iphigenie*. Abb. 4.4.4 [3] rekonstruiert die Produktionsdauer dieser Werke im Zusammenhang mit GOETHEs Lebenslauf.

Vergleicht man den zeitlichen Aufwand mit dem publizistisch-ökonomischen Ergebnis gemessen an der Auflagenhöhe, so stehen der insgesamt etwa vierjährigen Produktionsdauer der *Iphigenie* ein Absatz von zunächst 312 Exemplaren gegenüber, die Auflagenhöhen der Gesamtausgaben nicht mitgerechnet. In sein Projekt *Wilhelm Meister* (*W.M- theatralische Sendung, W.M. Lehrjahre; W.M. Wanderjahre*) hatte GOETHE insgesamt 38 Jahre investiert. Die genaue Auflagenhöhe der Einzelausgaben zu GOETHEs Lebzeiten ist nicht bekannt, dürfte aber mit an Sicherheit grenzender Wahrscheinlichkeit nicht mehr als 5.000 Exemplare betragen haben. Mit dem *Faust* hat sich der Dichter 20 Jahre (Ausreifungs-)Zeit gelassen. Auflagenhöhe (wiederum ohne Gesamtausgaben) zu Lebzeiten: 7.600 Exemplare. Setzt man den (Zeit-)Aufwand ins Verhältnis zur ökonomischen Ertragsgröße Honorareinkommen, so fällt das Ergebnis noch drastischer aus: An Einzelausgaben bekam GOETHE immer nur vereinzelt Werke honoriert, für die hier betrachteten Titel nur *Wilhelms Meisters Wanderjahre*, Bd. 1. Alle anderen Produktionen wurden immer (nur) im Rahmen von Gesamtausgaben entlohnt.

Rechnet man das Honorarvolumen der ersten drei Werkausgaben (1787–90 bei GÖSCHEN, 1806-10 sowie 1815–1819 bei COTTA) anteilig nach Umfang gerechnet auf die drei Projekte um (vgl. Tab. 4.4.4 [4]); so läßt sich erkennen, daß GOETHE vom alleinigen Schreiben dieser wichtigen Werke der Weltliteratur nur ein sehr mageres Leben hätte führen können - ökonomisch gesehen war seine „Produktivität" zu gering: Mit dem (anteiligen) Volumen des *Faust*-Honorars hatte GOETHE über die Jahre der Produktion gerechnet (inkl. *Urfaust*) ein Jahreseinkommen von 73 Thalern erzielt, mit der *Iphigenie* brachte er es auf 119 Thaler jährlich, mit seinem *Wilhelm-Meister*-Projekt (*W.M. theatralische Sendung, W.M. Lehrjahre*) auf 231 Thaler im Jahr. Im statistischen Mittel dieser drei Projekte hatte GOETHE daraus ein Jahreseinkommen von 89 Thalern - weniger als das Existenzminimum, das damals bei 100 Th gelegen hatte.

---

den Gebrauchszweck. Es gab nicht die einmalige, letztgültige Werkgestalt, sondern die verschiedenen Fassungen und Bearbeitungen standen mehr oder weniger gleichberechtigt nebeneinander. Mit seinem langen Ausreifenlassen sagte Beethoven sich von der älteren Kompositionspraxis und damit von der Massenproduktion der älteren Zeit los." (RIEMANN I 1959: 127 f.) - so hatte er 'nur' 9 Symphonien komponiert, während HAYDN es auf 100 und MOZART auf 48 brachten. An Streichquartetten hatte BEETHOVEN 16 an der Zahl kreiert, HAYDN 77 und MOZART 26. Die von RIEMANN genannten Kategorien „Gebrauchszweck"–Orientierung bzw. „Ausreifen" eines Produktionsvorgangs stellen auch beim publizistischen Produktionsprozess die beiden Extreme dar, innerhalb derer sich Kommunikation über Medien abspielen kann.

Abb. 4.4.4 [3]: J.W. GOETHE: Produktionsphasen und Produktivitäten seiner Projekte *Faust*, *Wilhelm Meister* und *Iphigenie*

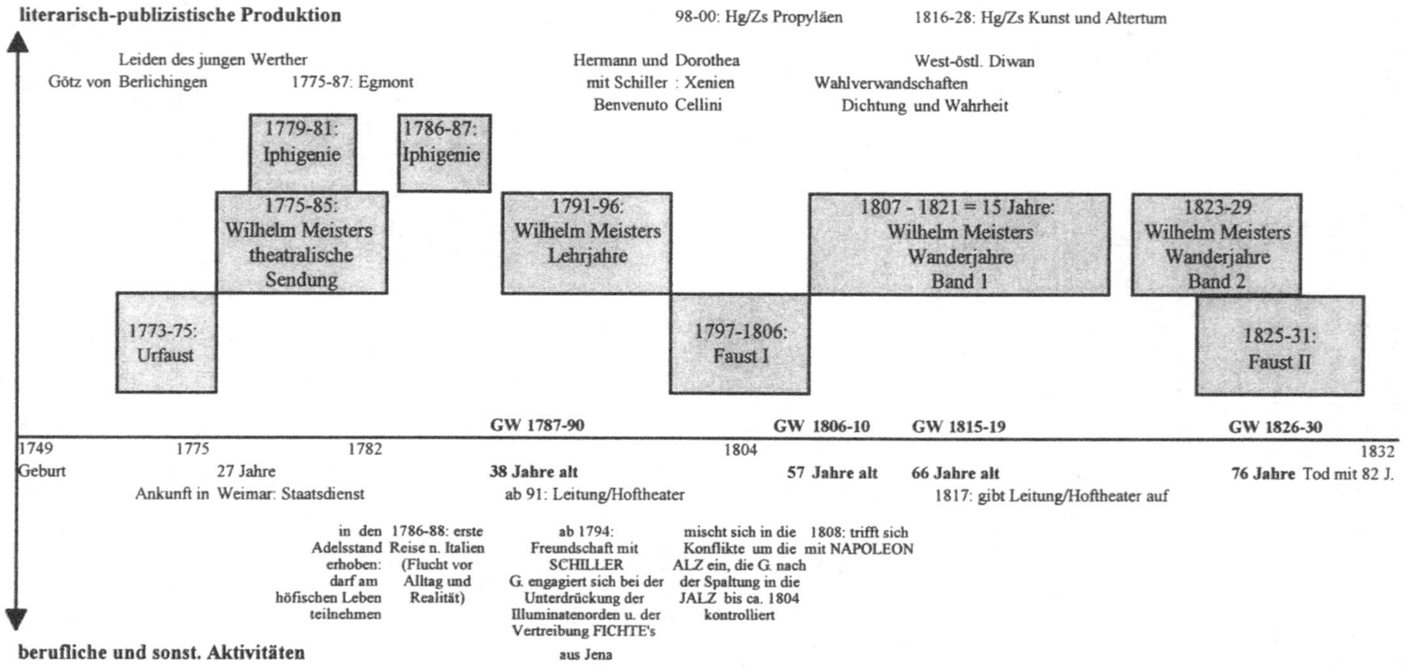

Legende: GW = Gesammelte Werke/Gesamtausgabe; Zs = Zeitschrift; ALZ = Allgemeine Literaturzeitung, Jena; JALZ = Jenaer Allgemeine Literaturzeitung

Tab. 4.4.4 [4]: J. W. GOETHE: Ökonomisches Ergebnis seiner Projekte *Faust*, *Wilhelm Meister* und *Iphigenie*

	Produktions-zeit (Jahre)	GW 1787-90		GW 1806-10		GW 1815-19		kumulierte Honorare	kum. Honorare/ Produktionszeit in Jahren
		Umfang in Seiten u. %	anteiliges Honorar	Umfang in Seiten u. %	anteiliges Honorar	Umfang in Seiten u. %	anteiliges Honorar		
Faust (I)	13	168/6,45%	129 Th	209/4,07%	407 Th	209/2,55%	408 Th	944 Th	73 Th
W. Meisters Lehrjahre	17	.	.	994/19,37%	1.937 Th	994/12,44%	1.990 Th	3.927 Th	231 Th
Iphigenie	4	136/5,22%	104 Th	94/1,83%	183 Th	94/1,18%	188 Th	475 Th	119 Th
Umfang in Bänden		8		13		20			
Umfang in Druckseiten		2.604		5.131		7.988			
Gesamthonorar			2.000 Th		10.000 Th		16.000 Th		

Legende: Die Daten beziehen sich auf die ersten drei Gesamtausgaben (1787-90 bei GOSCHEN, 1806-10 sowie 1815-19 bei COTTA).
GOETHEs Projekt *Faust* wird hier mit *Faust I* sowie dem *Urfaust*, *Wilhelm Meisters Lehrjahre* inkl. dem Vorprojekt *W.M. theatralische Sendung* betrachtet.
Die Daten zum jeweiligen Werkumfang wurden anhand der Originalausgaben zusammengestellt,
die Angaben zu den Honoraren den bereits erwähnten Quellen entnommen (z.B. HAGEN 1983).

Das Beispiel GOETHEscher Produktivitätsziffern ist ein Extrem. Ein Extrem auf der anderen Seite, ein Medium unter regelmäßigem Erscheinungs- und Anpassungsdruck hinsichtlich der Nachfragewünsche, war in den 50er Jahren unseres Jahrhunderts beispielsweise die Zeitschrift *Revue* mit einem Fortsetzungsroman, der die Leser–Blatt–Bindung der Zeitschrift festigte und den Titel trug *Der Arzt von Stalingrad*. Der Name des Autors lautete Heinz GÜNTHER, heute besser bekannt unter dem Pseudonym Heinz G. KONSALIK. Zwischen diesen beiden gegensätzlichen Situationen liegt der weite Bereich publizistischer Lebensrealitäten und die damit verbundenen ökonomischen Produktivitätsprobleme.

4.5 Inhomogenitätsgrade, Transparenz- und Akzeptanzprobleme

Publizistische Produkte können in größerem Maße durch Einzigartigkeit, also durch einen hohen Grad an Inhomogenität gekennzeichnet sein. Aus dieser Eigenschaft kann sich ein Anschlußproblem ergeben, wenn zum einen Inhomogenitätsgrade hoch ausfallen und zum anderen dies bei vielen Produkten der Fall ist: Ein großes Angebot inhomogener Güter beeinträchtigt auf Seiten der Nachfrager die Markt–Transparenz. Dieses Anschlußproblem kann sich weiter fortsetzen: Wenn es einem Kommunikator bzw. Medienunternehmer nicht gelingt, das Intransparenzproblem durch einen hohen Transparenz- und Akzeptanzaufwand etwa mittels Werbung und Marketingmaßnahmen zu reduzieren, steht er möglicherweise vor dem ökonomischen Grundproblem, daß sich sein Produkt aufgrund (zu) geringen Absatzes nicht rechnen läßt. Dieser Mechanismus läßt sich mit einem „Teufelskreis" vergleichen: Ein hoher Transparenz- und Akzeptanzaufwand läßt sich nur mit entsprechendem Mitteleinsatz realisieren, der seinerseits eine ausreichend hohe Nachfrage und/oder Zahlungsbereitschaft bereits voraussetzt. Inhomogenität und mangelnde Transparenz können somit zu einer Marktversagenssituation führen, wenn publizistische Produkte nicht (mehr) angeboten werden (können).

Inhomogenität bzw. Homogenität variieren im Bereich der Medien von Produkt zu Produkt ganz erheblich. Auf der einen Seite stehen mit einem Inhomogenitätsgrad von 100% literarisch-publizistische Produkte, beispielsweise in Buchform, auf der anderen Seite der Spannbreite stark gebrauchs(wert)orientierte Produkte wie Anzeigenblätter oder eine bestimmte Kategorie von Programmzeitschriften mit einem Inhomogenitätsgrad von nahe Null Prozent. Dazwischen rangiert die breite Palette unterschiedlichster medialer Angebote. Je homogener die einzelnen Produkte bzw. Märkte, desto größer die Wahrscheinlichkeit für Transparenz.

4.5.1 Inhomogenität und Substitutionsbeziehungen

Ökonomisch meßbar ist die Inhomogenität bzw. Homogenität von Gütern am Grad der potentiellen gegenseitigen Austauschbarkeit bzw. der damit möglichen Ersatzfunktion und/oder auch anhand der sog. Kreuzpreiselastizität der Nachfrage.[60] Entscheidend für die Frage, inwieweit bestimmte Produkte untereinander 'ebenbürtig' sind, ist auf freien Märkten mit konkurrierenden Alternativen die Einschätzung, d.h. die subjektive Wahrnehmung der Nachfrager bzw. der Rezipienten. Informationen und quantifizierbare Daten über solche Austauschbarkeitsbeziehungen existieren allerdings nur in sehr eingeschränktem Umfang.

Für den Bereich der künstlerisch-publizistischen Literatur dürfte die Originalität und Einzigartigkeit unbestritten sein. Dennoch ist es denkbar, daß aus Sicht eines literarisch nicht versierten Buchkäufers ein GOETHE-Titel mit Johannes Mario SIMMELs *Es muß nicht immer Kaviar sein* konkurriert: Für den Kaufentscheid können weniger ästhetische und/oder literarisch-qualitative Ansprüche von Bedeutung sein als eher gebrauchswertorientierte Kriterien (Buch zum Repräsentieren, Rezepte des SIMMEL-Protagonisten Thomas Lieffen u.a.m.).

Bei sog. niederer Literatur bzw. Trivialliteratur wird die Einschätzung schon schwieriger: Den Inhomogenitätsgrad von unterhaltender Literatur kann man etwa an der Funktion des grundsätzlich Unterhalten-Werdens messen, aber auch an bestimmten Ausgestaltungsformen, die beispielsweise auf ein bestimmtes Genre abstellen. Allerdings: Krimi–Fans bevorzugen häufig entweder ein bestimmtes Sujet, unabhängig von der Autorenschaft, andere sind Fans und Rezipienten bestimmter Autoren. Selbst bei sog. Groschenromanen („Heftromane“) wissen die medialen Hersteller, daß unterschiedliche Gattungen wie Arzt- oder Berg/Heimatromane unterschiedliche Marktpotentiale darstellen. So ermittelte etwa die ROMA 1990 in den relevanten Gattungen[61] („Angebotssegmente“) insgesamt 107 „Serien“ mit einer monatlichen Gesamtauflage von rd. 7 Mio. verkauften Exemplaren.[62] Innerhalb einer Gattung sind die einzelnen inhaltlich in sich jeweils abgeschlossenen Romane (meist 64 Seiten) weitgehend homogen, mit einer anderen Gattung indes nicht ohne weiteres vergleichbar oder austauschbar. Je enger die Leser–Gattungs–Bindung, je regelmäßiger die periodische Erscheinungsweise und je habitueller das Kauf- und Nutzungs-

---

60 Im Gegensatz zur Preiselastizität der Nachfrage, die die relative Abhängigkeit einer Nachfrageveränderung hinsichtlich der Menge als abhängige Variable einer exogen unabhängigen Preisänderung mißt, und zwar am Beispiel ein- und desselben Gutes, stellt die Kreuzpreiselastizität grundsätzlich auf dasselbe Abhängigkeitsverhältnis von Preis- und Nachfragenmengenänderung ab, mißt aber die konkreten Auswirkungen der Preisveränderung eines bestimmten Gutes auf das Nachfrageverhalten eines anderen Gutes, um auf diesem Weg Aussagen über die gegenseitigen Beziehungen zweier Güter machen zu können: z.B. Ersatz- oder Komplementärprodukt versus völlig anderes Produkt mit hohem Inhomogenitätsgrad.

61 Die medialen Hersteller bezeichnen ihre publizistischen Produkte als Markenartikel. Diese werden unterschieden in a) Frauenromane mit den Gattungen „Liebe“, „Berg/Heimat“, „Arzt“ und in b) Männerromane mit den Sujets „Western/Abenteuer“, „Kriminal“, „Grusel“ und „Science Fiction“; vgl. ROMA 1990: Dichtung–Wahrheit: 7. Die ROMA stellt eine Arbeitsgemeinschaft der marktführenden Verlage Bastei (Unternehmensgruppe Lübbe), CORA (Axel–Springer–Konzern), Martin Kelter und der Verlagsunion Pabel–Moewig (Heinrich–Bauer–Gruppe) dar, die regelmäßig Marktforschung und breitflächig angelegte Copytests durchführen läßt. Stark in diese Forschung engagiert ist auch der bekannte Soziologe Walter NUTZ, der zusammen mit Alphons SILBERMANN die Zeitschrift *Communications* herausgibt, und selbst vielfache Untersuchungen zur Popularkultur durchführt; vgl. z.B. NUTZ/SCHLÖGELL 1991.

62 Diese Zahl beinhaltet aufgrund der deutsch-deutschen Wiedervereinigung einen Nachholeffekt. 1997 hat sich das Auflagenvolumen wieder normalisiert und liegt lt. Auskunft des Bastei–Verlages v. 9.1.97 bei 4,960 Mio. verk. Ex. monatlich.

verhalten (vgl. NUTZ/SCHLÖGELL 1991: 145 ff.) ausfällt, umso weniger stellt sich ein Intransparenzproblem.

Bei Sachbüchern und hier etwa bei Kochbüchern, die scheinbar ein gleiches Kommunikationsinteresse bedienen (Anleitung zum Kochen), wird die Einschätzung noch diffiziler, von dem Umstand abgesehen, daß es – im Gegensatz zum Markt für Heftromane – keinerlei Mediadaten gibt. Dazu fallen bereits die möglichen Nutzungen zu unterschiedlich aus. Kochbücher lassen sich – etwa im Gegensatz zu einem weitestgehend homogenen Produkt wie Zahncreme – zum Zweck eines rein optischen Genusses (Freude an Fotos, Rezeptbeschreibungen), aber auch umgesetzten kulinarischen Genusses nutzen. Ebenso kann man Kochbücher als Geschenk verwenden. Aber auch hinsichtlich der Autorenschaft können sich diese Bücher unterscheiden: Der eine steht auf den Produkten des bekannten Marktführers,[63] ein anderer Nachfrager auf Küchen bestimmter Nationalitäten oder auf den Kochkünsten von prominenten „VIP"s.[64] Auch reine Sammler solcher geschmackvoll zubereiteten Hochglanzpublikationen soll es geben. Der jeweilige (In-)Homogenitätsgrad hängt daher von den individuellen Interessen ab, und davon abhängig kann sich für potentielle Anbieter ein Transparenz- und anschließendes Folgeproblem in Form von unzureichender Akzeptanz ergeben.

Die Überlegungen sind auf andere Sachgebiete übertragbar, wobei das Thema Kochen eine Kommunikation mit potentiell hohem Gebrauchswert darstellt. Sachbücher über Themenbereiche, die – aus Rezipientensicht – weiter weg von alltäglichen Sachproblemen 'entfernt' sind wie zeitgeschichtliche Fragen oder Probleme der Wohnungspolitik, zeichnen sich in der Regel durch einen geringeren Grad an unmittelbarer Gebrauchsnutzung aus und sind schon deshalb, unabhängig von ihrer Originalität, einer wesentlich geringeren Markttransparenz ausgesetzt. Die nichtperiodische Erscheinungsweise verstärkt dieses Problem.

Periodisch erscheinende Produkte haben demgegenüber einen Vorteil: Aufgrund der Regelmäßigkeit des Angebots ist die Wahrscheinlichkeit, auf ein bestimmtes Produkt aufmerksam zu werden, zumindest in den Fällen größer, in denen Periodika auf relevanten „Märkten", d.h. hier Verkaufsörtlichkeiten („point of sales") wie beispielsweise auf der Ladentheke eines Zeitungs- und Zeitschriftenkiosks regelmäßig präsent sind. Bücher werden entweder aufgrund von Mund–zu–Mund–Propaganda und Rezensionen verkauft oder aber, weil sie gerade augenfällig auf dem Büchertisch einer Buchhandlung liegen. Was nicht empfohlen bzw. rezensiert wird und/oder nicht auf dem Ladentisch liegt, wird nicht gekauft, weil bereits die Kenntnis über die Existenz gleich Null ist.

Dennoch sind auch im Bereich der periodischen Kommunikation Differenzierungen notwendig. Fachzeitschriften und sog. special interests kursieren üblicherweise in den jeweiligen Berufsgruppen bzw. Interessentenkreisen, die sich räumlich oft weit verteilen, weswegen sie überwiegend über das Postsystem distribuiert werden

63 Verlag Gräfe und Unzer, München; Marken- bzw. Erkennungszeichen: „GU". Wem dieses Kürzel bzw. der Verlagsname nicht geläufig war, hat eine erste Dimension des Transparenzproblems kennengelernt: „GU"–Kochbücher liegen in der kleinsten Buchhandlung aus!

64 So z.B. das Buch des Fernsehmoderators Alfred BIOLEK (1994): Meine besten Rezepte. München (Zabert Sandmann), von dem in 1 ½ Jahren rd. 700.000 Ex. verkauft wurden; vgl. *Tagesspiegel* v. 7.10.1996.

und nicht im Einzelhandel präsent sind. Regionale Tageszeitungen können sich in Abhängigkeit ihrer inhaltlichen Gestaltung (publizistische Einheit, Werbe- und Anzeigenverbund, Kooperation bei der Sportberichterstattung usw.) mehr oder weniger in ihrem Homogenitätsgrad unterscheiden, sind aber zumindest in der Lokalberichterstattung inhomogen. Aufgrund der räumlichen Begrenzung der relevanten Einzugs- bzw. Absatzgebiete, genauer, der Weite der räumlich relevanten Kommunikation, stellt sich ein Transparenzproblem meist nicht. 'Blätter' wie *DER SPIEGEL*, *stern*, *Focus* oder *DIE ZEIT* sind entweder aufgrund ihrer langen Marktpräsenz bekannt oder aufgrund hoher Reichweite.[65] Was die Austauschbarkeit, einschränkender die (In-)Homogenitätseigenschaften anbelangt, so geben Daten zur Reichweite bzw. deren externer Überschneidung einen Anhaltspunkt zumindest zu Komplementärfunktionen eines Mediums.

So lag 1994 z.B. die Reichweite des *SPIEGELs* bei 6,41 Mio., jene von *Focus* bei 3,33 Mio. Lesern. Die externe Überschneidung betrug 1,03 Mio. Leser, was im Ergebnis bedeutet, daß 16% der *SPIEGEL*-Rezipienten zusätzlich Focus konsumieren und umgekehrt 31% der *Focus*-Nutzer den *SPIEGEL* in die Hand nehmen (MA 1994). Über die genauen Motive der Doppelnutzung zweier Nachrichtenmagazine, die aufgrund ihres inhaltlichen Konzeptes und ihrer optischen Aufbereitung zwei unterschiedliche Märkte bedienen, weiß man nichts.[66]

Für *DIE ZEIT* haben BRÜNE/HAMMANN/KLEINALTENKAMP 1987 genaue Daten und Informationen erfragt. Nach ihren empirischen Untersuchungen nutzen 50% der *ZEIT*-Leser gleichzeitig den *SPIEGEL* – *DIE ZEIT* kommentiert das große Weltgeschehen, *DER SPIEGEL* präsentiert die Fakten. Da BRÜNE et al eine genauere Marktabgrenzung des Produktes *DIE ZEIT* vornehmen wollten, unterschieden sie in „Käufer von Zeit zu Zeit" und in „heavy user", um mögliche Konkurrenz- bzw. Komplementärbeziehungen auszuloten. Die Ergebnisse fallen für beide Rezipientengruppen t.w. sehr verschieden aus: Für Gelegenheitsnutzer hat *DIE ZEIT* einen erheblich größeren Homogenitäts- bzw. genauer Substititionsgrad mit anderen Blättern, als für die typischen *ZEIT*-Rezipienten. „Von Zeit-zu-Zeit-Käufer" sehen vor allem in der *Frankfurter Rundschau*, im *SPIEGEL* und in der *FAZ* ein Substitut zur *ZEIT* (BRÜNE et al 1987: 46). Von den „heavy user" sehen 68% potentielle Alternativen, und zwar in der *Welt*, *SPIEGEL*, *FAZ* und *SZ*; 32% sehen zur *ZEIT* überhaupt kein vergleichbares Produkt (a.a.O.: 50, 54). Interessanterweise konkurrieren unterschiedliche Medien wie überregionale Tageszeitungen oder auch ein wöchentlich erscheinendes Nachrichtenmagazin mit der Wochenzeitung und weniger artverwandte Wochenblätter (z.B. *Rheinischer Merkur, Sonntagsblatt*), was in diesem Fall

---

65 Dies betrifft z.B. das „moderne Nachrichtenmagazin" *Focus*, das seit Anfang 1993 auf dem Markt ist und mittels massiver Marketingmaßnahmen schnell auf hohe Absatzzahlen kam. Schon aufgrund dieses beachtlichen Umstandes ist *Focus* im Gespräch, von den öffentlichkeitswirksamen PR- und Werbemaßnahmen abgesehen. Ganz anders hingegen die Wochenzeitung *Die Woche*, die fast zeitgleich auf den Markt kam, aber bis heute nur rd. ein Siebtel des Absatzes von *Focus* erzielt und weit weniger im Gespräch, d.h. in ihrer Existenz bekannt ist.

66 Zumindest kann man davon ausgehen, daß größere Unternehmen etwa, die bisher für interne Zwecke oder auch im Rahmen ihrer Kundenbetreuung (z.B. Banken) usw. als Nachrichtenmagazin nur den *SPIEGEL* mehrfach abonniert hatten, seit der Einführung von *Focus* auch dieses Magazin beziehen. Das gleiche gilt für die Wartezimmer von Arztpraxen, die ihre 'Auslegware' meist über Lesezirkel beziehen.

ein Indiz dafür abgibt, daß weniger die Art des Mediums als vielmehr die subjektiv als relevant empfundene Art der Kommunikation entscheidend ist.[67]

Letztlich hat von den genannten Medien jedes aufgrund seines individuellen publizistischen Konzeptes ein eigenständiges Profil, so daß man trotz aller Substitutionsbeziehungen (Ersatz- oder Komplementärnutzung) von einem eher hohen Grad an Imhomogenität sprechen kann, der aufgrund des geringen Besatzes auf dem jeweils angestammten Markt kein Transparenzproblem auslöst. Daß Produkte wie *DIE ZEIT* und *FAZ* als Alternativen empfunden werden (können), mag mit dem Umstand zusammenhängen, daß sich zum einen solche Produkte aus einem Mix unterschiedlicher Themenbereiche („Bücher") zusammensetzen, zum anderen darin liegen, daß Rezipienten oft nur bestimmte Thementeile nutzen. Im Feuilleton haben *ZEIT* und *FAZ* ein hohes Maß an Gemeinsamkeit hinsichtlich Berichterstattung, qualitativem Anspruch und Kommentierung; für die Wirtschaftsberichterstattung gilt dies sicher nur noch eingeschränkt und für die politischen Teile oder gar die (zeit-)historische Grundtendenz beider Blätter läßt sich dies gänzlich ausschließen, wenn man an Kontroversen wie jene des sog. Historikerstreits denkt. Genaue Untersuchungen zu diesem Phänomen gibt es (leider) nicht.

Über einen gigantischen Markt wie jenen der Programm–Zeitschriften, auf dem sich 1992 insgesamt 16 Titel mit einem Auflagenvolumen von rd. 21,3 Mio. Exemplaren tummelten, wissen die Mediaforschung und die publizistischen Hersteller aus begreiflichen Gründen mehr. Immerhin war auch 1992 der Programmzeitschriftenkonsum, zusammen mit den sog. Supplements, deren Absatz bei rd. 15 Mio. Exemplaren lag, höher als das Auflagenvolumen aller deutschen Tageszeitungen. Gleichwohl alle Titel mehr oder weniger mit der gleichen Art von Kommunikation aufwarten, nämlich Informationen zu 22–30 Fernsehkanälen bzw. zu rd. 400 Stunden täglichem TV–Programm, kann man aus Sicht der Nachfrager nicht von homogenen Produkten ausgehen. Eine genauere Analyse dieses Marktes zeigt, daß sich die Nachfrage in mehrere Segmente aufteilt, die sich hinsichtlich Preis (Billigtitel, Mittelpreiser und hochlagiges Preisniveau), der konkreten Informationsaufbereitung (Zeitleiste versus Sparte, Totalübersicht) oder auch sonstigen „Zusatznutzen" (z.B. Rezepte, Rätsel, Fortsetzungsromane, Zusatzinformationen zu bestimmten Sendungen usw.) unterscheiden.[68] Substitution aufgrund vergleichsweise hoher Homogenität aber immer

67 Für das inzwischen eingeführte Wochenblatt sind die möglichen Anschlußfolgeprobleme Transparenz und Akzeptanz inzwischen obsolet – auf die Langwierigkeit des Akzeptanzprozesses über knapp drei Jahrzehnte wird weiter unten eingegangen.

68 Der Begriff „Zusatznutzen" bzw. „Doppelnutzen" stammt von Helmut MARKWORT, der mit dem Konzept a) Programminformation plus b) Yellow–Press–Elemente (Klatsch und Tratsch) 1983 erstmals den tradierten Markt der Programmpresse, der bis dato aus 6 Titeln bestand, mit der Neueinführung von Die Zwei, einer Zielgruppen–Programmzeitschrift, aufgewirbelt hatte. Sein Konzept, das von der GONG–Gruppe umgesetzt wurde, wurde sofort vom Heinrich Bauer Verlag imitiert (Auf einen Blick) der damit u.a. aufgrund seiner sehr viel stärkeren Marktstellung erheblich mehr an Anteilen am Gesamtmarkt für sich sichern konnte als der Innovator. Die Bauer–Gruppe konnte mit dem imitierten Konzept und dem dadurch realisierten Zuwachs an Markterweiterung den bisherigen Marktführer Axel Springer überrunden, eine Marktstellung, die der Heinrich Bauer Verlag noch heute hält. Da auch Springer mit einer Kopie reagierte (*Bildwoche*), gab es fortan 9 Titel, die sehr schnell eine Markterweiterung von rd. 2,3 Mio. Ex. induzierten. Zur Quellenlage dieser und auch der nächsten Anm.: Daten und Informationen entstammen Lehrveranstaltungsunterlagen, die der Verfas-

noch wahrnehmbaren Unterschieden beim Produkt und/oder beim Preis findet in der Regel innerhalb eines Marktsegments statt, innerhalb dessen auch die Markttransparenz als hoch einzuschätzen ist. Für den gesamten Programmpresse–Markt dürfte dies nur noch in eingeschränktem Umfang gelten. Schlachten („Programmpresse–Kriege“) um Marktanteile und Zuwachsraten beim Wachstum werden deshalb in diesem aufgrund von hohen economies of scale geprägten und dadurch außerordentlich lukrativen Markt immer nur auf einer bestimmten Segmentebene ausgetragen, auch wenn deren Folgen letztendlich den gesamten Markt verändern.[69] Programmpresse–Medien können als seltenes Paradebeispiel eines voll funktionsfähigen Medienmarktes betrachtet werden, der sich angebotsseitig aufgrund hoher Gewinnerwartungen, aber ausreichender Konkurrenz durch regelmäßige Produktdifferenzierung und auch Innovationen auszeichnet, was nachfrageseitig aufgrund des hohen Gebrauchswerts für große Transparenz sorgt und ein ergiebiges Marktpotential sichert.

4.5.2 Inhomogenität und Akzeptanzprobleme

Die Homogenität bzw. Inhomogenität von publizistischen Produkten, gemessen als Grad der Einzigartigkeit, kann angebotsseitig aus der Sicht der Inputproduzenten und Vervielfältigungs- bzw. Verbreitungsproduzenten bzw. auf der Nachfrageseite aus der Wahrnehmung der Rezipienten her gesehen unterschiedlich ausfallen. Ebensowenig muß die nachfrageseitige Einschätzung hinsichtlich der potentiellen Austauschbarkeit bestimmter Güter nicht parallel mit dem wahrgenommen Grad an Homogenität bzw. Substitutionsfähigkeit variieren. Auf die Bewertung durch die Rezipienten und auf das entsprechende Nachfragehandeln wirkt auch der bereits erwähnte Faktor ‘Nützlichkeit’ ein, der die Gebrauchs(wert)orientierung der fraglichen Güter widerspiegelt bzw. gleichzeitig einen Grad von Verzichtbarkeit beinhaltet. Davon abhängig läßt sich auch der Grad an Akzeptanz potentieller Nachfrager vermuten, sich mit der Existenz eines beispielsweise neuen Produktes auseinanderzusetzen bzw. dieses ggf. nachzufragen. Hier sind sehr unterschiedliche Fallsituationen denkbar.

---

ser 1992 bis 1994 im Rahmen seiner Vorbereitung für mehrere Proseminare „Medienökonomie“ am Inst. f. Publizistik an der FU Berlin zusammengestellt hatte.

69 Vgl. vorige Anm. Eine zweite Runde im Kampf um Marktsegmente nach 1983 setzte erst mit der deutsch-deutschen Wiedervereinigung ein, die ab 1991 Titelanzahl und Absatzvolumen weiter erhöhte. Auch hierbei kopierte der Heinrich Bauer Verlag ein neues Konzept der Gruppe Milchstraße (*TV Spielfilm*) mit einem eigenen Titel (*TV Movie*). Ein Rechtsstreit, der die Klärung von Urheberrechten herbeiführen soll und absehbar bis zum BGH gehen wird, ist bis heute nicht beendet. Der Bauer Verlag konnte jedenfalls wie anno 1983 mit der kopierten Idee mehr an Marktanteil realisieren als der Innovator. Diese Phase wurde in der Branche auch als „zweiter Programmpresse–Krieg“ bezeichnet. Der dritte „Krieg“ wurde Ende 1995 von *TV Today* (G+J) eingeläutet. Zur Quellenlage vgl. vorige Anm.

Abb. 4.5.2 [1]: Zusammenhänge zwischen Inhomogenitäts-, Substititionsfähigkeits- und Gebrauchswertgraden

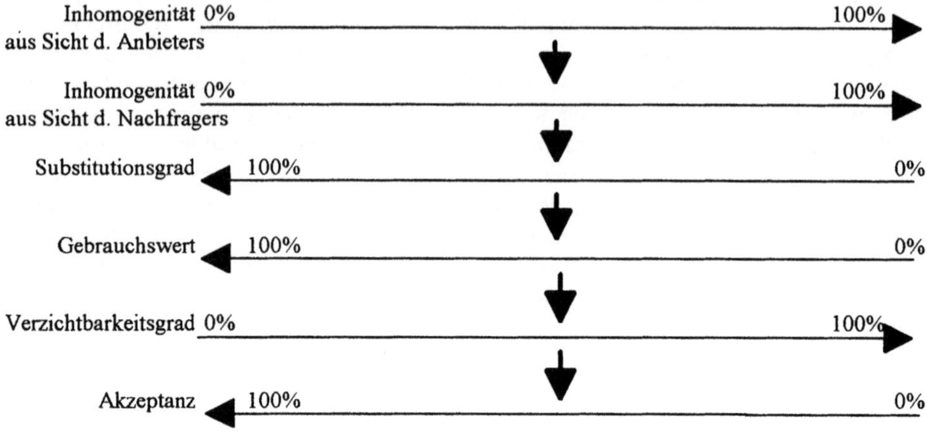

Abb. 4.5.2 [2]: Beispielhafte Zusammenhänge zwischen Inhomogenitätsgraden und Akzeptanz

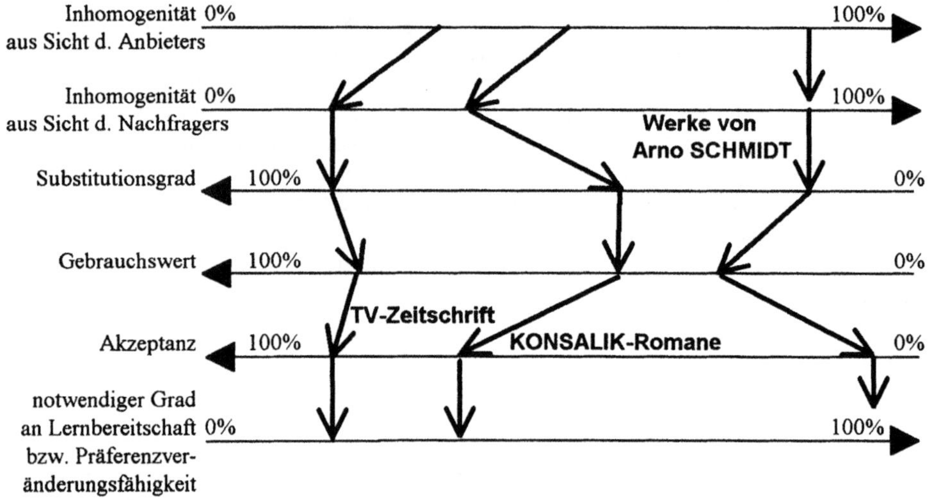

Wovon Akzeptanzbereitschaft abhängt, sich auf 'Neues' einzulassen, dazu hat HUTTER im Zusammenhang mit der Akzeptanz von Kunstrezeption eine Theorie aufgestellt, wobei er hier mit Kunst bzw. auch Literatur 'Neues' meint, also was beispielsweise als avantgardistisch empfunden wird oder wider den allgemeinen (Massen-)Geschmack läuft. Was „neu" ist, so argumentiert HUTTER (1995: 109), muß „von denen, die es verwenden sollen, erst gelernt werden. ... Kunstrezeption basiert in der Regel auf 'acquired taste', also auf erlerntem Geschmack. Das bedeutet, daß sich im Vorgang des Erlernens die Persönlichkeit dessen, der da lernt, verändert. Die Person ändert, wirtschaftstheoretisch gesprochen, ihre Präferenzstruktur.“ Nach diesem Modell läßt sich in obiger Abbildung der Grad der Akzeptanz durch eine weitere abhängige Variable ergänzen, der Bereitschaft und Fähigkeit, die kognitiv und/oder habituell geprägten Präferenzen durch Lernbereitschaft zu ändern. HUTTER geht sogar soweit, daß er Unterschiede in der Art von Nutzenempfindung bei „neuen“ Kunst- bzw. Literatur–Produkten vermutet: „Bei derartigen Gütern kommt es sogar vor, daß sich mit steigendem Kenntnisstand und Konsum der Nutzen der jeweils zuletzt konsumierten Einheit erhöht – ein Phänomen, das wir sonst nur bei Suchtphänomenen kennen, und das der üblichen Annahme fallenden Grenznutzens bei steigendem Konsum widerspricht“ (a.a.O.).

Damit lassen sich obige Zusammenhänge zwischen den angebotsseitig meßbaren Inhomogenitätsgraden bzw. der Einzigartigkeit und der Wahrnehmung derselben auf der Nachfrageseite sowie der potentiellen Akzeptanzbereitschaft weiter differenzieren., wie in obiger Abb. 4.5.2 [2] mit einigen Beispielen ergänzt.

Beispiele zu solchen Durchsetzungs- und Akzeptanzproblemen aus der Literatur- und Publizistikgeschichte gibt es zuhauf. GOETHEs *Iphigenie* (vgl. Abb. 1.1.3 [1]), die zu seinen Lebzeiten praktisch nur über seine Gesammelten Werke verbreitet war, zählt längst zur Weltliteratur.[70] Die Entwicklung der literarisch-publizistischen Akzeptanz dieses Werkes verdeutlicht Abb. 4.5.2 [3]: Der Lebenslauf dieses Werkes, der sich, wie bei vielen publizistischen Produkten, unabhängig vom Leben des Autors entwickelt, wird anhand der Auflagenzahlen des Reclam–Verlages rekonstruiert.[71] Die Daten beginnen mit 1868, ein Jahr später, nachdem der Urheberrechts-

70 Die klassische Tragödie, deren auserkorene Form FISCHER-LICHTE (1977: 132, 138: Amm. 75) mit GOETHEs Bindung an das höfische Leben erklärt und die tatsächlich nur am Hof aufgeführt wurde, hatte GOETHE deshalb nicht für öffentliche Aufführungen freigegeben, weil er fürchtete, „mißverstanden zu werden“ (a.a.O.). GOETHE, der das Drama in Karlsbad 1786 erneut angefangen hatte zu bearbeiten und es nach seiner Flucht in Italien in die endgültige Fassung brachte, befand sich zu diesem Zeitpunkt in seiner zweiten Phase seines dichterischen Schaffens, mit deren Werke er längst nicht mehr die Akzeptanz erreichen konnte wie das bei seinem *Götz* oder seinem *Werther* der Fall war. FRENZEL/FRENZEL (1990: 251 f.) unterscheiden 4 verschiedene Phasen der Bearbeitung, wobei die 4. Fassung nach deren Zählung der hiesigen zweiten bzw. letzten entspricht, wie sie beispielsweise in Abb. 1.1.3 [1] vorgenommen wurde. Das Werk scheint ansonsten nicht auf allzu große Akzeptanz gestoßen zu sein. ROH (1948: 126) merkt an, daß GOETHEs Freunde, denen er die *Iphigenie* vorgelesen hatte, das Werk nicht verstanden hatten. ROH zitiert darüber hinaus Friedrich SCHLEGEL zum Problem der GOETHEschen Akzeptanz: „Der Inbegriff seiner Werke ist der Abdruck einer eigennützigen, kalt gewordenen Seele“ (a.a.O.).

71 Daten enden mit dem Jahr 1943 und wurden dem Verf. freundlicherweise vom Philipp Reclam Jun. Verlag, Ditzingen bei Stuttgart, zur Verfügung gestellt, bei dem sich das Auflagenbuch erhalten hat. Die *Iphigenie* wurde auch von anderen Verlagen publiziert, so daß die hiesigen Zahlen Mindestdaten darstellen. Allerdings war der Reclam–Verlag mit der Herausgabe u.a. der Klassiker am erfolgreichsten, weil er dieses Projekt rechtzeitig vor 1867 vorbereitet und als langfristiges Angebot gemanagt hatte. Dazu gehörte auch, daß der Verlag nicht nur die Klassiker nachdruckte, sondern aus der Reihe ein inhaltliches Programm machte. Band 1 dieser Reihe eröffnete GOETHEs *Faust I* für *2* Groschen. In den ersten 50 Jahren hatte Reclam von allen aufgelegten Titeln insgesamt 18 Mio. Ex. verkauft. 1967, im hundertsten Jahr, waren in dieser Reihe bereits mehr als 8.000 Titel erschienen (SCHMOLLER 1994: 16). Bis 1994 wurde SCHILLERs *Wilhelm Tell* z.B. insgesamt 9,9 Mio. Male verkauft (GRIMM 1994).

Abb. 4.5.2 [3]: Ökonomischer Lebenslauf bzw. Akzeptanz von J.W.GOETHE's *Iphigenie auf Tauris* : Auflagenentwicklung der Ausgabe der Universalbibliothek des Leipziger Reclam-Verlages; Daten für 1868-1943

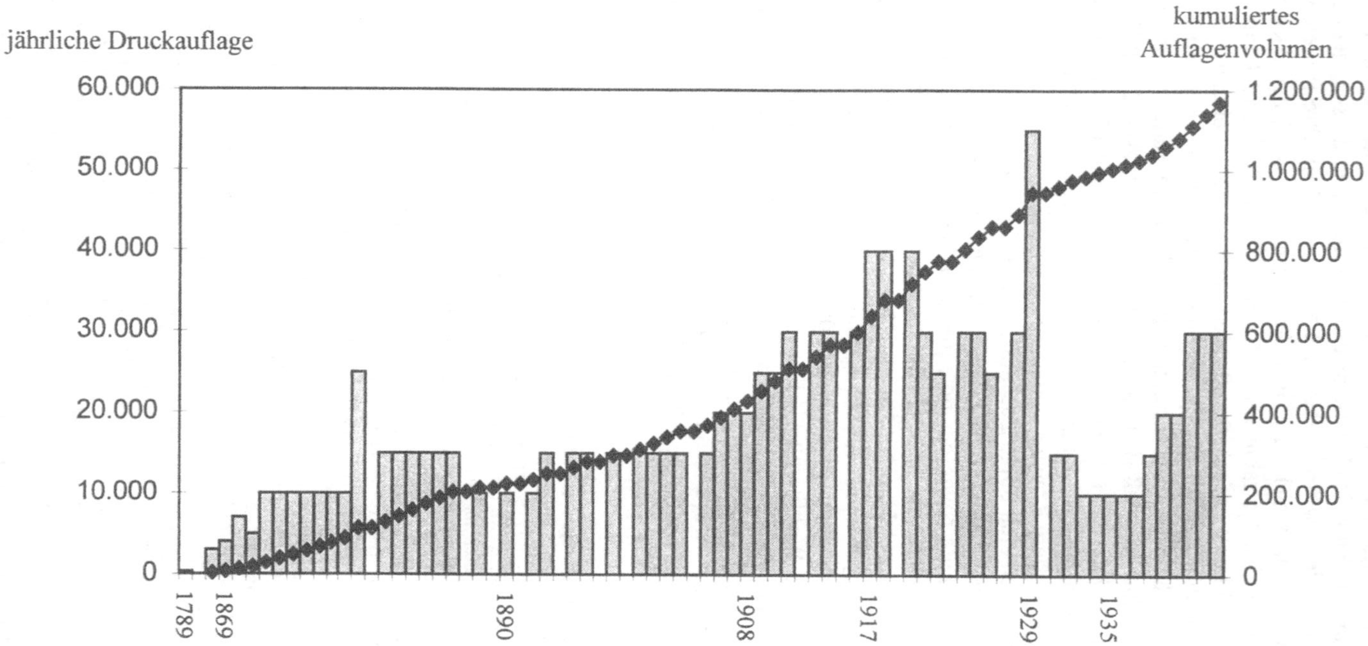

Quelle: Zusammengestellt mittels der Daten aus dem Druckauflagenbuch des Reclam-Verlages, heute im Besitz der Philipp Reclam Jun. Verlag GmbH, Ditzingen schutz für alle deutschen Klassiker ausgelaufen war und der Cotta–Verlag seine Monopolstellung u.a. auf die GOETHEschen Werke verlor. Mit dem Jahr 1867 war auch ein erheblicher Rutsch des Preisniveaus für alle Klassiker–Buchausgaben verbunden, weil die Klassiker nun von mehreren Verlagen vermarktet werden konnten, wozu auch der Leipziger Reclam–Verlag gehörte. Dessen Inhaber, Anton Philipp RECLAM, legte sofort eine Reihe unter dem Namen *Universalbibliothek* auf, die sich bis heute erhalten hat und unter deren Nr. 83 noch heute GOETHEs *Iphigenie* publiziert wird. Die *Universalbibliothek*[72] zeichnete sich durch einfache Ausstattung hinsichtlich Papier und Umschlag aus und war vor allem billig: 2–3 Groschen pro Band – ein Preis, den der Verlag bis 1917 konstant gehalten hatte.

Die Daten machen deutlich, daß zwischen der endgültigen literarischen Werkerstellung im Jahre 1787 und dem Beginn einer nennenswerten Nachfrageentwicklung nach diesem Werk (mindestens 5.000 verk. Ex. pro Jahr) im Jahre 1870 über 80 Jahre liegen. Bis 1943 hatte das Werk allein in der *Universalbibliothek* des Leipziger Reclam–Verlags 66 Auflagen erlebt, was insgesamt 1,169 Mio. verkauften Exemplaren entspricht. Im Jahresdurchschnitt über den 75jährigen Zeitraum (1868–1943) kam dies einem jährlichen Absatz von über 15.000 Exemplaren gleich.[73]

Nicht nur GOETHE hatte mit der Akzeptanz vieler seiner neuen Werke Probleme, unabhängig davon, daß der Literat vor allem als nationale Identifikationsfigur in seinen Gesamtausgaben rezepiert wurde, worauf an früherer Stelle verwiesen wurde: GOETHE hatte immerhin einen 'Namen'. Von Franz KAFKA und Samuel BECKETT sind zwei andere Beispiele überliefert: Der Absatz von KAFKAs *Betrachtung* betrug im 1. Jahr des Erscheinens (1912) weniger als 200 Exemplare; von BECKETTs *Warten auf Godot* wurden 1952, als das Theaterstück in Frankreich zunächst in Buchform erschien, ganze 125 Bücher verkauft (vgl. LINDON 1979: 22).

4.5.3 Inhomogenität und Transparenz

Akzeptanz und Kaufbereitschaft haben ungeachtet der bereits beschriebenen Einflußvariablen auch etwas mit der exogenen Größe Transparenz zu tun, die wiederum eine Funktion der potentiellen Übersichtlichkeit eines Marktangebots darstellt. Dabei spielen nicht nur die im Einzelnen (nicht) wahrgenommenen Grade der Einzigartigkeit bzw. Inhomogenität eine Rolle, sondern auch die absolute Größe eines Marktes, was letztlich auf ein Informationsverarbeitungs-Kapazitätsproblem potentieller Nachfrager hinausläuft - mit der Folge nicht mobilisierbarer obgleich möglicherweise vorhandener Zahlungsbereitschaft.

Der Buchmarkt dürfte den am wenigsten transparenten Markt darstellen. Zwei Indikatoren sollen dies belegen. Zum einen ist der Anteil an neuen Titeln in Buchverlagen vergleichsweise groß: Der Anteil an sog. Novitäten (Neuerscheinungen) macht

72 Heute redaktionell geändert in *Universal–Bibliothek*

73 Noch steiler verlief die Absatzentwicklung des *Faust*. Bis 1994 konnte der Reclam–Verlag 4,9 Mio. Exemplare absetzen. Zu GOETHEs Lebzeiten hatte das Einzelwerk insgesamt 7.600 Käufer gefunden, d.h. im Jahresdurchschnitt 277 Exemplare. Der durchschnittliche Absatz der Reclamausgabe im Zeitraum 1867–1994 betrug über 38.000 im Jahr, etwa 140 mal so viel wie zu GOETHEs Zeiten

in der Regel jährlich 60% bis 80% aus, unabhängig davon, ob man diese Innovationsquote an der Titelanzahl oder am Umsatz mißt (vgl. Kap. 6.6.1). Ein Unternehmen wie Siemens, das u.a. Konsumprodukte, aber auch langlebige Investitionsgüter herstellt, macht rd. zwei Drittel seines Jahresumsatzes mit Produkten, die jünger als fünf Jahre sind; bei dem ausschließlich im Konsumgüterbereich produzierenden Hersteller Johnson & Johnson (Gesundheitspflege, pharmazeutische Präparate) liegt dieser Anteil bei etwa einem Drittel.[74] Betrachtet man die inländische Buchtitelproduktion in absoluten Zahlen, so sind 1992 insgesamt 67.277 Titel erschienen: 48.836 Titel waren Neuerscheinungen, 18.441 Neuauflagen. 1994 lag das Titelproduktion bei rund 70.643 (BÖRSENVEREIN). Dividiert man diese Zahl durch die Anzahl der verkaufsoffenen Werktage im Jahr (ca. 300), so erscheinen in Deutschland durchschnittlich 250 neue Bücher jeden Tag. Bereits der Verleger des Malik–Verlags, Berlin, Wieland HERZFELDE, hatte 1928 darauf hingewiesen: „... man würde bald den Punkt erreichen, wo jeder Deutsche täglich acht Stunden Bücher lesen müßte, um ein solches Angebot zu verzehren" (HERZFELDE 1928: 249). Als HERZFELDE diese nüchterne Kalkulation anstellte, hatte die Buchproduktion bei 27.794 Titeln gelegen (vgl. UMLAUFF 1947: 3, zit.n. STUCKI–VOLZ 1993: 109). Diese Rechnung konnte bereits damals nicht aufgehen: Bei einem 8–Stunden–Nurlese–Tag hätte jeder Deutsche, um in den Genuß aller Titel zu kommen, stündlich 9,5 Bücher durchlesen müssen.[75]

Legt man zum zweiten der Transparenzfrage eine Bestandsgröße zugrunde, so sind derzeit bundesweit rd. 650.000 Buchtitel in den Lägern von Verlagen und Grossisten lieferbar. Diese Einschätzungen ändern sich nicht wesentlich, wenn man, wie weiter oben angedeutet, die einzelnen Märkte nach Gattungen (Belletristik versus Sachbuch bzw. ficton versus non–fiction) oder Sachgebieten (Lyrik versus Prosa, Problembuch versus Ratgeber) o.ä. differenziert: Das Angebot ist und war schon fast immer in jedem Marktsegment sehr groß, weshalb die Klagen über das „Überangebot" so alt sind wie das Medium selbst.[76]

Das Transparenzproblem stellt sich aber nicht nur auf der Nachfrageseite. Auch bei vielen Verlagen selbst läßt sich die Angebotspalette nur mittels computergesteuerter Kommunikation managen. Dies schon deshalb, weil die Umsätze, die sich im Verlagsdurchschnitt mit einem Titel realisieren lassen, vergleichsweise sehr gering ausfallen, was wiederum für jedes Produkt ein hochgradig effizientes Kosten- und Verwaltungsmanagement erfordert. Einige grobe Zahlen können dies verdeutlichen. Der Rowohlt–Verlag beispielsweise, einer der führenden deutschen Programmverlage, hat rd. 5.000 Einzeltitel im Programm, die sämtlichst lieferbar sind. Mit diesem Liefersortiment erwirtschaftet das Reinbeker Verlagshaus rd. 120 Mio. DM im Jahr. Im Durchschnitt und pro Titel gesehen sind dies 25.000 DM jährlich (Rowohlt Verlag 1995). Ein Unternehmen wie der BASF–Konzern, das weltweit an 39 Standorten mit 106.000 Beschäftigten ein Umsatzvolumen von rd. 44 Mrd. DM einfährt, macht dies mit 8.000 Produkten, also mit einem vergleichsweise nur wenig größeren Pro-

74 Angaben für Siemens: tel. Auskunft der F&E–Abteilung in München; Daten für Johnson & Johnson: *Handelsblatt* v. 11.9.1996).

75 Rechnung: 27.794 Titel dividiert durch 8 Std. x 365 Tage (= 2.920 Stunden im Jahr).

76 So z.B. Gustav KIEPENHEUER 1927 im *Börsenblatt* Nr. 279 v. 1.12.27: 1402.

duktsortiment, wenn man die Umsatzzahlen dagegenhält: durchschnittlicher Umsatz pro Produkt und Jahr der BASF: 5,5 Mio. DM – das über 220fache des Rowohlt-Verlags (BASF 1995: 2, 11).

Ein hinsichtlich der Größenordnung ähnliches Transparenzproblem läßt sich für den Fernsehmarkt konstatieren. Das Kapazitätsproblem der (täglichen) Informationsverarbeitung bzw. Selektionsoptimierung kann einmal in der Anzahl bzw. Auswahl der einzelnen Sender als auch der Angebotsmenge aller relevanten Fernsehsendungen bestehen, unabhängig davon, ob die Angebote als relativ gleichwertige, d.h. austauschbare Nutzungsangebote oder als Sendungen mit exklusivem Profil wahrgenommen werden. MERTEN (1994: 154 f.) beispielsweise, der sich auf Daten der BERG/KIEFERschen Langzeitstudie zur Mediennutzung von 1992 stützt, stellt dem zwischen 1960 und 1990 gestiegenen Fernseh- „Angebot“ um 1.250% die im selben Zeitraum nur um 100% längere Fernsehnutzung gegenüber und schlußfolgert aus diesen und anderen Daten, daß das Medienangebot innerhalb einer Generation um 4.000% steigt. Da die „anthropologisch fixierte Rezeptionskapazität des Menschen“ (MERTEN 1994: 155) nur unwesentlich zunimmt, was sich schon aufgrund des vergleichsweise geringen, d.h. mit 5% veranschlagten Zuwachses an Intelligenz ergibt, muß zwischen beiden Entwicklungen zwangsläufig ein „recipients gap“ entstehen. Dieses Problem lösen Rezipienten nicht mittels verstärkter „Medienabstinenz“, sondern in immer stärker zunehmendem Selektionsverhalten. Als logische Folge daraus nimmt die Institutionalisierung „reflexiver Strukturen“ (a.a.O.) zu, beispielsweise in Form von sog. Meta–Medien.

Meta–Kommunikation, die sich als Optimierungsprozess zur individuellen Steuerung der Folgen mangelnder Transparenz interpretieren läßt, ist von Mediengattung zu Mediengattung sehr unterschiedlich ausgeprägt. Im Bereich des Fernsehens gibt es die bereits erwähnte Meta–Mediengattung Programmzeitschrift sowie die längst in allen Tageszeitungen verbreitete Rubrik „Programmhinweise“. Mehrere Programmzeitschriften bereiten überdies die Informationsmasse parallel nach unterschiedlichen Kriterien auf (Zeit–Achse, Themen–Achse, Fernsehsender), so daß hier vergleichsweise rasche und umfassende Informationsmöglichkeiten bestehen. Mehrere Fernsehanstalten bieten darüber hinaus eigene Programmjournale an, die zusätzliche und ausführlichere Informationen zum eigenen Programmfahrplan anbieten als dies die universale Programmpresse leisten kann, die über alle Sender kommunizieren muß. Insgesamt betrachtet, funktioniert die „Kommunikation über die Kommunikation“ (LUHMANN) im Fernsehen effizient, d.h. in diesem Zusammenhang hochgradig transparent.

Im Bereich des Buchmarktes sieht die Situation differenzierter aus. Über wissenschaftliche oder sonstige Fachveröffentlichungen in Buchform geben – zumindest in der kürzesten Form eines Veröffentlichungshinweises – die einschlägigen Fachzeitschriften und Periodika Kenntnis. Für Sachbücher bzw. deren entsprechenden Themengebiete gilt dies schon nicht mehr und belletristische Titel werden eigentlich nur über Mund–zu–Mund–Propaganda und/oder einschlägigen Rezensionen in den unterschiedlichsten Medien bekannt, so z.B. in der Tagespresse, in Zeitschriften oder auch über (sehr wenige) Fernsehsendungen (Literarisches Quartett). Von den regelmäßigen Anzeigenaktionen der Verlage zu ihren Neuerscheinungen und den periodisch erscheinenden Verlagskatalogen abgesehen, gibt es für diesen Bereich keine einheitlich organisierte und/oder flächendeckende Meta–Kommunikation wie dies beispielsweise bei den Fernsehangeboten der Fall ist.

Noch weniger trifft dies für einzelne Berichterstattungen zu speziellen Themen in den periodisch erscheinenden Printmedien zu: Wer hier als Rezipient relevante Artikel zu einem bestimmten Sachgebiet verfolgen will, muß dies in aller Regel durch flächendeckende Abonnements dieser Printmedien oder durch Beauftragung eines Zeitungsausschnittbüros tun, das allerdings weniger eine Art von Meta–Kommunikation praktiziert als vielmehr Selektionsarbeiten nach vorgegebenen (Such-)Kriterien übernimmt.[77] Beide Lösungsvarianten eines individuellen Transparenzproblems sind aufgrund der potentiellen Angebotsbreite, die es abzudecken gilt, mit nicht unerheblichen Kostenaufwendungen verbunden. Der hohe Grad an Nichtrivalität im Konsum und alle daraus resultierenden Konsequenzen, die mit solchen Ergebnissen verbunden sind, würden ein „ökonomisches Grundproblem“ in diesem Fall auf der Rezipientenseite begründen.

Abhängig vom Umfang spezifischer Transparenzprobleme kann die Situation eintreten, daß Medien Transparenzaufwand und gegebenenfalls auch Akzeptanzaufwand betreiben müssen. Ein solcher Kostenaufwand indes läßt sich ökonomisch umso problemloser bewerkstelligen, je eher darauf eigentlich verzichtet werden kann: Je größer das Marktpotential ausfällt, umso höher sind bereits die potentiellen Einnahmen sowie die finanziellen Vorteile aus den Degressionswirkungen, u.a. auch jene aus dem fixen Transparenz- und Akzeptanzaufwand. Und je enger die Rezipienten–Medium–Bindung bereits ist, umso größer wird die Wahrscheinlichkeit, diese Kosten auf die Rezipienten überwälzen zu können. Darin liegt der eingangs skizzierte „Teufelskreis“–Effekt, der nicht nur newcomern auf einzelnen Märkten, sondern auch vielen publizistischen Produkten mit den entsprechenden Eigenschaften den ökonomischen Lebenslauf erschwert.

Ein abschließender Blick auf einzelne Kommunikations- und Medienmärkte soll die unterschiedlichen ökonomischen Befindlichkeiten andeuten, die unterschiedliche Problemlösungen erfordern.

* Die Angebotspalette auf den Fernsehmärkten ist hochgradig transparent und für die Anbieter mit sehr geringen Transparenzaufwendungen verbunden, da sich bereits die Meta–Kommunikation aufgrund der hohen und auch weit verbreiteten Akzeptanz dieses Mediums, etwa gemessen mittels der Nutzungsdauer, zu einem eigenständigen und effizient funktionierenden Markt entwickeln konnte. Akzeptanzaufwendungen, die TV–Anbieter vornehmen, dienen weniger dem Ausbau der Rezipienten–Medium–Bindung als hauptsächlich der Stabilisierung des jeweils eigenen Marktanteils, konkret der jeweiligen Rezipienten–Sender–Bindung bzw. auch einer periodisch angelegten Rezipienten–Sendungs–Bindung. Allein bereits die Größe des Marktvolumens läßt ökonomische Problemlösungsnotwendigkeiten als vergleichsweise gering erscheinen.
* Die meisten Segmente des Buchmarktes verkörpern hinsichtlich Transparenz und Akzeptanz die gegenteilige Situation der Fernsehbranche. Aufgrund der vergleichs-

77 Häufig stellen Firmen oder Institutionen für ihre speziellen Zwecke eigene Pressespiegel meist für den internen Gebrauch zusammen.

weise geringen Marktpotentiale vieler einzelner Produkte fallen die ökonomischen Probleme eher groß und die finanziellen Möglichkeiten, Transparenz und Akzeptanzbereitschaft zu erhöhen, gering aus. Der „Teufelskreis" aus zu geringem Marktpotential und nicht daraus zu finanzierendem Transparenz- und Akzeptanzaufwand wirkt als dominante Restriktion.

* Für die periodischen Print–Medien sind differenziertere Überlegungen notwendig. Tageszeitungen leben vor allem von ihrer potentiell vielfältigen Informationsbreite über Ereignisse und Entwicklungen in bestimmten Kommunikationsräumen, die andere Medien nicht abdecken (können) und sind von daher gesehen von einem vergleichsweise hohen Grad an Unverzichtbarkeit geprägt, so daß sich Transparenz- und Akzeptanzprobleme weit weniger drängend stellen. Für den Zeitschriftenmarkt gilt Ähnliches: Fachzeitschriften und special interest–Titel kämpfen genausowenig mit Transparenz- und Akzeptanzproblemen wie einige fest eingeführte mehr oder weniger universal und/oder aktuell ausgerichtete Zeitschriften, die sich schon aufgrund ihres Produkt–Mixes ausreichende Marktpotentiale sichern und dadurch viele ökonomische Überlebensprobleme vermeiden bzw. reduzieren können. Dies gilt für viele Marktsegmente bzw. publizistische Produkte nicht, beispielsweise für den weiten wie bunten Bereich der sog. Alternativpresse mit hohem publizistischem Kommunikationsanspruch oder auch für literarisch–publizistische Journale, bei denen entweder das Marktpotential und/oder die potentielle Zahlungsbereitschaft zu gering ausfallen, als daß sich damit Transparenz- und Akzeptanzprobleme lösen ließen.

4.6 Selbstverständnis und Motive: publizistische und unternehmerische Ziele

Auf die vielfältigen Besonderheiten auf einzelnen Medienmärkten läßt sich nur ein und mit den daraus resultierenden spezifischen Problemen setzt sich nur auseinander, wer nicht ausschließlich ökonomische, d.h. vor allem monetäre Ziele verfolgt – alle anderen Tätigkeiten wären weit einfacher erfolgreich zu realisieren. Publizistisches und unternehmerisches Engagement auf Medienmärkten muß zumindest in den Fällen, bei denen es sich nicht nur um einen problemlos funktionierenden „return on investment" handelt, mit spezifischen Interessenslagen und Zielkonstellationen zu tun haben, die von dem ökonomischen Ideal des ausschließlich als „homo oeconomicus" handelnden Akteurs abweichen. Mit derlei Überlegungen ist die letzte Kategorie von Besonderheiten angesprochen, die sich auf der Angebotsseite ausmachen läßt, nämlich die jeweiligen Ziele, die für das Zustandekommen von publizistischen und medialen Angeboten eine sehr bedeutende Puffer–Funktionsvariable übernehmen müssen, um gegebene Marktversagensprobleme aufzufangen: Wenn sich beispielsweise die (notwendigen) Effekte aus der Fixkostendegression und/oder die publizistischen Produktivitäten als unzureichend und/oder die Akzeptanzprobleme (zunächst) als unüberwindbar erweisen, läßt sich eine Marktlösung oft nur durch Reduzierung oder veränderte Gewichtung bisheriger Ziele oder ihrer Zielerreichungsgrade realisieren. Tatsächlich lassen sich sehr unterschiedliche Anspruchskonstellationen auf Medienmärkten ausmachen, die auf der einen Seite reines

„Gewinnstreben" etwa durch „vorsätzliche und rücksichtslose Zwangskommerzialisierung" darstellen[78], auf der anderen Seite des Extrems bis zur totalen ökonomischen Entsagung reichen können, wie dies Georg BÜCHNER im letzten oder Arno SCHMIDT in diesem Jahrhundert vorgelebt hatten. Das individuelle Selbstverständnis vermag in vielen Situationen einen sehr großen Teil an Lösungspotentialen von Marktversagenproblemen zu erklären.

Im wesentlichen lassen sich angebotsseitig drei Gruppen von relevanten Akteuren unterscheiden, die am Medienmarktgeschehen eine Rolle spielen: 1) die publizistischen Inputproduzenten, 2) die Medienunternehmer, die unternehmerische Funktionen hinsichtlich der Angebotsorganisation übernehmen (z.B. Vervielfältigung, Herstellung der Verbreitungsfähigkeit) und 3) die Absatzmittler, die für die technische Distribution zuständig sind. Je näher eine Gruppe unmittelbar am Marktgeschehen mit dem rezipierenden 'Endverbraucher' beteiligt ist, umso stärker schlagen bei allen Handlungen ökonomische Ziele durch.

4.6.1 Monetäre und nicht-monetäre Zieldimensionen

Selbst gesetzte Ziele und Zielniveaus gehen auf individuelle Interessenslagen zurück, aus denen Motivationen erwachsen, die sich wiederum zielbildend auswirken. Volkswirtschaftlich orientierte Theorien machen es sich mit dem menschlichen Anreizmechanismus „Motiv" und „Zielerreichung" einfach, indem sie einerseits durchgehend (monetäre) Nutzenmaximierung sowie Rationalität als Instrumentalprinzip unterstellen, zum andern die Nutzenkategorie ebenso wie das rationale Zweckverhalten als gegebene und unveränderliche Variable ansehen. Betriebswirtschaftliche Forschungen haben ein weit differenzierteres Betrachtungssystem entwickelt, in dem monetäre und nicht-monetäre Zielkonstellationen sowie Zielhierarchien Berücksichtigung finden (vgl. z.B. HEINEN 1985). Ökonomisch weitergehende Überlegungen finden sich in einem jüngeren Forschungszweig, der wirtschaftliches Handeln aus einer soziologischen Perspektive heraus erklärt. So definiert beispielsweise BADELT (1987: 54 ff.) „Rationalität" bzw. rationales Handeln nicht nur als funktionales Handeln aufgrund eigener Motivstrukturen, sondern integriert auch potentielle Einflüsse von außen (z.B. Verhaltensweisen aufgrund sozialer Vergleichsprozesse im soziokulturellen Umfeld).[79]

Im Kontext sozialpsychologischer Einstellungs–Verhaltenstheorien (vgl. z.B. FISHBEIN/AJZEN 1975) hat die Organisations- und Arbeitspsychologie Theorien entwickelt, von denen im vorliegenden Zusammenhang das FÜRSTENBERGsche Erklärungsmodell und die sog. Zweifaktorentheorie von HERZBERG von besonderer Bedeutung sind. FÜRSTENBERG nennt als Beweggründe für Arbeitsleistungen vier Motive: 1) zweckrationale (meist auf materielle Ziele gerichtet), 2) wertrationale

---

78 So der BGH 1995 zum Magazin *Bunte* aus dem Burda-Verlag; vgl. Anm. 81.

79 BADELT (a.a.O.) unterscheidet 1) in formale und substantielle Rationalität (adäquates und quantifizierbares Zielerreichungshandeln), 2) in die Rationalität von Systemen, was bedeutet, daß in die Handlungen nicht nur die eigenen Präferenzen, sondern auch gegebene Restriktionen eingehen (z.B. eigene Kaufkraft), 3) in individuelle versus kollektive (Umfeldeinflüsse) Rationalität und 4) in Altruismus, der ein eigenständiges Entscheidungssystem für individuelles Handeln darstellt.

(von ethischen und/oder religiösen Wertvorstellungen geprägt), 3) traditionelle (langjährige und/oder durch soziale Prozesse vermittelte Gewohnheiten wirken mit ein) sowie 4) emotionale Motivkonstellationen. HERZBERG, der sich im Grunde genommen auf die gleichen Kategorien stützt, erklärt Arbeits- bzw. produktives Handeln aus eben dieser Handlungsperspektive, indem er einerseits zwischen intrinsischer Motivation unterscheidet, deren Anreizmechanismus im Tätigkeitsvollzug selbst liegt, wie dies gerade bei selbstbestimmtem künstlerischen Schaffen beobachtbar ist, und zum anderen extrinsische Motive sieht, die entweder im Arbeitsumfeld liegen können (z.B. Arbeitsatmosphäre) oder auf die beabsichtigten Folgen von Arbeit zielen (z.B. Einkommen).

Für die vorliegende Fragestellung, die u.a. ökonomisch untypische Verhaltensweisen und Anpassungsmechanismen erklären will, reicht eine Differenzierung von Interessenslagen und Motivkonstellationen nach monetären und nicht-monetären Dimensionen aus. Nach den Regeln der Kombinatorik sind die folgenden vier Fallsituationen möglich (vgl. Abb. 4.6.1 [1]), die den Hintergrund aller späteren Überlegungen bilden. Dabei wird insbesondere die Fallkombination aus dem Vorhandensein monetärer wie nicht-monetärer Anspruchsvorstellungen von Interesse sein, da hier sehr unterschiedliche Kombinationen bzw. Zielgewichtungen denkbar und in der Realität auch beobachtbar sind.

Abb. 4.6.1 [1]: Monetäre und nicht-monetäre Zielkombinationen

		monetäre Ziele	
		nein	ja
nicht-monetäre Ziele	nein	–	Gewinnmaximierung Zweckrationalität
	ja	Altruismus Selbstzweck	unterschiedliche Gewichtungen möglich

Der Grad der monetären Zielanteile kann dabei als Meßziffer dafür verstanden werden, in welchem Umfang die Motivationsstruktur auf Anpassung an (vor-)gegebene ökonomische Notwendigkeiten, also auf Zweckrationalität ausgerichtet ist. Ein hohes Gewicht an nicht-monetären Zielkomponenten hingegen gibt Auskunft über die Bedeutung mehr intrinsischer Motivationsstrukturen: Arbeit und produktives Schaffen sind mehr Selbstzweck und folgen vorwiegend den Regeln autonomer bzw. individueller Vorstellungen über Ästhetik und sonstigen Zielkategorien.

Kann man die HERZBERGsche Zweifaktorentheorie als Gegensatz zwischen monetären versus nicht-monetären Motiven bzw. zwischen zweckrationalem und autonomem Selbstzweckhandeln deuten, so wird es schwierig, in diese Zweiteilung von in- und extrinsischen Motiven den Fall publizistischen Engagements unterzubringen: In der Regel weniger auf ökonomischen Erfolg gerichtet, sondern mehr eigenen Überzeugungen („Sendungsbewußtsein“) verpflichtet, läßt sich eine solche Motivationsstruktur sowohl intrinsisch interpretieren, was die ureigensten Motive anbelangt, zum anderen aber auch extrinsisch begründen, wenn die publizistischen Aktivitäten auf einen Tätigkeitserfolg wie beispielsweise Mobilisierung von Öffentlichkeit oder das Ingangsetzen von Kommunikationsprozessen zielen. In diesen Fällen kann, der beabsichtigten Wirkungen wegen, durchaus eine Art von zweckrationalem Ansprüchen bzw. Vorgehensweisen möglich sein. Dieser Fall, der sich gerade im Bereich einer gesellschaftspolitisch engagierten Publizistik beobachten läßt, wird hier unter der Dimension „nicht-monetärer“ Zielkonstellationen subsumiert. Die Abb. 4.6.1 [2] zeigt anhand eines zweidimensionalen Modells ein mögliches Gewichtungsspektrum, auf das später mehrfach zurückgegriffen werden soll. Die 45–Grad–Linie bildet dabei Gleichgewichtungssituationen ab. Zusätzlich markiert sind Zielkonstellationen, die in den traditionellen volkswirtschaftlichen Einkommens- und Gewinnmaximierungstheorien übliche Standardfälle darstellen, die hier um weitere Extrempositionen ergänzt wurden, wie sie beispielsweise aus Forschungen über Wirtschaftskriminalität bekannt sind. Diese bilden gewissermaßen das gegenteilige Extrem zur wirtschaftlichen Selbstaufgabe. Auch wenn der grafisch-tabellarische Modellaufbau einen anderen Anschein erwecken sollte: Die Klassifizierung einzelner Fallsituationen versteht sich im folgenden als ordinale Dimensionierung.

Abb. 4.6.1 [2]: Monetäre und nicht-monetäre Zielgewichtungspotentiale

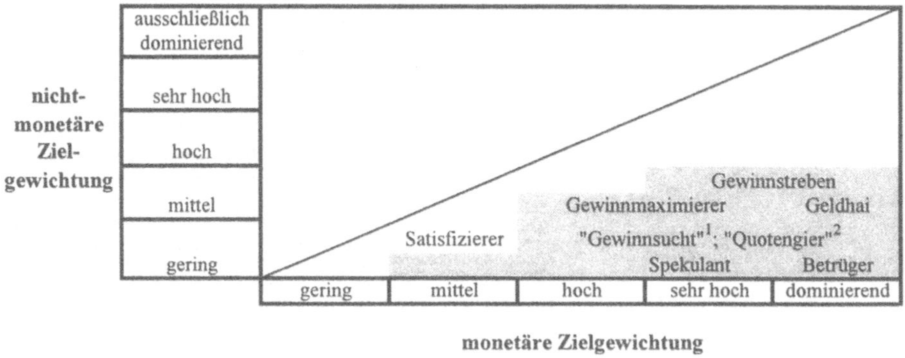

Legende: Grau markiert = Bereich der traditionellen ökonomischen Einkommens- und Gewinn(maximierungs)theorien. 1) BGH 1996 über den BURDA-Verlag (*Bunte*-Urteil in Sachen Prinzessin von Monaco), 2) LG Koblenz 1996 über die Redaktion *stern tv* (in Sachen TV-Fälscher Michael BORN)

4.6.2 Selbstverständnis und publizistische Ziele von Autoren (Inputproduzenten)

Zum Selbstverständnis von Autoren, die mehr der literarisch-publizistischen Produktion zuzurechnen sind, liegen mehrere Analysen vor, insbesondere solche, die auf den entwicklungsgeschichtlichen Wandel des Rollenselbstverständnisses in Abhängigkeit gesellschaftlicher Veränderungen rekurrieren (z.B. HODEIGE 1958, SCHREIBER 1974, WINCKLER 1986, SELBMANN 1994, FERTIG 1996). Eine flächendeckende Motivforschung zu den inneren Beweggründen, zu vorhandenen Schaffensrestriktionen und ökonomischen Problemlagen bzw. deren inner- und äußerlicher Überwindung hingegen fehlt weitgehend. Informationen existieren nur in Form von biographischen Gesamtdarstellungen meist 'großer', d.h. bekannter bzw. anerkannter Literaten. Vereinzelt widmet sich die Literaturgeschichte nicht minder ideengeschichtlich bedeutenden, aber zumindest bis dato unbekannten bzw. auch heute vergessenen Autoren (z.B. SCHELLE 1984 über Samuel Christoph Abraham LÜTKEMÜLLER; SIEGERT 1978 und 1980 zu Rudolph Zacharias BECKERs Wirken; bis 1997 aber noch niemand beispielsweise über Walter MEHRING). Für den Bereich des journalistisch-publizistischen Schaffens gilt dies noch mehr, worauf LANGENBUCHER 1993 aufmerksam gemacht hat.[80] Von LANGENBUCHER stammt immerhin eine grundsätzliche Betrachtung zum gewandelten Arbeitsfeld und Berufsverständnis der publizistischen Kommunikatoren im Lauf der letzten Jahrhunderte (vgl. LANGENBUCHER 1975: „Kommunikation als Beruf"). Bei GROTHs Darstellung der Entwicklungslinien des Journalistentums im Zeitungsgewerbe finden sich dazu ansatzweise Überlegungen (vgl. GROTH 1930 IV: 31-54). Zwar nicht direkt zu Motivationen, aber zu grundsätzlichen Einstellungen und zum beruflichen Selbstverständnis von „Journalisten in Deutschland" gibt es seit 1993 repräsentative Daten, die im Rahmen der langjährigen Diskussionen um die angeblich einseitige Kommunikatorenrolle von Journalisten vom Forschungs- und Autorenteam WEISCHENBERG/LÖFFELHOLZ/SCHOLL (1994) erhoben wurden. Diese Daten sind allerdings noch nicht vollständig ausgewertet, etwa bezogen auf einzelne Mediengattungen. Aus den vorliegenden „Selbstbeschreibungen der journalistischen Aufgaben" (a.a.O.: 160 ff.) lassen sich zumindest Rückschlüsse auf generelle Interessenslagen bundesdeutscher Journalisten ziehen.

Für die hiesigen Betrachtungen sollen die angeführten Beispiele beleghaften Charakter haben, um die Unterschiedlichkeit von monetären und nicht-monetären Zielgewichtungen zu verdeutlichen. Ein hoher Stellenwert nicht-monetärer Interessen kann bedeuten, daß publizistische Produktion unter Bedingungen zustande kommt, die bei der Verfolgung rein monetärer Ziele nicht realisiert werden würde. Die Geschichte der Literatur und Publizistik zeichnet sich in hohem Maße durch publizistische Ergebnisse aus, die sich entweder nur unter erheblichen Abstrichen bei anderen Zielen (z.B. Lebensqualität, Einkommen) oder nur mittels bestimmter ökonomischer (Überlebens-) Techniken 'rechneten' (vgl. Abb. 4.6.2). Als Indikatoren für die ordinal bewertbare Typologisierung nach beiden Zielgewichten wurden entweder beobachtbares Handeln bzw. entsprechend vorbereitende Aktivitäten bzw. ggf. Ergebnis-

---

80 LANGENBUCHER führt zwei Beispiele an: zum einen Daniel DEFOE, der praktisch nur als Autor von *Robinson Crusoe*, aber nicht als (gründlich recherchierender und spannend schreibender) Journalist bekannt ist, obwohl wie LANGENBUCHER erwähnt, eine aufschlußreiche Studie von ENKEMANN 1983 mit dem Titel Journalismus und Literatur. Zum Verhältnis von Zeitungswesen, Literatur und Entwicklung bürgerlicher Öffentlichkeit in England im 17. und 18. Jahrhundert über ihn existiert; zum anderen Max WINTER aus Wien (u.a. *Arbeiter-Zeitung*), der „Pionier der modernen Sozialreportage" (LANGENBUCHER 1993: 313), von dem heute keine einzige Buchveröffentlichung lieferbar ist, keine Gesamtausgabe existiert und die Bibliographie seiner Werke völlig lückenhaft ausfällt.

se, die Einschätzung von Expertenmeinungen oder auch Aussagen der Betroffenen selbst zugrundegelegt.

Ein ausgesprochen extremes Beispiel verkörperte Arno SCHMIDT (1914–1979), der sich nur seinem literarischen Schaffen verschrieben hatte und seine publizistische Reichweite mit „nicht mehr als dreihundert Leser" (zit. n. SCHRÖDER 1995: 20) angab. SCHMIDT lebte größtenteils in totaler Armut, völlig zurückgezogen und teilweise außerhalb der Zivilisation: Sein Leben war ausschließlich von Werkansprüchen dominiert, die er unabhängig ihrer ökonomischen Verwertbarkeit verfolgte. Völlig konträre Interessenslagen lassen sich bei Journalisten und Redakteuren vermuten, die ihre Aussagenproduktion vorwiegend unter dem dominierenden Kriterium einer Monetarisierung der publizistischen Inhalte ausrichten, wie dies beispielsweise regelmäßig bei der Illustrierten *Bunte* bzw. einigen anderen Blättern (*frau aktuell, NEUE WELT, Freizeit Revue* u.a.m.) des Münchener Burda–Verlages zu beobachten ist. Deren publizistische Konzeptgestaltung wird in mehr oder weniger regelmäßigen Abständen durch das System Presserecht korrigiert, weil die Aussagenproduktion so gut wie gegen alle relevanten Normen publizistischer Qualitätsansprüche wie Authentizität, Faktizität usw. verstößt.[81] Die Interessen der Blattmacher können daher in vorwiegend finanziellen Vorteilen vermutet werden. Zwischen diesen beiden Extremen liegen die unterschiedlichen Lebens- und Erfahrungswelten von Autoren.

Jakob Michael Reinhold LENZ (1751–1792), Georg BÜCHNER (1813–1837) oder Heinrich von KLEIST (1777–1811), der auch journalistisch tätig war (*Berliner Abendblätter*), sowie etwa aus neuerer Zeit Wolfgang KOEPPEN (1906–1996) waren Publizisten, die weniger aus eigentlicher Überzeugung finanzielle Lebensinteressen hintanstellten als vielmehr aus Gründen der Einsicht in deren offensichtlichen Unabänderlichkeit: Ihre publizistischen Ansprüche waren ihnen wichtiger als alle materiellen Bequemlichkeiten. Auch eine publizistische Persönlichkeit wie Karl GUTZKOW (1811–1878), die gleichermaßen literarisch wie journalistisch in aktuel-

81 So hatte beispielsweise der BGH in einem Urteil v. 5.12.95 dem Verlager vorgehalten, Prinzession Caroline von Monaco aufgrund irreführender Titelaufmachung in den Blättern „Frau aktuell" und „Neue Welt" in ihren Persönlichkeitsrechten verletzt zu haben bzw. "die Verletzung der Persönlichkeit seines Opfers als Mittel zur Auflagensteigerung und damit zur Verfolgung eigener kommerzieller Interessen eingesetzt" bzw. "rücksichtslose Vermarktung " betrieben zu haben (zit.n. Archiv für Presserecht, AFP 1996, S. 138). Am 12.12.1995 war es um eine "wiederholte und hartnäckige Verletzung des Rechts am eigenen Bild ... um des wirtschaftlichen Vorteils willen" trotz mehrfacher Abmahnungen (vgl. AFP 1996, S. 138 f) und am 19.12.95 um die Veröffentlichung von sog. Paparazzi-Fotos von Prinzessin Caroline gegangen, die von ihr in einem "Schutzbereich ... heimlich" bzw. "unter Ausnutzung von Überrumpelung" aufgenommen und in Burdas „Bunte" veröffentlicht worden waren (zit.n. AFP 1996, S. 140). Ein Jahr zuvor hatte der BGH am 26.5.1994 (BGH I ZR 108/92) Burdas größte Zeitschrift „Bunte" gerügt, Artikel mit bewußt unzutreffenden Angaben über bestimmte Produkte zu Zwecken des Wettbewerbs veröffentlicht zu haben. Konkret hatte ein für „Bunte" arbeitender Journalist, der über Arnznei- und Schönheitsmittel schrieb, sich selbst a) für die positive Produktbewertung als Experte ausgegeben, um die Glaubwürdigkeit der Testergebnisse zu erhöhen, und b) gleichzeitig von den Produktherstellern dafür Provisionen kassiert (vgl. „Der Spiegel" Nr. 27/1994, S. 33 ff). 1996 mußte der Burda-Verlag 180.000 DM wegen eines völlig frei erfundenen Interviews mit Prinzessin Caroline Schmerzensgeld bezahlen, im August dann mit dem US-Schauspieler Tom Cruise wegen eines in wesentlichen Teilen fingierten Interviews einen Vergleich schließen - alles Beispiele für „rücksichtslose Vermarktung" zwecks „kommerzieller Interessen".

le politische Fragen (Vertreter des „Jungen Deutschlands“) und gesellschaftliche Probleme (z.B. Einkommenssituation von Autoren) engagiert war, lebte trotz schwieriger finanzieller und politischer Lebensumstände (Zensur, Gefängnis, Flucht, publizistische Anfeindungen) konsequent für seine nicht-monetären Lebensvorstellungen, auch wenn von ihm eigentlich anvisierte bessere finanzielle Lebensumstände einen höheren Stellenwert gehabt hätten als bei LENZ, BÜCHNER oder KLEIST. Eine ähnliche Stellenwertrangfolge könnte man unterstellen, wenn man Theodor FONTANE (1819–1898), Friedrich SCHILLER (1759–1804), Christoph Martin WIELAND (1733–1813), Johann Wolfgang GOETHE (1749–1832) und Thomas MANN (1875–1955) miteinander vergleicht. FONTANE hatte finanzielle Einschränkungen bei seiner Entscheidung, ausschließlich literarisch tätig sein zu wollen, bewußt mit einkalkuliert und sogar familiäre Krisen in Kauf genommen. SCHILLER war trotz seines 'Ausstiegs' aus der bürgerlichen Beamtenwelt durchaus die Vorstellung und der Wunsch vor Augen, ein materiell bequemes Leben führen zu können. Allerdings erwies sich etwa die dazu angenommene Professorenstelle für das Fach Geschichte in Jena (1789–1992) als weniger einträglich als erhofft ebenso wie andere Projekte auch (Zeitschrift *Thalia*, geplante Mitarbeit in größerem Umfang bei WIELANDs *Teutscher Merkur*, Herausgabe der *Horen*) – für SCHILLER gab es auch einen „ökonomischen Ruhm“,[82] selbst wenn der sich erst in seinen letzten Lebensjahren einstellen sollte.

Abb. 4.6.2: Motivstrukturen von Publizisten
(Literaten, Autoren, Kommunikatoren

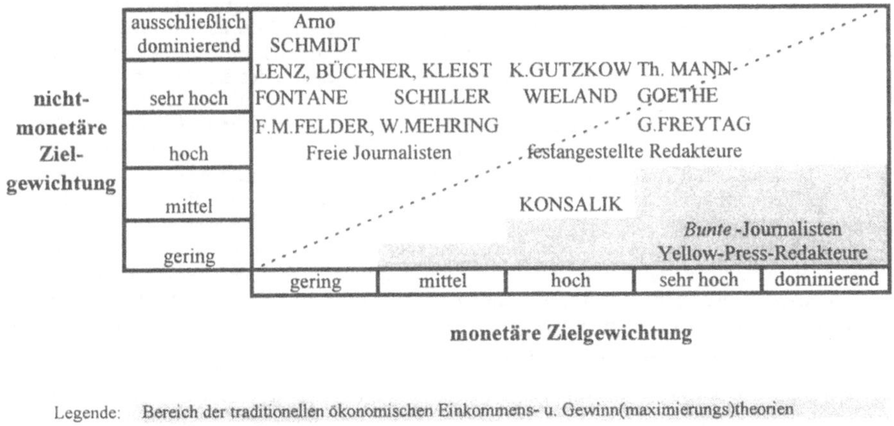

82 So schrieb SCHILLER am 17.3.1788 an seinen Freund Gottfried KÖRNER, nachdem im Teutschen Merkur bereits erste Bruchstücke seiner Geschichte des Abfalls der vereinigten Niederlande von der spanischen Regierung erschienen waren und er sich auf historische Arbeiten zu konzentrieren begonnen hatte: „Bedenke dieses, so wirst Du mir zugeben müssen, daß kein Fach (gemeint ist das Fach Geschichte, Anm.d.Verf.) so gut dazu taugt, meine ökonomische Schriftstellerei darauf zu gründen sowie auch eine gewisse Reputation; denn es gibt auch einen ökonomischen Ruhm.“

Der Autor und Aufklärer WIELAND, der 1772 als Erzieher des jungen Prinzen und „im Hinblick auf die ihm später auf Lebenszeit zugestandene Pension“ (SCHELLE 1975 I: 153) nach Weimar gekommen war,[83] und kurz darauf den *Teutschen Merkur* gegründet hatte, um einerseits ein regelmäßiges Forum für eigene Ideen und Veröffentlichungen zu haben, zum anderen aber auch aus „merkantilischen Interessen“, ging schon aus Gründen der finanziellen Verantwortung für seine Großfamilie ganz ungezwungen mit Einkommensinteressen um.[84] Im Gegensatz zu GOETHE, der sich zumindest einkommensmäßig in direkte Abhängigkeit des Hofes begeben hatte, sah WIELAND die Probleme einer solchen finanziellen Verhältnisses[85] und zog daraus Konsequenzen, indem er sich 'selbständig' machte. In diesem relevanten Punkt unterscheiden sich beide Geister, weshalb man beim Publizisten und Zeitschriften–Unternehmer WIELAND die nicht-monetären Interessen aufgrund seiner publizistischen Unabhängigkeitsansprüche etwas höher gewichten kann als beim Publizisten und verbeamteten Staatsrat GOETHE. Die Gleichgewichtigkeit der monetären und publizistisch-Anspruchswelten bei GOETHE und Thomas MANN läßt sich mit deren soziokultureller Herkunft erklären: Beide stammen aus vermögendem Hause.

Im Bewußtsein um die Schwierigkeiten kardinaler Abstufungen und ohne eine Wertung zwischen einer „hohen“ und „sehr hohen“ nicht-monetären Zielgewichtung

83 WIELAND erhielt ab 1775, als sein ihm bisher anvertrauter Zögling KARL AUGUST im Alter von 18 Jahren die Regierungsgeschäfte übernahm, 1.000 Thaler jährlich an Pension (im Alter von 42 Jahren), was dem Gehalt eines Regierungsrates bzw. des Gymnasialdirektors bzw. auch dem jährlichen Einkommen des Besitzers des Hotels „Elefant“ (gegenüber GOETHEs Anwesen) entsprach.

84 So bekannte er z.B. am 24.1.1779 gegenüber Heinrich VOß: „Ich bin Hausvater und habe inclusive sieben holde Kinder ... täglich sechszehn Mäuler und Mägen zu versorgen. Bey einem solchen Amte darf man wahrlich die Hände auch nicht in den Sack stecken, und der ehrliche Merkur spielt ... dabey keine ganz entbehrliche Rolle“ (zit. n. BRENDER 1990: 107). Eine solche Einstellung war zu jener Zeit nicht selbstverständlich, da es in der auslaufenden Ära des ständischen Dichtertums t.w. immer noch für Literaten und Autoren als unschicklich galt, Geld für ihre Leistungen zu nehmen: Die „dichterische Begabung galt als Gottesgabe, hatte als solche keinen Preis und sollte der ständischen Gesellschaft unentgeltlich zugute kommen“ (SCHELLE 1975 I: 153), weil der Dichter am und vom Hofe lebte. WIELAND war einer der ersten, der das freie Schriftstellertum nicht nur forderte, sonder auch praktizierte. Diese Einstellung hatte er auch in seiner Schrift von 1791: Grundsätze, woraus das Merkantilische Verhältniß zwischen Schriftsteller und Verleger bestimmt wird theoretisch begründet, indem er zwischen dem unveräußerlichen geistigen Eigentum (WIELAND war so gesehen nicht nur ein eifriger Verfechter des Urheberrechts, sondern auch dessen geistiger Wegbereiter) und der vervielfältigten „Ware“ unterschied: „1. Ein zu öffentlichem Druck und Verkauf bestimmtes Manuskript (wie groß oder gering sein innerer Wert seyn mag) wird hier bloß als ein Produkt der Kunst oder des Fleißes eines Schriftstellers betrachtet, in so ferne solches auf Kosten und Risico eines Verlegers zu einer Waare wird, die in Geld oder Geldeswerth umgesetzt und an welcher gewonnen und verlohren werden kann. ... 3. In so ferne das Product eines Schriftstellers durch den Druck und Verkauf zu einer Kaufmanns–Waare wird, lassen sich alle Grundsätze und Regeln, die von allen Waaren überhaupt gelten, auf dasselbige in so weit anwenden, als die besondere Art und Natur dieser litterarischen Waaren nicht besondere Modifikationen und Bestimmungen nothwendig machen. 4. Das Eigene der Litterarischen Waaren, wodurch sich die Producte der Kunst oder des Fleißes des Schriftstellers von allen anderen Producten der menschlichen Industrie unterscheiden, besteht darin: daß sie a) vermittelst des Drucks ins Unendliche verfielfältiget und b) durch Nachdruck oder Contrefactur von einem Jeden, der es unternehmen will, nachgemacht werden können“ (zit.n. BUCHNER 1871: 135).

85 WIELAND an seinen Freund Heinrich VOß am 24.1.1979: „Am Ende ist es einem jeden ehrlichen Kerl, und einem Dichter mehr als jedem anderen, besser, wenn er sein verdientes Brot im Schweiß seines Angesichts isset, und dafür keinem August hofiren und keinem angeblichen Mäcen den Kutzen streichen muß“ (zit.n. SCHELLE 1975 I: 204 Anm. 29).

vornehmen zu wollen, lassen sich zumindest die ökonomischen Zielansprüche von publizistischen Figuren wie Franz Michael FELDER (1839–1869) oder Walter MEHRING (1896–1981) als eher gering interpretieren. FELDER, als Sozialreformer auch stark politisch engagiert, bekämpfte im Vorarlberg monopolistische Ausbeuterstrukturen;[86] MEHRING, einer der bedeutendsten Satiriker der Weimarer Republik, schrieb neben mehreren zeitkritischen Romanen und Schauspielen[87] Gedichte, Lieder, Chansons sowie Kabarettvorlagen u.a. für Max REINHARDTs Bühne *Schall und Rauch*, war Mitarbeiter der *Weltbühne*, mußte 1933 emigrieren und lebte bis zu seinem Tod „staatenlos im Nirgendwo", so der Titel einer Werkausgabe seiner zwischen 1933 und 1974 entstandenen Gedichte, Lieder und Chansons „am Rande des Existenzminimums" (KILLY). Um vorwiegend finanzielle Ziele konnte es beiden nicht gehen: FELDER hätte in diesem Fall die Idylle der heimatlichen Bergwelt zum Thema gemacht und MEHRING sich auf Kurios–Heiteres ausschließlich kapriziert. Den Gegenpart zu beiden verkörperte ein Autor wie Gustav FREYTAG (1816–1895), der 30 Jahre lang Herausgeber des nationalliberalen *Grenzbotens* und ansonsten hinsichtlich seiner Themenauswahl und Protagonisten auf Erfolg getrimmt und vom selben letztlich auch gekrönt war.[88]

Allein aufgrund des dichten Schreibtempos und der auf Masse ausgerichteten kreativen Produktivität wegen (vgl. Übersicht 4.4.1) würde man Heinz G. KONSALIK (geboren 1922) mehrere Kategorien niedriger ansetzen und sicherlich eine zugunsten monetärer Absichten strukturierte Zielsetzung vermuten. Wie grob und vorläufig solche Betrachtungen bleiben (müssen), wenn sie nicht mit weiteren Erklärungsvariablen versehen werden, kann die Gegenüberstellung von freien und fest angestellten Journalisten verdeutlichen. Viele „Freie", die beispielsweise als sog. feste Freie fest in redaktionelle Arbeitsabläufe eingebunden sind, können oft ein höheres Einkommen (zumindest brutto gesehen) als ihre angestellten Kollegen realisieren und viele Freie wählen diesen Status aus solchen plus anderen Gründen wie etwa örtliche und/oder zeitliche Ungebundenheit usw.. Es gibt bei Freien aber auch den umgekehrten Fall, der mehr der Normalität entsprechen dürfte: geringere Einkommenserwartungen, höhere Auslastungsrisiken und insgesamt ein höherer Ar-

---

86 Rolf SCHNEIDER beschrieb FELDER und dessen publizistische Akzeptanz damals wie heute folgendermaßen: „Dem sehr viel erfolgreicheren Steirer Peter Rosegger ist Felder als Talent mindestens ebenbürtig, wo nicht überlegen. Roseggers Neigung, das Elend seines einstigen Bergbauerdaseins gemütvoll zu idyllisieren, macht seine Erinnerungsbücher konsumabel. Felder ist gnadenloser: Die Spannungen zwischen Arm und Reich, Aufgeklärt und Bigott werden in aller gebotenen Schärfe vorgetragen. ... Die Verbindung von Klassenkampf und Orgasmus bei Wilhelm Reich war zweifellos pikanter als der quälende Streit Felders gegen Gallus Moosbrugger, der den Käsehandel im Bregenzerwald beherrschte und sein Monopol mit manchesterkapitalistischer Härte verfocht" (SCHNEIDER 1996: 79).

87 U.a. 1929: *Der Kaufmann von Berlin. Ein historisches Schauspiel aus der deutschen Inflation.* Berlin (S. Fischer), von Kurt WEILL t.w. vertont. U.a. wegen des *Lieds der 3 Straßenkehrer* verursachte das Stück „den größten Theaterskandal der Weimarer Republik" (KILLY). MEHRING stand auf der 'Abschußliste' der Nationalsozialisten ganz oben, weshalb auch alle seine Bücher im Mai 1933 auf dem Scheiterhaufen landeten.

88 Bestseller waren sein das „zeitgenössische Pressewesen humorvoll karikierende Lustspiel" (KILLY) *Die Journalisten* von 1854, das bald zum festen Repertoire–Bestand der Theater zählte, sein das aufstrebende Bürgertum verherrlichender Roman *Soll und Haben* (1855), der zum „meistgelesensten Roman des 19. Jahrhunderts" wurde (Franz MEHRING) sowie sein Buch *Die Ahnen* von 1872.

beitsaufwand.[89] Andererseits dürfte das Einkommen eines *taz*–Redakteurs sogar niedriger liegen als das eines vergleichsweise schlecht entlohnten Freien. Eher nur generell kann daher eine solche Klassifizierung zwischen festen und freien Journalisten hinsichtlich der Zielgewichtungen vorgenommen werden. Da journalistisch-publizistische Tätigkeiten ebenfalls ein sehr weites Spektrum unterschiedlicher Aufgabenfelder bzw. Arten und Qualitäten von Aussagenproduktion abdecken, wären dazu funktional differenziertere Überlegungen notwendig.[90]

Berücksichtigt werden muß auch, daß sich langanhaltender und/oder partieller finanzieller Erfolg völlig unabhängig von monetären versus nicht-monetären Zielgewichtungen einstellen kann; Rückschlüsse auf die (ursprünglichen) Motive bedürfen sorgfältiger Rekonstruktion. Ebenso können sich Interessen und Motivationen im Lauf der Zeit verändern können. So hatte sich etwa Paul HEYSE, schreibender Kollege von FONTANE, erst vom mäzenatischen Geldsegen des bayerischen Königshofes anwerben lassen, diesen aber wieder verlassen, um unabhängiger von den höfischen Anforderungen an Drama und Epos zu sein - die Novellen– und Romanproduktion fiel ihm wesentlich leichter und entsprach auch mehr dem Zeitgeist. HEYSE schrieb im Laufe seines restlichen Lebens, d.h. in 46 Jahren 150 Stücke, d.h. Novellen und Romane, im Jahresdurchschnitt also 3 - FONTANE hatte es 'nur' auf 0,7 gebracht. HEYSE über seine neue Selbständigkeit: Autoren „haben keine andere Mäzene als das Publikum, und das Publikum, als Ganzes betrachtet, ist ein guter und großzügiger Herr" (zit.n. BECKER 1969: 384). Mit dieser neuen Philosophie konnte HEYSE ein „höchst angenehmes Dichterleben" führen (BECKER 1969: 386), wurde wegen seines Sinneswandels aber auch herb kritisiert.[91] Vielproduzent und Main-

---

89 Diese Einschätzung weicht von den Durchschnittszahlen der repräsentativen Kommunikatorstudie von WEISCHENBERG/LÖFFELHOLZ/SCHOLL (1994: 156 ff.) deutlich ab, was derzeit nicht weiter geklärt werden kann: Die Autoren haben in diesem Punkt bisher noch nicht bekanntgegeben, auf welche Art und Weise „Freie" (und weniger „feste Freie") in das sample aufgenommen wurden bzw. werden konnten. Möglicherweise wurde hier nicht funktional genug differenziert und potentielle „Freie" nur über Nennung seitens der Auftraggeber ausfindig gemacht. In diesem Fall ist stark zu vermuten, daß Auftraggebern v.a. die Namen von regelmäßig beschäftigten Mitarbeiter einfallen, also jene von sog. festen Freien. Zumindest sprechen dafür die vergleichsweise unbedeutenden Abweichungen bei fast allen erhobenen Strukturmerkmalen wie Einkommen, Arbeitszeit usw.. Die von den Autoren angekündigte differenziertere Auswertung nach Mediengattungen und/oder schwerpunktmäßig bearbeiteten Themenfelder kann u.U. mehr Aufklärung bringen.

90 Um einen von LANGENBUCHER (1993: 315) im Zusammenhang mit seinen „Thesen zu einer historischen Theorie des modernen Journalismus" beispielhaft angeführten Namen aufzugreifen, würde man im Fall eines Horst STERN, der am Heiligabend 1971 die bundesdeutsche Fernsehwelt mit seinem Film Bemerkungen über den Rothirsch schockierte, weil er – ähnlich wie in seinen anderen Dokumentarfilmen – ungeniert Tabus brach, um Diskussionen in Gang zu setzen, zunächst mehrere funktionale Betrachtungsebenen auseinanderhalten müssen, sofern man nicht die Chance nutzt, ihn selbst nach seinen jeweiligen Zielkonstellationen zu fragen: 1) die Frage nach eher freier bzw. fester Publizistentätigkeit (STERN war vor diesem Film als Publizist in Zeitschriften und als Buchautor hervorgetreten), 2) die aufgrund welcher (zufälligen) Umstände (z.B. Netzwerke, Beziehungen usw.) er in der Lage war, a) einen solchen Film drehen und b) ihn an einem solchen Sendeplatz ausstrahlen zu lassen (LANGENBUCHER weist selbst darauf hin, daß der bekannte Name STERN „für mindestens 20 vergleichbare Dokumentarfilmer" stehe), 3) welchen Stellenwert ganz generell die Mobilisierung von Öffentlichkeit bei ihm hat(te), u.a.m..

91 Conrad ALBERTI (1862–1918), damals recht bekannter und heute vergessener Romanautor, Dramatiker und später Schriftleiter der *Berliner Morgenpost*, der ein eifriger Verfechter des Naturalis-

stream-Autor HEYSE ist heute vergessen, der vergleichsweise Wenigschreiber FONTANE allgemein im Bewußtsein.

4.6.3 Selbstverständnis, publizistische und unternehmerische Zielkonstellationen von Verlegern (Medienproduzenten)

Die grundsätzlichen Überlegungen, die im Zusammenhang mit den Inputproduzenten angestellt wurden, lassen sich auf die Kommunikatorenebene der Medienproduzenten weitgehend übertragen, wenn sich Verleger als „Mittler zwischen Geist, Kunst, Idee und einem Publikum" (KIEPENHEUER 1924: 106) verstehen und nicht nur als Anbieter aktuelle Nachfragewünsche ausschließlich befriedigen, was aus traditionell wirtschaftswissenschaftlicher Sicht bereits das perfekte Ideal eines effizient funktionierenden Marktes darstellen würde, wodurch nach klassischer Allokations–Philosophie auch die „gesamtgesellschaftliche Wohlfahrt" (weiter) erhöht werden könnte. Über den Rollenwandel der Verlegerfunktionen und deren spezifische Ausdifferenzierungen im Lauf der Jahrhunderte liegen einzelne Analysen vor (z.B. FISCHER, H.-D. 1975: 11–39, GROTH IV 1930: 3 ff., FISCHER, H.-D. 1987: 13–40), weshalb hier auf eine Darstellung verzichtet werden kann. Im Prinzip hat sich das Spektrum der originären Funktionsfelder wenig geändert – die Arbeitsteilung, die natürlich auch diese Branche erfassen mußte, hat lediglich im Rahmen der zunehmenden Spezialisierung organisatorische Verselbständigungstendenzen einzelner Produktionsstufen ausgelöst, die allerdings von Verlag(sbranche) zu Verlag(sbranche) sehr unterschiedlich betrieben und gemanagt werden.[92]

---

mus war, hatte ihn verglichen mit einem Inhaber einer „großen Novellenfabrik, zur Befriedigung des denkfaulen Bildungspöbels, nach rein kaufmännischen Grundsätzen geleitet" (zit.n. BECKER 1969: a.a.O.). Thomas MANN nannte ihn „einen fast unanständigen Epigonen" (zit.n. KILLY). Zu seinem 70. Geburtstag 1900 feierte ihn KEILs *Gartenlaube*, für die er viel schrieb, als jenen, der „von allen lebenden deutschen Schriftstellern, dem mit dem größten Recht und im weitesten Umfang des Begriffes die adelnde Bezeichnung Künstler gebührt" (zit.n. BECKER: a.a.O.).

92 So verfügen einige Verlage, egal ob sie Bücher oder periodische Printmedien produzieren, über eine (konzern-) eigene Druckerei, was ihnen im Zweifel das Publizieren von sog. Schnellschüssen vereinfacht, auf der anderen Seite aber das Problem eines regelmäßigen Kapazitätsauslastungsmanagements bedeutet. Andere Verlage managen die technische Herstellung ausschließlich über Fremddruck, wobei dies bei periodischen Printmedien, die regelmäßig aktuell auf dem Markt sein müssen, eher die Ausnahme darstellt, zumindest dann, wenn sie Gefahr laufen, von Konkurrenten etwa auf dieser 'offenen Flanke' angegriffen zu werden. Das Auslastungsproblem wird von anderen, beispielsweise Zeitungsverlagen oft auch im Rahmen einer Verbundkooperation gelöst, insbesondere wenn sich solche Zeitungsverlage eines einheitlichen Mantels bedienen. Die Lösungen effizienter Spezialisierungs- und Arbeitsteilungsnotwendigkeiten können jedenfalls sehr verschieden aussehen und hängen von sehr vielen unterschiedlichen, meist sehr spezifischen Einflußgrößen ab. Darüber gibt es keine flächendeckenden Untersuchungen. Was sich indes praktisch durchgehend durchgesetzt hat, ist die Trennung des produzierenden Buch–Verlagswesens vom verkaufenden Buchhandel. Auf der Vertriebsebene liegt die Sache bereits wieder anders: Buchverlage arbeiten teils mit eigener, teils mit fremder Verlagsauslieferung. Auch werden nicht alle Verlagsprogramme über den Großhandel bzw. Barsortimente distribuiert. Dies gilt insbesondere für kleinere Verlage. Reine Zeitungsverlage hingegen arbeiten nach vergleichsweise sehr viel homogeneren Funktionsteilungsprinzipien, während sich die Produktions- und Distributionsprozesse von Zeitschriftenverlagen in Abhängigkeit ihrer sehr unterschiedlichen Produktpalette wieder t.w. ganz erheblich voneinander unterscheiden.

Im Kern stellt ein „Verlag“ – wie in früheren Zeiten[93] – ein Dienstleistungsunternehmen dar, das im eigenen Namen und für eigene Rechnung mediale Angebote organisiert. Dies betrifft die inhaltliche Angebotspalette, die technische Produktion und den Absatz. Kennzeichnend ist der Umstand, daß sich in der Regel die meisten Produktionsvorgänge außerhalb des eigenen Unternehmens abspielen, wobei ein Verlag allerdings entsprechende (Vor-)Finanzierungsfunktionen übernehmen muß. Im Buchbereich organisiert der Verlag erst den Rohstoff „geistig-kreative Inputs“, beauftragt die technische Produktion, sorgt danach für die technische Distribution und kümmert sich um den notwendigen Transparenz- und Akzeptanzaufwand. Bei der Produktion von Büchern können fast alle Arbeitsvorgänge von Fremdunternehmen erledigt werden, die inhaltliche Zusammenstellung der Angebotspalette und das organisatorische Management ausgenommen. Periodische Printverlage halten aufgrund der Sicherung der relevanten Produktkriterien Aktualität und Periodizität wesentlich mehr Produktionsstufen unter direkter Kontrolle, d.h. im eigenen Unternehmen: in der Regel den größten Teil der Inputproduktion, oft auch die technische Vervielfältigung (Zeitungsverlage) und ebenso oft auch einen relevanten Teil des Vertriebsapparates (Zeitungen).

Entsprechend den Ressourcen- und Warenströmen sind die monetären Äquivalente organisiert. Vorlieferanten (Papier) und technische Dienstleister (Druck) bestehen in der Regel auf unmittelbarer Bezahlung (branchenübliche Zahlungsfristen), die ein Verlag vorfinanzieren muß. Bei Inputproduzenten bzw. Buchautoren werden unterschiedliche Modelle praktiziert: entweder Vorschußzahlungen und/oder absatzabhängige Honorare. Direkte Verkäufe an den Bucheinzelhandel (über Vertreter) sind – abhängig von den Verkaufsarrangements (z.B. Remissionsrechte) – mit längeren Zahlungsfristen versehen, die die vergleichsweise geringe Umschlagshäufigkeit einzelner Titel berücksichtigen. Bei periodischen Printprodukten zirkulieren die Zahlungsrückflüsse schneller (z.B. Abonnements) bzw. sind auch die Inputlieferanten festangestellte Honorarempfänger. Somit fungieren Verlage je nach Produkt und abhängig von der spezifischen Produktionskonstellation entweder als mehr oder weniger komplettes Produktions(verbunds)unternehmen (Beispiel Zeitungsverlage) oder auf der anderen Seite etwa im Fall der beauftragten Buchherstellung (sog. Selbstkostenverleger, vgl. ENGEL 1981) als dienstleistender Organisationsbetrieb, der im Extremfall nur noch die Funktion eines 'Inkasso–Unternehmens' hat (vgl. GÖPFERT 1977: 137), um die Verteilung der finanziellen Rückflüsse auf die unterschiedlichen Lieferanten zu übernehmen. Dazwischen liegt die Situation eines Buchverlegers, der originäre Verlagsfunktionen wahrnimmt, wenn er beispielsweise auf eigenes Risiko hin Autoren unabhängig von der absetzbaren Verkaufsmenge entlohnt, weil er ein bestimmtes inhaltliches Programmangebot vermitteln möchte, was oft nur mittels 'Investitionen' in den Produktionszyklus von Autoren möglich ist (vgl. ausführlich: Kap. 6.6.2.2).

Diese sehr unterschiedlichen organisatorischen Regelungen machen klar, daß Verlagsunternehmen ihre publizistischen Zielvorstellungen nur unter einer unternehmerischen 'Nebenbedingung' realisieren können: Aufgrund ihrer unmittelbareren

93 Aufgrund der klar abgrenzbaren „Verlags“–Funktionen wurden früher auch Unternehmen anderer Branchen als „Verlag“ bezeichnet, z.B. im Textilbereich, wo „Verlage“ die erst die Rohstoffe, dann deren Verarbeitung und danach den Verkauf bzw. den Weiterabsatz managten.

Nähe zum Marktgeschehen sehen sie sich mit stärkeren ökonomischen Restriktionen konfrontiert, die sich aufgrund ihrer stärkeren Einbindung in alle sonstigen Produktions- und Absatzstufen bzw. ihrer größeren Verantwortung gegenüber allen anderen Mitbeteiligten ergibt. Konkret können publizistische Ziele schnell mit ökonomisch-unternehmerischen Notwendigkeiten in Konflikt geraten, so daß eine Analyse publizistisch-unternehmerischer Zielvorstellungen sowohl ein größeres Interessens- als auch Restriktionsspektrum abdecken muß.

Die mögliche Mittlerfunktion „zwischen Geist, Kunst, Idee und Publikum" (s.o.), die auf eine Veränderung gegebener Präferenzstrukturen bei den potentiellen Rezipienten zielen muß (vgl. HUTTER 1995: 109), stellt ökonomisch gesehen die schwierigste Managementsituation dar. Damit konfrontiert sehen sich im Bereich des Buchmarktes vor allem sog. Programmverlage. Mit einer wesentlich problemloseren Situation können sog. Publikumsverlage umgehen, wenn sie ihre Produktpalette weitgehend den aktuellen Nachfragepräferenzen anpassen. Die erstere Situation hat der Verleger des ehemaligen Berliner Malik–Verlages zur Zeit der Weimarer Republik, Wieland HERZFELDE, mit folgender Situation verglichen, „in blindem Glauben an Unmögliches gegen die Grenzen des Möglichen Sturm zu laufen" (HERZFELDE 1926/1986: 77).[94] Alfred DÖBLIN hat sich dabei mit der Metapher eines Drei–Augen–Modells über den potentiellen Zielkonflikt Gedanken gemacht: „Der Verleger schielt mit einem Auge nach dem Schriftsteller, mit dem anderen Auge nach dem Publikum. Aber das dritte Auge, das Auge der Weisheit, blickt unbeirrt ins Portemonnaie" (DÖBLIN 1968: 305). Mit dem „Auge der Weisheit" hat DÖBLIN ganz offenbar die unternehmerische Entscheidungssituation gemeint, das

94 HERZFELDE hat den Gegensatz zwischen einem Programm- und Publikumsverlag so beschrieben: „Unter den Verlegern aus Überzeugung gibt es zwei Typen: Die einen freuen sich, dem Publikum Bücher zu bringen, die ihm gefallen. Nicht aus Finanzerwägungen, sondern weil sie die Schichten ihrer Abnehmer (meist den gebildeten Mittelstand: Akademiker, Beamte, Tier-, Kunst- und Naturliebhaber) als Autorität, als sachverständig betrachten und es ehrlich als Dienst an der Kultur ansehen, wenn sie ihrem Publikum etwa die Tempel Griechenlands in besonders gelungenen, gutgedruckten, sinnvoll ausgewählten und erläuterten Abbildungen möglichst billig und geschmackvoll liefern. Gemeinsame Ideale künstlerischer, weltanschaulicher, sinnlicher Art verbinden hier Verleger und Publikum.
Bleibt die andere, wohl seltenste Art Verleger: die, die Bücher verkaufen will, nach denen keine Nachfrage besteht, deren fixe Ideen ignoriert oder gar abgelenkt werden. Da wird das Absatzproblem zur Quadratur des Zirkels. Selten haben solche Verleger wirtschaftliche Macht. Und doch ruht gerade auf ihnen eine ungeheure Verantwortung: sie sollen Künstlern und Wissenschaftlern, die Neues wagen, Existenz ermöglichen und Sprachrohr sein. Je konservativer die Denkungsart der wohlhabenden Kreise wird, um so mehr wachsen die Schwierigkeiten eines solchen Verlages (sofern er nicht nur die Bahnbrechergeste ohne konkreten Inhalt repräsentiert).
In Wirklichkeit gibt es diese Typen kaum rein. Mal wird ein neuartiges Buch, mal ein sensationelles, mal ein beliebtes, oder unterhaltsames, oder klassisches Buch in ein und demselben Verlag herausgebracht. Die Entwicklungstendenz läuft aber regelmäßig in die Richtung nach den geringsten Widerständen, also vom Wagnis zur Chance, zum soliden Geschäft, zur Arterienverkalkung. Die Verleger wissen das natürlich, und die ihren Beruf als Selbstzweck lieben, versuchen, jung zu bleiben. Das gelingt selten; denn Erfahrung macht müde und sehend. Sie macht es schwer, im blinden Glauben an Unmögliches gegen die Grenzen des Möglichen Sturm zu laufen und nicht zu sagen: 'Hier habt Ihr, was Ihr wollt!', sondern 'Hier bringe ich, was Ihr lesen solltet!'
Ich weiß nicht, ob du, Leser, Sinclair, Gorki, die jungen Russen, Grosz, Franz Jung, O.M. Graf, Sternberg, Wittfogel, kurz die Malikautoren lesen willst, aber eines weiß ich: du solltest sie lesen!" (a.a.O.).

typische Dilemma publizistisch und ökonomisch mittels eines höheren Einsatzes an Zweckrationalität lösen zu müssen.[95]

Eine Analyse von monetären versus nicht-monetären Motivations- und Zielstrukturen von publizistischen Unternehmern bzw. Unternehmen muß demnach mehrere Einflußgrößen berücksichtigen: Zunächst die jeweilige Produktpalette bzw. das Grundverständnis eines Verlages, das darüber Auskunft gibt, für welche Art von Nachfrage bzw. Nicht–Nachfrage produziert werden soll. Damit sind erste Prioritäten gesetzt. Da Verleger möglicherweise eigene Zusatzziele verfolgen, die mehr oder weniger eng mit der Verlagsproduktion zusammenhängen können, werden auch hiervon mögliche Zielkonstellationen in ihrer jeweiligen Gewichtung tangiert – beispielsweise wenn sich Verleger gleichzeitig als Autoren betätigen (z.B. Rudolph Zacharias BECKER/Eigenverlag mit dem *Noth– und Hülfsbüchlein* sowie seinen Zeitungen *Nationalzeitung* und *Reichsanzeiger*, Wieland HERZFELDE/Malik–Verlag, Siegfried UNSELD/Suhrkamp–Verlag, Klaus WAGENBACH/Wagenbach–Verlag) oder ihre eigene Druckerei z.B. mit sog. Massenware bzw. Publikumsware auslasten wollen. Im letzteren Fall wird Geldverdienen „Mittel zum Zweck. Zum Zweck der Verbreitung weltanschaulicher, künstlerischer, politischer, wissenschaftlicher Überzeugungen“, wie es der Verleger des ehemaligen Berliner Malik–Verlages einst erklärte (HERZFELDE 1926/1986: 77).[96]

Die aktuell und historisch beobachtbaren Zielkonstellationen sind vielfältigst ausgeprägt. Die Abb. 4.6.3 versteht sich wiederum nur als Demonstration beispielhafter Belege, um auch die unternehmerischen Motivsituationen in späteren Kapiteln als erklärende Variable heranziehen zu können, wenn Angebote publizistischer Aussagenproduktion trotz (einzelner) Marktversagensphänomene zustande kommen. Völlig untypisch, aber real vorhanden, sind die meist ausschließlich dominanten nicht-monetären Ziele von sog. Selbstverlegern (nicht zu verwechseln mit sog. bzw.

95 Der Verleger von Theodor FONTANE und Gottfried KELLER, Wilhelm HERTZ, Berlin, hat dieses Entscheidungsproblem bereits 1863 im *Börsenblatt* sehr dezidiert analysiert: „Ist er (der Buchhändler bzw. Verleger, Anm.d.Verf.) nicht ganz gedanken- und interesselos, so werden zwei Hauptbestrebungen in ihm wach sein, und, wenn sie einander widerstreiten, zu einer Einigung geführt werden müssen. Die eine Bestrebung geht auf den Gewinn, die Frucht der Arbeit, sie geht auf die Ausdehnung, auf die Vergrößerung der Firma, auf das mercantilische Ansehen, welches derselben geschaffen werden soll; die andere dient selbstlos höheren Interessen, sie dient der Literatur, und sucht den Gedanken, den Werken, den Schriftstellern Geltung zu verschaffen, welchen wir Geltung, also Verbreitung wünschen. Je erfüllter wir von unserem Berufe und seiner missionierenden Aufgabe sind, desto ernster wird unser Trachten sein, beide Bestrebungen zu einer einzigen zu einigen“ (BöBl 11 v. 26.1.1863: 175–178, zit.n. DAVIDIS 1981: 1290). Daß auch Zeitungsverlage grundsätzlich mit einem ähnlich gelagerten Problem zu kämpfen haben, belegt ein statement des ehemaligen Präsidenten der Southern Newspaper Association, USA, Oveta CULP HOBBY (1949: 8): „Newspaper publishing has traditionally been the work of idealists, intellectuals, crusaders, writers – the beloved and impractical of this world. And resting comfortably on that tradition, newspaper publisher are notoriously the worst businessmen in the world. Now journalism is paying for it.“

96 HERZFELDE meint dabei „einen Verleger aus Leidenschaft“. Das oben genannte Zitat geht folgendermaßen weiter: „Dabei kommt es fast niemals zum Verdienen. Der schöne Sport, Überzeugungen zu verbreiten, bringt Geld so leicht nicht ein. Einigen Rekordleuten gewiß – aber der Rest dieser Sportsleute hat natürlich oft Verluste. Wie aber werden sie gedeckt? Ein reicher Vater oder Onkel, ein ordentliches Paket Anilin–Aktien ist angenehm. Am angenehmsten sind Inseraten–Plantagen. Sie bringen nicht nur Geld, sie sparen auch riesige Propagandasummen. Verlage, die über keine der genannten Deckungen verfügen, habens schwer. Und doch gehen, gemessen an den Unterbilanzen, nur wenige Verlage ein“ (a.a.O.).

angeblichen Selbstkostenverlegern), die, aus welchen Gründen auch immer, ein eigenes Buch oder auch eine eigene Zeitschrift, unter absoluten Selbstausbeutungsbedingungen einer größeren Öffentlichkeit zugänglich machen wollen. In den allerseltensten Fällen wirft ein solches Unternehmen monetären Profit ab. Eine gegenteilige Zielgewichtungskonstellation kann im Fall der sog. Yellow–Press–Verlage angenommen werden, die ausschließlich nach den Bedürfnissen einer möglichst großen Nachfrageschicht produzieren, um einerseits die Vorteile aus den Fixkostendegressionseffekten realisieren zu können, zum anderen das Gewinnvolumen auch über den Mengenabsatz zu steigern. Eine Zuordnung beispielsweise von sog. Nachdruckern im 18. und 19. Jahrhundert ist schon schwieriger; auf der einen Seite ging es vielen Verlegern um den Gewinn, beispielsweise aufgrund eingesparter Honorarkosten,[97] auf der anderen Seite spielten möglicherweise auch Überlegungen mit eine Rolle, über billigere Preise das (Bücher-)Lesen größeren Gesellschaftsschichten zu ermöglichen.[98]

Sehr hohe nicht-monetäre und geringe ökonomische Zielinteressen prägten Verlage wie den von Friedrich Christian PERTHES (1772–1843), der um 1800 in Hamburg 'der' führende Buchhändler in ganz Norddeutschland war und im Alter von 50 Jahren seine sichere Einkommensgrundlage aufgegeben hatte, um sich in Gotha mit einem eigenen Verlag ganz dem Produkt Buch bzw. dessen größerer Verbreitung widmen zu können.[99] Ähnliches gilt für den Verleger des Berliner Malik–Verlages,

97 So z.B. den Firmen HEILMANN im schweizerischen Biel, der Fa. HIMBURG in Berlin, Fleischhauer in Reutlingen oder der berühmt-berüchtigten Druckerei SCHMIEDER aus Karlsruhe, nach der sich die Begriffe „Schmiederei" oder „schmiedern" gebildet hatten (vgl. HAGEN 1983: 17 ff.).

98 Die positiven externen Effekte des Nach- bzw. Raubdrucks in Bezug auf die kulturelle (Lese- und Bildungs-)Entwicklung weiter Kreise der Bevölkerung ist heute unbestritten (vgl. WITTMANN, R. 1981, ESCARPIT 1967: 18) bzw. wurde bereits damals diskutiert: „So wurden um ein geringes Geld mancherley gemeinnützliche Kenntnisse erworben, und Fähigkeiten entwickelt, die vielleicht nie geweckt worden wären. So wurde der Geschmack im allgemeinen immer mehr veredelt und selbst in denjenigen Ländern, wo man bisher nur geglaubt aber nie geprüft hatte, ein Licht aufgesteckt, was nie wieder erlöschen wird. Mit einem Worte: so rückte die Nation im Ganzen in der Cultur weiter fort, und machte grössere und schnellere Fortschritte, was bis dahin nur zum Theil und fast unmerklich geschehen war" (BENSEN 1795 im Neuen Archiv für Gelehrte, Buchhändler und Antiquare, Erlangen: 102 f., zit.n. GOLDFRIEDRICH 1909 III: 100). Ebenso forderte etwa der Schweizer Buchhändler und Verleger Johann Georg HEINZMANN aus Bern 1795 ein „Verbot der Ausplünderung des Publikums" durch die Preispolitik der etablierten Verleger und machte sich für ein „Gebot billiger Preise" stark. Daß es eine Wechselwirkung zwischen dem hohen Preisniveau und dem um sich greifenden Nachdruck gab, hatte auch schon GOLDFRIEDRICH (1909 III: 101) konstatiert: „Gerechter Grund und Vorwand, sie spielten ineinander. Den Nachdruckern waren die bittern Beschwerden, die sie gegen die Verleger erhoben, gar bald zu wertvollen Zeugen der Gerechtigkeit geworden." Inwieweit das uneigennützige und nicht-monetäre Motiv einer größeren Verbreitung der gedruckten Literatur den damaligen Nachdruckern tatsächlich am Herzen gelegen hatte, läßt sich heute zweifelsfrei (leider) nicht mehr klären. Daß solche Überlegungen aber zumindest angestellt wurden, gilt als gesichert. Aus diesem Grund kann die nicht-moentäre Zielgewichtung zumindest mit der ordinalen Kategorie 'mittel' angenommen werden.

99 Von ihm stammt die Denkschrift von 1816 Der deutsche Buchhandel als Bedingung des Daseins einer deutschen Literatur. Hamburg. Hg. SCHULZ, Gerd, Stuttgart (Reclam) 1967. GÖPFERT (1977: 176) charakterisierte PERTHES im Kontrast zu J.F. COTTA so: „COTTA mit einer ausgesprochenen Affinität zu Geld und Besitz, verkörpert den frühkapitalistischen Unternehmer, der neben dem Buchhandel noch allerlei andere und große Unternehmungen ins Leben ruft, Perthes ist zunächst vor allem Sortimenter und wird erst später – mit 50 Jahren! – Verleger, beides aus Leiden-

Wieland HERZFELDE (1896–1988), von dem schon mehrfach die Rede war. HERZFELDE hatte einen sog. Programmverlag aufgebaut, um zeitkritischen Autoren Gelegenheit zu geben, zu politischen und aktuellen gesellschaftlichen Fragen Stellung zu beziehen und kritische Ideen verbreiten zu können. HERZFELDEs Unternehmensphilosophie und praktische Geschäftspolitik bewegte sich dabei in einem sehr engen Korridor des potentiell Möglichen, auf der einen Seite die Autoren fair zu entlohnen, auf der anderen Seite deren Bücher so billig wie möglich zu produzieren. Dies war nur unter Aufgabe von eigenen Lebensqualitätsstandards möglich: Der Verleger zahlte sich beispielsweise nur ein Gehalt in Höhe von 250 RM monatlich aus, was in etwa dem damaligen „Durchschnittseinkommen" eines Arbeiterhaushaltes entsprach.[100] Gustav KIEPENHEUER hingegen genehmigte sich selbst in den schlechtesten Zeiten ein Monatsgehalt von 800 RM und lebte ungleich aufwendiger.

Verlegerisches Selbstverständnis, Motive und Ziele können sich auch entwickeln und verändern. Beispielhaft läßt sich dies an den Verlegertypen Gerd BUCERIUS (*DIE ZEIT*) und Rudolf AUGSTEIN (*SPIEGEL*) verdeutlichen. BUCERIUS, der nach 1946 als Herausgeber einer Zeitung „Politik machen" wollte, an diese Mission unbeirrt glaubte und deshalb von Anfang an von seinem publizistischen wie eines Tages auch ökonomisch erfolgreichen „Unternehmen" *DIE ZEIT* felsenfest überzeugt war, mußte darauf über drei Jahrzehnte lang warten. Finanziell 'durchhalten' konnte er dies mittels seiner Mehrheitsbeteiligung an dem Illustrierten–Unternehmen *stern*, mit deren Gewinnen er seine politische Wochenzeitung 'subventionierte'. Der *stern*, der unmittelbar nach Gründung in die Gewinnzone stieß, hatte ebenfalls und trotz seines Illustriertencharakters bis 1977 eine ausgesprochen betont politische, d.h. gesellschaftskritische Ausrichtung, derentwegen das Magazin häufig in Kreuzfeuer der Kritik aus den unterschiedlichsten Ecken geriet: So hatte BUCERIUS, der einst für die CDU im Bundestag saß, Mandat und Parteimitgliedschaft wegen „Intoleranz" seiner Parteifreunde seinem *stern* gegenüber aufgegeben.[101]

---

schaft zum Buch, genauer, aus Überzeugung von der unersetzlichen und notwendigen Bedeutung von Literatur und Wissenschaft gerade für seine Zeit. Um Geld war es ihm nur zu Realisation weiterer Pläne fürs Gemeinwohl zu tun – den Besitz eines Hauses schon lehnte er ab." Eine sehr ausführliche Biographie in 3 Bd. über PERTHES wurde 1848–1853 von seinem Sohn Clemens verfasst.
Auch den Aufklärer, Autor, Verleger und Herausgeber der *Allgemeinen Deutschen Bibliothek* (*ADB*) in einer Person, Christoph Friedrich NICOLAI (1733–1811), der zuvor zusammen mit Gotthold Ephraim LESSING und Moses MENDELSSOHN die Briefe, die neueste Literatur betreffend mitverantwortet und später die *Berlinische Monatsschrift*, hg. v. Johann Erich BIESTER und Friedrich GEDICKE verlegt hatte, zählt nach Einschätzung von MÖLLER (1974: 197) als „beachtenswerter Verleger, dessen Produkte keineswegs ausschließlich am Profit orientiert, sondern den von ihm vertretenen Idealen der Aufklärung verpflichtet waren", in diese Kategorie. NICOLAI hatte u.a. auch viele Bücher verlegt, deren Absatz von vornherein wenig ökonomische Erfolgschancen besaß, nur weil er sie als 'politisch' wichtig empfand. Dazu gehörten beispielsweise Werke von LESSING, Justus MÖSER oder auch die Schrift des preußischen Beamten Christian Wilhelm von DOHM *Über die bürgerliche Verbesserung der Juden*. NICOLAIs Motivation und seine weltpolitischen, aber auch seine geschäftspolitischen Ansichten sprechen im übrigen großenteils aus seinem dreibändigen Roman *Das Leben und Meinungen des Herrn Magister Sebaldus Nothanker* (1773–1776) bzw. dem Munde des dortigen Protagonisten, der deutlich macht, daß das Büchermachen dem (all-)„gemeinen Nutzen" dienen solle.

100 Das Bruttojahresarbeitseinkommen betrug nach den Erhebungen des Statistischen Reichsamtes im Jahre 1927/28 exakt 2.682 RM, vgl. Statistisches Jahrbuch 1937: 330 f.).

101 Konkret hatte sich die CDU mal wieder über eine Story erzürnt, die den Titel trug *Brennt in der Hölle wirklich Feuer?* Die Christdemokraten sprachen von einer „Verletzung christlicher Empfin-

Mit dem Jahr 1977 sehen kritische Beobachter (z.B. THOMAS 1980: 163 ff.) des *stern* dessen ungeschminkten gesellschaftskritischen Ansatz zu Ende gehen, als sich der stellvertretende Chefredakteur Manfred BISSINGER für einen Artikel über die Steuerflucht großer Konzerne verantworten mußte, in dem auch die Bertelsmann AG genannt war, die inzwischen über ihre neue Tochter „G+J" Mehrheitsbesitzerin des *sterns* geworden war – BUCERIUS hatte seine Anteile bereits 1973 zugunsten eines Aktienpaketes an der Bertelsmann AG plus einem dortigen Aufsichtsratssitz verkauft.[102] Nach JAKOBS/MÜLLER (1990: 310) verlor das Blatt immer mehr an „Biß und Profil". Die in mehr monetäre Richtung verschobene Zielgewichtung hatte spätestens 1983 das Fiasko um die sog. Hitler–Tagebücher offenbart.

Im Gegensatz zu BUCERIUS war *SPIEGEL*-Gründer AUGSTEIN mehr Publizist denn Verleger und überhaupt nicht vom Gelingen seines Vorhabens überzeugt, letztlich dann aber doch in der glücklichen Lage, sich vom Erfolg überzeugen lassen zu können. *DER SPIEGEL*, der sich sogar recht bald eine publizistische Monopolstellung aufbauen konnte, war imstande, diese „Alleinstellung" (BUNDESKARTELLAMT) in klingende Münze umzusetzen: Überdurchschnittlich hohe Gehälter, die Anteile aus der Gewinnbeteiligung für die Mitarbeiter, exklusives Spesengehabe sowie das subjektive Gefühl, einzige Anlaufadresse für potentielle Informanten und Investigatives zu sein, ließen nach und nach eine Gewinnmentalität aufkeimen, die sich in „monopolistischer Selbstgefälligkeit und journalistischer Trägheit" (LUDWIG 1996a: 84) niedergeschlagen hatte: *DER SPIEGEL* ging nicht mehr jedem Hinweis nach und ließ immer häufiger das Aufdecken von Skandalen anderen (vgl. a.a.O.: 97 f.). Im Gegensatz zum *stern*, bei dem eine Verschiebung in der vorrangigen Zielstellung stattgefunden hatte, läßt sich das veränderte Selbstverständnis des Nachrichtenmagazins so deuten, daß die monetäre Zielkomponente eine Aufwertung erfahren hat (vgl. Abb. 4.6.3).

Eine interessensmäßige Umorientierung ist im 19. Jahrhundert auch bei einem der erfolgreichsten Verleger, Ernst KEIL (1816–1878), zu beobachten. KEIL hatte 1846 in Leipzig die Zeitschrift *Der Leuchtthurm. Wochenschrift zur Unterhaltung und Belehrung für das Deutsche Volk* gegründet, deren Konzept KIRCHNER (1962 II: 96) so analysierte: „demokratisch und oppositioneller Geist", „bissige, den Zeitgeist brandmarkende Karikaturen", „vormärzlich revolutionäre Haltung". KEIL, der dafür kritisch-oppositionelle Autoren verpflichtet hatte, die t.w. aus Verfolgungsgründen nur aus dem Ausland schreiben konnten (vgl. ROSENSTRAUCH 1976: 186 bzw. Anm. 18), hatte 1850 die Zeitschrift eingestellt und statt dessen 1853 die *Gartenlaube* aufgelegt, die sich zum absoluten Publikumserfolg entwickeln sollte, ab 1867

---

dungen" (vgl. Welt v.8.2.1996). Ein klärendes Gespräch, das BUCERIUS mit dem CDU-Fraktionsvor-sitzenden Heinrich von BRENTANO führen mußte, verlief wegen seiner Weigerung, die Redaktion und auch den Chefredakteur Henri NANNEN an die Kandarre zu nehmen, ergebnislos. Parteimitglied BUCERIUS trat daraufhin kurzerhand aus der CDU aus; vgl. LUDWIG 1996b: 283 ff..

102 BISSINGER wurde erst beurlaubt und dann 'gegangen'. Die inneren Konflikte im Hause *stern*, die mit der Person BISSINGERs kulminierten und letztlich eine Zäsur bewirkten, die auch Henri NANNEN nicht mehr verhindern konnte und/oder wollte, sind beschrieben bei THOMAS 1980, insbes. auf den S. 173–182. Der *stern* hatte damals (bis 1980) den Zenit seiner Auflagenentwicklung erlebt (1980: mehr als 1,7 Mio. verk. Ex.).

aber immer unpolitischer wurde und in der Gründerzeit zum „konservativen Unterhaltungsblatt“ der wilhelminischen Ära 'verkommen' war (ROSENSTRAUCH 1976: 183), indem es nur noch „mit außerordentlichem Geschick den Wünschen der Leserschaft entgegenkam“ (BARTH 1992: 74). Zu den die Leser–Blatt–Bindung tragenden Autoren gehörten erst Eugenie MARLITT, eine Art Vorläuferin von Hedwig COURTHS-MAHLER, später auch Namen wie Ludwig GANGHOFER. Die KEILsche Kehrtwendung vom politisch engagierten Verleger, dem u.a. wegen „Preßvergehens“ über längere Zeit die bürgerlichen Ehrenrechte aberkannt worden waren, zum profitorientierten Massenmedienunternehmer, stellt einen seltenen Ausnahmefall dar, über dessen innere Beweggründe m.W. nicht viel bekannt ist, der aber die Verschiedenartigkeit der publizistisch-ökonomischen Folgen unterschiedlicher Zielgewichtungsstrukturen dokumentiert.

Abb. 4.6.3: Motivstrukturen von Medienunternehmern (Verlegern)

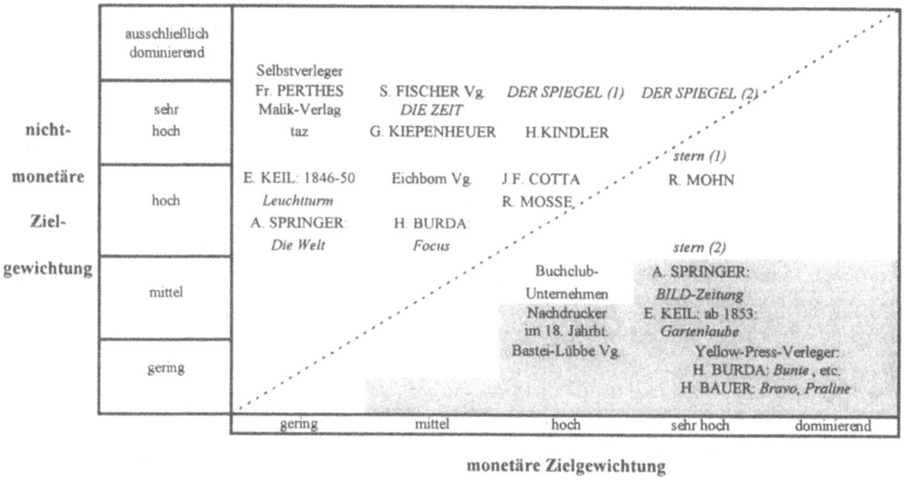

Legende: grau markiert: Bereich der traditionellen Einkommens- u. Gewinnmaximierungstheorien

4.6.4 Verteilung von monetären und nicht-monetären Interessen auf Medienmärkten

Das Interesse eines schreibenden Autors bzw. aktiven Kommunikators ist in der Regel von einer publizistischen, also nicht-monetären Dimension geprägt, selbst wenn im Einzelfall monetäre Ziele einen hohen Stellenwert haben sollten. Bei einem Verleger muß die Gewichtung im Normalfall bereits etwas gleichgewichtiger ausfallen, weil er als Unternehmer im Zweifel stärker den Marktmechanismen unterworfen ist und mehr Verantwortung trägt, die nicht nur seine eigene Person betrifft.

Anders verhält es sich mit den Diversifikationsmöglichkeiten aus den ökonomischen Risiken von Aussagenproduktionen. Ein selbständiger Inputproduzent geht in der Regel ein höheres Risiko ein, das er schlechter absichern kann, weil sich der potentielle Erfolg (zunächst) an einem einzigen Werk festmacht, während ein Verleger, der als Medienproduzent mehrere Inputproduzenten marktfähig macht, das potentielle Risiko, das mit den einzelnen publizistischen Produkten verbunden ist, bereits streuen kann. Im Falle der periodischen Medienproduktion (Beispiel Zeitungen/Zeitschriften), bei der aus Gründen der Transaktionskostenersparnis Inputproduzenten fester in den Produktionsablauf eingebunden sind, sieht die Risikoverteilung wieder anders aus: Der wirtschaftliche Erfolg beider am Produktionsprozess Beteiligten hängt grundsätzlich von der anhaltenden Erfolgsdauer des Produktes sowie der Größe des Nachfragepotentials ab.[103] Während die Produzenten eng mit ihrem Produkt verbunden sind, ist die 'innere Bindung' von Distributeuren, also von jenen, die den Vertrieb besorgen, im Normalfall wesentlich geringer. Da ihre Funktion in einer technisch-organisatorischen Tätigkeit besteht, die nur in wenigen Fällen ein publizistische Engagement dem Produkt gegenüber voraussetzt,[104] fällt auch ihre Risikobereitschaft vergleichsweise geringer aus. Anders formuliert, im Bereich der Distributionsaktivitäten überwiegen, von den genannten branchenspezifischen Sonderfällen abgesehen, eher die üblichen monetären Interessen.[105]

---

103 Wobei man hier bereits wieder differenzieren kann. Der angestellte Kommunikator (z.B. Redakteur, Lektor) ist zwar im Rahmen von Kündigungsfristen geschützt, nicht aber generell vor 'betrieblichen Kündigungsgründen' geschützt und letztendlich doch wieder einem hohen Risiko ausgesetzt, das sich u.a. auch von den jeweiligen Arbeitsmarktbedingungen her definiert (konjunkturelle Situation, Alter als potentieller Wiedereinstellungsverhinderungsgrund usw.). Der Verleger/Verlag hingegen hat, wenn er nicht gerade unmittelbar vor der Pleite steht, aufgrund seiner bisherigen Einbindung in das Marktgeschehen ein besseres 'standing': Image und 'good will', der Verlag als Vermögenswert, die Möglichkeit ein 'kleineres Rad zu drehen' usw. begründen in der Regel ein längeres Durchhaltevermögen bzw. eine bessere Absicherung, also ein geringeres ökonomisches (Überlebens-)Risiko.

104 Dazu gehören zum Beispiel die Vertreter bzw. Reisenden, die für (Programm-)Verlage von Buchhandlung zu Buchhandlung pilgern, um die eigentlichen Nachfrager der Verlage, nämlich die Buchhändler, von den einzelnen Produkten zu überzeugen. Diese Tätigkeit besteht tatsächlich weniger in einer technischen Vertriebsaktivität als vorrangig in Überzeugungsarbeit. Das publizistische und ökonomische Engagement solcher Vertreter ist m.W. in der wissenschaftlichen Literatur bisher noch nicht untersucht. Eine treffende reportagenhafte 'Würdigung' dieser speziellen 'Branche' haben SIEMENS, Christoph (Text) und FUCHS, Albrecht (Fotos) gemacht: „Lotsen in der Bücherflut. Wie Verlagsvertreter auf ihren Reisen über Erfolg und Mißerfolg des Autors entscheiden." In: *ZEITmagazin* 42 v. 13.10.1995: 6–12. Ähnlich muß man auch das Engagement vieler kleinerer und mittlerer Buchhandlungen sehen.

105 Im periodischen Printmedienbereich betrifft dies v.a. das Pressegrosso (Großhandel) und den Einzelhandel sowie den Postzeitungsdienst. Dazu kommen Transportunternehmen (Speditionen) und spezialisierte Vertriebsunternehmen inkl. des sog. WBZ (Werbender Buch- und Zeitschriftenhandel), der t.w. auch als „Drücker"–Unternehmen bezeichnet wird. Die Gewinnspannen sind in vielen dieser Bereiche recht hoch, so z.B. im Pressegrosso, das quasi 'feudalistisch' funktioniert: Die gesamte Bundesrepublik ist, ähnlich wie bei der monopolisierten Stromversorgung, in rd. 100 Gebietsmonopolzonen aufgeteilt, in denen die einzelnen Grossisten 'regieren'. Da sie von festen Spannen (sog. Funktionsrabattsätzen) leben, ist das Risiko aufgrund des Mengenumsatzes (Großhandel) sehr gering. Die Besitzstände sind fest verteilt: Grossist kann man nur durch das Privileg der 'ständischen' Geburt oder durch Einheirat werden.
Die monetäre Ausrichtung von Händlern, d.h. die höheren Gewinnmöglichkeiten dieser Branche, ist auch unter Künstlern ein regelmäßiges Thema. So nimmt beispielsweise Emile ZOLA in seinem Roman *L'Oeuvre*, in dem es um ein Malerschicksal geht (CEZANNE), den kapitalistischen Kunst-(handels)betrieb kritisch aufs Korn. Der Reiseschriftsteller und Gründer der ehemaligen Zeitschrift *Grüne Post*, Richard KATZ, der das Pressewesen aus eigener Erfahrung kannte, konstatiert in seinem Buch *Leid in der Stadt* (1954: 52): „Auch in der Kunst neigt die große Stadt mehr zum Handel als zur Produktion, weshalb sie denn Kritikern höhere Einnahmen zubilligt als Dichtern, Dirigenten

Die Zielgewichtungskonstellationen der einzelnen Produktions- und Absatzstufen lassen sich daher wie in Abb. 4.6.4 darstellen. Ganz grundsätzlich nehmen die publizistischen Interessen dabei mit zunehmender Nähe zu den Rezipientenmärkten ab bzw. nehmen umgekehrt die monetären Motivationen zu.

Abb. 4.6.4: Vorrangige Interessensbereiche der Produktions- und Distributionsstufen auf Medienmärkten

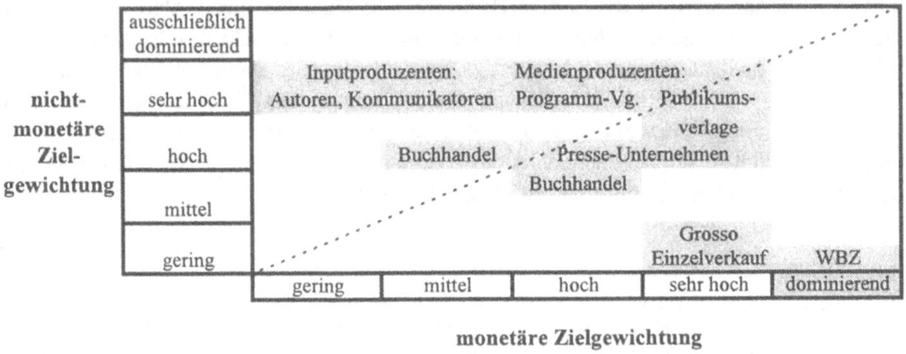

höher schätzt als Komponisten und es in Ordnung findet, daß Kunsthändler sich an Künstlern bereichern."

5. Strukturelle Besonderheiten auf Medienmärkten: Die Seite der Nachfrager/Rezipienten

Im Gegensatz zu angebotsseitigen ökonomischen Problemen publizistischer Aussagenproduktion sind Besonderheiten und Quantitäten spezifischer Nachfragemengen weit besser erforscht, was begreifliche Gründe hat: Die Kenntnis von Nachfrageusancen läßt sich unmittelbar erlösbringend verwerten. Aus diesem Grund könnte dieser Kapitelabschnitt vergleichsweise kürzer ausfallen, soweit auf vorhandene Erkenntnisse verwiesen werden kann. Dennoch verbleiben einige Besonderheiten, deren Relevanz sich daraus ergibt, daß sie gewissermaßen das Pendant zu einzelnen Problemen auf der Angebotsseite darstellen (z.B. nicht-rivalisierender Konsum) oder angebotsseitige Probleme mitverursachen (z.B. Fixkostendegressionswirkungen).

5.1 Kommunikations- bzw. Konsumbedürfnisse: Asymmetrie der Präferenzen hinsichtlich Information versus Bildung und Wissen versus Kritik und Kontrolle versus Unterhaltung

Das menschliche Dasein wird von vielen Bedürfnissen und Wünschen, (leider) aber auch von ebenso vielen Restriktionen und unausweichbaren Notwendigkeiten bestimmt. Vieles wird dabei via Kommunikation 'gemanagt'. Ein Teil dieser Bedürfnisse und ebenso ihre Einschränkungen werden auch mittels medialer Kommunikation gesteuert bzw. von dem erfasst, was in Kapitel 4 als publizistische Kommunikation bezeichnet wurde: Aussagenproduktion unterschiedlicher Arten (Kommunikations-Dimensionen), die sich in vier größere Gruppen klassifizieren lassen, die gleichzeitig entsprechende Nachfragekategorien darstellen, nämlich Information(sbedürfnisse), Bildung und Wissen(snachfrage), (Vorstellungen hinsichtlich) Kritik und Kontrolle sowie Unterhaltung(swünsche).[1] Überlegungen, inwieweit die Produktion von „Verbreitungswahrscheinlichkeiten von Werbebotschaften" (HEINRICH 1994: 18) einem Konsumbedürfnis entsprechen, werden an späterer Stelle im Zusammenhang mit ihrer potentiellen Lösungseigenschaften für spezifische ökonomische Grundprobleme publizistischer Aussagenproduktion aufgegriffen (vgl. Kap. 6.3).

---

1 Diese Auflistung entspricht der in der Kommunikationswissenschaft und meist auch in der medialen Praxis standardisierten Einteilung. RÜHL (1993), der beim Kommunikationsgeschehen mehr komplexe Zusammenhänge erfassen will, weil er solche und insbesondere publizistische Aktivitäten als „Funktionssystem" eines „gesamtgesellschaftlichen Kommunikationsprozesses" versteht (1993: 126), spricht sogar von „publizistischen 'Bedürfnissen" (a.a.O.: 144), die sich mit der herkömmlichen („theoretisch ziemlich primitiven") Akzeptanz- und Reichweitenforschung überhaupt nicht eruieren lassen.

5.1.1 Sozialpsychologische und kommunikationswissenschaftliche Erklärungsansätze

Teilt man die menschlichen Tätigkeiten in vier größere Gruppen von Aktivitätsfeldern ein wie 1) Beruf/Einkomenserzielung, 2) Entspannung/Rekreation, 3) soziale Interaktionen und 4) politische/gesellschaftliche Partizipation und fragt man nach den jeweiligen Anteilen von dabei empfundenen Bedürfnissen bzw. Notwendigkeiten medial vermittelter Kommunikationsdimensionen wie Information, Bildung, Kritik und Kontrolle sowie Unterhaltung, so verteilen sich die vier Kommunikationsbedürfnisse sehr unterschiedlich auf die vier Aktivitätsfelder, wie in Tab. 5.1.1 [1] dargestellt. Eine solche Zuordnung entspricht auch den Ergebnissen quantitativer Erhebungen, wie sie beispielsweise in den BERG/KIEFER-schen Langzeituntersuchungen zu den Nutzungsfrequenzen einzelner Kommunikations- und Freizeittätigkeiten zum Ausdruck kommen.[2]

Für eine nach ausschließlich ökonomischen Kriterien durchgeführte Analyse würden Erkenntnisse zum Volumen einzelner Nachfragekategorien völlig ausreichen – die Nachfrage, d.h. die am Markt artikulierten Bedürfnisse der als souverän deklarierten Konsumenten würden als gegebene Rahmenbedingung angenommen, an der sich das Angebot auszurichten hat. Betrachtungen, weshalb bestimmte Bedürfnisse vorhanden oder am Markt geäußert werden bzw. nicht vorhanden und/oder nicht artikuliert werden, sind üblicherweise nicht Gegenstand traditionell wirtschaftswissenschaftlicher Überlegungen. Aber auch in der Kommunikationswissenschaft interessiert das „Was“ und „Wie“ an empfundenen Kommunikationsbedürfnissen häufiger als das „Warum“ (vgl. VORDERER 1996: 310). Somit sind es vor allem Erkenntnisse aus der Sozialpsychologie und deren Erklärungsmodelle, weshalb bestimmte Kommunikations- bzw. auch publizistische Konsumbedürfnisse vorhanden sind bzw. in welchen Qualitäten und Quantitäten solche Nachfragewünsche entstehen. Zum Teil haben solche Ergebnisse Einzug in kommunikationswissenschaftliche Analysen gehalten. Für unsere Fragestellung sind „warum“–erklärende Ergebnisse deshalb von Relevanz, weil sie von der Nachfrageseite her bestimmte Probleme auf der Angebotsseite (mit) erklären können.

2 BERG/KIEFER (1992: 110) haben in ihrer Auflistung „Freizeit- und kommunikative Tätigkeiten“ im Jahre 1990 (alte Länder, tägl. Zeitaufwand in Minuten von Mo–So) Einzeltätigkeiten abgefragt, die sich nur in die oben genannten Kategorien 2 bis 4 einordnen lassen, aber auch nicht immer eindeutig zurechenbar sind – so kann „wandern, Sport treiben“ sowohl der Rekreation als auch der sozialen Interaktion dienen, und in dieser Nutzungs- bzw. Bedürfniskombination wird Sport nach den Erkenntnissen von Sportwissenschaftlern in der Regel (Breitensport) auch ausgeübt. Versucht man eine Zuordnung, so entfielen von den im Durchschnitt 278 Minuten täglich ausgeübten „Freizeit- und kommunikativen Tätigkeiten“ 171 Minuten (61,5%) auf die 2. Kategorie „Entspannung/Rekreation“ (davon 49 Min. auf „Nichtstun“, 18 Min. auf Bücherlesen, 11 Min. auf Zeitschriftenlesen, 14 Min. auf Schallplatten, Kassetten usw. hören, 23 Min. auf Bummeln/Spazierengehen, usw.). Auf direkte Mediennutzungen im hier verstandenen Sinn entfallen 30 Min., wobei hier allerdings keine Daten zur Zeitungsnutzung enthalten sind (39 Min. tägl. bei sog. Stichtagsnutzern Mo–Sa). Die 3. Kategorie „soziale Interaktion“ beanspruchte im Durchschnitt 103 Min. (37,5%) und die „politische Interaktion/Partizipation“ 0,4% („Vereinsabende, Tätigkeiten in Organisationen“), wobei hier wiederum nicht die Mediennutzung aus politischem Interesse enthalten ist.

Tabelle 5.1.1 [1] Aktivitätsfelder und Kommunikationsbedürfnisse

Aktivitätsfelder	Kommunikationsbedürfnisse
Beruf/Einkommenssicherung	Bildung und Wissen – Allgemeinbildung – fachliches know how (berufliche) Weiterbildung, Informationen zwecks Vervollständigung bisherigen Wissens
Entspannung/Rekreation	*Geselligkeit u. Unterhaltung*, Unterhaltungsangebote, Bildung z.B. mittels Lektüre
soziale Interaktion	*Geselligkeit u. Unterhaltung*, Lebenshilfe/Service
politische Interaktion/Partizipation	Information und Nachrichten, Bildung und Wissen, Kritik und Kontrolle

Legende: Kommunikationsbedürfnisse, die nicht von publizistischen Angeboten abgedeckt werden, sind kursiv gesetzt

VORDERER (1996) beispielsweise nennt im Zusammenhang mit der Rezeptionsmotivation von Unterhaltungsangeboten drei theoretische Ansätze, die Eskapismusthese, erregungsphysiologische bzw. -psychologische Konzepte sowie sog. Einstellungs–Verhaltensmodelle, zu der u.a. die Konsonanz-/Dissonanztheorie oder die HERZBERGsche Zweifaktorentheorie in- und extrinsischer Motivationsstrukturen zählen. Diese sozialpsychologischen Erklärungsvariablen lassen sich – mit anderen Ergebnissen selbstverständlich – auch für Begründungsversuche aller anderen Kommunikationsbedürfnisse heranziehen. In der betriebswirtschaftlichen Konsum- und Verhaltensforschung unterlegt beispielsweise KROEBER-RIEL (1992: 45 ff.) Verhaltensmustern ein etwas anderes System von psychischen Erklärungsvariablen, die er in aktivierende Prozesse (innere Erregungs- und Spannungsvorgänge) und kognitive Prozesse (gedankliche Verarbeitungsvorgänge) unterscheidet, die unabhängig ihrer Initialzündung durch Innen- oder Außenreize meist als „komplexe Prozesse" ablaufen und dabei entweder überwiegend durch aktivierende oder kognitive Komponenten geprägt sind (a.a.O.: 45). Die nach KROEBER-RIEL „aktivierenden" prozessauslösenden Komponenten decken sich zum größten Teil mit den von VORDERER als „erregungsphysiologisch bzw. -psychologisch" bezeichneten Modellen, beinhalten aber gleichzeitig auch dissonanz- bzw. konsonanztheoretische Komponenten, soweit FESTINGERs Dissonanzphänomen unbewußt abläuft. ALBERT (1974) wiederum trennt in habituell geprägtes Nutzungsverhalten versus echte Marktentscheidungen, die vor allem kognitiv-rational ablaufen, und betont zum anderen die „soziale Relativität des Konsumverhaltens" (a.a.O.: 255), nach der sich Nutzer am Verhalten anderer (soziale Vergleichsprozesse), aber auch an eigenen 'historischen' Erfahrungen orientieren. Die Unterschiedlichkeit der t.w. recht verschiedenen Ansätze, die sich teils überlappen, teils ergänzen oder auch widersprechen, soll hier nicht näher problematisiert werden. Für die hiesigen Zwecke reichen die hinreichend begründeten und z.T. bereits empirisch unterlegten Modelle ungeachtet ihrer wissenschaftstheoretischen Herleitung und Klassifizierung aus, soweit sie die in Frage stehenden Kommunikationsbedürfnisse hinsichtlich ihrer Nutzungsfrequenzen, –qualitäten und -intensitäten zu erklären vermögen.

Reiht man die Kommunikationsbedürfnisse nach ihren gegensätzlichen psychischen Dimensionen, also in die Kategorie Information bzw. Informationssuche und -verarbeitung auf der einen Seite, die einen vergleichsweise hohen intellektuellen Aufwand erfordert, und in Unterhaltung auf der anderen Seite, die je nach Genre zwar ebenfalls den Intellekt herausfordern kann (z.B. Spannung beim Krimilesen), aber im wesentlichen mehr eine emotionale und weniger eine intellektuell-kognitive Verarbeitungsdimension anspricht - im KROEBER-RIELschen System gesprochen demnach in mehr kognitive versus mehr emotional aktivierende Prozesse - und unterscheidet man zusätzlich nach den intendierten Zweckrichtungen von Kommunikation, die man zwischen Wirklichkeitssuche (sehr hohe Auseinandersetzungsbereitschaft mit Wirklichkeitsbildern) und Wirklichkeitsflucht (geringe Auseinandersetzungsbereitschaft) umgrenzen könnte, so läßt sich das in Abb. 5.1.1 [2] dargestellte Vierfelderschema konstruieren, das einen Rahmen möglicher kognitiver und emotionaler Zweckkonstellationen von Kommunikationsbedürfnissen absteckt. In dieses Kräftefeld von kommunikativen Bedürfnissen lassen sich die unterschiedlichen Genres einzelner Kommunikationsarten einordnen ebenso wie konkrete publizistische Produkte bzw. deren verschiedene Genre–Teile.[3] Aufschlußreich kann nun eine Ökonomisierung des in der Kommunikationswissenschaft entwickelten Uses–and–Gratification–Ansatzes bei den unterschiedlichen Kommunikationsbedürfnissen sein, wenn man versucht, die Nutzen und Belohnungen ins Verhältnis zum eingesetzten Aufwand zu setzen, um daraus erste Anhaltspunkte für potentielle Nutzungshäufigkeiten und nachgefragte Nutzungsintensitäten zu erhalten. Dies unterstellt eine Art von Nutzen–Aufwand–Kalkül auf kognitiver wie emotionaler Ebene. Eine solche Betrachtung kann in zweierlei Dimensionen geschehen. Zum einen in monetären Äquivalenten; dies wird im nachfolgenden Abschnitt diskutiert. Zum anderen in der Dimension des psychischen Aufwands, also in einer nicht-monetären Betrachtung, für die sich die in der Sozialpsychologie entwickelten Handlungstheorien heranziehen lassen. VORDERER (1996) spielt dies beispielsweise im Zusammenhang mit der Rezeptionsmotivation von Unterhaltungsangeboten durch.

---

3 KLAUS (1996) diskutiert die Unterscheidung 'Information versus Unterhaltung' anders: „Der Gegensatz von Information ist Desinformation, der Gegensatz von Unterhaltung ist Langeweile", so der Titel ihrer Überlegungen. Da es im vorliegenden Zusammenhang um die Dimensionen „Information" versus „Unterhaltung" versus anderer Kommunikationsbedürfnisse hinsichtlich ihrer unterschiedlichen Nutzngen geht, wirkt sich die von KLAUS kritisierte falsche 'Gegensätzlichkeit' nicht weiter aus: KLAUS sieht die damit verbundenen Probleme vorrangig in der verbreiteten Klassifizierungsmentalität bzw. in einer „Ideologie", die damit „zur Reproduktion der Gesellschaft mit ihren geschlechts- und schichtspezifischen Machtverteilungen" beiträgt (a.a.O.: 412). Im vorliegenden Kontext geht es weniger um „Gegensatz". Vielmehr werden hierbei unterschiedliche, d.h. t.w. polare Kommunikationsbedürfnisse verstanden, die letztlich unterschiedliche Nachfragequantitäten bedeuten bzw. aus dem Blickwinkel des Uses-and Gratification-Ansatzes unterschiedlichen psychischen und physischen Aufwand erfordern.

1) Begonnen sei mit der Unterhaltungsmotivation, zu der in den Medienwissenschaften wohl die meisten Erklärungsansätze vorliegen. VORDERER (s.o.) nennt zum ersten das eskapistische Bedürfnis, „vorübergehend aus der Realität ... kognitiv und emotional 'auszusteigen'„, das sich einmal „aus einem sozial bedingten Mangel heraus“, etwa „aufgrund unbefriedigender Lebensverhältnisse“ (VORDERER 1996: 311, 313), begründen läßt, zum anderen aber „auch aus einem bloßen kommunikativen Vergnügen heraus motiviert“ (a.a.O.) sein kann, sozusagen „just for fun“. Oder wie es GOETHE seinerzeit in Abgrenzung zur gegensätzlichen Informations–Dimension und für die damalige Medienangebotssituation ausgedrückt hat: „Es ist ein Unterschied, ob ich lese zu Genuß und Belebung oder zu Erkenntnis und Belehrung.“[4] Aus dem Arsenal erregungsphysiologischer und -psychologischer Erklärungsansätze sind nach Einschätzung VORDERERs v.a. die Mood–Management–Theorie von Dolf ZILLMANN, nach der Rezipienten ihre jeweiligen Stimmungslagen mittels Optimierung durch adäquate Rezeptionsauswahl insbesondere audiovisueller Medienangebote „managen“, und die „epistemologisch-soziale Weiterentwicklung“ der BERLYNschen Neugiermotivationstheorie durch GROEBEN und VORDERER (1988) für literarische Rezeption von Bedeutung (vgl. VORDERER 1996: 316). Hinsichtlich sog. Einstellungsmodelle ist nach wie vor und auch im Erklärungszusammenhang mit Unterhaltungsrezeption die Erklärungsdominanz von Leo FESTINGERs Dissonanzthese (1957/1978) ungebrochen, wenngleich FESTINGER selbst betont, daß diese These „letztlich nur eine von vielen Determinanten des Verhaltens“ darstellt (a.a.O.: 61). All diese sozialpsychologischen Theorien besagen für Unterhaltungsangebote, interpretiert im größeren Kontext des Uses–and–Gratification–Ansatzes, im Kern eines: Die erwartbaren Nutzen bzw. Belohnungen bei der Rezeption sind vergleichsweise hoch, der damit verbundene Einsatz vergleichsweise gering, unabhängig davon, ob sich dies in Form einer Konzentration auf mehr eskapistische Inhalte, einer Selektion zugunsten stimmungsverbessernder (Mood Management) oder Bevorzugung konsonanter Angebote realisieren läßt. Die psychische Nutzen–Aufwand–Relation fällt insgesamt günstig aus. Die Kommunikationsangebote können dabei entweder mehr in Richtung Wirklichkeitsflucht (Beispiele: Trivialliteratur, Varieté) oder auch Wirklichkeitssuche (Beispiele: Satire, politisches Kabarett) streuen.

2) Kommunikationsbedürfnisse nach Information dienen funktional sehr unterschiedlichen Einsatzzwecken, deren Notwendigkeit und Dringlichkeit sich aus den jeweiligen menschlichen Aktivitätsfeldern ergibt (vgl. Abb. 5.1.1 [1]). Von daher definieren sich auch potentielle Nutz– bzw. Gebrauchswerte und ggf. Belohnungen.

Information stellt objektiv gesehen die Verbreitung von Wissen dar. Aus der Sicht eines potentiellen Rezipienten bedeutet dies die Verringerung eines Kenntnis- oder auch Aktualitätsgefälles (vgl. Lexikon PMK 1993: 105 ff.); allgemeiner formuliert dient Information aus subjektiver Sicht der Reduktion von Unsicherheit aufgrund von Unkenntnis. Da Wissen alle Bereiche des täglichen Lebens abdeckt, läßt sich ein potentieller Rahmen von Information durch zwei gegensätzliche Pole abstecken: auf der einen Seite allgemein zugängliche und verwertbare Informationen

---

4 In: *Maximen und Reflexionen*

Abb. 5.1.1 [2]: Kommunikationsbedürfnisse Information versus Unterhaltung zwischen Wirklichkeitssuche und Wirklichkeitsflucht

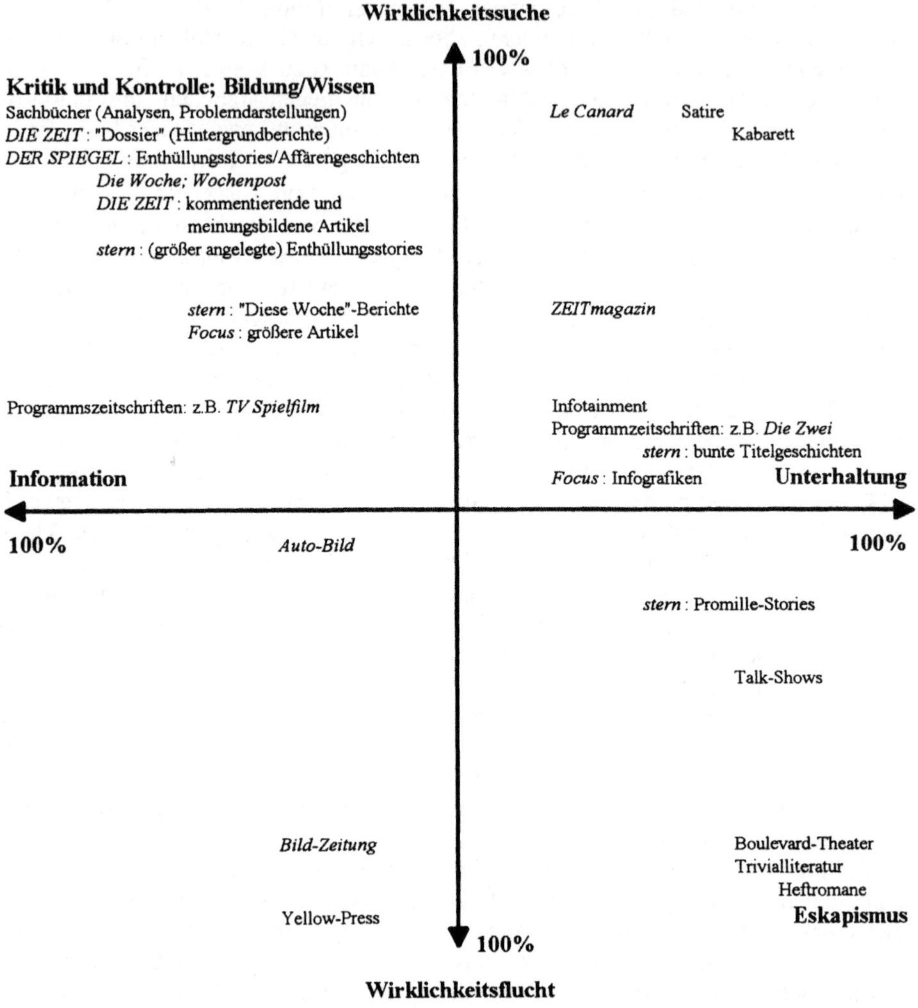

Legende: Die Zuordnungen stellen ordinale Reihungen dar und sollen Tendenzen andeuten. Die horizontale Achse ist an der 'Kreuzung' mit der vertikalen als fließender Übergang zwischen Information und Unterhaltung zu verstehen

am anderen Ende der Skala spezielle Informationen, deren zugängliche Kenntnis – aus welchen Gründen auch immer[5] – nicht jedem offensteht und schon gar nicht von jedem verwertet werden kann.

Die erste Kategorie (z.B. Allgemeinbildungswissen) zeichnet sich durch einen hohen Grad an Nichtrivalität im Konsum aus. Spezielles Wissen (z.B. fachliches know how) hingegen, dessen ökonomische Ergebnisse sich meist internalisieren lassen, ist durch einen hohen Grad an Exklusivität bzw. technisch möglicher Ausschließbarkeit geprägt. Da sich auch im sog. Informationszeitalter das Wissen immer noch exponentiell vervielfacht und in vielen beruflichen Bereichen ein starker Anpassungsdruck an immer neueres Wissen besteht, stellt sich die den Uses–and–Gratification–Ansatz konstituierende Frage nach den potentiellen Nutzen bzw. Belohnungen nicht wirklich: Die Rezeption bzw. kognitive Verarbeitung von ständig neuem, meist fach- und/oder berufsbezogenem Wissen ist unverzichtbar. In der Dimension der HERZBERGschen Zweifaktorentheorie betrachtet stellt diese Art von Informationsrezeption ein extrinsisch motiviertes Bedürfnis dar, während Unterhaltungsrezeption vorwiegend als intrinsisch angesehen wird.[6] Zweck-orientiertes Handeln indes setzt in der Regel und je nach Ursache–Wirkungs– bzw. angestrebtem Optimierungsgrad entsprechenden Aufwand voraus. Übertragen auf die vorliegende Informations–Rezeptionssituation läßt sich hier ein vergleichsweise größeres Maß an psychischem Aufwand vermuten als im Fall vorwiegend intrinsisch motivierter und oft der Entspannung dienenden Unterhaltunsgsrezeption. Dafür spricht auch, daß kognitive Tätigkeiten nicht nur psychische Vorgänge bedeuten, sondern auch eine physiologische Dimension haben, die sich in biologischen Ermüdungserscheinungen niederschlagen kann. Mit einem vergleichsweise 'größeren' psychischen Anstrengungsaufwand bei kognitiven Tätigkeiten begründet beispielsweise WISWEDE die Habitualisierung von Entscheidungsprozessen, die „von der Anstrengung ständig neuer Entscheidungsbildung entlastet" (1987: 53). Von GOETHEs Abgrenzung zwischen „Genuß" – versus „Erkenntnis" – Bedürfnissen bzw. „Belebung"s – versus „Belehrung"sfunktionen war bereits die Rede.

Die Rezeption, d.h. die vorwiegend kognitive Verarbeitung von allgemeinbildenden Informationen kann sowohl in- wie extrinsisch motiviert sein. Je nach Notwendigkeit bzw. extern vorgegebenem Informationsverarbeitungsdruck fällt eine Bewertung der Nutzen und des dazu notwendigen psychischen Aufwands aus. Im Fall eines lesebeflissenen Literaturliebhabers oder eines politikinteressierten (Printmedien-)Rezipienten, eines nach BRÜNE/HAMMANN/KLEIN-ALTENKAMP (1987) „heavy users", dient die intrinsische Rezeption nicht nur der „Bildung", sondern sicherlich auch dem (unterhaltenden) Vergnügen, was allenfalls durch physiologisch-biologische Kapazitätsgrenzen eingeschränkt wird. Die Aneignung literarischer Inhalte oder die Auseinandersetzung mit politischen Problemen hingegen dürfte für einen

5 Dies können monetäre Gründe aufgrund von praktizierbaren Ausschlußmechanismen, aber auch Verständnisprobleme sein – beispielsweise ist nicht jeder in der Sprache und Logik der Computerprogrammierung 'zuhause'. Im letzteren Fall wirkt die Spezialität der Information selbst als Ausschlußmechanismus.

6 VORDERER (1996: 321 ff.) allerdings geht davon aus, daß es auch Arten unterhaltender Rezeption gibt, bei denen es dem Rezipienten um ein bestimmtes Neugierbefriedigungs- oder Stimmungsergebnis geht, also um eine weitgehend zweckorientierte Rezeption, die dann nicht mehr um ihrer selbst willen vonstatten geht und deshalb als extrinsisch motiviert gelten kann.

„Bundesbürger mit Präferenz für private Fernsehprogramme“ (KIEFER 1996: 246) sicherlich mit ungleich höherem psychischem und mentalem Aufwand verbunden sein; entsprechend fällt seine Einschätzung seiner erwarteten „uses and gratifications“ aus.

Eine ausgesprochen starke 'Rücksichtnahme' auf die vergleichsweise geringe Akzeptanz und Auseinandersetzungsbereitschaft mit 'anstrengenderen' Inhalten stellt das in Mode gekommene „Infotainment“ dar, das subjektiv aus der Sicht der Anbieter wie Nutzer gesehen sicherlich den hehren Anspruch informativer, aber vergnügsam aufbereiteter Wissensvermittlung hegt, objektiv betrachtet unter Anlegung von Kriterien wie „soziale Relevanz“[7] bei der Themenauswahl oder deren didaktisch-medialer Präsentation[8] mehr der Unterhaltung zuzurechnen ist und aufgrund der konstitutiven Verkürzung und Simplifizierung von Sachverhalten eher von Wirklichkeitsfluchtfunktionen gekennzeichnet ist.[9]

3) Was die Rezeptionsbereitschaft von Informationen anbelangt, die der Kommunikationsart Kritik und Kontrolle zuzurechnen ist, die sich in publizistischen Produkten wie investigativen Enthüllungsgeschichten, kritischen Kommentaren, hintergründig-detaillierten Analysen oder auch einfach nur in der Regelmäßigkeit kritischer Berichterstattung darstellen kann, so laufen solche Informationsangebote psychisch gesehen bereits dem Harmoniestreben bzw. dem Konsonanzbedürfnis zuwider, weil solche Informationen und erst recht gegenläufige Meinungen potentiell dissonanzverursachende Größen darstellen. Rezipienten sind (leicht) geneigt, kognitive Dissonanzen durch Selektionsmechanismen zu vermeiden.[10] Alle anderen Strategien wären mit kognitivem Informationsaufnahme- und Informationsverarbeitungsaufwand verbunden. Aus einem Nutzen–Aufwand–Kalkül heraus betrachtet, fallen für alle, die an der Rezeption kein spezifisches (Zusatz-)Interesse haben, die Nutzen gering, der Aufwand hingegen hoch aus. Ein starkes kognitives Konsonanzbedürfnis läßt die Nachfrage nach dieser Art von Kommunikation potentiell gering ausfallen.

---

7 KRÜGER 1996: 371 unterscheidet in Anlehnung an SCHATZ/SCHULZ 1992 „soziale Relevanz“ in drei Ebenen an Auswirkungs–Reichweiten der fraglichen Themen: 1) in eine gesamtgesellschaftliche, 2) eine partikuläre und 3) individuelle soziale Relevanzebene. Nach KRÜGER behandeln öffentlich-rechtliche Fernsehanstalten in ihren Informationssendungen mehr Themen und Probleme, die sich mehr auf der ersten und zweiten Ebene auswirken, wohingegen sich das Privat–TV vorwiegend auf Themen der dritten Ebene kapriziert.

8 Vgl. dazu die detaillierte Unterscheidung nicht nur hinsichtlich des Abgrenzungskriteriums „Präsentation“, sondern auch zu Kriterien wie „Themenauswahl“ und „Publikumsbezug“ bei BONFADELLI 1991: 11–17, insbes. auf S. 12 die Tabelle „Dimensionen von klassischer Information und Infotainment“.

9 Fritz RADDATZ (1996) hat das Phänomen Infotainment am Beispiel von Talk–Shows sehr drastisch beschrieben: „Wir werden Zeugen eines Zersetzungsprozesses. Die komplizierte Wirklichkeit wird aufgelöst in kleine verdauliche Einheiten, die der Moderator, der 'Mäßiger' – eine Art Häppchen–Kellner – serviert. Zusammenhänge werden nicht erklärt, Hintergründe nicht erhellt; dem Publikum wird geradezu systematisch die Fähigkeit zum kausalen Denken ausgetrimmt.“ RADDATZ spricht desweiteren von „Phantasie–Placebos. Berufsverbot für Fragen und Antworten“.

10 So hat z.B. DONSBACH 1988 und 1991 dies für Zeitungsleser nachgewiesen, die einen Mix an sehr unterschiedlichen Informationsangeboten beinhalten. Bei der Buchrezeption ist diese Entscheidung in der Regel bereits vor dem Kaufentscheid gefallen. Entsprechende Informationsangebote im Fernsehen lassen sich bequem weg-“zappen".

5.1.2 Sozioökonomische und literatursoziologische Erklärungsansätze

Die bisherigen qualitativen Überlegungen analysierten die Rezeption unterschiedlicher Kommunikationsbedürfnisse aus einer Mikro–Perspektive. Sozioökonomische und soziologisch basierte Erklärungsansätze schließen aufgrund ihrer schichtenspezifischen Paradigmen erste quantitative Betrachtungen in ihre Interpretationen mit ein, sind also bereits mehr makro–orientiert. Eine konkretere ökonomische Makro–Deutung, u.a. zu potentiellen Quantitäten einzelner Rezeptionsbedürfnisse und Marktpotentialen von Kommunikationsangeboten soll erst im nächsten Kapitelabschnitt erfolgen. Im Gegensatz zu sozialpsychologischen Ansätzen, die innere Entscheidungs- und äußere Handlungsprozesse von Individuen erklären, betrachten soziologisch ausgerichtete Wissenschaftsdisziplinen die Ergebnisse unterschiedlicher individueller Entscheidungs- und Handlungsabläufe bzw. deren „Ungleichheiten“.

Das relevante Erklärungsmuster besteht im Paradigma „sozialer Ungleichheiten“, die u.a. in sozialen „Schichten“ gemessen werden. Auf der einen Seite stellt ein spezifisches Schichtungsgefüge nur das Ergebnis anderer (z.B. ökonomischer) Ursachen dar, auf der anderen Seite wird diese vertikale Struktur 'objektiv' ungleicher Lebens- und Handlungsbedingungen ihrerseits als Ursache für wesentliche Konsequenzen sozialer Ungleichheiten angesehen (vgl. HRADIL 1993: 159). Dies bezieht sich beispielsweise auch auf 'subjektive' Denk- und Verhaltensweisen, die Rezeptionsusancen von Kommunikationsangeboten tangieren.

Dazu zählen beispielsweise sog. schichtspezifische Gesellschaftsbilder, die vorwiegend in tradierten Rollenbildern und unveränderbaren Gesellschaftsstrukturen bestehen. Zusammengenommen mit dem Tatbestand der „Unterschichtenferne der Politik“ (GEIßLER: 1994: 100) „entsteht in der Unterschicht das Bild einer zweigeteilten, durch eine kaum übersteigbare Barriere zwischen den 'kleinen Leuten' und 'denen da oben' getrennten Gesellschaft“ (HRADIL 1993: 159), die letztlich die beobachtbare „Politikferne der Unterschichten“ (GEIßLER 1994: 99) zu erklären vermag. Eine geringe Nachfrage nach Informationsangeboten, die auf inhaltliche Auseinandersetzung mit politischen Fragen oder öffentlichen Diskurs publizistischer Kritik und Kontrollversuche rekurriert, scheint soziologisch betrachtet nur logisch. Auch schichtenspezifische Konsumgewohnheiten, die sich in Unterschichten ausgesprochen nutzenorientiert und vorwiegend pragmatisch darstellen, in der Mittelschicht eher geltungs- und prestigeorientiert und in der Oberschicht ausgesprochen individuell geprägt ausfallen (vgl. HRADIL: a.a.O.), wirken sich in Gestalt entsprechender Kommunikationsbedürfnisse auf die mediale Nachfrage aus. Die Selektion bzw. der Kauf von Büchern dürfte sich nach diesem Erklärungsmodell mehr auf unverzichtbare (z.B. Schulbücher) bzw. gebrauchswertausgerichtete (z.B. Reiseführer, Horoskoptitel), in der Mittelschicht auf repräsentable Ausgaben von Hauptvorschlagsbänden eines Buchclubs oder eine Lexika–Reihe in schweinsledergebundenen Goldrücken konzentrieren, wohingegen das breite inhaltliche Angebot aller Genres der Buchproduktion vorwiegend von Nachfragern aus der Oberschicht erworben wird. Was deren Größenordnung anbelangt, so nimmt etwa KROEBER-RIEL (1992: 587) eine grobe Schichteinteilung westlicher Industriegesellschaften (sog. Mittelklassegesellschaften) wie folgt vor: 20% der Bevölkerung verteilen sich auf die Unterschicht, 65% auf die Mittel- und 15% auf die Oberschicht.[11]

Die Erfahrung, daß die Nachfrage nach Kommunikation über Neues und Unkonventionelles – aus welchen Lebensbereichen auch immer – eher gering denn groß ausfällt, scheint älter zu sein. Der Aufklärer, Autor und Verleger in einer Person, Friedrich NICOLAI aus Berlin, hatte zur Zeit, als GOETHE seinen *Götz* und SCHILLER seine *Räuber* veröffentlichte, in seinem autobiographisch beeinflussten und die Probleme des damaligen Medienmarktes reflektierenden Roman *Das Leben und die Meinungen des Herrn Sebaldus Nothanker* seinem Protagonisten die folgenden Worte in den Mund gelegt: „Das heißt von dem Buchhändler zu viel gefordert, der sich nie nach dem Geschmack der besten Gelehrten, ja selbst nicht nach seinem eigenen, sondern nach dem Geschmack des großen Haufens richten kann! und dieser macht es ihm nur allzu leicht, die guten Schriftsteller beinahe ganz zu entbehren ... der Geschmack der großen Gelehrten ist der Geschmack sehr weniger Leute“ (zit. n. MÖLLER 1974: 189).

5.1.2.1 BOURDIEUs Soziologie des Geschmacks

Einen theoretischen Unterbau und gleichzeitig umfangreiche empirische Nachweise für die unterschiedlichen Nachfragequalitäten und -quantitäten nach „kulturellem Konsum“, zu dem auch der Konsum medialer Angebote zählt, hat 1979/1987 der französische Soziologe Pierre BOURDIEU entwickelt bzw. geführt, die er in seinem Buch *Die feinen Unterschiede. Kritik der gesellschaftlichen Urteilskraft* dokumentierte.

BOURDIEU, der den Titel seiner Studie bewußt in Anlehnung, aber bewußter Abgrenzung zu Imanuel KANTs programmatischer Schrift *Kritik der Urteilskraft* gewählt hatte[12], stellt einen direkten Zusammenhang zwischen der Sozialisation eines Individuums und seinen „kulturellen Bedürfnissen“ her, d.h. auf den medialen Bereich bezogen zwischen kultureller/sozialer Herkunft auf der einen Seite und Rezeptionsqualitäten auf der anderen: „Der gesellschaftlich anerkannten Hierarchie der Künste und innerhalb derselben der Gattungen, Schulen und Epochen korrespondiert die gesellschaftliche Hierarchie der Konsumenten. Deshalb auch biete sich Geschmack als bevorzugtes Merkmal von 'Klasse' an“ (BOURDIEU 1979/1987: 17 f.).

Seine Dreiteilung des „Geschmacks“ in „legitimen Geschmack“, „mittleren Geschmack“ und „populären Geschmack“ korreliert BOURDIEU direkt mit gesellschaftlichen Schichten, wobei er die auf der Ebene der allgemeinen Kunst gewonnenen Erkenntnisse zwischen „Klassengeschmack und Lebensstil“ später auf andere

11 KROEBER-RIEL grenzt das Dreischichtenmodell nicht nach Einkommensklassen, sondern nach Verhaltenskonsequenzen ab: das schichtbildende Merkmal stellt dabei eine hohe Übereinstimmung von Verhaltensweisen dar, die sich beispielsweise in der relativen Anzahl von sog. Primärkontakten der Schichtmitglieder mit ihresgleichen untereinander messen lassen.

12 KANT hatte 1790 in dieser Schrift die Exklusivität der Künste und auch der Literatur aufgrund des unumstößlichen Autonomieprinzips zur Norm erhoben und sich damit zu einem der bedeutenden Wortführer der seinerzeitigen Auseinandersetzung um die Literatur gemacht, die man heute mit Dichotomisierung der Literatur umschreibt und die bis heute Auswirkungen zeigt, wie man literaturgeschichtlich nachweisen kann. Darauf wird im Anschluß an die Theorie BOURDIEUs eingegangen.

Bereiche überträgt, z.B. auf die politische Partizipation (a.a.O.: 620 ff.: „Politik und Bildung“) und auch die Zeitungs–Medien (a.a.O.: 654 ff.: „Produktionsweisen von Meinung“; 690 ff.: „Meinungsangebot und Meinungsnachfrage“). Im Ergebnis äußert sich Geschmack bzw. Rezeption im weitesten Sinne weniger als Verkörperung und Ausleben von Individualität, sondern hat vor allem mit gesellschaftlichen Strukturen zu tun: „Von Bedeutung und Interesse ist Kunst einzig für den, der die kulturelle Kompetenz, d.h. den angemessenen Code besitzt“ (a.a.O.: 19).[13] Nach BOURDIEU hat kommunikatives Bedürfnisempfinden und mediales Rezeptions- bzw. Nachfrageverhalten mit schichtenspezifischer Sozialisation zu tun.[14] Daraus läßt sich folgern, daß die Schichtenstruktur, d.h. die Quantitäten einzelner Schichtenlagen, potentielle Markt–Volumina determinieren.

Erweitert man die BOURDIEUsche Theorie und die empirischen Belege der sozialisationsbedingten Geschmacksbildung um die ökonomische Dimension, so läßt sich ein direkter Zusammenhang zwischen Geschmacksverteilung und Einkommensverteilung herstellen, wenn man die schichtenspezifischen Milieus über die Einkommensschichtung definiert. Dies sei für deutsche Verhältnisse der 90er Jahre mit Daten des Deutschen Instituts für Wirtschaftsforschung (DIW) und der von BOURDIEU gemessenen Präferenzverteilung im Frankreich der 60er Jahre für zwei „Musikstücke je nach Klassenfraktion“ dargestellt.

Die Schichtung der verfügbaren Einkommen im Jahre 1992 ist aus Abb. 5.1.2.1 [1] ablesbar: eine sogenannte linksschiefe Verteilung, wie man sie typischerweise aus ähnlichen Zusammenhängen kennt. Die drei ersten Einkommensklassen bis 3.000 DM monatlich repräsentieren 33% der westdeutschen Haushalte: Betrachtet man die kumulierten Häufigkeitsanteile bis zur 4.000 DM-Klasse, so sind es insgesamt 58%, die das Gros der potentiellen Nachfragemasse bilden.

13 Danach ist für die Oberschicht bzw. den „legitimen Geschmack“ Kunstrezeption eine Art von Ritual des gelernten/trainierten Wiedererkennens/Decodierens und Einordnens wohingegen der „mittlere“ und „populäre Geschmack“ von hoher Orientierung an Funktion und Praktikabilität gekennzeichnet ist – konkret werden etwa im Bereich der sinnlich wahrnehmbaren Malerei von den beiden letzteren Schichten/Geschmäckern vor allem naturalistische und realistische Darstellungen und Formen bevorzugt: „Manier und Stil ignorierend oder schlicht ablehnend, vollzieht die 'Ästhetik' (an sich) der unteren und der kulturell benachteiligten Schichten der Mittelklassen als 'hübsch', 'niedlich', 'reizend' (eher denn 'schön') im Grunde nur nach, was bereits in der 'Ästhetik' der illustrierten Monatskalender und Postkarten Eingang und Darstellung gefunden hat – als Sonnenuntergang oder mit der Katze spielendes Mädchen ...“ (a.a.O.: 107 f.), wobei man in Deutschland bei letzterem eher an ein Bild mit röhrendem Hirsch am Waldesrand denken würde.

14 BOURDIEUs Ergebnisse werden inzwischen auch durch Untersuchungen in der Kommunikationswissenschaft gestützt. So weiß man inzwischen, daß sich etwa beim fernsehvermittelten Lernen nicht nur der jeweilige Bildungshintergrund, sondern auch das habituelle Leseverhalten positiv fördernd von Bedeutung ist: Vielleser nehmen aus einer Sendung eines flüchtigen Mediums mehr mit als weniger lesegeübte Zuschauer; FRITZ 1990 führt dies darauf zurück, daß beispielsweise Lesen, das eng mit Ausbildung und Bildungsniveau korreliert, eine relevante Kulturtechnik darstellt und längerfristig die Kompetenz im Umgang mit Medien ganz allgemein fördert.

Abb. 5.1.2.1 [1]: Einkommensschichtung 1992 (verf. Haushaltseinkommen)

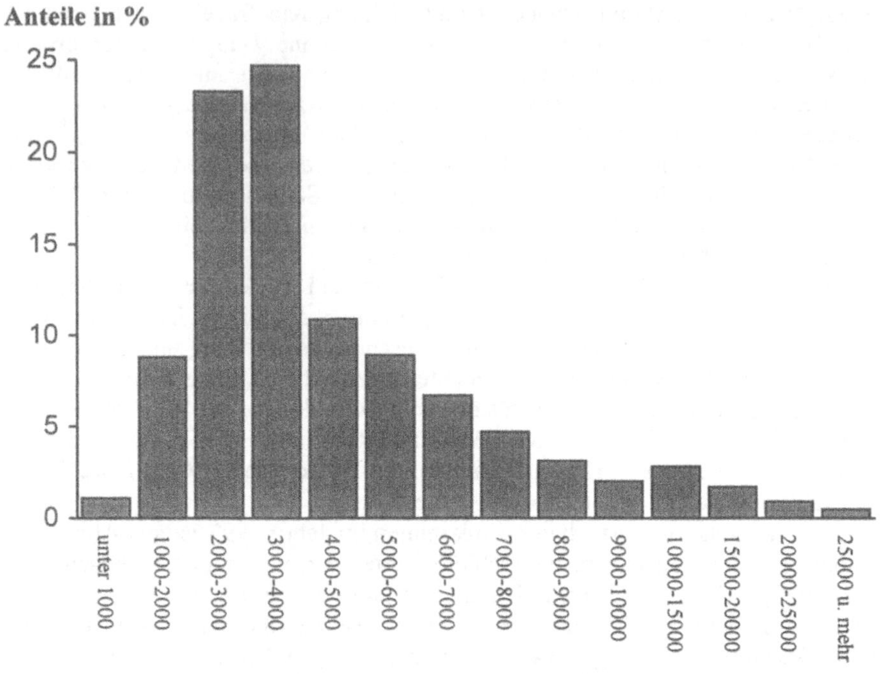

Daten: DIW bzw. BEDAU 1994: 777. Das verfügbare Einkommen der Haushalte stellt das um Übertragungen (z.B. Steuern) und empfangene Leistungen (z.B. Kindergeld) ergänzte Bruttoeinkommen zuzüglich aller Vermögenseinkommen dar.

Aufschlußreich ist nun der Zusammenhang zwischen Geschmack und Einkommen. BOURDIEU hatte Präferenzen für drei Musikstücke nach „Klassenfraktion", d.h. nach Berufen bzw. nach berufsspezifischen Gesellschaftsschichten abgefragt: *Das wohltemperierte Klavier* von Johann Sebastian BACH, GERSHWINs *Rhapsody in Blue* und die Vorliebe für die Melodie von Johann STRAUSS *An der schönen blauen Donau* (a.a.O.: 40). Mit diesen drei Werken exemplifiziert BOURDIEU auch gerne seine Geschmacksdifferenzierung in „legitimen", „mittleren" und „populären Geschmack".[15] Aus Gründen der Übersichtlichkeit sind in Abb. 5.1.2.1 [2] nur die Präferenzen für das *wohltemperierte Klavier* und die *schöne blaue Donau* wiedergegeben. Die befragten Berufsschichten sind in konkret durch typische durchschnittliche Einkommenswerte repräsentiert[16], die Einkommensverteilung als durchgehende Linie kenntlich gemacht.

15 Die Musik ist für ihn die vergeistigste aller Künste, weshalb er auch gerade auf diese Beispiele zurückgreift (a.a.O.: 41 f.)

16 Beispielsweise sind „Arbeiter"durch die Einkommensklassen 2.000-3.000 sowie 3.000-4.000 DM, „Verwaltungsangestellte" durch 3.000-4.000 und 4.000-5.000 DM repräsentiert. Die Gruppe der „Lehrer", „Hochschullehrer" wurde hier mit 8.000-9.000 DM 'kalkuliert', usw... Zur Gruppenbildung vgl. BOURDIEU (1979/1987: 40 f.).

Abb. 5.1.2.1 [2]: Geschmacksverteilung und Einkommensverteilung. Präferenzen für zwei Musikstücke nach "Klassenfraktion" (BOURDIEU) und Einkommensschichtung (DIW-Daten)

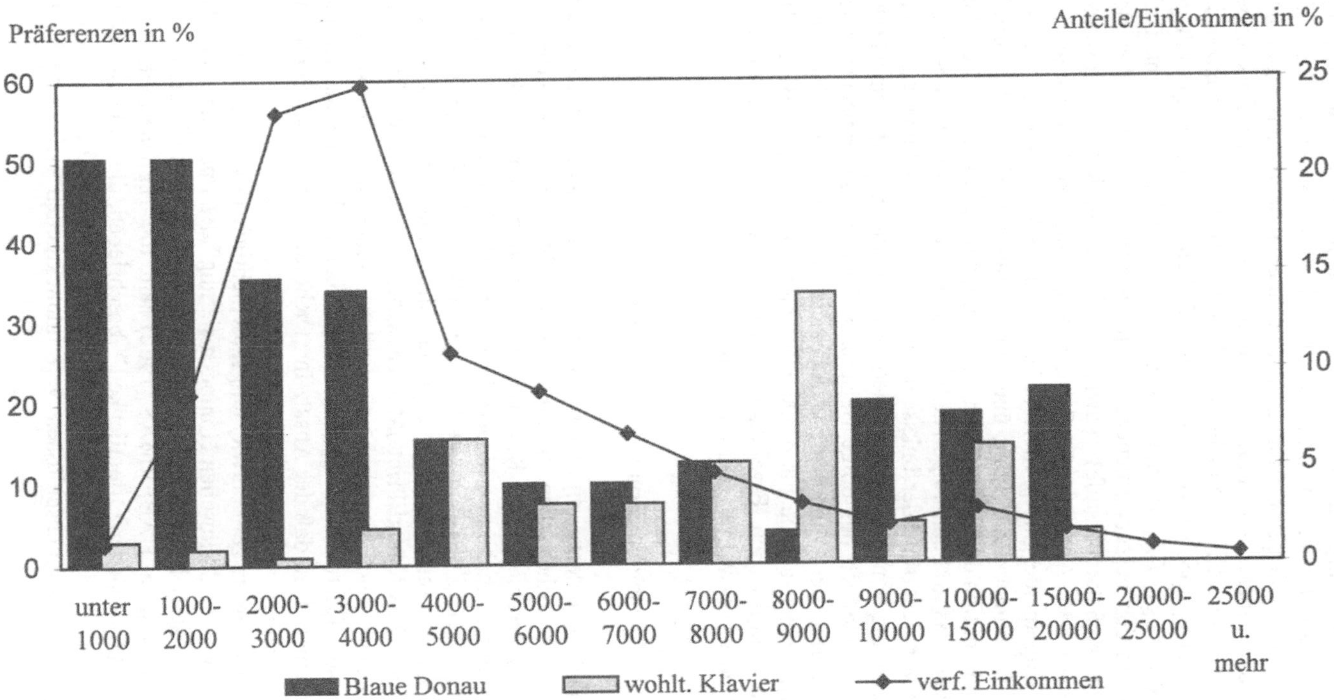

In dieser Interpretation zeigen die Daten ein ebenso deutliches Bild, wie es BOURDIEU ermittelt hatte: Das Musikstück *An der schönen blauen Donau* wird eher von niedrigeren Einkommensgruppen repräsentiert („populärer Geschmack"). Wieder zunehmende Präferenzanteile in den höheren Einkommensgruppen lassen sich u.a. mit den vergleichsweise häufigen Statusinkonsistenzen in den oberen Einkommensgruppen erklären (z.B. wohlhabende Selbständige mit geringer kultureller Ausbildung). *Das wohltemperierte Klavier* findet seine musikalischen Liebhaber eher in den besserverdienenden Einkommensschichten, wobei sich die Gruppe der „Lehrer (Sekundarstufe)" sowie der „Hochschullehrer, Kunstproduzenten" als besonders treue Anhänger BACHscher Kontrapunktorik erweisen.

Allgemeiner interpretiert lassen sich diese Zusammenhänge so komprimieren: Da die Geschmacksverteilung über die sozialisationsbedingte Ausbildung weitgehend eine Funktion der Einkommensverteilung darstellt, gibt letztlich die Einkommensverteilung das größenmäßige Nachfragepotential bestimmter geschmacklicher Präferenzen vor. Aufgrund der linksschiefen Einkommensschichtung ist von einer ähnlichen Verteilung von Marktpotentialen unterschiedlicher Geschmacksrichtungen auszugehen. Ließe sich das obige Beispiel auf andere Geschmacksbereiche übertragen, so absorbiert der „populäre Geschmack" knapp 60% aller Nachfragepräferenzen (Einkommensanteile bis 4.000 DM: monatlich 58%).[17] BOURDIEUs Theorie und seine empirischen Ergebnisse belegen eine grundsätzliche Aymmetrie der Geschmacks- bzw. Präferenzverteilung

5.1.2.2 Dichotomisierung der Publizistik

Ein völlig anderer, ein literatursoziologischer Ansatz, der die historische Perspektive mit einem ästhetischen und literaturgeschichtlichen Blickwinkel verbindet, begründet den unterschiedlichen Kultur- und Medienkonsum mit der Dichotomisierung der Literatur in „hohe und niedere Literatur" (BÜRGER, Chr. 1982a) bzw. mit der Existenz einer „Zwei–Klassen–Literatur" (BAUSINGER 1993). Da die Überlegungen aus der Literatursoziologie stammen, die vereinzelte Blicke auch auf (geschichtlich bedingt vorwiegend Print-)Medien wirft, aber in diesem Sinne kein Pendant in Gestalt einer (auch historisch orientierten) Mediensoziologie kennt, ist die Begrifflichkeit auf „Literatur" focussiert, umfasst aber im Verständnis den publizistischen Output generell, so daß der Ansatz in „Dichotomisierung der Publizistik" erweitert werden könnte.

Der Ansatz geht entwicklungsgeschichtlich 1) von einer „Universalisierung" und 2) von einer „kulturellen Homogenisierung" des Publikums aus (WINCKLER 1986: 51 ff.), zwei Entwicklungen, die in die Ära der Aufklärung des 18. Jahrhunderts datiert werden. HABERMAS (1962) hatte die fragliche Zeitspanne mit „Entstehung einer 'bürgerlichen Öffentlichkeit'" beschrieben, die dadurch zustande kam, daß sich die absolutistisch regierten und verwalteten Menschen in wirtschaftlichen Zünften und in Zusammenschlüssen von Intellektuellen (z.B. Logen) zusammenzusetzen

17 Erweitert man die Betrachtung der Einkommensklassen auf verfügbare Monatseinkommen von 4.000-5.000 DM, so repräsentieren diese Einkommensschichten zusammen 68,9% aller westdeutschen Haushaltungen.

begannen, um einerseits konkrete Kritik am Herrschaftsapparat zu artikulieren, zum anderen eigene Lebensvorstellungen und Bedürfnisse durchzusetzen. Diese „Öffentlichkeit“, die aus entwicklungsgeschichtlich bedingten Gründen (Lebens-, Arbeits- und Einkommensverhältnisse, Kulturtechniken wie Lesen usw.) nur vom Bürgertum getragen werden konnte, zu der sich aber auch Vertreter der höheren Stände und Klassen gesellten, offenbarte sich in Gestalt von Clubs, Salons, Lesegesellschaften usw.. BOURDIEU hat diese Umbruchsituation als „kulturelles Kräftefeld“ bezeichnet, dessen „Grenzen nicht der Hof, die Kirche oder die adligen und patrizischen Eliten“ waren, sondern die „ideologischen und kulturellen Bedürfnisse (und die zu ihrer Verwirklichung stehenden ökonomischen Mittel) der bürgerlichen Klasse“ (BOURDIEU 1970: 76, zit.n. WINCKLER 1986: 8 f.).

Die „kulturelle Homogenität“, wie sie WINCKLER zum Kriterium erhob, bestand zum einen darin, daß das Bürgertum, das sich aufgrund der zunehmenden wirtschaftlichen Bedeutung immer mehr als gesellschaftliche und staatstragende Schicht verstand, die „soziale und kulturelle Legitimität“ besaß, „für die gesamte nichtfeudale Gesellschaft zu sprechen, zu schreiben und zu handeln“ (WINCKLER 1986: 53). Zum anderen kam eine kulturelle Homogenität auch in den Kommunikationsbedürfnissen dieser bürgerlichen Öffentlichkeit, die WINCKLER als „identisch mit den Institutionen oppositioneller literarischer Kommunikation“ ansieht (a.a.O.: 18), zum Ausdruck: Die Nachfrage entstand aufgrund eines Informationenshungers jeglicher Art, also (Aufstiegs-)Bildungsbedürfnissen wie Orientierungssuche durch praktische Lebenshilfe, schlug sich aber auch in der intensiven Rezeption von Kritik an den politischen und gesellschaftlichen Zuständen sowie den Lebensbedingungen weiter Bevölkerungskreise nieder. Der Medienkonsum zielte auf die Suche nach der aktuellen und einer möglicherweise besseren zukünftigen Wirklichkeit. Das publizistische Genre spielte demgegenüber eine untergeordnete Rolle, weshalb die Werke von August LAFONTAINE oder August Friedrich KOTZEBUE genauso in allen (lesefähigen) Schichten rezipiert wurden wie GOETHEs *Werther* (vgl. „Wertherfieber“) oder *Hermann und Dorothea* (vgl. WINCKLER 1986: 53). Die Nachfrage expandierte für damalige Verhältnisse so stark, daß diese kulturell-intellektuelle Entwicklung auf der Angebotsseite eine Initialzündung für die Entstehung des literarisch-publizistischen Marktes bewirkte.

Das zweite Kennzeichen der damaligen Kommunikationssituation, die „Universalität des Publikums“, ergab sich publizistisch und ökonomisch als logische Folge einer Spiralwirkung: immer weitere Schichten von Lesern (z.B. ENGELSING 1968: „Dienstbotenlektüre“) wurden von den neuen Kommunikationsbedürfnissen erfasst, die der entstehende „Markt“ mit immer neueren Formen der Angebotsbereitstellung (z.B. Subscriptionsmodelle, Selbstverlage, Leihbibliotheken und Lesegesellschaften) und organisatorisch verfeinerten Distributionstechniken (z.B. Kolportagebuchhandel oder das Marketingsystem von R.Z. BECKERs *Noth- und Hülfsbüchlein*) zu befriedigen suchte.

Diesen Prozess, den die Aufklärer in der gesamten Publizistik als Gegenreaktion zur absolutistischen Kultursozialisation initiiert hatten, weil nach ihrer Meinung Kunst und Literatur jedermann zugänglich sein sollte, kam durch die atmosphärischen und politischen Folgewirkungen der Französischen Revolution zum ersten Mal zum Stillstand. Die deutschen Fürsten, die um den Bestand der politischen Verhältnisse fürchteten, entzogen der „Bewegung“ ihr Vertrauen und ihre Unterstützung: „'Volksbildung' wurde mit 'Bildung zur Revolution' gleichgesetzt“ (SIEGERT 1988: 579). Die Folgen der sog. Koalitionskriege, die auch auf dem deutschsprachigen Boden im NAPOLEONischen Herrschaftssystem endeten, verfestigten den Stillstand – in weiten Bereichen der deutschen Territorien wurde die öffentliche Kommunikation politisch durch staatlich monopolisierte Zensur gesteuert und ökonomisch scheiterte der Absatz und die weitere Verbreitung aufklärerischen Schrift- und Gedankengutes bereits an wirtschaftlichen Problemen: Aufgrund der ständigen Kriegswirren war die Produktion von Papiermangel geprägt, die technische Distribution durch Zoll- und/oder Zensurschranken erschwert. Die zerstörte Straßeninfrastruktur bewirkte ein übriges. Nachfrageseitig hatte sich die Kaufkraft drastisch reduziert.

Mit dieser Entwicklung spalteten sich auch die Publizistik und ihre Vertreter in mehrere Lager. Auf der einen Seite versuchten Aufklärer wie WIELAND in seinem *Teutschen Merkur* die Obrigkeit zur politischen Diskussion zu bewegen.[18] Rudolph Zacharias BECKER, der in Preussen als „Radikaler“ (SIEGERT 1980: B 306) galt und aufgrund fehlender Chancen im dortigen Staatsdienst[19] in Thüringen (Gut Schnepfenthal) zusammen mit Christian Gotthilf SALZMANN ursprünglich ein Philanthropin aufbauen wollte, hatte sich mit seiner Konzeption des *Noth- und Hülfsbüchleins für Bauersleute*, das ab 1788 ausgeliefert wurde, vorwiegend auf praktische Lebenshilfe kapriziert. Dasselbe Konzept verfolgte er mit seiner von ihm gegründeten und in Gotha herausgegebenen *Deutschen Zeitung für die Jugend und ihre Freunde*, später umbenannt in *Nationalzeitung der Teutschen*. Bis zu seinem Lebensende verfeinerte und differenzierte er dieses publizistische Konzept.[20]

---

18 WIELAND hatte dafür nach dem Tod von FRIEDRICH II („Alter Fritz“) für dessen Nachfolger FRIEDRICH WILHELM III eine Rubrik „Gespräche unter vier Augen“ eingerichtet (vgl. SALOMON 1900 I: 208 f.). Ansonsten zählte sein Journal bereits vor der Revolution zu jenen Zeitschriften, die kritischen Gedanken zu Politik und Gesellschaft ein Forum bot (vgl. KOSZYK 1972: 135 f.). Diese Funktion hielt WIELAND auch nach 1789 bei. So berichtet beispielsweise BRENDER (1990: 107) von einem Seiler namens Chr. Benjamin GEIßLER, der 1790 einen Aufruf „Entmachtung des Adels und zu Aktionen gegenüber der sächsischen Landesregierung“ verfasst und verbreitet hatte und nach seiner Verhaftung vor Gericht erklärte, daß er seine detailreichen Kenntnisse über die Vorgänge der Französischen Revolution und deren Bewertung aus dem *Teutschen Merkur* habe.

19 BECKER hatte 1780 die Preisaufgabe bzw. die Frage der Berliner Akademie der Wissenschaften, ob es für den König nützlich sein könne, sein Volk zu täuschen, mit nein beantwortet und dies sehr dezidiert begründet. Damit wurde BECKER in der aufgeklärten Öffentlichkeit zwar sofort bekannt, hatte damit aber zumindest in Preussen alle Chancen verwirkt, im Staatsdienst wirken zu können (ausf.: vgl. SIEGERT 1980: B 306).

20 Nach SIEGERT hatte BECKER daraus seine Lebensaufgabe gemacht, weil er um den Aufwand wußte, um eine solches Projekt flächendeckend zu lancieren: „Wenn ein solches, unmittelbar auf die Veredlung und Beglückung der größeren Zahl der Menschen abzielendes Buch zum Vorschein käme, so würde es von unsern kritischen Wortführern gewiß auch nicht einmal einer Erwähnung seines Daseyns gewürdigt werden“ (zit. n. SIEGERT 1980: B 308 f.). Nach der ersten Ausgabe gab BECKER weitere Fassungen heraus, u.a. eine musikalische Fassung für Klavier und eine für Dorforchester. 1799 erschien ein Fortsetzungsband, der „der auf die durch die Französische Revolution veränderten Bedingungen für volksaufklärerische Aktivitäten reagierte“ (KILLY). Trotzdem geriet BECKER 1811 mit der Obrigkeit in Konflikt: Aufgrund seines großen Bekanntheitsgrades, seiner beiden Zeitungen, der *Nationalzeitung* und dem *Reichsanzeiger* (ab 1806: *Allgemeiner An-*

Eine dritte Gruppe von Autoren übte sich in Anpassung an die veränderten Verhältnisse, beispielsweise der eben erwähnte Christian Gotthilf SALZMANN. Seine und BECKERs Wege trennten sich bald wieder – SALZMANN hatte publizistisch eine totale Kehrtwendung vollzogen. Vom „Elend" der Unterschichten bedrückt hatte er 1783 ein insgesamt sechsbändiges Werk *Carl von Carlsberg oder über das menschliche Elend* verfasst (1783-88, Leipzig: Vogel), in dessen Handlungsgerüst der Liebesbeziehung seines adligen Protagonisten zu einem bürgerlichen Mädchen der Autor sehr dezidiert Mißstände, d.h. „barbarische Reste feudaler Gewalt" (BÜRGER, Chr. 1982b: 176) beschreibt. Für die Veröffentlichung seiner 'Sozialreportagen' mußte SALZMANN herbe Kritik auch von seinen Kollegen, namentlich seitens Karl Philipp MORITZ und Friedrich SCHILLER, einstecken.[21] Nachdem im Revolutionsjahr der letzte Band erschienen war, publizierte SALZMANN 1796 ein neues Buch unter dem Titel *Der Himmel auf Erden* (1796, Schnepfenthal: Erziehungsanstalt), das er 'in der Werbung' folgendermaßen ankündigte: „Ich schrieb ein Buch über das menschliche Elend..., da es noch Tag war, da noch jedermann seine Meinung über alles frey und laut sagen durfte. Jetzt, da eine Nacht eingetreten ist, da, in gewisser Rücksicht, niemand wirken kann, würde Carl von Carlsberg wohl nicht geschrieben werden dürfen. ... Heute, das ist meine feste Überzeugung, kann jeder in jeder Lage den Himmel finden, sobald er sich von den Grundsätzen überzeugt, die ich in diesem Buche vortragen werde."[22]

Die Siegener Literatursoziologin Christa BÜRGER, die zu den prononciertesten Vertretern der Dichotomisierungstheorie zählt und sich insbesondere auch mit der publizistischen Person SALZMANNs beschäftigt hat,[23] interpretiert diese Wendung

---

zeiger der Deutschen) und einiger von ihm initiierten Projekte, u.a. der Schiller–Nationalsammlung direkt nach SCHILLERs Tod, galt BECKER bei Freund und Feind als 'nationale Integrationsfigur'. Nachdem 1807 Herzog ERNST II von Sachsen–Gotha dem Rheinbund beigetreten war, galten die napoleonischen Zensurgesetze auch für BECKER, der mit ihnen aufgrund zwar vorsichtiger, im Ergebnis aber klarer politischer Stellungnahmen zu allen relevanten Fragen des damaligen Lebens, schnell in Konflikt geriet, daraufhin von französischen Polizei- bzw. Besatzungstruppen gekidnappt und anschließend zu Festungshaft verurteilt wurde, die 17 Monate andauerte (vgl. SIEGERT 1978: 853–869).

21 MORITZ, der seinerzeit an einer eigenen Theorie über die Autonomie der Kunst arbeitete, hatte weniger formal ästhetische Kritik als vor allem inhaltliche Vorwürfe anzubringen, indem er das geschilderte „Elend" als Einzelfälle herunterspielte und die Objektivität der Darstellungen anzweifelte. Der Tragik einzelner Fälle hielt er „den tröstenden, durch Erfahrung geprüften Gedanken" gegenüber, „daß es in der Macht des Menschen steht ... in jedem Augenblick seines Daseins sich in sich selbst zurückzuziehen, und alles, was ihn umgibt, freiwillig dem Zufall preis zu geben", so MORITZ in seinem Aufsatz „Das menschliche Elend", in: K.Ph. MORITZ (1786): Schriften zur Ästhetik und Poetik, zit.n. BÜRGER, Chr. (1982b): 182. SCHILLER ging 1795/76 in seiner poetologischen Abhandlung Über naive und sentimentalische Dichtung, die in den *Horen* erschien und in der er nochmals mit allen Autoren 'abrechnete', die sich in ihren ästhetischen Formen und inhaltlichen Darstellungen allzusehr an die Wirklichkeit anlehnen, indem sie sie kritisieren oder komödienhaft oder satirisch karikieren, auch kurz und abfällig auf SALZMANN ein; vgl. SCHILLERS WERKE, Nationalausgabe XX: 479 f. Zu SCHILLERs gewandelten ästhetischen Vorstellungen seit Ende der 80er Jahre siehe Anm. 159.

22 So in der Vorankündigung im *Reichsanzeiger*, zit.n. BÜRGER, Chr. 1982b: 194 f.

23 Vgl. BÜRGER, Christa (1982b): Das menschliche Elend oder Der Himmel auf Erden? Der Roman zwischen Aufklärung und Kunstautonomie. In: BÜRGER, Christa/BÜRGER, Peter/SCHULTE-SASSE, Jochen (Hg): Zur Dichotomisierung von hoher und niederer Literatur. Frankfurt/M.

damit, daß SALZMANN nun „nicht mehr die Realität" verändern will, „ – sei es auch nur auf dem Weg der Reform, im Rahmen eines aufgeklärten Absolutismus –, sondern den Menschen. Genauer: er will seine Leser dazu bringen, daß sie die 'richtige' Perspektive einnehmen, daß sie die Wirklichkeit mit 'neuen' Augen sehen" (BÜRGER, Chr. 1982b: 194). Aus diesem Grund hatte SALZMANN auch nicht mehr seine ursprüngliche Rezipientengruppe, die unterdrückten Unterschichten in Gestalt der Kleinbürger und Kleinbauern im Visier, sondern die gebildeten Stände. „Hier erhält die bürgerliche Kunst eine klare Funktionsbestimmung: Sie leistet für das Bürgertum diejenige Aufgabe, die für die unteren Bevölkerungsschichten noch immer am besten die Religion erfüllt" (a.a.O.: 195), weil in den Unterschichten der Säkularisierungsprozess noch nicht weit genug fortgeschritten war.

SALZMANN, der es verstand, „mit großem Einfühlungsvermögen in das Lebensgefühl der jeweiligen Stände" (KILLY) zu schreiben, wand sich nach wie vor „an einen Leser, der zur Kritik geltender Normensysteme und zu rationaler Lösung gesellschaftlicher Probleme fähig ist" (BÜRGER, Chr. 1982b: 196) – eine Einstellung, die von der sich inzwischen herauskristallisierten literarischen Bewegung - einer vierten Gruppe, die man heute mit dem Stichwort „Autonomieästhetik" charakterisiert und zu deren engagiertesten Vertretern Imanuel KANT (vgl. 1790: *Kritik der Urteilskraft*), Friedrich SCHILLER, Karl Philipp MORITZ und zeitlich nachfolgend die Romantiker gehörten - abgelehnt wurde. Aber auch in der Aufklärungsbewegung selbst waren Volksschriften à la BECKER oder SALZMANN umstritten; die Gegner beispielsweise befürchteten eine Gegenaufklärung 'von oben' und damit eine Konterkarierung ihrer Ziele. Da Volksschriften allerdings von den Autonomieästhetik–Verfechtern dann akzeptiert wurden, wenn sie der bloßen Unterhaltung dienten und keinen Anspruch auf Hilfestellungen für gesellschaftspolitische Problemkonstellationen erhoben, also keinen aktiven Rezipenten voraussetzten, war eine sehr diffizil geschichtete Situation von publizistischen Vorstellungen und Ansprüchen entstanden: „Die Diskussion um die Volksschriften darf gedeutet werden als Teil des am Ende des 18. Jahrhunderts beginnenden Kampfes um die Funktionsbestimmung der Literatur" (BÜRGER, Chr. 1982b: 195).

Dieser „Kampf", insbesondere mit den Vertretern der Autonomieästhetik, läßt sich beispielhaft an der inhaltlichen Auseinandersetzung zwischen Gottfried August BÜRGER, einem im Nebenberuf publizierenden Staatsbediensteten, und Friedrich SCHILLER, dem damals das Fach Geschichte dozierenden Hochschullehrer in Jena, verdeutlichen. BÜRGER, der sich selbst als „Volkssänger" verstand, hatte 1778 einen Gedichtband publiziert, der 1789 in zweiter Auflage erschien.[24] Sein publizistisches Credo hatte der Amtmann dort in seiner Vorrede so charakterisiert, daß „Volkspoesie" auf dem „Markt des Lebens" stattfinden und „sowohl in den Palästen als Hütten ein- und ausgehen und gleich verständlich, gleich unterhaltend" für alle sein solle. Verständlichkeit und Akzeptanz seitens der Leser stellten für ihn die entscheidenden Kriterien für die publizistische (Produkt-)Qualität von „Poesie" dar bzw. in seiner Formulierung „das Siegel ihrer Vollkommenheit".

(Suhrkamp): 172–207. Auf diesem Aufsatz basieren auch weitgehend die hiesigen Daten und Überlegungen.

24 *Gedichte von G.A. Bürger. 2 Tle.* Göttingen (Dieterich)

Diese Sicht der Dinge hatte SCHILLER zum Widerspruch herausgefordert. SCHILLER, der zu diesem Zeitpunkt vier Dramen,[25] zwei Kriminalromane,[26] mehrere Gedichte sowie eine historische Abhandlung[27] verfasst hatte und ansonsten Rezensionen für die renommierte *Allgemeine Literatur–Zeitung* (ALZ) in Jena schrieb, befand sich in einer entscheidenden Umbruchphase, in der er sich mit der Antike[28] und vor allem philosophischen Fragen beschäftigte. Hinsichtlich des Motivs, sich ausgerechnet am Fallbeispiel der BÜRGERschen *Gedichte* erstmals mit seinen neugewonnenen ästhetischen Vorstellungen an die literarische Öffentlichkeit zu wenden und dies in Form einer anonymen Rezension in der ALZ (Nr. 13 u. 14/1791) zu tun, geht die SCHILLER–Forschung davon aus, daß dies für SCHILLER nur eine passende Gelegenheit war, sich gleichzeitig damit indirekt auch von seiner Jugenddichtung 'lossagen' zu können.[29]

SCHILLER jedenfalls warf in seiner anonym abgefassten Kritik *Über Bürgers Gedichte* eben diesem eine Art von Anbiederung an den „großen Haufen“ vor, eine Begrifflichkeit, mit der damals das umschrieben wurde, was man im 20. Jahrhundert mit „Massengeschmack“ übersetzen würde. SCHILLER setzte BÜRGER seine eigene Position gegenüber, die bereits von einer gespaltenen, sprich inhomogenen Rezipientenschicht ausging: „Unsere Welt ist die homerische nicht mehr, wo alle Glieder der Gesellschaft im Empfinden und im Meinen ungefähr dieselbe Stufe einnahmen. ... Jetzt ist zwischen der *Auswahl* (Hervh.d. SCHILLER.) einer Nation und der *Masse* (Hervh.d. SCHILLER) derselben ein sehr großer Abstand sichtbar. ... Es würde daher umsonst sein, willkürlich in einen Begriff zusammenzuwerfen, was längst schon keine Einheit mehr ist.“ In einer anderen Formulierung sind dies die „gebildete Klasse“ versus der „große Haufen.“[30]

Hinter dieser formalen Unterscheidung des Nachfrageseite, die SCHILLER und andere Vertreter der Autonomieästhetik wie MORITZ oder KANT von der Angebotsseite her, sprich aus ihren eigenen publizistischen Ansprüchen begründeten, verbarg sich tatsächlich eine ganz andere Trennungslinie, nämlich jene der Einstellung der Publizisten zu aktuellen Fragen und Problemen des politisch-gesellschaftlichen Umbruchs. Die nach Ansicht heutiger Literatursoziologen kulturell homogene Schicht der Leser, d.h. vor allem die bürgerliche Öffentlichkeit, erwartete Antworten auf drängende Fragen, zumindest die Darstellung der gesell-

25 *Die Räuber, Fiasko, Kabale und Liebe, Don Carlos*

26 *Der Verbrecher aus verlorener Ehre* (Erzählung), *Die Geisterseher* (Fortsetzungsroman), beide erschienen in der von ihm herausgegebenen und bei GÖSCHEN verlegten Zeitschrift *Thalia*

27 *Geschichte des Abfalls der vereinigten Niederlande von der spanischen Regierung*

28 So hatte er beispielsweise 1788 die *Iphigenie in Aulis* in die deutsche Sprache übersetzt, sich also einem Sujet zugewandt, mit dem sich auch GOETHE auseinandergesetzt hatte, mit dem SCHILLER zu diesem Zeitpunkt aber noch nicht in Kontakt stand.

29 Vgl. dazu die Anmerkungen von Herbert MEYER in dem von ihm herausgegebenen Band 22 der Nationalausgabe der SCHILLERschen Werke, Band XXII: *Vermischte Schriften.* Weimar (Böhlau) 1958: 410–413, insbes. 411.

30 Konkret bezogen auf BÜRGER lautet die fragliche Passage: „Ein Volksdichter ... hätte also bloß zwischen dem Allerleichtesten und dem Allerschwersten die Wahl: entweder sich ausschließlich der Fassungskraft des großen Haufens zu bequemen und auf den Beifall der gebildeten Klasse Verzicht zu tun – oder den ungeheuren Abstand, der zwischen beiden sich befindet, durch die Größe seiner Kunst aufzuheben und beide Zwecke vereinigt zu verfolgen“ (zit.n. SCHILLERs Werke. Nationalausgabe XXII: Vermischte Schriften: 247 f. (vgl. Anm. zuvor).

schaftlichen Probleme, selbst wenn es auf einer 'unteren Ebene' von praktischer Lebenshilfe geschah, wie dies etwa BECKERs *Noth- und Hülfsbüchlein* vorexerzierte. Die Verfechter der Autonomie der Künste indes verweigerten sich diesen Bedürfnissen und zogen sich gleichsam in ihren Elfenbeinturm zurück – SCHILLER wie viele seiner Kollegen wurden apolitisch, flohen vor der Realität in das Reich der autonomen Künste, die sich ihre eigenen ästhetischen Regeln setzte. So forderte SCHILLER in seiner Rezension der BÜRGERschen Gedichte grundsätzlich von einem Autor, „sich selbst fremd zu werden, den Gegenstand seiner Begeisterung aus einer mildernden Ferne anzuschauen."

Damit nahm SCHILLER eine Haltung vorweg, die er später bei der Herausgabe der Zeitschrift *Horen* in extenso praktizieren sollte, was nach heutiger Einschätzung auch deren nur kurze bzw. zweijährige Lebensdauer begründete: SCHILLER hatte dem Journal, in dem so renommierte Autoren wie GOETHE, Wilhelm von HUMBOLDT, August Wilhelm SCHLEGEL, FICHTE, Theodor KÖRNER, Heinrich VOß, HERDER oder KLOPSTOCK publizierten, ein absolut unpolitisches Konzept verordnet, konkret „über das Lieblingsthema des Tages ein strenges Stillschweigen" auferlegt und statt dessen die Maxime der Vereinigung der „politisch geteilten Welt unter der Fahne der Wahrheit und Schönheit" ausgegeben.[31] Literatursoziologen wie Christa BÜRGER begründen diese Haltung mit dem „gebrochenen Verhältnis der bürgerlichen Schriftsteller in Deutschland zur Französischen Revolution" (BÜRGER, Chr. 1982a: 23), eine Einschätzung, die bereits Robert PRUTZ 1847 so geteilt hatte.[32] Auf Seiten der Rezipienten indes hatten Fragen zur Revolution, zu ihren Folgen und hinsichtlich ihrer möglichen Bedeutung für die individuelle Lebenssituation einen überragenden Stellenwert – man erwartete von der Publizistik „nicht Ablenkung, Erholung von der Entfremdung im beruflichen und familiären Alltag, sondern lebenspraktische Orientierung, Handlungsanweisung, Information" (BÜRGER, Chr. 1982b: 192[33]).

31 Im Original lautet die Passage aus dem publizistischen Programm der *Horen*, wie es SCHILLER in der zweiten Vorankündigung formulierte, folgendermaßen: „Zu einer Zeit, wo das nahe Geräusch des Krieges das Vaterland ängstigt, wo der Kampf politischer Meinungen und Interessen diesen Krieg beinahe in jedem Zirkel erneuert und nur allzu oft Musen und Grazien daraus verscheucht, wo weder in den Gesprächen noch in den Schritten des Tages vor diesem allverfolgenden Dämon der Staatskritik Rettung ist: möchte es ebenso gewagt als verdienstlich sein, den so sehr zerstreuten Leser zu einer Unterhaltung von ganz entgegengesetzter Art einzulassen. In der Tat scheinen die Zeitumstände einer Schrift wenig Glück zu versprechen, die sich über das Lieblingsthema des Tages ein strenges Stillschweigen auferlegen und ihren Ruhm darin suchen wird, durch etwas anders zu gefallen, als wodurch jetzt alles gefällt. Aber je mehr das beschränkte Interesse der Gegenwart die Gemüter in Spannung setzt, einengt und unterjocht, desto dringender wird das Bedürfnis, durch ein allgemeines und höheres Interesse an dem, was rein menschlich über allen Einfluß der Zeiten erhaben ist, sie wieder in Freiheit zu setzen und die politisch geteilte Welt unter der Fahne der Wahrheit und Schönheit wieder zu vereinigen" (zit.n. SCHULZ 1960: 11 f. bzw. 213 f.).

32 „Nur warnen wollen wir, zu glauben, als könne ein Volk literarisch (Hervh.i.O., Anm.d.Verf.) groß sein, das politisch (Hervh.i.O., Anm.d.Verf.) nichtig ist. Überall müssen Theorie und Praxis Hand in Hand gehen und sich, die eine auf die andere, stützen" (PRUTZ 1847/1973: 23).

33 Christa BÜRGER zieht diesen Schluß beispielhaft aus einer Bemerkung bzw. Überlegung Friedrich SCHLEGELs, die dieser an seinen Bruder Wilhelm August brieflich richtete, nachdem SCHILLERs vernichtende Kritik über den BÜRGERschen Gedichtband erschienen war: „Ich habe seit ich dich nicht sah, viel über die Dichtkunst nachgedacht. – Nur einige wenige Worte über den Maasstab, denke ich, ist für die öffentliche Dichtkunst die Wirkung auf das Volk und also der Grad des Vergnügens und der Erhöhung zur Wirkung für dieses. (Wirkung und Glück und die Mittel dazu lassen

Eine solche 'Mißachtung des Lesers' und seiner Kommunikationsbedürfnisse durch Rückzug vieler Autoren in eine selbstgeschaffene 'heile' Welt der „Schönheit" konnte nicht ohne Folgen bleiben. Der totale Verzicht auf jeglichen politischen und gesellschaftspolitischen Diskurs mußte die „Trennung von Kunst und Lebenspraxis" (BÜRGER, Chr. 1982a: 24) geradezu institutionalisieren.[34] Die Folge war eine immer stärker werdende Entfremdung der autonomen Literatur bzw. Publizistik gegenüber immer größeren Leserschichten, „die ihrerseits kein Verständnis aufbringen können für die Probleme der Innerlichkeit, um die es den Autoren des 'künstlichen Romans' geht" (BÜRGER, Chr. 1982b: 191): der Dichotomisierungsprozess hatte begonnen und im gleichen Maße löste sich auch die kulturelle Homogenität auf: Sujets und konkrete Inhalte, Sprache und Form der Autonomieästhetiker waren nur noch von jenen zu verstehen, die aufgrund ihrer damaligen Privilegien die notwendigen Voraussetzungen dazu mitbrachten, nämlich Einkommen, freie Zeitkapazitäten, (Schul-)Bildung bzw. Lesefähigkeit.

Diese Entwicklung setzte sich nach und nach bis weit ins 19. Jahrhundert hinein fort und endete vorerst in einer Zweiteilung der Publizistik. Während die Aufklärer den Anspruch verfochten, von allen verstanden zu werden und dies zum Qualitätskriterium ihrer Arbeit erhoben hatten, galt dies für die Klassiker, also beispielsweise für GOETHE seit dessen Amtsantritt in Weimar und für SCHILLER, seit er sich philosophischen Fragen zuzuwenden begann, nur (noch) eingeschränkt; zwar legten auch sie, subjektiv gesehen, Wert auf Akzeptanz, betrachteten aber die eingeschränkte Wahrnehmung ihrer Werke nur durch die Rezipienten einer vergleichsweise kleinen (Ober-)Schicht als publizistisches bzw. in ihren Worten gesagt: ästhetisches Gütezeichen. Die Romantiker legten auf äußere Wahrnehmung und Akzeptanz überhaupt keinen Wert mehr und produzierten nur noch für sich selbst. Die nachfolgende Biedermeierzeit focussierte ihre Aussagenproduktion vorwiegend auf familiäres und

---

sich aber nicht etwa messen und berechnen. Ich sagte für die öffentliche; ich nehme auch eine geheime Dichtkunst an. Je inniger diese mit der Eigenthümlichkeit der wenigen, von denen und für die sie ward, verkettet ist, je mehr erfüllt sie ihre Bestimmung und je mehr ist sie vielleicht dem Volke ungenießbar. Man sieht diese Geheimniße zwar oft um einen Lobspruch verkaufen, aber ich für meinen Theil würde nie im Stande seyn, mein innerstes Ich, gleichsam als eine Natur–Seltenheit, die in einem Naturalien–Cabinet verwahrt wird, den Liebhabern vorzuzeigen. – Wenn ich von der Wirkung auf das Volks ausgehe so würde ich wünschen der Dichter möchte ganz in das Intereße derer, auf die er wirken will, eindringen, all ihre Verhältnisse erforschen" (zit.n. BÜRGER, Chr. 1982b: 206 bzw. Anm. 73).

34 SCHOTTENLOHER beschrieb dies in seinem Werk Bücher bewegten die Welt folgendermaßen: „Die Versuche Schiller und Goethes, die Zeitgenossen in den Horen und Propyläen (1798) aus den trüben politischen Niederungen zu den Höhen der Wahrheit und Schönheit emporzuführen, schlugen fehl. ... Deutschland hätte damals anderer Aufrufe bedurft; sie blieben aber beiden großen Dichtern versagt, die das deutsche Wesen zu ausschließlich in der veredelten Persönlichkeit und im geistigen Charakter der Nation erblickten" (SCHOTTENLOHER 1968: 345). Literaturwissenschaftler wie HOCKS/SCHMIDT gehen in ihrer Bewertung noch weiter, indem sie Autoren wie SCHILLER oder auch GOETHE (Zeitschrift *Propyläen*) durch ihre „Fluchtideologie" indirekt eine Verantwortung für die weiteren politischen Geschehnisse zuweisen, die deshalb so eintreten konnten, weil die bürgerliche Öffentlichkeit im politischen Diskurs zu 'unerprobt' war: „Als Ersatz für ein politisches gegenrevolutionäres Konzept offeriert Schiller die Ideologie der inneren Freiheit, der Emanzipation der ästhetischen Bedürfnisse und damit eine der wesentlichen Grundlagen für die Schizophrenie bürgerlicher und besonders nationalliberaler Politik im wiedererstarkenden reaktionären Staat" (HOCKS/SCHMIDT 1975: 101).

gottgegebenes Naturidyll.[35] Erst die Vertreter des 'Jungen Deutschlands' setzten sich wieder mit politischen Fragen auseinander. So verfestigte sich der Dichotomisierungsprozess in eine 'literarische Hochkultur' versus einer 'Massenkultur', zu der nun alles zählte, was die Autonomieästhetiker und ihre elitäre Rezipientenschicht ausgegrenzt hatten und was darüber hinaus überhaupt von den Aussagenproduzenten der unterschiedlichen ästhetischen Richtungen angeboten wurde. „Ausgeschlossen von einer zunehmend hermetisch abgehobenen Kultur, sieht das breite Lesepublikum sich verwiesen auf ein defizitäres Angebot von Unterhaltungsliteratur, geliefert von marktabhängigen Autoren, deren Berufung auf vorgebliche Bedürfnisse eines Massenpublikums nicht mehr vermittelt ist über eine kritisch-rationale Öffentlichkeit" (BÜRGER, Chr. 1982b: 197).

Die historisch-publizistischen Zusammenhänge lassen sich für die anliegende Fragestellung wie folgt interpretieren. Die Dichotomisierungstheorie als Erklärungsansatz für unterschiedliche Nachfragequantitäten von „Information" versus „Unterhaltung" im ausgehenden 18. bzw. beginnenden 19. Jahrhundert scheint schon aufgrund der damaligen schichtenspezifischen Bevölkerungsverteilung plausibel: Auf der einen Seite eine kleine Elite gebildeter Bürger und Adliger, die die Aussagenproduktion der Autonomieästhetiker als verschlüsselte Informationen wahrnehmen und möglicherweise auch als Wirklichkeitssuche deuten können. Auf der anderen Seite, und dies war die mit Abstand überwiegende Mehrheit, lebte der „große Haufen" in Gestalt der nichtprivilegierten ungebildeten Unterschichten, die sich mangels adäquater Angebote über den Weg der unterhaltenden Publizistik zwangsweise in die Wirklichkeitsflucht zurückgezogen hatten, obwohl ihnen, so der heutige Forschungsstand, auch an einem öffentlichen Diskurs über gesellschaftliche Fragen gelegen hätte.

Hinsichtlich der Fortschreibung dieses publizistischen Entwicklungsprozesses bis ins 20. Jahrhundert hinein liegen unterschiedliche Ansätze vor. WINCKLER (1986) erklärt die weitere Entwicklung nach dem endgültigen Auseinanderbrechen des ehemals einheitlichen Publikums spätestens ab 1848 in „ständig wechselnde Publika", die sich „durch Kauf und Lektüre" jeweils neu formieren (LANGENBUCHER 1972: 61) vor allem mit der zunehmenden Ökonomisierung des Literaturprozesses. Stand die publizistische Produktion im ausgehenden 18. Jahrhundert noch unter dem Primat der räsonnierenden Öffentlichkeit, deren Vertreter publizistisch unabhängig, weil ökonomisch weitestgehend in das bestehende berufliche Gesellschaftssystem

35 So hatte bereits Robert PRUTZ 1847 dazu bemerkt: „Unter den romantischen Traditionen unserer Literatur hat kaum eine zweite sich länger erhalten und ist für die Literatur selbst verderblicher geworden als die Geringschätzung, mit der die Mehrzahl unserer Dichter die Masse des Publikums betrachtete und durch die sie sich verleiten ließen, in einem populären Erfolg nicht allein nichts Wünschenswertes zu sehen (oder sich auch wohl so zu stellen), sondern gradezu etwas Ehrenrühriges, dergleichen ein gebildeter 'Schriftsteller' von Herzen gern den 'Tagelöhnern des Marktes' überließ. Unsere sogenannten 'gebildeten', unsere 'höheren' Schriftsteller waren lauter verkannte edle Seelen oder hielten sich doch dafür, die mit dem großen Haufen nichts zu tun haben mochten und deren literarischer Ruhm, wenigstens in ihren eigenen Augen, umso höher stieg, je kleiner die Gemeinde, von der sie gefeiert wurden. Selbst die Kritik, selbst die Literaturgeschichte stimmte in diese Torheiten mit ein; wie es in der deutschen Philosophie eine Zeit gegeben hat, wo das unverständlichste System als das tiefsinnigste bewundert ward, so gab es auch in unserer Ästhetik eine Epoche, wo die Dichter umso mehr gepriesen wurden und umso poetischer galten, je weniger man sie las" (PRUTZ 1847/1973: 98 f.).

eingebunden waren, so wurde im Verlauf des 19. Jahrhunderts „die literarische Öffentlichkeit als autonome Institution des bürgerlichen Publikums zunehmend durch marktförmige Verkehrs- und Kommunikationsformen ausgehöhlt und abgelöst" (WINCKLER 1986: 81). Konkret gaben am Ende der Dichotomisierungsentwicklung die Spielregeln des sich bis dahin herausgebildeten freien Kommunikations- und Medienmarktes Nachfragebedingungen und Angebotschancen der Aussagenproduktion vor, was zur Folge hatte, daß sich die Aussagenproduzenten, sofern sie finanziell nicht anderweitig abgesichert waren, den unmittelbaren Nachfragewünschen 'unterwerfen' mußten – sei es, daß sie als Buchautoren von den Vorgaben der Verlage oder des Buchhandels abhängig oder in die Anpassungszwänge des sich ausdifferenzierenden Zeitungs- und Zeitschriftenproduktionswesen eingebunden waren.[36] Was der Markt jeweils forderte, ergab bzw. ergibt sich aus den jeweiligen politischen, soziokulturellen und auch wirtschaftlichen Rahmenbedingungen. WINCKLER zeichnet die Entwicklungslinien, die sich mit dem Aufkeimen der Arbeiterbewegung um eine weitere Rezipientenschicht zu differenzieren beginnen,[37] bis in die bundesrepublikanische Gründungsära nach, die ADORNO (1967) mit dem Begriff der „Kulturindustrie" charakterisiert hat.[38]

HABERMAS (1962) hat eine Interpretation entwickelt, die den „Strukturwandel der Öffentlichkeit" nicht nur ausschließlich ökonomisch, sondern aus dem Wechselspiel von Ökonomie und Politik heraus erklärt: Mit zunehmenden Freiheitsrechten auch für die ehemals unteren Klassen, insbesondere die breite Masse der Arbeiterschicht, begann eine Entpolitisierung der einstigen bürgerlichen Öffentlichkeit – die öffentliche Kommunikation (bei WINCKLER: kulturelle Homogenität) zerfiel damit immer mehr in Akte vereinzelter Rezeption, d.h. aus öffentlichem Räsonnement wurde individueller Konsum. HABERMAS äußert sich nicht direkt zu Nutzungsquantitäten von Informations– versus Unterhaltungskommunikation, stellt aber her-

36 Nach WINCKLER vollzog sich die „Kommerzialisierung der literarischen Öffentlichkeit" vor allem „über die Literarisierung der Presse" (1986: 81), d.h. mit der Ära der billigen und hochauflagigen Journale (z.B. *Pfennig–Magazin* ab 1833, *Gartenlaube* seit 1853) bzw. der *Tagespresse* (1836 *La Presse* oder *Le Siècle* in Frankreich, in Deutschland erst mit den großen Pressekonzernen MOSSE, SCHERL, ULLSTEIN in Berlin und deren Blätter seit Anfang der 70er Jahre).

37 Die Lesebedürfnisse der sich gesellschaftspolitisch formierenden Arbeiterklasse waren sehr unterschiedlich und bezogen sich auf 1) know how in Sachen der eigenen beruflichen Sozialisation (Grammatik, Fachwissen, medizinisches und technisches Wissen), betrafen 2) ganz allgemeine Lesebedürfnisse und sollten 3) auch für die Stärkung des Klassenbewußtseins durch Rezeption politisch-informierender Literatur eingesetzt werden. Diese Bedürfnisse wurden vor allem in den Arbeiterbildungsvereinen kultiviert und gestillt, die die geistigen und organisatorischen Vorläufer der Arbeiterbewegung darstellen.

38 Der Begriff wurde erstmals 1947 von HORKHEIMER/ADORNO geprägt. Mit 'Industrie' ist vor allem die zunehmende Standardisierung massenmedialer Inhalte sowie die damit einhergehende Rationalisierung von deren Verbreitung gemeint. Mit „Kulturindustrie" stellt ADORNO daher – wie schon Bertolt BRECHT und der Verleger Peter SUHRKAMP – darauf ab, daß die „Kulturwaren der Industrie" sich vor allem „nach dem Prinzip ihrer Verwertung, nicht nach dem eigenen Gehalt und seiner stimmigen Gestaltung" richten (ADORNO 1967: 61). Aufgrund des „Profitmotivs ..., seit es über Kultur die Vorherrschaft gewann" ist der „Gesamteffekt der Kulturindustrie der einer Anti–Aufklärung; in ihr wird ... Aufklärung, nämlich die fortschreitende technische Naturbeherrschung, zum Massenbetrug, zum Mittel der Fesselung des Bewußtseins. Sie verhindert die Bildung autonomer, selbständiger, bewußt urteilender und sich entscheidender Individuen. Die aber wären Voraussetzung einer demokratischen Gesellschaft, die nur in Mündigen sich erhalten und entfalten kann" (a.a.O.: 62, 69 f.).

aus, daß durch die mit der Entpolitisierung einhergehenden zunehmenden Indoktrinations- und Manipulationsmöglichkeiten der modernen Medien- und Public–Relation–Infrastrukturen mehr der individuellen Wirklichkeitsflucht als der öffentlichen Auseinandersetzung mit Wirklichkeitsbildern Vorschub geleistet würde. Seine 1962 vertretenen Thesen dazu hat HABERMAS 1981 vielfach relativiert bzw. differenziert, in ihren wesentlichen Zusammenhängen aber aufrechterhalten.

Einen sehr viel direkteren Zusammenhang zwischen politischen (Herrschafts-)Verhältnissen und Rezeptionsgewohnheiten stellen Theoretiker wie Herbert MARCUSE oder der Schriftsteller und Publizist Hans Magnus ENZENSBERGER her. MARCUSE betont den „affirmativen Charakter der Kultur", zu der auch Kommunikationsbedürfnisse zählen, der die „neuen gesellschaftlichen Lebensbedingungen" bejaht, aber gleichzeitig auch „verdeckt" (1937/1965: 63 f.). ENZENSBERGER spricht von einer „Bewußtseins–Industrie" (1962/1964), die mit ihren medialen Unterhaltungsangeboten Kompensationsfunktionen für real erlittene Entsagungen übernimmt, um von allen dahinterstehenden Interessen abzulenken bzw. das „Bewußtsein" um solche Zusammenhänge abzuschaffen.[39] Nach NUSSER (1991: 13 ff.) ist mit dieser in den 60er und 70er Jahren des 20. Jahrhunderts begonnenen Diskussion innerhalb der sog. Neuen Linken erneut wieder die Frage um die Dichotomie der Literatur aufgebrochen, diesmal zwischen vorwiegend affirmativen, d.h. an ihrem jeweiligen Erwartungshorizont festhaltenden Medienkonsumenten, und mehr emanzipatorischen Rezipienten, die sich über ihren eigenen Horizont auch hinausführen lassen. Die neue Gegensätzlichkeit wird dabei bestimmt von „der Fragestellung, ob und inwieweit Literatur die *soziale* (Hervh.d.d.Verf.) Dichotomie von beherrschter und beherrschender Klasse widerspiegelt" (a.a.O.: 15). Die Frage muß nach Ansicht des Berliner Literaturwissenschaftlers so lange unbeantwortet bleiben, wie man nicht mehr Konkretes über die (längerfristigen) Wirkungen von spezifischen Kommunikationsangeboten auf die Rezipienten weiß.

Will man die hier zuletzt skizzierten Erklärungsansätze ökonomisch deuten, indem man nach den potentiellen Quantitäten der wie auch immer dichotomisierten Publizistik fragt, so bietet sich die folgende Minimalkonsens–Formel an: Während die

---

39 ENZENSBERGER spricht die Kompensationsfunktionen nur indirekt an. Sein eigentliches Anliegen ist die Entlarvung des Systems der „Bewußtseins–Industrie", die Macht über „Meinungen, Urteile und Vorurteile, Bewußtseins–Inhalte aller Art" zu etablieren versucht (1962/1964: 13). Dem stellt er in seinem „Baukasten zu einer Theorie der Medien" seine Forderungen entgegen, „emanzipatorischen Mediengebrauch" zu machen, anstatt nur „repressiv" zu rezipieren (1970/1974: 111) und sieht auch weniger das Problem in der vielbeklagten Kommerzialisierung der Medien (1962/1964: 12), als vielmehr in unzureichender „Wachsamkeit", auf die „subtilen" (a.a.O.: 17) Mechanismen der Bewußtseinsindustrie hereinzufallen.
ENZENSBERGER, der vielfach heftig angegriffen und bekämpft wurde (so z.B. von KEPPLINGER 1970 und 1981), steht mit solchen 'radikalen' Thesen nicht allein. Ähnlich, d.h. auf einer etwas allgemeineren Ebene, argumentiert auch der Soziologe Claus OFFE: Staatliche Wirtschafts- und Sozialpolitik sowie die 'Errungenschaften' des Wohlfahrtsstaates dienen vorrangig dazu, die Lebensqualität der Menschen gerade so erträglich zu halten, „wie es die Aufrechterhaltung der Produktion sowie die von 'Ruhe und Ordnung' jeweils verlang(t)en" (1972: 160). Im Gegensatz zum Wissenschaftler OFFE versteht sich der Publizist ENZENSBERGER ausgesprochen politisch, indem er beispielsweise aus seinen Wirklichkeitsbildern die Notwendigkeit einer „politischen Alphabetisierung" (1970/1974: 53) ableitet und einfordert.

beginnende Zweiteilung der Publizistik im ausgehenden 18. Jahrhundert bzw. deren 'Vollendung' in der Mitte des 19. Jahrhunderts hauptsächlich eine Dichotomie zwischen innerlich-verklärter Informationsvermittlung unter ausschließlich ästhetischen Aspekten auf der einen Seite und fiktiven unterhaltenden Angeboten auf der anderen war, die beide eher auf Wirklichkeitsflucht zielten, stellt sich die heutige Zweiteilung anders gewichtet dar:[40] zwischen Wirklichkeitssuche, egal ob informativer und/oder unterhaltender Art, die mehr das elitäre, d.h. kleinere Marktpotential abdeckt, und allen anderen Angeboten, die eindeutig der Vernebelung des „Bewußtseins" dienen, also unabhängig ihrer vermeintlich informativen oder eindeutig unterhaltenden Komponente eher der Wirklichkeitsflucht Vorschub leisten. Nach übereinstimmenden Einschätzungen von MARCUSE, ADORNO, HABERMAS oder ENZENSBERGER decken Kommunikationsbedürfnisse, die nicht auf ernsthafte Auseinandersetzung mit Wirklichkeitsbildern abzielen, das wesentlich größere Marktpotential ab. Differenziertere Argumentationsmuster stehen hierzu aber ebenso aus wie deren empirische Absicherung.

5.1.3 Ökonomische Interpretation der bisherigen Ansätze

Um Nachfragequantitäten unterschiedlicher Kommunikationsbedürfnisse zu bestimmen, sind die vorgestellten Erklärungsansätze nur bedingt geeignet. Konkret geben sie nur Näherungswerte entweder in Form von Tendenzen oder gröberen Trends an, so daß sich die bisher diskutierten angebotsseitigen Probleme, etwa unzureichende Marktpotentiale für bestimmte Kommunikationsangebote, um daraus eine entsprechende Aussagenproduktion finanzieren zu können, nicht (immer) eindeutig erklären lassen. Einzelne Untersuchungen indes bestätigen bestimmte Entwicklungen.

Am intensivsten sind Nutzungsprofile und Nachfragemengen beim TV–Konsum erforscht. So kommt beispielsweise die 7 Länder miteinander vergleichende UNESCO–Studie von 1983 zu dem Ergebnis: „Überall wird die Unterhaltung 'überkonsumiert' und 'unterangeboten', Information, Kultur und Bildung dagegen 'unterkonsumiert' und 'überangeboten'„ (GEERTS 1983: 663).[41] Für Deutschland werden regelmäßig mediale Konsumverbrauchsdaten in Form von Programmstrukturanalysen durch das Institut für empirische Medienforschung in Köln (z.B. KRÜGER 1996) oder auch Untersuchungen zur Themenstruktur (z.B. GEHRKE/HOHLFELD 1994) erhoben, die im Detail das belegen, was KIEFER (1996) in ihrer siebten Welle der Langzeitstudie zur Mediennnutzung konstatiert, daß sich zum einen eine stärkere Fernsehnutzung herauskristallisiert hat, die insbesondere durch „Privatfernsehfans" bzw. durch „Bundesbürger mit Präferenz für private Fernseh-

40 In der zweiten Hälfte des 19. Jahrhunderts hatte sich die Dichotomisierung um eine weitere Variante differenziert: Neben der Flucht vor der Auseinandersetzung mit der politischen und gesellschaftlichen Wirklichkeit in die Unterhaltung hatte aufgrund des langfristigen wirtschaftlichen Wachstumsschubs und konjunkturellen Aufschwungs in der deutschen Industrialisierungs- und Gründungsphase auch eine geistige Flucht in das Fachwissen eingesetzt. Dies läßt sich besonders auf dem damaligen Zeitschriftenmarkt beobachten (vgl. NUSSER 1991: 35).

41 Über alle Länder (Belgien, Bulgarien, Kanada, Frankreich, Ungarn, Italien, Japan) gesehen dominierten Unterhaltungsangebote mit rd. 70%, rd. 20% entfielen auf Informationssendungen und 5% auf Bildung und Kultur.

programme" (KIEFER 1996: 245, 246) zustande kommt,[42] und daß zum anderen die Unterhaltungsfunktion der Medien allgemein und die des Fernsehens im Besonderen stärker in den Vordergrund gerückt ist.[43] Nutzungsprofile für Printmedien werden nicht derart flächendeckend erhoben und schon gar nicht so im Detail, was die qualitative und quantitative Rezeption einzelner Kommunikationsarten anbelangt. Letzteres hängt u.a. mit dem ungleich breiteren und tieferen Angebot, aber auch mit dessen technisch aufwendigerer Nutzungsmessung zusammen.

Um klarere Bestimmungen von Verbraucherpräferenzen und Prognosen vornehmen zu können, hat die Konsumforschung, insbesondere die Mediaplanung, das soziologische Konzept der Schichten differenziert, was schon aufgrund der über die Jahrhunderte andauernden Ausdifferenzierung fast aller Lebensbereiche notwendig wurde. Regelmäßige Wellen von gesellschaftlichen Normenveränderungen und sog. Wertewandel haben die früheren Abgrenzungkonzeptionen wie Stand, Klasse oder Schicht immer unschärfer werden lassen. Die abnehmende Bedeutung der Schichtungssoziologie, die vorrangig auf wirtschaftliche Kriterien abstellt(e), ergab sich als Folge der Erweiterung des Blickwinkels auf zusätzliche Dimensionen sozialer Ungleichheiten wie Arbeitsbedingungen, Freizeitregelungen, Wohnverhältnisse, soziale Sicherheitsstandards usw., die man allgemein mit dem Begriff Lebensqualität umschreiben kann – Rahmenbedingungen, die als wesentlich für die Rezeption von Kommunikationsangeboten bzw. deren unterschiedliche Nutzungsprofile angesehen werden können. Konkret ließen die beobachtbare Häufung von Statusinkonsistenzen, das Phänomen der sozialen Mobilität und die nicht endende Pluralisierung der Lebensstile weitere Abgrenzungskonzepte wie Soziale Lage, Milieu und Lebensstil entstehen, mittels derer man die Verteilung der Präferenzen bzw. die unterschiedlichen Kommunikationsbedürfnisse differenzierter, d.h. schärfer erfassen kann.

Für die Mediaplanung, die Zielgruppen bestimmen und 'verkaufen' möchte, aber auch für das vorliegende Quantifizierungsproblem sind nun Zusammenhänge zwischen identifizierbaren Personengruppen und ihren Nachfragebedürfnissen bzw. Rezeptionsgewohnheiten von Interesse, soweit sich potentielle Nachfrager mittels soziologischer Kriterien erfassen lassen. Dazu liegen unterschiedliche Ansätze und Erhebungen vor, von denen allerdings keine alle relevanten Medien gleichermaßen abdeckt und gleichzeitig die Rezeptionsbedürfnisse nach den hier unterschiedenen Dimensionen 1) Information, 2) Bildung/Wissen, 3) Kritik und Kontrolle sowie 4) Unterhaltungsnachfrage differenziert.

BERG/KIEFER, die ursprünglich die medialen Nutzungsprofile mit ausschließlich sozioökonomischen Kriterien korrelierten und ansonsten in Viel- und Wenignutzer unterscheiden, erweiterten ab 1985 ihre Analysen erstens um weitere potentielle Erklärungsmerkmale wie Werteorientierung, Lebensstil, politisches Interesse usw.,

---

42 Aufgrund entsprechender Angebotsstrukturen bei den privaten Sendern hat sich das „Präferenzpublikum privater Fernsehprogramme zwischen 1990 und 1995 verdoppelt" (a.a.O.: 246).

43 Nach KIEFER (1996: 247) hat das Unterhaltungsangebot 1994 im Vergleich zu 1989 sowohl bei den öffentlich-rechtlichen wie bei den privatwirtschaftlich organisierten Sendern zugenommen, und zwar bei beiden Gruppen um 109%. Bei den öffentlich-rechtlichen Sendern sind im Gegensatz zu den Privaten allerdings auch die Angebote mit aktuellen Informationen erheblich gestiegen (um 225%). Daß sich bei den Öffentlich-Rechtlichen so hohe Zuwachsraten sowohl bei der Unterhaltung wie bei den Informationsangeboten ergeben können, hängt mit erweiterten Sendezeiten und neuen Sendern (z.B. arte) zusammen.

und zerlegten zweitens ab 1990 die „Analyseeinheit 'Medium'... nach 'Angebotstypen'„ bzw. stellten auf die damit vorwiegend verbundenen, weil vorrangig angebotenen Inhalte ab (vgl. BERG/KIEFER 1992: 77 f.). Im Vordergrund der Erhebungen steht die Nutzung der audio-visuellen Medien, die t.w. und dann sehr grob ausschließlich mit dem Printmedium Tageszeitung verglichen wird. Die t.w. abgefragten bzw. genutzten inhaltlichen Angebote decken zwar unsere vierdimensionale Kategorienbildung ab, lassen sich aber mangels unbekannter, d.h. nicht ermittelter Rezeptionsmotivation nicht eindeutig zuordnen.

KUBITSCHKE/TREBBE (1992) versuchten in einer Sekundäranalyse mit den Daten der Media–Analyse von 1988 mittels des Selektionsverhaltens des „Medienpublikums“, was als „aktives Handeln im sozialen Kontext“ (a.a.O.: 201) gedeutet wird, abgrenzbare Nutzungsstile zu identifizieren, um damit typische, d.h. spezifische Publikumssegmente zu bestimmen. Da jedoch die MA–Erhebungen vorrangig auf Reichweiten abgestellt sind, konnten die Forscher in ihrer „Mediennutzungstypologie“ nur tendenziell in der MA selbst angelegte Nutzungsprofile herausfiltern. Damit ließen sich zwar insgesamt 7 Mediennutzungstypen bilden, die hinsichtlich ihrer Gruppengröße auch quantifizierbar waren, die sich aber erstens mit nur wenigen soziodemographischen Merkmalen korrelieren ließen, zweitens m.E. mehrere relevante Mediennutzertypen gar nicht abbilden konnten und drittens vor allem keine Aussagen über Nutzungsqualitäten, d.h. beispielsweise keine Informationen über Rezeption und Rezeptionsmotivation bestimmter Kommunikationsdimensionen rekonstruieren konnten.[44]

Der Hamburger Gruner + Jahr–Verlag legt seit Mitte der 80er Jahre differenzierte Rezipiententypologien vor, die auf einer Stichprobe von über 10.000 Befragungen bzw. Interviews basieren und die soziodemographische Merkmale mit Einstellungen, Werteorientierungen und Lebensstilen verbinden.[45] Den außerordentlich umfangreichen Kreuztabellierungen sind die unterschiedlichsten Informationen zu Zusammenhängen zwischen Rezipientenmerkmalen und Nutzungsqualitäten

---

44 Beispielsweise wurde als Typ I als einziger „Buchleser“ jener „mit starker Kinonutzung“ (Anteil von 27% an allen Mediennutzern) gebildet, wobei dieses zweite Mediennutzungskriterium als „extrem stark überdurchschnittlich ausgeprägt“ herausgefunden wurde. Buchleser mit geringer Kinofrequenz, aber sonst ausgeprägter Mediennutzung ließen sich offenbar nicht finden, was damit zusammenhängen mag, daß die Mediennutzung Buchlesen im Rahmen der MA nur sekundär erhoben wird – die Buchverlage beteiligen sich, von sehr wenigen Ausnahmen abgesehen, nicht an der AG.MA, weil sie mangels fehlender Werbeträgereigenschaften keine Reichweitenforschung betreiben (müssen). Über die einzelnen Arten des Mediums Buch bzw. deren inhaltliche Angebote lassen sich damit ebensowenig Informationen rekonstruieren wie über die Lesegründe. Ein anderes Beispiel: Typ 5 stellt den Zeitungsrezipienten nur in Gestalt als „Zeitungsleser mit durchschnittlichem Mediennutzungsverhalten“ dar (Anteil 14%), der – in Korrespondenz zum sozialen Kontext – offenbar nur von Frauen repräsentiert wird (a.a.O.: 206 f.). Ansonsten existieren die Typen „Intensive regelmäßige Fernsehzuschauer“ (9%), „Fernsehzuschauer mit starker Nutzung von Unterhaltungszeitschriften“ (13%), „Medienabgewandte ältere Mediennutzer“ (25%), „Zeitschriftenleser mit durchschnittlicher Radio- und Fernsehnutzung“ (8%), „Vielseitige junge Mediennutzer“ (4%).

45 Die Daten entstammen Interviews aus dem Zeitraum 1985/86, betreffen also die aus heutiger Sicht Alten Bundesländer; die Hochrechnungen sind auf eine Grundgesamtheit von 39,38 Mio. Bundesbürger im Alter von 14–64 Jahren ausgelegt. Außerdem ist zu berücksichtigen, daß zu diesem Zeitpunkt keinerlei Daten zu den privaten Fernsehsendern abgefragt werden konnten. Ansonsten ist die Erhebung unter Marketing- bzw. Mediaforschungsaspekten auf die Typologisierung von Zielgruppen für die werbetreibende Wirtschaft hin ausgerichtet.

(Reichweiten, Nutzungsfrequenzen und -intensitäten) zu entnehmen, die aber ebenfalls weder direkt und detailliert nach den Motiven noch bei den Printmedien nach deren vorrangig genutzten Kommunikationsinhalten fragen. Allerdings lassen sich indirekt Informationen zu Kommunikationsbedürfnissen entnehmen, wenn man auf einige der relevanten Nutzergruppenbildungen rekurriert, die unter dem Kriterium „Verhältnis zur Gesellschaft“ (vgl. STERN–BIBLIOTHEK 1986: 235 ff.) „Engagierte“ mit 31% ausmacht, „Schwankende“ mit einem Anteil von 11%, „Egoisten“ mit 16% entlarvt und „Anpasser“ mit einer Größenordnung von 40% angibt (a.a.O.: z.B. 245). Eine weitere Typologisierung nimmt die G+J–Erhebung in „Medianutzer–Gruppen“ vor (vgl. STERN–BIBLIOTHEK 1991: 78 ff.), indem sie unter dem Aspekt aggregierter Nutzungsintensitäten von Fernsehkonsum und Rezeption von Publikumszeitschriften („PZ“) differenziert: Danach macht die Gruppe der „Medien–Vielnutzer“ (PZ hoch, TV hoch) 26% aus, „Zeitschriften–Affine“ (PZ hoch/TV niedrig) sind mit 24% vertreten, die „TV–Affinen“ (PZ niedrig/TV hoch) ebenfalls 24%, und die Gruppe der „Medien–Wenignutzer“ (PZ niedrig/TV niedrig) ist mit einem Anteil von 26% präsent.

Interessant ist nun ein Vergleich zwischen Nachfragequantitäten, hier in Form von Reichweiten, einzelner medialer Kommunikationsangebote aus Daten der MA stammend mit jenen der um qualitative Typologien erweiterten G+J–Erhebung, wie in Tab. 5.1.3 [1] geschehen.

Auffällig, aber nicht sonderlich überraschend ist der Umstand, daß mehr auf Informationen, Bildung/Wissen und auf Kritik/Kontrolle focussierte Printmedien (*DIE ZEIT, SPIEGEL, stern, FAZ, Welt, SZ, GEO*) ihre höchsten Reichweiten bei den Engagierten realisieren wie umgekehrt die eher unterhaltend bzw. mehr der Wirklichkeitsflucht Vorschub leistenden Printprodukte (*Bild–Zeitung, Tina, TV Hören und Sehen*) dies tendenziell bei der Gruppe der Egoisten und Anpasser tun. Allerdings gestaltet sich dieses Bild nicht einheitlich: Die *Bunte* oder die *Neue Revue* haben ähnliche Werte bei den Engagierten wie bei den Anpassern, was u.a. mit der Selbsteinschätzung der Befragten zu tun haben kann. Bemerkenswert ist jedenfalls die Tatsache, daß die Konzentration der Reichweite in der Gruppe der Engagierten umso höher ist, je größer der publizistische Anteil von Informationen über Politik und Gesellschaft am gesamten inhaltlichen Produktmix ausfällt. So ist die Reichweite der meinungsbildenden Wochenzeitung *DIE ZEIT* in dieser Gruppe mit 6,7% fast dreimal so hoch wie die nach der AG.MA ermittelte durchschnittliche Reichweite, beim *SPIEGEL* mit 18,8% rd. 1,5 mal höher und bei der Illustrierten *stern*, die auf Unterhaltung und Information zielt, nur (noch) etwa 1,3 mal so hoch (22,0%). Genau umgekehrtes gilt für die Gruppe der Anpasser. Am ehesten mit den Durchschnittswerten fallen die Ergebnisse in der Gruppe der Egoisten zusammen, während die Reichweitenwerte bei den Schwankenden stärker streuen. Da die Gruppe der Egoisten und Anpasser mit 56% die Mehrheit ausmacht, die Engagierten mit 31% vertreten sind und für die Gruppengröße der Schwankenden mit 11% zwei Extremsituationen hinsichtlich des gesellschaftlichen Engagements denkbar sind, lassen sich als relevante 'Marktpotentiale' für beispielsweise 'auf Wirklichkeitssuche' spezialisierte Printmedien zwei Fälle ausmachen: Im ersten Fall steht den fraglichen Medien eine Zielgruppe in Gestalt der Engagierten, d.h. ein potentieller Markt von 31% aller Rezipienten (gegenüber der weniger relevanten Restgröße von 67%), im zweiten Fall

Tab. 5.1.3 [1]: Reichweiten (LpA in %) von mehr informativen versus mehr unterhaltenden Printmedien für Nutzertypen. Daten der G+J - Erhebung 1985/86 im Vergleich mit Daten der AG.MA 1985

	Verhältnis zur Gesellschaft				Mediennutzer-Typen				MA-Daten
	Engagierte	chwankend	Egoisten	Anpasser	Vielnutzer PZ hoch/TV hoch	Zs.-Affine PZ hoch/ZV niedrig	TV-Affine PZ niedrig/TV hoch	Wenignutzer PZ niedrig/TV niedrig	1985
Anzahl/Personen	12,22 Mio	4,48 Mio	6,45 Mio	15,57 Mio	10,22 Mio	9,52 Mio	10,17 Mio	9,47 Mio	39,38 Mio
Medium:									
SPIEGEL	18,8	12,2	11,1	6,6	14,8	22,8	6,6	3,3	**9,7**
ZEIT	6,7	4,2	2,4	0,9	2,6	8,3	2,0	0,8	**2,5**
stern	22,0	19,8	14,1	11,9	22,5	27,0	9,4	6,5	**15,1**
Geo	8,6	5,7	5,3	2,8	6,6	11,5	2,0	1,7	**4,2**
FAZ	3,7	2,2	1,6	1,0	2,7	4,6	0,8	0,3	**1,8**
SZ	4,0	2,7	2,2	1,3	3,0	5,2	1,4	0,5	**2,0**
Welt	1,8	0,9	1,1	0,7	1,5	2,4	0,3	0,3	**1,0**
BILD	19,7	22,9	27,9	30,0	42,2	25,4	13,8	20,1	**24,5**
Bunte	10,1	8,7	8,7	10,1	16,4	13,5	3,8	5,0	**9,6**
Neue Revue	8,1	7,0	7,3	8,0	14,7	11,1	2,2	3,1	**7,0**
Tina	6,6	6,6	8,5	8,6	12,4	10,9	3,2	4,2	**7,1**
Hören u. Sehen	12,0	10,9	11,5	15,5	19,1	15,8	8,0	9,5	**13,6**

Legende: Personen von 14-64 J. in Mio; LpA in %; Quellen: Stern-Bibliothek/Dialoge 2: Daten für 1985/86; AG.MA: 1985 ein erweitertes Marktvolumen von 42% potentiell zur Verfügung. Der erste Fall liefe auf eine Art von „Zwei–Drittel–Gesellschaft“ in Gestalt eines „großen Haufens“ hinaus, die auf engagierte Publizistik keinen sonderlichen Wert legt.[46]

Die G+J–Ergebnisse, die auch Daten zum Fernsehkonsum erhoben hatten, datieren aus dem Zeitraum 1985/86, berücksichtigen also nicht die veränderte Mediensituation auf dem Fernsehmarkt bzw. die dadurch ausgelösten Verschiebungen von Nutzungsgewohnheiten, gerade bei den audio-visuellen Medien. Die differenzierte Typologienbildung gibt aber, ebenso wie die methodischen Überlegungen von BERG/KIEFER (1992: 76 ff., 87 ff., 281 f.) und von KUBITSCHKE/TREBBE (1992: 209–211), Anhaltspunkte dafür ab, in welche Richtung(en) sich weitere Forschungen hinsichtlich detaillierterer Informationen zu Marktpotentialen einzelner Kommunikationsdimensionen bewegen könnten. Ebensowenig zufriedenstellend, schon weil nicht minder untereinander mit den Daten der AG.MA und der GfK vergleichbar, sind die Ergebnisse, die die Mainzer Stiftung Lesen für den Buchmarkt erhoben hat,[47] so daß als Resümee verbleibt, daß es (bisher) keine Erhebung gibt, die – zumindest für unsere Zwecke – auf beiden Seiten, d.h. bei den Nutzungstypologien als auch bei den Nutzungsprofilen, ausreichend differenzieren würde. Aussagen zu potentiellen Quantitäten müssen daher, von Einzelfällen abgesehen, Einschätzungen zu Tendenzen oder Näherungswerte bleiben.

Bisher völlig außer Acht gelassen wurden Bedürfnisse und Nachfragegewohnheiten, die nur vordergründig spezifische Nachfrage darstellen und genaugenommen Präferenzen bzw. Nachfrage nach deren äußerlich wahrnehmbaren Effekten, d.h. nach Wahrnehmung durch Dritte, darstellen. In der Wirtschaftswissenschaft werden solche Phänomene als externe Konsumeffekte diskutiert, wobei deren disziplinäres Augenmerk auf ökonomische Interdependenzen ausgerichtet ist: Ein sog. Mitläufer–Effekt beschreibt eine steigende Nachfrage, die ausschließlich oder zumindest vorrangig dadurch zustande kommt, wenn bzw. weil andere dieselben Präferenzen haben. Umgekehrt verhält es sich beim sog. Snob–Effekt. Kommunikationswissenschaftler und Soziologen würden in diesen Fällen vor allem die beabsichtigte und wahrnehmbare Außenwirkung betonen. Ebenso trifft dies beim sog. Veblen–Effekt zu, den Thorstein B. VEBLEN in seinem Buch „Theorie der feinen Leute“ 1898

46 Diffiziler fallen die Ergebnisse der G+J–Erhebung beim „Stellenwert von Unterhaltung“ aus, wobei es bei den Fragen „lese viel zur Weiterbildung“ bzw. „zur Unterhaltung“ keine ordinal abgestuften Antwortmöglichkeiten gab, so daß die Mengenvorgabe „viel“ ausschließlich in der Selbsteinschätzung der Befragten lag. Die Engagierten lasen danach zu 77% viel zur „Weiterbildung“ und zu 72% viel „zur Unterhaltung“, d.h. Engagierte lesen grundsätzlich viel, sowohl zur Information wie zur Unterhaltung. Bei den Anpassern liegen die Werte zwischen Information und Unterhaltung sehr viel weiter auseinander: 47% gaben an, „viel zur Weiterbildung“ zu lesen, und 69% taten dies „zur Unterhaltung“. Nach Mediennutzungsgewohnheiten typisiert lauteten die Antworten so: Medien–Vielnutzer (PZ hoch, TV hoch) lasen zu 62% zwecks Weiterbildung und 78% zwecks Unterhaltung. Zeitschriften–Affine lasen zu 71% zwecks Weiterbildung und zu 75% zwecks Unterhaltung. Am stärksten fielen die Angaben bei den TV–Affinen aus: 47% gaben an, zur Weiterbildung zu lesen und 68% aus Unterhaltungsgründen (vgl. STERN–BIBLIOTHEK 1986: 260 f.). Damit lesen Engagierte bzw. Zeitschriften–Affine erstens „viel“ und zweitens sowohl zur eigenen (Weiter-)Bildung als auch zum bzw. aus Vergnügen.

47 Vgl. z.B. Jahrbuch Lesen '95. Fakten und Trends. Hgv. SPIEGEL–Verlag und Stiftung Lesen.

folgendermaßen beschrieben hatte: Individuen schätzen den Nutzen eines Gutes umso höher ein, je höher der Preis oder die Wertschätzung, die Dritte dabei vermuten. Soziologen würden letzteres Phänomen als Milieuzeichen interpretieren: Das fragliche Gut gilt nach innen und außen als Erkennungsmerkmal der Zugehörigkeit zu einer bestimmten Gruppe.

Übertragen auf die Nutzung von Medien würde der Veblen–Effekt eine Präferenz bzw. eine äußerlich wahrnehmbare Nachfrage nach einem entsprechend 'aufgeladenen' Medium bedeuten, dessen Konsum weniger zu Zwecken der Rezeption als vielmehr aus Statusgründen erfolgt. Ein typisches Beispiel dafür liefert die Wochenzeitung *DIE ZEIT*, der es im Laufe der Jahre gelungen war, sich durch ihre Funktion als publizistisches Forum für gegensätzliche Argumente und Meinungen im öffentlichen Diskurs das Produktimage „Seriosität" aufzubauen. Zum einen hatte sie durch ihre intellektuelle Anspruchshaltung, plausibel und sachlich zu reflektieren, eigene Maßstäbe gesetzt, zum anderen konnte sie dabei den Vorteil einer Wochenzeitung ausspielen, indem sie unabhängig vom aktuellen Druck ihrer Chronistenpflicht auf die öffentliche Diskussion zu reagieren imstande ist (vgl. LUDWIG 1996b: 290 f.). *DIE ZEIT* trägt seither den offenbar unumstößlichen Nimbus „seriös". Beobachtbar ist dieses Phänomen, wenn etwa *DIE ZEIT* als Milieuzeichen im Fond eines Automobils bayerischer Fabrikation demonstrativ unauffällig plaziert (aus-)liegt oder als Accessoire zur unverzichtbaren Grundausstattung ganz anderer Güterbündel oder Lebensbereiche zählt.[48]

Läßt sich die Konsumnachfrage nach der Wochenzeitung zu einem Teil mit dem Veblen–Effekt bzw. als Milieuzeichen mit der von Soziologen entwickelten Accessoire–Theorie erklären, so dürften bei anderen Medienprodukten beispielsweise der Mitläufer–Effekt eine gewisse Rolle spielen.[49] Allen Effekten ist gemeinsam, daß sie sich zwar grundsätzlich quantifizieren ließen, die Medienunternehmen daran aber kein sonderliches Interesse haben können, um die qualitative Reichweitenfunktion für Werbeträgerbotschaften nicht zu gefährden.

---

48 Die von Dritten vermutete Wertschätzung liegt hier aber nicht im Preis bzw. dem Anerkennung verschaffenden Umstand des vermeintlichen Geldhabens oder Reichseins, sondern in der Einschätzung, daß es sich um einen 'gebildeten' und 'exklusiver' lebenden Menschen handeln muß, der in 'besseren Kreisen' verkehrt. So ist beispielsweise der „Mann im Trend", der auf modisches Outfit ebenso wie auf persönliche Fitneß bedacht ist, wie ihn der Hamburger NDR–Redakteur Heiner HERDE 1990 in seinem Film „Die neue HERRlichkeit – der Mann im Trend" in Szene gesetzt hat (dargestellt von Dietmar MUES), außer mit einem Louis–Vuitton–Lederköfferchen und exklusiver Pfeifentasche selbstverständlich auch mit einem Exemplar der *ZEIT* ausgestattet. Daß solcherlei verdiente oder unverdiente Aura zu Widerspruch und kritischer Reflexion geradezu herausfordern muß, kann kaum ausbleiben. Dietrich SCHWANITZ, der 1995 in seinem Bestseller Der Campus (Frankfurt: Eichborn–Verlag) den Universiätsbetrieb romanhaft analysiert hatte, nimmt dabei auch *DIE ZEIT* bzw. die Wochenzeitung als Milieuzeichen auf's Korn, indem er den Chefredakteur einer fiktiven Tageszeitung dem gerade sein Studium an den Nagel hängenden Jungredakteur erklären läßt: „Wer die ZEIT kauft, läßt sie eine Woche abhängen, und bis er sich durch das Feuilleton gequält hat, ist die Woche um und die neue ZEIT da, und er kann die alte wegschmeißen. Die Leute kaufen die ZEIT, um sie wegzuschmeißen. Sie ist das Nullmedium der A 13–Kultur, unlesbar wie eine Magisterarbeit in Germanistik" (SCHWANITZ 1995: 147).

49 So etwa bei der Anschaffung von mehrbändigen und vor allem repräsentativ gebundenen Lexika–Reihen. Ähnliches dürfte beispielsweise für religiöse Normen gelten, wenn es um die Marktpotentiale von Büchern, etwa jene der Bibel oder um den Bezug kirchlicher Zeitschriften geht.

Übersicht 5.1.3 [2]: Kommunikationsdimensionen: relevante Charakteristika und ihre ökonomischen Effekte

Kommunikations-funktion bzw. Konsumbedürfnis	Kommentierung, Allgemeinbildung, Hinter-grund-nalysen, Kritik u. Kontrolle, sog. hohe Literatur	Informationen und Nachrichten, fachliches Wissen/Bildung	Unterhaltung, Infotainment, Unterhaltungs- Triviallite ratur, Popularkunst
Inanspruchnahme des Intellekts	groß	groß	gering
Inanspruchnahme der emotionalen Ebene	gering	gering	groß
Auseinandersetzung mit Realitätsbildern	groß (ausgeprägtes Ziel: Wirklichkeitssuche)	groß	gering (Eskapismus)
BEISPIEL PRINTPRESSE (LUDWIG 1996b: 283 f.):			
Auflagenmaximum	*DIE ZEIT*	*DER SPIEGEL*	*stern*
* in verk. Ex.	492.352	962.248	1.672.613
* realisiert nach ... Jahre	46	34	20
Homogenitätsgrad der Aussagenproduktion und der publ. Produkte	gering	gering	hoch
BEISPIEL BUCHMARKT			
Auflagenhöhen in verkauften Exemplaren			
* 18. Jahrhundert	GOETHE *Iphigenie, 1787* 312 Ex.	GÖSCHEN (Verleger) *Damenkalender, 1789* > 7.000 Ex.	K.G.KRAMER *Erasmus Schleicher, 1789,* 6 Aufl.
* 20. Jahrhundert	Lyrikband max. 2.000	Sachbuch 3–10.000	U–Roman, z.B. R. PILCHER: 700.000
Werkseitige Orientierung an nachfrageseitige Bedürfnisse u. Erwartungen	eher gering	größer	hoch
Akzeptanz bei mehr künstl. Aussagenproduktion	oft erst mit zeitl. Verzögerung		schnell
BEISPIEL THEATER/SCHAUSPIEL			
Spielhäufigkeiten			
* am Theater in Mannheim in den Jahren 1781-1808 (BRUFORD 1936/1979: 305):			
Anzahl der Stücke und Aufführungen	SCHILLER 4 St./28 Auff. (*Die Räuber*: nur 4 Auff.)		A.F. KOTZEBUE 115 St./1.728 Auff.
* Dramen von Lion FEUCHTWANGER im 20. Jht. (FEUCHTWANGER, zit.n.ROHRWASSER 1994)			
Anzahl der Aufführungen	11 „gute Dramen", davon 3 niemals gespielt; 1 „mittelmäßiges": 2.346 aufgeführt, 1 „schlechtes": trotz fehlender Genehmigung 876 mal aufgeführt		
ÖKONOMISCHE EFFEKTE			
Marktpotential	tendenziell gering, eher Marktnische	tendenziell gering, stark, abh. vom Gebrauchswert	groß eher Massenmarkt
Nachfrage-Elastizitäten			
hinsichtlich Einkommen	positiv		schwach positiv
hinsichtlich Preis	tendenziell negativ		stark negativ
Kumuliertes Volumen der Zahlungsbereitschaft	eher gering	gering bzw. begrenzt	eher groß

Aus all den Überlegungen läßt sich der Schluß ziehen, daß sich Marktpotentiale für einzelne Kommunikationsbedürfnisse ohne genauere Kenntnis der Verteilung von Präferenzen und deren Zustandekommen (z.B. Rezeptionsmotivation), wie hier diskutiert, schwer bestimmen lassen. Allgemein und reichlich grob, und vor allem ohne jegliche (z.B. ethische) Wertung läßt sich nur konstatieren, daß unterhaltende Kommunikationsdimensionen ein vergleichsweise größeres Marktpotential repräsentieren als mehr auf Information ausgerichtete Bedürfnisse. Das größere Marktvolumen kommt einerseits dadurch zustande, daß der bereits vor 200 Jahren thematisierte „große Haufen" eher zu solchen Angeboten tendiert, zum anderen dadurch, daß auch intensive Informations–Nachfrager (gerne) Unterhaltendes rezipieren, und sei es nur zum Zwecke der Entspannung oder aus Gründen physischer und/oder psychischer Kapazitäts(über)beanspruchung. Die Asymmetrie der Präferenzen hat demnach mehrere Gründe.

Übersicht 5.1.3 [2] faßt die Ergebnisse nochmals zusammen. Die Zusammenstellung relevanter Charakteristika von Kommunikationsdimensionen ist dabei hinsichtlich ihres ökonomischen Erklärungsgehaltes bzw. unter dem Zielaspekt von Marktpotentialsvolumina von links nach rechts weniger als 'Gegensatz' im Sinne der Überlegungen von KLAUS (1996) zu betrachten, sondern als ökonomische Polarfallanalyse zu sehen: Die 'Gegensätzlichkeiten' beziehen sich mehr auf die angebotsseitigen Ansprüche bzw. die nachfrageseitigen (legitimen) Bedürfnisse einer Auseinandersetzung mit Wirklichkeitsbildern versus unterhaltender Entspannung.[50] Im vertikalen Aufbau von oben nach unten betrachtet, nimmt der Grad an ästhetisch-literarischer bzw. künstlerischer Verarbeitung der publizistischen Aussagenproduktion zu.

Für Aussagenproduzenten (publizistische Hersteller, Medienunternehmer) stellen diese Zusammenhänge relevante Größen auf der Nachfrageseite dar, die unmittelbar auf die Angebotsplanung zurückwirken. Die angeführten Produkte (damals) bekannter Autoren aus dem publizistisch-literarischen Buchmarkt und aus dem Bereich der mehr ästhetisch-literarischen Schauspielproduktion, die sich eindeutig einzelnen Kommunikationsdimensionen zuordnen lassen, belegen beispielhaft den hier ausführlicher diskutierten Umstand sehr unterschiedlicher Nachfragequantitäten. Die gelisteten Beispiele aus dem heutigen Printpressemarkt können die Zusammenhänge, zumindest unter dem Kriterium der Dominanz des jeweiligen publizistischen Konzeptes der drei verschiedenen Medienprodukte größenmäßig bestimmen. Ordnet man die drei Blätter *ZEIT*, *SPIEGEL* und *stern*, die bis zum Marktzutritt der Wochenzeitung *Die Woche* und des „modernen Nachrichtenmagazins" *Focus* im Jahre 1993 publizistisch maßgeblich den Ton im deutschen Journalismus angegeben hatten,[51]

50 In der Abb. 5.2.1.1 [2] „Kommunikationsbedürfnisse Information versus Unterhaltung zwischen Wirklichkeitssuche und Wirklichkeitsflucht" auf S. 156 würde dies eine Leserichtung von links oben nach rechts unten bedeuten.

51 So hatte etwa das Bundeskartellamt Anfang der 80er Jahre bei der Prüfung des Antrags von Gerd BUCERIUS, *DIE ZEIT* zwecks Absicherung seines Lebenswerkes wieder in den G+J–Konzern einzugliedern, aus dem er das Blatt kurze Zeit nach der Großfusion des BUCERIUSschen Verlages (*ZEIT*), John JAHRs Zeitschriften (z.B. *Constanze*) und dem Großdruckereibesitzer Richard GRUNER 1965 zum Gruner + Jahr–Verlag (G+J), herausgenommen hatte, bei der Betrachtung der relevanten Märkte vor allem auf diese drei Blätter abgestellt. Die Kartellwächter hatten den beabsichtigten „Zusammenschlußtatbestand" (nach § 23 Abs. 2 Nr. 2 Satz 4 GWB) untersagt und dies am 9.1.1981 so begründet: Mit *stern* und *SPIEGEL* im Produktsortiment und nun auch noch mit der

anhand ihrer überwiegenden Produktelemente, also etwa nach ihrer publizistischen Zielsetzung, so lassen sich die unterschiedlichen Marktpotentiale bzw. Marktgängigkeiten von Unterhaltungs-, Informations-/Nachrichten- sowie (kommentierendem und analysierendem) Meinungsbildungswert in zwei Dimensionen messen: einmal in realisierten Marktvolumina, zum anderen im Grad des Tempos der jeweiligen Markterschließung (vgl. dazu und im ff.: LUDWIG 1996b: 283 f.).

DIE ZEIT, die von Anfang an durch kritische Kommentierung vor allem politisch meinungsbildend wirken wollte und die ersten rd. 25 Jahre so gut wie keinerlei 'unterhaltende' Produktelemente enthielt,[52] konnte 'ihren' Markt, d.h. ihr größtes Marktpotential, gemessen als zeitlich gesehen erstes Auflagenmaximum,[53] mit 492.000 verkauften Exemplaren realisieren, *DER SPIEGEL*, der sich als politisches „Nachrichtenmagazin" versteht und Informationen vermitteln sowie Skandale aufdecken will (AUGSTEIN: „Sturmgeschütz der Demokratie"), konnte ein doppelt so hohes Marktvolmen aufbauen. Der *stern* mit dem publizistischen Konzept einer „Illustrierten", d.h. einer 'bunten' Mischung aus Unterhaltung und Information, hatte mit 1,673 Mio. verkauften Exemplaren in der zweiten Hälfte der 60er Jahre das mit Abstand größte Marktpotential realisiert.[54]

Mißt man die Marktgängigkeit am Tempo der jeweiligen Markterschließung, konkret den Zeitraum zwischen Marktzutritt bzw. Gründung und Auflagenmaximum, so geben auch diese Zahlen ein eindeutiges Bild ab: Der *stern* benötigte für sein Auflagenmaximum 20 (Aufbau-)Jahre (1948–1967), *DER SPIEGEL* 34 Jahre (1947–1980); *DIE ZEIT* hatte dafür 46 Jahre (1946–1991) gebraucht. Gibt man das Zeitgerüst als unabhängige Variable vor, so bestätigen sich auch in dieser Abhängigkeitsbetrachtung die unterschiedlichen Marktwertigkeiten von kommentierender Meinungsbildung versus Informationsvermittlung versus einem hauptsächlich unter-

ZEIT würde die „marktbeherrschende Stellung" der einzelnen Blätter selbst und dadurch auch diejenige von G+J allgemein verstärkt (vgl. WuW/E BKartA 1863 ff.). Was nun folgte, stellt einen der interessantesten Fälle bundesdeutscher Wettbewerbsgeschichte dar: Nach insgesamt vier Entscheidungen, inklusive eines Beschlusses seitens des Bundesgerichtshofs und zweier total gegensätzlicher Entscheidungen ein- und desselben Gerichtes (Kartellsenat des Berliner Kammergerichtes), wurden drei unterschiedliche Marktabgrenzungen für *DIE ZEIT* aufgestellt, an deren Ende das endgültige Beteiligungsverbot stand (vgl. WuW/E BGH 2112 ff. sowie WuW/E OLG 3897 ff.). Im übrigen war die Lebensgeschichte dieser drei Medien über lange Jahre mehr oder weniger eng untereinander verwoben; vgl. dazu LUDWIG 1996b: 286–289.

52 Diese kamen erst 1970 ins Spiel, als der Zeitungsgründer Gerd BUCERIUS das vierfarbig gedruckte *ZEITmagazin* einführte, in dem u.a. auch eine Rätsel- bzw. Knobelecke (z.B. „Spielbank") enthalten ist, zu deren Lösung man allerdings eine Menge 'Köpfchen' benötigt.

53 Zur Bestimmung der jeweiligen Markterschließung wurde folgendes Konzept entwickelt: Der eigene Marktanteil (am gesamten Markt, sofern es konkurrierende Produkte gibt, was bei den fraglichen Medien als nicht gegeben unterstellt wurde, ansonsten aber auch ohne Bedeutung für das Berechnungskonzept wäre) wird gleich 100% gesetzt und dann als gegeben angenommen, wenn das erste Auflagenmaximum seit Marktzutritt erreicht ist. Um zyklische und/oder sonstige Schwankungs- bzw. Ausreißereffekte auszuschließen, wurde das Auflagenmaximum als fünfjähriger Durchschnitt um die (erste) absolut höchste Auflagenziffer herum geglättet: Die ivw–Auflagenzahlen der zwei Jahre zuvor, des Jahres des Auflagengipfels selbst plus die der beiden Jahre danach sind als arithmetisches Mittel berechnet (vgl. LUDWIG 1996b: 284, Anm. 8).

54 Der Auflagengipfel mit 1,773 Mio. verk. Ex. datiert ins Jahr 1967 und war ein Jahr mit einer der höchsten Zuwachsraten (1966/67: + 162.000 verk. Ex.); das geglättete Auflagenmaximum der Jahre 1965–1969 (vgl. vorige Anm.) ergibt dann den hier benutzten Wert von 1,673 Mio. Ex..

haltenden Illustriertenkonzept, wie aus Tab. 5.1.3 [3] zu ersehen, wenn man auf den Markterschließungsgrad wie oben definiert abstellt:

Der *stern*, der ökonomisch gesehen auf ein absehbar 'sicheres' publizistisches Konzept gesetzt hatte, erreichte die notwendige Mindestbetriebs- bzw. Mindestmarkt(anteils)größe, um profitabel arbeiten zu können, unmittelbar nach Gründung aufgrund einer steilen und schnellen Auflagensteigerung. Die Auflage des *SPIEGELs* wuchs zwar kontinuierlich, aber nicht rasch, während *DIE ZEIT* ihren potentiellen Markt bzw. das anfänglich notwendige Wachstum nur sehr mühsam realisieren konnte: Bis zum break–even–point benötigte das Wochenblatt über 30 Jahre, um mittels Auflagenhöhe, d.h. mittels des Volumens der Vertriebserlöse, sowie einer damit möglichen Reichweite, die die Höhe der Anzeigenerlöse determiniert, ökonomisch erfolgreich zu bestehen und in das publizistische Konzept weiter investieren zu können.[55]

Tab. 5.1.3 [3]: Markterschließungstempo

Markterschließungsgrad	*DIE ZEIT*	*DER SPIEGEL*	*stern*
nach 10 Jahren	9%	20%	56%
nach 20 Jahren	42%	63%	100%

Quelle: LUDWIG 1996 b: 284

Diese skizzierten Zusammenhänge werden ausführlich im Kap. 6 erörtert, wo potentielle Lösungen zum Ausgleich unzureichender Nachfragequantitäten und Zahlungsbereitschaften diskutiert werden.

5.2 Asymmetrische Informationsverteilung und adverse Auslese: Publizistische Wahrnehmungsverluste sozialer Relevanz

Üblicherweise geht man bei Markttransaktionen von einer annähernden Gleichverteilung relevanter Informationen bezüglich des gehandelten Gutes aus: Anbieter und Käufer sind sich über die entscheidenden Parameter wie Preis, Funktionalität (Eignung des Produktes für den vorgesehenen Zweck) und auch Qualität (Haltbarkeit, Güte der relevanten Eigenschaften usw.) des fraglichen Gutes im Klaren. ARROW (1963) hatte erstmals einen davon abweichenden Fall auf die relevanten ökonomischen Folgen hin analysiert, als er die Anpassungsreaktionen von Lebensversicherungsunternehmen im Zusammenhang mit verschwiegenen Gesund-

55 Konkret hatte dies ein verkauftes Auflagenvolumen von mehr als 350.000 Exemplaren bzw. 1,2 Mio. Lesern bedeutet. Vgl. LUDWIG 1996b: 284 bzw. das hiesige Kap. 6.4.1.

heitsrisiken zum Gegenstand seiner Betrachtungen machte. Eine zweite Veröffentlichung zu diesem Problem einseitiger Informationsverteilung geschah durch AKERLOF (1970), der den simplen Fall des Verkaufs einen gebrauchten Autos untersuchte und seinen Aufsatz mit dem passenden Titel versah: Märkte für „Zitronen“.[56] Mit diesen beiden Vorläufern der Informationsökonomik, deren Geburtsstunde man auf den Anfang der 70er Jahre datiert, begannen Ökonomen erstmals, Marktprozesse und vorweggenommene Anpassungsreaktionen auch nach a) Interessenslagen der Beteiligten, b) dazu offengelegten Informationen und c) möglichen Reaktionen darauf zu analysieren, die letztlich ein Problem eines ungleichen Informationsstandes über entscheidungsrelevante Parameter auf beiden Seiten sind.

Die möglichen Fallsituationen sind in Abb. 5.2 dokumentiert: Der neoklassische Standardfall der Marktanalyse geht von homogenen Gütern aus, über die vollständige Informationen generell existieren, weswegen der Markt auch vollkommen transparent ist und sich aufgrund der Nicht–Existenz von Such- und/oder Transaktionskosten keinerlei weitere Probleme ergeben (können). Die von ARROW und AKERLOF untersuchten Fälle hingegen entsprechen einem sog. Glaubens- bzw. Vertrauensgut, über dessen Qualitäten man erst Bescheid weiß, wenn es im Zweifel zu spät ist: Der Gebrauchtwagen stellt sich als Schrottkutsche, der Versicherungsnehmer als Versicherungsfall mit maroder Gesundheit heraus. Bei einem sog. Erfahrungsgut (NELSON 1970) fällt die Informationsasymmetrie geringer aus: Hier handelt es sich um Güter, deren maßgeblichen Eigenschaften sich zwar auch erst nach Kauf herausstellen, die aber eine Anpassung in dem Sinne zulassen, daß man Erfahrungen sammeln und daraus für den nächsten Kauf Konsequenzen ziehen kann. Erweitern ließe sich diese Gutspalette um den Gütertyp „Placebo“, bei dem (meist auf Nachfragerseite) über so gut wie alle maßgeblichen Eigenschaften irrtümliche Informationen existieren.

Abb. 5.2: Informationsasymmetrie und Gütertypen (vgl. FRITSCH et al 1993: 187)

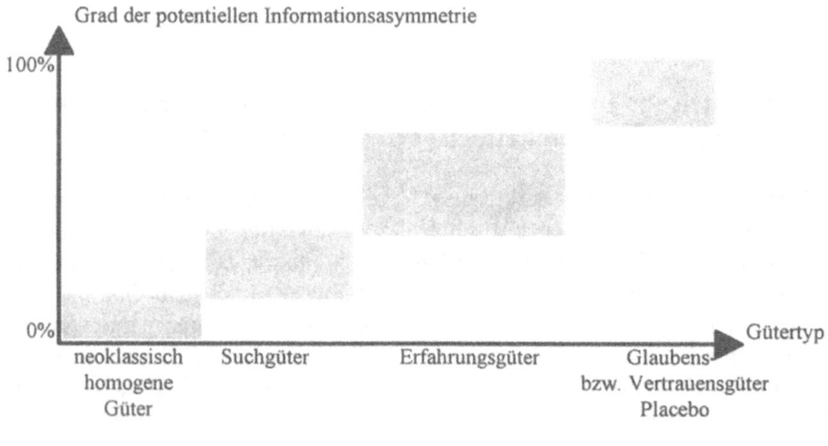

56 Originaltitel: *The Markets for „Lemons“ – Quality Uncertainty and the Market Mechanism*. Vgl. in diesem Zusammenhang die im Deutschen verwendete Redensart „mit Zitronen handeln“.

Die ökonomischen Folgen asymmetrischer Informationsverteilung werden, kurz skizziert, in der wirtschaftswissenschaftlichen Literatur so beschrieben: Aufgrund einer Qualitätsunkenntnis auf Seiten der Nachfrage kann sich auf konkurrierenden Märkten ein Anbieter mit ('besseren') Produktqualitäten, die der Nachfrager, aus welchen Gründen auch immer, weder wahrnehmen noch beurteilen und daher auch nicht mit entsprechender Zahlungsbereitschaft würdigen kann, nicht halten – der Anbieter reduziert aufgrund des Kostendrucks seine ursprüngliche Qualitätsnorm und paßt sich dem Durchschnittsqualitätsniveau an – es entsteht eine adverse Auslese (vgl. UNGERN-STERNBERG/WEIZSÄCKER 1981).

HEINRICH (1994:101 ff.) hat dieses Phänomen als Problem einer „mangelnden Qualitätstransparenz“ auf die Dimensionsebene 'journalistische Produktqualitäten' übertragen. Da im Journalismus ein „sehr komplexes Gut, das aus den Elementen Information, Bildung, Unterhaltung, Meinungsvielfalt sowie Aufmerksamkeit für Werbung besteht“, produziert wird, wobei allen Produktkomponenten „sehr unterschiedliche Qualitätskriterien“ innewohnen, die „mit wenigen Ausnahmen nicht meßbar“ sind bzw. allenfalls nur „individuell und subjektiv“ erfasst werden können, kann sich Marktversagen in bezug auf die Produktqualität einstellen. Publizistische Produktqualitätskriterien wie (sachliche) Richtigkeit, Rechtmäßigkeit oder auch Aktualität seien noch eben objektiv erfassbar, Relevanz, Vielfalt, Vermittlung(skompetenz) oder Unterhaltungswert „können praktisch nicht gemessen werden“ (HEINRICH 1996: 167). Aus Zeitaufwands- und Kostengründen macht es bei Medien zudem schon rein ökonomisch gesehen wenig Sinn, angebotene inhaltliche Qualitäten zu überprüfen, weil „Medienprodukte billig“ und eigene Recherchen zwecks Überprüfung teuer sind: Kosten und Nutzen einer zusätzlichen Informationsbeschaffung stehen in keinem als sinnvoll empfundenen Verhältnis (HEINRICH 1994: 102 bzw. 1996: 167). „Im Ergebnis wird die vom Rezipienten gewünschte Qualität der journalistischen Aussagenproduktion mithin nicht systematisch nachgefragt und daher vom Markt auch nicht produziert, allenfalls von Journalisten, die, intrinsisch motiviert, von sich aus Qualität produzieren. Es gibt ein Marktversagen in bezug auf die Qualität der Medienproduktion“ (HEINRICH 1994: 102 f.).

Ein solcher Marktversagensfall kann aufgrund von Unmerklichkeit bzw. nicht ausreichender Wahrnehmbarkeit auf praktisch beiden Teilnehmerseiten eintreten, obwohl die zugrunde liegenden Sachverhalte von erheblicher „sozialer Relevanz“ sein können. Genaugenommen begründet sich ein solcher Fall einmal durch ein wahrnehmungspsychologisches Problem und zum anderen durch das Fehlen eines Meßkriteriums für „Relevanz“ oder auch „Vermittlungskompetenz“ für soziale Relevanz. Beispielhaft seien zwei Fälle skizziert:

* Umweltzerstörende Prozesse spielen sich - etwa in Abhängigkeit ihrer äußerlichen Wahrnehmbarkeit durch Sinnesorgane - oft unmerklich ab, sind aber aufgrund der grundsätzlich wahrnehmbaren Nachhaltigkeit ihrer langfristigen Folgen bei Eintritt verschiedener Begleitumstände imstande, einen vergleichsweise hohen Aufmerksamkeitseffekt zu erzielen, so daß sich daraus ein publizistischer Markt für Aussagenproduktionen herausbilden kann. Das Problem ist a) sozial relevant und b) in vielen wahrnehmbaren Fällen (z.B. Waldsterben) vermittelbar.
* Anders verhält es sich etwa bei dem Phänomen der Steuerhinterziehung, die zulasten einer gerechten Lastenverteilung geht: Zwar stellt auch „Steuergerech-

tigkeit" ein öffentliches Gut mit hohen externen Effekten dar, im Vergleich zur Umweltproblematik spielt sich dieses Phänomen aber weit abstrakter ab, tangiert nur indirekt individuell wahrnehmbare bzw. empfundene Lebensqualität und ist deshalb, obwohl von nicht minderer sozialer Relevanz, weit schwieriger vermittelbar – kurz, es ist weit weniger „mediengerecht".

Im Fall der Umweltproblematik hat sich im Laufe der Jahre aufgrund der zumindest partiellen Wahrnehmbarkeit ein hoher Grad an Sensibilität auch ein hohes Maß an publizistischer Vermittlungskompetenz herausgebildet: Das Thema ist inzwischen etabliert. Für das andere Fallbeispiel gilt dies nicht. Steuerhinterziehung bzw. Steuergerechtigkeit ist als Stichwort zwar akzeptiert, die eigentliche Relevanz (Wirkungsmechanismen, Folgewirkungen, Meßprobleme zwischen formaler und effektiver Inzidenzanalyse usw.) wird jedoch nicht gesehen. Potentielles Marktversagen kann in zwei ursächlichen Situationen liegen:

* Zum ersten, weil eine typische Informationsasymmetrie hinsichtlich relevanter publizistischer Produkteigenschaften solcher (abstrakter) Aussagenproduktion zwischen Medienanbieter und Rezipient besteht, oder aber sogar aufgrund einer solchen Asymmetrie zwischen Informationsanbieter (z.B. freier Autor) und einem Medienunternehmen, das aufgrund gering vermuteter Marktchancen ein solches Thema seinerseits den Rezipienten erst gar nicht anbieten möchte.
* Zum zweiten aus dem Fall einer Diskrepanz zwischen objektiver Möglichkeit und subjektiv nicht nachvollziehbarem Vorstellungsvermögen heraus: Wahrnehmung setzt häufig ein gewisses Maß an Vorwissen (Grundwissen) voraus. Dieses Vorwissen läßt sich auch als Voreinstellung bzw. Lebenserfahrung deuten, die zumindest nicht den Fall ausschließt, daß letztlich alles ganz anders sein kann, als man es selbst (nicht) vermutet bzw. als es auf den ersten oder auch zweiten Blick aussehen mag. Eine (respektlose) Einstellung, daß nicht alles (so) sein muß, wie es ist, und daher auch ganz anders sein könnte, zumindest dieses nicht von vornherein auszuschließen ist, ist nicht eben sehr verbreitet. Das Phänomen der kognitiven Dissonanz kann eine solche Situation verstärken und führt letztlich zur einer adversen Selektion hinsichtlich der publizistischen Marktfähigkeit solcher Themen.[57]

Solche Wahrnehmungsverluste sozialer Relevanz sind geeignet, potentiellen Märkten für derartige Aussagenproduktionen ihre ökonomisch wichtigste Bestimmungsvariable, konkret die Nachfrage zu reduzieren. Unabhängig davon, ob solche Anpassungsprozesse nachfrageseitig aufgrund von Informationsmängeln oder Nutzenunkenntnis bzw. unzutreffender Nutzeneinschätzung zustande kommen, muß sich dies erst recht bei jenen Kommunikationsbedürfnissen auswirken, die ohnehin durch eher geringere Nachfragequantitäten gekennzeichnet sind.

57 Dieses Phänomen läßt sich beispielsweise auch beim Gut Wohnen beobachten, das sich in Aussagen zur Wohnzufriedenheit wiederfinden läßt. Umfragen zur Wohnzufriedenheit bringen in der Regel sehr hohe positive Skalenwerte hervor, die sich mit verzerrten Wahrnehmungs- und resignativen Anpassungsprozessen erklären lassen: Individuelles Vorstellungsvermögen und eigene Meinungsbildung vollziehen sich vielfach nur über das eigene soziale Umfeld. In dem Maße, wie dieses, aus welchen Gründen auch immer, nicht verlassen wird bzw. werden kann, verfestigen sich bestimmte subjektive Wahrnehmungsbilder und/oder lösen sich vorhandene Wünsche nach Veränderung auf. Vgl. ausführlich: LUDWIG 1995: 277 ff.

5.3 Monetäre Zahlungsbereitschaften als relevante Restriktionsgrößen

Im wirtschaftlichen (Zusammen-)Leben einer arbeitsteiligen Gesellschaftsorganisation besteht die wichtigste Währung in Geld, weshalb sich individuelles Ausgabeverhalten - rein technisch gesehen - in der Verfügbarkeit über Geld darstellt. Was die Realisation einzelner Kaufentscheide anbelangt, so ist es im Einzelfall die jeweilige Zahlungsbereitschaft, die ökonomische Nachfrage determiniert. Zahlungsbereitschaft ist sowohl relevante Voraussetzung für monetär käuflichen (Medien-)Konsum, gleichzeitig aber auch potentielle Restriktionsgröße. Hier interessiert vor allem, inwieweit sich limitierende Einflußgrößen 'aufweichen', sprich grundsätzlich verändern lassen, um entweder mittels quantitativ größerer Nachfragepotentiale das ökonomische Grundproblem auf der Angebotsseite 'lösen' zu können und/oder um mittels höherer Zahlungsbereitschaft bisher praktizierte Lösungsmodelle publizistischer Anbieter (zusätzliche Werbe-/Anzeigenfinanzierung) hinsichtlich ihrer damit verbundenen Probleme (Abhängigkeiten) zu 'entschärfen'. Bestand die eine relevante 'Währung' in Geld bzw. in monetärer Zahlungsbereitschaft, so stellt sich eine zweite in Form von Zeitbudgets dar.

Die ökonomische Theorie hat sich traditionell vornehmlich mit der monetären Dimension beschäftigt. Die Zeitdimension wurde wesentlich später in das Blickfeld aufgenommen. Aus diesem Grund liegen zur traditionellen Perspektive 'Preis' ungleich mehr Ergebnisse vor als zur Dimension von Zeitbudgets, die sich für unsere Überlegungen nutzen lassen. Die bisher detailliertesten Untersuchungen über „Komsumentenverhalten“, so der Titel zweier Standardwerke von KROEBER-RIEL (1992) und TROMMSDORF (1993), entstammen der Konsum- und Marketingforschung, die ihre Erkenntnisse weitgehend empirisch abfedern kann. Nicht behandelt an dieser Stelle werden Fragen der Zahlungsbereitschaft der über Medien werbenden Unternehmen, die einigen Medienanbietern gegenüber als Nachfrager nach Anzeigenraum bzw. Werbeplätzen auftreten. Da dies nicht auf allen hier betrachteten Medienmärkten der Fall ist, soll diese 'spezielle' Situation an geeigneter Stelle im 6. Kapitel erörtert werden. Unter „Nachfrage“ wird im hiesigen Kapitelabschnitt, wenn nicht anders erwähnt, der Medienkonsum von Rezipienten verstanden und deren Zahlungsbereitschaften für Kommunikation und publizistische Angebote.

Nach gängiger Erkenntnis können Konsumentscheidungen entweder aufgrund mehr kognitiver oder mehr habitueller Verhaltensweisen zustande kommen. Betrachtet man solche Entscheidungen als 'souverän', d.h. als gegebene und damit unveränderliche Rahmenbedingung (Stichwort Konsumentensouveränität), so sind die jeweils dominierenden Einflußkomponenten ohne Belang. Möchte man Verhaltensweisen beeinflussen, also steuern, so ist vor allem die kognitive Entscheidungsebene von Bedeutung. Kognitive und habituelle Verhaltensweisen können in Zusammenhang stehen, etwa dann, wenn Ergebnisse von einmal abgelaufenen Entscheidungsprozessen aus Zeitgründen perpetuiert werden. ALBERT (1974: 255), der (habituelles) „Marktverhalten“ von (kognitiven) „echten Marktentscheidungen“ unterscheidet, spricht in diesem Fall von einer „historischen Reaktionsbasis“, die solange als Referenzmodell fungiert, wie sich kein Bedarf für eine neue Entscheidungsfindung aufbaut. Unter zeitökonomischen Aspekten wäre dies eine Strategie, mittels Konstanz, Zeit zu 'sparen'.

Unabhängig von den Gewichten der kognitiven und/oder habituellen Verhaltensweisen, die letztlich in eine Entscheidung münden, 'verbirgt' sich hinter solchen Variablen ein vielschichtiges Geflecht unterschiedlichster Einflußfaktoren in Form von psychischen Vorgängen, die KROEBER-RIEL beispielsweise in „aktivierende" (innere Erregungen, Spannungen) und „kognitive Prozesse" (gedankliche Informationsverarbeitung) differenziert, die im unterschiedlich gewichteten Zusammenspiel als „komplexe Prozesse" ablaufen (1992: 45 ff.).[58] Hinzu gesellen sich mehr technisch bedingte ökonomische Einflußgrößen, die in der gegebenen Kaufkraft bestehen, die sich wiederum als Funktion der Einkommensverteilung darstellt. Beide Ebenen, das psychische Entscheidungsverhalten und die ökonomischen Rahmenbedingungen, hängen ebenfalls miteinander zusammen. Der Einkommensstatus hat in der Regel Auswirkungen auf gesellschaftliche Sozialisationsmechanismen (vgl. BOURDIEU), die sowohl das habituelle wie kognitive Verhalten beeinflussen, und umgekehrt haben die wie auch immer zustande gekommenen Konsumwünsche bzw. -entscheidungen Einfluß darauf, wie groß die Zahlungsbereitschaft bzw. das Zahlungvolumen im Einzelfall konkret aussehen soll. Beide Ebenen und ihre jeweils wichtigsten Einflußgrößen sind in der Abb. 5.3 [1] skizziert, wobei die benutzten Begrifflichkeiten sich nicht ausschließlich auf den Definitionsapparat nur eines Konsumentenforschers stützen, sondern auch in der Kommunikationswissenschaft gebräuchliche Termini aufgreifen. Die Abbildung kann gleichzeitig als vereinfachtes Modell einer Marktbeziehung im Normalfall gelten: Nachfrager und Anbieter stehen hinsichtlich der fraglichen Transaktion, was Leistung und Gegenleistung anbelangt, in einem unmittelbaren Austauschverhältnis.

Übertragen auf den Medienmarkt bzw. focussiert auf die Nachfrage nach Kommunikationsangeboten wurden die spezifischen sozialpsychologischen Erklärungskomponenten von Rezeptionsmotivationen sowie der nachhaltige Einfluß von Einkommen bzw. Einkommensschicht auf die Sozialisation bereits erörtert. Was aussteht, sind die monetären Größen, die restriktiv auf die Umsetzung von Motivation in Konsumentscheidungen wirken können.

Hinsichtlich dieser monetären Dimension, aber auch was das Beziehungsgeflecht zwischen nachfragendem Medienkonsumenten und Anbietern von Rezeptionsangeboten anbelangt, sieht sich ein Rezipient, je nachdem, welches Medium er nutzt, unterschiedlichen Situationen gegenüber, die er aber nicht in jedem Fall in all ihren Facetten wahrnehmen kann. Der Kauf eines Buches ist obigem Normalfall vergleichbar. Dasselbe gilt für die Nutzung von Pay–TV. Eine mehr kognitiv beeinflußte Kaufentscheidung wird anhand eines bewertenden Vergleiches über die subjektiv wahrgenommene Angebotsleistung und die direkt dafür zu erbringende monetäre Gegenleistung zustande kommen.

58 KROEBER-RIEL nennt als relevante Einflußgrößen für „komplexe Prozesse", die schwergewichtig als „aktivierende" Prozesse ablaufen, 1) Emotion (und Triebe), 2) Motivation und 3) Einstellung (a.a.O.: 49 ff.). Für mehr kognitiv dominierte psychische Abläufe heißen die Komponenten 1) Informationsaufnahme, 2) Wahrnehmen/Beurteilen/Entscheiden (Informationsverarbeitung) und 3) Lernen und Gedächtnis (Informationsspeicherung) (a.a.O.: 218 ff.).

Abb. 5.3 [1]: Marktmodell im Normalfall: direkte Austauschbeziehung
sowie: Determinanten der Nachfrage

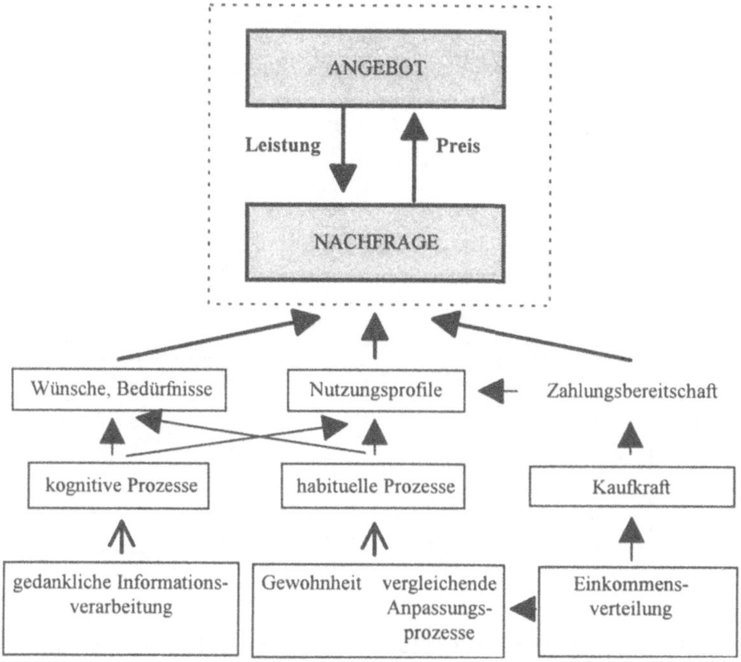

Beim Bezug eines periodischen Printmediums wie beispielsweise einer Tageszeitung oder einer Zeitschrift, die sich sowohl über den Verkaufspreis des Produktes als auch über Werbe-/Anzeigeneinnahmen finanziert, sieht das Beziehungsgeflecht zwischen Nachfrager und Medienunternehmer komplexer aus, ähnlich wie im Fall der Nutzung öffentlich-rechtlichen Fernsehens. Davon abweichende Beziehungen ergeben sich bei der Rezeption von Angeboten privatwirtschaftlich organisierter TV–Anbieter und ähnlich ist auch die Situation bei Anzeigenblättern gelagert.

Der Fall einer Doppelfinanzierung eines Medienunternehmens über zwei Märkte (Beispiel Zeitung, Zeitschriften), d.h. der Fall einer sog. Querfinanzierung, der hinsichtlich seines Zustandekommens, seiner Zielrichtung und seiner damit verbundenen Implikationen ausführlich im Kap. 6.3 analysiert werden wird, verkörpert das vielfältigste Beziehungsgeflecht und läßt sich wie in Abb. 5.3 [2] modellieren.

Abb. 5.3 [2]: Publizistisch-ökonomisches Beziehungsgeflecht eines über zwei Märkte querfinanzierenden Medienunternehmens

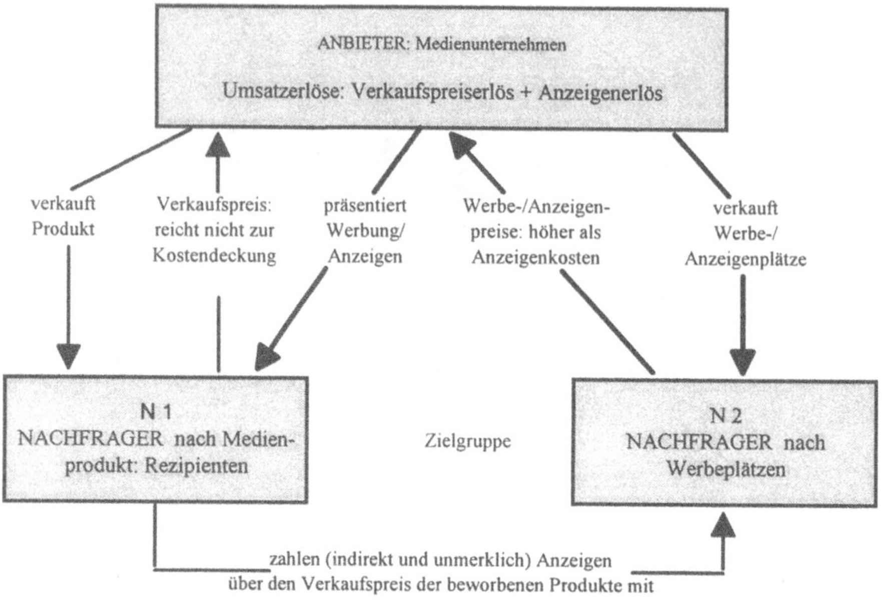

Aus der Sicht des Rezipienten sieht die Transaktion vergleichsweise einfach aus: Für seine Kauf- bzw. Nutzungsentscheidung stehen ihm Produkt und Preisforderung (Copypreis bzw. Rundfunkgebühr) vor Augen. Ansonsten nimmt er mehr oder weniger wahr, daß das nachgefragte Produkt mit Werbung versehen ist. Im 'Hinterkopf' dürfte dem ein oder anderen Mediennutzer sogar bekannt sein, daß der Anbieter mit dieser Präsentation von Werbung/Anzeigen Einnahmen erzielt. Dieser Fall dürfte die bereits weitestgehende Wahrnehmung eines zahlenden Rezipienten sein.

Daß der Anbieter diese zusätzlichen Erlöse benötigt, um die in der Regel nicht kostendeckende monetäre Gegenleistung finanziell aufzustocken, ist dem Konsumenten weder klar noch bewußt, ebensowenig wie sich ihm das vollständige Beziehungsgeflecht bzw. der dahinter stehende ökonomische Kreislauf des Querfinanzierungsmodells erschließen kann: Die indirekte Kostenbelastung ist für ihn unmerklich, weil nicht (mehr) wahrnehmbar. Dieser indirekte Verrechnungsmechanismus kommt dadurch zustande, daß die beim Medienproduzenten Werbung-/Anzeigen schaltenden Unternehmen ihren dabei anfallenden Kostenaufwand (Werbe-/Anzeigenpreise usw.) ihrerseits auf die Endverbraucher überwälzen, indem sie ihren Werbeaufwand in die Verkaufspreise der beworbenen Produkte einkalkulieren. Sind Käufer der beworbenen Produkte und Medienkonsumenten (weitgehend) identisch, so fällt die „objektive“ Zahlungslast höher aus als die „subjektiv“ wahrgenommene und für die Konsumentscheidung kalkulierte Zahlungsbereitschaft.[59]

59 Die Abgrenzung objektive Gegebenheit versus subjektive Wahrnehmung wird u.a. in der Finanzwissenschaft und dort speziell in der Steuerwirkungslehre benutzt, um auf die Unterschiede beispiels-

Im Fall der Rezeption von Kommunikationsangeboten, die von sog. Privatrundfunkveranstaltern bereitgestellt werden, die sich ausschließlich über Werbung finanzieren, reduziert sich das direkte Transaktionverhältnis zwischen Anbieter und Konsument auf die Kommunikations- bzw. publizistische Dimension, also ausschließlich auf eine (vermeintlich) einseitige Leistung. Die ökonomische Sphäre der Kostenverrechnung dürfte von vielen Rezipienten überhaupt nicht mehr wahrgenommen werden und spielt sich auch in jedem Fall völlig unmerklich ab, obwohl auch in dieser Konstellation von einer vollständigen Überwälzung aller Kosten auf die Käufer der beworbenen Produkte bzw. ggf. der potentiellen Rezipienten auszugehen ist (vgl. Abb. 5.3 [3]). Diese drei Fälle bilden hinsichtlich des Kommunikationsvorgangs und dessen ökonomischer Verrechnung die relevanten Beziehungslinien der Akteure auf Medienmärkten ab.

Abb. 5.3 [3]: Publizistisch-ökonomisches Beziehungsgeflecht auf privaten Rundfunkmärkten

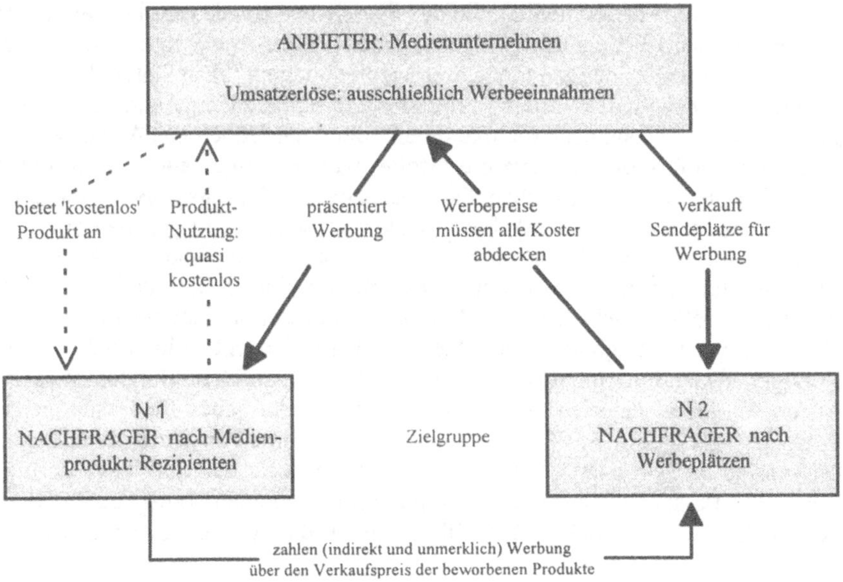

weise zwischen einer subjektiv wahrgenommenen, d.h. empfundenen Steuerlast und den tatsächlichen Gegebenheiten abstellen zu können. Aus solchen Untersuchungen weiß man, daß etwa sog. Besserverdiener, die über sehr viel mehr und größere Steuerumgehungsmöglichkeiten verfügen (z.B. aufgrund des sog. steuerlichen Gestaltungsprivilegs) und diese auch in Anspruch nehmen, stärker über ihre Lasten klagen und diese auch als sehr viel höher einschätzen als diese tatsächlich. d.h. objektiv gesehen ausfallen; umgekehrt empfinden Klein- und Mittelverdiener ihrer Steuerlasten oft als 'fair', obwohl sie um die tatsächliche Belastung (z.B. um die indirekte Steuerbelastung) gar nicht Bescheid wissen. Aus diesem Grund kommt es öfters zu Asymmetrien zwischen tatsächlicher und quantitativ genau bestimmbarer Belastung und subjektiver Wahrnehmung bzw. Bewertung derselben; vgl. dazu z.B. LUDWIG 1991a: 70 ff..

Für die Frage nach dem potentiellen Restriktionsgrad von Ausgabenbudgets für die individuelle Mediennutzung ist der subjektiv wahrnehmbare Zahlungsaufwand von ökonomischer Bedeutung: Die subjektive Wahrnehmung von Leistung und Gegenleistung entscheidet über das empfundene Preis–Leistungs–Kalkül. Die 'objektiven', d.h. die tatsächlichen Daten wie Preishöhe und verfügbare Geldmenge stellen dabei eher technische Begrenzungskapazitäten dar.

Fragt man nach der Akzeptanz und dem Potential einer größeren Zahlungsbereitschaft, etwa um den unmerklichen Teil des Beziehungsgeflechts auf eine transparente und nachvollziehbar kalkulierbare Ebene zurückzuführen, so müssen direkte und indirekte Zahlungs- und Kostenbelastungsvorgänge zusammen betrachtet werden. Im Idealfall fallen subjektive Wahrnehmung und objektive Gegebenheiten zusammen.

5.3.1 Objektive Zahlungsbereitschaften: Ausgabenbudgets

Wirft man einen Blick auf einschlägiges Zahlenmaterial, so geben die monatlichen Aufwendungen für Massenmedien, die das Statistische Bundesamt im Rahmen seiner laufenden Wirtschaftsrechnungen erhebt, einen ersten Anhaltspunkt über absolute und relative Größenordnungen monetärer Medienbudgets.[60] Die Daten der Tab. 5.3.1 [1] sind in absoluten Werten dimensioniert und zudem alternativ auf das (ausgabefähige) „Haushaltsnettoeinkommen“ bzw. die Höhe der „Ausgaben für den privaten Konsum“ bezogen. Letztere Größe, wie sie häufig auch in einschlägigen kommunikationswissenschaftlichen Fachjournalen als Bezugsgröße auftaucht (z.B. Media Perspektiven Basisdaten), hat aus ökonomischer Sicht gesehen einen eingeschränkten Aussagewert, da mit ihr bereits erste Saldierungen auf der Ausgabenseite verbunden sind. Um den realen Ausgabespielraum eines Individuums zu verdeutlichen, ist die Größe Haushaltsnettoeinkommen adäquater und gebräuchlicher.

Mit – je nach Berechnungsgrundlage – 3 bis 4 Prozentpunkten gehört das Medienbudget in der funktionalen Abgrenzung des Statistischen Bundesamtes zu den kleinsten Ausgabekategorien, und rangiert nach den Ausgaben für Gesundheits- und Körperpflege (3,0 bzw. 3,9%) in gleicher Höhe wie die Ausgaben für die „persönliche Ausstattung“ an letzter Stelle des Güterbündels für den „privaten Verbrauch“. Bei einem 4–Personen–Haushalt mit „höherem Einkommen“ (ausgabefähiges Haushaltsnettoeinkommen 1992: 8.335 DM) bilden die Medienkonsumausgaben das Schlußlicht.

60 Die Laufenden Wirtschaftsrechungen werden im Gegensatz zur Einkommens- und Verbrauchsstichprobe (EVS), die nur alle 5 Jahre repräsentativ auf der Basis von rd. 70.000 Haushalten durchgeführt wird, monatlich bzw. jährlich erhoben. Hierbei handelt es sich allerdings um keine repräsentative Stichprobe, da die Anzahl der befragten bzw. buchführenden Haushalte im West- und Ostteil der Bundesrepublik bei je 1.000 liegt. Lediglich die zugrundeliegenden Haushaltstypen sind mit den statistischen Einheiten der EVS vergleichbar: Haushaltstyp 1 = Rentnerhaushalt, Typ 2 = 4–Personen–Arbeitnehmerhaushalt mit mittlerem Einkommen, Typ 3 = 4–Personen–Beamten– bzw. Angestelltenhaushalt mit höherem Einkommen.

Tab. 5.3.1 [1]: Einkommen und Ausgabenbudget für Medien eines 4–Personen–Arbeitnehmerhaushalts mit mittlerem Einkommen 1992

	in DM	in %	in %
monatl. Bruttojahreseinkommen	5.044		
+ andere Einnahmen/Einkommen	1.129		
= Haushaltsbruttoeinkommen	6.173		
./. Steuern, Sozialabgaben etc.	1.404		
= Haushaltsnettoeinkommen	4.769		
+ sonst. Einnahmen	374		
= Ausgabefähiges Haushaltsnettoeinkommen	**5.143**	**100%**	
./. diverse Ausgaben, Sparen	1.167		
= Ausgaben für den privaten Verbrauch	**3.976**		**100%**
Medienbudget:			
Fernsehgeräte	10,10		
Hörfunkgeräte	12,62		
Zubehör für HF– u. TV–Geräte	6,52		
Installationen/Reparatur	3,88		
Videorecorder	4,79		
Rundfunkgebühren	26,68		
Summe AV–Medien	*64,59*	*1,3%*	*1,6%*
Plattenspieler, Tonband, sonst.	3,45		
Schallplatten, Videobänder usw.	14,65		
Summe Musik–Medien	*18,10*	*0,4%*	*0,5%*
Bücher/Broschüren	23,71		
Tages-/Wochenzeitungen	18,37		
Zeitschriften	13,59		
Summe Print–Medien	*55,67*	*1,1%*	*1,4%*
Kino	2,00		
Theater	3,07		
Konzert	1,39		
Summe/Kino, Theater, Konzert	*6,46*	*0,13%*	*0,16%*
Gesamtsumme Medienbudget	**144,82**	**2,8%**	**3,6%**

Legende: Angaben für 1992 und Alte Bundesländer; Haushalt mit einem überwiegendem Alleinverdiener; Details: vgl. KAISER 1993; die relativen Anteile wurden hier auf das ausgabefähige Haushaltsnettoeinkommen bezogen, aber auch auf die Höhe der Ausgaben für den Privaten Verbrauch, wie es z.B. die Media Perspektiven Basisdaten regelmäßig ausweisen; Quelle: Stat. Bundesamt/laufende Wirtschaftsrechnungen.

Die Betrachtungen lassen sich differenzieren. So sind beispielsweise bei den audiovisuellen Medien anteilige 'Abschreibungen' und Aufwendungen für Reparaturen usw. miteingerechnet, die im subjektiven Kalkül eines Mediennutzers keine Rolle spielen, zumindest nicht in Form einer periodisierten Aufwandsverteilung über die Nutzungsdauer medialer Hardware. Aus der subjektiven Wahrnehmung eines Mediennutzers dürfte vielmehr an erster Stelle der Ausgabenblock für Printmedien dominieren und die Kosten für Hörfunk und Fernsehen in Gestalt der dafür vorgesehenen Gebühr erscheinen. Unabhängig davon, ob man die Daten in absoluten und/oder relativen Dimensionen betrachtet, läßt sich konstatieren, daß vom objektiven Volumen her betrachtet das durchschnittliche monetäre Medienbudget vergleichsweise gering ausfällt und von seiner Größenordnung her kaum eine relevante ökonomische Restriktion vermuten läßt. Vielmehr verkörpern auch die meisten medialen Konsumausgaben Aufwendungen für die Lebensqualität, deren Konsum nach der Theorie der MASLOWschen Hierarchie der Bedürfnisse mit zunehmender Einkommens- und Wohlstandsentwicklung steigt und nicht mehr unverzichtbare Existenzsicherung wie beispielsweise Nahrung, Wohnen, Kleidung usw. abdecken muß.[61] Somit sind solche Ausgaben Ausdruck selbstbestimmter Gestaltung von individuellen Lebens- und Konsumstilen, die sich ökonomisch als Opportunitätskosten interpretieren lassen: Im Zweifel läßt sich das monetäre Medienbudget durch Verzicht auf andere Ausgaben 'finanzieren'.

Dieser Zugewinn an qualitativer Selbstbestimmung ist durch den sog. technischen Fortschritt, konkret durch gigantische Produktivitätsverbesserungen bei der Produktion von lebensnotwendigen Gütern wie beispielsweise Nahrung, Kleidung, aber auch t.w. Wohnen, möglich geworden, die seit rund 200 Jahren die zunehmende Ausdifferenzierung aller Lebensbereiche ökonomisch ermöglichten. Dies läßt sich an einem einfachen Vergleich von Ausgabenbudgets zu unterschiedlichen Zeitpunkten ablesen (vgl. Tab. 5.3.1 [2]): Der Ausgabenanteil des existentiell unverzichtbaren Konsums (Nahrung, Wohnung, Kleidung) ist für „Otto Normalverbraucher" im Jahre 1800 von 100% seines ausgabefähigen Einkommens auf 43% im Jahre 1992 gesunken. Entsprechend haben sich die ökonomischen Spielräume für die individuelle Lebensgestaltung erhöht.

Allerdings entspricht der hier betrachtete Haushaltstyp nicht dem westdeutschen „Durchschnittshaushalt", sondern wurde wie die beiden anderen homogenen Haushaltstypen aufgrund bestimmter Kriterien (Haushaltsgröße, soziodemographische Merkmale, Einkommensgrenzen) gebildet, um einen ökonomischen Einblick in relevante Lebensbereiche zu erhalten (vgl. KAISER 1993: 568). Die so erhobenen Daten sind somit Durchschnittszahlen aus einer nicht repräsentativen Erhebung,[62] weshalb sich im Einzelfall Medienbudgets anders darstellen können.[63] Im folgenden sei dies

61 Hiervon kann man Aufwendungen für ein Fernsehgerät bzw. die dafür notwendigen Gebühren sowie den Bezugsaufwand für eine Tageszeitung ausnehmen: Diese Güter bzw. die damit verbundenen Nutzungen sind beispielsweise bei gerichtlichen Pfändungsverfahren dem Zugriff eines Gläubigers entzogen, weil die politische Informationsfreiheit in unserer Gesellschaftsordnung als unantastbares Recht ilt, das in solchen Fällen sogar ökonomisch durch die gängige Rechtsprechung geschützt wird.

62 Was beispielsweise auch die ungerade Ziffer der Rundfunkgebühr erklärt (vgl. Tab. 5.3.1 [1]), die 1992 im Normalfall (je ein Hörfunk– und Fernsehgerät) 23,80 DM betrug.

63 Dies betrifft insbesondere jene Fälle, in denen das reguläre Einkommen sich auf die Höhe einer sog. Lohnersatzleistung reduziert wie etwa im Falle von Arbeitslosigkeit. Leider existieren für solche Fälle keinerlei statistische Informationen, anhand derer man die notwendigen Einschränkungen bzw. Veränderungen etwa auch von Medienkonsumausgaben analysieren könnte. Da die erste Lohnersatzleistung bei Arbeitslosigkeit Arbeitslosengeld heißt, die im Normalfall für einen Zeitraum von 12 Monaten gewährt wird und die in einer Höhe von etwa 60% des bisherigen Nettolohnniveaus ausbezahlt wird, läßt sich in etwa nachvollziehen, in welchem Umfang nicht unbedingt (lebens-) notwen-

anhand einiger Beispiele simuliert. Gleichzeitig soll die Betrachtung einzelner Kommunikations- bzw. Medienangebote als potentielle Begrenzungsgrößen durch Erweiterung der Betrachtungsebene um eine Nutzen- bzw. (Gegen-)Leistungssphäre geschehen: Der monetäre Aufwand wird auf die tatsächliche Nutzungsdauer bezogen, um so Daten für das 'objektive' Preis–Leistungsverhältnis zu erhalten. Die derart ermittelten Kosten–Nutzungskalküle für mediale Angebote sollen mit solchen anderer Konsumnutzungen verglichen werden.

Rechnet man für das Schmökern eines 300–seitigen anspruchsvollen Romans einen 20–stündigen Zeitaufwand[64] und kostet das Buch 30 DM, so würde sich hieraus ein 'objektives' Preis–Leistungs–Verhältnis von 1,50 DM/Stunde ergeben, wenn man die konkrete Rezeptionsdauer als relevante Dimension zugrunde legt. Eine entsprechende Kalkulation für eine durchschnittliche Tageszeitung im Jahre 1992 fällt ungünstiger aus: Durchschnittliche Abokosten von 27 DM im Monat bei 30–minütiger Nutzungsdauer von montags bis samstags bedeuten umgerechnet ein Preis–Leistungs–Kalkül von 2,08 DM pro Stunde. In einer ähnlichen Größenordnung liegt mit 2 DM/Stunde die durchschnittliche Lektüre des *SPIEGELs*.[65] Noch 'teurer' wäre die Anschaffung von *Kindlers Neuem Literatur Lexikon* in der Paperback–Ausgabe (500 DM) bei einer angenommenen Lebensdauer von 20 Jahren und 10stündiger Nutzung im Jahr: 2,50 DM/Stunde. Fernsehen ist – objektiv kalkuliert – billiger. Rechnet man die monatliche Rundfunkgebühr nur auf die durchschnittliche Sehdauer der öffentlich-rechtlichen Programme um,[66] so liegt der entsprechende Wert bei 0,54 DM/Std. Wer nur die *ARD–Tagesthemen* rezipiert, muß dafür 1,83 DM stündlich kalkulieren. Legt man hingegen die Rundfunkgebühr, die nach neuester Rechtsprechung rechtliche Voraussetzung auch für die ausschließliche Rezeption der privaten TV–Veranstalter ist, auf den gesamten Fernsehkonsum des Jahres 1992 um (177 Minuten tägl. in den Alten Bundesländern), so reduziert sich das Preis–Leistungs-Verhältnis auf 0,27 DM/Stunde.

---

dige Ausgaben eingeschränkt werden oder sogar ganz entfallen müssen. Würde man obiges Einkommensbeispiel eines 4–köpfigen Arbeitnehmerhaushaltes ohne Zusatzeinnahmen aus beispielsweise Zinseinkünften, Einnahmen aus sonst. (selbständigen) Tätigkeiten oder auch ohne einen fiktiven Mietwert. Im Falle von Eigentümerwohnungen rechnen, würde dies auf ein monatliches Nettoeinkommen von 3.640 DM hinauslaufen, was einen Arbeitslosengeldanspruch in Höhe von etwa 2.111 DM bedeuten würde. Mit diesem Budget kann das ursprüngliche Ausgabenniveau in Höhe von 5.143 DM (Privater Verbrauch + übrige Ausgaben + Sparen) nur noch zu rd 40% aufrecht erhalten werden. Daraus wird ersichtlich, daß rein rechnerisch nicht nur die selbstbestimmten Ausgaben des eigenen Lebensstils völlig entfallen, sondern auch Teile der an sich lebensnotwendigen Ausgabenbereiche deutliche Abstriche (bei Quantität und/oder Qualität) erfahren müssen. Solche Überlegungen und Erfahrungen sind ganz offenbar all jenen Medienmanagern fremd, die sich beispielsweise darüber wundern, daß etwa den Tageszeitungen immer mehr Leser bzw. Käufer abhanden kommen. Mit der reduzierten Nutzungsdauer dieses Printmediums allein können nämlich die sich verringernde Reichweite bzw. der permanent sinkende Auflagenschwund nicht erklärt werden.

64 Dies entspricht einer vierminütigen Lesezeit pro Seite.

65 Copypreis 5 DM, durchschnittliche Lesedauer pro Ausgabe laut Copytest 1992: 149 Minuten.

66 In den Alten Bundesländern 1992: täglich 88 Minuten für ARD, ZDF, Dritte ARD–Programme; Zahlen für Fernsehhaushalte, die weder verkabelt sind noch Satellitenprogramme empfangen konnten; Quelle: Media Perspektiven Basisdaten 1993.

Tab. 5.3.1 [2]: Einkommen und Ausgabenbudgets zwischen 1800 und 1992

Einnahmen/Ausgaben	1800	1860	1909	1965	1992
monatl. Bruttoeinkommen	8-9 Thaler	ca. 20 Thaler	51 Thaler	982	5.044
+ sonst				125	1.129
= Haushaltsbruttoeinkommen				1.107	6.173
./. Steuern, Sozialabgaben				147	1.404
= Haushaltsnettoeinkommen				960	4.769
+ sonst. Einnahmen				34	374
= ausgabefähiges Einkommen				994	5.143
./. diverse Ausgaben, Sparen				113	1.167
= Private Verbrauchsausgaben				881	3.976

Ausgaben in % (ausg. Eink.)					
Nahrungsmittel, Getränke, Tabak	73	60	52	37	17
Bekleidung, Schuhe	6	12	11	11	6
Wohnung, Heizung, Licht	21	15	21	14	20
(Zwischen-)Summe	***100***	***87***	***84***	***62***	***43***
Möbel, Haushaltsgeräte		sonst.: 13	sonst.: 16	8	6
Gesundheit u. Körperpflege				3	3
Verkehr u. Nachrichtenübermittl.				9	14
Bildung, Unterhaltung, Freizeit				6	8
dar. Medienbudget				*2,1*	*2,8*
persönl. Ausstattung				2,6	2,8

Quellen: SAALFELD 1980: 72 ff, 83; ABEL 1972: 15; Stat. Bundesamt: laufende Wirtschaftsrechnungen 1965, 1992 für einen 4-Pers.-Arbeitn.-Haushalt mit mittl. Einkommen; Daten in Thaler bzw. in DM; seit 1876: 1 Thaler = 3 Mark

Interessant sind nun Vergleiche. Ein gutes, aber preiswertes Essen nebst kulinarischem Zubehör in einem gepflegten, aber nicht teuren Restaurant im Werte von 40 DM, für dessen Genuß man sich 2 Stunden Zeit lassen sollte, würde einen objektiven Preis–Leistungswert von 20 DM/Std. ergeben. Ähnlich fiele wohl auch der Aufwand für einen Besuch eines Life–Konzertes eines Popstars aus. Die Alternative, dessen Musik auf CD zu genießen, wäre angesichts der ungleichen potentiellen Nutzungs(dauer)möglichkeiten, erheblich günstiger: Eine 30–DM–CD mit 1 Stunde Spielzeit, einer unterstellten Haltbarkeit von 10 Jahren und 10maliger Nutzung jährlich liefe auf 0,30 DM/Std. hinaus und entspräche in etwa dem Preis–Leistungs-Verhältnis beim Fernsehen. Kalkuliert man eine monatliche Wohnungsmiete von 1.000 DM hinsichtlich der tatsächlichen Nutzungszeiten, so läge der Preis für die Behausung bei 2,77 DM stündlich.[67] Für einen sog. Eigenheimer, der weit weniger über Verrechnungsmöglichkeiten von (hohen und/oder aufgeblähten Bau-)Kosten verfügt als ein steuersparender Investor und zahlungstechnisch in der Regel mindestens das Zweieinhalbfache eines Mieters aufwendet, liefe ein solches Kalkül auf etwa 6 DM hinaus.[68] Wer sich sog. bessere Zeiten mittels wahrscheinlichkeitstechnisch ausgesprochen aussichtsloser 'Zukunftsinvestitionen' erkaufen möchte, müßte folgendermaßen kalkulieren: Unterstellt man für das allwöchentliche Lottospielen eine Nervenkitzelreizbeanspruchung beim Ausfüllen des Lotto–Scheins und beim hoffnungs-qualvollen Warten während der Ziehung der gleichnamigen Zahlen in einer zeitlichen Gesamtkapazität von 30 Minuten, so scheint diese Art von fiktivem (Zukunfts-)Konsum in ihrem Preis–Leistungs-Verhältnis ausgesprochen ungünstig zu sein: 25 DM pro Stunde.[69]

Zusammengefasst wäre zu vermuten, daß die wenigsten Rezipienten solche objektivierten Kosten–Nutzen–Kalküle anstellen. Noch weniger wahrscheinlich dürfte sein, daß sie imstande sind, solche Kalkulationen im Wege von Vergleichsbetrachtungen zu relativieren. 'Objektiv' betrachtet läßt sich zweierlei konstatieren. Zum einen fallen Preis–Leistungs–Überlegungen, d.h. monetäre Aufwands- und zeitliche Nutzungskalküle von Medium zu Medium unterschiedlich aus, was hier u.a. durch die Focussierung auf die ausschließlich direkten Zahlungsströme bedingt ist. Zum anderen sprechen solche Kosten–Nutzen–Relationen nicht dafür, daß das Potential der technisch möglichen und kalkulatorisch relativierten Zahlungsbereitschaft auf Seiten der Medienkonsumenten unbedingt ausgeschöpft wäre.

5.3.2 Subjektive Wahrnehmungsmechanismen und Preis–Leistungs–Kalküle

Aus der Sicht eines einzelnen Rezipienten stellen sich obige Überlegungen entweder überhaupt nicht oder ganz anders dar. Entscheidend für die beiden Fragen, a) nach der potentiellen Beschränkung des Medienkonsums aufgrund übermäßig in Anspruch genommener Zahlungsbereitschafts- bzw. Kaufkraftpotentiale und b) nach der Exi-

---

67 Durchschnittliche 12stündige Nutzung pro Tag (abgerechnet: Arbeits- und Urlaubszeiten, Fahrwege zum Arbeitsplatz und sonstige aushäusige Zeitkapazitäten).

68 Zu Details und insbesondere auch zu den Unmerklichkeiten der Kostenverrechnung sowie der steuerlichen Begünstigungen vgl. LUDWIG 1995: 137 ff., 189 ff., 223 ff., 275 ff..

69 Durchschnittlicher Lottospieleinsatz im Jahre 1994 pro Bundesbürger gerechnet: 12,50 DM.

stenz von größeren Zahlungsbereitschaftspotentialen ganz allgemein, sind letztlich subjektiv empfundene Wahrnehmungen und Kalküle ausschlaggebend. Dabei laufen mehr kognitiv geprägte Entscheidungsprozesse anders ab als eher habituell dominiertes Nutzungsverhalten.

Allgemein läßt sich nach gängigen Erkenntnissen der Konsumentenpsychologie sagen, daß für bewußt zustande kommendes Konsumverhalten relevante Informationen von Bedeutung sind, die, wie weiter oben bzw. in den Modellen in Abb. 5.3 [2] sowie 5.3 [3] skizziert, im Normalfall nur die merkliche Sphäre des ökonomischen Beziehungsgeflechts auf Medienmärkten abdecken: Über den vollständigen Zahlungskreislauf werden nirgendwo Informationen gestreut, geschweige denn konkrete Zahlen genannt, die individuelle Kalkulationen von (Gesamtkosten-)Preis–Leistungs–Verhältnissen beeinflussen könnten. Doch selbst bei vergleichsweise – aus subjektiver Sicht bewußt praktizierter – rational zustandekommenden Konsumentscheidungen können sog. Verhaltensanomalien durchschlagen, die man mit ökonomischer Rationalität objektiv überhaupt nicht, sondern nur psychologisch erklären kann. Darunter fällt beispielsweise ein Effekt, den Wirtschaftspsychologen mit der Theorie der „Psychophysik der Preise" begründen. Danach fallen Preis–Leistungs–Überlegungen abhängig von der Wahrnehmung *relativer* Preisunterschiede aus: Ein absolut identischer Unterschiedsbetrag würde bei einem sog. niedrigpreisigen Konsumgut höher bewertet werden als bei einem Konsumgut aus der Hochpreislage (vgl. EICHENBERGER 1992: 14 f.).[70] Inwieweit solche Phänomene bei Medien eine Rolle spielen, ist nicht erforscht wie überhaupt das monetäre Nachfrageverhalten bisher nur sehr selten Gegenstand von kommunikationswissenschaftlichen oder medienökonomischen Untersuchungen war.

STÜRZEBECHER (1995) hat auf dem Tageszeitungsmarkt den Einfluß unterschiedlicher Vertriebspreise auf das Nachfrageverhalten untersucht. Aus den empirischen Ergebnissen zur gespaltenen Preisstellungspolitik von Zeitungsverlagen, vertriebspolitisch differenziert nach lokalen Monopol- bzw. Konkurrenzmärkten, läßt sich der Schluß ziehen, daß Preisunterschiede von Zeitungsabonnenten wahrgenommen und im individuellen Entscheidungsprozess berücksichtigt werden, obwohl solche Differenzen absolut und auch relativ betrachtet oft nicht allzu groß ausfallen.[71]

---

70 Ein Beispiel: Beim Kauf eines Autoradios im Werte von 300 DM wird von vielen meist mehr Zeit und Überlegung investiert, um beispielsweise 100 DM zu sparen als bei Anschaffung eines neuen Wagens, der 20.000 DM kostet. Die Einsparung von 100 DM fällt, bezogen auf die gesamte Summe, erheblich niedriger aus. Solche Fälle von „Psychophysik" lassen sich erweitern: Auch ein sog. Eigenheimer („Häuslebauer") macht sich beim kostengünstigen Einkauf der Badezimmerfließen, bei dem sich ggf. 500 DM einsparen lassen, mehr Gedanken als um die Frage, ob sich durch bessere Organisation der Bauausführung, durch andere Wahl von Bauteilen oder veränderten Finanzierungskombinationen Ausgaben in einer Höhe von 50.000 DM vermeiden lassen, die im Falle einer Kreditfinanzierung je nach Zinsniveau und dadurch bedingten Laufzeiten (Annuitätenmodell) einen Gesamtaufwand von 100.000 bis 125.000 DM bedeuten. Man kann dieses Verhalten auch damit erklären, daß die gängige Lebenserfahrung mehr die 500–DM–Sphäre eher abdeckt als den (alltäglichen) Umgang mit 50.000 DM.

71 Nach STÜRZEBCHER (1995: 603) lagen 1995 die durchschnittlichen Abopreise von Lokalausgaben in Gebieten mit örtlicher Konkurrenz bei 27,33 DM im Monat und in Monopolgebieten bei 30,54. Dies entspricht einer Preisdifferenz von 10,5%. In den Neuen Ländern ist der Preiswettbewerb wesentlich schärfer (durchschnittliche Preisdifferenzen 20,3%), was sich zum einen aufgrund der

Diese Daten bestätigen zumindest im Grundsätzlichen eine Erfahrung, die man von anderen Märkten her kennt, daß nämlich die Preiselastizität der Nachfrage in bestimmten Marktsegmenten dem Betrag nach relativ groß ausfällt.[72] So reagieren beispielsweise auf dem Programmzeitschriftenmarkt die unteren Marktsegmente ausgesprochen preisempfindlich, während sich bei den mittleren und höheren Preislagen stärker eine wie auch immer empfundene 'Marken'- bzw. Blattbindung auswirkt.[73] Ähnliche Beobachtungen, daß die Preiselastizität dem Betrag nach abnimmt, der Preis allein also immer weniger für die Nachfrage ausschlagggebend ist, wenn der (künstlerische) Anspruchsgrad (Inhomogenitätsgrad) steigt, haben THROSBY/WITHERS auf dem australischen 'Markt' für Aufführungskünste (performing arts) gemacht. Ihre Empfehlung daher für den Fall (zu) hoher Defizite: Stücke auf die Bühne zu bringen, die eher dem Massengeschmack entsprechen, und mittels adäquater Preisabschläge Umsatz über Preis und Menge zu machen (1979: 26 ff.). Letztlich dürfte sich dieser Zusammenhang aus der Einkommenselastizität der Nachfrage erklären, und zwar in dem Sinne, daß sich bei vergleichsweise höherem Einkommen gegebene Preisrelationen schon aufgrund des größeren finanziellen Spielraums relativieren und deshalb bei Preis–Leistungs–Vergleichen andere Auswahlkriterien wie etwa qualitative Aspekte eine weit größere Rolle spielen können.[74]

Aus diesem Grund wurden in der Übersicht 5.1.3 [2], in der es um relevante Charakteristika von Kommunikationssimensionen und ihren Effekten ging, Einkommens– und Nachfrage–Elastizitäten, wie hier diskutiert, mit aufgenommen. Da Elastizitätsmaße zur Nachfrage zum einen nichts anderes zum Ausdruck bringen als die mengenmäßige Reaktion, eingefangen als abhängige Variable, zum anderen die gemessenen ursächlichen Zusammenhänge nicht immer unveränderliche Verhaltens-

---

neu entstandenen Markt- und Wettbewerbssituation erklärt, zum anderen aber auch mit dem west-östlichen Einkommensgefälle zu tun hat. Im Einzelfall erreicht ein solcher Preisunterschied sogar den Wert von 57%, und dies im Westen (a.a.O.: 605).

72 Reagieren Nachfrager auf sinkende Preise mit einer größeren Nachfrage (et vice versa), so ist die Preiselastizität negativ. Je stärker diese Effekte ausfallen, umso (negativ) größer ist auch das Elastizitätsmaß, weshalb man in solchen Fällen von 'Beträgen' spricht und das negative Vorzeichen dabei als selbstverständlich voraussetzt.

73 Aus diesem Grund wurden auf dem Programmzeitschriftenmarkt letztlich auch alle Schlachten um Marktanteile über den Copypreis ausgetragen. Das zeitlich letzte Beispiel lieferte der G+J–Konzern, der 1994/95 seine im Osten übernommene und ausschließlich dort verbreitete Programmzeitschrift FF dabei mit dem bundesweit neu kreierten Titel *TV Today* durch Marktabtritt des Ostblattes (zwangs-)fusionieren wollte. Da nicht sicherzustellen war, daß alle Ostleser auf den neuen Titel überwechseln würden, der Konzern andererseits aber eine Verkaufsauflage um die Millionengrenze herum benötigte, um das neue Blatt im 'lean production'–Verfahren lukrativ produzieren zu können, wurde der Copypreis als Wettbewerbsparameter eingesetzt, der zu mehreren gerichtlichen Störfeuern seitens der Konkurrenz und zum Einschreiten des Bundeskartellamtes geführt hatte. Der G+J–Konzern, der seinen Copypreis wieder heraufsetzen mußte, hatte derweil sein eigentliches Ziel, eine Auflagenhöhe oberhalb des break–even–point, u.a. auch zulasten der Konkurrenz erreicht.

74 Einen ähnlichen Zusammenhang hatten 1955 KATONA/MUELLER behauptet, als sie von einer negativen Korrelation zwischen Einkommenshöhe und Informationsaktivitäten bzw. Suchkosten bei der Anschaffung von Konsumgütern selbst in solchen Fällen ausgingen, in denen die kognitive Komponente des Entscheidungsprozesses einen hohen Stellenwert hat: Aufgrund des hohen Einkommens ist das Risiko eines Fehlkaufs gering, d.h. die Opportunitätskosten fallen nur in als unbedeutend empfundener Höhe an – die eingesparte Zeit hat aufgrund anderer Präferenzen, die man sich mit hohem Einkommen eben 'leisten' kann, einen weit höheren Stellenwert. Dieser Effekt wurde von RAFFEE/SILBERER (1981: 249) empirisch mit positivem Ergebnis überprüft.

weisen repräsentieren (müssen), lassen sich aus beobachteten Reaktionsgraden allenfalls aktuelle Aussagen über potentielle Restriktionseigenschaften ableiten.

KNOCHE/ZERDICK (1991a: 37 ff.) beispielsweise haben in ihren Untersuchungen zur Preiserhöhungsakzeptanz von Zeitungen und Zeitschriften festgestellt, daß das Potential für eine größere Zahlungsbereitschaft in der Bevölkerung deutlich höher ist als gemeinhin angenommen. Die Akzeptanz wächst dabei mit zunehmender Leser–Blatt–Bindung und ist am stärksten bei solchen periodischen Printprodukten ausgeprägt, auf die die Rezipienten am wenigsten verzichten können oder wollen wie etwa Fachzeitschriften.[75] KNOCHE/ZERDICK bestätigen ansonsten die bereits erwähnte Erfahrung, daß die Preisempfindlichkeit mit zunehmender Preisniveaulage abnimmt: „Je niedriger der Heftpreis der abonnierten Zeitungen oder Zeitschriften ist, desto 'preisbewußter' sind die Abonnenten in dem Sinn, daß sie eher wegen einer Preiserhöhung kündigen würden“ (a.a.O.: 43). Aufschlußreich ist die abschließende Bemerkung dieser Studie, die dieses Phänomen zu präzisieren versucht: „Die Preiserhöhungsakzeptanz ist ... weniger abhängig vom tatsächlichen Abonnementpreis ..., sondern eher von dem subjektiven Gefühl, daß man schon jetzt einen zu hohen Preis für das Abonnement bezahle (a.a.O.: 46).[76]

Die Bedeutung der subjektiven Wahrnehmung von objektiven Gegebenheiten durch Individuen, die sich für 'Außenstehende' als asymmetrische Verteilung von Einschätzung und Fakten darstellen kann, hat sich vor allem in empirisch orientierten Forschungsrichtungen durchgesetzt. Hinsichtlich des monetären Aufwands für viele Güter bzw. Nutzungen existieren bei Konsumenten „mehr oder weniger klare Vorstellungen von einem 'fairen' oder akzeptablen Preis“ (NIESCHLAG/ DICHTL/HÖRSCHGEN 1994: 335), den die Konsumentenverhaltensforschung als „Referenzpreis“ definiert, der über einen Schwankungsbereich, d.h. einen Korridor verfügt, innerhalb dessen andere Preisstellungen konkurrierender Produkte toleriert, d.h. nicht als echte Preisunterschiede realisiert werden („Spanne der Preisbereitschaft“). Genauere Daten für solche „Akzeptanzintervalle“, die sich als einheitliche Preiswahrnehmung niederschlagen (NIESCHLAG/ DICHTL/HÖRSCHGEN 1994: 336), insbesondere auch in Abhängigkeit von relevanten sozio-ökonomischen Größen und/oder Rezeptionsbedürfnissen, sind für Medien leider nicht erforscht.

Vermuten kann man indes, daß unabhängig von einer mehr kognitiv oder eher habituell dominierten Konsumentscheidung, Gewohnheiten und über Sozialisationsprozesse entstandene Einschätzungen die „Fairneß“ solcher Preise bestimmen. Im Bereich der Medien mag dabei die vergleichsweise lang anhaltende Konstanz von Copypreisen eine Rolle spielen, die solche Einschätzungen über lange Zeiträume stabilisieren. Medienunternehmen, die sich zum einen über Werbung bzw. Anzeigen querfinanzieren, zum anderen den größten Teil ihres Absatzes im Einzelverkauf realisieren, bei dem die ausgesprochen hohe Merklichkeit der Copypreishöhe durch-

75 Danach wären über 80% bereit, mehr für ihr Fachzeitschriftenabonnement zu zahlen. Fast ebenso hoch fallen die Werte für die Medien „Wochenzeitung“ und „politische Zeitschrift“ aus. Die Tageszeitung liegt mit etwa 77% nur knapp darunter. Bei Frauenzeitschriften sowie der Programmpresse sind dies nur noch 60% (KNOCHE/ZERDICK 1991a: 38).

76 Es muß in diesem Zusammenhang darauf hingewiesen werden, daß sich die Studie v.a. mit der Preiserhöhungsakzeptanz von Abonnements auseinandersetzte. Bei längerfristigen Bezugs- bzw. Leser–Blatt–Bindungen spielen darüber hinaus auch noch andere Faktoren für entsprechende Zahlungsbereitschaften eine Rolle wie etwa Bequemlichkeit der regelmäßigen Belieferung usw..

schlägt, pflegen notwendige Preisanpassungen (Preiserhöhungen) vorzugsweise über den Werbe-/Anzeigenmarkt durchzuführen.

So hält etwa *DIE ZEIT* ihren derzeit geltenden Vertriebspreis von 4 DM seit 6 Jahren (1991), der *stern* seit 5 Jahren (seit 1992 ebenfalls 4 DM) aufrecht. *DER SPIEGEL*, der auf dem Rezipientenmarkt bis 1993 eine vergleichsweise dominante Preisführerstellung besaß (vgl. LUDWIG 1994: 168 f.), hatte seinen vorletzten Copypreis von 4,50 DM nur 3 Jahre lang gewährt. *SPIEGEL* und *stern* verkaufen rd. 65% bzw. 60% ihrer Auflage über den Einzelverkauf. Bei der *ZEIT* sind dies 42%.[77] Die Anzeigenpreise aller drei Blätter werden in der Regel jedes Jahr angepasst, zumindest um eine Rate, die relevante Preisniveausteigerungen auffängt.[78]

Die Copypreisstabilität der *BILD–Zeitung*, die als Straßenverkaufszeitung ausschließlich in der „härtesten Währung", nämlich im Einzelverkauf (Axel SPRINGER: „Abstimmung am Kiosk") erhältlich ist, wurde regelmäßig den publizistisch-ökonomischen Vor–Ort–Möglichkeiten angepasst. So wurden Preisveränderungen der sog. Bundesausgabe (1985 auf 0,50 DM, 1991 auf 0,60 DM, seit 1996: 0,70 DM) jeweils 5 Jahre konstant gehalten. Der Preis der Hamburg–Ausgabe war in den 80er Jahren 9 Jahre lang stabil (0,50 DM) und wurde erst in den 90er Jahren 3 Mal aufgestockt – immer in Abhängigkeit von der eigenen Marktstellung bzw. der Konkurrenzsituation.[79] Ähnliches gilt für den Berliner Markt, auf dem die *BILD–Zeitung* traditionsgemäß dem Schwesternblatt *BZ* den Vorrang lassen muß: Die Copypreise blieben dort über 8 bzw. 5 Jahre konstant (1981: 0,50 DM, 1989: 0,60 DM, seit 1994: 0,70 DM). Im Vergleich dazu finden Preiserhöhungen bei regionalen Tageszeitungen, die sich vor allem als Abonnementzeitungen verkaufen, regelmäßiger statt, sind aber wegen der größeren Zahlungs- bzw. Bankabbuchungsintervalle weit weniger merklich. Spannen einer Preisbereitschaft für wöchentliche Publikumszeitschriften wie Nachrichtenmagazine, überregionale Wochenzeitungen und/oder Illustrierte mit politischem Anspruch kann man daher aus Gründen der Gewöhnung zwischen 4 und 5 DM ansetzen. Für sog. special interest–Titel sind Konsumenten gewohnt, deutlich mehr Geld auszugeben und Produkte wie die Zeitschrift *GEO* sind imstande, 10 bzw. 11 DM als „faire" und monetär merkliche Gegenleistung abzuschöpfen, weil hier schon aufgrund des publizistischen Produktanspruchs[80] der un-

---

77 Die Verkaufszahlen beziehen sich alle auf das Jahr 1992. Die hohe Preiskonstanz bei der *ZEIT* trotz vergleichsweise geringer Einzelverkaufsquote erklärt sich hier auch über die geringere Marktgängigkeit dieses Produktes, das v.a. Meinungsbildung und Kommentierung von meist bekannten Nachrichten und Informationen verkauft; vgl. dazu das vorige Kapitel.

78 Selbstverständlich insbesondere in Abhängigkeit von der jeweils aktuellen Reichweitenentwicklung. Vergleicht man den *SPIEGEL*, den *stern* und *DIE ZEIT* von 1975 bis 1994 in einem zwanzigjährigen Zeitraum, so sehen die Häufigkeiten von Preisänderungen beim Copypreis und beim Anzeigenpreis folgendermaßen aus: Beim Copypreis gab es beim *SPIEGEL* 7, beim *stern* 4 und bei der *ZEIT* 7 Anhebungen. Die Anzeigenpreise wurden beim *SPIEGEL* 17 mal, beim *stern* 13 mal und bei der *ZEIT* 17 mal erhöht (gemessen an den ganzseitigen Preisen für 4c sowie s/w).

79 In Hamburg betrifft dies die Hamburger *Morgenpost*, die seit 1986 zu G+J gehört und publizistisch unmittelbar der *BILD–Zeitung* Konkurrenz zu machen versucht. Copypreiserhöhungen wurden seit Ende der 70er Jahre stets von *BILD* als Marktführer durchgesetzt. Das einzige Mal, als dies die *Morgenpost* versuchte (1985), mußte sie nach einem Jahr wieder klein beigeben.

80 Dies bezieht sich v.a. auf die großen und t.w. doppelseitigen Bilderstrecken, die nur äußerst selten von Anzeigen unterbrochen werden. Da auf der anderen Seite 1) der Heftumfang (unter 200 Seiten), 2) der großzügig bemessene Umfang (zwischen 12 und 30 Seiten) der redaktionellen Texte sowie der

merkliche Grad an Querfinanzierung erheblich geringer ausfällt als bei der *ZEIT*, dem *SPIEGEL* oder dem *stern*: *GEO* muß einen vergleichsweise größeren Teil seiner Kosten auf direktem und merklichem Weg mit dem Käufer verrechnen.

Selbstverständlich spielen bei den Wahrnehmungs- und Auswahlprozessen, bewußt oder unbewußt, Kriterien wie subjektiv empfundene Gebrauchs- und/oder Unterhaltungswertschätzungen eine Rolle. Bei Fach- und Sachbüchern beispielsweise, die sich wie praktisch alle Buchprodukte ausschließlich über ein direktes und merkliches Austauschverhältnis zwischen Nachfrager und Anbieter finanzieren (müssen), gibt es vergleichsweise sehr viel weniger kritische Preisschwellen, als etwa im Fall von Taschenbüchern, unabhängig vom Genre (maximal 19,90 DM), oder mehr auf unterhaltende Rezeption ausgerichteter Belletristik (max. 39,80 DM)[81]. Am besten sind potentielle Käufer über die relevanten ('fairen') Preise bei der reinen Fachliteratur informiert und erwarten von vornherein, dafür mehr ausgeben zu müssen als für allgemeinere Sachbücher oder Belletristik (vgl. BRANCHENGESPRÄCH 1985: 55). Allgemein läßt sich vermuten, daß der mit Arbeitsplatz und Einkommenssicherung verbundene Druck, über bestimmte Dinge informiert zu sein und über entsprechendes Wissen zu verfügen, sich nicht nur in einer deutlich höheren Zahlungsbereitschaft niederschlägt, sondern daß sich auch das monetäre Budget als relativ flexibel und nicht als übermäßig restriktiv wirkende Größe erweisen dürfte.

5.3.3 Zahlungsbereitschaft und Leistungstransparenz

Für die Ermittlung von Zahlungsbereitschaften hinsichtlich individueller Höhe und aggregierter Gesamtnachfrage gibt es unterschiedliche theoretische und für die konkrete Praxis praktikable Modelle. Der theoretische Ansatz des vollkommenen Marktes, auf dem totale Konsumentensouveränität dominiert, geht davon aus, daß Nachfrager konkrete Wünsche und konkrete Vorstellungen über ihre Zahlungsbreitschaft haben, diese genau zu erkennen geben und sich der Anbieter daran vollständig anpaßt. Dynamischere Theorien, die die realitätsfremden Prämissen des vollkommenen Wettbewerbs aufheben, indem sie angebotsseitig Suchprozesse zulassen, weshalb der Wettbewerb auch als „Entdeckungsverfahren“ (HAYEK) interpretiert wird, haben dieses Souveränitätsbild bereits aufgegeben: Die Initiative geht von den Produzenten aus, so wie es sich in der alltäglichen Praxis auch real abspielt. Mittels Testmarktkonzepten sowie try–and–error–Verfahren sucht man die Durchschlagskraft der relevanten Variablen auszuloten, um aufgrund der so ermittelten Zahlungsbereitschaft alle anderen unternehmensrelevanten Größen optimieren zu können.

Aus den USA sind andere Formen der Offenlegung von Preisbereitschaften bekannt: Besuchern vieler Museen wird kein vorgegebenes Tarifsystem übergestülpt, sondern sie sind gehalten, ein Entgelt („contribution“) als Gegenleistung für das Angebot zu zahlen und zwar aufgrund einer Selbsteinschätzung über a) die eigene

---

dazugehörigen Visualisierung die mögliche Anzahl von 'Werbeunterbrechungen' begrenzen, muß sich das Blatt vorwiegend aus den Verkaufserlösen finanzieren.

81 Wobei auch hier das sog. odd–pricing, d.h. gebrochene Preise praktiziert werden: Das jeweils geforderte Entgelt liegt knapp unter der nächsthöheren abgerundeten Dezimalstufe. D.h. ein Verkaufspreis von 40 DM lautet de facto auf 39,80 oder 39,90 DM.

monetäre Leistungsfähigkeit und b) hinsichtlich der erwarteten Nutzens. Dieses Modell scheint ausreichend gut zu funktionieren. Da die Zahlungsbereitschaft vor Inanspruchnahme der damit verbundenen Nutzung abgeschöpft wird, kann sich die Offenlegung der Zahlungspräferenzen nur auf die erwartete Leistung(squalität) beziehen. Daß Individuen grundsätzlich imstande sind, auch Erwartungsnutzen subjektiv zu kalkulieren, hat eine „bahnbrechende Untersuchung“ (WICKE 1986: 48) von SCHULZ (1985) ergeben: Dort wurde mittels einer empirisch fundierten Analyse „Der monetäre Wert besserer Luft“ aus der Sicht der potentiell Betroffenen abgefragt: Danach hätten die Befragten der Großstadt Berlin für die höchste Güte an Luftqualität („Ferienluft“) einen mittleren Betrag (Medianwert) von 87 DM im Monat ausgegeben (1985: 239).[82] Eine „Publikumsuntersuchung“ des Theaterwissenschaftlichen Instituts der Universität München, in der nach der subjektiven Bedeutung der Existenz von Theatern und der potentiellen monetären Opferbereitschaft dafür gefragt wurde, hatten BIERMANN/KRENKLER (1974) u.a. unter jenen durchgeführt, die Theateraufführungen selbst kaum oder gar nicht besuchen. Dennoch wurden nicht nur positive Nutzeneinschätzungen abgegeben, sondern auch die dafür aufzubringende Steuerleistungsbereitschaft betont.

Die unterschiedlichen Beispiele machen deutlich, daß potentielle Nachfrager 'faire' Preisbereitschaften in einem Kosten–Nutzen–Kalkül a) grundsätzlich selbst einschätzen können und daß b) solche Zahlungsbereitschaftspotentiale sogar dann offengelegt werden, wenn entweder nicht alle selbst bezahlten Nutzen internalisiert werden können und/oder die potentiellen Nutzen sehr gering, der dafür zu erbringende monetäre Aufwand aber ungleich höher ausfallen. Finanzierungsmodelle wie jenes der Berliner Tageszeitung *taz*, das auf einer im Wege der Selbstveranlagung bewußt praktizierten Preisdifferenzierung aufbaut (ausführlich: Kap. 6.5.2), zeigen überdies, daß eine stärkere Mobilisierung von Zahlungsbereitschaft, die sich über Fairneß motiviert, ausreichende Transparenz und bewußte Einbindung des Nachfragers in den ökonomischen Transaktionsprozess voraussetzt.

Unterstellt man Medienkonsumenten die Fähigkeit, sich mit Preis–Leistungs–, d.h. Kosten–Nutzen–Kalkülen auseinanderzusetzen und solche Wahrnehmungen in ein 'faires' Preisempfinden umsetzen, wäre es nur eine Frage der Transparenz bzw.

---

82 Wie zu erwarten war, hängen Alter und Informationsverteilung über a) die aktuelle Luftgüte und b) deren gesundheitliche Folgen eng zusammen: Mit zunehmendem Alter bzw. abnehmender Lebenserwartung nimmt das Interesse an langfristigen Folgewirkungen deutlich ab, was aus subjektiver Sicht 'rational' ist. Allerdings wurde bei dieser Befragung nicht danach gefragt, inwieweit dieses „Nach–mir–die–Sintflut“–Denken in solchen Fällen von der Existenz von Kindern bzw. Enkelkindern beeinflußt wird – in der damals geteilten Inselstadt Berlin war der Anteil älterer Menschen an der Bevölkerung nicht nur überdurchschnittlich hoch, sondern die Kinder älterer Menschen und deren Enkelkinder lebten in der Regel nicht in Berlin. Unerwartet hingegen fiel das Ergebnis (in diesem Fall zumindest) aus, daß der Einfluß des Einkommens auf die Zahlungsbereitschaft recht schwach ausfiel. Daraus läßt sich schließen, daß es sich beim Gut „bessere Luft“ um ein subjektiv als notwendig erachtetes Gut handeln muß, für das sich eine ausgesprochen hohe Zahlungsbereitschaft mobilisieren läßt: Insgesamt schwankt die potentielle Preisbereitschaft zwischen 40 DM im Monat (Menschen über 70 Jahre) und 134 DM (18–29 Jahre). Da sich die Ergebnisse als sog. linkssteile Verteilung ergeben haben, was bedeutet, daß bei der Auswahl (geschlossene Fragestellung, vorgegebene Intervalle) vor allem die eher niedrigeren Werte angekreuzt wurden, spricht dies dafür, daß sich die Befragten nicht als sog. Trittbrettfahrer gerieren wollten, sondern offen ihre Zahlungspräferenzen offengelegt hatten.

Aufklärung, den bisher gesplitteten ökonomischen Aufwand des Rezipienten durch einen direkten und bewußten Zahlungsvorgang zu ersetzen. Ob sich dabei aufgrund von Preiselastizitäten der Nachfrage negative Mengeneffekte ergeben, wäre letztlich eine empirisch zu klärende Frage und hängt von der grundsätzlichen Einstellung der Konsumenten ab.[83] Daß sich mittels stärkerer Einbindung in den Transaktionsprozess, der gleichzeitig ein Mindestmaß an Transparenz voraussetzt, größere, d.h. in diesem Fall, eher vollständig offen gelegte Zahlungsbereitschaften realisieren lassen, also Veränderungen in den grundsätzlichen Einstellungen, kennt man aus einem anderen, aber dennoch vergleichbaren Bereich: WECK-HANNEMANN und POMMEREHNE (1989: 546) haben für die Schweiz ermittelt, daß es einen statistisch signifikanten Zusammenhang zwischen Steuerehrlichkeit, d.h. offen gelegten Steuerleistungsbereitschaften und demokratischen Mitbestimmungsmöglichkeiten über deren transparente Verwendung gibt: In Kantonen, in denen Steuerbürger regelmäßig an der politischen Entscheidungsfindung über relevante Ausgaben beteiligt sind, ist das Maß der Steuerhinterziehung deutlich geringer, et vice versa.

Im politischen Prozess gelten wie auch immer geartete 'Heimlichkeiten' dem mündigen Bürger gegenüber, erst recht, wenn ihn diese unmittelbar betreffen, als ausgesprochen undemokratisch. Dies bezieht sich insbesondere auf jene Fälle, in denen Lasten mittels unmerklicher Politikinstrumente (um-)verteilt werden. Aus diesem Grund ist es nicht weiter verwunderlich, wenn dies einer positiven Einstellungsfindung seitens der Betroffenen, selbst wenn sie es nicht genau wahrnehmen, sondern nur irgendwie ahnen, der Politik bzw. dem Staat gegenüber nicht unbedingt dienlich ist. Überträgt man solche Überlegungen auf den grundsätzlich mündigen Konsumenten, müßte man alle intransparenten und der Verschleierung von relevanten Kostensachverhalten dienenden Mechanismen zwischen Nachfrager und Anbieter ebensowenig als überzeugend für ökonomisch emanzipierte Rezipienten betrachten, solange diese darüber nicht selbst entscheiden können.

In jedem Fall ist zu vermuten, daß ein höherer Grad an ökonomischer Emanzipation am gegenseitigen Austauschprozess mit einer ungleich größeren Zahlungswilligkeit verbunden sein dürfte. Dies würde auf Seiten beider Beteiligter klare, d.h. transparente Informationen über die gegenseitigen Kosten- und Nutzenverhältnisse voraussetzen. Eine Begrifflichkeit, wie sie seit längerem im Zusammenhang mit der ökonomischen Ausdifferenzierung des Dualen Rundfunkssytems die Runde macht, nämlich das zur Abgrenzung gegenüber „Pay–TV“ benutzte Schlagwort „Free TV“, ist beispielsweise alles andere als dazu angetan, Rezipienten auf die verborgene Umwegfinanzierung aufmerksam zu machen.

83 Diese alternative Situation entspräche in einem mikroökonomischen partialanalytischen Modell folgenden unterschiedlichen Fällen: Bei gegebenem Nachfrageverhalten, d.h. gegebener subjektiver Wahrnehmung von 'fairem' Preis und dafür erhältlicher Menge, würde eine starke Preisanhebung, die über den Korridor der Preisbereitschaft hinausgeht, eine Reduktion der Nachfrage zur Folge haben, die sich graphisch als eine (statische) Bewegung auf der Nachfragekurve selbst (nach links oben) abspielen würde. Ändern sich hingegen die subjektiven Preiskalküle grundsätzlich, so läuft dies, wiederum graphisch betrachtet, auf eine Verschiebung der Nachfragekurve nach oben hinaus: Für die ursprünglich nachgefragte Menge sind die Konsumenten nun bereit, einen höheren Preis zu bezahlen. Entsprechend hätte sich dann auch das Elastizitätsmaß verändert, d.h. betragsmäßig verringert.

5.3.4 Zahlungsbereitschaft und Marktpotential: Beispiel Buchmarkt

In welcher Größenordnung sich monetäre Zahlungsbereitschaften verändern müßten, um einen nennenswerten Einfluß auf das Marktpotential für einen Anbieter auszuüben, sei anhand des Buchmarktes fallbeispielhaft demonstriert. Die zugrundeliegende Frage stellt dabei darauf ab, ob und inwieweit sich beispielsweise ein 'normales' Arbeitseinkommen von Inputproduzenten, also Autoren, durch die Preisbereitschaft potentieller Nachfrager finanzieren läßt. Ausgangsgrundlage für die Kalkulation seien folgende Daten: Um 28.500 bei der VG Wort, München, gemeldeten Autoren einen durchschnittlichen Etat von 100.000 DM im Jahr zu ermöglichen, würde ein Einnahmevolumen für diese Produzentensparte von 2,85 Mrd. DM jährlich benötigt. Rechnet man dieses Volumen auf 62,580 Mio. deutschsprachige Einwohner älter als 14 Jahre um (MA/MC 1992), so entfiele auf jeden Bundesbürger ein monatliches 'notwendiges' Zahlungsbereitschaftsvolumen von 3,80 DM nur für das Autorenhonorar.

Wenn selbiges im günstigen Fall 10% des Verkaufspreises ausmacht, hieße dies für jeden Einwohner ab 14 Jahren aufwärts ein monatliches Ausgabevolumen von 38 DM. Da die laufenden Wirtschaftsrechnungen des Statistischen Bundesamtes die Ausgaben für „Bücher/Broschüren“ im Jahre 1992 mit 23,71 DM im Monat erhoben haben und dies für einen „4–Personen–Arbeitnehmerhaushalt mit mittlerem Einkommen“, würden die hier beispielhaft kalkulierten Zahlen bedeuten, daß jener 4–Personenhaushalt insgesamt 152 DM im Monat für den Bücherkauf berappen muß.

Verglichen mit dem bisherigen Ausgabenetat für Bücher liefe dies auf einen Mehreinkaufsfaktor von 6,4 hinaus bzw. in absoluten Zahlen und für das ganze Jahr gerechnet: auf einen Ausgabebetrag von 1.824 DM. Damit könnten statistisch und bundesweit gesehen 2.196 Deutsche (älter als 14 Jahre) bzw. 549 Vier–Personenhaushalte jeweils einen bei der VG Wort registrierten Autor 'ernähren'.[84]

Umgerechnet auf die Häufigkeit des Einkaufens würde dies bedeuten: Die fraglichen Haushalte müssten sich dazu (nur) 61 Bücher jährlich, jeweils im Wert von 30 DM anschaffen. Bezogen auf das ausgabefähige Haushaltsnettoeinkommen würde dieses 'Projekt' 3,0% beanspruchen und läge damit nicht sehr viel höher als das restliche mediale Ausgabenbudget (ohne Bücher/Broschüren) von 2,4%. Rein von der Kaufkraft her gesehen, scheint eine entsprechende Ausweitung des dafür 'notwendigen' Marktpotentials zumindest nicht unmöglich zu sein. Die Frage stellt sich allerdings, wie diese Kalkulation in der zweiten relevanten 'Währung', in der Dimension 'Zeit' gerechnet aussieht.

5.4 Nicht-monetäre Einflußgrößen: Zeitbudgets

Ähnlich wie vor über 200 Jahren die Kaufkraft eine relevante Begrenzungsgröße für die Nachfrage nach medialer Aussagenproduktion gewesen ist, so stellte auch das verfügbare Zeitbudget für den allergrößten Teil der Bevölkerung eine unüberwindba-

---

84 Proberechnung: 2.196 Einwohner à 3,80 Honoraranteil bzw. 549 Vierpersonenhaushalte à 15,20 Honoraranteil x 12 Monate = 100.138 DM im Jahr Honorarvolumen für 1 Buchautor.

re Nutzungsschranke dar: Die unteren Schichten, die „weder Stand noch Klasse" (KOCKA 1990) repräsentierten, mußten, um sich ernähren zu können, von Sonnenaufgang bis -untergang arbeiten. Der deutsche Sozialrevolutionär Wilhelm WEITLING (1808–1871) hatte für das Jahr 1842 eine Statistik zusammengestellt, nach der damalige Geldaristokraten 2–3 Stunden täglich, wohlhabende Bürger 5 Stunden, mittlere Bürger 10 und Arbeiter 12–14 Stunden durchschnittlich an sechs Tagen der Woche arbeiteten (zit.n. ENGELSING 1976b: 354).

Als immer noch relevanter Engpaß für die Medienrezeption ist heute allenfalls das Zeitbudget übrig geblieben, auch wenn sich für einen großen Teil der Bevölkerung das bundesdeutsche Wohlstandsleben als „Freizeitpark" (Helmut KOHL) darstellen sollte. Trotz mehr als halbierter regulärer Wochenarbeitszeiten und erheblich gestiegener selbstbestimmter Zeitkapazitäten hat sich die Verteilung 'freier Zeit' aufgrund der vielfältigen Ausdifferenzierungsprozesse über zwei Jahrhunderte sehr ungleich entwickelt, weshalb sich auch in der soziologischen Schichtungstheorie ein Schichtungsmerkmal wie „soziale Lage" herausgebildet hat: Ein Beamter im mittleren Dienst verfügt zwar nur über ein vergleichsweise geringes Einkommen, hat dafür aber viel freie Zeit, wohingegen ein aufsteigender Freiberufler über viel Geld verfügen kann, diesen monetären Wohlstand aber mit totalem „Freizeit"–Mangel erkauft.

Zeit stellt im Gegensatz zu Geld und damit realisierbarer Kaufkraft ganz generell einen technisch bedingten Engpaß dar. Während sich ein individuelles Geldbudget mittels illegaler ökonomischer Allokationsmechanismen wie Diebstahl oder Betrug aufstocken läßt, ist dies mit Zeit unmöglich. Die Dimension Zeit hat damit eine technische, aber auch eine natürliche Nutzungsgrenze, die in biologischen Notwendigkeiten liegt, von allen anderen sozialisations- und gesellschaftsbedingten Zeitrestriktionen abgesehen. Eine Ausweitung medialer Budgets ist, wenn solche Grenzen erreicht sind, nur noch über veränderte Nutzungsqualitäten möglich, indem etwa die Rezeption zum Nebenbei–Konsum umfunktioniert wird. Damit sind die beiden auch für diesen Kapitelabschnitt relevanten Fragen angesprochen, die, analog wie bei den Überlegungen zur monetären Dimension, zum einen auf den nutzungslimitierenden Charakter von Zeitbudgets abstellen, zum anderen sich damit beschäftigen müssen, inwieweit eine Ausweitung von Zeitvolumina etwa zu Lasten anderer Nutzungen potentiell eine Möglichkeit darstellt, Marktpotentiale angebotswirksam zu vergrößern.

5.4.1 Objektive Nutzung von Zeitbudgets

Auch hinsichtlich der Nutzung und Wahrnehmung der Dimension Zeit kann es zu Asymmetrien zwischen tatsächlichen Nutzungsquantitäten und subjektiv empfundener Wahrnehmung kommen. Was objektive Daten zur Zeitnutzung anbelangt, so wurden erste Zeitbudgeterhebungen im 19. Jahrhundert in England und Frankreich zur Erforschung der sozialen Lage der Arbeiter angestellt (vgl. EHLING 1992: 97). Allerdings war das Interesse in Wissenschaft, Politik und Gesellschaft nach solchen Fragen weltweit gesehen nie sehr ausgeprägt, und auch hierzulande „haben Zeitbudgetstudien bis heute nie einen hohen Stellenwert besessen" (a.a.O.). Genauere empirische Daten zum bundesdeutschen 24stündigen Zeitverbrauch wurden erstmals

1991/92 erhoben: unterschieden nach 9 „Hauptaktivitäten" und drei Haushaltstypen.[85] Nach deren Ergebnissen gehen im Durchschnitt aller Familienmitglieder eines Haushalts mit Kindern unter 18 Jahren und einem Hauptverdiener (arithmetisches Mittel) knapp 10 Stunden für den „persönlichen Bereich" wie Schlafen, Essen, Körperpflege drauf, die Erwerbstätigkeit nimmt 7 Stunden, Hausarbeit 1 Std. und 22 Min. in Anspruch, Geselligkeit, Betreuung und sonst. Aktivitäten machen 111 Minuten aus und der Freizeitbereich bzw. die Mediennutzung schlägt mit 229 Minuten, also mit fast 4 Stunden zu Buch (vgl. Tab. 5.4.1 [1]).

Tab. 5.4.1 [1]: Durchschnittliche tägliche Zeitverwendung eines erwerbstätigen Alleinverdieners in einem Haushalt mit Kindern unter 18 Jahren 1992/93 nach Erhebungen des Stat. Bundesamtes

Hauptaktivität	in Min.	in %
Persönlicher Bereich	590	41,0
Erwerbstätigkeit	428	29,7
zusammen	*1.018*	*70,7*
Hausarbeit	82	5,7
Freizeit/Mediennutzung	229	15,9
Geselligkeit	57	4,0
Betreuung	33	2,3
sonstige Aktivitäten	21	1,5
zusammen	*422*	*29,3*
Gesamt	*1.440*	*100*

Die zeitlich strukturierte Mediennutzung, die vom Statistischen Bundesamt nur als gemeinsame Freizeit-/Mediennutzungskategorie erhoben wurde, ist regelmäßig Untersuchungsgegenstand der in Deutschland gut ausgebauten Mediennutzungsforschung. Zu Meßkonzepten sowie deren inhaltlichen und methodischen Probleme hat sich BECK (1994: 182 ff.) dezidiert geäußert, so daß es hier für unsre Zwecke ausreicht, zur Abgrenzung der subjektiven Zeitwahrnehmung die 'Objektivität' der wichtigsten Zeitbudgetmessungen zu hinterfragen.

Alle relevanten Datenlieferanten, die Allensbacher Markt–Analyse/Werbeträger–Analyse (AWA), die Media–Analyse (MA), die GfK–Messung für das Fernsehen sowie die Langzeitstudie Massenkommunikation von BERG/KIEFER kämpfen vor allem mit einem Problem: Sie versuchen objektive Daten aufgrund mehr oder

85 Hauptaktivitäten stellen 1) hauswirtschaftliche und 2) handwerkliche Tätigkeiten, 3) Erwerbstätigkeit/Arbeitssuche, 4) Ehrenamt/soziale Dienste, 5) Qualifikation/Bildung, 6) persönl. Bereich/physiologische Regeneration, 6) Kontakte/Gespräche/Geselligkeit, 7) Mediennutzung/Freizeitaktivitäten, 8) Pflege u. Betreuung von Personen u. 9) nicht zuteilbare oder zuzuordnende Zeiten dar. An Haushaltstypen wurde a) Alleinerziehende mit mind. 1 Kind unter 18 Jahren, b) Haushalt mit Kindern unter 18 und einem Hauptverdiener sowie c) Haushalt mit Kindern unter 18 und zwei Erwerbstätigen zugrundegelegt.

weniger subjektiver Einschätzungen zu erheben.[86] Lediglich die telemetrische GfK–Messung bringt exakte Einschaltzeiten hervor, kann diese aber nicht mit Nutzungsqualitäten (z.B. Paralleltätigkeiten) verbinden. Im Gegensatz zu monetären Ausgabenbudgets, die sich numerisch eindeutig zählen lassen, kranken Zeitbudgetmessungen bereits an der methodischen sowie forschungsethischen Schwierigkeit, zeitliche Nutzungsabläufe sowie Nutzungsqualitäten exakt zu protokollieren. Objektivierte Überlegungen oder Kalkulationen wie sie im vorigen Kapitelabschnitt angedeutet wurden, etwa den monetären Nutzungsaufwand durch Bezug zur zeitlichen Nutzungsdauer zu relativieren bzw. objektivieren, scheinen hier aufgrund mangelnder Exaktheit geeigneter Daten kaum möglich zu sein.

Dennoch sprechen einige Überlegungen dafür, daß sich die Dimension Zeit als weit restriktivere Begrenzungsgröße für die Mediennutzung erweist als monetäre Zahlungsbereitschaften bzw. -fähigkeiten. Dies sei erneut am Beispiel des Buchmarktpotentials erläutert, das sich mittels einer größeren Zahlungsbereitschaft potentieller Käufer grundsätzlich erweitern ließe. Im vorigen Kapitelabschnitt wurde errechnet, daß der vom Statistischen Bundesamt beobachtete „4–Personen–Arbeitnehmerhaushalt mit mittlerem Einkommen" seine Ausgaben für Bücher etwa versechsfachen müßte, um zusammen mit weiteren 2.195 Personen bzw. 548 Vier–Personenhaushalten einem von insgesamt 28.500 Autoren ein Budget von 100.000 DM jährlich zu finanzieren, was den Kauf von rd. 15 Büchern im Jahr à 30 DM pro Haushaltsmitglied bedeuten würde. Rein budgettechnisch wäre dies nicht unmöglich, weil der dazu notwendige Buchausgabenaufwand nur 3,0% des ausgabefähigen Haushaltsnettoeinkommens in Anspruch nehmen würde.

Kalkuliert man den dazu notwendigen Zeitaufwand der Rezeption mit 20 Stunden pro Titel, wird der dominante Engpaßcharakter der Zeit schnell ersichtlich: Es liefe auf eine tägliche Lesedauer von über einer Dreiviertelstunde, genau auf 50 Minuten hinaus.[87] Bezogen auf das verbrauchsfähige und selbstbestimmte/selbstbestimmbare Zeitbudget pro Tag von 422 Minuten (vgl. Tab. 5.4.1 [1]), würden allein auf die Buchrezeption rd. 12% der dazu möglichen Zeit entfallen. Zwar wäre auch dies real zu Lasten anderen Zeitverbrauchs möglich, zeigt aber auch die deutlich größere Beanspruchung des verfügbaren Zeitreservoirs (vgl. Tab. 5.4.1 [2]).

---

86 Die AWA erfragt Nutzungshäufigkeiten bzw. -intensitäten mittels „mache ich häufig/ab und zu/gar nicht". Bei der MA müssen die Befragten die ungefähre Dauer anhand eines Viertelstundenrasters rekonstruieren ebenso wie bei der BERG/KIEFERschen Langzeituntersuchung; vgl. BECK 1994: 184 ff.. Nicht anders sind Ergebnisse der Stiftung Lesen aus dem Jahre 1992 zu sehen, die ganz offen auf „Selbsteinschätzung" beruhen und Zeitbudgets in Minuteneinheiten erfragen. Danach nimmt die „durchschnittliche Mediennutzungsdauer" täglich 7,5 Stunden in Anspruch. Selbst wenn man berücksichtigt, daß Radiohören (2 Stunden) beispielsweise nebenbei geschieht und auch beim fernsehen (rd. 2,5 Std.) Paralleltätigkeiten ausgeübt werden können, ist das angegebene Zeitvolumen immer noch erheblich. Allein auf „Zeitungen, Zeitschriften, Illustrierte lesen" entfällt der „Selbsteinschätzung" nach 71 Minuten, auf „Sach–, Fachbücher lesen" 22 und auf „Romane, Erzählungen, Gedichte lesen" nochmals 21 Minuten werktäglich (Mo–Fr): Die Printmediennutzung würde 114 Minuten, also fast 2 Stunden am Tag betragen; vgl. FRANZMANN/LÖFFLER 1993: 456. Die Ergebnisse wirken m.E. wenig überzeugend.

87 15 Bücher à 20 Std. = 300 x 60 Min = 18.000 : 365 Tage = 49,3 Min. täglich.

Abb. 5.4.1 [2]:
Kalkulation 'notwendiger' monetärer und nicht-monetärer Zahlungsbereitschaftspotentiale von Rezipienten.
Zugrunde gelegter Fall: Stabilisierung der Einnahmen für einen Buchautor auf 100.000 DM.
Dargestellt anhand der Daten (Buchkauf) für einen "4-Pers.-Arbeitnehmerhaushalt mit mittlerem Einkommen"

monetäre Zahlungsbereitschaft	derzeitiges Ausgabevolumen im Haushalt monatl./jährl.: 23,71/284 DM	entspricht Anzahl/Bücherkäufe a 30 DM jährlich: 9,5	entspricht Anteil am ausgabefähigen HHNE 0,5%	'notwendige' Buchausgaben im Haushalt monatl./jährl.: 152/1.824 DM	entspräche Anzahl/Bücherkäufe a 30 DM jährlich: 61	entspräche Anteil am ausgabefähigen HHNE 3,0%
nicht-monetäre Zahlungsbereitschaft	tägl. Nutzungszeit pro Haushaltsmitglied: 18 Min.	-	entspricht Anteil am verf. Zeitbudget 4,3%	tägl. benötigte Lesezeit pro Haushaltsmitgl.: 50 Min.	-	entspräche Anteil am verf. Zeitbudget: 12%

Legende: HHNE = Haushaltsnettoeinkommen; Daten f. 4-Pers.Haushalt nach Stat. Bundesamt: Laufende Wirtschaftsrechnungen; eigene Berechnungen

Kalkuliert man dieselbe Überlegung auf der Basis einer doppelt so langen Lesedauer,[88] so würde das zeitliche Buchbudget über 1,5 Stunden bzw. knapp ein Viertel der freien Zeit beanspruchen. Würde man den ersteren Fall zusätzlich zu der nach BERG/KIEFER errechneten Mediennutzung „in der Freizeit" hinzu addieren, so würde sich das Budget auf etwa vier Stunden werktäglich erhöhen zuzüglich rd. 2 Stunden Mediennutzung (insbesondere „Radio hören") „außerhalb der Freizeit".[89]

Da Bücherlesen grundsätzlich aktive Rezeption voraussetzt und schwerlich „nebenbei" ausgeübt werden kann, wäre eine Ausweitung des Zeitbudgets nur 'auf Kosten' anderer (Medien-)Tätigkeiten möglich oder aber durch weitere Umfunktionalisierung von aktivem Medienrezeption in Nebenbeikonsum. Dies wiederum ist nur bei flüchtigen Medien bzw. den dort überwiegend angebotenen Kommunikationsarten möglich (Musik, kurze Informationsangebote wie z.B. Kurznachrichten, Tips, Hinweise etc.), wie sie Hörfunk und t.w. auch das Fernsehen aufbereiten. Allerdings handelt es sich hierbei um eine qualitativ andere Nutzung bzw. Nutzungsintensität. Inwieweit die mediale Umfunktionierung eine Pufferfunktion für die Ausweitung des Medienbudgets – etwa aufgrund mehr Bücherlesens – übernehmen kann bzw. soll, hängt von den Präferenzstruktur der Nutzer ab.

Zusammengefasst ließe sich bei Anwendung 'objektiver' Kriterien resümieren, daß das individuelle Zeitbudget weit weniger flexibel ist, als man dies für die monetäre Dimension unterstellen kann. Dies gilt sowohl für die Frage, inwieweit Zeit überhaupt eine Restriktionsgröße darstellt und ob – bzw. gegebenfalls wie – sich zeitliche Budgets zum Zwecke größerer Marktpotentiale erweitern lassen.

5.4.2 Subjektives Zeitempfinden

„Das Bewußtsein knapper Zeit ergibt sich vor allem dann, wenn Handeln nicht mehr traditionell und sozial normativ in eine feste Ordnung gebunden ist. ... Nur eine begrenzte Wahl von Ereignissen und Handlungen ist innerhalb eines Zeitraumes möglich: je mehr objektiv möglich und erwartbar wird, um so weniger ist relativ in der zur Verfügung stehenden Zeit unterzubringen, um so stärker wird das Bewußtsein knapper Zeit", schreiben Klaus HEINEMANN und Peter LUDES in ihren Überlegungen zu „Zeitbewußtsein und Kontrolle der Zeit" (HEINEMANN/LUDES 1978: 226). Anders formuliert heißt dies, daß mit steigendem Aktivitätsniveau bzw. zunehmendem Informationsstand über jeweils relevante Handlungsalternativen entsprechend stärker auch die Knappheit von Zeit empfunden wird, obwohl sie möglicherweise de facto ('objektiv') vorgegeben ist. Umgekehrt würde diese These nahelegen, daß alle, die ihre Aktivitäten aufgrund gewohnter Handlungsmuster und/oder nicht empfundener Zeitknappheiten verrichten und deswegen keine Gedanken auf alternative Möglichkeiten ver(sch)wenden, diese Spannung gar nicht wahrnehmen und keine Konsequenzen ziehen (können bzw. müssen).

---

88 Entspräche bei einem 300seitigen Buch 8 Minuten pro Seite. Bei wissenschaftlicher und Fachliteratur kalkuliert man beispielsweise bis zu 15 Minuten Lese- und Verstehzeit pro Seite.

89 Zu der problematischen Abgrenzung nach dem „Freizeit"-Konzept vgl. BECK 1994: 185 f.

Ob sich die subjektive Empfindung von Zeit eher als Ergebnis eines kognitiven oder eher habituell geprägten Wahrnehmungsprozesses darstellt, läßt sich auch in Abhängigkeit von Nutzungsqualitäten bzw. -intensitäten vermuten: Aktive Medien- bzw. Zeitnutzung dürfte eher bewußt ablaufen, die Zeitempfindung beim Medienkonsum nebenbei würde sich wohl eher über die Hauptaktivität definieren, unabhängig davon, ob diese bewußt oder mehr gewohnheitsmäßig strukturiert ist.

BECK (1994) wählt einen ganz anderen Erklärungsansatz, indem er nach Medienhandeln (Mediennutzung) als Medienhandeln und Medienhandeln als Zeithandeln unterscheidet. „Medienhandeln" ist „intentionales, mit subjektivem Sinn verknüpftes Handeln", „Zeithandeln" meint „aktive Zeitgestaltung". Medienhandeln kann gleichzeitig mit dem Zweck aktiven Zeithandelns verbunden sein und ist in solchen Fällen auch eng mit der Art der zeitlichen Gestaltung verknüpft (1994: 115). Indem nun bestimmten Arten von Zeithandeln (BECK spricht von „Zeit–Taktiken und -Strategien") unterschiedliche Medienhandlungen, sprich Rezeptionsaktivitäten zugeordnet werden, entstehen so „Hypothesen über den subjektiv gemeinten Sinn der zeitgestaltenden Medienhandlungen" von Rezipienten (a.a.O.: 328). Kategorien solch zeitfunktionalisierender Medienhandlungen, also Rezeptionsaktivitäten sind beispielsweise „Zeitfüllen" (Taktik gegen Langeweile, die sich als Fernsehkonsum mit einer hohen Sehdauer und -häufigkeit äußern kann), „Zeitsparen", „Zeit strukturieren" (Mediennutzung als ungeplante zeitliche Interimslösung, die im Falle einer Fernseh–Lösung mit der Gefahr des „Hängenbleibens" verbunden ist), „habitualisiertes Medienhandeln" zwecks Entlastung von Zeitdruck, „Ritualisierung" von „Zeit-Sensiblen" (basiert auf einer klaren Zeitstrukturierung, eher mit geringen Nutzungsdauern verbunden), „Zeitverdichtung" mittels Paralleltätigkeiten oder auch die „Steigerung der Zeitautonomie (beispielsweise durch Einsatz von Speichermedien: zeitliche Destrukturierung von angebotsseitig vorgegebenen Zeitabläufen).

Auch nach BECK sind über solche Hypothesen nur vereinzelte quantitative Aussagen möglich. Qualitative Dimensionen sind schon aufgrund der einseitig quantitativ ausgerichteten Mediennutzung nicht erforscht. Habitualisierte und ritualisierte Mediennutzungen beispielsweise wurden bisher praktisch ganz aus der Rezeptionsforschung ausgeblendet, weshalb es auch keine Handlungsempfehlungen für Kommunikatoren bzw. Medienproduzenten geben kann, um mittels einer genaueren Kenntnis des nachfrageseitigen Zeit- und Medienhandelns die Produktion des Angebots zu optimieren (vgl. BECK a.a.O.: 361). Dies würde sich auch auf den Fall beziehen, ein gegebenenfalls unzureichendes Marktpotential von der Dimension Zeit her zu erschließen und/oder zu erweitern.

Selbst wenn beispielsweise BECK eine ganze Reihe von Kategorien unterschiedlichen Zeithandelns sieht, die – zeitökonomisch in der Dimension von Opportunitätskosten interpretiert – letztlich auf eine 'effizientere' Nutzung von Zeit hinauslaufen, so läßt sich dennoch konstatieren, daß sich bisherige 'Produktivitäts'–Fortschritte, die seit Menschengedenken die ganze Welt in ihrer Entwicklung beschleunigen, ganz offenbar stärker in Form von monetären „Mehr–Werten" niederschlagen konnten als in Form von „Mehr–Zeiten". Diesem nicht zu übersehendem Phänomen entspricht auch die Ungleichverteilung in der derzeitigen Forschungslage. Aus diesem Grund ist auch kaum einschätzbar, ob nicht das „unbekannte Wesen" Zeit bzw. Zeithandeln letztlich eine weit durchschlagendere Restriktionsgröße für die

Mediennutzung (Medienhandeln) darstellt als die weitaus häufiger diskutierte unterschiedliche Ausstattung der Menschen mit monetärer Kaufkraft.

5.5 Sonstige nicht-monetäre Einflußgrößen

Individuell mögliche und technisch realisierbare Zahlungsbereitschaften, egal ob in der Währung 'Kaufkraft' oder 'Zeit', verkörpern, wie hier diskutiert, relevante Einflußgrößen. Darüber hinaus wirken indes weitere Zusammenhänge, die hier nur sehr kurz gestreift werden sollen. Es sind dies sehr unterschiedliche Wirkungsketten, über die sich nicht nur Kommunikations-, sondern auch Kulturwissenschaftler Gedanken machen. Grob gesehen, lassen sich zwei Kategorien bilden, in die sich weitere Determinanten für mediales Nachfrageverhalten bzw. Rezeptionsusancen einordnen lassen. Legt man ein Unterscheidungskriterium wie 'persönlich-soziale Nähe' zugrunde, könnte man von Determinanten im mehr oder weniger nahen sozialen Umfeld und von eher gesellschaftlich-kulturell bedingten Rahmenbedingungen sprechen.

In letztere Kategorie fällt beispielsweise der Einfluß nationaler Identitäten und kultureller Gewohnheiten auf Kommunikations- und Mediennutzungsprofile. So verbergen sich hinter dem Stichwort „Nord–Süd–Gefälle" in Europa vordergründig unterschiedlich hohe Zeitungsdichten und -reichweiten (vgl. HEINRICH 1994: 271, LUDWIG 1994: 183), die im Norden hoch und in Richtung Süden immer geringer ausfallen und sich reziprok zur Fernsehnutzung verhalten, wenn man vom nördlichen Sonderfall Großbritannien absieht, wo nicht nur die Zeitungsdichte mit am höchsten ausfällt, sondern auch die durchschnittliche Fernsehnutzungsdauer (vgl. HASEBRINK 1995: 199). Hintergründig wirken unterschiedliche Mentalitäten und Identifkationsmuster, die sich selbst einer inhaltlichen Standardisierung von ökonomisch 'gepowerten' Fernsehformaten der internationalen Fernsehindustrie widersetzen (vgl. MIKOS 1995: 177). Daß die skandinavischen Länder „Hörfunk–Nationen" sind, ist bekannt, aber derzeit nicht erklärbar (HASEBRINK a.a.O.): Da empirische Untersuchungen mangels Theorien nicht theoriegeleitet sein können, beschränkt sich die schmale Forschung dazu auf die Erkundung der Parameter.

Im Gegensatz zu der eher kulturwissenschaftlichen Perspektive sind Determinanten individuellen Verhaltens auf der Mikroebene des persönlich-sozialen Umfelds etwas besser erforscht, auch wenn für solche Erkenntnisse Anleihen aus anderen Disziplinen notwendig sind. So setzt aktive Leserezeption ein adäquates räumliches Umfeld ohne störende oder ablenkende Umwelteinflüsse (z.B. Lärm) voraus, was beispielsweise die englische Schriftstellerin Virginia WOOLF bereits 1929 bewogen haben mochte, ihr Buch zur Frauenfrage mit *Ein Zimmer für sich allein* zu betiteln. Und so wie man aus der Wohn- und Architekturpsychologie um die Konfliktträchtigkeit zu kleiner und/oder nicht ausreichend funktional geschnittener Wohnungen weiß,[90] läßt sich die Funktionalität von Wohnungsgrößen auf die Mediennutzungsmöglichkeiten übertragen: in einer üblich geschnittenen (und oft öffentlich geförder-

90 Vgl. z.B. FLADE, Antje/KRÖNING, Wolfgang (1985): Familiengerechtes Wohnen im Geschosswohnungsbau. Darmstadt (Institut Wohnen und Umwelt): 7 ff.

ten) Dreizimmerwohnung für den 3– oder 4–Personenhaushalt determiniert das „Fernsehzimmer“ (ROJAN-SANDVOSS 1991: 8) als größter und 'repräsentativer' Raum meist auch alle anderen (Nicht-)Nutzungsmöglichkeiten von (anderen) Medien und deren publizistische Inhalte.

Ebenso hängen nach Einschätzung des G+J–Verlages Wohnungsgröße und durchschnittliche Abo–Dauern von 'höherwertigen' Zeitschriften zusammen. Neben Abbestellungsgründen wie „kein Geld“, „keine Zeit“ wird auch das Argument „kein Platz“ angeführt. Da hierzulande 'teure' Zeitschriften (z.B. *Geo*) aber auch vergleichsweise billige Paperback–Bücher im Gegensatz etwa zu den USA nicht auch körperlich 'verbraucht', sondern 'aufgehoben' werden, wirkt nicht vorhanden empfundener Platz für den Medienkonsum restriktiv.[91] Da weiter in Deutschland die Wohneigentumsquote mit ca. 40% sehr gering ist und selbstgenutzte eigene Wohnungen im Durchschnitt um 50% größer ausfallen als Mietwohnungen (vgl. LUDWIG 1995: 17, 22), läßt sich auch ein direkter Zusammenhang zwischen Wohnungsversorgung, Medienkonsum und Marktpotentialen herstellen. All dies bestätigt nur die altbekannte Tatsache, daß auch die Medienkultur ein direktes Spiegelbild der Alltagskultur verkörpert.

91 Dies gilt selbst für eine Zeitschrift wie *Geo*, deren durchschnittliche Abo–Dauer zwischen 4 und 5 Jahren liegt: 4,5 Jahrgänge (54 Ausgaben) implizieren einen Platzverbrauch von knapp einem halben Raummeter, was beispielsweise einer halben Regalfläche des berühmten IKEA–Regals der Marke „Billy“ entspricht. Dennoch wird dieser Platzverbrauch von einem Teil der relevanten Zielgruppe, nämlich Lehrern, als Problem empfunden, konkret als Kündigungsgrund realisiert.

6. Von der Mischkalkulation zur Querfinanzierungstechnik

Das ökonomische Grundproblem publizistisch-medialer Angebote wurde hinsichtlich des Wirkungsgefüges und dessen Dimensionen ausführlich analysiert. In diesem Kapitel stehen relevante Lösungstechniken zur Diskussion. Dabei werden sich die Überlegungen und empirischen Belege vor allem auf jene Lösungsmuster konzentrieren, die aus der Sicht der Produzenten unmittelbar beeinflußbare, d.h. gestaltbare Modelle darstellen, öffentliche Kommunikation, also publizistische Angebote ökonomisch zu ermöglichen, die sonst nicht zustande kämen bzw. nur mittels einer außermarktlichen Allokationsorganisation aufrecht erhalten werden könnten (z.B. als staatlich organisiertes Angebot). Die hier diskutierten Lösungstechniken zeichnen sich durch zwei bedeutende Gemeinsamkeiten aus: Zum einen sind sie auf Dauer angelegt. Zum anderen versuchen sie, potentielle Marktversagensprobleme durch ökonomisch unkonventionelle Organisationsprinzipien aufzufangen, die aber allesamt rein marktwirtschaftlich funktionieren. Deren untersuchte ökonomische wie publizistische Funktionstüchtigkeit enthält gleichzeitig Aussagen zur Zieladäquanz.

6.1 Verlustausgleich und Mischkalkulation in der wirtschaftswissenschaftlichen Diskussion

Die ökonomische (Über-)Lebensformel „Gewinn/Verlust = Erlöse – Kosten" bietet grundsätzlich mehrere Ansatzpunkte, ein wirtschaftlich unbefriedigendes Ergebnis (Verlust, zu geringer Gewinn) zu verbessern, konkret zu optimieren. Die dafür relevanten Variablen, die sich durch unterschiedliche Steuerbarkeitsgrade auszeichnen, lassen sich auf Angebots- wie Nachfrageseite orten. Grundsätzlich sind die ökonomischen Zusammenhänge der eigenen Produktions- und Organisationssphäre (z.B. betriebliche Effizienz) eher beeinflußbar als nachfrageseitig dominierende Einflußgrößen wie beispielsweise die Verteilung der Einkommen, die unmittelbar auf die Einkommenselastizität der Nachfrage einwirkt, die wiederum die Zahlungsbereitschaft beeinflußt. Allerdings verfügt ein Anbieter mittels der Preisstellung auch über eine relevante Steuerungsvariable auf der Nachfrageseite, so daß grundsätzlich Lösungsansätze auf beiden Ebenen bestehen. Disaggregiert nach einigen relevanten Zusammenhängen und Detailproblemen läßt sich die obige Formel wie folgt schematisieren:

	Dominanz der Nachfrage		Dominanz auf der Angebotsseite
Gewinn/Verlust =	**Erlöse (p ·x · M)**	**./.**	**Kosten (p · x · M)**
	▲		▲
	Präferenzen/Kommunikations-bedürfnisse		(medien-)spezifische Kostenstrukturen
	▲		▲
	Zahlungsbereitschaft		Kostenarten
	▲		▲
	Preis- u. Einkommens-elastizität der Nachfrage		Preis- bzw. Kostenniveau
	▲		▲
	Einkommensverteilung		Produktionstechnik/ Substitutionsmöglichkeit
	Hauptprobleme: Marktgängigkeit, Marktgröße		Hauptprobleme: * Fixkostendegression * Produktivität * betriebliche Effizienz

Die Aufschlüsselung macht deutlich, daß ein Medienunternehmen potentiell mit mehreren relevanten Problemen zu kämpfen hat. Nachfrageseitig stellen die Frage der Marktgängigkeit, angebotsseitig das Phänomen der Fixkostendegression sowie die Grade der geistig-kreativen Produktivitäten weitgehend vorgegebene Rahmendaten bzw. Produktionsdeterminanten dar. Dies gilt zumindest in kurz- und mittelfristiger Sicht.

Diese – aus der Sicht eines einzelnen Medienunternehmers – internen Produktions- und externen Nachfragezusammenhänge gelten für ein einzelnes Produkt wie für eine ganze Produktpalette. Der Unterschied zwischen einem Einprodukt – und Mehrproduktunternehmen liegt dabei im Grad der möglichen Risikoverteilung von potentiellen Problemen (Diversifikation). Das Auffangen einer Verlustsituation etwa, bedingt durch ein einziges oder auch mehrere Produkte, wird dabei grundsätzlich umso eher möglich, je umfangreicher die Produktpalette bzw. je größer die Anzahl der Märkte insgesamt ist, über die sich ein solcher Ausgleich herstellen läßt. Dies können Abnehmer-, aber auch Zuliefermärkte sein.

Solche Fälle flächendeckender Verlustverrechnung werden in den wirtschaftswissenschaftlichen Teildisziplinen unterschiedlich und t.w. sogar kontrovers diskutiert. Die unterschiedliche Einschätzung beginnt bereits bei den drei möglichen Ergebnissituationen der ökonomischen (Über-)Lebensformel.

Für die traditionelle Volkswirtschaftstheorie sind nur die beiden Fälle relevant, in denen die Erlöse größer oder gleich den Kosten sind. Den Fall einer nachhaltigen Unterdeckung der Kosten durch unzureichende Erlöse schließt die neoklassische Analyse schon aufgrund der unterstellten eindimensionalen monetären Zieldimensionierung aus. Eine (vorübergehende) Verlustsituation ist nur als kurzfristige Preisuntergrenze (Preis bzw. Stückerlös gleich variablen Stückkosten) oder als langfristige Preisuntergrenze (Preis bzw. Stückerlös gleich fixen plus variablen Stückkosten) vorstellbar, wobei die Langfristigkeit nicht mit Dauerhaftigkeit gleichzusetzen ist.

Der Fall einer Verlustverrechnung mit Gewinnen aus einem anderen Marktbereich ist auch in der moderneren Theorieentwicklung nur im Zusammenhang mit sog. öffentlichen Unternehmen präsent wie beispielsweise Post- und Fernmeldedienste oder kommunale Versorgungsunternehmen. Hier wird die Diskussion um die langfristigen Folgen einer internen Subventionierung mehr oder weniger ausschließlich unter De–Regulierungsaspekten geführt. Der dabei anvisierte Standardfall heißt natürliches Monopol und das daraus resultierende Problem besteht in der Nichtanwendbarkeit der „Grenzkosten=Preis"–Regel: Die Grenzkosten liegen unter den Durchschnittskosten, so daß die pareto-optimale Preisbildungsregel nur mittels Defizitausgleich beispielsweise über Steuern funktionieren kann.[1] Interne Subventionierung mittels politisch administrierter Preise auf monopolisierten Märkten gilt als unvereinbar mit dynamischem Wettbewerb (vgl. KNIEPS/ WEIZSÄCKER 1989: 482).[2] Für „privatwirtschaftliche" Wirtschaftszweige gilt diese Art der Kalkulation als „sinnlos, da die Unternehmen auf ihre Kosten kommen müssen" (FINSINGER 1991: 97).[3]

In der Betriebswirtschaftslehre sind Nullgewinn- oder Verlustsituationen Gegenstand vielfältiger und sehr differenzierter Betrachtungsweisen, da hier weniger normative Theoriebildungen dominieren als vielmehr pragmatische Konzepte angesagt sind: Es interessieren konkrete Lösungsmodelle. Zwei Fallbereiche lassen sich unterscheiden: die Deckungsbeitragsrechnung und das Cross–Subsidizing (interne Subventionierung).

* Die Deckungsbeitragsrechnung rekurriert auf die Situation unterschiedlicher Gewinn- bzw. Deckungsbeiträge einzelner Produkte bzw. Produktlinien zum Gesamtergebnis, d.h. zum wirtschaftlichen Gesamterfolg (Gewinn). Mittels unter-

---

1 Durchgehende Pareto–Optimalität kann es allerdings nicht geben, da dieses neoklassische Wohlfahrtskriterium schon aufgrund seines methodischen Ansatzes und der unendlich vielen unrealistischen Modellannahmen eine solche Situation eigentlich gar nicht zu erfassen imstande ist. FRITSCH/WEIN/EWERS (1993: 156 ff.) versuchen zumindest, diesen Ansatz weiterzuspinnen: Ist der Preis mit den Durchschnittskosten identisch, dann kommt es nachfrageseitig zu „Wohlfahrtsverlusten in Form eines geringeren sozialen Überschusses" (a.a.O.: 158; mit „sozialem Überschuß" ist die Konsumenten- und die Produzentenrente gemeint), während der Anbieter zumindest auf seine (Durchschnitts-)Kosten, also auf eine plusminusnull–Situation kommt. Bietet der Anbieter zu Grenzkostenpreisen an, dann macht er zwar Verlust, aber die Nachfrager erleiden dann keinen Verlust in Gestalt einer geschmälerten Konsumentenrente. Fazit: Einer zahlt immer drauf!

2 Als Paradebeispiel gilt die ehemalige Deutsche Bundespost, die mit den hohen Telefontarifen die Briefzustellung subventionierte. Ebenso galt die Kritik der nicht-kostengerechten Tarifstruktur im Nah- und Fernsprechverkehr. Inwieweit sich solche Wettbewerbsverzerrungen und sich daraus ergebende monopolistische Trägheit mittels anderer Wettbewerbsparameter lösen lassen, wird in diesen Theorien nicht diskutiert.

3 FINSINGER stellt dabei auf den „traditionellen normativen Begriff der internen Subventionierung" ab, der dann vorliegt, „wenn der Preis des Produktes oder der Dienstleistung unter den Grenzkosten liegt" (a.a.O.: 97). Damit macht er deutlich, daß diese Begrifflichkeit auch in der Volkswirtschaftstheorie nicht ganz einheitlich gesehen wird, was er sonst nur den Betriebswirtschaftlern vorhält, die für ihn offenbar hauptsächlich „an der Praxis orientierte Kostenrechner" sind (a.a.O.).
Inwieweit eine interne Subventionierung mit einer sog. Ramsey–Preisstellung identisch ist, insbesondere in den hier nachfolgend analysierten Fällen, wird an späterer Stelle überprüft.

schiedlicher Teilkostenrechnungssysteme (z.B. Direct Costing bzw. Grenzkostenrechnung, Verrechnungsprinzip stufenweiser Fixkostendeckungsrechnungen, RIEBELsche relative Einzelkostenrechnung) können die Opportunitätskosten alternativer Produktionsmöglichkeiten bestimmt und dadurch der Gesamtgewinn maximiert werden. Bei dieser Art der Kosten- und Leistungsrechnung handelt es sich nicht von vornherein um eine Verlustausgleichstechnik. Da aber auch Produkte, die in einer Vollkostenkalkulation entweder nur einen kleinen oder auch gar keinen Gewinn, möglicherweise sogar einen Verlust ausweisen, bei Anwendung einer stufenweisen Deckungsbeitragsrechnung durchaus ihren Beitrag zu nicht direkt produktzurechenbaren fixen bzw. gemeinen Kosten leisten (können), lassen sich die unterschiedlichen Verfahren der Deckungsbeitragsrechnung in Mehrproduktunternehmen zumindest als Techniken interpretieren, vermeintliche Verluste auf ihren tatsächlichen Erfolgsbeitrag zu 'würdigen'.[4]

* Der zweite Fallbereich betrifft den Ausgleich tatsächlicher Verlustsituationen in einem Mehrproduktunternehmen. Das Cross-Subsidizing wird beispielsweise im Zusammenhang mit Unternehmenszusammenschlüssen ganz offen als probate Strategie diskutiert, um etwa mittels vorhandener (Quasi-) Monopolrenten „die Sicherung bzw. Erlangung einer marktbeherrschenden Stellung in wachstumsträchtigen Märkten" zu ermöglichen (BÜHNER 1989: 159). Beispielsweise wäre dies über Dumping möglich. Nicht minder unbestritten sind in ihrer Ausgleichswürdigkeit (und Notwendigkeit) Situationen, die sich etwa aus Anlaufsverlusten ergeben. Ebenso real können sich Verluste über einen längeren Zeitraum als Folge strategischer Ziele ergeben, die darauf abstellen, längerfristig auf einem Markt präsent zu sein, den man – aus welchen Gründen auch immer – aktuell nicht profitabel bedienen kann.

Daß Verlustverrechnungen ökonomisch ganz grundsätzlich einen real anzutreffenden Tatbestand darstellen, machen auch die vielfältigen handels- und steuerrechtlichen Detailregelungen in Sachen Verlustabzug, (Ausgleich, Vor- und Rücktrag) deutlich.[5]

In der Medienökonomie wird dieses grundsätzliche Problem in seiner Existenz zwangsläufig klarer gesehen. HEINRICH (1994: 211) spricht beispielsweise von der „Subvention der Zeitung durch die Werbung". STAHMER (1995: 39) nennt solche Fälle „Quersubventionierung". Eine einheitliche Begriffsbildung indes hat sich mangels fundierter Auseinandersetzung mit diesem Phänomen auch in der Medienökonomie noch nicht ergeben. Entsprechend vielfältig sind die derzeit im Umlauf be-

4 Die Teilkosten- bzw. Deckungsbeitragrechnungen beruhen auf der Philosophie einer Kostenhierarchie: Direkt zurechenbare Kosten auf der untersten bzw. ersten Zurechnungsstufe, die Kosten für den Overhead (Unternehmensleitung usw.) auf der obersten bzw. letzten Verrechnungsstufe. Dazwischen versucht man, den einzelnen Produkten jeweils 'übergeordnete' Kostensphären des Produktionsprozesses zuzurechnen. Als Zurechnungskriterium kann beispielsweise das Verursachungsprinzip fungieren. Je weniger eindeutig bzw. plausibel allerdings sich Kriterien für die Verursachung finden lassen, umso größer wird zwangsläufig auch der Grad der Willkür. Insofern kann beispielsweise ein negativer Deckungsbeitrag höheren Grades auf einer niedrigeren 'Verursachungs' bzw. Deckungsbeitragstufe durchaus (noch) einen positiven Wert haben.

5 Vgl. z.B. § 10 d EStG. In diesem Zusammenhang muß auch das steuerrechtliche Phänomen „Verlustzuweisung" bzw. „Verlustzuweisungsgesellschaft" erwähnt werden: Hierbei handelt es sich um steuerrechtliche Gestaltungen, deren oberstes Ziel weniger das (überwiegend Buch-)Verluste machen, sondern das „Steuern sparen" ist; vgl. dazu ausführlich und zur 'historischen' Entwicklung dieser Art von legaler Steuerflucht: LUDWIG 1995: 200 ff.

findlichen Beschreibungen in Wissenschaft und Praxis: MEYER-DOHM (1970: 151) benutzt im Zusammenhang mit schwer verkäuflichen Buchtiteln die Formulierung „innerbetriebliche Subvention", der Rowohlt Verlag bezeichnet dies als „literarisch verantwortungsvolle Selbstsubvention" (NAUMANN 1993: 12), t.w. spricht er auch von „Mischkalkulation". ARD und ZDF charakterisieren ihr duales Einnahmensystem aus Gebühren und Werbeeinnahmen als „Mischfinanzierung". Der BDZV bevorzugt den Begriff „Querfinanzierung".[6]

6.2 Verlustausgleichsmechanismen im Wirtschaftsleben: Mischkalkulation versus Querfinanzierung

Den unterschiedlichen Begriffsbildungen auf den einzelnen Medienmärkten entspricht die Uneinheitlichkeit der Wahrnehmung dieses realen Problems ganz allgemein: In der täglichen Praxis des Wirtschaftslebens lassen sich sehr viel mehr derartiger Verlustverrechnungskonstruktionen und Mischkalkulationsformen ausmachen als dies deren Darstellung in einschlägigen Lehrbüchern vermuten läßt. Drei Beispiele:

* Die beiden bundesdeutschen Edelkarossenproduzenten Daimler Benz und BMW praktizieren zwecks langfristiger Gewinnmaximierung ein Modell der Markenbindung, das mit einer negativen Ergebnissituation seinen Startlauf nimmt: Die Dekkungsbeiträge, die sich aus den günstigen Lockvogelpreisen für die sog. Einstiegsmodelle (BMW 316, Mercedes C–Klasse) ergeben und die keine positiven Dekkungsbeiträge höheren Grades mehr ergeben, werden längerfristig über das ungleich höhere und für die Hersteller lukrative Preisniveau der Spitzenklassemodelle (mehr als) ausgeglichen.[7]
* Im derzeit umkämpften Mobilfunkmarkt werden Endgeräte t.w. unter Selbstkostenpreis an die Endverbraucher abgegeben - der kalkulatorische Ausgleich erfolgt über entsprechend höhere Betriebskosten, sprich ein vergleichsweise höheres Tarifniveau. Im Gegensatz zum längerfristig angelegten Kunden–Marken–Bindungsmodell der süddeutschen Nobelkarossenhersteller dürfte die auf dem Mobilfunkmarkt für den Endverbraucher nicht direkt wahrnehmbare anbieterseitige Mischkalkulation zwischen Investitions- und Betriebskosten von vorübergehender Natur sein, wie sie sich aus dem gegenwärtigen Wettbewerbsdruck ergibt.[8]

---

6 Einige Autoren wählen Bezeichnungen, die das Phänomen nur indirekt ansprechen. NUSSBERGER (1955) hat in diesem Zusammenhang die Begriffe „inserat-" versus „vertriebsbetont" geprägt. KLIEMANN (1940: 30) spricht bei gutgehenden Büchern von „Brotartikeln", auf die sich ein Verlag stützen können muß, um auch weniger gut gehende Bücher anbieten zu können. Die Begrifflichkeit „Brotobjekte" taucht auch im Zusammenhang mit dem bundesdeutschen Grosso–System auf, bei dem rund rd. 6%, d.h. rd. 75 Printpresse–Artikel etwa 80% des Vertriebsumsatzes ausmachen (vgl. KAISER 1979: 97). KAISER bezeichnet dies auch als „Alimentierungsfunktion".

7 Diese Einschätzung konnte in einem Telefongespräch am 15.9.1993 mit dem zuständigen PR–Vertreter für den Hochschulbereich bei Daimler Benz in Stuttgart, Herrn Syrich, verifiziert werden. Danach fallen die Deckungsbeiträge für die Einstiegsmodelle sogar negativ aus. Mit zunehmendem Modellklassen–Niveau steigt dann nicht nur das Preisniveau für die Anschaffungskosten des jeweiligen Grundmodells einer Modellklasse überproportional, sondern auch das der sog. Extras.

8 Vgl. Deutsche Bank AG (Oktober 1996): Deutsche Telekom. Marktstudie über den Telekommunikationsmarkt anläßlich der Börseneinführung der T–Aktie, S. 10 f. Allerdings muß man sehen, daß

* Selbst in einem vergleichsweise sensiblen Bereich wie jenem der Strafjustiz greifen Mischkalkulationsmodelle, die auf einem gegenseitigen Deal basieren. Oft sind sog. Staranwälte bereit, selbst in aussichtslosen und/oder solchen Fällen die Verteidigung zu übernehmen, in denen mutmaßliche Straftäter nicht unbedingt mit Verständnis oder Sympathie breiter Bevölkerungsschichten rechnen können, wenn sich solche Fälle exklusiv und ausreichend publicityträchtig vermarkten lassen: Die Spitzenhonorare der Staranwälte werden dann von Medienunternehmen bzw. dem Rezipienten finanziert - die sonst absehbare Defizitsituation bzw. oft aussichtlose Lage der Angeklagten läßt sich damit vermeiden.[9] Während die ersten beiden Fälle großenteils einer Art von Selbstsubventionierung der Endverbraucher gleichkommen, handelt es sich im hiesigen Fall um eine Mischkalkulation, die einen finanziellen Ausgleich über verschiedene Märkte bzw. Personengruppen herstellt (Angeklagter – Verteidiger – Rezipienten).

Die Liste möglicher und realer Verlustverrechnungsmodelle läßt sich verlängern. Im ökonomischen Ergebnis ähneln die unterschiedlichen Fallsituationen den Möglichkeiten der Steuerüberwälzung auf Dritte seitens formal steuerpflichtiger Unternehmen, wie sie in der finanzwissenschaftlichen Steuerwirkungslehre diskutiert werden: Steuern sind zusätzliche Lasten bzw. Kosten, die grundsätzlich vor-, rück- oder auch schräg gewälzt werden können.[10] Dabei kann die vom Gesetzgeber vorgesehene Lastverteilung (formale Inzidenz) aufgrund entsprechender Überwälzungsprozesse, die von den betroffenen Unternehmen initiiert werden, von der tatsächlichen Steuerlastverteilung (effektive Inzidenz) abweichen.

Analog dazu läßt sich auch die Verrechnung von Verlustsituationen interpretieren. Eine Mischkalkulation, die man auch als Ausgleichs- oder Kompensationskalkulation bezeichnet, ist grundsätzlich sowohl bei einem einzigen Produkt als auch innerhalb einer Produktpalette bzw. unterschiedlichen Märkten möglich. In der Regel handelt es sich um ein diskretionäres und zeitlich befristetes strategisches Markt- bzw. Marketinginstrument, das „eine bewußte Abkehr von der Preiskalkulation nach der Kostenverursachung" (GABLER) bedeutet. Dieses preispolitische Absatzinstru-

---

ab 1998 auf dem deutschen Telekommunikationsmarkt der Preiswettbewerb erheblich zunehmen wird, wenn das Monopol der Telekom gänzlich gefallen ist. Inwieweit sich die Wettbewerber neue Preisbildungs- und interne Kalkulationsverrechnungsmodelle einfallen lassen, bleibt abzuwarten. Solche Strategien sind aber angesichts der absehbaren Wettbewerbsschärfe sehr wahrscheinlich.

9 Konkret vorgeführt wurde diese Strategie zuletzt 1994–1997 von dem ehemaligen Football- und Werbeträgerstar O.J. SIMPSON aus Los Angeles, USA, der von einem amerikanischen Strafgericht vom Mordvorwurf an seiner Frau und deren Lebensgefährten freigesprochen, im Zivilprozess aber zu Schadensersatz wegen der Morde verurteilt wurde. „O.J.", so das gängige Kürzel in den USA, hatte allein mit seiner Buchveröffentlichung im Gefängnis „*I want to tell you*" 2,8 Mio. $ verdient. Mit einem Video, dem Verkauf von Autogrammen und Erinnerungsstücken, Fotorechten für seine erste Party nach Entlassung aus dem Gefängnis usw. hatte er weitere 1,8 Mio. $ eingenommen. Die Kosten für die Verteidigung und die Gerichtsverfahren addierten sich auf rd. 2,9 Mio. $; vgl. *Newsweek* 17.2.97: 12–23, insbes. p. 18.

10 Mit Vorwälzung ist die Abnehmer-, mit Rückwälzung die Zuliefererseite gemeint. Von schräger Überwälzung spricht man, wenn die Steuerlast auf bestimmte steuerpflichtige Produkte von den Unternehmen in die Preise ganz anderer Produkte hineingerechnet werden, wenn dort beispielsweise die Preiselastizität geringer ist. Zum aktuellen Stand der Diskussion um die Steuerüberwälzung (sog. Steuerinzidenz) vgl. ZIMMERMANN/HENKE 1987: 197 ff.

ment wird insbesondere auf der Distributionsstufe und weniger auf der Ebene der Produktion angewandt.

Die bisher skizzierten Fälle auf Medienmärkten, in denen ein ökonomischer Ausgleich notwendig wird, unterscheiden sich von der eher kurz- bis mittelfristig dimensionierten Mischkalkulation in allen relevanten Punkten:

1) Das ökonomische Grundproblem stellt hinsichtlich der Fristigkeit meist ein Dauerproblem dar – die Mischung einer Verlustsituation mit Erlösen aus einer anderen Finanzierungsquelle ist daher langfristiger, in der Regel nachhaltiger Natur.

2) Das Problem entsteht (bereits) auf der Ebene der Produktion: Eine ergänzende Produktfinanzierung wird schon bei der Entscheidung der Produktherstellung notwendig bzw. absehbar und nicht erst bei Absatzschwankungen.[11]

3) Aufgrund der Dauerhaftigkeit der ökonomischen Problemsituation und deren vorhersehbarer Wahrscheinlichkeit orientiert sich die Kalkulation der notwendigen Zusatzerlöse nicht an deren eigenen Kostenaufwand, sondern an den ungedeckten Kosten des ausgleichsbedürftigen Medienprodukts. In diesem Sinne verläuft die langfristig geplante Kalkulation weniger absatz-, als vor allem kosten(deckungs)orientiert. Insofern könnte man auch von einer Erlös(finanzierungs)kalkulation anstatt einer Kostenkalkulation sprechen.

Alle drei Charakteristika lassen die Begrifflichkeit „Mischkalkulation" für das medienspezifische Problem öffentlicher Kommunikation und Publizistik als ungeeignet erscheinen. Um die Beständigkeit der notwendigen Problemlösung besser kenntlich zu machen, soll, wie bereits in den vorigen Kapiteln geschehen, der Begriff „Querfinanzierung" alle Situationen abdecken, in denen sich ein Anbieter medialer Produkte aufgrund unzureichender Erlöse, die er aus dem originären Produktverkauf erzielt, über einen weiteren Markt ergänzend, d.h. „quer" finanzieren muß.[12] Die

11 Während die Mischkalkulation z.B. über Preisdifferenzierung die Kosten längerer Lagerhaltung bzw. langsamerer Umschlaghäufigkeit auf der Handelsstufe reduzieren soll, wobei die Produkte in der Regel zu einem mehr als kostendeckenden Preis von der Produktionsstufe abgegeben werden, wird im Mediensektor eine Kostendeckung bereits bei der Produktion nicht erreicht. Im Extremfall taucht dieses Problem bereits beim geistig-kreativen Input–Produzenten auf (z.B. Buchautor). Vgl. in diesem Zusammenhang die unterschiedlichen monetären bzw. nicht-monetären Zielgewichtungsstrukturen auf den unterschiedlichen Produktions- bzw. Absatzstufen in Abb. 4.6.4. In einigen Bereichen ist eine Mischkalkulation beim Absatz- bzw. Copypreis sogar überhaupt nicht vorgesehen (z.B. Preisbindung).

12 Die Bezeichnung „quer" entspräche in der Steuerüberwälzungsdiskussion dem Begriff „schräg" bzw. „schräge Überwälzung".
In der Betriebswirtschaft wird die Begrifflichkeit „Finanzierung" überwiegend im Zusammenhang mit der Herkunft des notwendigen (Betriebs-)Kapital benutzt (Eigen-, Fremdfinanzierung, Selbstfinanzierung u.a.m.). Ähnlich auch bei der ökonomischen Analyse des Vermögens- und Erfolgsstatus von Unternehmen: Hier spricht man von (normativen) Finanzierungs- und/oder Bilanz(struktur)regeln. Da sich notwendiges Betriebskapital aber auch im Wege hoher Überschüsse (cash flow, Abschreibungen usw.) ansammeln läßt und sich dafür der terminus technicus „Innenfinanzierung" durchgesetzt hat, wird der Begriff „Finanzierung" auch für die (laufende) Produktionssphäre angewandt. Insofern kann die Bezeichnung Querfinanzierung als logische Weiterentwicklung des bisherigen Fachvokabulars gelten.
Eine erste systematische Unterscheidung von „Querfinanzierungsfällen" im Bereich der Literatur stammt von ESCARPIT (1958/1961: 60 f.), der 1) in „interne Finanzierung" und 2) in „Finanzierung von außen" unterscheidet. Zur „internen Finanzierung" zählt der französische Literatursoziologe Honorareinnahmen, (Neben-)Verdienste als Übersetzer oder Lektor oder auch Einnahmen aus dem Ver-

Märkte können sich dabei entweder über das Produkt und/oder unterschiedliche Schichten von Zahlungsbereitschaftspotentialen definieren. Ebenso deckt die Querfinanzierung die extensive Ausnutzung ökonomischer Effekte ab, die sich durch Realisierung zusätzlicher Marktpotentiale einstellen. Ein Verzicht auf mögliche relevante Alternativen, um zusätzliche finanzielle Spielräume in Form von Nicht–Ausgaben zu haben, kann ebenfalls Querfinanzierungseffekte erbringen. Die unterschiedlichen Techniken möglicher Querfinanzierung werden im folgenden eingehender dargestellt.

6.3 Querfinanzierung über den Werbe-/Anzeigenmarkt

Die Lösung des ökonomischen Grundproblems sah vor 200 Jahren anders aus als heute: Die relevanten Medien, Bücher und periodische Printprodukte, waren teuer und konnten es auch sein – der Absatz war auf eine kleine, dafür zahlungskräftige (Ober-)Schicht ausgerichtet. Angebotspalette und Auflagenhöhen waren gering, und so konnten die Verkaufspreise bzw. Erlöse auf der Basis von kleinen Absatzmengen kalkuliert werden. Das „Gesetz der Massenproduktion" (BÜCHER), d.h. die Gewinnerzielung über die Menge bzw. die nachhaltigen Effekte der Fixkostendegression waren noch nicht bekannt. Das hohe Preisniveau ermöglichte es den Medienunternehmern, die benötigten Einnahmen grundsätzlich durch den Verkauf der originären medialen Produkte zu realisieren, so wie dies auf den meisten Märkten gang und gäbe ist.

Diese Situation hat sich inzwischen gründlich verändert: Der technische Fortschritt bei der Produktionstechnik (vgl. Kap. 2), die Universalisierung des Rezipientenpotentials (vgl. Kap. 5.1.2.2) und der gestiegene Lebensstandard über alle Bevölkerungsschichten hinweg haben die Medien zu Massenmedien werden lassen: Die Degressionswirkungen fixer Kosten sind unverzichtbarer Bestandteil jeder betriebswirtschaftlichen Kalkulation. Von der Kaufkraft der potentiellen Nachfragermärkte her gesehen wäre es ohne weiteres möglich, die meisten Medienprodukte

---

fassen von Trivialliteratur. Zur „externen" Finanzierung „von außen" rechnet ESCARPIT direkte mäzenatische (Mäzen) und indirekte mäzenatische Einkünfte (z.B. Produktionsaufträge seitens der Regierung, durch Bibliotheken oder Theater sowie Gelder aus Literaturpreisen). Die zweite Kategorie „externer" Einkünfte besteht danach in der „Selbstfinanzierung" etwa durch Einkommen aus anderen (Haupt- oder Neben-)Berufen oder auch durch eigenes Vermögen („Automäzenat"). Die Klassifizierung ESCARPITs erscheint wenig systematisch und daher nicht überzeugend, weshalb ihr nicht gefolgt wird. Auch ESCARPITs generelle Einschätzung der nachfolgend vorgestellten Lösungsmodelle als „Ersatzlösung" kann hier nicht geteilt werden. Zum einen ist ESCARPITs Begründung, „alle diese Lösungen haben den Nachteil, daß sie in Wahrheit keine Lösungen sind, da sie nur Ausweichmöglichkeiten bieten, die vom eigentlichen Problem ablenken: der Notwendigkeit nämlich, den Schriftsteller wieder in den geschäftlichen Strom der Buchproduktion einzubeziehen und die Diskrepanz in den Gewinnmöglichkeiten zwischen Autor und Verleger zu verringern" (1967: 136), wenig überzeugend, wenn man an die ökonomischen Marktpotentiale der Buchproduktion denkt, zum anderen aber – und dies ist der Haupteinwand – stellt die Absicht, ein bestimmtes Produkt mittels Querfinanzierung anzubieten anstatt auf die Produktion zu verzichten, eine bewußte Entscheidung dar, die diese Technik als Dauerlösung akzeptiert. Eine Ersatzlösung stellt keine Dauerlösung dar, sondern hat zeitlich befristeten Charakter.

kostendeckend zu verkaufen. Die Unterschiede in den Kosten der Mediennutzung zwischen 1800 und 1992 sind der Übersicht 6.3 [1] zu entnehmen.

Übersicht 6.3 [1]: Kosten der Mediennutzung 1800 versus 1992: absolute Werte sowie anteilig in % des Einkommens

	um 1800	1992
durchschnittliches (1800: häufigstes) Jahreseinkommen	100 Th	Brutto: 65.500 DM
Bibliotheksnutzung (Jahresgebühr)	Leihbibliothek: 6 Th = 6% = 1/16 des Einkommens	AGB, Berlin: 20 DM = 0,03% = 1/3.000 des Einkommens (= 1/200 des Anteils von 1800)
Buchkauf	1–3 Th = 1-3%	30 DM = 0,05% = 1/2.000 des Einkommens (= 1/60 des Anteils von 1800)
	GOETHE: *GW XIII*: 23 Th 6 Gr = 23%	*GW XIV* (Beck): 420 DM= 0,6%
	GOETHE: *Faust*: 1 Th 8 Gr =1,3%	
Zeitschrift (Jahresabo)	*Teutscher Merkur*: 3 Th 6 Gr = 3,25%	*DER SPIEGEL*: 260 DM = 0,4%

Legende: Th = Thaler, Gr = Groschen; GW = Gesammelte Werke. Zusammengestellt nach SAALFELD 1980: 72 f.; HEINSIUS: Bücherlexikon; Statistisches Bundesamt sowie eigenen Berechnungen

Dieser Weg vom – hier im Sinne der damaligen Einkommensverteilung gemeinten – 'elitären', d.h. kleinen Lesepublikum zu flächendeckenden Massenpublika wurde von einer Entwicklung gebahnt, die heute gar nicht mehr wegzudenken ist: Maßgeblicher Wegbereiter war die Werbung und die Anzeigenbranche. Der Werbe- bzw. der Anzeigensektor prägt schon deshalb das heutige Leben, weil er auf der einen Seite zum relevanten Wirtschaftsfaktor avanciert ist, auf der anderen Seite sich längst als eigenständige Kunst- bzw. Genregattung etabliert hat. Die kulturgeschichtliche Bedeutung der Werbung- und des Anzeigensektors geht indes darüber hinaus: Aufgrund seiner künstlerisch-kulturellen Bedeutung, aber noch mehr wegen seiner wirtschaftlichen Schlagkraft hinsichtlich Markttransparenz und Nachfragesteuerung ist der Werbe- bzw. Anzeigensektor zum dominanten (Mit-)Finanzier der Medienbranche geworden – auf dafür geeigneten Märkten. Der Werbe-/Anzeigenmarkt ersetzte seit den 30er Jahren des 19. Jahrhunderts[13] zunächst nicht vorhandene Kaufkraft, später immer mehr auch mangelnde Zahlungsbereitschaft auf einzelnen Medienmärkten.

13 Diese Entwicklung läßt sich mit den Namen von James Gordon BENETT und dessen Zeitungsfinanzierung seines *New York Herald* im Jahre 1835 sowie Emile de GIRARDIN's Tageszeitung *La*

Das Ergebnis, wie es sich 1992 auf relevanten Medienmärkten bzw. bei konkreten Produkten darstellt ist als Querschnittsanalyse in Tab. 6.3 [2] dargestellt: Die Querfinanzierungsgrade reichen von 0 bis 100% und streuen t.w. auch innerhalb einer Gattung erheblich (*Le Canard*, *taz* versus *Los Angeles Times*).

Die Querfinanzierung von Massenmedien über Werbung/Anzeigen ist ein vergleichsweise häufig zu beobachtender Fall, auch wenn dem keine zwingende Gesetzmäßigkeit zugrunde liegt. Grundsätzlich wäre eine Medienfinanzierung auch über andere Märkte, beispielsweise Gütermärkte möglich, wie dies t.w. (meist in geringerem Umfang) über Merchandising praktiziert wird. Die Prädestination von Werbung/Anzeigen als (zusätzliche) Finanzierungsquelle insbesondere für Massenmedienmärkte hat mehrere Gründe, die sich angebotsseitig wie nachfrageseitig orten lassen.

Auf der Nachfrageseite ist es die Identität der Zielgruppe, die sowohl das Medienunternehmen als auch das Werbung/Anzeigen schaltende Wirtschaftsunternehmen häufig im Visier haben. Das Werbung/Anzeigenschaltende Produktions- oder Dienstleistungsunternehmen zielt einerseits mit der Bekanntgabe von produktrelevanten Informationen auf eine Erhöhung der Markttransparenz ab, zum anderen kann es mittels geeigneter Werbeansprache versuchen, die Akzeptanz für die eigene Produktpalette zu erhöhen, sprich das vorhandene Marktpotential zu eigenen Gunsten auszuweiten.

Das Medienunternehmen kann dabei behilflich sein, indem es das eigene Marktpotential der Rezipienten dem Werbung/Anzeigenschaltenden Wirtschaftsunternehmen zwecks Ansprechmöglichkeit zur Verfügung stellt: Konkret verkauft das Medienunternehmen ein gewisses Maß an Wahrscheinlichkeit an Aufmerksamkeit für Werbung/Anzeigen seitens seiner eigenen Rezipienten (vgl. HEINRICH 1994).[14] Da beide dasselbe Medium nutzen, kann man von einer „Verbundproduktion" sprechen, d.h. einer simultanen „Produktion für den Leser- und Werbemarkt" (HEINRICH 1994: 208, 283).

Bei diesem (publizistschen) Verbundproduktions–Vorgang handelt es sich um einen eingespielten Marktprozeß, bei dem sich insbesondere auch die Rezipienten daran gewöhnt haben, beim Kauf bzw. bei der Nutzung „Werbebotschaften" (HEINRICH) angeboten bzw. im Huckepack zum eigentlichen Produkt mitgeliefert zu bekommen.[15] Die Werbung ist somit Bestandteil des gesamten Produktmix' (vgl.

Presse, Paris, im Jahre 1836 festmachen; vgl. BÜRGER, P. 1982: 245, KOSZYK II 1966: 270. Auf deutschem bzw. preussischen Boden war dies erst nach 1850 möglich, nachdem das sog. Intelligenzmonopol gefallen war.

14 HEINRICH (1994) spricht entweder von „Verbreitungswahrscheinlichkeiten von Werbebotschaften" (S. 18) oder von „Aufmerksamkeit für Werbung" (S. 101).

15 Allerdings ist der vom Werbung/Anzeigenschaltende Wirtschaftsunternehmen erhoffte und finanzierte Effekt ersteinmal unbestimmt: Die Aufmerksamkeitsmessung beschränkt sich im Rahmen von Reichweitenmessungen in der Regel auf Abfragen bzw. Kontrollen wie „in die Hand genommen", „durchgeblättert" usw.. Auf der anderen Seite existiert aus begreiflichen Gründen eine umfangreiche Werbewirkungsforschung, die die Effizienz von (geeignet präsentierten) Werbebotschaften nachzuweisen imstande ist. Interessanterweise bestätigen mehrere Unternehmen, die sehr intensiv Werbung betreiben den Zusammenhang zwischen Werbebudget bzw. der Häufigkeit von Werbeschaltungen und Umsatz- bzw. Marktanteilssteigerungen wie etwa die Fa. Kraft Jacobs Suchard, Bremen

Mixgüter). Vielfach ist es sogar der publizistische Produktmix bzw. dessen Akzeptanz seitens der Nachfrager, der die Attraktivität (Aufmerksamkeit, Glaubwürdigkeit) der Werbebotschaften bei den Rezipienten zumindest aus der Sicht bzw. im Glauben der Werbung/Anzeigenschaltenden Wirtschaftsunternehmen erhöht (sog. positives werbliches Umfeld).

Tab. 6.3 [2]: Unterschiedliche Grade an Querfinanzierung (Stand 1992

Medium/Produkt	Umsatzanteile in % aus		Anteil/Werbung in % am Gesamtumfang
	Verkauf	Werbung	
Buch	100	0	0
Kinofilm	100	0	0
Pay–TV	100	0	0
Le Canard enchainé	100	0	0
konfessionelle Zeitschriften (inkl. Subventionen)	90	10	5
taz (Tageszeitung)	85	15	5
Publikumszeitschriften	60	40	20–40
wissenschaftliche Zeitschriften	55	45	5–20
Bild–Zeitung	50	50	30–40
DIE ZEIT	44	56	48
Tageszeitungen	36	64	37
DER SPIEGEL	35	65	50
stern	35	65	40
Los Angeles Times	18	82	k.A.
Anzeigenblätter	0	100	90–100
Privat–TV	0	100	max. 15

Quelle: LUDWIG 1994: 163

Da die grundsätzliche Akzeptanz der Rezipienten gegenüber Werbung bzw. Anzeigen unterschiedlich ausgeprägt ist und viele Mediennutzer diesen Produktelementen indifferent gegenüberstehen (wenn sie sie nicht sogar als 'störend' empfinden), läßt sich daraus folgern, daß der publizistische Produktmix eher als ein (einheitliches) Produkt empfunden wird als die mittransportierten Werbebotschaften, die sich in diesen Fällen aus der Wahrnehmung der Rezipienten ein anderes, zusätzliches Produkt darstellen. Dies gilt unabhängig davon, daß sich rein körperlich bzw. im Zusammenhang gesehen der 'technische' Produktmix auch auf die Präsentation von

(Nahrungsmittel, Kaffee, Süßwaren/Schokolade bzw. insbesondere Hersteller der „Milka"–Produktpalette).

Werbung/Anzeigen bezieht.[16] Aus diesem Grund lassen sich Medien, die sich über Werbung querfinanzieren, als Mehrproduktunternehmen bezeichnen.

Auf der Angebotsseite liegen die Vorteile dieses Querfinanzierungsmodells in den unterschiedlichen Möglichkeiten der *technischen* Verbundproduktion. Economies of scope lassen sich auf mehreren Produktions– bzw. Absatzstufen realisieren: bei der technischen Produktion des fraglichen Mediums bzw. bei der Herstellung der Verbreitungsfähigkeit (Druck, Studio– bzw. Sendebetrieb), beim Management und bei der Verbreitung selbst (Vertrieb/Zustellung, Ausstrahlung). Darauf wird weiter unten, nach exemplarischer Analyse mehrerer Fallbeispiele eingegangen.

6.3.1 Fallbeispiel *DER SPIEGEL*

6.3.1.1 Rezipientenmarkt

Die Bedeutung des Produkts *SPIEGEL* liegt, unabhängig davon, ob man dies aus der Wahrnehmung der Rezipienten definiert und/oder am Selbstverständnis der Produktgestalter selbst festmacht, ganz eindeutig im publizistischen Produktmix. Dies gilt selbst dann, wenn der Umfang der Werbung/Anzeigen am Gesamtprodukt, d.h. gemessen am Umfang der produzierten Seiten im Jahresdurchschnitt bis zu 50% ausmacht.

Das publizistische Produktimage, das sich aus Produktbestandteilen wie politisches und kulturelles Nachrichtenmagazin, investigativer Journalismus, Enthüllungsstories, „Moralwächter“ - so der Korruptionsforscher ROTH (1985: 148) - bzw. aus der Funktion „Sturmgeschütz der Demokratie“ (AUGSTEIN) zusammensetzt, hat sich *DER SPIEGEL* seit Gründung 1946/47 von Anfang an konsequent aufgebaut (vgl. LUDWIG 1996a: 87 ff.). Einen ersten publizistischen Höhepunkt hinsichtlich der Glaubwürdigkeit des journalistischen Konzepts errang *DER SPIEGEL* durch die Besetzung der Redaktion, der Beschlagnahmung der fraglichen Ausgabe sowie der Verhaftung des Herausgebers und des Chefredakteurs im Jahre 1962, einem bundesweit aufsehenerregenden Vorgang, der als „*SPIEGEL*–Affäre“ in die Annalen eingehen sollte.[17] Ökonomisch hatte sich dieses Ereignis in einer Beschleunigung des

---

16 Allerdings dürfte dies beim Produkt Spielfilm im Fernsehen nicht mehr durchgängig gelten: Hier werden Werbeunterbrechungen vielfach als so störend empfunden, daß es zu Anpassungsreaktionen wie Zappen, Ausblenden/Abschalten oder Umsteigen auf TV–Programme kommt, die Spielfilme ohne Werbeinseln (und meist mit vollständigen Abspännen) zeigen. Zudem gibt es inzwischen sogar ernsthafte Bestrebungen seitens vieler Filmemacher, ihre Filme im Fernsehen nur noch dann zur Vermarktung zuzulassen, wenn Sender auf Werbeinseln zumindest während des eigentlichen Vorführzeit verzichten.

17 Auslöser war die Titelgeschichte „Bedingt abwehrbereit“, in der der damals amtierende Verteidigungsminister Franz Josef STRAUSS, CSU, der schon mehrfach Gegenstand kritischer *SPIEGEL*–Berichterstattung war (1958: Affäre Onkel Aloys, 1959: erste Starfighter–Affäre, 1961: Strauss als Politiker, 1962: Fibag–Affäre) dem Blatt den Verrat militärischer Geheimnisse anhängen wollte und eine gigantische Polizeiaktion in Gang setzte. STRAUSS mußte später vor dem Bundestag öffentlich zugeben, daß er das Parlament belogen hatte und wurde daraufhin von der eigenen Koalition zum Rücktritt gezwungen. Herausgeber AUGSTEIN mußte 103 Tage in Untersuchungshaft verbringen, von der er nachträglich hinsichtlich der weiteren Auflagenanstiegs meinte, daß selten „eine Haft so gut angelegt“ war (zit. n. JAKOBS/MÜLLER 1990: 17).

Aufbaus des eigenen Marktes ausgewirkt: Bei nur geringfügig steigender Reichweite konnte das Blatt das Volumen der verkauften Auflage von rd. 400.000 Exemplaren (Jahreswende 1991/62) in den nächsten fünf Jahren mehr als verdoppeln. Da sich das Unternehmen imstande sah, auch den Copypreis um 50% anzuheben, konnte *DER SPIEGEL* auf diesem potentiellen Markt seine ökonomische Position kräftig verbessern. Zugleich war dies der Zeitraum, als *DER SPIEGEL* die Spitze seiner politischen Publicity erreicht hatte und nach und nach zum publizistischen Meinungsführer wurde.[18]

Die ökonomisch starke Stellung auf dem Rezipientenmarkt läßt sich anhand der Preisführerfunktion des *SPIEGELs* ablesen. Obwohl man dem Hamburger Nachrichtenmagazin eine „Alleinstellung" (BUNDESKARTELLAMT 1980: 97) zuerkennen muß, stand der *SPIEGEL* zumindest bis 1993 vor Einführung von *Focus* und *Die Woche* dennoch in einem gewissen publizistischen Komplementär- als auch Substitutionsverhältnis zur *ZEIT* und auch zum *stern* (vgl. BRÜNE et al 1987: 62). Vergleicht man beispielsweise den fünfzehnjährigen Zeitraum zwischen 1977 und 1992, so hatte *DER SPIEGEL* bei allen Copypreis–Änderungen regelmäßig die Preisführerschaft übernommen. Sein selbst gesetzter (Copy-)Preisvorsprung lag dabei zwischen 12,5% und 25% (vgl. LUDWIG 1994: 168 bzw. hiesiges Kap. 5.3.2).

6.3.1.2 Querfinanzierender Werbe-/Anzeigenmarkt

Differenzierter sieht die Situation auf dem Querfinanzierungsmarkt aus. So stand bis zur Einführung des Münchner „Modernen Nachrichtenmagazins" *Focus* 1993 das Hamburger Nachrichtenmagazin auf dem Werbe-/Anzeigenmarkt in unmittelbarer Konkurrenz zur Illustrierten *stern* (vgl. LUDWIG 1996a: 91 f.).

So hatten 1992 *SPIEGEL* und *stern* mit 35:65% eine identische Querfinanzierungsquote realisiert. Mit insgesamt 7.136 Werbe-/Anzeigenseiten (WAS) gegenüber 5.562 WAS beim *stern* (Unterschied: 22%) konnte *DER SPIEGEL* allerdings nur wenig mehr an Werbe-/Anzeigenerlösen (WAE) einspielen: 316 Mio. DM WAE im Vergleich zu 300 Mio. DM WAE beim *stern* (Unterschied: 5%). Der Grund liegt für den *SPIEGEL* in einem vergleichsweise deutlich niedrigeren Niveau der Werbe-/Anzeigenpreise (WAP), was Folge seiner geringeren (Gesamt-)Reichweite ist (12,2% gegenüber 15,1%). Auf der anderen Seite hatte *DER SPIEGEL* im Wettbewerb um das Anzeigenvolumen für längere Jahre den *stern* überrundet, wie aus Tab. 6.3.1.2 [1] ersichtlich ist. Seit 1995 werden die Karten im Markt der großen Publikumsmagazine, nicht zuletzt vor dem Hintergrund des hohen Absorptionsvermögens des Privat-TV sowie aufgrund des unerwartet hohen Marktpotentials von *Focus* auf dem Rezipienten- (Aufl. 1996: 756.000 Ex.) wie Anzeigenmarkt einschließlich dessen aggressiven Preispolitik, völlig neu gemischt.[19]

---

18 Eine vergleichsweise geringere und kontinuierlicher verlaufende Auflagensteigerung konnte das Nachrichtenmagazin bis 1970 realisieren, als die Marke von 900.000 verk. Ex. überschritten wurde. 1990 im Zusammenhang mit der verstärkten Berichterstattung über die Wende in der DDR und dem Fall der Mauer übersprang der *SPIEGEL* die Millionengrenze. Im Jahre 1992 hatte das Blatt mit 1.147.000 verk. Ex. sein absolutes Auflagenmaximum erreicht, das seither wieder im Sinken begriffen ist und sich (wieder) der Marke von 1 Mio..verk. Ex. nähert.

19 Vgl. auch Anm. 46.

Tab. 6.3.1.2 [1]: Anzeigenvolumen relevanter Publikumszeitschriften

Jahr	*stern* (G+J)	*SPIEGEL*	*Bunte* (Burda)	*Neue Revue* (Bauer)	*Quick* (Bauer)	*Focus* (Burda)
1970	4.651	**5.486**	2.592	2.415	2.666	
1975	**4.987**	4.157	2.329	1.752	2.056	
1980	**7.322**	6.307	4.786	2.725	3.576	
1985	5.784	**5.924**	4.539	2.106	2.818	
1990	6.049	**6.959**	3.065	1.552	2.161	
1991	5.741	**6.961**	2.538	1.197	1.523	
1992	5.562	**7.136**	2.302	987	eingestellt	
1993	5.072	**6.088**	2.108	875		3.628
1994	4.823	5.372	1.769	499		**6.076**
1995	4.638	5.500	1.816	460		**6.856**
1996	4.580	5.566	1.900	371		**6.401**

Legende: Quelle: 1970–85: *SPIEGEL*; ab 1990: VDZ/ZAS. Das Anzeigenvolumen des jeweiligen Marktführers ist fett gemarkt.

Da *DER SPIEGEL* bis 1992 Auflagenzuwächse verbuchen konnte, die Absatzentwicklung des *sterns* hingegen seit Erreichen des Auflagenmaximums von über 1,7 Mio. verk. Ex. 1981 von kontinuierlichem Abbröckeln der Käufer gekennzeichnet war (Auflagenstand 1992 beim *stern*: 1,319 Mio., beim *SPIEGEL*: 1,147 Mio. verk. Ex.), hatte *DER SPIEGEL* das bessere Image auf diesem Markt. Obendrein konnte seine hohen spezifischen Reichweiten in den oberen Einkommens-, Bildungs- und Entscheidungsträgerschichten ins Feld führen. 1992 hatte das Wochenmagazin weltweit mit den meisten Anzeigenseiten ökonomisch sein absolutes Spitzenjahr verbucht. Dies, obwohl *DER SPIEGEL* nach wie vor von wesentlichen Branchen boykottiert wurde.[20] Diese fundierte Marktstellung und das zu diesem Zeitpunkt positive redaktionelle Werbeumfeld hatten dem Hamburger Nachrichtenmagazin bis zur Einführung des „Modernen Nachrichtenmagazins" *Focus* Anfang 1993 einen ökonomisch stabilen und ergiebigen Querfinanzierungsmarkt gesichert. Im Vergleich zum bisherigem Anzeigen–Konkurrenten *stern* sah die relative Marktstellung 1992 wie in Tab. 6.3.1.2 [2] skizziert aus.

20 Boykottiert wurde *DER SPIEGEL* seit Anfang der 70er Jahre u.a. von den drei deutschen Großbanken (Deutsche Bank, Commerzbank, Dresdner Bank), den drei Chemiegiganten (BASF, Hoechst, Bayer) sowie von der ALLIANZ, der Fa. Siemens und dem Bosch–Konzern. Anfang 1970 hatte *DER SPIEGEL* u.a. auch mit kritischer Firmenberichterstattung begonnen. Vgl. LUDWIG (1996a: 87).

Tab. 6.3.1.2 [2]: Relative Marktstellung des *SPIEGELs* und des *sterns* auf dem Anzeigenmarkt[21]

	SPIEGEL	*stern*
WAP	–	+
WAS	+	–
WAE	+	–
Reichweite	–	+
Auflage	–	+
publ. Image	+	–
TLP	+	–

Legende: + = höher, -- = geringer

Obwohl das ökonomische 'standing' des *SPIEGEL* weit weniger stark und abgesichert ist als die Akzeptanz auf dem Rezipientenmarkt, spielen die Werbe-/Anzeigenerlöse für das Medienunternehmen auch hier eine ungleich größere Rolle als die Verkaufserlöse. Das ökonomische und publizistische Beziehungsgeflecht des Nachrichtenmagazins ist in Abb. 6.3.1.2 [3] dargestellt: Mit einem Querfinanzierungsanteil von 5,30 DM pro verkauftem Exemplar am Gesamtumsatz von 8,20 DM bzw. einem Querfinanzierungsgrad von 65% fallen die Werbe-/Anzeigenerlöse fast doppelt so hoch aus (Faktor = 1,8) wie die durchschnittliche Zahlungsbereitschaft der Rezipienten. Inwieweit eine derartige Relation ist auch die *ökonomische* Bedeutung der Märkte determiniert, wird an späterer Stelle im Zusammenhang mit der Ergiebigkeit des querfinanzierenden Marktes diskutiert.

21 1992 kostete eine 1/1 Seite 4c beim *SPIEGEL* 83.385 DM, beim stern 96.480 DM. Unterschied: 14% (bezogen auf das höhere *stern*–Preisniveau). Die Reichweite des *SPIEGELs* lag bei 12,2% bzw. 6,02 Mio. Lesern der Gesamtbevölkerung ab 14 Jahren. Der *stern* hatte 7,46 Mio. LpA, was einer Reichweite von 15,1% entsprach. Unterschied: 19% an Lesern bzw. 2,9 Reichweiten–Prozentpunkte. Vergleicht man die Tausendleserpreise (TLP), so lag der TLP beim *SPIEGEL* bei 13,85 DM, jener des *sterns* bei 12,93 DM. Unterschied: knapp 7% (bezogen auf den höheren *SPIEGEL*–TLP).

Abb. 6.3.1.2 [3]: Ökonomisches und publizistisches Beziehungsgeflecht des *SPIEGEL* (1992)

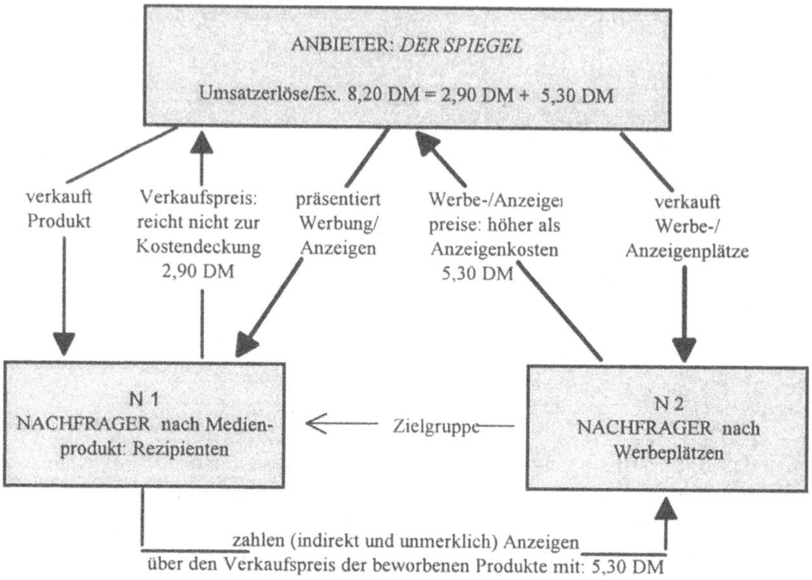

6.3.1.3 Erlösstruktur nach Vertriebssparten

Für die Gewinnsituation mitentscheidend und für die Optimierung unerläßlich ist nicht nur das kostenmäßige Ertrags- und Aufwandsgefüge insgesamt wie in obigem Beziehungsgeflecht dargestellt, sondern auch deren anteilige Strukturen nach den drei relevanten Vertriebswegen Einzelverkauf, Abonnement und sonstige Verkäufe (sog. Vertriebssparten). Alle drei Absatzwege verursachen unterschiedliche Kosten bei der Distribution:. Der Vertriebsaufwand in Form von sog. Funktionsrabatten ist beim Absatz über den Einzelhandel (inkl. Bahnhofsbuchhandel) am größten, beim Postabonnement am geringsten. Dies bedingt unterschiedliche Deckungsbeiträge zum Gesamtertrag. Tab. 6.3.1.3 [1] rekonstruiert die Spartenkalkulation für das Jahr 1992.

Die Sparte Abonnement erweist sich auch beim *SPIEGEL* als lukrativste Vertriebsform: Der Gewinnbeitrag pro Exemplar liegt doppelt so hoch wie jener aus dem Einzelverkauf. Hohe Abo–Quoten sind aufgrund des günstigen Erlös–Vertriebsaufwandsverhältnisses sichere Gewinnstabilisatoren. Umgekehrt ist der mengenmäßig bedeutsamere Einzelverkaufsabsatz mit vergleichsweise hohem Vertriebsaufwand belastet (Funktionsrabatte, Remissionskosten). Bei Verkäufen an Lesezirkel fällt diese Relation aufgrund der sehr geringen Absatzpreise am ungünstigsten aus.[22] Um die Proportionen zwischen Spartenerlös und spezifischen Gesamtkosten über-

22 Abgabepreis an Lesezirkel 1992: 0,80 DM, Copypreis bei sog. Bord–Verkäufen: 1,90 DM. Der hier ausgewiesene Verkaufspreis von 1,13 DM ergibt sich als gewichteter Durchschnittspreis.

sichtlicher zu gestalten, werden die in nachfolgender Tabelle nach Deckungsbeitragsaspekten detailliert aufgelisteten Erlös- und Kostenpositionen in der nächsten Abb. 6.3.1.3 [2] jeweils zusammengefaßt ausgewiesen.

Tab. 6.3.1.3 [1]: *SPIEGEL*-Erlösstruktur 1992 pro verk. Ex. in DM nach Sparten

		Einzelhandel	Abonnement	sonstige Verkäufe
	Verkaufspreis	**5,00**	**5,00**	**1,13**
./.	7 % MwSt	0,33	0,33	0,07
=	Netto–Copy–Preis	4,67	4,67	1,06
./.	Grosso + EH–Rabatte	1,58	–	–
=	**Verlagserlös**	**3,09**	**4,67**	**1,06**
./.	Heftkosten	1,82	1,82	1,82
./.	Remissionskosten	0,53	–	–
./.	Versand/Verpackung Vertrieb bzw. PZD	0,41	0,83	0,41
=	**DB I**	**0,33**	**2,02**	**1,17 minus**
./.	redHK	1,88	1,88	1,88
./.	Werbung/Marketing	0,28	0,28	0,28
./.	restl. Kosten	1,70	1,70	1,70
=	**DB II**	**3,53 minus**	**1,84 minus**	**5,03 minus**
+	WAE	5,30	5,30	5,30
=	**Gewinn vor Steuer**	**1,77**	**3,46**	**0,27**
	Anteil am mengenmäßigen Gesamtabsatz			
		65%	**25%**	**10%**
	hypothetischer Anteil a Gesamtgewinn[23]:			
		63%	**36%**	**1%**

Legende: EH = Einzelhandel, MwSt = Mehrwertsteuer, DB = Deckungsbeitrag, PZD = Postzeitungsdienst, redHK = redaktionelle Herstellkosten (Inputkosten), WAE = Werbe-/Anzeigenerlöse; in den restlichen Kosten sind alle Kosten enthalten, die hier nicht explizit ausgewiesen wurden, also etwa die Kosten des Verlags und des kaufmännischen Managements, Mieten, sonst. kalkulatorische Kosten.

23 Der Gesamtgewinn, der sich durch Multiplikation mit den entsprechenden Absatzzahlen errechnen ließe, würde hier zu hoch ausgewiesen, da die Kalkulation aus Vereinfachungsgründen auf zwei Differenzierungen verzichtet: Zum ersten betrug der Verkaufspreis bis zur Nr. 36 einschl. 4,50 DM, während hier ausschließlich mit dem inzwischen erhöhten Preis von 5 DM gerechnet wurde. Zum zweiten wurde hier hinsichtlich der Funktionsrabatte nicht weiter nach Grosso/Einzelhandelsabsatz und Bahnhofsbuchhandel unterschieden, sondern der Einzelverkauf ausschließlich auf der Basis als EH–Absatz kalkuliert. Der tatsächliche Gesamtgewinn des *SPIEGELs* betrug 1992 insgesamt 98 Mio. DM.

Abb. 6.3.1.3 [2]: *SPIEGEL*–Spartenkalkulation und Querfinanzierungsgrade

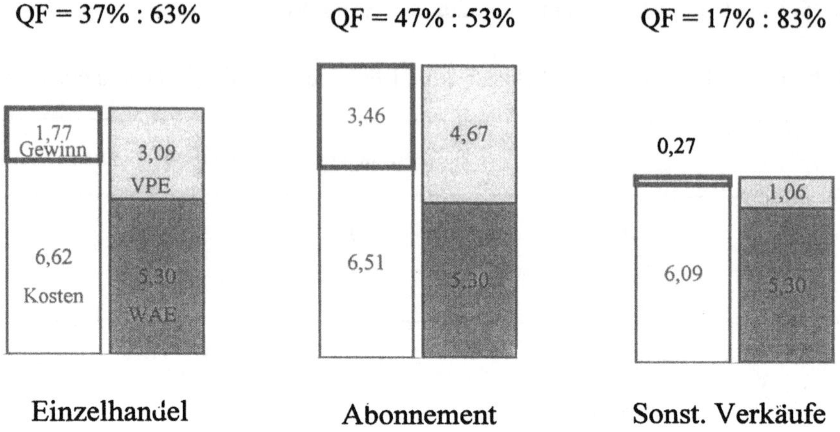

Eine stabilere Leser–Blatt–Bindung beispielsweise, die sich in einer wesentlich höheren Abo–Quote niederschlagen würde, könnte die ökonomische Abhängigkeit des *SPIEGELs* von der Querfinanzierung über Werbung bzw. Anzeigen deutlich mindern. Die Bedeutung des Anzeigengeschäfts läßt sich aus den stark negativen Deckungsbeiträgen der vorigen Tab. 6.3.1 [1] ersehen, die je nach Vertriebsweg zwischen 1,84 DM und 5,03 DM bzw. über alle Sparten hinweg bei 3,65 DM pro verkauftem Exemplar liegen.

Allerdings muß man sehen, daß der hohe Querfinanzierungsanteil von 5,30 DM pro verkauftem Exemplar nicht nur die ungedeckten Kosten auffängt, sondern auch zu 31% den hohen Stückgewinn von 1,65 DM 'finanziert', der 1992 seinerseits 20% des Umsatzes betrug.

6.3.1.4 Alternativen zur Querfinanzierung

Wollte sich *DER SPIEGEL* ohne Werbe-/Anzeigenerlöse finanzieren, also auf die Querfinanzierung ganz verzichten, so hätte er unter grundsätzlicher Beibehaltung des bisherigen Kostengefüges zwei Möglichkeiten: Zum einen könnte er dies mittels der kostendeckenden Kalkulation des Verkaufspreises versuchen. Dies liefe auf eine drastische Erhöhung des Copypreises hinaus. Ein zweiter Weg bestünde in der Mengenausweitung des Absatzes in dem Umfang, bis die Fixkostendegression ein Preisniveau ermöglichen würde, das der derzeitigen Zahlungsbereitschaft entspräche.

Beide Lösungsvarianten können ersteinmal als unrealistisch betrachtet werden. Eine Aufstockung des Copypreises würde eine völlig veränderte Preisbereitschaft voraussetzen (vgl. Kap. 5.3.2), die Ausnutzung des Fixkostendegressionseffektes eine gigantische Auflagensteigerung bedingen. Dennoch soll eine exemplarische

Kalkulation beider Varianten das Ausmaß einer notwendigen Anpassung bzw. die (Nicht-)Relevanz dieser beiden ökonomischen Alternativen vor Augen führen.

1) Die Kalkulation der bisherigen Umsatzhöhe *ohne Werbe-/Anzeigeneinnahmen* stellt sich als reine Rechenaufgabe unter Berücksichtigung entfallender Aufwandspositionen dar, die für die Akquisition und die technische Herstellung der Anzeigenseiten notwendig sind und die außerdem veränderte Vertriebskosten berücksichtigen. Per Saldo würden in diesem Fall pro verkauften Exemplar 1,20 DM an Werbe-/Anzeigenbedingten Kosten entfallen.[24] Wollte *DER SPIEGEL* sein bisheriges Gewinnvolumen bei unveränderter Auflagenhöhe aufrecht erhalten, so müßte das Blatt ohne Anzeigenseiten einen Copypreis von 11,30 DM für jede Ausgabe fordern.[25]

2) Die (hypothetische) Berechnung der *notwendigen Auflagensteigerung bzw. des entsprechenden Fixkostendegressionseffektes* bis zur jener Menge bzw. Höhe, bei der die (gesunkenen) Durchschnittskosten plus anteiligem Stückgewinn die Höhe des originären Verlagserlöses in Höhe von 2,90 DM ausmachen, ist ungleich schwieriger: Es setzt angesichts der absehbaren Ausweitung der Produktionsmenge eine ganze Reihe von Annahmen voraus. Die relevanteste Frage bezieht sich auf den Kostenverlauf der technischen Herstellung, insbesondere der Druckkosten. Weitere Annahmen müßten hinsichtlich der Grosso- und Einzelhandelsspannen sowie bei den sonstigen Vertriebs- und Versandkosten getroffen werden.[26] Alle sonstigen Aufwandspositionen, insbesondere der redaktionelle Herstellungsaufwand, die Kosten des Verlags usw. werden als konstant betrachtet. Der Einfachheit halber sollen zunächst auch die sonstigen Vertriebs- bzw. Versandkosten (z.B. Speditionsaufwand) als fix unterstellt werden, mit Ausnahme des (anteiligen) Postzeitungsdienstes, dessen Kosten nach derzeitigem Tarifgefüge als variabel angenommen werden. Bei allen anderen fixen Kosten sind demnach erhebliche Degressionswirkungen zu erwarten.[27]

Somit verbleibt die Frage nach dem Kostengefüge der technischen Herstellung, die im Jahre 1992 mit 2,17 DM pro verk. Exemplar[28] rd. 26% des Gesamterlöses (8,20 DM) ausmachte. Da Papier einen variablen Kostenfaktor darstellt, konzentrieren sich die Überlegungen auf den Druckkostenfaktor, der mit 1,17 DM pro verkauftem Exemplar eigentlich nur 14% des Gesamterlös ausmacht. Da ein erhöhtes

---

24 Bei Wegfall der Anzeigenseiten würden sich die Papierkosten um 50% auf 0,50 DM und die Druckkosten um 40% auf 0,47 DM reduzieren. Aufgrund des geringeren Umfangs bzw. Gewichts entstünde beim PZD eine Einsparung über alle Vertriebssparten gerechnet von 0,04 DM. Akquisition- und Verwaltungskosten würden in Höhe von 0,19 DM entfallen, zusammen also 1,20 DM, immer pro verk. Ex. gerechnet.

25 Der ursprüngliche Stückumsatz aus VPE + WAE in Höhe von 8,20 DM pro Exemplar würde sich auf 7,00 DM reduzieren (vgl. vorige Anmerkung), was der neuen Höhe des Verlagserlöses (VE) entspräche. Rechengang für die neue Höhe des Verkaufspreises (VP): (1) Nettocopypreis (NCP) + 7% = (VP), (2) NCP ./. 0,3376 NCP (Funktionsrabatte für Grosso/EH) = (VE), (3) VE = 7,00 DM, (4) 0,6624 NCP = 7,00 DM, (5) NCP = 10,56 DM, (6) 10,56 DM + 7% MwSt = 11,30 DM.

26 Die Absatzstruktur nach Sparten wird als unverändert angenommen.

27 Dies bezieht sich grundsätzlich auch auf die Position des Gewinns, wenn man diesen einmal als planbar unterstellt und diesen zweitens als kalkulatorische 'Kosten'–Größe ansieht: Das Gewinnvolumen soll den Volumen nach unabhängig von der zu steigernden Absatzmenge aufrecht erhalten werden.

28 Vgl.: technische Herstellung (Druck, Papier) in Höhe von 1,82 DM plus anteilige Remissionskosten in Höhe von 0,35 DM.

Druckvolumen indes größere Zeitkapazitäten in Anspruch nimmt, ein aktuelles Nachrichtenmagazin aber nicht alles vorproduzieren kann, sondern für relevante publizistische Produktkomponenten einen möglichst späten Redaktionsschluß, sprich Drucktermin benötigt, läuft dieses Optimierungsproblem letztlich auf die Frage nach den dazu notwendigen Druckkapazitäten bei unverändertem Zeitvolumen hinaus. Da die absehbaren zusätzlichen Auflagenmengen in einer Größenordnung von 200% und sehr viel mehr der originären Druckauflage liegen, und solche Überlegungen ausschließlich hypothetischer Natur sein können, kommt man dennoch um unterschiedliche Annahmen hinsichtlich der Entwicklung des Druckkostengefüges bei alternativen Produktionsmengen nicht herum. Müssen bei einer Produktionsausweitung zusätzliche Druckanlagen bereitgestellt, z.B. neu angeschafft werden, so hängt die Frage der Kostenkalkulation schon von deren Auslastung in all jenen Zeiten ab, in denen die zusätzlichen Druckkapazitäten nicht für die Mengenausweitung des *SPIEGELs* benötigt würden.

Aus diesem Grund liegt die hypothetische Spannbreite möglicher Druckkostenverläufe zwischen fixen und sprungfixen Kapazitäten, die bis zu einer Verdreifachung des originären Druckkostenaufwandes reichen können (z.B. bei Vervierfachung des Auflagenvolumens).[29] In den letzteren Fällen werden die Degressionseffekte des technischen Herstellvorgangs insgesamt abgeschwächt, was für die Suche nach der notwendigen Auflagenausweitung deren Lösung weiter in den Bereich exorbitanter Produktionsmengensteigerungen und damit immer mehr in die Sphäre der Utopie verschiebt.

Die im folgenden skizzierten Ergebnisse basieren auf Kalkulationen, deren Annahmen und Datenwerte in Tabelle 6.3.1.4 [2a und 2b] festgehalten sind. Tabelle 6.3.1.4 [1] gibt verkürzt die Fallvarianten und die unterschiedlichen Ergebnisse wieder.

29 Wie hypothetisch diese Betrachtungen sind, ergibt sich auch daraus, daß niemand beim *SPIEGEL*–Verlag und auch nicht der Leiter der G+J–Druckerei in Itzehoe über eine halbwegs realistische Vorstellung über den Fall einer drastischen Auflagensteigerung des Nachrichtenmagazins verfügt: Eine solche Situation wird nichteinmal als utopisches Szenario durchgespielt. Die hiesigen Annahmen wurden daher in Diskussionen sowohl mit dem *SPIEGEL*–Verlag als auch mit der Großdruckerei (hypothetisch) entwickelt. Sicher wäre nur, daß Mengenausweitungen um bis zu 50% im Zweifel schnell realisiert werden könnten, weil *DER SPIEGEL* zeitgleich an zwei Standorten gedruckt wird (Itzehoe und Nürnberg).

Tab. 6.3.1.4 [1]: Ökonomisches Wirkungsgefüge einer dauerhaften Auflagensteigerung des *SPIEGEL* um bis zu 400%: Fixkostendegressionseffekte bei alternativen Druckkostenverläufen (1992)

Fallsituation	Auflagevolumen	Druckkosten (-verlauf)	Stückkosten ohne Gewinn in DM	Stückkosten mit Gewinn in DM
1	100%	60%	5,35	7,00
2.1	200%	60% x 2	3,52	4,34
2.2	200%	100%	3,40	4,22
2.3	220%	60% x 2	3,27	4,02
2.4	250%	60% x 2,5	3,11	3,77
2.5	250%	60% x 3	3,25	3,90
2.6	265%	60% x 2,5	2,97	3,59
2.7	270%	60% x 2,5	2,94	3,55
3	300%	60% x 2,5	2,71	3,26
4	400%	60% x 3	2,31	2,72

Da die Fragestellung auf der Alternative basiert, auf diese Querfinanzierung zu verzichten, kommt als fiktiv relevanter Vergleichsfall jene Situation zum Tragen, die als obige Alternative 1 kalkuliert wurde: *DER SPIEGEL* ohne Werbung mit um 50% reduziertem Papieraufwand bzw. mit rd. 40% geringeren Druckkosten gefertigt. Dies entspricht hier dem Fall 1: Der Verlagserlös betrüge 7,00 DM, der daraus sich ergebende Copypreis läge bei 11,30 DM (s.o.).

* Der Fall einer Auflagenverdoppelung sei in zwei Varianten kalkuliert, um die absehbaren Trends anzudeuten. Fall 2.1: Ein halb so umfangreicher *SPIEGEL* mit um 40% reduzierten Druckkosten, die sich wegen der Auflagenverdoppelung jetzt aber ebenfalls verzweifachen (mögliche Druckkostenkalkulation: 60% des originären Druckkostenniveaus x 200% Auflagenhöhe). Fall 2.2: Daten wie im vorigen Fall aber vom originären Druckkostenniveau ausgehend (mögliche Druckkostenkalkulation: 50% Umfang x 200% Auflagenhöhe = 100% Druckkostenniveau). Die Fixkostendegression würde den notwendigen Verlagserlös auf 4,34 DM bzw. 4,22 DM pro verkauftem Exemplar reduzieren.

* Eine Ausweitung des Auflagenvolumens auf 250% würde im Fall einer Druckkostensteigerung auf 60% x 2,5 (Fall 2.4) den notwendigen Einnahmenerlös auf 3,77 DM, im Falle einer überproportionalen Druckkostensteigerung um das Dreifache (Fall 2.5) nur auf 3,90 DM drücken. Erst eine Ausweitung auf rd. 400% würde die Durchschnittskosten soweit absenken, um mittels der Fixkostendegression das originäre Verkaufspreis- und Verlagserlösniveau aufrecht erhalten zu können. Die dazu notwendigen absoluten Absatzzahlen, 4,6 Mio. verkaufter Exemplare anstatt 1,150 Mio., betonen den unrealistischen Charakter dieser Alternative.

Für den *SPIEGEL* gibt es zur Querfinanzierung mittels Werbe-/Anzeigenerlöse realistischerweise gesehen - d.h. unter Beibehaltung des derzeitigen Produktionsgefüges und finanziellen Anspruchniveaus - keine ernsthafte Alternative.

Abb. 6.3.1.4 [2a]: Ökonomisches Wirkungsgefüge einer dauerhaften Auflagensteigerung des *SPIEGEL* um bis zu 400%: Fixkostendegressionseffekte bei alternativen Druckkostenverläufen. Rahmendaten und Kalkulationen (1992)

Auflagevolumen Druckkostenverlauf Vol./Jahresauflage	Fall 1 100% 60% 59,643 Mio Ex		Fall 2.1 200% 60% x 2 119,286 Mio Ex		Fall 2.2 200% 100% 119,286 Mio Ex		Fall 2.3. 220% 60% x 2 131,215 Mio Ex		Fall 2.4. 250% 60% x 2,5 149,107 Mio Ex	
	in Mio DM	in DM/Ex.	in Mio DM	in DM/Ex.	in Mio DM	in DM/Ex.	in Mio DM	in DM/Ex.	in Mio DM	in DM/Ex.
tHK:	72	1,21	144	1,21	130	1,09	150	1,14	180	1,21
Druck	*42*	***0,70***	*84*	***0,70***	*70*	***0,59***	*84*	***0,64***	*105*	***0,70***
Papier	*30*	*0,50*	*60*	*0,50*	*60*	*0,50*	*66*	*0,50*	*75*	*0,50*
Vertrieb:	28,6	0,48	57,2	0,48	57,2	0,48	59,7	0,46	64,3	0,43
Versand	*7,1*	*0,12*	*14,2*	*0,12*	*14,2*	*0,12*	*15,7*	*0,12*	*17,9*	*0,12*
Spedition	*13,5*	***0,22***	*27*	***0,22***	*27*	*0,22*	*27*	***0,21***	*27*	***0,18***
PZD	*8*	*0,13*	*16*	*0,13*	*16*	*0,13*	*17*	*0,13*	*19,4*	*0,13*
sonst. Fixkosten:	218,2	3,66	218,5	1,83	218,5	1,83	218,5	1,67	218,5	1,47
WM	*16,7*	***0,28***	*16,7*	***0,14***	*16,7*	***0,14***	*16,7*	***0,13***	*16,7*	***0,11***
rHK	*112*	***1,88***	*112*	***0,94***	*112*	***0,94***	*112*	***0,85***	*112*	***0,75***
restl. Kosten	*89,5*	***0,68***	*89,5*	***0,75***	*89,5*	***0,75***	*89,5*	***0,68***	*89,5*	***0,60***
Summe/Kosten	319	5,35	419,7	3,52	405,7	3,40	428,2	3,27	462,8	3,11
Gewinn	98	**1,65**	98	**0,82**	98	**0,82**	98	**0,75**	98	**0,66**
Summe inkl. Gewinn	417	7,00	517,7	4,34	503,7	4,22	526,2	4,02	560.8	3,77

Legende: tHK = technische Herstellkosten, PZD = Postzeitungsdienst, WM = Werbung/Marketing, rHK = redaktionelle Herstellkosten
Vol./Jahresauflage = gesamtes verkauftes Auflagenvolumen innerhalb eines Jahres; der Fall 1 stellt die Referenzsituation dar: *DER SPIEGEL* wird ohne Werbung/Anzeigen gedruckt, weshalb die Druckkosten nur noch 60% des tatsächlichen Niveaus (mit Anzeigenseiten=100%) betragen; gleichzeitig reduzieren sich die sonst. Fixkosten um 11,5 Mio. DM (Wegfall der Anzeigenabteilung usw.); die relevanten Fixkosteneffekte pro Stück sind fett hervorgehoben

Abb. 6.3.1.4 [2b]: Ökonomisches Wirkungsgefüge einer dauerhaften Auflagensteigerung des *SPIEGEL* um bis zu 400%: Fixkostendegressionseffekte bei alternativen Druckkostenverläufen. Rahmendaten und Kalkulationen (1992)

Auflagevolumen Druckkostenverlauf Vol./Jahresauflage	Fall 2.5 250% 60% x 3 149,107 Mio Ex		Fall 2.6 265% 60% x 2,5 158,054 Mio Ex		Fall 2.7 270% 60% x 2,5 160,898 Mio Ex		Fall 3 300% 60% x 2,5 178,029 Mio Ex		Fall 4 400% 60% x 3 238,572 Mio Ex	
	in Mio DM	in DM/Ex.	in Mio DM	in DM/Ex.	in Mio DM	in DM/Ex.	in Mio DM	in DM/Ex.	in Mio DM	in DM/Ex.
tHK	201	1,35	184,5	1,17	186	1,16	195	1,09	246	1,03
Druck	*126*	***0,85***	*105*	***0,66***	*105*	***0,65***	*105*	***0,59***	*126*	***0,53***
Papier	*75*	*0,50*	*79,5*	*0,50*	*81*	*0,50*	*90*	*0,50*	*120*	*0,50*
Vertrieb	64,3	0,43	66,5	0,42	67,2	0,42	71,8	0,40	86,6	0,36
Versand	*17,9*	*0,12*	*19,0*	*0,12*	*19,3*	*0,12*	*21,5*	*0,12*	*28,6*	*0,12*
Spedition	*27*	***0,18***	*27*	***0,17***	*27*	***0,08***	*27*	***0,15***	*27*	***0,11***
PZD	*19,4*	*0,13*	*20,5*	*0,13*	*20,9*	*0,13*	*23,3*	*0,13*	*31*	*0,13*
sonst. Fixkosten	218,5	1,47	218,5	1,38	218,5	1,36	218,5	1,22	218,5	0,92
WM	*16,7*	***0,11***	*16,7*	***0,11***	*16,7*	***0,10***	*16,7*	***0,09***	*16,7*	***0,07***
rHK	*112*	***0,75***	*112*	***0,70***	*112*	***0,70***	*112*	***0,63***	*112*	***0,47***
restl. Kosten	*89,5*	***0,60***	*89,5*	***0,57***	*89,5*	***0,56***	*89,5*	***0,50***	*89,5*	***0,38***
Summe/Kosten	483,8	3,25	469,5	2,97	471,7	2,94	485,3	2,71	551,1	2,31
Gewinn	98	**0,66**	98	**0,62**	98	**0,61**	98	**0,55**	98	**0,41**
Summe inkl. Gewinn	581,8	3,90	567,5	3,59	569,7	3,55	583,3	3,26	649,1	2,72

Legende: Eine Kalkulation wie die hiesige muß von bestimmten Annahmen ausgehen, da die hier kalkulierten Situationen hypothetisch sind; so etwa die Annahme, daß die Speditionskosten nur einmal beim Intervallsprung von 100% auf 200% Auflagensteigerung um das Doppelte steigen; sollte dies nicht der Fall sein, so würde das Ergebnis aufgrund der absoluten Kostenhöhe nur geringfügig tangiert; als ebenfalls fix wird das geplante Gewinnvolumen unterstellt; sollten fixe Kosten in kleineren Intervallen sprungfix sein, so müßte das Auflagenvolumen noch größer werden

6.3.2 Fallbeispiel *stern*

Die unterschiedliche Wettbewerbssituation auf dem Werbe-/Anzeigenmarkt zwischen dem politischen Nachrichtenmagazin *SPIEGEL* und der Illustrierten *stern* wurde bereits im vorigen Abschnitt dargestellt. Der *stern* ist aufgrund seiner hohen Reichweite in repräsentativen Bevölkerungsgruppen vor allem für Markenartikler und die Konsumgüterindustrie interessant, im *SPIEGEL* schalten vorzugsweise auch Unternehmen der Investitionsgüterindustrie sowie des Dienstleitungsgewerbes, die auf die hohen Reichweiten in den höheren Einkommens- und Führungsschichten rekurrieren.

Gleichwohl sich der *stern* und *DER SPIEGEL* 1992 im selben Maß über den Werbe-/Anzeigenmarkt finanzierten und auch annähernd das gleiche Umsatzvolumen erzielten (*stern*: 474 Mio. DM, *SPIEGEL*: 489 Mio. DM), unterscheiden sich beide Wochenmagazine in relevanten Punkten ihres publizistischen und ökonomischen Wirkungsgefüges. Dies tangiert auch Fragen der Querfinanzierung. Im Vergleich der Deckungsbeitragskalkulation zwischen beiden Blättern sei auf bedeutende Unterschiede bzw. auf die spezifische Situation der Illustrierten eingegangen (vgl. Übersicht 6.3.2).

Übersicht 6.3.2: Deckungsbeitragskalkulation und Querfinanzierung bei *stern* und *SPIEGEL* in DM pro verk. Ex.im Einzelhandel (1992)

		stern	*SPIEGEL*
	Verkaufspreis	**4,00**	**5,00**
./.	7% MwSt.	0,26	0,33
=	Netto-Copypreis	3,74	4,67
./.	Grosso/EH	1,24	1,58
=	Verlagserlös	2,50	3,09
./.	Heftkosten	2,65	1,82
	(Druckauftragswert	*217 Mio. DM*	*130 Mio. DM)*
./.	Remissionskosten	0,80	0,53
./.	Versand/Verpackung/Vertrieb	0,15	0,41
=	**DB I**	**1,10 minus**	**0,33**
./.	red. Kosten *(Redaktionsetat*	1,45	1,88
	+ Archiv/Dokumentation	*100 Mio. DM*	*112 Mio. DM)*
./.	Werbung/Marketing		0,28
./.	restliche Kosten	0,70 inkl. Werbung/Marketing	1,70
=	**DB II**	**3,25 minus**	**3,53 minus**
+	WAE	4,50	5,30
	(Volumen absolut	*309 Mio. DM*	*316 Mio. DM)*
=	**Gewinn v. Steuer**	**1,25**[30]	**1,77**
	ökonomisches Ziel bzw. Unternehmensphilosophie	„Optimierung" der Auflage für die Werbe-/ Anzeigenkunden	„maximieren": positiver DB I, dann Fixkostendegression
	verkaufte Auflage	1,319 Mio. Ex.	1,147 Mio. Ex.

30 Siehe Anm. 33!

Der Unterschied mit den schwergewichtigsten Folgen liegt in den Kosten der technischen Herstellung: 2,65 DM beim *stern* versus 1,88 DM beim *SPIEGEL*. Und dies, obwohl beim *stern* aufgrund seiner um rd. 170.000 Exemplare höheren Verkaufsauflage bereits ein spürbar stärkerer Fixkostendegressionseffekt durchgeschlagen hat. Wie bereits angesprochen (vgl. Anm. 32 auf S. 95) muß der *stern* einen (unternehmens-)'politischen' Preis für den Druckauftrag in der G+J–eigenen Großdruckerei zahlen. *DER SPIEGEL* konnte Anfang der 90er Jahre zu günstigen Kapazitätsauslastungskonditionen einsteigen. Dies ist der Grund, weshalb die Illustrierte bereits beim Deckungsbeitrag I tief im Minus steht, *DER SPIEGEL* noch im positiven Bereich verbleibt. Allerdings enthält der teure Druckauftrag des *stern* einen für die Bertelsmann-Gruppe üblicherweise kalkulierten Gewinnaufschlag in Höhe von 15% seitens der Druckerei – auch im Teilkonzern G+J agieren und kalkulieren die einzelnen Unternehmensbereiche als eigenständige Profitcenter.

Degressionswirkungen kommen auch bei den redaktionellen Herstellkosten zum Tragen. Würde der *stern* nur das Auflagenvolumen des *SPIEGELs* verkaufen, läge der redaktionelle Herstellaufwand bei 1,68 DM und damit deutlich höher. Umgekehrt würde sich der absolut höhere Redaktionsetat beim *SPIEGEL* umgerechnet auf die Auflagenhöhe des *sterns* auf nur noch 1,63 DM stellen.

Aufgrund der Unterschiedlichkeit der relevanten Wettbewerbsparameter (Copypreis, WAP, TLP) und gegebener interner Kostenstrukturen sind auch die strategischen Unternehmensphilosophien verschieden. Der *stern* ist auf Optimierung der Auflagenhöhe für seine Werbe-/Anzeigenkunden bedacht, für die nicht nur der Tausendleserpreis von Bedeutung ist, sondern auch die absolute Höhe des Anzeigenpreisniveaus: Eine nachhaltig höheres Auflagenvolumen müßte in der Logik der Mediaplanung ein Ansteigen des Preisniveaus nach sich ziehen.[31] Unabhängig von der Entwicklung des Tausendleserpreises würde dies die der absoluten Höhe nach meist vorgegebenen, weil längerfristig geplanten Werbebudgets der Anzeigenkunden tangieren. G+J ist daher an einer stabilen Auflagen- und Anzeigenseitenplanung interessiert.

Anders die Situation beim *SPIEGEL*, der auf Maximierung seiner Auflage setzt: Für ihn zählen die potentiellen Fixkostendegressionseffekte, die das Gesamtergebnis nur verbessern können. Der ungleich höhere Fixkostenblock bei den restlichen Kosten hängt mit dem Umstand zusammen, daß das Unternehmen *SPIEGEL* vorwiegend das Produkt *SPIEGEL* verkauft. Sieht man vom Tochterunternehmen *manager magazin* ab, so verteilt sich der Overhead (Managementaufwand, kalkulatorische Kosten usw.) auf ein einziges Produkt.[32] Insofern ist der Stückgewinn vor Steuer zwischen *stern* und *SPIEGEL* nicht exakt vergleichbar: G+J legt als einzige Kostenposition die „Verlagsleistung“ als (Konzern-)Overhead auf die einzelnen Unterneh-

31 G+J geht davon aus, daß eine Nichterhöhung des Anzeigenpreisniveaus im Falle einer nachhaltigeren Auflagensteigerung zu Glaubwürdigkeitsverlusten gegenüber der Anzeigenpreisgestaltung ganz generell führen würde. Eine 'notwendige' Preiserhöhung indes, die bei nicht stabiler Auflagensteigerung bzw. ggf. schlechterer Reichweitenergebnisse bei der nächsten Media–Analyse dann wieder zurückgenommen werden muß, ist mit einem irreparablen Imageverlust verbunden.

32 Inzwischen gibt das Print–Unternehmen *SPIEGEL* regelmäßig die Reihe *SPIEGEL* special zu unterschiedlichen Themenschwerpunkten heraus und legt den Abo–Exemplaren des Wochenmagazins das eigenständig mittels Werbe-/ Anzeigenerlöse kalkulierte Supplement *SPIEGEL* extra bei. *SPIEGEL TV* arbeitet inzwischen ebenfalls als eigenständiger Unternehmensbereich.

mensbereiche um.[33] Der Vergleich zwischen *stern* und *SPIEGEL* läßt dabei die ökonomische Bedeutung des Phänomens von economies of scope im originären Produktionsbereich erahnen.

6.3.3 Economies of scope und Querfinanzierungsbedarf

Im Gegensatz zur Fixkostendegression durch Produktionsmengenausweitung läßt sich Kostendegression bei unausgelasteten Ressourcen auch durch (Aus-)Nutzung (teilweise) gemeinsamer Produktionskapazitäten für mehrere bzw. unterschiedliche Güter realisieren. Derselbe Effekt stellt sich ein, wenn sich beispielsweise die Risiken aus Forschungs- und Entwicklungskosten auf einer größere Produktpalette verteilen (sog. Portfolioeffekte bei F&E). Die Realisierung hoher Kosten(degressions)vorteile bei unverändertem Absatzpreisniveau ist daher potentiell geeignet, den Querfinanzierungsbedarf zu reduzieren.

Bei Medienunternehmen kommen für Verbundvorteile mehrere Ressourcen in Betracht. Zum einen ergeben sich potentielle economies of scope aus dem vergleichsweise hohen und vor allem regelmäßig anfallenden Anteil des geistig-kreativen Inputfaktors (z.B. Redaktion). Zum anderen lassen sich bei der technischen Produktion ebenfalls Synergien realisieren, wie dies bei vielen Produktionsprozessen möglich ist, die freie Nutzungsreserven ausweisen. Derartige Synergieeffekte ergeben sich beispielsweise bei der technischen Herstellung wie Druck und Versand, beim Vertrieb oder auch dem Zustellsystem sowie bei den kaufmännischen Verwaltungs- und Managementfunktionen ganz allgemein. Ein zusätzliches Segment medienspezifischer Verbundvorteile liegt sowohl in der Möglichkeit gemeinsamer (Eigen-)Werbungs- und Marketingstrategien als auch vor allem im Bereich des Schaltens sog. Eigenanzeigen bzw. Nutzens eigener Werbeplätze für das eigene Produkt A im eigenen Produkt B: Die tatsächlichen Kosten der Bereitstellung von Anzeigenraum bzw. Werbeplätzen liegen aufgrund der Querfinanzierungsfunktionseigenschaft dieses Marktes weit unter den gegenüber Dritten geforderten Preisen und führen zu geradezu drastischen Kosteneinsparungen (ausführlich im Kapitelabschnitt 6.3.5.2). Je größer die Produktpalette, umso größer fallen dabei mögliche Verbundvorteile aus.

Medientypische economies of scope liegen vor allem in den Bereichen aller redaktionellen Inputs, die sich durch Nicht–Rivalität in der Nutzung auszeichnen. Dazu gehören Recherche, gemeinsam genutzte Korrespondenten(netze) oder auch das Archiv bzw. die Dokumentation. Beispielhaft sei dies an der Kalkulation des

33 Alle anderen Aufwandspositionen werden nach dem Verursachungs- bzw. Zurechenbarkeitsprinzip hierarchisch-funktional auf unteren Ebenen geschlüsselt. Die Verlagsleistung (Konzernleistung) als Overheadaufwand wird dabei nach den sonstigen Gesamtkostenanteilen „umgelegt". Über die genaue Höhe waren in diesem Fall keine Angaben zu erhalten. Rechnet man den Overhead vor allem als anteilige Lohn- und Gehaltssumme inkl. der 7 Vorstandsgehälter, so würden auf den sog. Zentralbereich inkl. der Vorstandsabteilung bei G+J rd. 90 Mio. DM im Jahr entfallen. Schlüsselt man diese Summe auf den Unternehmensbereich „Zeitschriften Inland" bzw. auf das dort dominante Magazin *stern*, so würde man der Illustrierten rd. 11 Mio. DM jährlich anteilig zurechnen. Umgerechnet auf ein einzelnes verkauftes Exemplar ergäbe dies einen Kostenbetrag von 0,16 DM (1992).

SPIEGEL–Archivs rekonstruiert, das zu den größten Pressearchiven weltweit zählt.[34] Das *SPIEGEL*–Archiv beschäftigt rd. 120 Mitarbeiter, darunter 75 sog. Dokumentations–Journalisten und 45 archivtechnische Angestellte. Insgesamt arbeiten in dieser für den *SPIEGEL* bedeutsamen Produktionsabteilung rd. 13% aller *SPIEGEL*–Beschäftigten. Stellt man auf den ausschließlich journalistischen Beschäftigtenanteil ab, dann investiert *DER SPIEGEL* 23% seiner Journalisten bzw. Redakteure in die laufende Dokumentations- und Archivrecherchearbeit.[35]

Die Kosten des *SPIEGEL*–Archivs betrugen 1992 rd. 12 Mio. DM.[36] Nutzer dieser Dokumentationsabteilung sind die Redaktionen des Mediums *SPIEGEL* selbst sowie *SPIEGEL*–TV und das *manager magazin.* Das *manager magazin*, das in einer eigenständigen Tochtergesellschaft ausgegliedert ist, nutzt die Archivbestände mit eigenem Personal. Im Gegensatz dazu wird beispielsweise das G+J–Archiv von dazu ausschließlich betrauten Archivmitarbeitern betreut, die für alle publizistischen Unternehmensbereiche im Wege konzerninterner Verrechnungspreise Dienstleistungsfunktionen übernehmen und sogar für Dritte tätig werden.[37]

Die Kosten des *SPIEGEL*–Archivs verteilen sich demnach praktisch ausschließlich auf das Medium *SPIEGEL.* 1992 lagen die anteiligen Archivkosten pro verkauftem Heft bei 0,20 DM. Läge die durchschnittliche Auflage bei (nur) 950.000 verkauften Exemplaren wie in den 80er Jahren, so würde sich der anteilige Archiv-/Dokumentationsaufwand auf 0,25 DM stellen. Umgekehrt würden sich diese Kosten bei einer Auflagenhöhe wie jener des *sterns* auf 0,18 DM belaufen. Würde *DER SPIEGEL* indes seinen Inputfaktor Archiv, ähnlich wie dies im publizistischen Mehrproduktunternehmen G+J der Fall ist, anderen Medien zur Verfügung stellen (können) und wäre er wie etwa der *stern* nur noch zu 1/3 an der nicht-rivalisierenden Nutzung beteiligt, so würde sich der *SPIEGEL*–spezifische Archivaufwand entsprechend reduzieren. Aufgrund des publizistischen Selbstverständnisses und Konkurrenzdenkens dürfte dies für den *SPIEGEL* allerdings keine relevante Überlegung bzw. Alternative sein. Sieht man einmal von vergleichsweise geringen Verbundvorteilen ab, wie sie sich aus der gemeinsamen Verwertung von Inputressourcen im Printmedium *SPIEGEL* und in *SPIEGEL–TV* ergeben können, dann hat das Unternehmen *SPIEGEL* im Vergleich zur Illustrierten *stern*, die innerhalb eines publizistischen Mehrproduktverbundes hergestellt wird, potentiell Kostennachteile. Aufgrund des publizistischen Anspruchs, der ganz offenbar von den Rezipienten auch durch eine höhere Zahlungsbereitschaft akzeptiert wird (vgl. Preisführerschaft des *SPIEGELs*), wirkt sich dieser relative Kostennachteil nicht aus.

---

34 *DER SPIEGEL* rühmt sich, über 18 Mio. Dokumente archiviert zu haben. Im G+J–Archiv sind dies (nur) 4 Millionen. 6 Mio. Dokumente davon sind filmtechnisch archiviert. Der eigene Bildbestand liegt bei 1,8 Mio. Dokumenten.

35 Beim *stern* liegt dieser Wert in der gleichen Höhe, wobei sich der Wert aber aufgrund absolut geringerer Zahlen ergibt: 180 Journalisten/Redakteure, die auf das G+J–Archiv zurückgreifen, in dem 54 Mitarbeiter für das Textarchiv zuständig sind, die allerdings in ihrer Funktion nicht alle direkt vergleichbar mit den „Dokumentations–Journalisten" des *SPIEGELs* sind.

36 Davon entfielen 9 Mio. DM auf Löhne u. Gehälter für die Archivbeschäftigten, 1 Mio. DM kostete die Hardware–Technik und über eine Million die allgemeine 'Software', zu der außer Computerprogrammen oder Datenbanknutzungen vor allem auch der Bezug von über 300 periodischen Printmedienprodukten gehört.

37 Beispielsweise für die Wochenzeitung *DIE ZEIT.*

Der Archivaufwand des Nachrichtenmagazins stellt im Vergleich zum Gesamtkostenaufwand mit rd. 3% zwar keinen unbeachtlichen, aber auch keinen allzu relevanten Anteil ausmacht. Folglich fallen die Degressionswirkungen vergleichsweise schwach aus.

Ein Beispiel der Realisierung von durchschlagenden Verbundproduktionsvorteilen liefert der Heinrich Bauer Verlag (HBV), Hamburg, der 1992 auf dem bundesdeutschen Programmzeitschriftenmarkt mit 5 Titeln[38] einen Marktanteil von 48,3% behauptete.

Das Unternehmen, das schwerpunktmäßig im Marktsegment der sog. Yellow Press agiert, hatte 1992 in den jeweiligen Redaktionen seiner Programmpressefirmen insgesamt rd. 250 redaktionelle Mitarbeiter beschäftigt, die für das jeweils spezifische Produktkonzept verantwortlich sind. Den einheitlichen Inputfaktor 'Programminformationen' beziehen alle Redaktionen von insgesamt drei sog. Zentralredaktionen mit insgesamt 52 Redakteuren, die jeweils für das gesamte Rundfunkprogramm, das Hörfunkprogramm und für die Bildbeschaffung zuständig sind. Der Beschäftigtenanteil der Zentralen Redaktionsbereiche macht insgesamt 17% aus. Diese vergleichsweise geringe Mitarbeiterstamm bestückt dabei den redaktionellen Heftumfang (alle Teile ohne Anzeigen gerechnet) aller HBV–Programmzeitschriften[39] zwischen 53% und 67%, wie aus der Tabelle 6.3.3 ersichtlich.

Tab. 6.3.3: Verbundproduktion bei Programmzeitschriften des Heinrich Bauer Verlages, Hamburg (1992)

	TV Hören und Sehen	*Fernsehwoche*	*Auf einen Blick*	*TV Movie*
redakt. Seiten pro Heft (ohne Programm)	68	54	29	112
Redakteure	69	50	53	50
Programmseiten	84	60	59%	140
dto. in %	64%	53%	67%	56%
Redakteure in den 3 Zentralredaktionen		52		
Auflagevolumen	2,6 Mio.	2,5 Mio.	3,2 Mio.	1,4 Mio.

Quelle: Zusammengestellt nach w&v 46/1992: 180 ff; w&v 43/1992: 104 ff sowie eigenen Recherchen

Damit werden im ungewichteten Mittel 60% des Produktumfangs von 17% der redaktionellen Beschäftigten (vor-)produziert. Oder anders formuliert: Den heftspezifischen Redaktionsumfang von 263 Seiten in hier 4 betrachteten Titeln bewerkstelligen 222 Redakteure, den regelmäßigen Programmteil im Umfang von 240 Seiten produzieren 52 (Zentral-)Redakteure. Die unterschiedliche Aufteilung von Redakteu-

38 Titel und Auflagen 1992: *TV Hören und Sehen*: 2,6 Mio.; *Fernsehwoche*: 2,5 Mio.; *Auf einen Blick*: 3,2 Mio.; *TV klar*: Gründung Oktober 1992; *TV Movie*: 1,4 Mio. verk. Ex.

39 ohne *TV klar* gerechnet, da erst gegen Jahresende als Reaktion auf die Einführung von *TV neu* durch den Springer Verlag auf den Markt geworfen.

ren und redaktionellem Heftumfang nach Titeln hängt mit dem jeweils heftspezifischen Produktmix zusammen. Mit diesem Produktionsverbund zwischen insgesamt 5 Zeitschriftentiteln, deren zentrale Produktkomponente Programminformationen heißt, dürften erhebliche economies of scope verbunden sein.

Im konkreten Fall der Programmpresse addieren sich zu den economies of scope auch Skaleneffekte aus den Auflagenmengen: Die HBV–Titel liegen alle deutlich über der Millionengrenze, das im Jahr 1992 auflagenstärkste Blatt des Programmpressemarktes überhaupt, Heinrich Bauers *Auf einen Blick*, deutlich über 3 Millionen verkaufter Exemplare. In der Zeitschriftenbranche wird Programmpresse–Machen mit „Geld drucken" gleichgesetzt.

Die Profitabilität der Branche wird angebotsseitig im übrigen vorrangig durch economies of scope and scale determiniert: Alle Programmpressetitel zeichnen sich durch einen vergleichsweise geringen Querfinanzierungsgrad mittels Werbe-/Anzeigeneinnahmen aus. Beim Heinrich Bauer Verlag lag 1992 das Verhältnis zwischen Vertriebs- und Anzeigenerlösen aus allen genannten Blättern bei 78% zu 22%.[40] Damit überwiegen ganz eindeutig die Verkaufs(preis)erlöse, was weniger mit unzureichenden Werbeträgereigenschaften der Programmpresse zu tun hat als mit den sozioökonomischen Charakteristika der Zielgruppe: Programmpresse–Nutzer sind eher älter, verfügen über ein vergleichsweise geringeres Einkommen und repräsentieren nicht die Führungs- und Entscheidungselite. Programmpresse–Unternehmen nähren ihre Erträge daher vorrangig aus den durchschlagenden Effekten aus der Fixkostendegression.

Dieser am Beispiel des Hamburger Programmpresse–Unternehmens exemplifizierte Zusammenhang zwischen hohen economies of scope (and scale) und geringen Anzeigenerlösen läßt sich generalisieren: Mit zunehmenden Kosten- und Erlösvorteilen aus sinkenden Durchschnitttskosten nimmt der Querfinanzierungsbedarf ab. Sinkende Durchschnittskosten aufgrund von Verbundvorteilen werden für die Medienproduktion dabei umso wichtiger, je weniger sich Skaleneffekte aus Produktionsmengen ergeben können und je geringer die Möglichkeiten einer Querfinanzierung über den vergleichsweise ergiebigen Werbe-/Anzeigenmarkt sind. Von daher ist es nicht verwunderlich, daß die Nutzung von Verbundvorteilen bei der Produktion, etwa in der Form der Mehrfachverwertung eines nicht-rivalisierenden Inputfaktors, auf entsprechenden Medienmärkten eine dominante Rolle spielen (z.B. beim Medium Buch, vgl. Kapitelabschnitte 6.6.2.3 sowie 6.6.2.4).

40 Rekonstruiert und hochgerechnet mittels der Daten aus der Zentralen Anzeigenstatistik (ZAS), den jeweiligen Anzeigenpreislisten, Auflagenhöhen, bereinigten Vertriebserlösen usw.. Bei den Brutto–Anzeigenerlösen wurde einheitlich ein 30% Abschlag vorgenommen. Danach stellten sich für den HBV die Vertriebserlöse 1992 auf 580 Mio. DM, die Anzeigeneinnahmen auf 165 Mio. DM, zusammen 745 Mio. DM.

6.3.4 Querfinanzierung bei anzeigenorientierter versus vertriebsorientierter Medienproduktion

Ein Querschnittsvergleich hinsichtlich der Querfinanzierung mittels Werbung und Anzeigen für das Jahr 1992 in Tab. 6.3 [2] (S. 227) hatte unterschiedliche Grade dieser dauerhaften Form von Mischkalkulation ergeben: Allein beim periodischen Printmedium Zeitung sowie bei den in größeren Abständen erscheinenden Zeitschriften (und Wochenzeitungen) liegt der Grad der Querfinanzierung zwischen 0 und 100%. Diese unterschiedliche Spannbreite kann Niederschlag ökonomischer Notwendigkeiten, aber ebenso Ausdruck selbst gesetzter Zielvorstellungen sein.

Bei der in Berlin erscheinenden Tageszeitung *taz* ist beispielsweise ein Querfinanzierungsgrad von runden 15% das Ergebnis einer (innen-)'politischen' Debatte im Zusammenhang mit dem potentiellen Problem des Abhängigwerdens von Anzeigenkunden: Die Marke von 15% ist sowohl Zielgröße wie derzeitige Obergrenze. Bei der in Paris verlegten satirischen Wochenzeitung *Le Canard enchainé*, die gleichzeitig zu den bedeutenden investigativen Journalen weltweit gehört (vgl. WITTE 1984), sind bezahlte Anzeigen bzw. Werbung überhaupt nicht denkbar, weil nicht erwünscht und deshalb auch nicht praktiziert. Die Tageszeitung *taz*, die sich immerhin zu 15% aus Anzeigenerlösen finanziert, wirtschaftet regelmäßig am Rande des ökonomischen Existenzminimums. Der französischen Wochenzeitung *Canard*, die auf Querfinanzierungs völlig verzichtet, geht es wirtschaftlich sehr gut: Die Beschäftigten, denen das Blatt gehört, genehmigen sich 15 Monatsgehälter und das Unternehmen erwirtschaftet eine Umsatzrendite von 13%, die selbst für die Medienbranche vergleichsweise hoch ausfällt.[41]

Anzeigenblätter und Supplements verkörpern eine ganz andere Situation: Die zwecks Kostendeckung notwendigen Erlöse stammen (in der Regel) ausschließlich aus dem Werbe-/Anzeigenmarkt – das Produkt wird ökonomisch wie publizistisch von vornherein so konzipiert. Querfinanzierungsgrade zwischen 0 und 100% können daher Ausdruck sehr unterschiedlicher ökonomischer sowie publizistischer Situationen und/oder Interessen sein.

Dies scheint auch ein Blick in die geschichtliche Entwicklung dieser Art von Querfinanzierung zu bestätigen: Zu unterschiedlichen Zeitpunkten, die in Tab. 6.3.4 [1] auf die Jahre um 1850 sowie um 1910 terminiert sind, hatten sich beispielsweise Zeitungen in unterschiedlichen Maße finanziert.

41 Zum Vergleich: *DER SPIEGEL*, der 1992 zu den profitabelsten Unternehmen überhaupt und nicht nur innerhalb der Medienbranche zählte, erwirtschaftete eine Umsatzrendite von 20%, G+J kam auf 12,1%, der Springer–Konzern auf 2,6%. Das Elektrounternehmen Siemens hatte es auf 4,1% gebracht.

Tab. 6.3.4 [1]: Querfinanzierungsgrade von Zeitungen um 1850 und 1910

	Umsatzanteile aus dem Verkauf von	
	Zeitungsexemplaren	Werbeplätzen
um 1850:		
Vossische Zeitung (1850)	63%	37%
Weimarische Zeitung (1848)	38%	62%
Dresdner Anzeiger (1842)	35%	65%
um 1910:		
Münchner Neueste Nachrichten	ca. 30%	ca. 70%
Neue Freie Presse, Wien	60%	40%
Times, London	50%	50%

Quellen: BUCHHOLTZ 1904: 133; GROTH III 1930: 371; DIEZ 1910: 102 f

Der Umstand, daß in denselben Zeiträumen, d.h. bei vergleichbaren wirtschaftlichen und politischen Rahmenbedingungen Zeitungen eher vom Verkauf des originären Produkts bzw. umgekehrt mehr von Anzeigen leben (können), widerspricht auch nicht REUMANNs „unruhiger Fieberkurve" (1968: 230), mit der er die „Entwicklung der Vertriebs- und Anzeigenerlöse im Zeitungsgewerbe seit dem 19. Jahrhundert" im statistischen Mittel verglichen hatte. REUMANN stellte vorrangig auf den längerfristigen Entwicklungstend ab: Im Durchschnitt über alle von ihm ausgewerteten Daten ergab sich eine Entwicklung, die auf deutschem Boden um 1850 mit der Aufhebung des sog. Intelligenzzwangs in Preußen immer stärker akzelerierte und 1913, unmittelbar vor Ausbruch des Ersten Weltkriegs, ihren ersten Höhepunkt mit einem Verhältnis von rd. 33% Verkaufs- zu 66% Werbeeinnahmen gefunden hatte. Zwischen 1914 und 1939 verlief die weitere Entwicklung uneinheitlich auf weitaus geringerem Querfinanzierungsniveau, d.h. es dominierten die Verkaufserlöse. Seit 1945 stieg die Bedeutung der Querfinanzierung wieder steil an und hat seit etwa Mitte der 60er Jahre ein stabiles Verhältnis von etwa einem zu zwei Dritteln Verkaufs- versus Werbeerlösen erreicht.

Wie REUMANN betont, verlief diese Entwicklung in anderen Ländern ausgeglichener und begann beispielsweise in England auch viel früher als in Deutschland. Querschnittsvergleiche wie jener von ERDMANN/FRITSCH (1990: 53) für das Jahr 1987 belegen die Selbstverständlichkeit solcher Unterschiede auch im internationalen Vergleich.[42] Solche Beobachtungen sprechen ersteinmal für die Nicht–Existenz fester oder immerwährender Gesetzmäßigkeiten. Offensichtlich kann Querfinanzierung über Werbung und Anzeigen ein Mittel der (Tageszeitungs-)Finanzierung sein. Dies ist aber nicht zwingend. Wenn es dies tut, dann kann sich dies in unterschiedlichen Graden abspielen. Dies wiederum hängt von weiteren ökonomischen wie kulturellen Faktoren ab (Werbeintensität, Zeitungsdichte usw.). Die nachfolgenden Analysen werden detailliertere Zusammenhänge offenlegen.

42 Danach schwankt der Querfinanzierungsgrad bzw. die „Umsatzstruktur" aus VPE zu WAE bei Tageszeitungen zwischen 35% : 65% (Deutschland) bis zu 56% : 44% (Italien).

In der Literatur findet man für die beiden gegensätzlichen Fälle einer eher geringeren bzw. stärkeren Querfinanzierung mittels Werbung/Anzeigen die Begriffe „vertriebs-“ bzw. „anzeigenorientiert“. Vorläufer dieser Begrifflichkeit scheinen NUSSBERGERs Bezeichnungen „vertriebsbetont“ bzw. „anzeigenbetont“ zu sein. Zwei Beispiele sollen die unterschiedlichen Situationen verdeutlichen: die relevanten Kosten- und Erlösstrukturen bzw. die Gewinn- und Verlustrechnungen (G+V) von *SPIEGEL* versus *taz* (vgl. Abb. 6.3.4 [2]): Das anzeigenorientierte Nachrichtenmagazin machte 1992 Gewinn, die vertriebsorientierte Tageszeitung Verlust.

Abb. 6.3.4 [2]: G+V – Vergleich: *SPIEGEL* versus *taz* (1992)

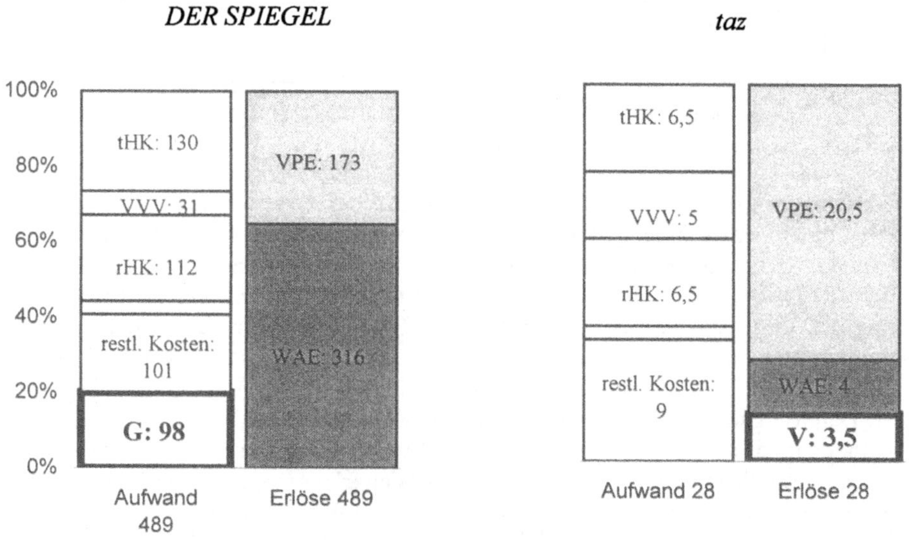

Das ökonomische Wirkungsgefüge unterschiedlicher Querfinanzierung betrifft zunächst die Struktur der Zusammensetzung der Erlöse bzw. die Dominanz der überwiegenden Einnahmequelle. Erst in einer zweiten Betrachtung drängen sich – aufgrund möglicher Abhängigkeiten – Überlegungen auf, die Zusammenhänge zwischen Erlös- und Kostenstruktur im Auge haben. Eine vertriebsorientierte Einnahmenstruktur gibt ökonomisch gesehen grundsätzlich wenig Grund zur Beunruhigung: Würde die Einnahmequelle aus dem originären Produktverkauf nachhaltig versiegen, so gibt es offensichtlich nicht genügend Nachfrage und/oder Zahlungsbereitschaft. Rein wirtschaftlich gesehen wäre es nur konsequent, auf die Produktion künftig zu verzichten. Soll das Angebot aus anderen Gründen aufrecht erhalten werden, kommt ggf. die zweite Einnahmequelle bzw. ein höherer Grad an Querfinanzierung in Betracht. Das grundsätzliche Problem besteht dabei darin, daß die Finanzierung über den zweiten Markt nach (gänzlich) anderen Regeln und Motiven funktionieren kann als dies auf dem originären Markt des Medienprodukts der Fall ist. Beispielsweise dann, wenn die Vorstellungen seitens der Produktmacher und jene des Querfinanzierers über das originäre Produkt selbst, über dessen potentielle Nachfrager (Zielgruppe) auseinandergehen. In der Unterschiedlichkeit dieser Märkte liegt die potentielle Gefahr möglicher Abhängigkeiten. Je größer dabei die Dominanz des zweiten Marktes, umso gefahrvoller kann dies für das eigentliche Produkt werden.

In diesem Kontext diskutiert beispielsweise der Bundesverband Deutscher Zeitungsverleger (BDZV), Bonn, für das Medium Zeitung indirekt 'Finanzierungsregeln' bzw. eine selbstgesetzte Forderung, nach der zumindest die technischen Herstellkosten durch die Vertriebserlöse (Verkaufspreiserlöse, VPE) gedeckt sein soll(t)en.[43] Eine zwingende ökonomische Begründung indes gibt es dafür ersteinmal nicht.[44] Für *SPIEGEL* und *taz* würde dieses Erlös–Kosten–Junktim zutreffen: Beide Blätter könnten darüber hinaus sogar ihren Vertriebsaufwand abdecken. Wollte man indes einem solchen Finanzierungszusammenhang folgen, so wäre die Überlegung nicht ganz abwegig, aus den technischen Herstellkosten zumindest jene der Werbung selbst auszunehmen. Andererseits ließe sich nicht minder plausibel begründen, daß die Rezipienten vor allem die Kosten der eigentlichen Produkterstellung, also die redaktionellen Herstellkosten tragen sollten. Bei der überregionalen Tageszeitung *Die Welt*, die im Gegensatz zur *SZ*, *FR* oder auch *FAZ* über keinen dominierenden regionalen Absatzmarkt verfügt und deshalb einen vergleichsweise hohen Vertriebsaufwand kalkulieren muß, wird unternehmenspolitisch ein Zusammenhang zwischen Vertriebserlösen und Vertriebskosten hergestellt.[45] Was sich als 'Finanzierungsregel' weniger in normativen Sinne als vielmehr empirisch konstatieren läßt, ist jedenfalls der Umstand, daß schon aufgrund konjunktureller Schwankungen auf den Werbemärkten die Anzeigenerlöse stark mit dem Gewinnvolumen korrelieren. Auf der anderen Seite verfügen aber gerade wiederum die Tageszeitungen aufgrund der spe-

---

43 So z.B. 1990 in seinem Jahresbericht Zeitung '90: „Es bleibt das Ceterum Censeo der Betriebswirte, daß diese Kosten durch den Vertriebserlös gedeckt werden sollten" (a.a.O.: 74). Oder etwa im Jahresbericht 1993 und dort im erfreulichen Zusammenhang mit den gesunkenen Papierpreisen: „Die betriebswirtschaftlich erwünschte Folge: Der Vertriebserlös lag höher als die technischen Herstellkosten (einschließlich Papier)" (Zeitung '93: 64)

44 Für den BDZV scheint dies offenbar mehr eine Glaubensfrage zu sein, mit der man möglicherweise die unternehmerische Mentalität stärken möchte, daß Kostensteigerungen bei der technischen Herstellung parallele Preiserhöhungen auf der Nachfragerseite nach sich ziehen sollten. Möglicherweise deshalb, weil sich die Copy- bzw. Abopreise bei Tageszeitungen lange in der Nähe sog. Preisschwellen bewegt haben bzw. t.w. immer noch bewegen. So hat der durchschnittliche Abo–Preis erst Anfang der 90er Jahre die Preishürde von 30 DM im Monat überschritten. Beim Einzelverkauf zögern viele Zeitungen immer noch, das Einzelstück für über 1 DM zu verkaufen. Auf der anderen Seite ist Anfang der 90er Jahre der Wettbewerb auf dem Anzeigenmarkt für das Medium Tageszeitung recht hart gewesen, so daß eine Entlastung hierüber schwierig war. Falls man eine 'Finanzierungsregel' zwischen Verkaufspreis und technischer Herstellung aufstellen möchte, ist dies unter dieser Zielsetzung ein völlig legitimes und möglicherweise auch adäquates Vorhaben. Dies sollte man dann auch ebenso klar benennen. Zur Norm- und Aussagekraft von Finanzierungsregeln vgl. beispielsweise BIEG 1983.

45 Die Welt wird seit Jahrzehnten nicht nur über Werbe-/Anzeigenerlöse, sondern auch mittels anderer Produkte aus dem SPINGERschen Konzernverbund querfinanziert und gilt selbst under Einbeziehung von Anzeigenerlösen als Verlustobjekt. Unabhängig davon gibt das Blatt aber einen Anhaltspunkt dafür, daß das Angebot einer bundesweit erscheinenden Tageszeitung offenbar nur mit erheblichem Vertriebsaufwand zu organisieren ist. 1992 lagen Verkaufspreiserlöse und Vertriebspreise bei ca. 60 Mio. DM. Dieser Umstand wäre eingehenderer Forschungen wert, um zu untersuchen, wie stark der Kostenapparat für einen bundesweiten Vertrieb als Marktzutrittsschranke für Überregionalität wirken kann.

zifischen Arbeitsteilung im intermediären Wettbewerb über konjunkturunabhängige und im Zeitablauf vergleichsweise stabile Rubrikanzeigen (vgl. NOLL 1977).

Wie dominierend die Werbe-/Anzeigenerlöse auf die Gewinnsituation durchschlagen können (bzw. auch auf die Verlusthöhe wie im Beispiel *taz*), zeigt das Fallbeispiel *SPIEGEL*. Das Nachrichtenmagazin, das 1992 seinen wirtschaftlichen Zenit erreicht hatte, mußte durch die Einführung des „Modernen Nachrichtenmagazins“ aus München, *Focus*, drastische Einbußen auf dem Werbemarkt hinnehmen.[46] Der Vergleich in Abb. 6.3.4 [3] zeigt den Rückgang insbesondere der Querfinanzierung und das eingebrochene Gewinniveau bzw. die Abhängigkeit des Gewinnvolumens von den Werbe-/Anzeigenerlösen.

Abb. 6.3.4 [3]: G+V–Rechnungen des *SPIEGELs*: 1992 versus 1994

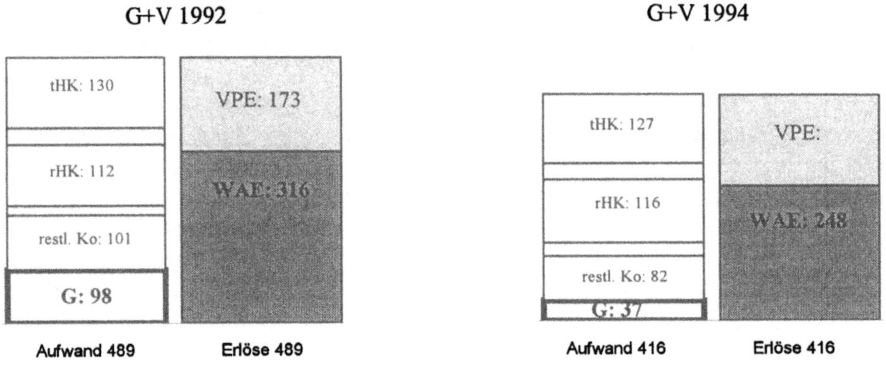

Dem Wegbrechen von 15% der Anzeigenseiten entsprach ein Erlösrückgang um 22% bzw. 68 Mio. DM Anzeigeneinnahmen. Daß der verbleibende Gewinn trotz gleichzeitiger Verluste bei der Auflagenentwicklung nur auf rd. 38% des Niveaus von 1992 eingebrochen war, hing mit mehreren gegenläufigen Entwicklungen zusammen. Zunächst bedingen entfallende Anzeigenseiten–Erlöse in geringerem Umfang Kosteneinsparungen bei deren technischer Herstellung. Da das Papierpreisni-

46 *DER SPIEGEL* büßte 1.040 Anzeigenseiten ein, was einem Minus von 15% entsprach. Mit nunmehr 6.088 (7.136) Anzeigenseiten lag er praktisch gleichauf mit *Focus*, das auf 6.076 Seiten kam. Allerdings waren darin rd. 20% sog. Gegengeschäfte enthalten (z.B. mit SAT.1 sowie anderen Blättern aus dem Burda–Verlag). Die Umschichtungsvorgänge auf dem Werbe-/Anzeigenmarkt kamen durch zwei Dinge zustande. Zum ersten hatte das neue Magazin aus dem Burda–Verlag mit Billigstpreisen (ca. 45% des *SPIEGEL*–Anzeigenpreisniveaus für 4c–Anzeigen) den Markt durcheinandergewirbelt, um möglichst schnell viele Anzeigen auf sich zu ziehen. Viele *SPIEGEL*–Kunden nahmen dies zum Anlaß, mit demselben Werbebudget anstatt 12 Anzeigen im *SPIEGEL* nun 8 Anzeigen im *SPIEGEL* und weitere 8 Anzeigen in *Focus* zu schalten. Damit ließen sich insgesamt höhere Reichweiten bei unveränderten Schaltkosten erzielen. Der zweite Grund lag darin, daß es *DER SPIEGEL* bis zu diesem Zeitpunkt nicht nötig hatte, Anzeigen zu akquirieren: Kundenpflege und Anzeigenakquisition waren mit der *SPIEGEL*–eigenen Selbstgefälligkeits– und Gewinnmentalität nicht zu vereinbaren. Inzwischen gibt es im Hause *SPIEGEL* eine neue Abteilung mit der Bezeichnung „Märkte und Erlöse“ (vgl. LUDWIG 1996a: 91 f.).

veau des Jahres 1994 allerdings auf Niedrigstpreisniveau abgefallen war, fiel dieser Effekt indes nur schwach aus.[47] Umgekehrt sah sich *DER SPIEGEL* aufgrund des Newcomers *Focus* veranlaßt, auch in den redaktionellen Teilen auf Vierfarbdruck überzugehen, was erhebliche Kostensteigerungen beim Druck auslöste, die wiederum durch bewußte Reduzierung des Umfangs auch beim redaktionellen Teil ein wenig abgeschwächt wurden. Da das Nachrichtenmagazin aber Verlags- und Managementaufwand einzusparen imstande war, konnte der Kostenapparat per Saldo um 12 Mio. DM reduziert werden, so daß dem Umsatzrückgang von insgesamt 73 Mio. DM immerhin ein um 12 Mio. DM geringerer Kostenblock gegenüberstand: Der Gewinn vor Steuer hätte sich sonst weiter verringert. Beim *SPIEGEL* hat dies zumindest auf Verlagsseite die „Gewinnmentalität" aufgebrochen (vgl. LUDWIG 1996a: 97 f.) und dem Kostenbewußtsein mehr Geltung verschafft.

Über den Grad der unmittelbaren Verknüpfung zwischen Werbe-/Anzeigenerlösen auf der einen und Gewinnvolumen auf der anderen Seite gibt es derzeit nicht sehr viel empirisch abgesicherte Erkenntnis. Diskutiert wird in diesem Zusammenhang vor allem die sog. Anzeigen–Auflagen–Spirale, die genausogut - möglicherweise treffender - Auflagen–Anzeigen–Spirale heißen könnte. In ihrer allgemeinsten Form, wie sie bereits 1910 von Max WEBER[48] vermutet wurde, geht sie von einer sich aus gegenseitiger Wechselwirkung bestärkenden „Dynamik" aus, die sich nach NUSSBERGER (1961: 15 ff.) nach oben, aber auch nach unten entwickeln könne: Mehr Auflage ⇒ mehr Anzeigen ⇒ mehr Einnahmen, mittels derer sich in die Qualität der Zeitung investieren lasse, um damit erneut mehr Auflage und dadurch mehr Anzeigen zu akquirieren, usw.. Gegen diese einfache Sicht der Zusammenhänge gibt es viele Einwände (vgl. LUDWIG 1994: 170 f.), die hier mangels Empirie nicht weiter vertieft werden sollen. HEINRICH (1994: 120) formuliert diese These denn auch über den potentiellen Zusammenhang zwischen steigenden Reichweiten ⇒ steigenden Werbe(grund)preisen und dadurch steigenden Gewinnen, was diesen möglichen Mechanismus sehr viel realitätsnäher abbilden dürfte. Seine Schlußfolgerung einer „ökonomischen Notwendigkeit", diese Spirale „in Gang zu halten und auf keinen Fall abbrechen zu lassen" (a.a.O.), ist theoretisch plausibel, aber nicht belegt.

Sicher ist nur, daß bei grundsätzlicher Gültigkeit dieser Spiralwirkung diese umso dominanter ausfällt, je anzeigenbetonter sich der Querfinanzierungsgrad von vornherein gestaltet. Als ebenso gesichert kann der Umstand gelten, daß zunehmende Anzeigenumfänge für wachsende Erlöse sorgen, die dadurch bedingten zusätzlichen Bereitstellungskosten (technische Herstellung, Sendeplätze) aber weitaus geringer ansteigen (vgl. nächster Kapitelabschnitt).

---

47 Im Vergleich zu 1992 hatte der *SPIEGEL* 1994 rd. 17% weniger Papier verbraucht. Nach dem Papierpreisniveau des Jahres 1992 (1.400 DM/to für LWC–AFC 54 g/m^2–Tiefdruckpapier) hätte sich daraus eine Einsparung von rd. 9 Mio. DM ergeben.

48 WEBER hatte diese These auf dem 1. Deutschen Soziologentag entwickelt und aus diesem Zusammenhang auf einen weiteren Mechanismus hingewiesen: Auflagenwachstum bedinge einen größeren Kapitalbedarf, wodurch Konzentration und letztlich Monopolisierung entstünde. WEBER hatte diese Zusammenhänge als Hypothesen formuliert und war eigentlich interessiert, diese empirisch zu untersuchen. Dazu kam es allerdings nicht mehr, u.a. aufgrund des sog. Heidelberger Professorenstreits. Vgl. dazu OBST 1987.

Daß (nachhaltige) Auflagensteigerungen a) bereits über die Fixkostendegression und b) abhängig von der Intervallgröße und -höhe sprungfixer Kosten zu höheren Überschüssen der Einnahmen über die Kosten führen, war schon mehrfach Gegenstand der Betrachtung. Im nachfolgenden Beispiel der Tab. 6.3.4 [4] soll dieser Zusammenhang nochmals für die Situation des *SPIEGELs* kalkuliert werden, indem eine wesentliche Annahme (c.p.–Bedingung) differenziert wird. Konkret geht es um die Frage, wie sich bei Auflagensteigerungen die Anzeigenerlöse, d.h. Anzeigenumfang und -preisniveau verhalten. Bisher wurde in allen Beispielen, die vorwiegend auf der Basis einer Kalkulation pro verkauftem Exemplar basierten (vgl. Tabellen 6.3.1.4 [1], [2a, 2b]), stillschweigend ein unveränderter Werbe-/Anzeigenerlös von 5,30 DM/Ex. unterstellt. Dies impliziert bei zunehmender Auflagenentwicklung steigende Anzeigenerlöse, unabhängig davon, ob sie sich aufgrund größeren Umfangs und/oder höherer Preise ergeben. In den präsentierten Beispielen wurde – indirekt über die unterstellten Kostenverläufe z.B. bei der technischen Herstellung – beides angenommen. Davon kann realiter nicht immer ausgegangen werden, auch wenn die Anzeigen–Auflagen–, besser Reichweiten–Anzeigenerlös–Spirale einen solchen Mechanismus nahelegt.

Im folgenden Beispiel sollen die Fixkostendegressionseffekte daher in ihrem Zusammenspiel mit der Erlösseite analysiert werden. Dazu wird, erstens, eine Auflagensteigerung des *SPIEGELs* auf das Auflagenniveau des *sterns* zugrunde gelegt (+ 172.000 verk. Ex.). Zweitens wird auf der Erlösseite in zwei Fälle unterschieden: Zum einen wird das bisherige Werbe-/Anzeigenvolumen – in diesem Auflageninterval – als unverändert angenommen, woraus sich – so man diese Querfinanzierungsbeträge als Kosten(deckungs)beitrag interpretiert – eine degressive 'Kosten'–Wirkung einstellt. In einer zweiten Variante wird das bisherige Anzeigenerlösvolumen auf der Basis unveränderter Tausendkäuferpreise fiktiv für die veränderte Absatzsituation hochgerechnet.[49]

49 Dies entspricht einem unveränderten TKP von 5.300 DM, wenn man das Anzeigenerlösvolumen des *SPIEGELs* in seiner gesamten Summe als Anzeigenpreis und die kumulierte Käuferschaft eines ganzen Jahres (59,643 Mio.) betrachtet bzw. die entsprechende Rechnung für die Situation des *SPIEGEL* mit einer Auflagenhöhe des stern aufmacht. DER SPIEGEL kommt demnach auf ein Werbe-/Anzeigenerlösvolumen von 364 Mio. DM. Würde man die gleiche Rechnung mit der tatsächlichen Reichweite, also in Form von TLP kalkulieren, so würde dies aufgrund eines Reichweitenunterschieds von 1,44 Mio. Lesern und dies auf 52 Ausgaben im Jahr hochgerechnet ein Anzeigenerlösvolumen für den *SPIEGEL* mit der *stern*–Auflage von 485 Mio. DM bedeuten. Dies entspräche einem Zuwachs von 53%. Der Gewinn würde dabei um 186% klettern (unveränderte Kosten vorausgesetzt). Es wird aus solchen Zahlen nachvollziehbar, daß die Anzeigen–Auflagen– bzw. Auflagen–Anzeigen– bzw. besser Reichweiten–Anzeigenpreis–Erlösspirale nicht (so) linear funktioniert.

Tab.: 6.3.4 [4]: Kalkulation der G+V des SPIEGEL 1992 bei unterschiedlicher Auflagenhöhe: Fixkostendegressionwirkungen und Werbe-/Anzeigenerlöse

	Fall 1: *SPIEGEL = SPIEGEL*		Fall: 2.1: *SPIEGEL = stern* WAE: 316 Mio DM		Fall 2.2: *SPIEGEL = stern* WAE: 364 Mio DM		Fall 1: *SPIEGEL = SPIEGEL*		Fall 2.1: *SPIEGEL = stern* WAE: 316 Mio DM		Fall 2.2.: *SPIEGEL = stern* WAE: 364 Mio DM	
	Aufwand						**Ertrag**					
	59,643 Mio Ex		68,598 Mio Ex		68,598 Mio Ex		59,643 Mio Ex		69,598 Mio Ex		69,598 Mio Ex	
	absolut in Mio DM	pro verk. Ex. in DM	absolut in Mio DM	pro verk. Ex. in DM	absolut in Mio DM	pro verk. Ex. in DM	absolut in Mio DM	pro verk. Ex in DM	absolut in Mio DM	pro verk. Ex in DM	absolut in Mio DM	pro verk. Ex in DM
tHK	130	2,17	139	2,02	unverändert	unverändert	**VPE:**					
- Druck	*70*	*1,17*	*unverändert*	*1,02*	*unverändert*	*unverändert*	**173**	**2,90**	**199**	**2,90**	**199**	**2,90**
- Papier	*60*	*1,00*	*69*	*1,00*	*unverändert*	*unverändert*						
Vertrieb	31	0,52	34	0,50	unverändert	unverändert						
- Versand	*7,1*	*0,12*	*8,2*	*0,12*	*unverändert*	*unverändert*						
- Spedition	*13,5*	*0,22*	*unverändert*	*0,20*	*unverändert*	*unverändert*						
- PZD	*10,5*	*0,18*	*12,3*	*unverändert*	*unverändert*	*unverändert*						
rHK	112	1,88	unverändert	1,63	unverändert	unverändert						
- Redaktion	*85*	*1,43*					**WAE:**					
- Archiv	*12*	*0,20*					**316**	**5,30**	**316**	**4,61**	**364**	**5,30**
- Kommunikation	*4*	*0,07*										
- sonst.	*11*	*0,18*										
Marketing	17	0,28	unverändert	0,25	unverändert	unverändert						
restl. Kosten	101	1,70	unverändert	1,47	unverändert	unverändert						
Summe Kost	**391**	**6,55**	**403**	**5,87**	**unverändert**	**unverändert**						
Gewinn	**98**	**1,65**	**112**	**1,63**	**160**	**2,33**						
Gesamt	**489**	**8,20**	**515**	**7,51**	**563**	**8,20**	**489**	**8,20**	**515**	**7,51**	**563**	**8,20**

Legende: tHK = technische Herstellkosten; rHK = redaktionelle Herstellkosten; RW = Reichweite; WAP = Werbe-/Anzeigenseitenpreise; TKP: Tausendkäuferpreis; TLP: Tausendleserpreis
RW/SPIEGEL 1992: 6,020 Mio Leser; RW/stern 1992: 7,460 Mio Leser; WAP/SPIEGEL 1992 für 1/1 4c: 83.385 DM; WAP/stern 1992 für 1/1 4c: 96.480 DM
TKP/SPIEGEL: 72,70 DM; TKP/stern: 73,14 DM; TLP/SPIEGEL: 13,85 DM; TLP/stern: 12,93 DM

Die Daten des Ausgangsfalls 1 (*SPIEGEL=SPIEGEL*) entsprechen den bisher präsentierten Zahlen für das Jahr 1992: Die absoluten Werte dividiert durch die jährliche Anzahl der verkauften Exemplare (59,643 Mio. Ex.) ergeben die jeweiligen Kosten und Erlöse pro verkauftem Einzelstück.

Im Fall 2.1 ist die Aufwands- und Ertragsstruktur des *SPIEGELs* auf die Auflagenhöhe des *sterns* umgerechnet (68,598 Mio. verk. Exemplare im Jahr): Bei unverändertem Werbe-/Anzeigenerlösvolumen im Falle 2.1 (316 Mio. DM) sinken die Erlöse pro Stück, nämlich von 8,20 DM auf 7,51 DM/Ex., gleichzeitig aber auch die Durchschnittskosten, so daß sich der Stückgewinn ebenfalls reduziert – von 1,65 DM auf 1,63 DM. Aufgrund des unterstellten gestiegenen Auflagevolumens im Fall 2 (*SPIEGEL=stern*) wird der leicht geschmälerte Stückgewinn wieder über die zusätzliche Menge wettgemacht: Das Gewinnvolumen steigt absolut um 14% (von 98 Mio. auf 112 Mio. DM).

Für den Fall 2.2 wurde pro verkauftem Exemplar der Querfinanzierungsbeitrag in unveränderter Höhe angenommen, was bei größerer Absatzmenge höhere Erlöse insgesamt bedeutet. Konkret wurde in diesem Fall der Tausendkäuferpreis des *SPIEGELs* für die Auflagensituation des *sterns* unterstellt. Gesunkene Durchschnittskosten aufgrund wirksamer Fixkostendegression auf der Aufwandsseite plus unveränderte Einnahmen pro Stück auf der Erlösseite ergeben in diesem Fall bereits einen größeren Stückgewinn von 2,33 DM/Ex. Multipliziert mit der größeren Auflage würde sich der Gewinn auf 160 Mio. DM stellen. Im Vergleich zur Ausgangssituation entspräche dies einem Zuwachs von 63%.

Mit diesem Kalkulationsbeispiel sind sowohl die Einflüsse der Fixkostendegression bei steigenden Verkaufspreiserlösen bei gleichbleibendem Anzeigenerlösvolumen rekonstruiert, aber auch das Zusammenspiel aus Degressionswirkungen auf der Aufwandsseite und steigenden Erlösen aus Verkauf und Anzeigengeschäft dargestellt. Die Realität der Anzeigen–Auflagen– bzw. Auflagen–Anzeigen–Spirale, die treffender Reichweiten–Anzeigenpreis–Erlösspirale heißen sollte, dürfte sich zwischen diesen beiden Fällen bewegen.[50]

---

50 Hier könnte bzw. müßte man noch mehrere Detailrechnungen differenzieren, um die Realität noch wirklichkeitsgetreuer einzufangen. Beispielsweise würde ein nicht nur dem Anzeigenpreis, sondern auch dem Anzeigenumfang nach gestiegenes Anzeigenerlösvolumen höhere Ausgaben für Papier und ggf. auch Druck bedeuten. Ein höhere Anzeigenseitenteil am Gesamtumfang wäre für den *SPIEGEL* kaum vorstellbar, weil der im Jahre 1992 bereits 50% des gesamten Heftumfangs mit Werbung belegt hatte: Ein höherer Anzeigenteil würde den publizistischen Anspruch als Nachrichtenmagazin schwer glaubhaft erscheinen lassen. Der Anzeigenumfang des *sterns* hingegen beträgt nur 40% und hätte so gesehen genügend 'Luft'. Für beide Blätter, insbesondere für den *SPIEGEL* käme eine Heftausweitung in Frage, die dann aber erneut wieder wachsende Kosten bedeuten würde: für den größeren redaktionellen Teil (der aber möglicherweise mit dem vorhandenen Redaktionsetat produziert werden kann), steigenden Papierverbrauch und Druckaufwand, Vertriebskosten. Dies ist der Grund, weshalb Medienunternehmen in diesen Fällen vorzugsweise das Werbe-/Anzeigenseitenpreisniveau erhöhen (würden) anstatt den Umfang auszuweiten, wie dies auch HEINRICH (1994: 120) vermutet.

6.3.5 Voraussetzungen für Querfinanzierungspotentiale über den Werbe-/Anzeigenmarkt

Die Finanzierung von Medienangeboten quer über die unterschiedlichen Werbe-/Anzeigenmärkte gehört nicht nur der wirtschaftlichen Bedeutung nach zu den wichtigsten Finanzierungsformen, sondern auch hinsichtlich deren Verbreitung. Vorrangig sind es Angebote aus dem Bereich der Massenmedien, die auf diese Technik zurückgreifen. Für das Medium Buch funktioniert dieses Modell nur in Ausnahmefällen. Überlegungen zu den Voraussetzungen dieses Lösungsmodells erscheinen daher angebracht.

6.3.5.1 Werbeträgereigenschaften

Fragen der Werbung sind in den betriebswirtschaftlichen Subdisziplinen Marketing, Absatzlehre/Absatzpolitik oder auch der Konsumentenforschung beheimatet. Fragen der Werbeträgereigenschaften bestimmter Werbeträger zur Ausweitung des eigenen Produktabsatzes von Unternehmen des produzierenden Gewerbes oder Dienstleistungsanbietern werden dort schwerpunktmäßig unter zwei Gesichtspunkten diskutiert: Zielgruppenkriterien und Kostenaspekten (vgl. z.B. TIETZ 1993: 258 f.). HEINRICH (1994: 79 ff.) diskutiert das Problem der Werbeträgereigenschaften als Frage der „werblichen Eignung" von Werbeträgern für die „vier klassischen Werbeträger" Zeitung, Zeitschrift, Hörfunk und Fernsehen. Seine Zusammenstellung von relevanten Charakteristika erfolgt zum einen in allgemeiner Form durch Auswertung einschlägiger Standardwerke[51], zum anderen durch Berücksichtigung relevanter Forschungsergebnisse und Einschätzungen seitens der Media–Planungs–Branche selbst.[52] Da die vorliegende Untersuchung nicht nur auf die Massenmedien abstellt, sondern das Phänomen Kommunikation und Publizistik in einem breiteren Spektrum betrachtet, auch wenn sich die hiesigen Überlegungen vorrangig auf die Printmedien beziehen, müssen sich Fragen der Werbeträgereigenschaften auf grundsätzliche Überlegungen konzentrieren, um das Problem im Kern zu erfassen. Eine Analyse notwendiger Voraussetzungen, die auch Medien mit ausgesprochen schlechter Werbeträgereignung miteinbezieht, setzt einen breiteren Ansatz voraus als ein ausschließlicher Detailvergleich funktionierender Werbeträgercharakteristika. Aus diesem Grund wird hier den gängigen Klassifizierungen, die teilweise auch sehr unein-

---

51 So z.B. SCHWEIGER/SCHRATTENECKER 1989, HUTH/PFLAUM 1986, TIETZ/ZENTES 1980, SCHMALEN 1985.

52 So stützt sich HEINRICH beispielsweise auf die Auswertungen bzw. Einschätzungen der IPA–plus Research–Studie von 1992: Die 4 klassischen Massenmedien im Leben der Deutschen Bevölkerung. Ein qualitativer Intermedia–Vergleich zur Akzeptanz und Wertigkeit von Fernsehen, Hörfunk und General–Interest–Zeitschriften. Dies Studie kommt etwa bei der Frage des redaktionellen Images von Zeitschriften zu einem vergleichsweise schlechten Ergebnis. Demgegenüber kommen Einschätzungen aus dem Hause G+J, die Printmedien bzw. vorrangig Publikumszeitschriften verkaufen, zu wesentlich anderen Ergebnissen (z.B. Stern–Bibliothek 1991: Publikumszeitschriften und Fernsehen im Vergleich). Die Unterschiedlichkeit der Wertungen mag mit der Verschiedenartigkeit der Interessen derer zusammenhängen, die solche Studien in Auftrag geben und deren Ergebnisse hinterher verbreiten. Die potentielle Interessensgebundenheit von Aussagen der Media–Planungsbranche ist ein grundsätzliches Problem, das man ständig vor Augen haben sollte.

heitlich sind, nicht gefolgt. Vielmehr werden die Kriterien der Werbeträgereignung in einer Gesamtschau aller Medien betrachtet.

6.3.5.1.1 Zielgruppe

Aus der Sicht von werbetreibenden Unternehmen – und dies ist die zunächst relevante Perspektive – stellt sich bei der ersten Marketingentscheidung die Frage nach der Erreichbarkeit der angepeilten Zielgruppe. Soweit Medienunternehmen diesen potentiellen Kunden ihr eigenes Nachfragepotential anbieten können und ggf. weitere Angebote darüber hinaus, eröffnet sich damit den werbetreibenden Unternehmen eine zusätzliche Alternative zu direkten Werbe- und Marketingaktivitäten[53], Werbebotschaften im Rahmen öffentlicher Massenkommunikation verbreiten zu können. Je zielgenauer die Rezipientenstruktur des Medienunternehmens mit jener des werbetreibenden Unternehmens zusammenfällt, umso interessanter ist dies für das den eigenen Absatz optimierende Wirtschaftsunternehmen wie für das fragliche Medium: Beide Seiten können Verbundvorteile realisieren, die in hohem Maße von Subadditivitäten gekennzeichnet sind. Das werbetreibende Unternehmen realisiert mit dieser Entscheidung Vorteile bei der Herstellung der technischen Verbreitungsfähigkeit der Werbebotschaften (gemeinsame Produktionskapazitäten), aber auch bei der Erreichbarkeit der Zielgruppe durch potentiell parallele Ansprache der Zielgruppe bzw. im Idealfall gleichzeitiger Rezeption sowie gemeinsamer Nutzung des technisch-organisatorischen Distributionsapparates des Medienunternehmens. Für das Medienunternehmen eröffnet sich darüber hinaus der zusätzliche Vorteil des Querfinanzierungspotentials.

In ihrer Eignung, das eigene Rezipientenpotential einem werbungstreibenden Wirtschaftsunternehmen zur gemeinsamen Nutzung zielgruppenspezifisch anbieten zu können, unterscheiden sich Medien ganz erheblich. Zum einen hängt dies mit der Art des publizistischen Produktes selbst bzw. mit den Kommunikationsbedürfnissen nach diesem publizistischen Produkt zusammen. Zum zweiten ist dies eine Frage der Bestimmbarkeit der Nachfragepotentials im voraus. Zur ersten Frage hinsichtlich der Zielgruppenspezifik gibt es genügend Erkenntnisse und Literatur, so daß auf deren Darstellung verzichtet werden kann. Die zweite Frage der Bestimmbarkeit eines anvisierten Marktpotentials tangiert bereits die nächste Werbeträgereigenschaft: die Planbarkeit von Werbe- bzw. Marketingmaßnahmen seitens der werbetreibenden Wirtschaft und/oder auch durch das Medienunternehmen selbst.

6.3.5.1.2 Planbarkeit von Werbe- und Marketingmaßnahmen

Planung setzt die Kenntnis relevanter Parameter voraus. Die Bestimmbarkeit einer Zielgruppe bzw. deren Planbarkeit im Zusammenhang mit Werbebotschaften hängt demnach vom Wissen um deren Bedürfnisse und Wünsche, aber auch von der

53 Dazu zählt beispielsweise die Plakatwerbung, Schaufenster, Anschlag- und Leuchtreklamen, Wurfsendungen, Teilnahme an Ausstellungen und Messen, eigene Vertriebs- und Distributionsnetze (Vertreter, Agitatoren usw.) u.a.m..

Kenntnis kaufentscheidungsrelevanter Kriterien wie Einkommenshöhe, Alter u.a.m. ab. Bestimmbarkeit und Planbarkeit werden daher durch periodisch erscheinende Medien wesentlich erleichtert: Relevante Daten können sozusagen permanent gewonnen, revidiert bzw. aktualisiert werden. Eine hohe Periodizität kommt damit den Bedürfnissen von Werbe- und Marketingentscheidungen weit entgegen.

Dies ist mit der vorrangige Grund, weshalb das Medium Buch vergleichsweise sehr schlechte Werbeträgereigenschaften ausweist: Die Zielgruppe läßt sich nur bei ausgesprochen zielgruppenspezfischen Angeboten im voraus schätzen und wegen der Einmaligkeit des Kaufvorgangs hinterher nicht mehr überprüfen. Erfahrungen aus Soll–Ist–Planungen bzw. Vergleichen existieren daher nicht, weshalb die exakte Bestimmbarkeit selbst zielgruppenspezifischer Literatur ungenauer bleiben muß als dies bei periodisch erscheinenden Medien der Fall ist. Völlig unmöglich ist Zielgruppenplanung bei fast allen anderen Titelangeboten auf dem Buchmarkt, die schon aufgrund ihrer hohen Inhomogenitätsgrade einen spezifischen (Nachfrager-)Markt gar nicht haben können. Voraussagen hinsichtlich der Auflagenhöhe von Büchern, d.h. Planungen hinsichtlich der quantitativen Erreichbarkeit von Zielgruppen sind weitgehendst unmöglich, was ein spezifisches Charakteristikum des Mediums Buch ist (vgl. Kap. 6.6.1). Nur sehr wenige Ausnahmen bestätigen diese Regel bzw. diesen Zusammenhang.[54]

6.3.5.1.3 Regelmäßigkeit von Werbebotschaften und Periodizität von Medien

Der Vorteil der Periodizität, wie eben bereits angesprochen, wirkt sich nicht nur vorteilhaft auf die Planbarkeit von Marketingmaßnahmen aus. Die Regelmäßigkeit von Werbemaßnahmen stellt oft eine unabdingbare Voraussetzung dar, Werbebotschaften nachhaltig bekannt zu machen, d.h. öffentlich zu verbreiten.

Auch hierin haben periodisch erscheinende Medien (Printpresse) bzw. Medien, die regelmäßig genutzt werden (Rundfunk allgemein bzw. bestimmte Angebote aus deren Produktmix), entscheidende Werbeträgervorteile etwa gegenüber dem Medium Buch. Periodische Printmedien werden als einzelnes Exemplar in der Regel nicht nur mehrmals in die Hand genommen (Disponibilität), sondern als regelmäßig neu erscheinendes Produkt meistens auch periodisch zumindest über längere Zeiträume rezipiert. Bei audiovisuellen Medien, z.B. beim Fernsehen sind es entweder be-

54 Der Rowohlt Verlag, Reinbek, hatte bis Anfang der 60er Jahre als einer von sehr wenigen Verlagen „Werbung" von bzw. für Dritte in seinen Produkten mitverkauft, allerdings in äußerst bescheidenem Umfang: max. 1–2 Seiten pro Buch bzw. 200 Seiten (Hypothekenbank–Reklame, Werbung einer inzwischen eingestellten Zigarettenmarke). Heute gibt es dafür praktisch keine Interessenten mehr, es sei denn, werbetreibende Unternehmen nutzen Anzeigen in Büchern als langfristige Image–Investitionen bzw. zur Image–Pflege. Eine weitere Ausnahme stellen Bücher bzw. Veröffentlichungen mit Reihencharakter dar, die ein sehr spezifisches und meist sehr nutzwertorentiertes Inhaltsangebot an eine dadurch halbwegs bestimmbare Zielgruppe verkaufen, wie dies etwa der ADAC, München, mit seinen ADAC Special–Veröffentlichungen (Reiseführer) praktiziert, die verlegerisch im Axel–Springer–Verlag (ASV), Hamburg, betreut werden und sowohl vom ASV, aber auch vom ADAC direkt vertrieben werden. Rechnet man einzelne Ausgaben bzw. Titel für typische Auflagenhöhen (200.000 bis 250.000 verk. Ex.) unter Zugrundelegung der Anzeigenpreise und möglicher Rabattierungsstufen sowie den Verkaufserlösen hoch, so macht der Querfinanzierungsanteil aus Werbung/Anzeigen zwischen 21% und 26% aus. Die Werbe-/Anzeigenfinanzierung ist für Reiseführer aber nur aufgrund der hohen Zielgruppenwahrscheinlichkeit möglich.

stimmte Sendungen, die mit einer gewissen Kontinuität genutzt werden, oder es ist die Beständigkeit bestimmter (Tages-)Zeiten, in denen Fernsehkonsum stattfindet. Das Medium Buch wird zwar ebenfalls mehrfach bei der (Erst-)Rezeption in die Hand genommen, nach der (beendeten Lese-)Rezeption in aller Regel aber beiseite (z.B. ins Bücherregal) gelegt. Die Bestimmbarkeit des nächsten Buchtitels ist hinsichtlich Auswahl und/oder Zeitpunkt für Außenstehende, Verleger wie Werbetreibende, schon aufgrund der durchschnittlichen Unregelmäßigkeit des Vorgangs nicht kalkulierbar.[55]

6.3.5.1.4 Anpassungsmöglichkeiten

Die Werbeträgereignung 'Regelmäßigkeit' impliziert eine weitere und letzte relevante Eigenschaft: die Möglichkeit der (ständigen) Anpassung. Werbe- und Marketingmaßnahmen bedürfen nicht nur hinsichtlich ihrer spezifischen instrumentellen Ausgestaltung häufig Korrekturen und Veränderungen, sondern auch aufgrund der beworbenen Produkte bzw. deren Qualitäten selbst (Produktverbesserungen, Preisänderungen usw.). Aufgrund unterschiedlicher Periodizitätsintervalle und technischer Herstellzeiten sind die Anpassungsmöglichkeiten bei den audiovisuellen Medien wie Hörfunk und Fernsehen am größten, beim Medium Buch praktisch unmöglich.

Auch unter diesem Kriterium bieten grundsätzlich alle periodischen Medien bzw. alle Medien mit regelmäßiger Nutzung entscheidende Voraussetzungen, werbetreibenden Unternehmungen das eigene publizistische Produkt für gemeinschaftliche Zwecke anzubieten. Für die werbliche Eignung sind dabei ganz maßgeblich die spezifischen Wettbewerbsvorteile aus der intermediären Arbeitsteilung maßgebend: Publizistische Kriterien wie Universalität, Disponibilität, Aktualität oder Periodizität stellen somit auch für die Querverbundsfinanzierung relevante Entscheidungsparameter dar.

6.3.5.1.5 Akzeptanz

Überlegungen zur Werbeträgereignung müssen neben der Planungsperspektive aus der Sicht der an der Quer(verbunds)finanzierung Beteiligten ebenso die Wahrnehmung, d.h. die Akzeptanz seitens der Rezipienten mit einkalkulieren. Werbung und Anzeigen werden in sehr unterschiedlicher Weise rezipiert und akzeptiert. Auch hierüber existieren einschlägige theoretische und empirische Forschungen. Für eine grundsätzliche Betrachtung reicht der Hinweis, daß Werbe- und Anzeigenformen, soweit sie sich publizistische Produktionskriterien wie Universalität, Disponibilität, Aktualität oder Periodizität zunutze machen, sich in gleichem Maße an die jeweiligen Medien binden, die diese Gestaltungskriterien in unterschiedlichem Maße für den eigenen Produktmix einsetzen. Dies stellt eine Art von wahrnehmungstechnischer Akzeptanz dar: Für informationsbetonte Anzeigen sind eher disponible Me-

55 Eine gewissen Ausnahme von dieser Unregelmäßigkeit der Rezeption bilden sog. Leseratten. In diesen sehr kleinen Marktsegmenten lassen sich grundsätzlich gewisse Abschätzungen hinsichtlich marktrelevanter Parameter durchführen. Allerdings ist das Marktpotential 'Leseratten' recht gering.

dien prädestiniert als flüchtige und umgekehrt findet emotions- und/oder imagebetonte Werbe–Ansprache eher im Fernsehen als in periodischen Printmedien statt – die Nichtbeachtung solcher kommunikationsstechnischer Regeln führt auf Seiten der Rezipienten zu totalem Selektionsverhalten von vornherein. Analoges gilt für den qualitativen Technikaufwand der Anzeigen- bzw. Werbebotschaftenproduktion: Eine kreativ gestaltete Vierfarbdruckanzeige auf einfachem Zeitungspapier entfaltet eine andere Wirkung als dieselbe Botschaft auf dafür geeignetem Tiefdruckpapier.

Relevanter dürften indes die individuellen Präferenzen für Werbebotschaften grundsätzlich und deren Akzeptanz in spezifischen Medien sein: Werbung wird beispielsweise in disponiblen Medien eher geduldet oder angenommen als in Werbeinseln, die einen künstlerisch hochwertigen oder spannenden Thriller zerstückeln. Solche Fragen hängen wiederum sehr eng mit der in Aussicht genommenen Zielgruppe und deren konkrete Kommunikationsbedürfnisse zusammen.

Zusammengefaßt läßt sich konstatieren, daß die Werbeträgereigenschaften abhängig von den Werbezielen und Werbeformen sowie der anvisierten Zielgruppe von Medium zu Medium differieren. Im Vergleich hat das Medium Buch mit Abstand die schlechteste Werbeträgereignung. Umgekehrt kann das Fernsehen schon aufgrund seiner Funktion als Massenmedium und zusätzlich als „Leitmedium" sehr viel dominantere Werbeträgereigenschaften für sich reklamieren. Mit den genannten Charakteristika sind gleichzeitig Aussagen über mögliche Ergiebigkeitspotentiale einer Quer(verbunds)finanzierung getroffen.

6.3.5.2 Ergiebigkeitspotentiale

Das Ergiebigkeitspotential dieser Art von Querfinanzierung wird von drei Größen bestimmt. Zum ersten ist es abhängig vom Niveau des Potentials, das sich aus den Werbeträgereigenschaften ergibt. Zum zweiten spielt der konkret realisierbare Grad an Querfinanzierung eine Rolle, der u.a. auch eine Funktion der eigenen Marktposition auf dem Werbemarkt sein kann. Beide Variablen sind Ausfluß der qualitativen Reichweite, die das Medienunternehmen anbieten kann.

Drittens stellt sich die Ergiebigkeit als Überschuß der mit dieser Finanzierungspraxis erzielbaren Einnahmen über die damit verbundenen Kosten dieser Finanzierungstechnik dar. Diese Kosten für das Medienunternehmen bestehen vorrangig im Herstellungsaufwand der Verbreitungsfähigkeit solcher Werbebotschaften, den Kosten der Distribution sowie in Transaktionskosten (Akquisition, Media–Planung, Verwaltung). Die Ergiebigkeit bzw. der fragliche Überschuß stellt sich dabei umso größer, je größer die Differenz zwischen der Zahlungsbereitschaft des werbetreibenden Unternehmens und den spezifischen Kosten beim Medienunternehmen ausfällt.

Dieses Überschußpotential hängt aber auch mit der Kostenstruktur des Medienunternehmens zusanmmen. Je geringer die Kosten der publizistischen Produkterstellung und -verteilung und je nachhaltiger die Verbundproduktionsvorteile zwischen publizistischem Produkt und Werbung ausfallen, umso größer gestaltet sich auch die verbleibende Differenz zwischen Werbe-/Anzeigenerlösen und allen damit verbundenen Kosten. Die Kostenstruktur ist, wie in der Übersicht 1.2

(Aufwandsstruktur unterschiedlicher Mediengattungen) gezeigt, eine Funktion des Mediums. Ein hoher Grad an Körperlichkeit zieht vergleichsweise hohen materiellen Aufwand bei der Herstellung der Verbreitungsfähigkeit und deren technisch-organisatorischer Distribution nach sich. Dies tangiert unmittelbar auch die entsprechenden Kostenkategorien der fraglichen Verbundproduktion. Die Kosten der Werbe-/Anzeigenpräsentation sind demnach bei Printmedien höher als beim audiovisuellen Medium Fernsehen. Da aufgrund entsprechender Kommunikationsbedürfnisse das Medium Fernsehen als Leitmedium gleichzeitig größere Reichweiten auf sich ziehen kann, ist das Ergiebigkeitspotential – betriebliche Effizienz vorausgesetzt – beim Medium TV am größten.

Die nachfolgende Tabelle 6.3.5.2 gibt einen Überblick über unterschiedliche Ergiebigkeitsgrade für drei periodische Printmedien: *SPIEGEL*, *stern* und *DIE ZEIT*. Die Ergiebigkeit kann in zwei relevanten Dimensionen gemessen werden. Da die Herstellung der technischen Verbreitungsfähigkeit mit Abstand die größte Aufwandsposition darstellt und dies nicht nur bei körperlichen Printmedien, soll die Differenz zwischen den Werbe-/Anzeigenerlösen (WAE) und den Kosten der technischen Verbreitungsfähigkeit (WAK) als *Ergiebigkeit* allgemein bzw. *Ergiebigkeitsquote* bezeichnet werden. Die Kosten der künstlerisch-technischen Produkterstellung der Werbebotschaften bzw. Anzeigen selbst bleiben dabei außer Ansatz, da sie üblicherweise in die Kostensphäre des werbetreibenden Unternehmens fallen.[56] Ebenso können die Kosten der Anzeigenakquisition und sonstige Transaktionskosten unberücksichtigt bleiben, da diese in der Regel mit einer anteiligen Provision am vermittelten Werbe-/Anzeigenerlösvolumen verrechnet werden: Das Medienunternehmen verbucht seine Werbe-/Anzeigenerlöse netto: Vermittlungshonorare, Rabatte usw. sind bereits abgerechnet („Netto–Werbeeinnahmen“, „Einnahmen der Werbeträger“). Die so verbleibende Ergiebigkeitsquote stellt die eigentliche Querfinanzierungsmasse dar, mittels derer alle Kosten abgedeckt werden sollen bzw. müssen, soweit die Verkaufspreiserlöse nicht ausreichen. Da die beiden dominanten Kostenblöcke publizistischer Produkte 1) in den publizistischen Inputkosten und 2) im technischen Herstellungsaufwand (Herstellkosten der Verbreitungsfähigkeit) bestehen, soll die Differenz zwischen der eben beschriebenen (verbleibenden) Ergiebigkeitsmasse (WAE ./. tHK/WAS) und den Kosten der redaktionellen plus technischen Produkterstellung (HK/redaktionelle Seiten) als *Netto-Ergiebigkeit(squote)* bezeichnet werden. Je höher dieser Netto–Ergiebigkeitsgrad ausfällt, umso größer wird der verbleibende Spielraum des Medienunternehmens, mittels der Netto–Ergiebigkeit plus den Verkaufspreiserlösen alle restlichen Kosten abzudecken und darüber hinaus einen Gewinn zu erwirtschaften.

---

56 Für die werbetreibenden Unternehmen stellen 1) die Werbekosten beim Medienunternehmen bzw. dessen Anzeigenpreise („Netto–Werbeeinnahmen“ bzw. „Einnahmen der Werbeträger“), 2) die gezahlten bzw. in den Anzeigenpreisen enthaltenden Provisionen (z.B. für die Media–Firmen) und 3) die eigenen Aufwendungen für die künstlerisch-technische Herstellung der Werbebotschaften („Werbemittelproduktion“) die „Werbeinvestitionen“ dar. Dies sind die in der Werbebranche üblichen Begrifflichkeiten, wie sie die ZAW entwickelt und durchgesetzt hat. Die Fa. Nielsen Werbeforschung S+P rekonstruiert hingegen die „Brutto–Werbeaufwendungen“ der werbetreibenden Unternehmen. Darin enthalten sind die Brutto–Anzeigenpreise, wie sie sich aus den aktuell geltenden Preislisten ergeben und deshalb auch keine Rabattierungen seitens der Medienunternehmen berücksichtigen (können).

Tab. 6.3.5.2: Ergiebigkeitsgrade der Querfinanzierung pro Exemplar in DM und in % (1992)[57]:

		ZEIT	*SPIEGEL*	*stern*
	WAE/netto	3,49	5,30	4,50
./.	tHK/WAS	0,97	1,09	1,27
=	**Ergiebigkeit(squote)**	**2,52** **= 72%**	**4,21** **= 79%**	**3,23** **= 72%**
./.	HK/redaktionelle Seiten, darunter	2,20	2,97	3,36
	– publizistischen Aufwand	*1,23*	*1,88*	*1,46*
	– technische Herstellkosten	*0,97*	*1,09*	*1,90*
=	**Netto–Ergiebigkeit(sgrad)**	**0,32** **= 9%**	**1,24** **= 23%**	**– 0,13** **= minus 3%**
	Betrachtung in der 'Einheit' redaktionelle Seiten:			
	1 + x HK	1 + 1,1	1 + 1,4	1 + 1
	1 + x rHK	1 + 2,1	1 + 2,2	1 + 2,2

Legende: WAE = Werbe-/Anzeigenerlöse; WAS = Werbe-Anzeigenseiten; tHK = technische Herstellkosten; HK = Herstellkosten; rHK = redaktionelle Herstellkosten; Quelle: LUDWIG 1996b: 283

Die Ergiebigkeitsquoten bei allen drei wöchentlichen Printmedien liegen in etwa auf gleicher Höhe. Ein Ergiebigkeitsgrad von 79% beim *SPIEGEL* besagt, daß im Durchschnitt das Verhältnis zwischen Werbe-/Anzeigenerlös pro Anzeigenseite und deren technischen Herstellkosten bei 1:4 liegt. Anders gesagt verbraucht die technische Produktion einer Anzeigenseite beim Medienunternehmen knapp 20% der (Netto-)Einnahme.[58] Sehr viel stärker streuen die Ergebnisse, wenn man auf den Netto–Ergiebigkeitsgrad abstellt: Auch hier liegt *DER SPIEGEL* mit 23% des Anzeigenerlöses ungleich besser als *DIE ZEIT* mit 9% dar. *DER SPIEGEL* zehrte 1992 noch von seinen vergleichsweise günstigen Druckkosten. Beim *stern* ist die Schlüs-

57 Als Schlüsselgröße für die Aufteilung der Kosten in die Herstellung der redaktionellen Seiten und der Anzeigenseiten wurde das Verhältnis des jeweiligen jährlichen Seitenumfangs zugrunde gelegt. Die so gewonnenen Ergebnisse wurden mit den fraglichen Medienunternehmen diskutiert und bestätigt. Damit liegen erstmals genauere Informationen zum Volumen der „Subventionierung" von Printprodukten durch Werbung vor. HEINRICH (1994: 211 f.) rechnet die „Subvention der Zeitung durch die Werbung" für das Jahr 1990 mittels einer ähnlichen Schlüsselung vor und kommt auf einen Wert von 57%, mit dem die Werbung den Textteil subventioniert: Danach „sind 47% des Anzeigenumsatzes Gewinn und 53% sind Kosten" (a.a.O.: 212). NOLL (1977: 57) schätzt den Kostenanteil der Anzeigenerlöse auf 54,3% bis 61,9%, REDDAWAY (1963: 206) auf 50%.

58 Im Durchschnitt nahm *DER SPIEGEL* 1992 pro Anzeigenseite 44.282 DM netto ein. Für die Herstellung einer solchen Seite mußte das Unternehmen durchschnittlich 9.109 DM mit der Druckerei verrechnen. Differenziert man die Ergiebigkeit nach s/w und 4c–Seiten, so ist das Querfinanzierungspotential für das Medienunternehmen bei beiden Farbgestaltungen annähernd gleich, da auch die Druckerei von dem höheren 4c–Anzeigenpreisniveau stärker profitiert als beim s/w–Druck.

selgröße bereits in den negativen Bereich abgerutscht: Hier schlägt das ungleich hohe Druckkostenniveau durch, das die Illustrierte im Rahmen der Konzernpolitik akzeptieren muß. Rechnet man die Besonderheit der konzerninternen Verrechnungspreisgestaltung heraus, so stellt sich der *stern* mit einer Netto–Ergiebigkeit von 0,20 DM pro Exemplar bzw. 5% der Anzeigenerlöse ungleich besser.[59]

Der Ergiebigkeitsgrad der Querfinanzierung wird in der Printmedienbranche selbst im Zusammenhang mit den Herstellungskosten der redaktionellen Produktgestaltung, konkret den Herstellkosten der redaktionellen Seiten gesehen bzw. kalkuliert. Aus diesem Grund bietet sich anstatt einer prozentualen Ergiebigkeitsbetrachtung auch die 'Währungseinheit' redaktionelle Seiten an. Konkret lassen sich die obigen Ergebnisse direkt in mögliche „redaktionelle Seiten"–Einheiten umrechnen. *DER SPIEGEL* beispielsweise kann mit dem Werbe-/Anzeigenerlös nicht nur den entsprechenden Werbe-/Anzeigenseitenaufwand seiner Anzeigenseiten finanzieren (Ergiebigkeitsquote), sondern darüber hinaus auch die Herstellkosten von 1,4 redaktionellen Seiten bestreiten. Rechnet man nur die redaktionellen Herstellkosten gegen, sind dies 2,2 redaktionelle Seiten.

6.3.6 Querfinanzierung und Zahlungsbereitschaft

6.3.6.1 Makroökonomische Verrechnung: ergänzte Ausgabenbudgets für die Mediennutzung

Den mikroökonomischen Ergiebigkeitspotentialen entspricht die makroökonomische Verrechnungstechnik, wie sie in Kap. 5.3 im Zusammenhang mit der Diskussion um monetäre Zahlungsbereitschaften analysiert wurde: Für die werbetreibenden Unternehmen stellen die eigenen „Werbe-Investitionen" (ZAW) Kosten dar, die über die Produktpreise entweder vorwärts oder auch schräg, d.h. über nicht beworbene Produkte aus der eigenen Angebotspalette auf die endverbrauchenden Produktkäufer überwälzt werden. Je nachdem, wie sich die überwälzten Werbeaufwendungen auf die einzelnen Produktkalkulationen verteilen, erhöhen sie mehr oder weniger stark die Endverbraucherpreise.

Beispielhaft sei dies anhand des den Brutto–Werbeaufwendungen nach gerechnet sechstgrößten Unternehmens, der Fa. Jacobs Suchard aus Bremen, rekonstruiert. Das Kaffee– (Jacobs Krönung, Day & Night, HAG) und Schokoladeunternehmen (Milka) hatte 1992 rund 180 Mio. DM in die Werbung investiert.[60] Rd. 100 Millionen flossen in die Sparte Kaffee, woraus sich eine Kostenbelastung aus der Kaffeewerbung in Höhe von 0,21 DM pro Pfund Kaffee errechnen läßt.[61] Prozentual gesehen sind dies 3,0% bezogen auf den durchschnittlichen Verkaufspreis (inkl. Kaffeesteuer) bzw. 4,7% auf den Verkaufspreis ohne Kaffeesteuer. Die Kostenbelastung eines der am

59 Dazu wurden aus dem Druckauftragsvolumen rd. 21 Mio. DM Gewinn herausgerechnet, die die konzerneigene Druckerei in dem rd. 217 Mio. DM umfassenden Druckauftrag miteinkalkuliert hat.

60 Quellen: Nielsen Werbeforschung S+P, Fa. Jacobs, Bremen

61 Kaffeeumsatz 1992 ohne Kaffeesteuer: 2,150 Mrd. DM; durchschnittlicher Einzelhandelspreis für Jacobs Kaffee: 7,10 DM. Kaffeesteueranteil: 2,60 DM. Daraus läßt sich ein Mengenabsatz von 477,777 Mio. Kaffeepfundpäckchen errechnen.

massivsten beworbenen Produkte fällt damit vergleichsweise moderat aus. Wirft man den Blick auf eine höher aggregierte Ebene, auf die gesamte Nahrungs- und Genußmittelbranche, die hierzulande die werbeintensivste Branche ist, so liegt der durchschnittliche Werbeaufwand bei rd. 2%.[62]

Aus den vergleichsweise geringen Belastungssummen kann geschlossen werden, daß diese der Unmerklichkeit dieses Finanzierungsvorganges Vorschub leisten. Das System der Querfinanzierung läßt sich daher auch, wie im Kap. 5.3.3 diskutiert, als „Umwegfinanzierung"[63] bezeichnen. Nicht abwegig ist auch die These, daß sowohl Medienunternehmung wie werbetreibende Unternehmen ein hohes Interesse an der Unmerklichkeit dieser Finanzierungstechnik haben: Je intransparenter dieser Vorgang, umso weniger tauchen Akzeptanzprobleme auf.[64]

Von Interesse ist nun die Frage, wie monetäre Kalkulationen für die Mediennutzung aussehen, die um die Kosten aus der Querfinanzierung ergänzt sind. Amtliche Daten gibt es dafür nicht. Man kann sich der Antwort nur beispielhaft nähern. Das Fallbeispiel Jacobs steht für eine durchschnittlich eher höhere Zusatzbelastung für den Endverbraucher, wiewohl spezielle Branchen noch höhere Preisanteile am Produkt für Werbung und/oder Marketing verrechnen. Beispielhaft sei auf die Kosmetikbranche verwiesen, deren Werbeaufwand im Durchschnitt mit rd. 50% für Werbung und Verpackung kalkuliert ist. Einzelne sehr stark beworbene Arzneimittel bringen es auf ähnliche Quoten (Beispiel „Spalt"–Tabletten: ca. 40%).

In der mikroökonomischen Theorie wird die Überwälzung in Abhängigkeit von Preiselastizitäten diskutiert. Diese Sicht beschränkt sich überwiegend auf die kurzfristige Betrachtung von Preis- und dadurch ausgelösten Mengenänderungen. Unterstellt man, daß sich die Nachfrager an ein bestimmtes Preisniveau eines spezielles Produktes und/oder an die Preisstruktur miteinander konkurrierender Produkte gewöhnen und Preisunterschiede beispielsweise aufgrund (vermeintlicher) Qualitätsabweichungen akzeptieren, so kann man davon ausgehen, daß die gewerbetreibenden Unter- nehmen ihren Werbeaufwand verrechnen können, konkret überwälzen. So gehen etwa GRUNERT/STUPENING (1981: 130) davon aus, daß die „produktdifferenzierende Wirkung" der Werbung einem Anbieter einen „monopolistischen Spielraum für die Preisgestaltung" verschafft, indem der Preiswettbewerb durch „Werbewettbewerb" ersetzt wird. Rein theoretisch ist auch die gegenteilige Situation denkbar, gleichwohl sie nicht als sehr wahrscheinlich anzusehen ist (a.a.O.: 132). Für die Überlegungen, das individuelle Ausgabenbudget für Mediennutzung hinsichtlich

---

62 Daten für 1992: Umsatz rd. 200 Mrd. DM, Brutto–Werbeinvestitionen der NGG–Industrie 4,239 Mrd. DM; Quelle: Media Daten 4/1993: M 27.

63 Der Begriff stammt von Dietmar KATH (1983), der ihn im Zusammenhang mit der Anfang der 80er Jahre aufgelebten Diskussion um die Bundesbankgewinne einführte (vgl. KATH 1983: 362).

64 In Anlehnung an die Methoden der Steuerwirkungslehre wäre es sicher interessant, eine Inzidenzforschung der Querfinanzierung und deren Akzeptanzprobleme zu eröffnen. Dabei gäbe es viele Fragen zu beantworten: Würde der Rezipient denselben Kaufakt im selben Umfang und in selber Häufigkeit vollziehen, wenn er um diese Umwegfinanzierung wüßte? Würde Transparenz dieses Vorgangs eine größere Zahlungsbereitschaft auslösen, die ein solches Modell überflüssig machen würde? Würde mehr Merklichkeit die Akzeptanz in Sachen Werbung/Anzeigen steigern oder abschwächen? Überhaupt sind mit dieser unmerklichen Finanzierungskonstruktion Fragen der Konsumentensouveränität ganz allgemein angesprochen. Dies gilt indes unter der Prämisse, daß für die individuellen medialen Nutzungsentscheidungen das monetäre Budget eine gewichtige Rolle spielt.

der querfinanzierten Werbeaufwendungen zu ergänzen, sei vom erfolgreichen Fall der unmerklichen Überwälzung ausgegangen.

Eine Ergänzungsrechnung ist grundsätzlich auf der Basis der genauen Verbrauchszusammensetzung (Warenkorb) denkbar. Allerdings würde auch eine solch detaillierte Kalkulation den Werbeaufwand nicht exakt erfassen können, da auch miteinander konkurrierende Produkte unterschiedlich beworben werden. Aus diesem Grund seien die gesamtwirtschaftlich erfassbaren Relationen des Werbeaufwands auf das „Medienbudget" eines 4–Personen–Arbeitnehmerhaushalts mit durchschnittlichem Einkommen übertragen, wie es vom Statistischen Bundesamt im Rahmen der Berichterstattung über die „laufenden Wirtschaftsrechnungen" regelmäßig erhoben wird (vgl. Tab. 5.3.1 [1] auf S. 195).

Setzt man dazu die Summe der Werbeinvestitionen des Jahres 1992 in Höhe von 47,0 Mrd. DM, wie sie der ZAW errechnet, ins Verhältnis zum Bruttosozialprodukt (3.022 Mrd. DM), so ergibt dies einen Wert von 1,6%.[65] Dieselbe Summe auf das Volkseinkommen (2.368 Mrd.) bezogen, macht eine Größenordnung von 2,0%. Legt man den privaten Verbrauch (1.755 Mrd.) zugrunde, erhöht sich der Wert auf 2,7%.

Zum Vergleich: Der durchschnittliche Ausgabenanteil für Medien („Medienbudget") des beispielhaft genannten 4–Personen–Arbeitnehmerhaushalts mit durchschnittlichem Einkommen betrug 1992 bezogen auf die Höhe der Verbrauchsausgaben 3,6%, bezogen auf das ausgabefähige Haushaltsnettoeinkommen 2,8%. Rechnet man alle Medien heraus, die sich nicht mittels Werbung für Dritte querfinanzieren, so sinkt dieser Anteil auf 2,2% bei Vergleich mit dem Konsum und auf 1,7% unter Bezugnahme auf das Einkommen.

Überträgt man die gesamtwirtschaftlichen Relationen auf den statistisch ermittelten Individualfall dieses Haushaltstyps, so müßte man dem Medienbudget, soweit es die Nutzung von querfinanzierenden Medien betrifft, in etwa die gleiche absolute Summe aus der unmerklichen Querfinanzierungsverrechnung hinzurechnen. Der genannte Haushaltstyp gibt demnach de facto nicht 2,8% für die Mediennutzung aus, sondern 4,8% und auf den Verbrauch gerechnet macht das Medienbudget eben nicht 3,6% aus, sondern tatsächlich sind dies 6,3%.

6.3.6.2 Abschließende Überlegungen zur Querfinanzierung, internen Subventionierung und Ramsey–Preisbildung

Das Modell der Querfinanzierung wurde hier im Gegensatz zu meist befristeten Mischkalkulationsprinzipien als in der Regel auf Dauer angelegtes Lösungsmodell analysiert, um mangelnde Zahlungsbereitschaft(spotentiale) auf einem speziellen Medienmarkt über das Ergiebigkeitspotential zumindest eines weiteren Marktes auszugleichen. Dabei wurde zu Anfang dieses Kapitels der wirtschaftswissenschaftliche Diskussionsstand zu Verlustverrechnungstechniken wiedergegeben: Auch die volkswirtschaftliche Theorie kennt den Fall eines längerfristigen Verlustausgleichs

---

65 Nominales BSP in laufenden Preisen für Alte und Neue Bundesländer 1992: 3.022 Mrd. DM. Bezogen auf das BIP (1992: 3.076 Mrd. DM) würde sich der gleiche Wert auf 1,5% stellen. Dieser Bezug wird häufig auch als Werbeintensität bezeichnet, um internationale Unterschiede in den Werbeaktivitäten zu messen.

für die Situation von langfristig fallenden Durchschnittskosten, etwa im Beispiel eines natürlichen Monopols. Unter dem Kriterium der sog. Pareto–Effizienz verhindern alle Preise, die nicht den Grenzkosten entsprechen, eine „Wohlfahrtsmaximierung" bzw. die Existenz „sozialer Überschüsse". Bei dieser Art von Markt- bzw. Kostensituation indes sind Grenzkostenpreise nicht kostendeckend und determinieren eine dauerhafte Verlustsituation.

Die Theorie empfiehlt in diesen Fällen eine „relativ zurückhaltende Art der internen Subventionierung", um eine „wohlfahrtsmaximierende" Subventionierung anzustreben (BLANKART 1991: 360). Konkret geht es darum, mittels der sog. Ramsey–Preisbildung eine Art 'dezenten' Verlustausgleichs zu realisieren. Im Fall eines natürlichen Monopols, das zwei verlustbringende Güter produziert und/oder auch im Eingüterfall, aber abgrenzbaren Nachfragergruppen, bei denen die Preiselastizitäten der Nachfrage verschieden ausfallen, werden unterschiedlich hohe Preise empfohlen, deren Höhe sich an den inversen Elastizitäten orientieren solle.

Diese Überlegung geht auf das Modell der sog. Ramsey–Preise zurück. RAMSEY hatte 1927 im Zusammenhang mit der optimalen Besteuerung vorgeschlagen, Zuschläge (Steuern) auf Grenzkosten(preise) umgekehrt proportional zur jeweiligen Preiselastizität der Nachfrage vorzunehmen: Je geringer die Preiselastizität, d.h. die Mengenreaktion, umso geringer ist die Ausweichmöglichkeit der belasteten Individuen.[66] Zusammengenommen 'subventioniert' die Nachfrage mit der geringeren Mengenreaktion das preisempfindlichere Nachfragepotential. Auf diese Weise läßt sich die unter dem Pareto–Kriterium dominante sog. Konsumentenrente weitgehend stabilisieren. Daß eine solche Steuerbelastung beispielsweise eine regressive Wirkung entfaltet, interessiert unter dem einseitig auf Allokationseffizienz focussierten Pareto–Kriterium nicht (mehr).

Im Zusammenhang mit dem vorgestellten Modell der Querfinanzierungstechnik über zwei Märkte läßt sich die Frage stellen, inwieweit dieses Lösungsmodell der Ramsey–Preisbildung entspricht. Dies kann mit wenigen Überlegungen beantwortet werden. Die meisten Rahmenbedingungen und Voraussetzungen scheinen für dieses Konzept einer 'internen Subventionierung' zu sprechen: Es geht 1) um die unterschiedliche Preisbildung auf mindestens zwei (zunächst) voneinander unabhängigen Märkten, auf denen 2) die Preiselasitizitäten unterschiedlich ausfallen, und die Situation ist 3) durch Subadditivität bzw. economies of scale und/oder economies of scope gekennzeichnet (fallende Durchschnittskosten). Allerdings verhalten sich die Preiselastizitäten nicht (immer) bzw. selten umgekehrt proportional zu den auf den Märkten durchgesetzten und akzeptierten Preisstellungen. Die Preiselastizität der Nachfrage kann auf den querfinanzierenden Werbemärkten vielfach deutlich höher als auf den Rezipientenmärkten eingestuft werden. Konkret hängt dies von den Substitutionsbeziehungen (Kreuzpreiselastizitäten) auf einzelnen Märkten ab, wie dies im Zusammenhang mit Inhomogenitätsgraden und Akzeptanzproblemen diskutiert wurde. Auf weitgehend homogenen Medienmärkten (Beispiel Programmpresse) dürfte die Preisempfindlichkeit seitens der Rezipienten größer als jene des Anzeigenmarktes sein. Je inhomogener die publizistischen Produkte empfunden werden, umso eher dreht sich das Elastizitätsverhältnis um. Kann man die mikroökonomische

66 Diese Regel inverser Elastizitäten läßt sich wie folgt formalisieren: P ./. Grenzkosten/P = k x 1/É, wobei k > 0 und É= Preiselastizität (vgl. FRITSCH/WEIN/EWERS 1993: 158).

Abschätzung von Elastizitätskriterien theoretisch und empirisch noch unterschiedlich konstatieren, so läßt spätestens der Umstand der Überwälzung der Werbeaufwendungen auf die Rezipienten jede weitere Überlegung obsolet werden, inwieweit es sich hier um eine Ramsey–Preisbildung handeln könne: Letztlich werden die gesamten Kosten der Medienproduktion von den endverbrauchenden Mediennutzern getragen, wenngleich auch in unterschiedlich hohem Maße.[67] Da das Ramsey–Preismodell auf die Maximierung, d.h. präziser: Stabilisierung von „sozialen Überschüssen" (Konsumentenrenten) rekurriert, ist das Ergebnis einer 'Zwischenlösung' (Querfinanzierung mittels unterschiedlicher Preisstellungen auf unterschiedlichen Märkten vor Überwälzung) langfristig letztlich unerheblich.

6.4 Querfinanzierung zwischen zwei oder mehreren (Medien-)Märkten

Im hiesigen Kapitelabschnitt sollen verschiedene Fälle vorgestellt werden, die sich u.a. hinsichtlich der Fristigkeiten unterscheiden. Nun gaben Langfristigkeit bzw. Nachhaltigkeit dieser Finanzierungstechnik mit einen Grund ab, um die Begrifflichkeit Quer– „Finanzierung" anstatt beispielsweise Mischkalkulation zu wählen. Allerdings können auch langfristige Planungshorizonte oder Entscheidungsspielräume endlicher Natur sein oder sich in ihrer Fristigkeit als kürzer herausstellen als ursprünglich absehbar und/oder geplant. In solchen Fällen läßt sich flexible Anpassung als adäquates Problemlösungsinstrument vermuten. Die Querfinanzierungstechnik kann sich so gesehen auch als kürzerfristiges Instrument verstehen. Umgekehrt kann sich das Andauern einer Verlust(ausgleichs)situation als hartnäckiger erweisen als erhofft. Da die Querfinanzierungstechniken letztlich ein Instrument darstellen, um – rein marktwirtschaftlich gesehen – auch aussichtslose Angebote aufrecht zu erhalten oder längerfristig eben doch zu etablieren, läßt sich die Effizienz dieses vergleichsweise einfachen Technikprinzips nicht mit volkswirtschaftlichen Allokations–Gütekriterien oder produktbezogener Kosteneffizienz messen, sondern nur aus der Motivation der maßgeblichen Akteure heraus verstehen: Es zählt, wie in Kap. 4.6 im Zusammenhang mit den Zielkonstellationen auf Medienmärkten gezeigt, das (positive) Ergebnis, das sich nicht nur auf der ausschließlich monetären Ebene darstellt.

In diesem Kontext sollen Querfinanzierungsverfahren analysiert werden, die 1) den (meist mühsamen) Aufbau eines publizistischen Angebots zum Ziele haben, und 2) weitere Arten dieser Finanzierungstechnik, die mit den unterschiedlichen Interessen und Aktivitätsfeldern von Medienunternehmern zusammenhängen (können). Beide Kapitelabschnitte werden deutlich machen, daß die Art der Querfinanzierung weniger eine Frage des Prinzips ist als vielmehr eine Frage ihrer Zweckmäßigkeit.

Das Finanzierungsprinzip der Querfinanzierungstechnik ist grundsätzlich auch über andere, d.h. Nicht–Werbemärkte möglich. Ebenso grundsätzlich kommen dafür alle Märkte bzw. Finanzierungsquellen in Frage, deren Erlösniveau für die Planung zum einen eine gewisse Stabilität und zum anderen ein ausreichendes Ergiebigkeitspotential versprechen. So gesehen sind sehr unterschiedliche Fallvarianten denkbar, in denen sich Medien über zwei oder auch mehrere Märkte querfinanzieren, wobei

67 Zum Beispiel dann, wenn werbeaufwandsbelastete Endverbraucher keine oder nur wenig (querfinanzierenden) Medien nutzen usw.

bei entsprechender Gewinnsituation auch erfolgreiche Medienangebote andere Medienprodukte über kürzere oder auch längere Zeiträume finanziell absichern können.

6.4.1 Aufbaufinanzierung der Wochenzeitung *DIE ZEIT* durch die Illustrierte *stern*

DIE ZEIT, die das Image „seriös" genießt, sich selbst als meinungsbildende Wochenzeitung versteht und in der Branche als „Kommentarblatt" bewertet wird, hatte aufgrund ihres dominierenden publizistischen Produktmixes als unmittelbares Nachkriegsunternehmen (gegründet 1946) im Vergleich zu anderen wöchentlich erscheinenden Printmedien wie *SPIEGEL* (seit 1946/47) oder der Illustrierten *stern* (seit 1948) auf den Nachfragermärkten einen sehr viel schlechteren Stand. Das zwangsläufig unterschiedliche Markterschließungstempo dieser drei Blätter war bereits Gegenstand der Überlegungen in Kap. 5.1.3 *DIE ZEIT* hatte, um ihr (erstes) Auflagenmaximum zu erreichen, 46 (Aufbau-)Jahre benötigt, *DER SPIEGEL* 34 Jahre. Am schnellsten konnte dies die Illustrierte *stern* realisieren: innerhalb von 20 Jahren.

Stellt man die historische Betrachtung auf ökonomisch relevantere (Über-)Lebensindikatoren ab, so sieht das Bild ungünstiger aus. *stern* und *SPIEGEL* kamen aufgrund schnellen Wachstums hinsichtlich Auflage, Reichweite und Anzeigenseiten unmittelbar (*stern)* bzw. rasch (*SPIEGEL*) in die Zone der Kostendeckung, *DIE ZEIT* schaffte dies erst nach knapp 30 Jahren. Diese lange Phase des publizistischen wie ökonomischen Aufbaus galt es für den Unternehmensgründer Gerd BUCERIUS finanziell durchzuhalten – eine Zeitspanne, die selbst unter Aspekten längerfristiger Marktpositionierung auf sonstigen Märkten absolut unüblich, weil kaum zu refinanzieren ist. Dieses Vorhaben, unmittelbar nach dem totalen Zusammenbruch in Deutschland eine Zeitung aufzubauen, die nicht auf aktuelle Berichterstattung und deren regelmäßige Nachfrage zielte, sondern vielmehr auf das vergleichsweise weniger marktgängige Kommunikationsbedürfnis politische Meinungsbildung und Kommentierung relevanter gesellschaftlicher Entwicklungen abstellen sollte, läßt sich nur aus einem biographischen Ansatz ihres Gründers heraus erklären.[68] Dies kann im vorliegenden Rahmen nicht geleistet werden.[69] Im Zusammenhang mit der vorgege-

68 BUCERIUS (1974: 52) begründete sein politisches bzw. publizistisches Engagement nachträglich folgendermaßen: „Politische Arbeit aber – so sagte ich mir – hat keinen Sinn, wenn in der Demokratie eine Wochenzeitung wie die Zeit nicht überleben kann. Deshalb setzte ich alles auf diese Karte." Konkret war BUCERIUS bereits 1946 in die CDU eingetreten, wirkte vorübergehend als Bausenator in Hamburg, wurde wenig später Mitglied im Deutschen Bundestag, war als Berlinbeauftragter der Bundesregierung aktiv und stieg aus CDU und Bundestag erst 1962 wegen „Intoleranz" seitens vieler Parteifreunde aus, die ihm zum wiederholten Male erhebliche Vorwürfe wegen größerer Titelgeschichten in der Illustrierten *stern* gemacht hatten. Konkreter Anlaß war 1962 die massive Kritik an einer *stern*–Geschichte „Brennt in der Hölle wirklich Feuer?", woraufhin der Bundesverband der CDU BUCERIUS die „Verletzung christlicher Empfindungen" (*Die Welt* 8.2.1962) vorhielt. Hintergrund der Kampagne gegen BUCERIUS, der zudem ein kritischer Gegner von ADENAUER war (z.B. im Zusammenhang mit der Auseinandersetzung um das „Adenauer–TV" 1960), war auch die Tatsache, daß gerade ein Vatikanisches Konzil anstand.

69 Vgl. skizzenhaft dazu LUDWIG (1996b: 285 ff.). Zur Selbsteinschätzung des *ZEIT*–Gründers vgl. BUCERIUS (1974). Eine Art unternehmenseigene Firmenfestschrift hat der *ZEIT*–Redakteur JANßEN (1996) vorgelegt.

benen Fragestellung soll es vorrangig um die ökonomische Technik gehen, diese finanzielle Durststrecke zu überwinden. Um die Querfinanzierung im zeitlichen Längsschnitt zu betrachten, müssen zuvor in einer verbal aufbereiteten Chronik die historischen Daten und Entwicklungen gelistet werden.

Der Versuch des *ZEIT*–Gründers, das Wochenblatt unter anderem mittels Werbe-/Anzeigeneinnahmen zu finanzieren, war schon aufgrund der geringen Auflagenhöhe in den ersten Nachkriegsjahren nur von sehr bescheidenem Erfolg bedacht. Da das Wirtschaftsleben 1946 vorrangig von den ersten Schritten des Wiederaufbaus zerstörter Produktionskapazitäten, verlorengegangenen Zuliefer- und Absatzverbindungen geprägt war, konzentrierten sich die wenigen industriellen Anzeigen vorzugsweise auf gängigere Blätter. *DIE ZEIT* mußte ihre Kosten ersteinmal über die Verkaufserlöse einspielen, wofür nachfrageseitig die Zahlungsbereitschaft bzw. -fähigkeit potentieller Käufer ausschlaggebend war. Kamen die ersten Jahre, gekennzeichnet durch monopolisierende Lizenzerteilung, alliierter Zuweisung von Produktionskapazitäten sowie Kontingentierung von Rohstoffen, immer noch „fast der Erlaubnis gleich, Geld zu drucken" (BUCERIUS 1974: 8), so hatte sich die Marktsituation 1948 durch die Währungsreform verschärft: Potentielle Käufer, die bisher in den Währungen immer noch umlaufender Reichsmark bzw. schwarzmarktfähigen Tauschobjekten handelten, wurden einheitlich mit 40 „DM" ausgestattet – bei numerisch unverändertem Copypreis der *ZEIT*: anstatt 1 RM nunmehr 1 DM.

In dieser fast ausweglosen Situation hatte BUCERIUS intuitiv eine Investitionsentscheidung getroffen, die sich schnell als 'goldrichtig' herausstellen sollte: Der *ZEIT*–Gründer und seine Partner hatten 1949 von einer Bank einen 50%igen Geschäftsanteil an der Henri Nannen Verlag GmbH übernommen, die seit einem Jahr eine erfolgreiche und mit 130.000 Exemplaren gestartete Zeitschrift namens *stern* verlegte. Deren Auflagen hatte sich binnen eines Jahres verdoppelt. Der 50%ige Geschäftsanteil des in Konkurs gegangenen Gesellschafters war zwischenzeitlich auf die Bank übergegangen, die ihn nun zum Vorzugspreis verhökerte: BUCERIUS griff ohne zu zögern zu und war damit gesellschaftlicher Partner des *sterns*. Der *ZEIT*–Verlag übernahm fortan für das 'Schwesternblatt' den Vertrieb sowie die Anzeigenverwaltung, um zusätzliche Einnahmen zu realisieren. Nach „gnadenlosen Kämpfen" (NANNEN 1995) zwischen dem *stern*–Gründer, Herausgeber und Chefredakteur in einer Person, Henri NANNEN, und dem „wendigen Taktierer" (JAKOBS/MÜLLER 1990: 85) BUCERIUS endeten die Auseinandersetzungen über Konzept und Ökonomie damit, daß BUCERIUS Mehrheitseigner wurde[70] und NANNEN in seinen publizistischen Funktionen als Blattmacher verblieb. Die gesellschaftsrechtliche und ökonomische Konstruktion funktionierte nicht ohne Probleme: 1951 forderte der gemeinsame Betriebsrat von *stern* und *Zeit* die Einstellung der *ZEIT*, da deren Verluste die „bescheidenen Einnahmen aus dem Stern mehr als aufzehrten" (BUCERIUS 1974: 52). NANNEN versuchte, sich von dieser finanziellen Bedrohung einseitig zu lösen, weil er seine Arbeit gefährdet sah. Die Aufgabe des Projektes *ZEIT* „wäre also die vernünftigste Entscheidung gewesen", wie es auch BUCERIUS unter rein ökonomischen Gesichtspunkten sah (a.a.O.). Nachdem die Liquidität des Unternehmens *ZEIT* trotz Werklohn aus der *stern*–Beteiligung

70 indem er NANNENs 37,5%igen Anteil übernahm. Weitere 12,5% lagen bei einem Industriellen.

(Vertrieb, Anzeigenverwaltung) so eng geworden war, daß der Verlag die Gehälter nur noch in Raten zahlen konnte und auch der Verkaufserlös des BUCERIUSschen elterlichen Hauses im Unternehmen aufgebraucht war, stand *DIE ZEIT* praktisch vor ihrem Ende: Kreditmittel eines verständnisvollen Bankiers, „der an die Sache, aber auch an unseren Enthusiasmus glaubte" (a.a.O.) halfen über die schwierigste wirtschaftliche Phase hinweg.

Zwischenzeitlich war die Auflage des Schwesternblattes auf über 500.000 verkaufter Exemplare geklettert und das Anzeigenpreisniveau hatte sich verdoppelt. Ebenso waren die Anzahl der bezahlten Anzeigenseiten und die Reichweite gestiegen – kurz: die steile Wachstumsentwicklung des *sterns* konnte immer mehr finanzielle Ansprüche seitens der Mitarbeiter, der Kreditgeber aber auch jene von BUCERIUS befriedigen, mittels der allmählich sprudelnden Illustriertengewinne sein eigentliches „Lebenswerk" zu stützen. Wachstumsphasen sind für ihre Eigenschaft bekannt, Verteilungsprobleme (z.B. aus unterschiedlichen Ansprüchen) ganz wesentlich entschärfen zu können. Diese Symbiose aus weiterhin steil zulegenden Auflagenziffern einer politisch engagierten, aber oft 'reißerisch' aufgemachten Illustrierten und einem kommentierenden Meinungsblatt, das sich mühsam Leser bzw. Käufer verschaffen mußte, sollte noch rund ein Vierteljahrhundert andauern: Erst 1977 konnte *DIE ZEIT* den break–even–point dauerhaft überschreiten.[71] Das Tempo der unterschiedlichen Entwicklung läßt sich aus der Abbildung 6.4.1 [1] ablesen, die mangels zeitlich flächendeckender Daten für Anzeigenseitenumfang und/oder Reichweiten den hier verbal skizzierten Trend nur mittels der Auflagenhöhe indirekt widerspiegeln kann.

In dem knapp zwanzigjährigen Zeitraum nach der schwersten Krise 1950/51 und 1969, kurz vor Einführung des *ZEITmagazins*, hinkten alle ökonomisch relevanten (Über-)Lebensdaten der *ZEIT* so gut wie allen Wirtschaftswunder–Entwicklungen hinterher, die sich auf den meisten Märkten in zweistelligen Zuwachsraten präsentierten. Die einzige Dimension, in der auch die Entwicklung der *ZEIT* in oft zweistelliger Höhe verlief, war die Ebene der Kosten. Um das scherenförmige Auseinanderdriften zwischen Kosten und Erlösen zu stoppen bzw. den Trend wieder umzukehren, hatte BUCERIUS nach dem Vorbild der englischen Sonntagsblätter *Sunday Times* und *Observer* 1970 das Produkt *ZEIT* durch eine Innovation erweitert: durch Beilage eines Supplements namens *ZEITmagazin*. Damit sollten auf den Rezipientenmärkten mehr Käufer gewonnen und auf den Werbe- und Anzeigenmärkten mit einer Vierfarbbeilage adäquater Raum für qualitativ anspruchsvolle Anzeigen geschaffen werden, um mittels dieser geplanten Auflagen–Anzeigenerlös–Spirale endlich in die Gewinnzone vorzustoßen.[72]

---

71 Dazu mußte sich die verkaufte Auflage auf über 350.000 Exemplare (Volumen der Verkaufserlöse) und die Reichweite auf 1,2 Mio. Leser (Anzeigenpreisniveau/Anzeigenerlöse) entwickeln; vgl. LUDWIG (1996b: 284).

72 Die geplante Markterweiterung auf Seiten der Rezipienten wurde durch zwei weitere Entwicklungen vorangetrieben: einmal durch mehrere publizistische Konjunkturen (politische Kultur, Bildungskonjunktur, Image–Konjunktur, Autorenblatt–Konjunktur) sowie durch weitere Ausdifferenzierung des Produktes *ZEIT*: *DIE ZEIT* führte nach und nach neue Rubriken ein und öffnete sich immer recht früh neuen Entwicklungen als publizistisches Forum (1978: Zeitläufte; 1990: Tribüne; 1992: Wissen, usw..); vgl. dazu ausführlich LUDWIG (1996b: 289 ff.).

Abb. 6.4.1 [1]: Auflagenentwicklung von *ZEIT* und *stern*

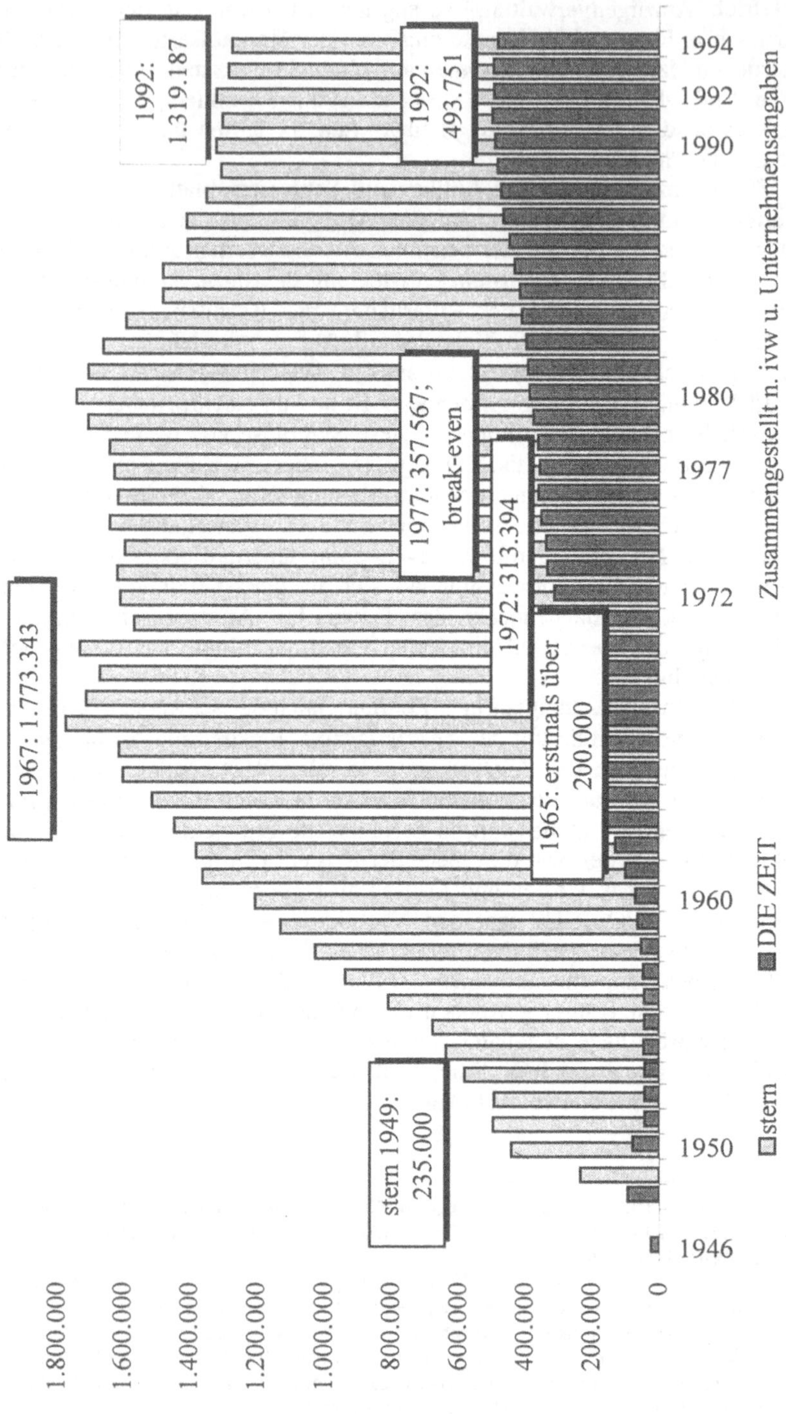

1972 war *DIE ZEIT* fast soweit: Nachdem innerhalb von 25 Jahren (1946–1971) nur zwei Mal ein „kleiner Gewinn" (BUCERIUS) übrig geblieben war[73], konnte die Produktkomponente Zeitung *ZEIT* mit Überschreiten der 300.000er Auflagenschwelle für sich alleine gerechnet erstmals einen deutlichen Gewinn in Höhe von 1,4 Mio. DM realisieren.

Allerdings: Da die Produktkomponente *ZEITmagazin* noch nicht die erhoffte bzw. zwecks eigener Kostendeckung benötigte Anzeigenseitenanzahl einzufahren imstande war, schloß das Gesamtunternehmen mit Verlust ab und mußte wiederum mittels des *sterns*–Gewinns querfinanziert werden. Absehbar war indes, daß eine neue Wachstumswelle bei Auflage und zusätzlich notwendigen Anzeigenseiten für das neu eingeführte *ZEITmagazin* den break–even–point nachhaltig durchbrechen würde.[74] In Abb. 6.4.1 [2] ist das kritische Jahr 1972 für die *ZEIT* (Gewinn: 1,4 Mio. DM), das *ZEITmagazin* (Verlust: 3,9 Mio. DM) sowie für das gesamte Produkt *DIE ZEIT* in Form von Gewinn- und Verlustrechnungen rekonstruiert (Gesamtverlust: 2,5 Mio. DM).[75]

Abb. 6.4.1 [2]: Gewinn- und Verlustrechnung 1972

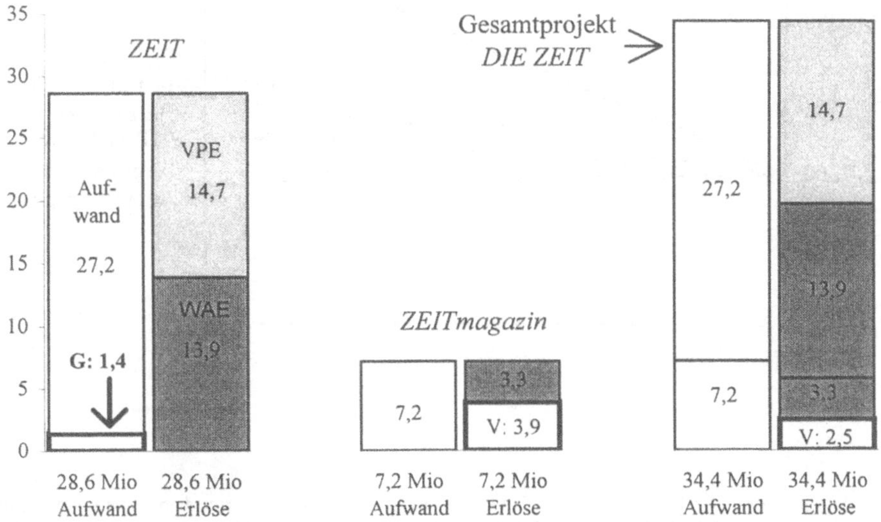

73 1965 und 1966, als die Auflage erstmals die 200.000er Grenze überschritten hatte und die Kostenentwicklung noch etwas moderater verlief.

74 1971 auf 1972 hatten sich mehrere Variable verändert: 1) Die Auflage stieg um rd. 35.000 Ex. auf 302.000 Ex und war damit eine der stärksten Absatzschübe; 2) der Copypreis wurde, u.a. um die Kostensteigerungen aufzufangen, von 1,20 DM auf 1,50 DM erhöht; 3) die Anzeigenpreise (4c) wurden um 13,2% angehoben

75 Diese Daten wurden mittels jener Zahlen zusammengestellt, umgerechnet und t.w. auch rekonstruiert, die BUCERIUS 1974 in seinem Buch Der angeklagte Verleger im Anhang (S. 162) veröffentlicht hatte. Leider sind die dort genannten Zahlenwerte weder exakt noch durchgehend systematisch abgegrenzt, so daß auch für diese vergleichsweise einfache Rekonstruktion einer G+V viele Neben- und Umrechnungen notwendig wurden.

Die einzelnen Entwicklungstrends auf der Erlös- und Kostenseite, in die das in der G+V–Rechnung präsentierte Schlüsseljahr 1972 fällt, und die die bisherige scherenförmige Entwicklung zwischen Aufwand und Erlösen völlig umgekehrt haben, sind in Abb. 6.4.1 [3] dargestellt: tendenziell sinkende Durchschnittskosten trotz permanenter Kostensteigerungen sowie zunehmende Erlöse durch wachsende Auflage, Reichweite, Anzeigenpreise (*ZEIT*) und Anzeigenseiten (*ZEITmagazin*) führen das Blatt ab 1975 erstmals und ab 1977 endgültig in die Gewinnzone[76]:Die Querfinanzierung der *ZEIT* über ein anderes, ebenfalls sehr ergiebiges Medium konnte zugunsten der nunmehr branchenüblichen Ergänzungsfinanzierung aus den Werbe- und Anzeigenmärkten aufgegeben werden.[77]

Abb. 6.4.1 [3]: Entwicklung der Erlöse und der Kosten bei der *ZEIT* 1970–1973 (1970 = 100)

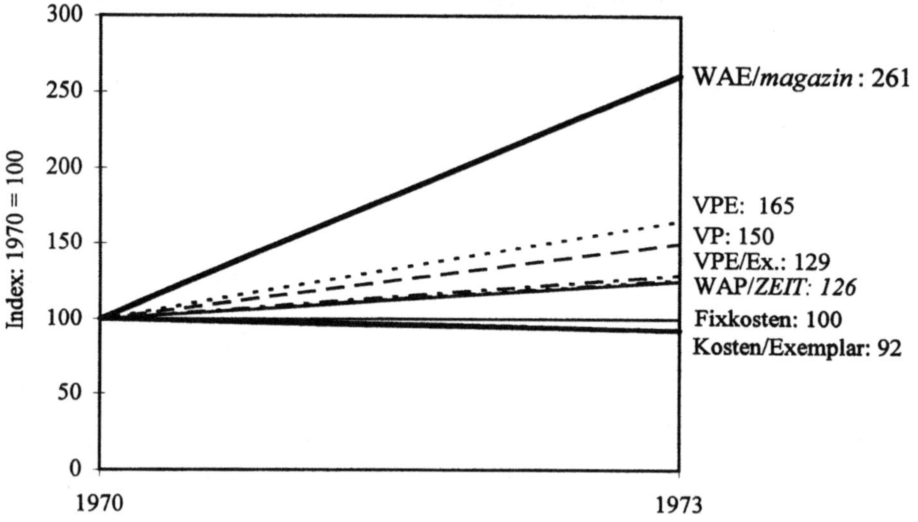

76 Die in Abb. 6.4.1 [3] präsentierten Daten sind nicht ganz exakt, was mit dem Umstand zusammenhängt, daß BUCERIUS vorrangig Zahlen für das Jahr 1972 genannt hatte (vgl. vorige Anmerkung). Davor und danach haben sich aber so gut wie alle Variablen verändert, die t.w. nur mühsam rekonstruiert, t.w. sogar nur geschätzt werden konnten (z.B. VPE für 1970, Durchschnittskosten für 1970). Deutlich sind jedoch die eindeutigen Trends, auch wenn die Zuwächse, gemessen hier als Indexziffern, um einige wenige Prozentpunkte verfehlt sein sollten. Daten zur weiteren Entwicklung der *ZEIT*, insbesondere den Zeitraum zwischen 1972 und 1992 finden sich bei LUDWIG (1996b).

77 BUCERIUS hatte nach der Großfusion zwischen John JAHR (Zeitschriftenverleger), Richard GRUNER (Druckerei) und ihm selbst bzw. seiner *ZEIT* zum Verlag „Gruner und Jahr" (G+J) im Jahre 1965 sine *ZEIT* 1973 wieder ausgegliedert sowie seinen 35%igen G+J–Anteil, den er über seine Beteiligungsfirma ZEIT Verlag GmbH gehalten hatte, mit 11,5% an der Bertelsmann AG getauscht, die inzwischen erste Anteile am G+J–Konzern erworben hatte und mit der eine Aufstockung an G+J auf knapp 75% vorgesehen war. (vgl. LUDWIG 1996b: 288, insbes. Anm. 13). Damit war auch das direkte Schwesternverhältnis zwischen *ZEIT* und *stern* beendet – es existierte fortan nur noch indirekt.

BUCERIUS hatte sein finanzielles Engagement bzw. das kumulierte Volumen seiner *stern–* bzw. G+J–Gewinne, die er in sein Projekt *DIE ZEIT* investiert hatte, mit rd. 20 Mio. DM angegeben (BUCERIUS 1974: 31). Um eine Vorstellung von der tatsächlichen Größenordnung dieses Volumens zu vermitteln, läßt sich dieser historische und im Laufe von über zwei Jahrzehnten aufgelaufene Wert auf heutige Preis- und Wertverhältnisse umrechnen. Dazu wurden der Einfachheit halber bzw. mangels konkreter Zuordnungsdaten die Querfinanzierungsbeträge in dem Zeitraum von 1950 bis 1974 als identische Jahresvolumina unterstellt.[78] Danach hatte BUCERIUS in heutigen Werten bzw. Preisen *DIE ZEIT* mit rd. 54 Mio. DM *stern*–Gewinnen querfinanziert.[79] Die Querfinanzierung über die Werbe- und Anzeigenmärkte allein hätte nicht ausgereicht, um dieses Produkt „publizistischer Hochkultur“ (LUDWIG 1996b) langfristig auf eigene Beine zu stellen.

6.4.2 Fallanalysen anderer Beispiele: Querfinanzierung und Unternehmertypologie

Die unternehmerische Beharrlichkeit sowie die mentale Ausdauer des *ZEIT*–Gründers erklärt sich vorrangig aus dessen Selbstverständnis und innerem Engagement: Gerd BUCERIUS wollte auf seine Weise „Politik machen“. Dieses Ziel war ihm sowohl den Verzicht auf alternative Nutzung seiner Arbeitszeitkapazitäten als auch die Verwendung seines Einkommens wert. Ein anderes Engagement hätte ihm möglicherweise weniger Streß[80] und mehr Lebensqualität beschert.[81] Ein solches Verhalten läßt sich, wie im Zusammenhang mit den Interessenslagen von Akteuren auf Medienmärkten gezeigt, zunächst mit einer hohen nicht-monetären Zielgewichtung erklären. Die Quelle der Querfinanzierung zur Aufbaufinanzierung der *ZEIT* stammte ebenfalls aus dem Bereich der Medien, die sich grundsätzlich auch als Querfinanzierungsquelle eignen. Da eine der wesentlichsten Voraussetzungen für Querfinanzierungspotentiale deren Ergiebigkeit darstellt und nicht alle Medien nach Inanspruchnahme ihrer eigenen Ergiebigkeitsquelle selbst ein ausreichend hohes Ergiebigkeitspotential beispielsweise in Form von operativen Überschüssen für andere (Medien-)Märkte repräsentieren, sind Situationen denkbar, in denen Medienunternehmer auf andere Möglichkeiten zurückgreifen (müssen), wenn sie ein aufbau- und/oder stützungsbedürftiges Medium auf dem Markt plazieren wollen. In diesen Fällen kommen weitere Determinanten ins Spiel, die über die Art von Querfinanzierungspotentialen entscheiden können, z.B. andere Aktivitätsfelder der Medienunternehmer. Medienunternehmer als relevante Akteure auf Medienmärkten lassen sich

78 Der offizielle Index der Lebenshaltung beginnt im Nachkriegsdeutschland erst mit dem Jahr 1950 = 100. Die Indexziffer des Jahres 1992 betrug 348,9 (Index für die Gesamtlebenshaltung eines 4–Personen–Arbeitnehmerhaushalts mit mittlerem Einkommen; Quelle: Stat. Bundesamt). Konkret wurde ein jährlicher Betrag von 800.000 DM (20 Mio. DM : 25 Jahre) auf das Jahr 1992 hochgerechnet.

79 Genauer Wert (vgl. vorige Anmerkung): 53.928.000 DM.

80 BUCERIUS sprach in der Widmung seines Buches *Der angeklagte Verleger* für seine damalige Frau von „Tumult“.

81 Gleichwohl hatte es BUCERIUS letztlich zum mehrfachen Millionär mit Topadresse in Hamburg (Leinpfad) und Villa im Tessin gebracht.

nicht nur nach deren individuellen Zielgewichtungskonstellationen unterscheiden, sondern auch nach ihrem Hauptaktivitätsfeld, was aufgrund seiner spezifischen Eigenheiten des jeweiligen Marktes und dessen geltenden 'Spielregeln' (z.B. Geschäftsusancen) wiederum Auswirkungen auf Interessenslage und konkrete Ziele des Unternehmers auf dem fraglichen Medienmarkt haben kann. Kombiniert man Motivation und Hauptaktivitätsfeld(er) von Unternehmern, so läßt sich eine Typologie von Medienunternehmern ableiten, die sich in vier Kategorien von Medienunternehmer–Typen einteilen läßt (vgl. LUDWIG 1997b):

1) den engagierten Medienunternehmer, der vorrangig bzw. ausschließlich im Mediensektor agiert und sich durch eine hohe nicht-monetäre Zielgewichtung auszeichnet: Es handelt sich um den Typ des schöpferischen Medienunternehmers (publizistischer Innovator)[82],

2) den Medienunternehmer, der eigentlich eher Wirtschaftsunternehmer ist. Bei ihm dominieren eher monetäre Zielgewichtungen. Weiteres Kennzeichen kann sein, daß die Branchenauswahl nicht unbedingt Ergebnis bewußter Entscheidung ist (z.B. aufgrund von Erbfolge)[83],

3) Medienunternehmer, die vorrangig Wirtschaftsunternehmer sind, und sich aus anderen Gründen im Mediensektor betätigen (z.B. aus politischen Motiven)[84] und

4) Medienunternehmer, die nebenbei auch (noch) Wirtschaftsunternehmer sind, beispielsweise um ihr Medienengagement wirtschaftlich besser absichern zu können.[85]

Für Medienunternehmer, die in anderen Branchen bzw. Geschäftsfeldern agieren, können sich grundsätzlich weitere Querfinanzierungspotentiale eröffnen. Für unsere Zwecke ist weniger die Branche von Interesse, die möglicherweise von ihrem Ergiebigkeitspotential her gesehen substituierbar ist als vielmehr die ökonomischen, beispielsweise die betriebswirtschaftlichen Zusammenhänge und Ansatzpunkte. BUCERIUS hatte die Querfinanzierung über den *stern* auf dessen Periodizität seiner Erscheinungsweise gründen können, die ökonomisch gesehen die Regelmäßigkeit notwendiger Liquidität garantiert. Ein Immobilienunternehmer hingegen, der sich im Mediensektor engagieren will, kann in seiner Querfinanzierungskalkulation nicht unbedingt von regelmäßigen (Spekulations-)Gewinnsituationen ausgehen. Unter betriebswirtschaftlichen Kriterien der Mittelherkunft und ihren Problemen bzw. Vorteilen sollen, um den Kapitelabschnitt zu vervollständigen, einige andere Bei-

82 Beispiele wären Buch–Verleger wie S. FISCHER, G. KIEPENHEUER, Presseunternehmer wie R. AUGSTEIN oder Gerd BUCERIUS; Hans BREDOW (Rundfunk) oder auf dem Sektor des Films Namen wie Steven SPIELBERG, Wolfgang PETERSEN (Regisseur und Produzent), Alexander KLUGE (Filmemacher, TV–Unternehmer).

83 Beispiele: Reinhard MOHN (Bertelsmann–Konzern), A. SPRINGER, Heinrich BAUER, Rainer Maria GOHLKE (*SZ*, vormals Deutsche Bundesbahn), Helmut THOMA (RTL).

84 Dies beträfe beispielsweise Alfred HUGENBERG (Krupp–Direktor und im Mediensektor die Firmen Ala, Ufa, Scherl–Konzern); Hugo STINNES (Gemischtwarenkonzern und Filmengagement), Dietrich v. BOETTICHER (RA, Öl- und Gasexploration sowie auf dem Medienmarkt Luchterhand–Verlag.

85 Etwa Johann Friedrch COTTA im 18./19. Jahrhundert oder Bernd LUNKEWITZ aus dem 20. Jahrhundert (Immobilien, Aufbau–Verlag, Kiepenheuer Verlag, Verlag Ruetten & Loening), Ronald S. LAUDER (Kosmetik, Immobilien, CEDC–TV); Frank OTTO (Versandhaus, Privat–Rundfunk)

spiele knapp analysiert werden, um die Unterschiedlichkeiten von Querfinanzierungsmöglichkeiten etwas weiter aufzuhellen.

6.4.2.1 Aufbaufinanzierung eines Buchverlages mittels periodischer Printmedien: Beispiel (ehemaliger) KINDLER & SCHIERMEYER–Verlag, München

Helmut KINDLER, in der ausgehenden Weimarer Zeit erst Schauspieler und Regisseur, 1933 bis 1942 Journalist und Redakteur im Hause ULLSTEIN, gleichzeitig erklärter Gegner des Nationalsozialismus, was ihm nach 1942 Gestapo–Haft einbrachte[86],hatte sich nach dem Zusammenbruch 1945 in Berlin mit Heinz ULLSTEIN, der als einziger der ULLSTEINschen Verlegerfamilie in Deutschland verblieben war und überlebt hatte, einen Verlag u.a. zwecks Herausgabe einer Kunstzeitschrift mit dem Namen *Revue* gegründet[87],sich von diesem aber 1948 wieder freundschaftlich getrennt, um nach München zu gehen: KINDLER wollte den Ortswechsel, zum anderem seinen eigenen verlegerischen Weg gehen. Das Verlegerpaar Helmut KINDLER und seine Frau Nina gingen „ohne Geld", hatten „einzig und allein Einfälle" (KINDLER 1992: 418): Beiden schwebte ein anspruchsvolles literarisches und politisches Buchprogramm vor Augen, das sich später beispielsweise in so bekannten Biographien wie jene über den Lambarene–Doktor Albert SCHWEITZER von Jean PIERHAL (= Robert JUNGK) oder über Ernst REUTER von Willi BRANDT und Richard LÖWENTHAL, in den *Erinnerungen* von Konrad ADENAUER oder in Ferdinand SAUERBRUCHs *Das war mein Leben* manifestieren sollte. KINDLERs entwickelten sich zudem zu einem Spezialverlag für Enzyklopädien: KINDLER Maler Lexikon (6 Bde.), KINDLER Kulturgeschichte (35 Bde.), GRZIMEKs Tierleben (16 Bde.) und natürlich das bekannte KINDLERsche Literaturlexikon.

Helmut und Nina KINDLER organisierten den finanziellen Aufbau ihrer vielfältigen publizistischen Unternehmungen auf sehr unterschiedliche Weise, die sehr stark von Zweckmäßigkeitsüberlegungen geleitet waren. Um eine allererste finanzielle Basis zu zimmern, wurde die Kunstzeitschrift *Revue* in eine aktuelle Illustrierte gleichen Namens umgewandelt, die sich auf dem Markt aufgrund der Konkurrenz von *Quick* und *Neue Illustrierte* nur langsam etablieren konnte. Allerdings funktionierte dies nicht ohne einen Geldgeber, der bereit war, sich auf ein publizistisches Abenteuer ohne banküblische Sicherheiten einzulassen, die KINDLERs nicht bieten konnten. Die Lösung bestand in einer Beteiligung seitens eines „Geldmannes" bzw. „Spekulanten" (KINDLER 1992: 375), Gustav SCHIERMEYER, der später mit allen anderen Geschäften, auf die er sich eingelassen hatte, pleite ging, nur nicht mit seiner 50%igen Verlagsbeteiligung. Der neue Partner gewährte auch Kredit, zwar teuren, aber immerhin überhaupt.

Um die *Revue* attraktiver zu machen, engagierte KINDLER Autoren, die entweder bekannt waren und/oder spannend für ein größeres Publikum schreiben konnten:

86 Detailliert beschrieben in seiner Autobiographie *Zum Abschied ein Fest*. München (Kindler) 1991/1992, auf die sich auch die hier genannten biographischen Daten stützen.

87 In dem Verlag erschien aber auch z.B. 1947 das Buch *Verboten und verbrannt. Deutsche Literatur – 12 Jahre unterdrückt*, hg. v. Richard DREWS u. Alfred KANTOROWICZ.

Hans HABE, Leon URIS (*Exodus*) oder auch ein Schreiber namens Heinz GÜNTER, den KINDLER mit einem Fortsetzungsroman *Der Arzt von Stalingrad* beauftragt hatte und der später unter seinem Pseudonym Heinz G. KONSALIK berühmt werden sollte. Trotz guten redaktionellen Marketings hatte die *Revue* vergleichsweise viel Probleme mit Anzeigenkunden aufgrund etlicher politischer Themen, die beispielsweise um Fragen der Bundeswehr oder um die atomare Aufrüstung kreisten.[88] Erst Mitte der 50er Jahre konnte KINDLERs Blatt Anschluß an die Auflagen- und Anzeigenseitenentwicklung ihrer Konkurrenten gewinnen, blieb aber von allen Blättern jenes mit der geringsten Auflage

Den größten wirtschaftlichen Erfolg, um ihr engagiertes Verlagsprogramm aufzubauen und diesem ökonomisch langfristig ein stabiles Fundament zu geben, konnten KINDLERs 1956 mit der Einführung der Jugendzeitschrift *Bravo* realisieren. KINDLER, der innerhalb der Buchbranche schon wegen seiner *Revue* und einem weiteren Zeitschriftenprodukt, den *Farbigen Romanen*, die später in der *Bravo* aufgingen, als „Illustriertenverleger" nicht überall gelitten war, mußte sich mit diesem Blatt erst recht zur Wehr setzen.[89] Für KINDLER selbst war die fragliche Zeitschrift Mittel zum Zweck: „Das ist das einzige Objekt, das zu machen mich – der ich kein Kaufmann bin, aber vielleicht ein Unternehmer – ausschließlich wirtschaftliche Vorstellungen veranlaßt haben."

Nachdem die KINDLERS mittels der skizzierten Querfinanzierungspraktiken ihren vom Zeitschriftenverlag getrennten Buchverlag Helmut KINDLER soweit konsolidiert hatten, daß ein selbstfinanzierendes Wachstum absehbar war, verkauften sie ihr Zeitschriftenunternehmen KINDLER & SCHIERMEYER 1965 – in der Blütezeit bundesdeutscher Pressekonzentration – an den damaligen Pressezaren Nummer 1 im deutschen Pressemarkt, Axel SPRINGER.[90]

Der Aufbau des KINDLER Verlags, der seine Märkte ohne jegliches Reservoir an Autorenrechten, Kontakten und ohne eingeführten Namen, sprich good will, erobern mußte, kam damit über die Periodizität ausgesprochen marktfähiger Printprodukte und deren regelmäßiger Liquidität zustande. Der nachhaltige Bestand des Buchverlags konnte mittels des Verkaufserlöses von inzwischen marktpositionierten periodischen Printprodukten gesichert werden.[91]

---

88 KINDLER spricht selbst von „politisch gravierenden Beiträgen, die bekenntnishaften Charakter hatten" (a.a.O.: 381) und berichtet in seiner Biographie auch von konkreten Beispielen, namentlich die Auseinandersetzungen mit dem damaligen Bundesverteidigungsminister Franz Josef STRAUSS. Politisches Engagement der *Revue* wird man ihr zubilligen müssen, auch wenn MEFFERT (1967: 191 f.) in seinen quantitativen Inhaltsanalysen der damaligen Illustrierten zu dem Ergebnis kommt, daß der *stern* sehr viel mehr politische Themen aufreiße und Geschichten darüber bringe als die *Revue*.

89 So bezeichnete beispielsweise Caspar WITSCH, nach dem Tod von Gustav KIEPENHEUER Alleinverleger von Kiepenheuer & Witsch, Köln, KINDLER mit einem Manne, „der einen Puff einrichtet, damit ungeheure Gelder verdient und damit ein Heim für gefallene Mädchen unterhält, und dann in den gefallenen Mädchen die Legitimierung sucht für die Mädchen, die er fallen läßt, und zwar sehr heftig"; zit.n. KINDLER (1992: 423).

90 SPRINGER wiederum behielt die *Bravo* und verkaufte den Verlag KINDLER & SCHIERMEYER mit den restlichen Blättern *Eltern, Jasmin* und *Twen* 1968 an eine Druckerei, die den Verlag ein Jahr später an G+J (BUCERIUS !) weiterverkaufte. Die ausgesprochen erfolgreiche Jugendzeitschrift *Bravo* ging später an den Heinrich Bauer Verlag, wo sie auch heute noch beheimatet ist.

91 Zumindest für weitere 17 Jahre. Ende der 70er/Anfang der 80er Jahre war KINDLER im Zusammenhang mit der Vorfinanzierung weiterer Enzyklopädien (u.a. *Die Großen der Welt* in 12 Bänden)

6.4.2.2 Aufbau der Wochenzeitung *Die Woche* durch den Buchbestseller *Scarlett*

Ein periodisch erscheinendes und regelmäßig Liquidität benötigendes Printprodukt von vergleichsweise geringer Marktgängigkeit in einem weitgehend gesättigten Markt von politischen Wochenblättern auf die Beine zu stellen und dies – zumindest in der allerersten Gründungsphase – mit Produkten aus dem a–periodisch funktionierenden Buchmarkt zu riskieren ist – betriebswirtschaftlich gesehen – in etwa vergleichbar mit einer Finanzierung von langfristigem Anlagevermögen mittels kurzfristiger Verbindlichkeiten. Nach gängigen Finanzierungsüberlegungen verstieße eine solche Kalkulation gegen so gut wie alle Regeln kaufmännischer Vorsicht.[92]

Die Wochenzeitung *Die Woche*, Hamburg, ist 1993 praktisch so entstanden. Deren Ideengeber, Herausgeber und Chefredakteur, Manfred BISSINGER, bis Ende der 70er Jahre Chefredakteur des *sterns*, dort aber wegen Übernahme der publizistischen Verantwortung für einen kritischen Artikel über die Steuerflucht großer deutscher Konzerne, in dem auch der Mehrheitsaktionär von G+J, die Bertelsmann AG, genannt war, war vom G+J– bzw. Bertelsmann-Management 'gegangen' worden (vgl. Kap. 4.6.3).

Nach Tätigkeiten als Blattmacher bei den Zeitschriften *Natur* und *Merian* konnte er zusammen mit Thomas GANSKE, Inhaber des Hamburger Verlags Hoffmann und Campe, in dem auch die Zeitschrift *Merian* erscheint, einen langjährigen Traum verwirklichen: eine unabhängige politische und modern aufgemachte Wochenzeitung, für die der Hamburger Verleger GANSKE eine Anschubfinanzierung aus Gewinnen eines seiner erfolgreichsten Bestsellers, dem Welterfolg *Scarlett* von Alexandra RIPLEY, bereitstellen konnte. Der Hoffmann und Campe Verlag, der zu den großen deutschen Publikumsverlagen zählt und aufgrund gezielter Titel- und Lizenznahmepolitik vergleichsweise oft Bestseller 'landen' kann[93],hatte die deutschen Rechte für über 1 Mio. DM erworben, die sich aufgrund eines weltweit abgestimmten Marketings (TV–Serie in Deutschland) zu rechnen begannen.[94] Nach vorsichtigen Schätzungen dürfte das Buch, das als Hardcover deutschlandweit in einer Auflage von rd. 1 Mio. Exemplaren verkauft worden ist, einen Überschuß von rund 10 Mio. DM erbringen. Was die Querfinanzierung innerhalb der Unternehmensgruppe anbelangt, so ist nur bekannt, daß die eingeführte Zeitschrift *Merian* mit ihrer vergleichsweise stabilen Auflage ein verläßliches Ergiebigkeitspotential für den Buchverlag darstellt.[95] Die querfinanzierte Anschubfinanzierung für ein periodisches Printpro-

---

erhebliche Kreditverpflichtungen eingegangen, die nun auch die Liquiditätslage enger werden ließen. KINDLER nahm die HOLTZBRINCK–Gruppe als Mitgesellschafter auf, an die er dann seinen KINDLER Verlag mit Sitz in München ganz veräußerte, blieb aber bis 1985 noch als Verleger aktiv.

92 z.B. gegen die sog. Goldene Bilanzregel, die als eine 'klassische' Finanzierungsregel gilt: Danach sollten jeweils die Fristigkeiten von Anlage und Finanzierung weitgehend übereinstimmen.

93 z.B. die deutschen Hardcover–Rechte für sämtliche GRISHAM–Titel.

94 Das Buch kam in Deutschland 1991 auf den Markt und wurde durch eine verlagseigene Werbekampagne (Etat: rd. 500.000 DM) gesponsort. Allein in den ersten drei Wochen konnten 530.000 Exemplare abgesetzt werden, in den ersten 1 ½ Jahren rd. 1 Mio. Exemplare. Danach erschien der Titel als Taschenbuch bei Heyne, woraufhin der Hardcover–Absatz zum Erliegen kam. Der Hardcover–Verkauf entsprach einem kumulierten Erlösvolumen beim Verlag von rd. 24 Mio. DM, was etwa einem Drittel eines gesamten Jahresumsatzes des Verlags entspricht.

95 Zur Verlagsgruppe GANSKE gehören neben dem Buchverlag und dessen Tochterverlag *Gräfe und Unzer* (Kochbücher) auch der Jahreszeitenverlag, in dem die Zeitschriften *Für Sie, Petra, Vital,*

dukt mittels eines einmaligen Buchbestsellers ist jedenfalls ein seltener Finanzierungsvorgang.[96]

6.4.2.3 Querfinanzierung über Vermögenswertsteigerungen

Vermögenswerte in kapitalistisch organisierten Wirtschaftssystemen sind in zweierlei Formen möglich: als Substanzwert und als potentieller Ertragswert eines Substanzwertes. Bei notwendigen Bewertungen solcher Werte werden, abhängig vom Verwendungszweck, grundsätzlich beide Verfahren angewandt, egal ob es sich um Aktienanlagen oder Immobilien handelt. Ein Marktwert (Börsenwert, Verkehrswert usw.) kann auf solche eher formalen Betrachtungsweisen Rücksicht nehmen oder auch nicht. Dies hängt von den jeweiligen Präferenzen bzw. Einschätzungen potentieller Interessenten bzw. Nachfrager ab. Das Handeln mit solchen Anlagewerten ist jedenfalls Bestandteil unseres Wirtschaftslebens. Der *ZEIT*–Verleger Gerd BUCERIUS hatte beispielsweise relativ früh begonnen, auch mit Beteiligungen an anderen Medienunternehmen zu handeln. Einerseits betrachtete er solche Engagements als Erweiterung seines eigentlichen medialen Geschäftszweckes, andererseits verstand er es, solche Möglichkeiten als Erlösquelle zu nutzen. Im Zusammenhang mit dem hartnäckigen Aufbau seines *ZEIT*–Unternehmens lassen sich zwei Kategorien von Beteiligungsgeschäften unterscheiden: Zum einen finanzielle Engagements, die unmittelbar publizistischen Zwecken dienen sollten, andere, die eher als Anlageobjekte gedacht waren und mit denen der *ZEIT*–Verleger Wertsteigerungsgewinne realisierte.

In die erste Kategorie zählte eine vorübergehende 25%ige Beteiligung am Unternehmen *DER SPIEGEL* wie umgekehrt *SPIEGEL*–Macher Rudolf AUGSTEIN eine 50%ige Beteiligungsoption an der *ZEIT* besessen hatte. BUCERIUS hatte seinen *SPIEGEL*–Anteil 1960 von Verleger John JAHR (*Constanze*) übernommen, einem seiner späteren Partner des G+J–Konzerns. AUGSTEIN hatte seine *ZEIT*–Option von BUCERIUS eingeräumt bekommen als Gegenleistung dafür, daß er auf seinen ursprünglichen Plan verzichtete, mit einer eigenen Wochenzeitung der *ZEIT* Konkurrenz zu machen. Die Überkreuz–Beteiligung sollte sich für BUCERIUS als verlustreich erweisen. Zwar hatte AUGSTEIN auf sein Wochenzeitungsvorhaben verzichtet (falls er dies tatsächlich ernsthaft beabsichtigt haben sollte), ließ sich aber von BUCERIUS fürstlich ausbezahlen, als dieser die Optionsvereinbarung aufkündigte und AUGSTEIN auf Vertragserfüllung klagte: AUGSTEIN ließ sich den Verzicht mit einer runden Million DM vergolden (vgl. LUDWIG 1996b: 287). Alle anderen BUCERIUSschen Beteiligungsgeschäfte waren indes weitaus lukrativer. In der Übersicht 6.4.2.3 sind die realisierten Beteiligungsvermarktungen aufgelistet.

Prinz, Zuhause Wohnen, Architektur und Wohnen, Der Feinschmecker u.a.m. erscheinen. Außerdem gehört der Rhenania Buchversand dazu und ein gediegenes Landhotel („Hohenhaus") in Herleshausen (vgl. *Wirtschaftswoche* 18.2.94, *DIE ZEIT* 6.10.95, *Handelsblatt* 8.11.95 u.a.m.).

96 Bei der einmaligen Anschubfinanzierung wird es nicht bleiben. Verleger GANSKE kalkulierte 1993 im Jahr der Gründung nach eigenen Angaben bis zu 60 Mio. DM Anlaufverluste für einen etwa fünfjährigen Zeitraum ein (vgl. *Wirtschaftswoche* 19.2.1993)

Übersicht 6.4.2.3: Beteiligungsgeschäfte des Verlegers Gerd BUCERIUS zwecks zusätzlicher Absicherung seines Unternehmens *DIE ZEIT*

1954	10% Beteiligung an der Ullstein AG	Verkauf 1960
1964	40% Beteiligung am Frauenmagazin *Madame*	Verkauf 1965
1965	Großfusion *ZEIT/stern* u.a. zu G+J	
1966	Übernahme/*Der Volkswirt*	siehe 1971
1967	75% Beteiligung am Verlag Chr. Wegner	Verkauf 1972 an Rowohlt
1969	Übernahme der Gruner–Beteiligung an G+J	sofortiger Weiterverkauf an R. MOHN bzw. Bertelsmann–Gruppe.
1969	76% Beteiligung an der Zeitschrift *Monat*	eingestellt 1971
1971	Übernahme des *Aktionärs* und Fusion mit *Volkswirt* zur *Wirtschaftswoche*	siehe 1974
1973	Anteilstausch: G+J–Beteiligung gegen Aktienpaket an der Bertelsmann AG	
1974	Verkauf der *Wirtschaftswoche* an Holtzbrinck, dafür Beteiligung am *Handelsblatt*	siehe 1985
1985	Holtzbrinck 'kauft' *Handelsblatt*–Anteil zurück und zahlt dafür 5 Mio. DM	

Über die Einstands- und Verkaufspreise liegen (leider) keine Informationen vor, so daß eine ergänzende Kalkulation des darin enthaltenen Querfinanzierungspotentials nicht möglich ist. Allerdings kann man davon ausgehen, daß BUCERIUS, schon aufgrund seines außerordentlichen Verhandlungsgeschicks, den größten Teil dieser Transaktionen mit einem nicht unerheblichen Überschuß abgewickelt haben dürfte. Auf Wertsteigerungen hin angelegte Investitionen in operative Beteiligungen des Mediensektors sind jedenfalls ebenfalls grundsätzlich querfinanzierungsgeeignet.[97]

6.4.2.4 Querfinanzierung, Spekulationserwartungen und Immobilien

Immobilieneigentum in Gestalt von Grund und Boden oder Gebäuden stellt als selbstnutzungsfähiger und/oder fremdverwertbarer Sachwertbesitz eine eigene 'Währung' dar. In Zeiten inflationierender Preise wird dies besonders deutlich, wenn die sog. Flucht in die Sachwerte, vorrangig Immobilien, gleichzeitig einen Ausstieg aus den monetären Werten bzw. Währungen zur Folge hat. Die einzelnen Immobilien-

97 Möglicherweise sind solche Transaktionsgeschäfte ergiebiger als die laufenden Überschüsse aus solchen operativen Geschäftsfeldern selbst. Jedenfalls lassen sich im kapitalistischen Geschäftsleben solche Fälle in anderen Branchen häufig beobachten, etwa dann, wenn eine Beteiligung für einen Dritten beispielsweise aufgrund von absehbaren Synergievorteilen im Verbund mit anderen, bereits vorhandenen Aktivitäten einen potentiell sehr viel höheren Geschäftswert darstellt (z.B. bei Vorliegen von Subadditivitäten). In der Buchbranche läßt sich dies ebenfalls regelmäßig registrieren, wenn Gründungsverleger ihren eigentlichen Verdienst bzw. Gewinn bei Verkauf an einen größeren Konzernverbund machen, wie dies beispielsweise bei Verkauf der Verlage Rowohlt und Kindler, beide an die HOLTZBRINCK–Gruppe der Fall war.

märkte, deren handelbarer 'Güter' bzw. 'Objekte' sich durch eine vergleichsweise große Zahl spezifischer Produkt- bzw. Objekteigenschaften auszeichnet, funktionieren nach ebenso vielen eigenständigen Regeln, die hier im Einzelnen nicht diskutiert werden sollen (Details: vgl. LUDWIG 1995: 61 ff.).

In Deutschland haben diese Märkte eine zusätzliche Bedeutung: Aufgrund historisch gewachsenen und praktisch nie veränderten Bodenrechts sowie einmalig großzügigen steuerrechtlichen Privilegien, die weltweit nirgendwo sonst gewährt werden (vgl. LUDWIG 1995: 224 ff.), gehören Immobilien zu den wirtschaftlich langfristig stabilsten und profitabelsten Märkten.[98] Der Umstand, daß es auf einigen Teilbereichen zu sog. Schweine–Zyklen kommen kann wie beispielsweise auf dem Markt für Gewerbe-, insbesondere Bürogebäude, hängt mit den Irrationalitäten der Entscheidungsfindung bei den maßgeblichen Akteuren (Unternehmern) zusammen, wenn eine absolut dominante monetäre Zielgewichtung in Gestalt blinder Profitgier sonst weitgehend kognitiv abgestützte Entscheidungsprozesse außer Funktion setzt. Eine solche Situation liegt dem Schweine–Zyklus–Phänomen (auch cobweb–Theorem genannt) zugrunde: Sind die erzielbaren Preise hoch bzw. die subjektiven Gewinnerwartungen günstig, investieren alle zum gleichen Zeitpunkt. Kommen alle Angebote zur gleichen Zeit auf den Markt, herrscht Überangebot mit der Folge des Zusammenbrechens aller spekulativen Preiserwartungen – der Zyklus kann erneut beginnen.

Unter dem Aspekt von Querfinanzierungspotentialen zeichnen sich Immobilienmärkte daher durch zwei gegensätzliche Eigenschaften aus: Zum einen stellen sie – längerfristig gesehen – ein erhebliches Wertsteigerungs- und damit potentielles Querfinanzierungspotential dar. Zum anderen können sich – kurz- oder auch mittelfristig betrachtet – Instabilitäten ergeben, die sich entweder in einer Spirale des vorübergehenden Niedergangs darstellen (Preisniveauzusammenbruch bzw. sog. crash) oder auch im umgekehrten Trend einer (zeitweise überhitzten) akzelerierenden Preissteigerungs- bzw. Wertsteigerungseuphorie. Auf Börsenmärkten läßt sich seit mehreren Jahrzehnten eine ähnliche Entwicklung beobachten, die allerdings sehr viel stärker von anderen monetären und realwirtschaftlichen Variablen beeinflußt wird (Zinsniveau, Inflationsrate, Wechselkursentwicklung usw.): Rekordsteigerungen von Aktienkursen sowie gewichteten Erfolgsindices (z.B. DAX) und regelmäßig in größeren Abständen dann der freie Fall in den Börsencrash. Die Querfinanzierungsfähigkeit solcher weitgehend spekulativ funktionierender Märkte wird daher vorrangig von deren Kalkulierbarkeitsproblematik determiniert.[99]

98 Dies wird beispielsweise schon daran deutlich, daß (spekulative) Wertsteigerungsgewinne, soweit die fraglichen Immobilien im Privatvermögen gehalten werden, bei Beachtung der Spekulationsfrist (2 Jahre) steuerfrei bleiben – im Gegensatz zu allen anderen Einkunftsarten, deren Einkünfte in aller Regel mit (harter) Arbeit verbunden sind. In keinem anderen Land aller OECD–Staaten gibt es ein solches Privileg.

99 Den gegensätzlichen Fall repräsentiert Johann Friedrich COTTA (1764–1832), der 20 Jahre nach seiner Verlagsgründung bzw. 10 Jahre nach dem Durchbruch auf dem Medienmarkt immer mehr in Immobilien zu investieren begann (z.B. Kauf und Umbau des Hotels Badischer Hof in Baden–Baden, Kauf eines Kapuziner–Klosters, Kauf der Güter Hipfelhof, Dotternhausen, Oberhausen und Hohenkammern. Ab 1806/07 entwickelte sich der Verlag immer mehr zum „Finanz–Unternehmen“ (FISCHER, B. 1996: 9, 12). Gleichzeitig war damit eine gewisse Umorientierung der COTTAschen Interessen bzw. Zielgewichtungen verbunden: COTTA begann seinen Verlag zu konsolidieren, nahm keine Risiko–Projekte mehr ins Programm mit auf und konzentrierte sich ausschließlich auf seine

Trotzdem lassen sich Fälle beobachten, in denen Unternehmer – seien sie Medienunternehmer, die nebenbei auch Wirtschaftsunternehmer sind (entspricht in obiger Typologie dem Typ 4), oder als Medienunternehmer eigentlich eher andere Interessen verfolgen (Typ 3) – ihre Medienaktivitäten über solche Märkte querfinanzieren. Der US–amerikanische Kosmetikunternehmer Ronald S. LAUDER beispielsweise, der gleichzeitig im Immobiliengeschäft engagiert ist, dürfte den Aufbau seiner europäischen Lokal–TV–Aktivitäten (Firmen CEDC und CME) mittels der Ergiebigkeiten seiner beiden Hauptaktivitätsfelder finanzieren. Über den Stuttgarter Immobilienkaufmann und ehemaligen Steuerinspektor Rolf DEYHLE, Mehrheitsaktionär der Stella AG, die deutschlandweit Musicals organisiert und vermarktet (*Cats*, *Phantom der Oper* in Hamburg, *Starlight Express* in Bochum, *Miss Saigon* in Stuttgart, *Les Misérables* in Duisburg) läßt sich ähnliches konstatieren: Fast alle Projekte, für die jeweils eigene (nach speziellen bühnentechnischen Aspekten um- oder neugebaute) Gebäude benötigt werden, 'rechnen sich' erst im Zusammenspiel mit den Vorteilen des bundesdeutschen Immobiliensteuerrechts und aller angrenzenden Vermarktungsmöglichkeiten (Transport und Übernachtung/Hotellerie). Die Querfinanzierung wird weniger aufgrund befürchteter Verluste notwendig als vielmehr deshalb, um das (hohe) Gewinnerwartungsniveau der Investoren befriedigen zu können.[100]

Ein Beispiel ganz anderen Einsatzes des Immobilienmarktes zwecks Querfinanzierung von Büchern bzw. zwecks Aufbau eines sich weitgehend selbsttragenden Verlagsgeschäfts gibt der Neuverleger Bernd LUNKEWITZ, geb. 1947, früher Frankfurt/M., heute Berlin ab. Der ehemalige KPD/ML–Aktivist, der um sein Philologie- und Politikstudium zu finanzieren, in einem Frankfurter Maklerbüro jobbte, blieb in dieser Branche hängen: Mit dem Makeln von Großraumbüros für finanzkräftige Kunden wurde er nach eigenen Angaben zum Millionär.[101] 1991 nahm der Frankfurter Immobilienhändler die Chance wahr, aus der Branche auszusteigen und Buchverleger zu werden: Er kaufte von der Treuhandanstalt drei Verlage, den zu

---

Klassiker SCHILLER, GOETHE, HERDER u.a.m., auf die er bis zum Auslaufen der Urheberrechtsschutzes für die Klassiker praktisch ein Monopol gehalten hatte. COTTA hatte sich damit vom engagierte Medienunternehmer (Typ 1) zu einem Unternehmertyp entwickelt, der sich nebenbei auch in anderen Branchen zumindest mit gleichem Interessensgewichten betätigte (Typ 4).

100 Bei der Neuerrichtung notwendiger Gebäude werden nicht nur die mit dem Musicalgeschäft verbundenen Nebengeschäftseinnahmen (Hotel) miteinkalkuliert, sondern auch die nach deutschem Steuerrecht zumindest bis Ende 1993 ungewöhnlich hohen Vorteile aus der Immobilien- „Abschreibung“ (degressive AfA n. § 7 Abs. 5 EStG: 4 x 10%, 3 x 5%, 18 x 2,5%)). Nach „Auslutschen“ (so der Fachjargon) der steuerlichen Vergünstigungen werden die Immobilien mit Gewinn verkauft, so geschehen in Hamburg (Neue Flora) und in Stuttgart (Freizeit- und Erlebniszentrum). Eine andere Strategie ist darauf gerichtet, die öffentliche Hand an den Kosten der Bauinvestitionen zu beteiligen. So geschehen in Bochum (Stadt finanzierte die neue Halle) oder in Duisburg, wo sich die Kommune zu 49% an der Bauträgergesellschaft und damit indirekt an der 70–Millionen DM–Investition beteiligt. (Daten zusammengestellt n. div. Zeitungs- und *dpa*-Berichten, so z.B. *Handelsblatt* v. 30.6.95 oder *dpa* v. 19.8.94). Leider gibt es in den ökonomischen Disziplinen keine Forschung, die sich sowohl mit Kultur und deren Finanzierungsmöglichkeiten als auch gleichzeitig mit steuerlichen Finanzierungen (und deren steuersparenden Tricks) beschäftigt.

101 O–Ton/LUNKEWITZ: „Jedes Geschäft ist ungerecht, das mit Immobilien vielleicht besonders“ (zit.n. *Tagesspiegel* v. 9.1.94: „Mit einem Quentchen Glück vom Marx–Jünger zum Multimillionär“). Wie er selbst erklärte, hatte er bei seinem ersten selbständigen Geschäft im Alter von 29 Jahren runde 2 Mio. DM verdient (zit.n. Jürgen SCHREIBER (1995): Der Aufbauer. In: *Die Woche* v. 28.7.95: 31).

DDR–Zeiten größten Verlagsbetrieb, den Aufbau–Verlag mit Sitz in Berlin, den Kiepenheuer Verlag in Leipzig und den traditionsreichen Verlag Rütten & Loening.[102]

Literaturliebhaber LUNKEWITZ und Verehrer von FEUCHTWANGER, KAFKA und BRECHT, der sich als „Aussteiger“ aus der Immobilienbranche sieht, hat in seine Verlagsaktivitäten („neue Lebensaufgabe“) im Zeitraum von 1991 bis Ende 1996 rund 20 Mio. DM „investiert“. Das Herzstück des verlegerischen Investments, der Aufbau Verlag, fuhr 1995 einen Verlust in Höhe von knapp 8% des Umsatzes ein.[103] 1997 will der Verlag mit einem vergrößerten Umsatzvolumen aus den roten Zahlen kommen, um die Jahrtausendwende soll mit einem auf 35 bis 30 Mio. DM aufgestockten Umsatzvolumen, aber unveränderter Fixkostenstruktur nachhaltig die Gewinnzone realisiert sein.

LUNKEWITZ kann den Verlustausgleich seiner Verlagsunternehmen über den Sektor Immobilien in zweierlei Form querfinanzieren: Zum ersten über Mittel aus seinem Privatvermögen. Zum zweiten über Bankkredite, was in größerem Rahmen Buchverlagen in der Regel schwer möglich ist: Traditionelle Banker sehen in dem für Verlage typischen Anlagevermögen wie Autorenrechte oder Buchvorräten in erster Linie 'bedrucktes Papier'.[104] Über bankübliche dingliche Sicherheiten wie Immobilien und/oder sonstige liquidisierbare Anlagewerte verfügen Buchverlage nicht immer bzw. Verlage mit publizistisch-literarischem Anspruch äußerst selten. Kreditmittel sind dann, sofern sie gewährt werden, vergleichsweise teuer.

Beleihungsfähiger Immobilienbesitz, für den sich grundbuchrechtliche Besicherung organisieren läßt, macht Kreditgelder erheblich billiger und eröffnet auch betriebswirtschaftlich völlig andere Spielräume an Kreditfähigkeit und deren kostenmäßiger Kalkulation. So gesehen eröffnet der Immobilienmarkt ein zusätzliches Querfinanzierungspotential, wenn man die durch günstigere Hypothekarkredite er-

---

102 Der Kauf war von vielen Problemen begleitet, die hier nicht näher beschrieben werden können: Die Treuhandanstalt hatte ihm den Aufbau–Verlag formal nicht wirklich verkauft und LUNKEWITZ mußte diesen ein zweites Mal von dem vermutlich rechtmäßigen Besitzer kaufen. Darüber wird nun vor Gericht gestritten. Ein anderes Problem hing mit Altlasten zusammen: Der Aufbau–Verlag hatte zu DDR–Zeiten mehr Bücher gedruckt und verkauft als ihm dies nach den jeweiligen Lizenzvereinbarungen zugestanden hatte. Nun meldeten sich die Lizenzgeber und verlangten Schadensersatz in Millionenhöhe. Vgl. dazu Jürgen SCHREIBER (1995): *Der Aufbauer*. In: *Die Woche* v. 28.7.95: 31 sowie Sven BOEDECKER (1994): Ost–Plus, West–Minus. In: *Die Woche* v. 5.5.94: 29).

103 Verlust rd. 1 Mio. DM bezogen auf einen Umsatz von etwa 13 Mio. DM.

104 Diese typische Redensart wurde dem Verfasser bei seinen vielen Gesprächen mit Verlagen mehrmals kolportiert. Den Beleihungswert eines „Warenlagers mit bedrucktem Papier“ sehen Banken als außerordentlich gering an. Der Bestand an immateriellen Autorenrechten hat bei Banken ebenfalls keinen sonderlichen Stellenwert.
Im Bereich des Profi–Fußballs gaben sich die Geschäftsbanken indes bisher sehr viel großzügiger. Bis zum Zusammenbruch des kommerzialisierten Transfersystems, das die Klage des belgischen Fußballers BOSMANN 1995 vor dem Europäischen Gerichtshofes auf Freizügigkeit auch eines Fußballers in Europa ausgelöst hatte (BOSMANN's ehemaliger Arbeitgeber, der FC Lüttich hatte den beabsichtigten Wechsel BOSMANNs durch eine zu hohe Ablösesumme zunächst verhindert), waren die Banken bereit, die Ablöse- bzw. Transfersummen, die t.w. Millionenhöhen erreichen, als aktiviertes Anlagevermögen anzuerkennen und zu kreditieren. Insofern kann man die Kreditwürdigkeit bzw. Kreditfähigkeit, die Banken bestimmten Produkten bzw. wirtschaftlichen Unternehmungen zuerkennen, als Indikator für deren – seitens der Banken – eingeschätzte Marktfähigkeit/Marktgängigkeit betrachten.

sparten Zinsbelastungen bzw. den dadurch bedingten Liquiditätsentzug als ökonomische Ergiebigkeitsmasse betrachtet.

6.4.2.5 Querfinanzierung und Privatfinanziers

Aufgrund der geringen Sensibilität von Geschäftsbanken gegenüber dem Buchverlagsgewerbe und dessen spezifischen Produkteigenschaften spielen Banken in dieser Branche keine nennenswerte Rolle als Kreditgeber. Die Rolle von Finanziers übernehmen weitaus öfters Privatpersonen, die über Vermögen verfügen und sich gleichzeitig als Kunstliebhaber oder -förderer verstehen. Systematische Forschungen zur Finanzierung bzw. Kapitalbeschaffung von Buchverlagen gibt es leider nicht. Vorhandene Informationen können nur ein lückenhaftes Bild vermitteln. So haben sich beispielsweise drei bekannte Verlage der Weimarer Zeit mittels privater Kreditgeber und/oder Mäzene finanziert. Im Verlag Kurt WOLFF, der u.a. Franz KAFKA verlegte, fungierte der Bankier Erik Ernst SCHWABACH (Bleichröder–Familie) als Finanzier.[105] Den Malik–Verlag von Wieland HERZFELDE, der Werke von Autoren wie Franz JUNG, Oskar Maria GRAF, Karl August WITTFOGEL, Erich MÜHSAM, Maxim GORKI, Ilja EHRENBURG, aber auch George GROSZ über den Markt verbreitet hatte, sponsorte Harry Graf KESSLER. Gustav KIEPENHEUER organisierte sich Gelder, wo immer und von wem immer er konnte, insbesondere auch von Privatleuten aus dem finanziellen Mittelstand.

Auch Verlage der Nachkriegsära griffen bzw. greifen auf diese Art der Eigen- und/oder Fremdkapitalfinanzierung durch Privatleute zurück. Die Etablierung des Verlages von Peter SUHRKAMP, die durch Realteilung des S. FISCHER–Verlages zustande kam, wurde von dem Schweizer 'Milliardär' Peter REINHART aus Winterthur (Gebr. Volkart Holding AG[106)] mitfinanziert, der zuvor auch schon den Autor Hermann HESSE unterstützt hatte.[107] Vito von EICHBORN hatte seine Verlagsgründung zum einen durch eine Beteiligung der Druckerei zuwege gebracht, zum anderen einen Vertreter der Rotschild–Familie als stillen Gesellschafter mitaufgenommen. Der Schweizer Haffmans–Verlag, Zürich, ist ein Lieblingskind des Hamburger Jan Philipp REEMTSMA, der Europa–Union–Verlag ein solches von Otto WOLFF von Amerongen. Die Europäische Verlagsanstalt (EVA) in Hamburg, die inzwischen den

105 u.a. gab er Geld für die Zeitschrift *Die weißen Blätter* (vgl. WAGENBACH 1982: 89 f.).

106 Die Firma ist u.a. im internationalen Rohstoffgeschäft (Kaffee, Baumwolle u.a.m.) engagiert. Außerdem ist sie an der Schweizerischen Rückversicherung beteiligt.

107 Peter SUHRKAMP hatte den S. Fischer Verlag nach Emigration des letzten maßgeblichen Inhabers, Gottfried BERMANN FISCHER bis nach 1945 geleitet. Die geplante Rückübertragung hatte sich aus sehr vielen Gründen verkompliziert und verzögert, so daß es darüber zwischen den ehemaligen Geschäftspartner und Freunden zum völligen Bruch kam. SUHRKAMP hatte daraufhin seinen eigenen Verlag gegründet, dem 68% der ehemaligen Fischer–Autoren freiwillig folgten, darunter Bert BRECHT, T.S. ELIOT, H. KASACK, G.B. SHAW und u.a. auch Hermann HESSE, der SUHRKAMP ernsthaft auf diese Idee gebracht und auch die Unterstützung von Peter REINHARD vermittelt hatte. Die von Fischer zu SUHRKAMP übergewechselten Autoren hatten in den ersten 10 Jahren des Suhrkamp–Verlagsaufbaus 65% des gesamten Auflagevolumens bestritten. Allein die Autorenrechte von HESSE machten 26% der Verlagserlöse aus (vgl. VOIT 1975: 96 ff.). Der finanzielle Aufbau war in diesem Fall (fester Bestand an eingeführten Autorennamen und -rechten) ökonomisch vergleichsweise einfach zu bewältigen.

ehemaligen Berliner Rotbuch Verlag übernommen hat, wird als persönlicher Besitz der hanseatischen Kaufmannsfamilie GROENEWOLD in Hamburg gepflegt.

Verlage wie Rowohlt, S. Fischer, Droemer/Knaur oder Kindler, die inzwischen zur Unternehmensgruppe HOLTZBRINCK, Stuttgart, gehören, können entweder auf konzerninterne Finanzierungsmittel zurückgreifen und/oder sind aufgrund ihrer Zugehörigkeit zu einem medial auf unterschiedlichen Märkten mit unterschiedlichen Marktpotentialen engagierten Großkonzern[108] in der Lage, auch bei Geschäftsbanken als kreditwürdig zu gelten. Die genannten Beispiele und Überlegungen werfen die Frage auf, inwieweit der Trend (bzw. Zwang) zur Konzentration, die sich inzwischen auch in der Buchverlagsbranche beobachten läßt[109],weniger eine Problem von Größenvorteilen bei der Produktproduktion (Gesetz der Massenproduktion) darstellt als vielmehr ein Problem des Zugangs zu notwendigen Querfinanzierungspotentialen.

6.5 Querfinanzierung mittels Preisdifferenzierung

Differenzierte Preisstellungen durch Anbieter, die diese nach unterschiedlichen Kriterien für ein- und dasselbe Gut oder doch zumindest ähnliche Güter bzw. Dienstleistungen vornehmen, sind im Wirtschaftsleben weiter verbreitet als man nach Lektüre einschlägiger volkswirtschaftlicher Lehrbücher erwarten dürfte.

Die damit angepeilten Ziele sind ebenso verschiedenartiger Natur: bessere, d.h. meist gleichmäßiger ausgelastete Kapazitäten (Beispiele: Verkehrsmittel, Telekommunikation); größerer Mengenabsatz durch gezielte Ansprache unterschiedlicher Zahlungsfähigkeit (Beispiel: Sonderangebote, last–minute–Angebote) oder auch Abschöpfung unterschiedlicher Zahlungsbereitschaft bei gleichzeitiger Angebotsdifferenzierung (z.B. durch qualitativ unterschiedlichen Produkt- und/oder Leistungsumfang auf Fluglinien). Auch auf dem Mediensektor lassen sich mehrere Arten von Preisdifferenzierung beobachten, die meist mit differierenden Anbieterleistungen verbunden sind: Der Bezug beispielsweise von periodischen Printmedien im Abonnement mit Vorauszahlung wird meist durch einen geringeren Abo–Preis entlohnt, bei dem das Medienunternehmen zumindest einen Teil seiner Vorteile dieser Ver triebssparte aus geringerem Distributionsaufwand und Zinsvorteilen an die Abonnenten weiterzugeben bereit ist.

Zwischen den traditionellen volkswirtschaftlichen Theorien zur Preisdifferenzierung und dem realen Leben klaffen Welten, was mit dem sehr engen Verständnis der Volkswirtschaftslehre vorrangig als Preistheorie zu tun hat. Der hier näher zu diskutierende Fall freiwilliger Preisdifferenzierung bzw. Zahlungsbereitschaft durch die

108 Zu HOLTZBRINCK gehören neben den genannten Buchverlagen und mehreren Zeitungen (*Handelsblatt, Saarbrücker Zeitung, Tagesspiegel, Lausitzer Rundschau, Trierischer Volksfreund, Main–Post, Südkurier* u.a.m.) sowie Zeitschriften (*Wirtschaftswoche, VDI–Nachrichten, DM, Spektrum der Wissenschaft*) oder dem Schulbuchverlag Schroedel auch Engagements auf den elektronischen Massenmärkten: eine Beteiligung bei SAT.1 sowie sehr vielen lokalen Privathörfunksendern.

109 Einer der letzten konzernunabhängigen größeren Verlage war bis 1994 der Piper Verlag in München, der, wie in der Branche bekannt ist, kaum noch neue Programme vorzufinanzieren imstande war und der inzwischen ebenfalls zu einem größeren Medienverbund gehört: der Unternehmensgruppe Bonnier aus Schweden.

Nachfrager selbst, wie dies im Beispiel der Tageszeitung *taz* geschieht, wird durch die Wirtschaftswissenschaft überhaupt nicht abgedeckt.

Um das Verständnis dieser Art von Querfinanzierung zwischen unterschiedlichen Kaufkraftreservoirs bzw. Zahlungswilligkeiten und Einsichten in eine solche Möglichkeit zu schärfen, sei ein (sehr) kurzer Überblick über die traditionelle Sicht dieser Dinge vorangestellt.

6.5.1 Preisdifferenzierung und Offenlegung tatsächlicher Zahlungsbereitschaften in der ökonomischen Theorie

Preisdifferenzierung im strengen Sinn meint Marktsegmentierung: bei identischen Kosten werden unterschiedliche Preise durchgesetzt. Ein ganz anderer Fall läuft auf unterschiedliche Preisstellung bei mehr oder weniger stark variierenden Kosten hinaus, wenn mit der Preisdifferenzierung gleichzeitig eine Produktdifferenzierung verbunden ist. Für letzteren Fall, insbesondere hinsichtlich der Produktvariation, ist die subjektive Wahrnehmung potentieller Nachfrager entscheidend (z.B. aufgrund asymmetrischer Informationsverteilung bzw. verzerrter Wahrnehmung). Rein theoretisch wäre sogar der Fall denkbar, daß ein Unternehmen eine offene Preis- und für den Nachfrager vermeintliche Produktdifferenzierung bei unveränderter (Stück-)Kostensituation betreibt.

Nach neoklassischer Sicht ist auf einem Markt, auf dem vollständige Konkurrenz herrscht, Preisdifferenzierung absolut unmöglich. Mit Einführung des Monopolmodells bzw. monopolistischer Konkurrenz in die Wahrnehmungswelt der Ökonomie wurde auch die Preisdifferenzierung Gegenstand der mikroanalytischen Diskussion.[110] Unabdingbare Voraussetzung einer solchen Preisstellungsstrategie ist die Segmentierung entsprechender Märkte, auf denen potentiellen Nachfragern das Ausweichen gegenüber den höheren Preisen (etwa durch Arbitrage) unmöglich ist. Aus diesem Grund spricht man korrekterweise auch von „Preisdiskriminierung". Damit sich diese Strategie unter Gewinnmaximierungsaspekten aber auch auszahlt, muß ein Anbieter die unterschiedlichen Preiselastizitäten auf den Märkten berücksichtigen.[111] Zusätzlich muß die Konkurrenzsituation geklärt sein: Entweder kann sich ein Unter-

---

110 So unterscheidet man beispielsweise beim Monopol 1) in den Fall steigender Durchschnittskosten und 2) in die Situation sinkender Durchschnittskosten. Im Fall 1) würde ein Monopolist bei möglicher Preisdifferenzierung gegenüber jedem einzelnen Nachfrager mit unterschiedlicher Zahlungsbereitschaft seinen Gewinn nicht (!) mit dem sog. Cournot–Preis realisieren (Grenzerlös = Grenzkosten), sondern nach der neoklassischen Grenzkosten=Preis – Regel. Entsprechend höher fiele auch die Ausbringungsmenge aus. Der Unterschied zum Marktfall vollständiger Konkurrenz liegt nun nach traditioneller Sichtweise darin, daß die sog. Konsumentenrente diesmal vom Monopolisten vollständig abgeschöpft werden konnte. Im Fall 2) eines sog. natürlichen Monopols sieht die Sachlage diffiziler aus: Auch hier gilt grundsätzlich die Ausnahmesituation, daß der natürliche Monopolist seinen Gewinn in jener Situation realisiert, in der die Grenzkosten dem Verkaufspreis entsprechen. Dies klappt indes nur, wenn das Abschöpfen der Konsumentenrente dem Volumen nach ausreicht, um damit das Defizit abzudecken, das dadurch entsteht, daß die Durchschnittskosten höher als die Grenzkosten ausfallen. Dies kann so sein, muß aber nicht. Vgl. FRITSCH/WEIN/EWERS 1993: 140).

111 Ein höherer Preis macht daher nur auf solchen abgrenzbaren Märkten Sinn, auf denen die Preiselastizität der Nachfrage vergleichsweise gering ist, d.a. wo es nicht zu spürbaren Mengenreaktionen kommt.

nehmen dieses Preisverhalten als 'Monopolist' erlauben oder mehrere Unternehmen müssen ihr paralleles Verhalten koordinieren.[112]

Eine ganz andere Form von preislicher Differenzierung, genauer gesagt von unterschiedlichen Kostenbeiträgen durch potentielle Nachfrager, wird bei allen Gütern und Leistungen praktiziert, die über den Staat bereitgestellt und durch Steuermittel finanziert werden (müssen). Diese Art von Preis- bzw. Kostenbeitragsdifferenzierung wird in der Subdisziplin Finanzwissenschaft allerdings nicht unter der Begrifflichkeit 'Preisdifferenzierung' diskutiert, da hier das Problem ein wenig anders liegt: Im Fall des Anbieters bzw. Angebotsorganisators 'Staat' geht es im Idealfall um (weitgehend) öffentliche Güter bzw. Kollektivgüter, bei denen die Angebotsmenge bzw. der Angebotsumfang (z.B. Kapazität) konstant ist und der Konsum des Angebots nicht rivalisiert. Somit entfällt der Zweck einer Preisdifferenzierungsstrategie, die auf Gewinnmaximierung durch Preis- und/oder Mengenreaktion ausgerichtet ist.[113] Vielmehr ginge es im vorliegenden Fall eines unveränderbaren Mengenangebots rein theoretisch darum, die für ein bestimmtes Angebot vorhandenen unterschiedlichen Präferenzen in Form von unterschiedlichen Zahlungsbereitschaften zu mobilisieren: Wem das fragliche Gut sehr wichtig ist und wer dafür einen vergleichsweise hohen Preis zu zahlen bereit und/oder fähig wäre, sollte dies auch tun. Potentielle Nutzer mit geringerer Nachfragepräferenz würden entsprechend weniger zahlen. Nach gängiger Theorie muß dieses Preisdifferenzierungsmodell indes Fiktion bleiben: Weil sich jeder egoistisch und individuell nutzenmaximierend als Trittbrettfahrer verhält, ist auch niemand bereit, seine (wahren) Nachfragepräferenzen offenzulegen, geschweige denn seine konkrete Preisbereitschaft.[114]

Aus diesen Gründen muß das staatliche Angebot, so die theoretische Schlußfolgerung, in seiner Gesamtheit vorrangig über Zwangsbeiträge in Form von Steuern finanziert werden. Deren generelles Kennzeichen ist der Umstand, daß mit der Steuerzahlung keine direkt zurechenbare bzw. zurechenfähige Gegenleistung verbunden ist. Im Gegensatz zu diesem allgemeinen steuerfinanzierten Angebot und dessen Inanspruchnahme lassen sich individuell zurechenbare Nutzungen über spezifische Preisstellungen verrechnen, wie dies beispielsweise bei Gebühren der Fall ist: Ge-

---

112 Inzwischen unterscheidet man diese grundsätzliche Preisstellungsstrategie in räumliche, zeitliche, personelle, qualitative (sachliche) und quantitative Preisdifferenzierung. Eine andere Einteilung nehmen FRITSCH/WEIN/EWERS (1993: 139) vor: Preisdifferenzierung ersten Grades entspricht dem Fall völligen Abschöpfens der Konsumentenrente durch einen Anbieter, indem er von jedem einzelnen Nachfrager dessen höchstmögliche Zahlungsbereitschaft abfordert. Dieses Modell hatte einst PIGOU entwickelt und wurde von STACKELBERG (1939) dann formalanalytisch perfektioniert. Mit Preisdifferenzierung zweiten Grades sind Preisvariationen gemeint, die von der Nachfragemenge abhängen (z.B. degressive oder auch progressive Stromtarife bei großem Verbrauch). Preisdifferenzierung dritten Grades stellt auf unterschiedliche Preise für unterschiedliche Gruppen bzw. letztlich auf unterschiedliche Nachfrageelastizitäten ab.

113 Gewinne bzw. Überschüsse sind für den Staat ohnehin nicht akzeptiert, da es sich beim staatlichen Angebot um eine nichtmarktliche Allokationsform handelt und der Staat seine bzw. die von ihm organisierten Leistungen daher zu Selbstkostenpreisen abgeben soll. Dies schließt natürlich nicht aus, daß alle Angebote bzw. Leistungen, die im Auftrag des Kollektivs 'Staat' von Privaten produziert bzw. angeboten werden, selbst einen eigenen Gewinn beinhalten.

114 Die theoretisch denkbare Nachfragekurve für ein der Menge nach fixes Angebot wird in der Finanzwissenschaft als Pseudonachfragekurve bzw. als Kurve kumulierter Zahlungsbereitschaft bezeichnet. Dieses Modell würde theoretisch einer Preisdifferenzierung nach PIGOU entsprechen (Preisdifferenzierung ersten Grades, vgl. die Einteilung zwei Fußnoten zuvor).

bühren zahlt nur, wer er eine ganz spezifische Leistung in Anspruch nimmt und sich damit an den (ebenso spezifischen bzw. zurechenbaren) Kosten beteiligt.

Tatsächlich werden beide Formen von Kostendeckung bzw. Preisstellung praktiziert. Interpretiert man die individuelle Steuerlast als 'Preis' für die potentielle Inanspruchnahme der öffentlich angebotenen Dienste und Leistungen, so handelt es sich zumindest bei progressiv ausgestalteten Steuern (Lohn- und Einkommensteuer) um eine' Preis'–Differenzierung nach dem sog. Leistungsfähigkeitsprinzip[115]: Besserverdiener zahlen mehr, Geringeinkommensbezieher weniger für dieselbe Leistung.[116]

Vergleicht man die Preisdifferenzierungspraktiken auf privatwirtschaftlichen Märkten mit jener der staatlichen Steuerfinanzierung, so unterscheiden sie sich zwar angebotsseitig in ihrer Zielsetzung, sind aber für die Nachfrager in beiden Fällen erzwungen. Bei der staatlichen Steuerpreis–Differenzierung nehmen die unterschiedlich abgeforderten Kaufkraftverzichte allerdings (grundsätzlich) Rücksicht auf unterschiedliche Kaufkraftpotentiale bzw. Zahlungsfähigkeiten.

---

115 Das Leistungsfähigkeitsprinzip ist eines von insgesamt zwei tragenden Besteuerungsphilosophien und beruht auf der einer Staatsverfassung, wie sie ARISTOTELES (4. Jh. v. Chr.) entwickelt hatte: Danach ist der Staat eine große Solidargemeinschaft, an der sich jeder nach seiner wirtschaftlichen Leistungsfähigkeit mit einem Pflichtbeitrag zu beteiligen hat. Befürworter dieser Art von Steuerfinanzierung waren in den letzten Jahrhunderten G.W.Friedrich HEGEL (1770–1831) oder etwa der englische Nationalökonom James Stuart MILL (1806–1873). Das zweite Prinzip, das sog. Äquivalenzprinzip, das sich auf die sophistische Staatsauffassung gründet (SOPHOKLES im 5. Jh. v. Chr.), sieht im Staat vorrangig einen notwendigen Zweckverband, weshalb das Verhältnis zwischen Bürger und Staat eher einem Vertragsverhältnis ähnelt: Nur für eine bestimmte in Anspruch genommene Staatsleistung muß der Bürger zahlen. Mit ausschließlich dem letzteren (Kaufvertrags-)Modell ließe sich beispielsweise keinerlei staatliche Umverteilung finanzieren, es sei denn, auch dies wäre Gegenstand einer jeweils individuell 'vertraglichen' Abmachung, für die ebenfalls ein gesonderter Preis zu zahlen wäre (etwa für sozialen Frieden durch ein gewisses Maß an Umverteilung bzw. distributiven Fürsorgemaßnahmen seitens des Vertragspartners Staat). Die Anwendung des Äquivalenzprinzips steht und fällt mit der individuellen Nutzenermittlung, die ja Grundlage für die Preisberechnung sein soll. Allerdings orientiert sich die staatliche Gebührenfestsetzung an diesem Prinzip.

116 Dieses Prinzip funktioniert de facto nur eingeschränkt bzw. in vergleichsweise geringem Umfang. Zum einen macht die Lohn- und Einkommensteuer als praktisch einzige progressiv ausgestaltete Steuer am Gesamtsteueraufkommen nur etwa 40% aus; alle anderen Steuersätze sind entweder proportional oder wirken t.w. sogar regressiv. Zum zweiten eröffnet das grundsätzlich progressiv ausgestaltete Einkommensteuerrecht in Deutschland eine ganze Anzahl von Schlupflöchern, deren potentielle Inanspruchnahme(möglichkeit) mit steigendem Einkommen zunimmt. Aus diesem Grund unterscheidet man etwa beim progressiven Einkommensteuertarif inzwischen in den gesetzlichen (normativen) und den effektiven Steuertarif. Für die USA hat Joseph A. PECHMAN (1976: *Federal Tax Policy*, 3. Ed. Washington: 72, figure C–11) erstmals solche Unterschiede berechnet: Einkommensbezieher, für die eine Steuerlast von 70% vorgesehen war, drück(t)en ihre Steuerschuld auf eine effektive Belastung von 30% (Daten aus der Zeit vor der REAGANschen Steuerreform). Vgl. LUDWIG (1991b: 121 f.).

6.5.2 Preisdifferenzierung und Offenlegung tatsächlicher Zahlungsbereitschaft im Fallbeispiel *die tageszeitung (taz)*

Die *taz, die tageszeitung* versteht sich als alternatives Zeitungsblatt. Dies bezieht sich vorrangig auf den publizistisch-journalistischen Anspruch. Die inhaltliche Programmatik, aber auch die finanzielle Konstruktion sowie das praktizierte redaktionelle und unternehmerische Management haben Auswirkungen auf die Ökonomie dieses Zeitungsunternehmens.[117] Die *taz* finanziert sich zu rd. 85% aus ihren Verkaufs(preis)erlösen und nur zu knapp 15% aus Werbe-/Anzeigeneinnahmen (vgl. Tab. 6.3 [2]). Die Anzeigenerlöse rekrutieren sich zu einem großen Teil aus Rubrikanzeigen sowie gewerblichen Anzeigen, vorrangig solcher von Buchverlagen oder Betrieben, die selbst alternative Ansprüche, z.B. ökologische Prinzipien vertreten. Die große bunte deutsche Werbewelt der Markenprodukte und Großinserenten schaltet nicht in der taz, womit die Zeitungsmacher keine Probleme haben, da sie dies (bisher) selbst ablehnen. Somit ist die *taz* zur Finanzierung ihrer Kosten vorrangig auf die Zahlungsbereitschaft ihrer Käufer bzw. Unterstützer angewiesen.

Ökonomisch relevante Charakteristika dieser alternativen *tageszeitung* sind angebotsseitig das hohe Engagement der Blattmacher und nachfrageseitig unzureichende Erlöse, was auf eine Art Dauerzustand von jährlichen Verlusten und wirtschaftlichem Lavieren am Rande des finanziellen Kollapses hinausläuft. Für die journalistische und ökonomische Mentalität der *taz*–Macher stellt diese Situation begreiflicherweise kein ernsthaftes Problem dar. Aus diesen Grund konnten bisher alle wirklich kritischen Situationen durch weitgehende 'Selbstausbeutung' der Blattmacher, durch Verzicht auf kostenintensive journalistische Vorhaben und durch ebenso regelmäßige Appelle an die *taz*–spezifische Leserschaft und Unterstützer im Rahmen von sog. „Kampagnen“ zwecks Auflagenstützung bzw. -steigerung irgendwie aufgefangen werden.

Das *taz*–relevante Erlös–Kostenproblem läßt sich beispielhaft für das Jahr 1992 aus der Deckungsbeitragsrechnung ersehen (vgl. Tab. 6.5.2 [1]): Bei einer verkauften jahresdurchschnittlichen Auflage von 57.660 Exemplaren bzw. Gesamterlösen von 24,3 Mio. DM, denen 27,8 Mio. DM Kosten gegenüberstanden, hatte die *taz* einen Verlust in Höhe von 3,5 Mio. DM ausgewiesen.

Für das ökonomische Modell *taz*, das sich nur auf einen geringen Grad an Querfinanzierung über Anzeigenmärkte stützt (sog. vertriebsorientiertes Blatt), sind die Vorteile aus der Fixkostendegression im Wege zusätzlicher Mengennachfrage umso bedeutender, wenn es um den Abbau von Verlusten bzw. ein Anvisieren schwarzer Zahlen geht. Diese Strategie hatte die *taz* mehrfach genutzt, aber immer mit dem Ergebnis nur vorübergehender Auflagensteigerungen, die nach und nach wieder abgebröckelt waren: Das Marktpotential der *taz* ist offenbar begrenzt und schwer aufstockbar. Nennenswerte Effekte hingegen hatte die *taz* mehrmals im Rahmen von Kampagnen realisieren können, die vorwiegend auf eine Umschichtung von Einzelverkaufsexemplaren auf Abonnements gerichtet waren.[118] So brachte die *taz* 1992 das ökonomische 'Kunststück' fertig, sowohl den Preis zu erhöhen als gleichzeitig

117 Zur Geschichte der Entstehung und zur Organisationsstruktur der *taz* vgl. FLIEGER 1992.

118 So z.B. 1992 (Kampagne „Keine taz mehr ohne mich“), 1995 („In Zukunft taz“) und 1996 („Rettungskampagne“).

auch eine Auflagensteigerung insgesamt, vorrangig über neue Abonnenten zu realisieren. An dem Dauer–Dilemma wiederum abbröckelnder Auflagenhöhe, diesmal von einem höheren Niveau aus, änderte dies nichts.

Übersicht 6.5.2 [1]: Kalkulation der *taz* in Mio. DM und pro verk. Ex.: 1992[119]

		in Mio. DM	in DM/Ex.
	Verkaufs(preis)erlöse	20.494.027	1,17
./.	technische Herstellung	4.540.783	0,26
./.	Remissionsaufwand	1.819.830	0,10
./.	Versand, Transport Abonnement–Verwaltung	5.053.204	0,29
=	Deckungsbeitrag I	9.080.210	0,52
./.	Redaktionskosten	6.538.356	0,37
./.	Werbung/Marketing	1.057.079	0,06
./.	restliche Kosten, *darunter:*	8.800.280	0,50
	– Löhne + Gehälter	*3.723.244*	
	– kalk. Kosten, Mieten etc.	*3.377.015*	
	– sonst. Kosten	*1.700.021*	
=	**Deckungsbeitrag II**	**7.315.505 minus**	**0,42 minus**
+	Anzeigeneinnahmen	3.817.032	0,22
=	**Verlust**	**3.498.473 minus**	**0,20 minus**

Ende 1993 hatte sich daher das *taz*–Management sowie die zuständigen Vertretergremien (Genossenschaftsmodell) entschlossen, einen völlig neuen Weg der Preisstellung zu gehen: Über drei unterschiedlich hohe „reguläre Preise" sollte das Volumen der Verkaufserlöse nachhaltig gesteigert werden. Bis Ende 1993 hatte es das monatliche Abonnement zu einem Normalpreis (39,50 DM) und zu einem ermäßigten Tarif (z.B. für Studenten: 27,20 DM) gegeben. Mit Beginn eines Stichtages (46. Woche des Jahres 1993) wurden die Preise dreifach differenziert: in einen „Solidaritäts–Preis" (31 DM), einen „Leider–Leider–Preis" (41 DM) und einen „politischen Preis" (51 DM). Mit der Preisdifferenzierung war gleichzeitig eine allgemeine Preisniveauerhöhung verbunden.

Die gesplittete Preispolitik zielte bewußt auf die unterschiedliche Kaufkraft und Zahlungsbereitschaft der relevanten Rezipientenschichten: Über eine individuelle Selbsteinschätzung der Leser hinsichtlich ihrer Preiswilligkeit und Akzeptanz dieses offen propagierten Preismodells sollten sich besserverdienende und/oder finanzkräftigere Leserschichten finanziell stärker am benötigten Erlösvolumen beteiligen.

119 Relevante Daten für 1992: Druckauflage: 77.194 Ex; verk. Ex: 57.660; Remissionsexemplare: 19.534 Ex; EH–Ex: 20.467 Ex; Abo–Ex: 36.893 Ex. Druckauflagevolumen (305 Erscheinungstage) insgesamt: 24,630 Mio. Ex.; Volumen aller verkauften Ex.: 17,586 Mio. Ex.; Jahresvolumen der remittierten Exemplare: 5,958 Mio. Ex.; Gesamterlöse: 24,311 Mio. DM, Kostenaufwand: 27,809 Mio. DM; Verlust: 3,498 Mio. DM.

1994 war das erste abgeschlossene Jahr mit drei „regulären" Preisen und schloß im Vergleich zu 1992 (3,5 Mio. DM Verlust) knapp mit plusminusnull ab: Einem um 5 Mio. DM gestiegenen Verkaufserlösvolumen stand ein nur rund 1,5 Mio. DM höherer Aufwandsblock gegenüber, so daß sich bei einem leicht reduzierten Anzeigengeschäft ein Minus von weniger als 230.000 DM ergab. Bezogen auf ein einzelnes verkauftes Exemplar waren dies 0,01 DM. Konkret hatte sich das dreifache Preisdifferenzierungsmodell, das die *taz* eher als ein Drei–Preis–Modell versteht, folgendermaßen ausgewirkt: Pro verkauftem Exemplar in DM gerechnet betrugen die Kosten 1994 insgesamt 1,61 DM. An diesem Aufwand beteiligte sich ein Abonnent, der den politischen Preis zu zahlen bereit war, mit 2,04 DM, ein Leider–Leider–Preiszahler mit 1,64 DM und der Geringverdiener (Solidaritätspreis) war mit 1,24 DM mit von der Partie. Im Jahresdurchschnitt lief dies auf einen Verkaufs(preis)erlös von 1,38 DM hinaus. Vom der Idee und von der Praxis her gesehen entspricht dieses Modell einer Querfinanzierung mittels dreier verschiedener, aber „regulärer" Preise, die zum einen bewußt unterschiedliches Kaufkraftpotential anspricht bzw. mobilisiert, zum anderen auf ein gewisses Ergiebigkeitsreservoir eines bestimmten (Teil-)Marktes setzt.

Für die *taz* zahlt sich das Modell einer freiwilligen Selbsteinstufung aus. Unmittelbar vor Einführung des Drei–Preise–Modells hatte der Abonnentenanteil mit ermäßigter Preisstufe 13,9% betragen, das entsprechende Erlösvolumen am gesamten Verkaufserlös 10,8% (vgl. Tab. 6.5.2 [2]). Nach Einführung dreier regulärer Preise stieg der Anteil der Solidaritätspreiszahler (niedrigster regulärer Preis) erst auf 19% und bis 1995 sogar auf 25% bzw. die anteiligen Erlöse auf 13,2% bzw. 18,2%, die beiden höheren regulären Preisstufen indes gleichen den Zuwachs in der unteren Preiskategorie mehr als aus: Insbesondere der Anteil der Abonnenten mit „politischer" Zahlungsbereitschaft betrug nach der Umstellung 47,8% (Erlösanteil knapp 56%) und sank bis 1995 auf (nur) 41,7% (Erlösanteil: knapp über 50%).

Die Erfahrungen der *taz* mit diesem drei–reguläre–Preise–Modell sind nach deren eigenen Einschätzung außerordentlich positiv: Der gewünschte finanzielle Effekt (Querfinanzierung innerhalb der *taz*–Käuferschaft, ausreichende Ergiebigkeit) ist eingetreten und die Offenlegung der individuellen Zahlungsfähigkeit bzw. -bereitschaft funktioniert im Prinzip. Daran ändern auch Erfahrungen nichts, daß der Anteil derer, die den niedrigeren Solidaritätspreis in Anspruch nehmen, ständig zunimmt, was die *taz* selbst aber mit der spezifischen Einkommensentwicklung ihrer typischen Klientel begründet. Auch lassen sich immer mehr Abonnenten zurückstufen (insbesondere aus der höchsten „politischen" Preisklasse). Im Rahmen von Kampagnen, insbesondere der „Rettungskampagne" im Sommer 1996, wenn die *taz* 'mal wieder ihre Existenzfrage an die geneigte Leserschaft stellt, tritt ein umgekehrtes Phänomen ein, indem sich (ausreichend) viele Leser in ihrem inneren Engagement angesprochen fühlen und von sich aus wieder eine Höhereinstufung vornehmen (insbesondere Abonnenten aus der niedrigsten Preiskategorie).

Tab. 6.5.2 [2]: *taz*: Abos und Erlöse nach regulären Preisgruppen

Woche	SoliPreis	Leider, leider Preis	Politischer Preis	Summe
	ermäßigter AboPreis	regulärer AboPreis		
45/1993 Abonnements	*6.030* *13,9%*	*37.270* *86,1%*		*43.300* *100%*
Erlöse	41.050 DM 10.8%	339.730 DM 89,2%		380.780 DM 100%
3/1994 Abonnements	*8.200* *19,0%*	*14.310* *33,2%*	*20.640* *47,8%*	*43.150* *100%*
Erlöse	55.820 DM 13,2%	130.440 DM 30,9%	235.770 DM 55,9%	422.030 DM 100%
18/1994 Abonnements	*8.780* *20,6%*	*14.190* *33,3%*	*19.620* *46,1%*	*42.590* *100%*
Erlöse	59.770 DM 14,5%	129.350 DM 31,3%	224.120 DM 54,2%	413.240 DM 100%
50/1994 Abonnements	*10.090* *24,1%*	*13.660* *32,7%*	*18.070* *43,2%*	*41.820* *100%*
Erlöse	68.690 DM 17,2%	124.520 DM 31,2%	206.420 DM 51,6%	399.630 DM 100%
18/1995 Abonnements	*10.400* *25,4%*	*13.460* *32,9%*	*17.070* *41,7%*	*40.930* *100%*
Erlöse[120]	70.800 DM 18,2%	122.690 DM 31,6%	195.000 DM 50,2%	388.490 DM *100%*

Quelle: *taz*, eigene Berechnungen; Anzahl/Abos = kursive Zahlen; Daten leicht gerundet sowie bereinigt um nicht kundenspezifische Rabatte, Skonti, etc.; ggf. unterschiedliche Liefertage pro Lieferwoche

Finanziell gesehen ist das Modell aufgrund seiner (notwendigen) Ergiebigkeit inzwischen unverzichtbar geworden. Vergleicht man beispielsweise die Erlössituation der 18. Woche des Jahres 1995 mit der fiktiven Situation, daß es die Preisdifferenzierung nicht geben würde, so hätte die *taz* (ohne generelle Preisniveauerhöhung gerechnet) in der fraglichen Woche aus dem nicht-preisermäßigten Abonnementvertrieb nur 278.300 DM erlöst. Tatsächlich konnte sie mittels der Preisdifferenzierung in einen mittleren und höheren „regulären Preis" 317.700 DM verbuchen. Rechnet man diese Summe auf 52 Erscheinungswochen um, so spielte dieses Modell 1995 einen Mehrerlös seitens der beiden höheren Preiskategorien von insgesamt 2,020

120 Die durchschnittlichen monatlichen Abopreise aller drei regulären Preisgruppen liegen aufgrund unterschiedlicher Rabatte (Vorauszahlungszeiträume) sowie Skonti usw. mit 27,23 DM, 36,46 DM und 45,70 DM jeweils unter den 'offiziellen' regulären Abo-Preisen (31 DM, 41 DM, 51 DM). 1996 wurde das Preisniveau auf 34 DM, 44 DM und 54 DM angehoben.

Mio. DM ein. Somit rechnete sich die Preisstellungsstrategie auch noch nach über eineinhalb Jahren, als der Anteil der „politischen“ Abo–Bezieher um rd. 6 Prozentpunkte abgebröckelt war (im Vergleich zur Woche 3/1994). Die deutlich verbesserte Finanzsituation des Jahres 1994 läßt sich der Deckungsbeitragsrechnung in Tab. 6.5.2 [3] entnehmen, der relevanten Daten bereits oben angesprochen wurden: Das Unternehmen *taz* wr nach regelmäßigen Verlusten einem ausgeglichenen Ergebnis seht nahe.

Tab. 6.5.2 [3]: Kalkulation der *taz* in Mio. DM und pro verk. Ex.: 1994[121]

		in Mio. DM	in DM/Ex.
	Verkaufs(preis)erlöse	25.054.993	1,38
./.	technische Herstellung	4.329.032	0,24
./.	Remissionenaufwand	1.466.561	0,08
./.	Versand, Transport, Abo–Verwaltung, PZD,	6.567.738	0,36
=	Deckungsbeitrag I	12.691.662	0,70
./.	Redaktionskosten	6.969.377	0,38
./.	Werbung/Marketing	932.497	0,05
./.	restliche Kosten, *darunter*:	9.082.466	0,50
	– L+G	*3.751.795*	
	– kalk. Kosten, Mieten etc.	*3.813.812*	
	– sonst. Kosten	*1.516.859*	
=	**Deckungsbeitrag II**	**4.292.678 minus**	**0,23 minus**
*	Anzeigeneinnahmen	4.065.488	0,22
=	Verlust	**227.190 minus**	**0,01 minus**

Die „Rettungskampagne“ 1996 hat die *taz*, wie inzwischen nicht mehr anders zu erwarten, mal wieder aus einer ihrer Krisen geführt. Eine regelmäßige Krisenkonjunktur zwischen normalkritischem Zustand als konjunkturellem 'Hoch' und ernster Krise, die als absehbar vorübergehendes 'Tief' zu werten ist, scheint zur ökonomischen Biographie eines alternativen Medienunternehmens zu gehören, das konsequent den Anspruch vertritt, öffentliche Kommunikation über ein ureigenes publizistisches Konzept wider das herrschende öffentliche Meinungsklima zu betreiben. Da damit Einschränkungen an Querfinanzierungsmöglichkeiten über die saturierten Werbemärkte verbunden sind, fordert dies Innovationspotentiale alternativer Mittelbeschaffung heraus. Das analysierte Modell der Preisdifferenzierung in Gestalt eines „drei–reguläre–Preise–Modells“, mittels dessen Querfinanzierung über (deutlich)

121 Relevante Daten für 1994: Druckauflage: 79.815 Ex; verk. Ex: 59.618; Remissionsexemplare: 16.618 Ex; EH–Ex: 15.454 Ex; Abo–Ex: 43.950 Ex. Druckauflagevolumen (305 Erscheinungstage) insgesamt: 24,344 Mio. Ex.; Volumen aller verkauften Ex.: 18,183 Mio. Ex.; Jahresvolumen der remittierten Exemplare: 5,101 Mio. Ex.; Gesamterlöse: 29,120 Mio. DM, Kostenaufwand: 29,348 Mio. DM; Verlust: 227.120 DM.

höhere Zahlungsbereitschaften möglich wird, hat sich dabei als probates Instrument erwiesen. Damit konnte längerfristig zwar keine nachhaltige Auflagensteigerung realisiert werden, wie dies angesichts der relevanten ökonomischen Variablen zum Zwecke des Ausnutzens der Fixkostendegression notwendig und ergebnisverbessernd wäre, aber das Querfinanzierungsmodell hat „das maximal Mögliche aus einer Käuferschaft von 60.000 herausgeholt.“[122]

6.5.3 Zur Preisstellung nach Fairneß–Prinzipien

Zum Phänomen der freiwilligen Offenlegung von Präferenzen bzw. tatsächlicher Zahlungsbereitschaften wurden bereits im Kap. 5.3.3 Überlegungen angestellt (Selbstveranlagung bei Museumsbesuchen in den USA, Zahlungsbereitschaften für bessere Luft, grundsätzliche Zahlungwilligkeit für öffentliche Theatersubventionen selbst im Fall der eigenen Nichtnutzung). Das Beispiel *taz* kann als weiterer Beleg dafür gelten, daß Preisstellungen nach anderen Kriterien möglich sind, als wie sie auf normalen Märkten durch sog. Gleichgewichtspreise[123] und gängige Marktmechanismen (z.B. aufgrund von bestimmten Geschäftsprinzipien, die sich als Folge spezifischer Interessenslagen der Anbieter ergeben) durchgesetzt werden. Die Vorstellung der *taz*–Macher, es müsse unter Fairneß–Aspekten drei „reguläre Preise“ geben können, deren Unterschiedlichkeit in ihrer Höhe ein ausschließlich formales Unterscheidungskriterium darstellt, scheint der allgemeinen Wahrnehmungswelt zunächst zu widersprechen. Im konkreten Fall der *taz* hatte es beispielsweise bei der Preisumstellung ebenfalls zunächst Probleme mit der Informationsgemeinschaft zur Feststellung der Verbreitung von Werbeträgern (IVW) gegeben, die einen (einzigen) „Normalpreis“ genannt haben wollten. Hätte die *taz* den Leider–Leider–Preis als solchen genannt, wären die abgesetzten Auflagenmengen des niedrigeren (weil nicht als „ermäßigt“ geltenden) Solidaritätspreises als „sonstige Verkäufe“ gewertet worden, woran auch die *taz* kein Interesse haben konnte. Eine Einigung konnte auf den Ausweis eines „regulären Mindestpreises“ herbeigeführt werden, der nun auch so im Impressum ausgewiesen wird, gleichwohl diese Interpretation dem eigentlichen Konzept von drei selbständigen fairen Preisen nicht exakt entspricht. Dies macht nicht nur die unterschiedlichen Befindlichkeiten hinsichtlich des Grades an Berücksichtigung „sozialer“ Belange und Aspekte in einer sog. Sozialen Marktwirtschaft deutlich, sondern betont auch die teilweise geringe öffentliche Sensibilität für solche Überlegungen.

Dies ist insofern verwunderlich, als es im Zusammenhang mit der Frage „Für wie fair gilt der Markt“ eine ebenso spannende wie aufschlußreiche empirische Untersuchung gibt. Das schweizerisch-deutsche Finanzwissenschaftler–Duo, Bruno S. FREY und Werner W. POMMEREHNE, hatten 1987 in einer schriftlichen und anonym

122 So zu lesen im *taz*–Mitglieder Info No. 5 zur Generalversammlung am 15. Juni 1996: 3.

123 Sind nach gängiger Theorie dann gegeben, wenn der Markt „geräumt“ wird bzw. ist. Allerdings ist diese Formulierung nicht exakt: Mit 'geräumt' ist der größtmögliche Mengen–mal–Preis–Umsatz gemeint. Dies schließt nicht aus, daß Nachfrage aus Gründen unzureichender Kaufkraft unbefriedigt bleibt. Gleiches kann auf Anbieterseite der Fall sein, wenn einzelne Angebote bei zu hohen Preisvorstellungen seitens der Anbieter nicht abgesetzt werden bzw. diese ihre Preise nicht auf die Höhe des sog. Gleichgewichtspreises reduzieren.

organisierten Zufallsstichprobe in West–Berlin und dem Kanton Zürich unter 1.750 Personen die subjektive Einschätzung zur Fairneß des marktwirtschaftlichen Preissystems abgefragt – eine Studie, deren Ergebnisse im ökonomischen Wissenschaftsbetrieb bisher praktisch überhaupt nicht zur Kenntnis genommen wurden. Dies mag mit den konkreten Umfrageergebnissen zusammenhängen, die für traditionelle Ökonomen absolut niederschmetternd sein müssen: Die überwiegende Mehrheit, konkret rund vier Fünftel aller Befragten, hält das Preissystem als Allokationsprinzip für „unfair"[124] (FREY/POMMEREHNE 1988: 18). Die beiden Finanzwissenschaftler haben auch die Gründe eruiert: „Fairness ist eng mit Gerechtigkeit in der Einkommensverteilung verknüpft" (a.a.O.).[125]

Was eine Zufallsbefragung von sog- 'normalen' Wirtschaftssubjekten an Einschätzung ergeben hatte, hat im Prinzip seine wissenschaftlichen Fürsprecher: Max WEBER (1920/21), Joseph Alois SCHUMPETER (1942), Albert O. HIRSCHMAN (1982), Kenneth J. BOULDING (1979), aber natürlich auch Karl MARX schätzten zwar die Effizienz des Marktes, hatten aber aus ähnlichen Gründen eine „Abneigung" (FREY/POMMEREHNE 1988: 1 f.) gegen den Markt- bzw. Preismechanismus. Inwieweit sich ein Preissystem auch nach anderen Kriterien bemessen kann als nach ausschließlich individuellen Maximierungsprinzipien, die als einzige Zieldimension „optimale Allokation" verkörpern, darüber existieren nur sehr partielle Erkenntnisse. Mehr darüber zu wissen wäre nicht nur in grundsätzlicher Hinsicht interessant, sondern speziell auch im Zusammenhang mit dem ökonomischen Grundproblem von öffentlicher Kommunikation und Publizistik bzw. konkreten Medienangeboten.[126]

---

124 Unter anderem wurde das folgende Beispiel vorgelegt: Auf einem mühsam zu erklimmenden Berggipfel werden Wasserflaschen für 1 DM pro Stück verkauft; die Angebotskapazität beträgt 100 Flaschen. An einem besonders heißen Tag wollen 200 durstige Wanderer eine solche Flasche erwerben, weshalb der Verkäufer in Ausnutzung der Situation den Preis auf 2 DM erhöht. Dieses gewinnmaximierende Verhalten „ohne dafür etwas geleistet zu haben" (FREY/POMMEREHNE 1988: 8 f.) empfanden 5% als fair, 17% als akzeptabel, 44% als unfair und 34% als sehr unfair. Insgesamt ergab dies ein Votum von 78%, das auf unfair hinauslief. FREY/POMMEREHNE hatten weitere Fallvarianten gebildet, um die zusätzlichen Bewertungskriterien zu erfahren. Danach steigt die Akzeptanz für den Preismechanismus u.a. als Rationierungsprinzip, je mehr man sich darauf im vorhinein bei Vorhandensein von Alternativen einstellen kann (a.a.O.: 11).

125 FREY/POMMEREHNE (a.a.O.) präzisieren das Problem wie folgt: Die Empfindung für Fairness geht über das Gerechtigkeitsempfinden hinaus: „Je dringlicher ein Gut benötigt wird, desto weniger wird das Preissystem akzeptiert. Verbesserte Information über die zu erwartende Knappheitssituation vermag an dieser Einschätzung nur wenig ändern. Unter den Möglichkeiten zur Lösung einer Übernachfrage wird eine Rationierung mittels traditioneller Verfahren (Schlangestehen) bei weitem am häufigsten akzeptiert, gefolgt von einer administrativen Zuteilung durch den Staat; erst danach folgt das Preissystem. – Die Einschätzungen von Preiserhöhungen werden vermutlich aufgrund normativer Vorstellungen über 'faire Preise' gebildet. Das Preissystem wird bei Verwendung als reinem Rationierungsverfahren tendenziell weniger häufig akzeptiert als bei seiner Verwendung als Entscheidungssystem (bei dem das Angebot ausgeweitet wird)."

126 Ein anderer, immer bedeutender werdender Bereich, in dem das gängige Marktmechanismus- und Preissystem als Steuerungsinstrument keine ausschließliche Rolle spielt, ist das Internet: Die ausgeprägte Unterschiedlichkeit der Interessen, Motivationen und Engagements in vorrangig nichtmonetären Dimensionen spricht dafür, daß sich die Verhaltensweisen der Akteure schwer mit bisherigen ökonomischen Erklärungsmustern begründen läßt. Unter anderem auch aus solchen Gründen scheint es zumindest nicht ganz abwegig zu sein, zu hinterfragen, ob und inwieweit sich beispielsweise Netzkapazitätsprobleme über Preisregularien optimal steuern lassen. Möglicherweise wird das effiziente Funktionieren des gigantischen Netzverbundsystems und die auffällig hohe Kooperations-

6.6 Querfinanzierungstechniken auf dem Buchmarkt

In den traditionellen Medienwissenschaften wie der Publizistik– und der Kommunikationswissenschaft hat das Medium Buch einen ausgesprochen geringen Stellenwert. Ähnlich sieht es im medienökonomischen Schrifttum aus: Medienforscher konzentrieren sich offensichtlich und vorzugsweise auf die (periodischen) Massenmedien.

Von der Höhe des individuellen Medienbudgets her gesehen ist eine Ausgrenzung des Mediums Buch kaum gerechtfertigt: Der typische 4–Personen–Arbeitnehmerhaushalt mit mittlerem Einkommen gab 1992 monatlich 23,71 DM für „Bücher und Broschüren", 18,37 DM für Tages-/Wochenzeitungen, 13,59 DM für Zeitschriften und 26,68 DM für Rundfunkgebühren aus (bzw. 64,59 insgesamt für audiovisuelle Medien; vgl. Tab. 5.3.1 [1], S. 195). Das Umsatzvolumen der Branche Buch lag 1990 mit 15,3 rd. DM nur wenig hinter den Jahresumsätzen der Filmwirtschaft und Rundfunk zusammengenommen, die es auf 16,8 Mrd. DM brachten (Periodische Printpresse: 36,6 Mrd. DM). Betrachtet man das mengenmäßige Nachfragepotential, so wurden 1995 etwa eine halbe Milliarde deutschsprachiger Buchexemplare verlegt, gedruckt und verkauft.[127] Das verkaufte Absatzvolumen ergibt sich dabei überwiegend aus der jeweils neuen Titelproduktion eines Jahrgangs (1995: 74.174 neue Titel) und zum geringeren Teil aus dem vorhandenen bzw. lieferbaren Titelbestand (1995: rd. 650.000 lieferbare Titel in Deutschland). Vergleicht man die Anzahl der Buchtitel, egal ob alle lieferbaren oder jährlich neuen, so 'führt' das Medium Buch mit riesigem Abstand vor den periodisch erscheinenden Printmedien. Allerdings: Errechnet man aus den makroökonomischen Branchendaten eine durchschnittliche Auflagenhöhe, so liegt diese bei knapp 7.200 verkauften Exemplaren pro Titel. Hinsichtlich dieses Kriteriums liegt das Medium Buch deutlich hinter den periodischen Printmedien.

Hinter diesen groben Durchschnittszahlen verbergen sich sehr unterschiedliche Fallsituationen: gutgehende Buchtitel mit sehr hohen Auflagen, die t.w. die Millionengrenze überschreiten, gleichzeitig aber auch Bücher, die es auf knapp 600 verkaufte Exemplare bringen, dies aber nur innerhalb eines mehrjährigen Zeitraums. Den ersten Fall repräsentiert beispielsweise der Fernsehstar Alfred BIOLEK mit seinem 1994 erschienenen Kochbuch *Meine besten Rezepte,* der innerhalb zweier Jahre rd. 700.000 Exemplare verkaufen konnte oder die Bestseller des amerikanischen Ex–Rechtsanwalts und heutigen Starautors John GRISHAM, dessen erste vier in Deutsche übersetzten Erfolgstitel[128] in fünf Jahren rund 5 millionenmal verkauft werden konnten.[129]

---

fähigkeit überhaupt erst durch die starke Dominanz und Akzeptanz nicht-monetärer Interessen begründet; vgl. LUDWIG (1997a: 204, 210, 224).

127 Auflagenzahlen werden statistisch nicht erhoben. Die obige Rechnung basiert daher auf verläßlichen Schätzgrößen. Umsatz im deutschen Buchhandel 1995: 14,9 Mrd. DM (Quelle: Bertelsmann AG), wobei als durchschnittlicher Verkaufspreis pro Ex. 28 DM zugrunde gelegt wurde (Quelle: bundesdeutscher Buchgroßhandel). Nach dieser Rechnung wurden 1995 insgesamt 532.000.000 Buchexemplare verkauft.

128 *Die Jury, Die Firma, Die Akte, Der Client*

129 Dies geschieht in einer arbeitsteiligen Vermarktung: Der Hamburger Verlag Hoffmann und Campe bringt als erstes den Hardcover–Titel heraus, danach folgt dann 9 bis 12 Monate später der Münch-

Für den gegensätzlichen Fall sehr geringer Auflagen steht etwa der autobiographische Bericht des ehemaligen britisch-schweizerischen Pharma–Managers Stanley ADAMS, der 1973 der EG–Kommission in Brüssel entscheidende Hinweise auf die weltweiten Kartellpraktiken seines ehemaligen Arbeitgebers, des schweizerischen Konzerns Hoffmann–La Roche gegeben hatte. Dies löste einen der größten europäischen Kartellskandale aus (Valium, Librium, Vitamin C) und brachte dem Informanten selbst aufgrund gezielter Indiskretion seitens der europäischen Kartellbehörde Gefängnis wegen „Spionage" in der Schweiz, Selbstmord seiner Frau, finanzielle Verelendung aufgrund mehrerer Betrugsanzeigen und bankenmäßigen Boykotts ein. Der Pharmakonzern wurde 1979 in letzter Instanz vom Europäischen Gerichtshof (EuGH) wegen unzulässiger Kartellpraktiken verurteilt; 1983 mußten in Italien fünf Pharmamanger ins Gefängnis, die für das Dioxin–Desaster von Seveso (1976) verantwortlich gemacht wurden: Der Ex-Manager hatte auch hier die Öffentlichkeit über die rechtlich getarnte Unternehmensverwandschaft zwischen dem Schweizerischen Edelkonzern und der italienischen Chemie–Klitsche ICMESA informiert. ADAMS konnte erst 1984, zehn Jahre nach seinem entscheidenden Tip und seinen dadurch ausgelösten finanziellen Niedergang, eine (geringe) Entschädigung seitens der EG–Kommission durchsetzen. Die deutschsprachige Übersetzung seines Reports *Hoffmann–La Roche gegen Adams*, erschienen 1984 im Züricher Unionsverlag, fand in sechs Jahren ganze 4.000 Käufer.[130] Den Prototyp für noch geringere Auflagenzahlen bzw. Marktpotentiale verkörpert, wie in Kap. 1 am Beispiel des Gedichtbandes *Japanische Rolltreppen* von F.C. DELIUS dargestellt (verkaufte Auflage: 1.500 Ex.), die Literaturkategorie Lyrik.

Die vier für ihre jeweilige Aussagenproduktion typischen Beispiele decken die inhaltliche Spannbreite des Mediums Buch ab. Damit sind gleichermaßen unterschiedliche Marktpotentiale verbunden, die unterschiedliche Grade des ökonomischen Grundproblems zur Folge haben. Im Gegensatz zu periodischen Printmedien zeichnet sich das Produkt Buch durch eine zusätzliche Besonderheit aus: Bücher verkörpern, unabhängig davon, ob sie mehr 'general interest'– oder eher 'special interest"–Inhalte transportieren, *einmalige* Produktangebote, die sich unter dem Aspekt einer Verbundproduktion von inhaltlicher Aussage und der Verbreitung von Werbebotschaften hinsichtlich ihrer Zielgenauigkeit schwer planen und optimieren lassen. Aus diesem Grund sind die auch die Werbeträgereigenschaften als ausgesprochen schlecht einzustufen. Notwendige Querfinanzierungstechniken müssen sich

---

ner Heyne–Verlag mit der Taschenbuchlizenz. Die Taschenbuchauflagen sind dabei regelmäßig und deutlich höher als die zunächst exklusiv erscheinende Hardcoverausgabe.

130 Angabe des Verlags. Zugleich als englische Originalausgabe im selben Jahr unter dem Titel *Roche versus Adams* in London (Jonathan Cape) erschienen. Über den Fall informieren außerdem SEE, Hans (1992): Kapital–Verbrechen. Die Verwirtschaftung der Moral. Frankfurt/M. (Fischer): 110–113. Das ZDF, Channel Four, ORF und SRG produzierten 1985 den auf dieser Geschichte basierenden Fernsehfilm Streng vertraulich (Regie: John GOLDSMITH), der auch im schweizerischen Fernsehen gezeigt wurde. Über die bekanntgewordenen Kartellpraktiken finden sich Hinweise in LEVINSON, Charles (1973): Valium zum Beispiel. Die multinationalen Konzerne der pharmazeutischen Industrie. Reinbek (Rowohlt). Der zuständige Kartellkommissar der EG–Behörde, der ADAMS an den schweizerischen Pharmakonzern verraten hatte, Willi Christoph SCHLIEDER, mußte aus der EG–Kommission ausscheiden. Er lehrte danach an mehreren Universitäten als Professor internationales Wettbewerbsrecht und lebt heute von einer bequemen und auskömmlichen Beamtenpension.

daher aus anderen Quellen speisen. Da die spezifischen Notwendigkeiten bzw. Möglichkeiten aus den besonderen ökonomischen Problemen dieses Mediums resultieren, sollen zuvor die Besonderheiten des Produktes und seiner Märkte skizziert werden.

6.6.1 Besonderheiten des Mediums Buch

Die fraglichen Spezifika lassen sich unter vier Aspekten zusammenfassen: 1) der Frage, ob das Buch ein Wirtschaftsgut und/oder Kulturgut verkörpert, 2) dem Problem der Nicht–Akzeptanz von vornherein und allen damit verbundenen Intransparenzproblemen, 3) der besonderen Funktion der Verlage auf der Angebotsseite und 4) den jeweiligen Preisbildungsmechanismen, die mit dem buchhändlerischen Distributionssystem zusammenhängen.

6.6.1.1 Wirtschaftsgut und/oder Kulturgut

Da sich Märkte aus der Sicht potentieller Nachfrager definieren, lassen sich auch Bücher bzw. deren Märkte aus den spezifischen Nutzungs- bzw. Kommunikationsbedürfnissen erklären. Der Buchmarkt, der sich ähnlich wie die periodischen Print- oder audiovisuellen Medien aus sehr ausdifferenzierten Einzelmärkten zusammensetzt, läßt sich beispielsweise unter dem nachfrageseitigen Kriterium Gebrauchswert bzw. dem damit korrespondierenden Grad an Unverzichtbarkeit in mehrer relevante Marktsegmente gliedern, wie sie in der Abbildung 6.6.1.1 zum Ausdruck kommen.

* Schul- und Lehrbücher, die etwa im Rahmen staatlicher 'Zwangsveranstaltungen' zum Einsatz kommen, verkörpern einen sehr hohen Gebrauchswert bzw. sehr hohen Grad an Unverzichtbarkeit: Sie verfügen über ein Marktpotential von vornherein, dessen Größe mit der administrativen Reichweite des jeweiligen Staatseingriffs bzw. der jeweiligen inhaltlichen Vorgaben korreliert. *Die Bibel*, *Der Duden*, Mathematiklehrbücher usw. sind Bücher, mit denen in Ländern der westlichen Hemisphäre fast jeder Mensch in Berührung kommt.
* Schulungs- und Fachbücher kommen dieser Eigenheit ebenfalls sehr nahe, wenngleich mit zunehmenden Freiheitsgraden in der nachfrageseitigen Auswahl nicht nur die Konkurrenz im Titelangebot steigt, sondern sich auch die Absatzpotentiale konkurrierender Angebote spreizen.
* Lexika, Nachschlagewerke, Enzyklopädien oder (Fremd-)Wörterbücher zeichnen sich ebenfalls durch einen zwar nicht unbedingt oft in Anspruch genommenen, aber dennoch potentiell hohen Gebrauchswert aus, weshalb auch solche Werke vergleichsweise große Märkte finden.
* Das Absatzpotential sog. Ratgeber hängt beispielsweise vom Umfang, der Häufigkeit und der Dringlichkeit der Ratsuche im do–it–yourself–Verfahren, aber auch deren didaktischer Umsetzungsmöglichkeiten ab. Die stetige Zunahme grundsätzlich frei verfügbarer individueller Zeitkapazitäten oder auch Hobbyaktivitäten wirkt sich nicht nur im Bereich periodisch erscheinender special–interest–Zeitschriften aus, sondern schlägt sich auch in einer wachsenden Anzahl von Buchreihen und Einzeltiteln in den verschiedensten Interessenssegmenten nieder. Vielfach erweitern special–

interest–Zeitschriftenverlage ihr Produktsortiment um die Mediensparte Buch, um fixen Inputaufwand (Recherche, Redaktion, Archiv) mittels economies of scope zu optimieren.
* Die Märkte für Kinder- und Jugendbücher funktionieren ebenfalls nach eigenen Gesetzen. Abhängig von der Ausstattung mit Kaufkraft (z.B. Taschengeld) sind es vielfach Erwachsene, die die relevanten Kaufentscheidungen treffen. Da das Bücher-(Vor-)Lesen gerade bei Kindern und Jugendlichen nach wie vor zu den verbreitetsten Kulturtechniken gehört (Einfluß der 'Zwangsveranstaltung' Schule bzw. des meritorischen Gutes 'Allgemeinausbildung'), sind auch diese einzelnen Märkte von einem vergleichsweise hohen Gebrauchs- und Nutzungswert geprägt.
* Auch dem sehr heterogenen Bedürfnis Unterhaltung läßt sich ein hoher Gebrauchs- und Nutzungswert zusprechen, wenngleich auf diesen sehr verschiedenartigen Marktsegmenten die gegenseitige Substituierbarkeit, die sich in entsprechenden Preiselastizitäten[131] niederschlägt, ungleich größer ist als auf den zuvor geschilderten Märkten. Aufgrund der größeren Austauschbarkeit bzw. aufgrund des geringeren Grades an Unverzichtbarkeit werden Akzeptanz und Nachfrage deutlich stärker von angebotsseitigen Marketingmaßnahmen und nachfrageseitig von individuellen Präferenzen für bestimmte Genres und/oder Autoren sowie Orientierungssymbolen (z.B. angebotsseitigen Marketingmaßnahmen zwecks Steuerung von Publicity–Erfolgs–Karrieren) geprägt.
* Auf eine vergleichsweise geringe Akzeptanz von vornherein müssen sich viele Aussagenproduktionen einstellen, die – aus Sicht der potentiellen Nachfrager – ersteinmal nicht direkt nachgefragte und daher als vergleichseise austauschbare Bereiche wahrgenommen werden wie etwa bestimmte Literaturgenres oder hintergründig analysierende bzw. 'politische' Sachbuchpublizistik. Es sind dies Kommunikationsbereiche, die entweder nur ein quantitativ geringe(re)s Marktpotential finden können, wie es sich nach der BOURDIEUschen Geschmackshierarchie bzw. mengenmäßigen Geschmacksverteilung ergibt, oder es handelt sich um Kommunikationsangebote, die für potentielle Rezipienten nur indirekt und/oder allenfalls längerfristig mögliche Gebrauchswerte verkörpern bzw. Nutzen versprechen (Problem einer adversen Informationsverteilung und/oder von Wahrnehmungsverlusten sozialer Relevanz).

Bücher, die Kommunikationsdimensionen wie Kritik und Kontrolle, konstruktive Meinungsbildung oder publizistisch-künstlerische, z.B. literarische Aussagen vermitteln, benötigen aufgrund der langwierigeren Akzeptanzprozesse zudem oft längere Durchhaltezeiten auf dem Markt, bevor sie Präferenzen auf Seiten der Nachfrager finden und sich entsprechend positionieren können. Für den literarischen Markt sei beispielhaft auf GOETHEs *Iphigenie* verwiesen, für den Bereich der Malerei gäbe etwa Vincent van GOGH ein typisches Beispiel ab, bei dem der künstlerische und ökonomische Erfolg nicht mehr zu dessen Lebzeiten eingetreten war.

131 Preiselastizität der Nachfrage und Kreuzpreiselastizität betragsmäßig größer Null bzw. mit zunehmender Substituierbarkeit betragsmäßig deutlich größer 1.

Abb. 6.6.1.1: Medium Buch: Gebrauchswerteigenschaften unterschiedlicher Genres

Genre	Gebrauchswert	Titel	Auflage
	Gebrauchswert (↑)		
Schulbuch		Englisch-Lehrbuch *Peter Pim and Billy Ball*	
Lehrbuch		SAMUELSON (1948): *Volkswirtschaftslehre*	4 Mio
		dto in Deutschland:	180.000
	sehr hoch	HARDES/KROL/RAHMEYER/SCHMID (1971): *VWL*	164.000
		BAßELER/HEINRICH/KOCH (1978): *VWL*	121.000
		GRANADOS/GURGSDIES (1985): *Ökonomie*	62.000
		Kommunikationswiss. Monographie	300-500
		Fischer Lexikon *Publizistik/Massenkommunikation* (1989)	35.000
Fachbuch		K. KLINGBEIL (1970): *Kleines Aquariumsbuch*	120.000
Lexika		Fischer *Weltalmanach*; jährlich neu	180.000
		Kindler Literatur Lexikon, dtv-TB-Ausgabe (1974) in 14 Bde	97.000
		dtv-Atlas zur Weltgeschichte	4 Mio
Ratgeber		F.KONZ: *1000 legale Steuertricks*	4,5 Mio
		A.BIOLEK (1994): *Meine besten Rezepte*	700.000
Kinder- und Jugendbücher	geringer, eher	Karl MAY-Bücher: Gesamtauflage weltweit	130 Mio
		dto, deutschlandweit	100 Mio
Unterhaltung		H.G. KONSALIK: Gesamtauflage (150 Romane)	76 Mio
		J.M. SIMMEL: Gesamtauflage (25 Titel)	72 Mio
		J. GRISHAM: Gesamtauflage in BRD (4 Titel)	5 Mio
		R. PILCHER: Gesamtauflage (19 Titel)	8 Mio
Literatur/ Belletristik		Th. MANN (1901): *Buddenbrooks*; Auflage bis 1994:	2,2 Mio
		U. ECO (1982): *Im Namen der Rose*; Auflage in BRD:	3 Mio
		O.M.GRAF (1936): *Der Abgrund*	3.000
		O.M.GRAF (1937): *Anton Sittinger*	5.000
		Arno SCHMIDT (1975): *Abend mit Goldrand*	7.000
		GOETHE: GW XVIII (Hamburger Ausg.) als TB seit 1977	15.000
hintergründig analysierendes Sachbuch ("politisches Buch")	indifferent	G. OGGER (1992): *Nieten in Nadelstreifen*	1 Mio
		Reihe *rororo aktuell* in den 70er Jahren	40-50.000
		dto: durchschnittl. Auflage in den 90ern:	5-20.000
		St. ADAMS (1984): *Hoffmann-La Roche gegen ADAMS*	4.000
		J. LUDWIG (1989): *Boykott-Enteignung-Mord. Die Entjudung der deutschen Wirtschaft*	4.950
		D.GOLDHAGEN (1996): *Hitlers willige Vollstrecker*	120.000
		R. LIEDTKE (Hg.) (1993): *Die zweite Enteignung der Ostdt.*	3.800
		H.SEIPEL (1985): *Der Mann, der Flick jagte. Die Geschichte des Steuerfahnders Klaus Förster*. Hamburg: *stern* Buch	19.000
		J.LUDWIG (1991): *Das falsche Spiel mit der Lohn- und Einkommensteuer*	3.000
		L.SCHEMMEL (1994): *Kursbuch Steuern*	3.500
		H.KEILSON (1933): *Das Leben geht weiter*	15.000

Unter rein wirtschaftlichen Zielvorgaben machen Produktion und Angebotsbereitstellung nicht verkäuflicher Güter bzw. Güter, deren Kosten in keiner oder unzureichender Weise refinanzierbar sind, keinen Sinn. Die Aufrechterhaltung solcher Angebote können sich nur bei außerökonomischen, d.h. nicht-monetären Interessenskonstellationen abspielen: Bücher sind in solchen Fällen aus Angebotssicht keine (ausschließlichen) Wirtschaftsgüter. Aber auch aus Sicht der Nachfrage stellen solche Kommunikationsangebote keine „wirtschaftlichen Güter" dar, die sich nach traditioneller Definition über deren Knappheit definieren - Güter, die nicht nachgefragt werden, können per definitione nicht knapp sein. Stellt man auf den Markt*prozess* und dessen relevanten Parameter wie etwa das Ergebnis der Preisbildung ab, so erweisen sich Bücher zwar als grundsätzlich handelbare Produkte. Da aber weder Angebot noch Nachfrage ausschließlich nach monetären Bewertungsaspekten zustande kommen, lassen sich weitere, d.h. zusätzliche Eigenschaften in dem Medium bestimmter Ausprägungsarten vermuten.

Derartige Eigenschaften werden im Schrifttum der Wissenschaftsdisziplinen und der Schönen Künste unterschiedlich gesehen:

* Ein Autor wie Thomas MANN sieht die Bedeutung des Mediums Buch im Zusammenhang mit dessen politischer Funktion: Im *Zauberberg* (1963: 143) betont er die Bedeutung der GUTENBERGschen Erfindung, die „die demokratische Verbreitung der Ideen, d.h. die Verbreitung der demokratischen Ideen" bewirke.
* Der französische Literatursoziologe Robert ESCARPIT legt seiner Unterscheidung eine recht pragmatische, d.h. nutzungsorientierte Sichtweise zugrunde, indem er Bücher in „Besitzbücher", „Gebrauchsbücher" und „literarische Bücher" klassifiziert (1967: 28 ff.): Besitzbücher dienen eher repräsentativen Zwecken, Gebrauchsbücher unterstützen menschliche Aktivitäten und Bedürfnisse, literarische Werke sind der Kunst und der Kultur ganz allgemein zuzurechnen.
* Der Buchwirtschaftler Ulrich STIEHL (1989: 35) sieht das Buch als Ergebnis „geistiger Produktion" und damit als Träger potentiell unterschiedlicher informierender und/oder ästhetischer Inhalte.
* Peter MEYER-DOHM (1967) betont als Buchsoziologe die „kulturwirtschaftliche Aufgabe" der Buchproduktion.
* Den kulturellen Aspekt haben ebenfalls Verleger wie Michael NAUMANN, ehemals Rowohlt Verlag („kulturelle Mischkalkulation") oder auch Klaus WAGENBACH (1982: 93) („lebensnotwendig für die 'Kultur'") im Sinn.
* Aber auch schon der Zeitungskundler Karl BÜCHER (1903: 12) hatte davon gesprochen, daß das Buch „Kulturbedürfnisse" befriedige.

Da „Kultur" einen nicht konsensfähigen Begriff darstellt (vgl. STEINBACHER 1976, KROEBER/KLUCKHOHN 1952) und Gesellschaftstheorien bis heute völlig fehlen, die wirtschaftliche, ästhetische, kulturelle und soziale Aspekte im Zusammenhang zu erklären imstande wären (vgl. HUTTER 1995), soll resümierend festgehalten werden, daß Bücher je nach inhaltlicher Dimensionierung der Aussagenproduktion und abhängig von der Wahrnehmung potentieller Rezipienten sowohl 'normale' Wirtschaftsgüter darstellen können (Bestseller–Titel, bibliophile Raritäten), gleichzeitig aber auch in unterschiedlichem Maße kulturell relevante Eigenschaften vermitteln können. Im letzteren Fall könnte man von (zusätzlichen) Kulturgut–Eigenschaften sprechen.

Je stärker dabei die kulturell bedeutsamen Charakteristika mit all ihren ökonomischen Effekten überwiegen, umso eher und um so stärker kann das ökonomische Grundproblem in seinen unterschiedlichen Facetten und Graden durchschlagen.

6.6.1.2 Intransparenz des Marktpotentials und des Marktes

Über den Zusammenhang zwischen Inhomogenitätsgraden, Akzeptanz- und Transparenzproblemen wurde bereits ausführlich referiert. In einzelnen Marktsegmenten des Mediums Buch stellen sich solche Probleme verstärkt, wie im vorigen Kapitelabschnitt begründet. Die eigentliche Schwierigkeit liegt ähnlich wie bei den Publika von Massenmedien im 'Dispersitätsgrad'[132] der potentiellen Rezipienten. Wenn beispielsweise MALETZKE bereits bei eingeführten Massenmedien von „dispersen" Publika spricht und damit eine „große Zahl von räumlich getrennten Individuen oder kleinen Gruppen" (1976: 4) meint, ist diese „Trennung" von Publika bzw. genauer beschrieben, die räumliche und zeitliche 'Zerstreutheit' potentieller Rezipienten bei Medien, die a) (noch) nicht auf einem Markt eingeführt sind und b) aufgrund ihres aperiodischen (Einmal-)Angebots mit ungleich größeren Transparenzproblemen zu kämpfen haben, als sehr viel größer zu vermuten.

Interessanterweise existiert eine solche Einschätzung im wissenschaftlichen Schrifttum. BÜCHER (1903: 6) spricht beispielsweise vom „zerstreuten Bedarf".[133] ESCARPIT (1967: 131) hatte dies schon sehr viel konkreter umschrieben: „Ein bestimmtes Buch ... wendet sich nur an eine bestimmte Gruppe, die zwar in ihrem Geschmack fest umrissen ist, doch nicht genau festlegbar hinsichtlich ihrer Zusammensetzung, ihrer sozialen Situation, ihrer geographischen Verbreitung." Aus der Sicht von Buchproduzenten (Verlagen) und Buchanbietern (Buchhandel) wirkt sich dies in einer ausgesprochen hohen „Planungsunsicherheit" aus (LUCIUS 1995): Zwischen Planung (Programm, Titel), Aussagenproduktion und technischer Produktion (Herstellung der Verbreitungsfähigkeit), Einführung auf einem „Markt", den es (noch) nicht gibt und dem effektiven Absatz seitens potentieller Rezipienten können oft Jahre vergehen. Die Funktion von „Verlegern" („Vorlegern") besteht unter anderem darin, diesen Zeitraum finanziell zu organisieren, insbesondere wenn die Inputproduzenten, die technischen Hersteller sowie der Distributionsapparat kürzere Entlohnungszeiträume durchsetzen (vgl. LUCIUS 1995: 11).

Der hohe Grad an „Planungsunsicherheit" beginnt bereits bei der Entscheidung, einen bestimmten Titel auf den 'Markt' zu bringen. Marktforschung, wie sie andere Branchen betreiben, gibt es im Buchverlagswesen nicht. Angebotsseitig ist dies für die Verlage ein zu hoher Kostenaufwand, der sich mit den für dieses Gewerbe übli-

---

132 Dieser Begriff, der das Adjektiv „dispers" als Substantiv abdecken soll, ist m.W. nicht üblich. Die im Duden beschriebene Begrifflichkeit „Dispersion" stellt auf einen physikalischen Effekt ab („feinste Verteilung eines Stoffes in einem anderen"), der hier nicht gemeint ist: „Disperse" Publika zeichnen sich eben nicht durch einen Grad vollständigster bzw. flächendeckendster Verteilung aus, sondern durch räumliche und im Einzelfall auch durch zeitliche Trennung aus. Aus Gründen der Abgrenzung soll deshalb von „Dispersität" gesprochen werden.

133 BÜCHER sah u.a. eine bedeutsame Gegensätzlichkeit bzw. eine „erste große Antinomie im Warendasein des Buches: konzentrierte Produktion und zerstreuter Bedarf" (a.a.O.), was genau den hier beschriebenen Fall darstellt: aperiodisches (Einmal-)Angebot und „disperse" (Noch–nicht–)Nachfrage.

chen Ertragsspannen nicht finanzieren läßt – auf ein Ergiebigkeitspotential wie jenes, aus dem sich periodische Printmedienproduzenten speisen, die ausgeprägte Werbeträgereigenschaften vorweisen können, kann sich das Medium Buch nicht stützen. Auf der Nachfrageseite sind die Kaufmotive zu unterschiedlich, kommen oft spontan zum Durchbruch und sind daher schwer zu erfassen: Bücher werden beispielsweise gezielt zwecks geplanter Nutzung (Schul-, Lehr- oder Fachbücher) oder auch als „Geschenkbuch“ (NOELLE-NEUMANN/SCHULZ 1984) gekauft, aber nicht minder oft ohne konkrete Nutzungsabsicht mehr oder weniger zufällig erworben – ein durchgehend ausgeprägtes (Buch-)Mediennutzungsverhalten wie sich dies bei den regulären periodischen Medienangeboten (Printmedien, audiovisuelle Medien) beobachten läßt, ist auf vielen Buchmarktsegmenten nicht vorhanden. Dieses kaum kalkulierbare Marktverhalten hatte bereits im 18. Jahrhundert Denis DIDEROT (1767: 15) konstatiert: „Mit einem literarischen Werk verhält es sich anders als mit einer Maschine, bei der ein Versuch schon die Wirkung erweist, anders als mit einer Erfindung, die sich auf hunderterlei Weisen verwirklichen läßt, anders auch als mit einem Geheimmittel, dessen Erfolg verbürgt ist. Der Erfolg eines hervorragenden Buches nämlich ergibt sich aus einer unendlichen Zahl von verständlichen oder wunderlichen Umständen, die auch bei allem Scharfsinn des forschenden Verstandes nicht voraussehbar sind.“

Aus diesen Gründen sind spezifische 'Pannen' bzw. Fehlentscheidungen vorprogrammiert, die sich durch die gesamte Geschichte des Mediums Buch durchziehen. Bekannte Beispiele:

* 1928 hatte Erich Maria REMARQUE (1898–1970) mehreren Verlagen sein Manuskript *Im Westen nichts Neues* angeboten. Alle lehnten dankend ab: keiner ging davon aus, daß sich überhaupt jemand nach dem verlorenen Krieg für einen Anti–Kriegsroman interessieren würde (vgl. VOGT-PRACLIK 1987: 48, 52). Der Ullstein Verlag teilte diese Mehrheitseinschätzung nicht, machte einen vierwöchigen Vorabdruck in seiner *Vossischen Zeitung* und verlegte das Buch unmittelbar danach: 1929 mußte der Verlag 180 Auflagen bzw. 900.000 Exemplare drucken. Ein Jahr später waren der Titel bereits in 28 Sprachen übersetzt und knapp 3,5 Mio. Exemplare verkauft, davon über 1 Mio. in Deutschland (vgl. VOGT-PRACLIK 1987: 49 f., 53).[134]
* Anfang der 80er Jahre ging der italienische Hochschullehrer für Semiotik, Umberto ECO, der in Italien gerade einem im mittelalterlichen Klostermilieu angesiedelten Kriminalroman auf den Markt gebracht hatte, der nach einer Startauflage von 4.000 Exemplaren einigermaßen lief, auf Suche nach einem deutschen Verleger: Alle großen und bedeutenden Verlage lehnten dankend ab (z.B. Rowohlt). Auch der Hanser–Verlag, München, zeigte wenig Interesse oder Neigung, entschloß sich aber schließlich doch noch, das Manuskript *Im Namen der Rose* aus „Autorentreue“ in einer Auflage von immerhin 20.000 Exemplaren herauszubringen – ECO war dem Verlag als Fachautor in dessen Fachzeitschriften verbunden. Der Fall entwickelte

134 Der Ullstein Verlag hatte sich dazu ein sorgsam abgestimmtes Marketing aufgebaut: In seinen drei anderen Zeitungen hatte der Verlag für eine adäquate Publicity in Form von positiven Rezensionen gesorgt: In der *Berliner Illustrierten Zeitung* schrieb Carl ZUCKMAYER, in der *Berliner Morgenpost* Bernhard KELLERMANN und in der *BZ am Mittag* Fedor von ZOBELTITZ (vgl. dazu und zu den sonstigen Werbeaktivitäten: VOGT-PRACLIK 1987: 49–55).

sich sozusagen als 'klassische' Publicity–Erfolgs–Karriere: Das Buch kam wider Erwarten an, entwickelte eine Mund–zu–Mund–Propaganda, galt als Geheimtip, machte neuerliche Auflagen erforderlich, setzte damit die Spirale erneut in Gang, und tauchte, nachdem 60.000 Exemplare in wenigen Monaten verkauft worden waren, erstmals auf der *SPIEGEL*–Bestseller–Liste bzw. parallel im Branchenorgan *Buchreport* auf – jetzt war die steile Karriere vorgezeichnet, die der Verlag mit adäquaten Marketingmaßnahmen unterstützte: Innerhalb von zehn Jahren hatte der Hanser–Verlag knapp 500.000 Hardcover–Exemplare verkauft, die Taschenbuch–Lizenzausgabe bei dtv hatte es mit 15 Auflagen auf knapp 1,4 Mio. Exemplare gebracht. Weltweit wurden von ECOs *Rose* über 4 Mio. Bücher abgesetzt, das Sujet zudem nicht minder erfolgreich als Kinofilm mit dem als James Bond–Darsteller bekannten Sean CONNERY in der Hauptrolle vermarktet.[135]

1996 gab es auf dem deutsche Buchmarkt gleich zwei solcher Fehleinschätzungen:

* Robert SCHNEIDER, der mit seinem Manuskript *Schlafes Bruder* seinen ersten Roman zu Papier gebracht hatte, scheiterte bei 21 Lektoren. Erst beim 22. Anlauf konnte er einen Verlag, den Leipziger Reclam–Verlag, überzeugen: Das Buch ist inzwischen in 15 Sprachen übersetzt, die deutschsprachige Auflage in einer Höhe von rd. 1 Mio. Exemplaren verkauft, das Sujet verfilmt (Regisseur: Joseph VILSMAIER) und 1997 als Opernversion in Zürich zu sehen.
* Dem spanischen Autor Javier MARIAS, der sogar selbst den unerwarteten Erfolg seines Bestsellers *Mein Herz so weiß* nicht versteht (vgl. Vorbemerkungen zu Kap. 1), erging es nicht viel anders: Sein deutscher Verlag Piper in München, bei dem bereits zwei andere Romane erschienen waren, gab diesem Titel keine Chance und daher die Rechte frei. MARIAS scheiterte bei fast allen anderen Verlagen auch (z.B. Suhrkamp); lediglich das Stuttgarter Verlagshaus Klett–Cotta konnte sich Anfang 1996 entschließen, setzte in den Buchtitel aber keine besondere Hoffnung, wovon die vergleichsweise einfallslose Covergestaltung zeugt. Die ersten vier Monate über lag der Absatz quasi brach. Erst als die *FAZ*, dann *Die Welt*, danach die *Weltwoche* und schließlich in abgestimmter Kooperation Hellmuth KARASEK im *SPIEGEL* und unmittelbar danach das literarische „Fernsehgericht"(*stern*) mit seinem 'Vorsitzenden Richter' Marcel REICH-RANICKI tagte, kam die Bestseller–Spirale in Schwung: zwei Wochen nach der ZDF–Sendung *Literarisches Quartett* schnellte die verkaufte Auflage auf 80.000 Exemplare, sechs Wochen später waren bereits 140.000 Bücher abgesetzt – ein Marktpotential, für dessen Erschließung der Autor in seinem Heimatland vier ganze Jahre benötigt hatte.[136]

Siegfried KRACAUER hatte in den 20er Jahren dieses buchmarktspezifische Phänomen folgendermaßen umschrieben: „Trotz oder wegen ihrer Routine enthalten sich erfahrene Lektoren und Verleger der Prophezeiungen über das Schicksal der Bücher. Sie pflegen zu äußern, daß der Publikumserfolg unberechenbar sei, und

135 Daten zusammengestellt nach Verlagsangaben. Auf dem US–amerikanischen Markt passierte ähnliches: Auch hier schätzten alle Verleger das Buch als ungeeignet ein. Lediglich ein kleines Buchunternehmen war bereit, für die Lizenzrechte 5.000 $ zu bezahlen und es in einer Übersetzung anzubieten. Kaum hatte sich der Titel einen Platz auf der Bestseller–Liste erobert, konnte der Verlag eine Taschenbuch–Lizenz für 550.000 $ an Warner Books verkaufen (Quelle: *cosmopolitan* 2/1984: 31).

136 Daten zusammengestellt nach *DER SPIEGEL* v. 1.7.1996: 176; *stern* 31/1996: 112–114; *Die Woche* v. 12.7.96: 30; *Tagesspiegel* v. 13.8.1996.

wagen sie doch eine Vorhersage, so ist sie nicht minder problematisch als eine meteorologische Erwägung über das Wetter“ (KRACAUER 1977: 66). Verlage, die ihre Programmpalette mit überwiegend Kulturgütern für disperse Rezipienten–Publika bestreiten und weniger für die Bedürfnisse eindeutig bestimmbarer Zielgruppen produzieren, versuchen dieses Intransparenzproblem durch Dezentralisierung der Verlegerfunktionen zu lösen: mit den relevanten Aufgaben der Ideen- und Sujetfindung, der vorbereitenden strategischen Angebotsplanung und der Autorenpflege werden zunehmend die Lektoren betreut. Der Rowohlt–Verlag formuliert dieses 'Marktforschungsprinzip' etwa so: Die Lektoren sollen ihre individuellen Neigungen und Interessen ausleben in der Hoffnung, daß diese ab und an erfolgreich die Neigungen und Interessen potentieller Rezipienten repräsentieren.
Ein etwas gegensätzlicheres Aufgabenfeld bestreiten Lektoren in Verlagen, die vorrangig für die klaren Bedürfnisse ebenso klar eingrenzbarer Zielgruppen produzieren, bei denen sich das Intranzparenzproblem in weit schwächerer Ausprägung stellt: In diesen Fällen sind die Lektoren weniger publizistisch-schöpferische Innovatoren als eher 'Seismographen' für erkennbaren Zeitgeist und marktfähige life–style–Trends: FOHRBECK/WIESAND (1972: 174 ff.) sprechen vom Lektor als „Produktmanager“. Die unterschiedlichen Funktionen lassen sich anhand eines objektivierbaren Indikators ablesen: am Verhältnis zwischen der Anzahl von Lektoren und dem verlegerischen Output. Vergleicht man die vom Programmanspruch unterschiedlichen Verlage Rowohlt, Reinbek, und Droemer/Knaur, München, so läßt sich die Verschiedenartigkeit der Angebotspalette und des publizistischen Selbstverständnisses der beiden Verlage am publizistischen 'Betreuungsschlüssel' erkennen, unabhängig davon, ob man den Output am Jahresumsatz oder an der Anzahl produzierter Buchtitel mißt:

	Rowohlt	Droemer/Knaur
Jahresumsatz in Mio. DM	120	100
Anzahl/jährl. Buchtitel	600	420
ds. Erlös/Titel in Mio. DM	0,200	0,240
* *Hardcover*	*100*	*70*
* *Taschenbücher*	*500*	*350*
Anzahl/Lektoren	35	12

Quelle: Verlagsangaben

Beim Rowohlt Verlag betreut ein Lektor im Durchschnitt 17 Titel jährlich. Bei sog. Publikumsverlagen, die „Marketingbücher“ (EICHBORN) verlegen, liegt der Betreuungsschlüssel doppelt so hoch (Droemer/Knaur: 35). Rowohlt–Lektoren müssen aufgrund des 'kulturellen' Anspruchs ihrer Angebotspalette ungleich mehr Aufwand in die Ideenfindung und Autorenbetreuung investieren, was sich in vergleichsweise geringeren Produktivitätsziffern niederschlägt, Droemer/Knaur-„Produktmanager“ reagieren auf bereits weitgehend vorhandene bzw. absehbare Marktpotentiale und optimieren das dazu notwendige Marketing: Formale Produktivitätsziffern liegen bei geringerem Aufwand bzw. Lektoreninput höher.

Aus diesen buchspezifischen Marktpotential–Transparenzproblemen ergeben sich zwei wichtige Charakteristika, die für Buchmärkte typisch sind:

1) Die Werbeträgereigenschaften von Büchern sind gleich Null: Keine Verlag kann eine Auflagenhöhe prognostizieren geschweige denn versprechen. Da Bücher ein aperiodisches Einmal–Angebot verkörpern, lassen sich im Gegensatz zu periodisch nutzbaren Medien keine nachträglichen Produkt- und/oder Werbeträgeroptimierungen durchführen.

2) Aufgrund des Wegfalls des für viele periodische Medien bedeutsamen Ergiebigkeitspotentials einer Werbe- und Anzeigenverbundproduktion spielen die Vorteile aus Fixkostendegressionswirkungen beim Medium Buch eine ungleich größere Rolle. Deshalb stellen sich die Probleme, die sich aus Intransparenz des großen Marktangebots aus Sicht der Rezipienten ergeben (können) ungleich schärfer und darum ist die Überwindung von Wahrnehmungsbarrieren zwecks besserer marktlicher Durchsetzung mittels Publicity–Erfolgs–Spiralen von außerordentlicher Bedeutung.

Die in unterschiedlichen Kapitelabschnitten präsentierten Überlegungen und Kalkulationen zu Marktpotentialen und Markttransparenz sowie zu Zahlungsbereitschaft und Zeitbudgets brauchen an dieser Stelle nicht wiederholt werden; sie belegen die hier analysierten Besonderheiten auf vielen Buchmarktsegmenten.

6.6.1.3 Organisation und Funktionsweise des deutschen Buchmarktes

6.6.1.3.1 Verlage und Verlagssysteme

Die dreidimensionale Funktion eines Verlegers hatte bereits Alfred DÖBLIN mit seiner Metapher treffend auf den Punkt gebracht: „Der Verleger schielt mit einem Auge nach dem Schriftsteller, mit dem anderen Auge nach dem Publikum. Aber das dritte Auge, das Auge der Weisheit, blickt unbeirrt ins Portemonnaie" (DÖBLIN 1968: 305). Die dabei möglichen Zielkonflikte wurden bereits im Kap. 4.6.3 diskutiert.

Da Buchverlagsunternehmer mehr als ausschließlich Wirtschaftsgüter produzieren, erweitert sich auch die kulturelle und publizistische Funktion dieses Medienunternehmertyps, der so gesehen auch eine „öffentliche Aufgabe" wahrnimmt. Der Buchverleger ist aktiv an der Verbreitung von Wissen (allgemeines, fachliches, politisches Wissen) und/oder an der Vermittlung von kulturellen, künstlerischen bzw. literarisch-publizistischen Werten maßgeblich beteiligt: Er organisiert von der ökonomischen Seite her, was Inputproduzenten inhaltlich produzieren. Dabei obliegt es vor allem ihm, für die Überwindung von Wahrnehmungsbarrieren auf seiten der Nachfrager bzw. für ausreichende Akzeptanzpotentiale zu sorgen. Die gesellschaftliche Kommunikation und Publizistik funktioniert – wie bei den periodischen Medien – nur in einer gegenseitig abgestimmten Arbeitsteilung.

Abhängig vom individuellen Selbstverständnis und den jeweils subjektiven Motivkonstellationen zwischen monetären und nicht-monetären Zielen repräsentieren Buchverleger eher einen sog. Programmverlags- oder einen Publikumsverlagstypus, so beispielsweise die Branchenunterscheidung des Rowohlt–Verlags.[137] Mit „Programmverlag" werden Buchanbieter umschrieben, die ihre Angebotspalette vorwiegend an selbstgesetzten inhaltlichen Zielvorgaben wie Wissensverbreitung, politischem Diskurs oder auch an künstlerisch-literarischer Ästhetik ausrichten. Die inhaltliche Programmatik setzt oftmals ein erhebliches Maß an Präferenzveränderungsbereitschaft auf Seiten des dispersen Rezipientenpublikums voraus. „Publikumsverlage" orientieren sich vorrangig an den gegebenen, d.h. bereits vorhandenen Präferenzen: Sie bieten schwerpunktmäßig akzeptierte Ware an. Ein Programmverleger entspricht daher eher dem Typ eines engagierten Medienunternehmers, der Publikumsverleger verkörpert mehr den Typ eines Medienunternehmers, der eigentlich eher Wirtschaftsunternehmer ist.[138]

Engagierte Buchverleger lassen sich daher, sofern sie beispielsweise Literatur verlegen, als aktive Förderer von Kunst, Literatur bzw. Publizistik bezeichnen – die Historie von Verlagen stellt in diesem Sinne einen unverwechselbaren Bestandteil der Literaturgeschichte dar. Ein kleiner Rekurs in die Historie der Publizistik bestätigt diese These. FABER (1984: 10) spricht von „literarischen Verlagsgründungen", die immer dann zustande kommen, „wenn es die Zeit erfordert, wenn literarische oder geistige Bewegungen es verlangen."

Verleger wie NICOLAI oder GÖSCHEN waren die unternehmerischen Partner der Publizisten der Aufklärungsära (LESSING, WIELAND). Klassiker wie SCHILLER oder GOETHE sind ohne den Namen Johann Friedrich COTTA nicht denkbar, und Adalbert STIFTER, obwohl publizistisch sehr erfolgreich in der Biedermeierzeit, wäre ohne das finanzielle Management seines Verlegers Gustav HECKENAST aufgelaufen (vgl. AMANN 1978, BLASBERG 1990). Die Vertreter des Jungen Deutschlands und der politischen Publizistik des Vormärz finden ihre verlegerische Heimat vor allem in zwei Verlagen: Heinrich HEINE, Ludwig BÖRNE, Ludolf WIENBARG und teilweise auch Karl GUTZKOW können ihre Schriften bei HOFFMANN und CAMPE in Hamburg publizieren, GUTZKOW, WIENBARG, Heinrich LAUBE, aber auch Karl MARX und Friedrich ENGELS, finden ihre ökonomischen Organisatoren in dem Frankfurter Verleger–Duo RÜTTEN & LOENING, die auch anderes revolutionäres Schrifttum über den Markt an die Leser bringen. RÜTTEN und LOENING finanzieren die politisch engagierten

137 Vito von EICHBORN, Gründer des gleichnamigen Verlags aus Frankfurt/M., dem er seit 1996 nur noch als Berater 'angehört', unterscheidet Verlage in 3 Typen: 1) in Publikumsverlage, die entweder das „Leserbuch" oder das „Marketingbuch" produzieren (in der Rowohltschen Terminologie entspricht dies der Gegenüberstellung von Programmverlagsbuch versus Publikumsverlagsbuch), 2) in Fachverlage und 3) in Kinder- und Jugendbuchverlage.

138 Der Verleger Kurt WOLFF (1965: 14 f.) hat dies so formuliert: „Man verlegt entweder Bücher, von denen man meint, die Leute sollen (Hervh.i.O., Anm.d.Verf.) sie lesen, oder Bücher, von denen man meint, die Leute wollen (Hervh.i.O., Anm.d.Verf.) sie lesen. Verleger der zweiten Kategorie, Verleger, die dem Publikumsgeschmack dienerisch nachlaufen, zählen für uns nicht – nicht wahr? Sie gehören einem anderen 'ordo' an, um uns des schönen katholischen Begriffes zu bedienen. Für solche Verlagstätigkeit braucht man weder Enthusiasmus noch Geschmack. Man liefert die Ware, die gefragt wird. Man muß also wissen, was auf Tränen- oder Geschlechts- oder andere Drüsen wirkt, was das Herz des Sportlers höher schlagen läßt, was stärkstes Gruseln verursacht usw. – Wir anderen Verleger sind, wenn auch gewiß in bescheidenstem Maße, schöpferisch bemüht, versuchen Leser zu enthusiasmieren für das, was uns originell, dichterisch, wertvoll, zukunftsträchtig erscheint, gleichviel ob's leicht oder schwer zugänglich ist."

Publizisten u.a. mit einem erfolgreichen Kinderbuch, dem *Struwwelpeter* (vgl. Kap. 6.6.3.3).

Wie stark das verlegerische Engagement für bestimmte Autoren bzw. deren publizistische Orientierung auf das Image von Medienunternehmen zurückwirken bzw. dessen betriebswirtschaftlichen „Goodwill“[139] prägen kann, zeigt auch das Beispiel der Verlagsgründung von Samuel FISCHER, der als Bewunderer des Naturalismus und dessen literarischen Vertretern 1886 den S. Fischer Verlag in Berlin gegründet hatte. S. FISCHERs späterer Schwiegersohn und Firmenchef Gottfried BERMANN FISCHER schreibt in seinen Erinnerungen (1981: 42): „Für S. Fischer war Hauptmann der bewunderte Freund, dessen Werk die weltanschauliche Basis des Verlages in den Jahren des Beginns gebildet hatte. Die kämpferische Jugend der achtziger Jahre mit ihren neuen sozialen Ideen hatte sich um die beiden großen Dichterrevolutionäre Hauptmann und Ibsen geschart, deren Zugehörigkeit zum S. Fischer Verlag diesen zu einem der Zentren der damaligen sozialen Bewegung gemacht hatte.“ Später sollte eine publizistisch-ökonomische Symbiose zwischen Thomas MANN und 'seinem' S. Fischer Verlag entstehen (vgl. Kap. 6.6.3.3).

Ähnliches gilt für andere arbeitsteilige Autoren–Verleger–Verhältnisse ebenfalls: Kurt WOLFF gab den Expressionisten, namentlich Franz KAFKA eine publizistische Verlagsheimat, Gustav KIEPENHEUER tat dies für die Vertreter der Neuen Sachlichkeit. KIEPENHEUERs 'geistiger Nachfolgeverlag', Kiepenheuer & Witsch in Köln, steht beispielsweise für den Namen Heinrich BÖLL und dessen gesamtes Werk.

Dieser publizistisch-ökonomischen Arbeitsteilung entspricht die organisatorisch-wirtschaftliche Funktionsverteilung: Ein Buchverlag ist, „etwas vereinfacht, der Bankier des Buchhandels: Er bezahlt Autor, Grafiker, Papierfabrik, Drucker, Buchbinder, Auslieferung und Werbung und erhält nach einer gewissen – ihm natürlich immer zu lang dünkenden – Zeit das investierte Geld zurück, entweder mehr oder weniger“, wie dies der Kleinverleger Klaus WAGENBACH (1982: 89) formuliert hatte. Die Vorfinanzierungsfunktion eines „Verlegers“, wie von WAGENBACH angesprochen, ist nur die eine Seite: Ein Verleger ist vor allem Organisator. Im „Verleger“–Begriff, der sehr alt ist und auf die funktionale Arbeitsteilung im Mittelalter zurückgeht, stecken nach übereinstimmenden Definitionen die Funktionen 1) Marktkenntnisse, 2) Kreditwürdigkeit/Kreditierfähigkeit der Produkte, 3) gewerbsmäßige Produktion in Lohnarbeit, 4) Entlohnung im Wege der Vorauszahlung und 5) Absatzvermittlung.[140] Dieses „Verlagssystem“ war in früheren Zeiten in verschiedenen Branchen das führende wirtschaftliche Organisationsprinzip, so z.B. im Eisenerzabbau (Fugger) oder auch im Textilbereich (Weber als 'Lohnsklaven'). Heute ist die Begrifflichkeit nur noch im Buchwesen erhalten. An den Funktionen hat sich im Großen und Ganzen nicht viel geändert. Allerdings ist eine spezielle Funktion in vielen Buchmarktsegmenten fast völlig entfallen: die Kreditwürdigkeit von Verlegern bzw. die Kreditfähigkeit des Produktes Buch. Diese ganz maßgebliche Funktion müssen Buchverleger, sofern sie auf ihre Angebotspalette keinen Kredit erhalten, was im gegebenen Falle ohnehin nicht nur eine Kostenfrage, sondern auch ein Pro-

139 Firmenwert, Geschäftswert

140 Zur etymologischen, historischen und kulturgeschichtlichen Bedeutung des Verlegers vgl. die ausführliche Darstellung bei SCHÖNSTEDT 1991: 4–26.

blem der Regelmäßigkeit eingehender Liquidität darstellen würde, mittels anderer ökonomisch innovativer Möglichkeiten ausgleichen: Es sind dies die unterschiedlichen Querfinanzierungstechniken, mittels derer Verleger diese Funktion abdecken, wie ab nächstem Kapitelabschnitt analysiert. Mögliche Unterschiede im Detail bei einzelnen Funktionsausprägungen, beispielsweise hinsichtlich der Verteilung der spezifischen Absatzrisiken und den möglichen finanziellen Arrangements dabei, gerade zwischen Inputproduzent und Verleger, wurden bereits im Kap. 4.6.3 dargestellt. Die Unterschiedlichkeit der praktizierten Verlagsorganisationsprinzipien ist immer Ergebnis des jeweiligen Selbstverständnisses einer Verlegers bzw. einer Verlagsinstitution. Wieland HERZFELDE, Begründer des Malik–Verlages in der Weimarer Republik, der schwerpunktmäßig revolutionär-demokratische Schriften und Bücher verlegt hatte[141], verkörperte den engagierten Medienunternehmer– bzw. Verlegertypus, der Risiken und Erträge zwischen Autoren und Verlag aus freien Stücken und innerer Überzeugung anders aufteilte (vgl. Kap. 5.1.6.3), als dies heute beispielsweise viele große Buch–Konzerne tun, die Autoren nach dem Ergebnisprinzip eines freien Wechselspiels marktlicher Kräfte, konkret nach deren ausschließlichem Marktwert protegieren und (vorab-)honorieren.

Ganz andere Verlagstypen repräsentieren Buchgemeinschafts–Unternehmen, die ausschließlich eine risikofreie Zweitverwertung von marktgängigen Erfolgsprodukten für spezifische Marktpotentiale übernehmen (vgl. Kap. 6.6.2.4.1) oder Publikumsverlage im Buchbereich, deren Angebotspalette zum größten Teil von Erfolgsautoren und/oder Bestsellertiteln bestritten wird, die aus anderen regionalen bzw. nationalen Märkten (insbesondere den großen Potentialen der angelsächsischen Buchmärkte) in Lizenz übernommen und ebenfalls weiterverwertet werden (Verlage als „Händler").

Alle gegensätzlichen Varianten sind wirtschaftlich-organisatorisch möglich und in freien Gesellschafts- und Wirtschaftsordnungen gleichermaßen legitim. Das Verlagssystem im Buchbereich gleicht daher keinem starren Korsett, sondern überlebt in vielerlei Ausdifferenzierungen.

6.6.1.3.2 Distributionssystem

Der bundesdeutsche Buchmarkt bzw. Buchhandel basiert auf einem dreistufigen Distributionssystem, das sich im Prinzip 1) aus der Ebene der Verlage, 2) dem Großhandel und 3) den vielen Geschäften des Buch(einzel)handels zusammensetzt. Dieses grundsätzliche Organisationssystem, das – im Zusammenspiel mit den offensichtlichen kulturellen Vorteilen eines Preisbindungssystems – zu den leistungsfähigsten Allokationssystemen weltweit gehört, wird ebenso weltweit bewundert (vgl. SCHÖNSTEDT 1991: 46). Abgesehen von dem sehr hohen Niveau der jährlichen Titelproduktion (über 70.000), die als erster Indikator für eine ausgesprochen breite und ausdifferenzierte (kulturell-publizistische) Produktpalette angesehen werden kann, ist auch der für jedermann verfügbare, d.h. lieferbare Titelbestand weltweit

141 z.B. Franz JUNG, Erich MÜHSAM, John Don PASSOS, Oskar Maria GRAF, August WITTFOGEL, Theodor PLIVIER, Ilja EHRENBURG, aber auch George GROSZ und Übersetzungen des US–amerikanischen Publizisten Upton SINCLAIR („Zola der USA").

überdurchschnittlich groß: Von etwa 650.000 grundsätzlich lieferbaren Titeln sind rd. 250.000 Buchtitel innerhalb kürzester Zeit (1–2 Tage) über die beiden großen Barsortimenter (Großhandelsfunktion) Koch, Neff & Oetinger (KNOe) oder Lingenbrinck (Libri) zu haben bzw. zu kaufen. Bücher, die nicht (mehr) über die Barsortimenter bzw. den Großhandel erhältlich, aber in den Lagern der Verlage vorhanden sind, werden direkt an den Buch(einzel)handel geliefert.

Die Funktionstüchtigkeit des historisch gewachsenen (bundes-)deutschen Distributionssystems wird durch eine große Anzahl parallel agierender Unternehmen und Institutionen ergänzt, die hier nur sehr grob skizziert werden sollen. So wird der schnelle Vertrieb auch über spezielle Verlagsauslieferungen gestärkt, die oft für mehrere Verlage – ähnlich wie die Kommissionäre früher in der deutschen Buch(handels)stadt Leipzig – gleichzeitig tätig sind.[142] Um das marktmäßig teilweise sehr sensible und nicht immer durch hohe Deckungsbeiträge gekennzeichnete Produkt Buch von der Distributionskostenseite her zu entlasten und um auch den vergleichsweise hohen Titelumlauf aufgrund der großen Angebotsbreite zu vereinfachen, wurden unter der 'Schirmherrschaft' des Branchenverbandes „Börsenverein des Deutschen Buchhandels", der seit 1825 besteht, spezielle Distributions- und Abrechnungstechniken entwickelt.[143] Dieses System, das sich unter Effizienzaspekten herausgebildet hat, wird teilweise von neuen Entwicklungen überlagert: In stärkerem Maße und in immer schnellerem Tempo entwickeln sich neue Produktionsangebots- und Distributionsformen, die Bücher schwerpunktmäßig als Wirtschaftsgüter vermarkten.

Beispielsweise haben sich die Buchabteilungen großer Kaufhäuser als bedeutsame Absatzcenter generiert, die allerdings ihr mengenmäßiges Angebotssortiment vorrangig unter dem Aspekt einer sehr hohen Umschlaggeschwindigkeit zusammenstellen. Ähnliches gilt für bundesweite Buchhandelsketten (z.B. Montanus), die – ebenfalls unter absatzpolitischen Kriterien gesehen – das gegensätzliche Pendant zu dem immer noch typischen Buchhandelssortimenter (Buchladen mit einem vergleichsweise großen Sortimentsbestand) darstellen.[144]

---

142 Für Informationen hinsichtlich der historischen Entwicklung, aber auch der jüngsten Verlagssystemgeschichte sei verwiesen auf SCHÖNSTEDT 1991: 27–55.

143 ISBN–Nummern, Verzeichnis lieferbarer Bücher (VLB), einheitliches Kundennummersystem für Buchhändler, EDV–Informationsverbund der Barsortimenter, BAG Buchhändler–Abrechnungs–GmbH, unterschiedliche Konditions- und Remissionssysteme, Strichcodes auf eingeschweißten Büchern zwecks Vereinfachung der Remission u.a.m.. Viele dieser organisations- und abrechnungstechnischen Innovationen wurden im Vergleich zu anderen Branchen im Buchhandel bereits sehr früh eingeführt; auch auf dieser Ebene läßt sich der bundesdeutsche Buchmarkt als ausgesprochen funktionsfähige und technisch innvationsfähige Wirtschaftsbranche betrachten, die um die Bedeutung ihrer kulturellen Zusatzfunktion weiß.

144 Ein anderes Beispiel gibt die „Weltbild plus"–Buchhandelskette ab, die u.a. als verlängerte Absatzabteilung des Weltbild–Verlages, Augsburg, betrachtet werden kann, und an der die bayerische Buchhandelskette Hugendubel beteiligt ist. In den Filialen werden etwa 4.500 Titel angeboten, die als sog. Schnelldreher auf vergleichsweise geringer Verkaufsfläche hohe Umsätze einfahren. Sog. Besorgungsgeschäfte, die bei typischen Buchsortimentern rd. 30% des Umsatzes ausmachen, erledigen diese Geschäfte nicht (mehr), weshalb ihre kulturelle Funktion (marktlicher Zugang zu dem lieferbaren Titelbestand) als stark eingeschränkt betrachtet werden kann. Auch haben diese Unternehmen schon mehrfach bekannt gegeben, daß sie künftig auf die für sie zu zeitaufwendigen Gespräche mit Verlagsvertretern (Buchhandelsreisende) verzichten wollen. Auch unter diesem Kriterium muß die Angebotsauswahl als bereits sehr eingeschränkt angesehen werden. Kleine und mittlere Buchver-

6.6.1.3.3 (Buch-)Preisbindung

Das bundesdeutsche Buchdistributionssystem wird maßgeblich ergänzt und funktional getragen durch die Preisbindung für Verlagserzeugnisse. Da in marktwirtschaftlichen Gesellschaftsordnungen die freie Preisbildung ein wesentliches Element der Vertragsfreiheit darstellt, ist diese Sonderregelung als Ausnahmetatbestand in § 16 GWB geregelt. Die Bundesregierung sieht als Ziel dieser marktwirtschaftlichen Regulierung die Sicherstellung einer „flächendeckenden Versorgung mit guten Büchern zu bezahlbaren Preisen".[145] Diese Zielstellung läßt sich freilich, nicht zuletzt aus der historischen Entwicklungsgeschichte heraus, präzisieren: Mit der Buchpreisbindung soll eine 1) möglichst hohe Angebotsbreite 2) möglichst flächendeckend erreicht werden. Medienpolitisch formuliert geht es um die publizistische Vielfalt auch auf dem weiten Buchmarkt bzw. auf dessen einzelnen Marktsegmenten.

Diese Art von marktwirtschaftlicher Regulierung läßt sich unter mehreren Kriterien betrachten. Rein ordnungspolitisch betrachtet verstößt sie gegen elementare Marktprinzipien. In dieser Hinsicht ist z.Zt. auch fraglich, inwieweit sich die bundesdeutsche branchenspezifische Sonderregelung mit Art. 85 EWGV verträgt, der für die Staaten der Europäischen Union freie Märkte fordert bzw. wettbewerbsbeschränkende Praktiken und gesetzgeberische Maßnahmen verbietet. Ein entsprechendes Prüfungsverfahren ist derzeit (1997) bei der EG–Kommission in Brüssel anhängig. Zu den rein ordnungspolitisch argumentierenden Vertretern gehören auch viele Wettbewerbsrechtler, die der Juristenzunft entstammen (z.B. EMMERICH 1991).

Ökonomisch und/oder kulturpolitisch sind zusätzliche Zielkriterien denkbar, wie sie bereits im Zusammenhang mit den Gutseigenschaften Wirtschafts- und/oder Kulturgut diskutiert wurden. Da sich die Ökonomie eigentlich als Optimierungsinstrumentarium versteht, das sich über Ziel–Mittel–Überlegungen definiert, und auch die Kultur- und/oder Medienpolitik auf ergebnisorientiertes Handeln ausgerichtet ist, läßt sich die Frage, ob Preisbindung ja oder nein, a priori nicht definitiv beantworten. Vielmehr stellt sich die Frage, ob ein solches Eingriffssystem ein adäquates Instrumentarium darstellt, bestimmte Zielvorgaben damit zu erreichen. Eine weitgehend ent–ideologisierte Analyse muß daher auf das Ergebnis und auf die Adäquanz der dazu notwendigen Mittel abstellen. Letztlich läuft dies auf einen empirisch zu klärenden Tatbestand hinaus, bei dessen Untersuchung vielfältige Einflußgrößen und Wirkungszusammenhänge zu beachten wären.

Solche Querschnitts- und/oder Längsschnitt–Untersuchungen gibt es im internationalen Vergleich indes bis heute nicht. Aus diesem Grund sollen an dieser Stelle

---

lage dürften danach kaum Chancen haben, mit ihren Titeln bzw. Novitäten überhaupt wahrgenommen zu werden.
In dieser Hinsicht funktioniert das Distributionssystem auf dem periodischen Printpressemarkt weitaus besser, da die vorhandene Gebietsmonopolstellung der Grossisten gleichzeitig eine kartellrechtliche Verpflichtung darstellt: Aufgrund des Dispositionsrechtes der Verlage gegenüber den Grossisten und dieser gegenüber dem Einzelhandel wird praktisch die vollständige und flächendeckende Verbreitung aller produzierten bzw. in diesen Distributionsapparat eingespeisten Produkte gewährleistet.

145 So in ihrer Antwort auf eine Kleine Anfrage von Abgeordneten der Fraktion BÜNDNIS 90/DIE GRÜNEN v. 13.2.1997, BT–Drucksache 13/6939: 3.

eher kurz vorhandene Erfahrungen und einige theoretische Überlegungen vorgestellt werden, die auf dieses Instrument rekurrieren.

Unter kultur- bzw. medienpolitischen Aspekten wird hierzulande, aber auch andernorts die Buchpreisbindung befürwortet. Selbst der bundesdeutsche Vordenker der Sozialen Marktwirtschaft, Alfred MÜLLER-ARMACK, Nationalökonom und Soziologe, seinerzeit Staatssekretär (1958–1963) unter Wirtschaftsminister Ludwig ERHARD, sah die Spezifik des Mediums Buch und die Notwendigkeit einer adäquaten Regelung dafür, wie er in seinem Festvortrag zum 125. Bestehen des Börsenvereins im Jahre 1950 ausführte: Nur durch einen festen Ladenpreis könne „eine vielgestaltige Vorratsbildung beim Buchhändler ermöglicht werden", die „im Interesse der Geltung der traditionellen deutschen Buchkultur erforderlich" sei. Umgekehrt würde eine „Verstärkung des Wettbewerbs um den Ladenpreis ... eine unerwünschte Beschränkung des Angebots auf gängige, schnell umschlagbare 'Bstseller' bewirken und dadurch das Gesicht der deutschen Verlagsproduktion ungünstig beeinflussen" (In: BöBl 48/1950: 196, zit.n. MEYER-DOHM 1957: 155).[146]

Das Vielfalts–Argument hat in Deutschland eine in mehreren Funktionen ähnliche Regelung im Distributionssystem der periodischen Printpresse, soweit es den nicht-postalischen Vertrieb betrifft. Das bundesdeutsche Presse–Grosso zählt ebenfalls zu den funktionsfähigsten Absatz- und Verteilsystemen weltweit. Um ein vielfältiges Angebot flächendeckend zu sichern, haben sich in der Nachkriegszeit im Großhandel (Grosso) Gebietsmonopole herausgebildet, denen das grundsätzlich bedeutsamste monopolistische Gestaltungsinstrument genommen ist: die (Monopol)Preisbildung.[147] Vielmehr geben die Verlage die End(verbraucher)preise vor und garantieren dem Groß- und Einzelhandel die Rücknahme aller unverkauften Exemplare (Remissionsrecht), da ja beiden Absatzstufen der typische unternehmerische Spielraum zwischen Preis- und Absatzmengengestaltung genommen ist. Aufgrund dieses Dispositionsrechtes der Verlage gegenüber dem Grosso und beim Grossisten gegenüber dem Einzelhandel werden über diese Preis(bindungs)regulierung bei gleichzeitiger Übernahme der Folgen dieses starren Preissystems, die Remission, die angestrebten Vielfaltsziele erreicht. Dies schließt eine gewisse Einschränkung unternehmerischer Freiheiten auf beiden Absatzstufen ein[148], wofür diese wiederum allerdings entlohnt werden: Die sog. Funktionsrabatte, die gleichzeitig die individuellen Gewinnspannen abdecken, lassen sich angesichts der geringen Marktrisiken auf beiden Distributionsstufen als überaus auskömmlich bezeichnen.

Dieses System, das sich entwicklungsgeschichtlich so herausgebildet hat und auch auf Seiten der Kartellbehörde einen Paradigmenwechsel in der Beurteilung

---

146 Ähnlich argumentierte auch der XIII. Kongreß der Internationalen Verleger–Union in Zürich im Jahre 1954: Die Preisbindung sei auch für die Nachfrager relevant, da „die Erhaltung des festen Ladenpreises die größtmögliche Verbreitung von Büchern über die verschiedensten Gegenstände garantiert, zu den niedrigsten Preisen, die mit einer gerechten Entlohnung derer, die vom Buche leben, vereinbar sind" (zit.n. MEYER-DOHM 1957: 150).

147 Die MONOPOLKOMMISSION (1990/91: Tz. 751), die ebenfalls auf die Funktionstüchtigkeit dieses Modells abhebt, formuliert dies so: „Dieses für einen Monopolmarkt ungewöhnliche Ergebnis kommt zustande, da wegen der allgemein praktizierten Preisbindung dem Alleingebietsmonopolisten ein wesentliches Instrument für monopolistisches Verhalten, der Preis, fehlt."

148 So läßt sich beispielsweise das Presse–Grosso als verlängerte Vertriebsabteilung der Verlage, namentlich der vier Großverlage ansehen, die mit ihren Produkten etwa 70% der Distribution ausmachen; vgl. PRESSE–GROSSO (1991: 12), KAISER (1979: 31).

bestimmter Marktkonstellationen und Praktiken erforderlich gemacht hatte, wird deutschlandweit von mittelständisch strukturierten Unternehmen getragen, die über ihre Interessensverbandsorganisation ein hohes Berufsethos praktizieren (vgl. HALLER/LUDWIG/WEßLER 1994: 28).[149] Unter dem Aspekt des Ziel–Mittel–Einsatzes kann das Preisbindungs- und Distributionssystem bei den periodischen Printmedien als 'voll tauglich' angesehen werden.

Im Vergleich zum Presse–Grosso funktioniert der regulierte Marktmechanismus beim Medium Buch ein wenig anders. Auf den meisten periodischen Printpressemärkten hat der Rezipient bzw. Käufer aufgrund der vergleichsweise großen Angebotstransparenz und des vielfach hohen Grades an Unverzichtbarkeit bei insgesamt größerem, d.h. grundsätzlich substitutionsfähigem Konkurrenzangebot eine starke Stellung in Form von Nachfrager–Macht. Der Groß- und Einzelhandel ist hinsichtlich wirtschaftlichen Einflusses das schwächste Glied in der Absatzkette. Auf den meisten Buchmärkten ist diese Nachfragermacht anders verteilt: Wegen der ungleich geringeren Transparenz dieses Marktes, der vergleichsweise geringen Akzeptanz von vornherein auf vielen Marktsegmenten und aufgrund des Umstandes, daß Buchverlage aus diesen Gründen ihren unmittelbaren Absatzmarkt nicht auf Seiten der potentiellen Leser, sondern beim Buchhandel finden, liegt die eigentliche Nachfragemacht beim Buchhandel. Diese „Regalmacht“, wie sie in der wettbewerbspolitischen Diskussion unter dem Stichwort 'Nachfragemacht des Handels' geführt wurde, ist im Gegensatz zum Printpressehandel auch deshalb ausgeprägter, weil beim Buch ein Dispositionsrecht seitens der Verlage nicht existiert: Kein Verlag kann einem Buchhändler unter Hinweis auf die publizistische Vielfalt seine Produktpalette aufzwingen.[150] Über das effektive Marktangebot entscheidet damit der Handel. Aufgrund des vergleichsweise geringen Unverzichtbarkeitsgrades auf vielen Buchmarktsegmenten ist die Stellung des potentiellen Käufers eher schwach.

Anders verhält es sich bei Buchtiteln, die entweder einen sehr geringen Verzichtbarkeitsgrad aufweisen (Beispiel Schulbücher) oder aufgrund einer ausgeprägten Nachfragewelle seitens der Rezipienten (Beispiel Bestseller) vom Handel geordert werden müssen. In diesen Fällen sitzt der Verlag ökonomisch am längeren Hebel. Um diese unterschiedlichen und t.w. sehr extremen Situationen auf den verschiedenen Marktsegmenten auszubalancieren, kann ein Preisbindungsmodell ein passendes Instrument darstellen: Es reduziert in allen Fällen unterschiedlich gelagerter Nachfrager- bzw. Anbietermacht die relevante Durchsetzungsvariable „Preis“. Bei Best-

149 Darunter fällt beispielsweise das Neutralitätsgebot, das jegliche Diskriminierung von Produkten verbietet, wie dies auch im GWB geregelt ist. Nur aus diesem Neutralitätsgebot heraus läßt sich die Gebietsmonopolstellung rechtfertigen, wie dies inzwischen auch das Bundeskartellamt und die höchstrichterliche Wettbewerbsrechtsprechung anerkennt. Interessanterweise ist diese Branche imstande, Probleme der unterschiedlichsten Art immer schnell und effizient zu lösen: Der Selbstregulierungsgrad kann als außerordentlich hoch eingestuft werden. Aus diesem Grund böte sich dieses Branchenbeispiel geradezu an, Zusammenhänge zwischen marktwirtschaftlichen Parametern, unternehmerischen Interessen bzw. Mentalitäten, Selbstregulierungsmechanismen und medien- bzw. kulturpolitischem Output einmal international zu vergleichen, um mittels empirischer Erkenntnisse auf induktivem Weg erste Schritte für eine gesellschaftstheoretische Theorienbildung zu ermöglichen. Zusammenhänge zwischen gesellschaftlichen Rahmenbedingungen, Ökonomie und Kultur bzw. Medien sind vergleichsweise sehr schwach erforscht.

150 Beim Pressegrosso ergibt sich dieser Kontrahierungszwang rechtlich, d.h. nach ständiger Rechtsprechung und Auslegung des § 26 Abs. 2, S. 1 GWB aufgrund des Gebietsmonopols.

sellern kann weder der Verlag monopolistische Preise setzen noch die Buchhändler gegeneinander ausspielen. Umgekehrt kann der Buchhandel bei Büchern mit vergleichsweise geringer Akzeptanz von vornherein die Verlage nicht zu überdurchschnittlichen Rabattgewährungen bzw. Preisnachlässen zwingen. Beiden Seiten bietet ein Preisbindungsmodell, das im übrigen auf der Basis individueller vertraglicher Abmachungen und nicht auf einer Gesetzesnorm funktioniert, ein gewisses Maß an Preisniveau–Stabilität:

Auf Seiten der mit knappen Margen kalkulierenden Verlagen beläßt es potentiell einen größeren finanziellen Spielraum, beim Buchhandel stellt eine durchgehende Preisbindung einen gewissen Ausgleich für die teilweise geringere Umschlaghäufigkeit vieler Titel bzw. für die damit verbundenen höheren Vorhaltekosten eines „Vielfalts"–Sortiments dar. Auf beiden Seiten übt eine Preisbindung eine gewisse innerbetriebliche „Alimentierungsfunktion" aus, wie es KAISER (1979: 97) bereits für das Presse–Grosso–System konstatiert hatte: Die jeweiligen „Brotobjekte" (KAISER: a.a.O.) können die jeweils weniger nachgefragten Titel in gewissem Umfang (quer-)finanzieren.[151]

Summa summarum läßt sich das derzeitige bundesdeutsche Buchpreisbindungsmodell schon mangels erkennbar besserer Alternativen als notwendiger und funktionsfähiger „ökonomischer Naturschutzpark" (WAGENBACH 1982: 93) begründen, damit auch das Medium Buch den verschiedenartigen Aufgaben der kulturellen und medialen Vielfalt nachkommen kann.

6.6.2 Querfinanzierung über den Produkt- und Lebenszyklus hinweg

Die spezifischen Probleme des Mediums Buch sind offenbar alt. Der französische Publizist und Philosoph der Aufklärungsära Denis DIDEROT (1713–1784), der auch sehr stark wissenschaftlich interessiert und engagiert war[152], hatte bereit 1767 konstatiert, daß ein Buchverleger mit seiner Angebotspalette im Durchschnitt „bei zehn verlegerischen Unternehmungen mit nur einer – und das wäre viel – zu Erfolg kommt, während vier auf die Dauer gerade die Kosten einbringen und man mit fünfen Verlust erleidet" (DIDEROT 1767/1861: 39 f.).[153] Umfragen unter deutschen Buchverlegern zweihundertzwanzig Jahre später bestätigen die Erfahrungen der 'DIDEROT–Regel' auch für die heutige Zeit. Wenn auf der einen Seite diese spezifische Buchmarkt–Gesetzmäßigkeit Gültigkeit hat, auf der anderen Seite Buchverlage auf längere Sicht – bzw. ohne Querfinanzierung über andere Märkte – sich zumin-

151 Klaus WAGENBACH (1982: 92) spricht von „Minimonopolschutz": „Wenn auch für unbekannte Autoren kein Bedarf besteht, so besteht doch ein (wenn auch eingeschränkter) Bedarf für bekannte Autoren und dieses Monopol auf bekannte Autoren, die ein Verlag 'hat', erleichtert ihm das Überleben."

152 DIDEROT, der Autodidakt war, hatte beispielsweise die französische Encyclopédie (1751–1772) in 28 Bänden herausgegeben, für die er selbst mehrere tausend Artikel geschrieben hatte.

153 Auf diese Erfahrung hatte ESCARPIT (1967: 104) aufmerksam gemacht. DIDEROT hatte sich im Juni 1767 sehr ausführlich mit dem Medium Buch in einem „Lettre" an einen Pariser Magistratsbeamten auseinandergesetzt, der im Original in der Pariser Nationalbibliothek archiviert ist. Eine deutsche Übersetzung dieser rd. 170 Seiten umfassenden Schrift existiert m.W. nicht. Die fragliche Passage, die bei ESCARPIT auszugsweise wiedergegeben ist, wird hier zitiert nach der ältesten überlieferten Druckfassung aus dem Jahre 1861: *Lettre sur la commerce de la libraire.* Paris (Hachette).

dest mit ihren betriebswirtschaftlichen Überschüssen summa summarum plusminus Null stellen müssen, so bedeutet dies im Prinzip, daß 10% des Titelangebots die restlichen 90% der Produktpalette querfinanzieren müssen, wenn man einmal die DIDEROTsche Beschreibung „gerade die Kosten einbringen" so interpretiert, daß diese Rechnung keine Deckungsbeiträge für den verlegerischen Overhead abdeckt.

Lösungen für dieses Problem liegen – von einer externen Querfinanzierung abgesehen, die zumindest nicht mittels der hohen Ergiebigkeit von Werbe-/Anzeigenmärkten möglich ist – in spezifischen Techniken der Angebotsproduktion. Zum einen ist Querfinanzierung über den gesamten Lebenszyklus eines Produktes und/oder seines publizistischen Herstellers denkbar, zum anderen läßt sich Querfinanzierung über die eigene Angebotsbreite realisieren. Diese grundsätzlichen Ansatzpunkte geben auch die weitere Einteilung der nachfolgenden Kapitelabschnitte vor.

6.6.2.1 Wiederholungsfrequenzen in der (Re-)Produktion und Fixkostendegression

Auch das Medium Buch ist durch einen hohen Anteil grundsätzlich fixer Kostenstrukturen gekennzeichnet. Das in Tab. 6.6.2.1 [1] aufgeführte Kalkulationsbeispiel eines 300–seitigen Romans, der in einer Auflage von 4.000 Exemplaren gedruckt wird[154], offenbart nicht nur die Kostenstruktur, sondern legt auch die vergleichsweise geringen Überschußmargen von normalgängiger Belletristik offen: Bei vollständigem Verkauf Auflage über den gesamten Produktzyklus hinweg und abzüglich aller Frei- und Rezensionsexemplare verbleiben dem Verleger 3,3% des Verlagserlöses als maximalem Gewinn. Bezogen auf die gesamte Wertschöpfung des Buches, also bezogen auf den Ladenpreis sind dies 1,8%.

Allerdings sind in dieser Betrachtung mit 22% des Verlagserlöses alle relevanten Gemeinkosten (inkl. Overhead) mit einbezogen, die potentiell auch die Kosten für die unternehmerische Lebensqualität mit abdecken können (ggf. Dienstwagen usw.).[155] Betrachtet man die Fixkosten, so summieren sich diese, sofern man auf die durchgängig fixen Kostenbestandteile abstellt (Honorar für die gesamte Erstauflage als Vorschuß, Satz, Werbung, Lektorat und sonstige Gemeinkosten) auf 55% des Verlagserlöses. Bezieht man die teilweise sprungfixen Druckkosten mit ein, so steigt

154 Die Werte, insbesondere die Stückkosten sind errechnet auf der Basis der gesamten verkauften Auflage. Davon kann man in der Regel nicht immer ausgehen. Für Buchverlage ist sich eine weitere Kalkulation nicht minder von Bedeutung, die Frage nach der Deckungsauflage. Konkret geht es darum, zu ermitteln, ab wieviel verkaufter Exemplare eine Kostendeckung, d.h. der break–even–point erreicht ist. Dies läßt sich mittels folgender Formel ermitteln: Herstellungsbedingte Kosten : Grenzerlös ./. Grenzkosten. Im hiesigen Beispiel wären dies ohne die in jedem Fall anfallenden Lektorats- und sonst. Gemeinkosten 42.094 DM (Honorarvorschuß + tHK + Werbung) : 16,19 DM (VE in Höhe von 19,51 DM ./. Auslieferungsaufwand in Höhe von 3,32 DM) = 2.600 Exemplare. D.h. die Deckungsauflage beträgt 68% der geplanten bzw. geschätzten (Erst-)Auflage.

155 Die Gemeinkosten inkl. Lektorat wurden von verschiedenen Verlagen mit einer Spanne von 20% bis 26% jeweils bezogen auf den Verlagserlös angegeben, im vorliegenden Beispiel mit 22% angesetzt. Im konkreten Beispiel des Eichborn Verlags existieren wie bei vielen anderen Buchverlagen ebenfalls weder Dienstwagen noch luxuriös ausgestattete Büropaläste etc.. Die Lektoratskosten wurden hier nach folgender Kalkulation herausgerechnet: monatliche Lohnkosten 7.500 DM x 13 Gehälter : 15 betreute Titel pro Jahr = 6.500 DM pro Titel.

der (teilweise) fixe Kostenanteil auf 63%. Sofern Verlage ihre Auslieferung[156] in eigener Regie führen und statt variabler Lohnauftragshonorierungen fixe Lohnkosten haben, würde der Fixkostenanteil auf 81% ansteigen.

Tab. 6.6.2.1 [1]: Kalkulation eines Hardcover–Romans (1996)

	absolut in DM	pro Ex. in DM	VP = 100%	VE = 100%
(I) Daten:				
Umfang (Bsp.: 300 S., Roman)				
Auflage (Bsp.: 4.000)				
Frei- u. Rezensionsexemplare 5%, d.h. 200 Ex.				
Verkaufspreis (VP)		36,00	100%	–
MwSt.		2,36		
Netto–VP		33,64	93,4%	–
Buchhandels–Rabatt		14,13	42% netto/46% brutto	
(II) Kalkulation:				
Verlagserlös (VE)	74.100	19,51	54,2%	100%
./. Honorar (Vorschuß) 10% VP	13.440	3,54	9,8%	18,1%
./. technische Herstellungskosten:	*2.280*			
– Satz	*5.746*			
– Papier	*5.456*			
– Druck	*9.172*			
– Verarbeitung	22.654	5,96	16,6%	30,5%
Summe/tHK				
	6.000	1,58	4,4%	8,1%
./. Werbung/ Marketing (WM)	13.240	3,32	9,2%	17,0%
./. Vertreter, Auslieferung: 17%/VE				
= DB I	18.766	5,11	14,2%	26,3%
./. Lektorat	6.500	1,71	4,8%	8,8%
./. Gemeinkosten	9.802	2,58	7,2%	13,2%
= DB II	2.464	0,65	1,8%	3,3%

Daten: Eichborn–Verlag, Frankfurt, u. FVA Fuldaer Verlagsanstalt, Fulda

Diese Rechnung verändert sich erheblich, wenn der Verlag größere Auflagen absetzen kann. Beispielhaft sei dies anhand zweier Auflagenalternativen in Höhe von 10.000 und 15.000 Exemplaren dargestellt. Die Kalkulationen in Tab. 6.6.2.1 [2] gehen von der Idealsituation aus, daß sich die absetzbare Auflage von vornherein ziemlich genau abschätzen läßt, was realiter gesehen aber eher den Ausnahmefall darstellt.

156 z.B. bei Bestellung durch den Buchhandel, soweit dieser nicht oder nicht genügend schon während des Vertreterbesuchs (Vertreterreise) geordert hat.

Tab. 6.6.2.1 [2]: Kalkulation eines Hardcover–Romans bei unterschiedlichen Auflagenhöhen (1996)[157]

	Ausgangsfall		Fall 1		Fall 2	
Druckauflage	4.000 Ex.		10.000 Ex.		15.000 Ex	
./. Frei- u. Rez. Ex.	200 Ex.		500 Ex.		750 Ex.	
Verkaufsauflage	3.800 Ex.		9.500 Ex.		14.250 Ex	
Werte in DM	absolut	pro Ex.	absolut	pro Ex.	absolut	pro Ex.
Verlagserlös	74.100	19,51	195.100	19,51	292.650	19,51
./. Honorar	13.440	3,54	33.600	3,54	50.400	3,54
./. tHK	22.654	5,96	44.029	4,63	62.779	4,41
– Satz	*2.280*	*0,60*	*2.280*	*0,24*	*2.280*	*0,16*
– Papier	*5.746*	*1,51*	*14.182*	*1,49*	*21.212*	*1,49*
– Druck	*5.456*	*1,44*	*8.250*	*0,87*	*10.498*	*0,74*
– Verarbeitung	*9.172*	*2,41*	*19.317*	*2,03*	*28.789*	*2,02*
./. WM	6.000	1,58	6.000	0,63	6.000	0,42
./. Vertreter/Auslieferung[158]	13.240	3,32	33.200	3,32	49.800	3,32
= DB I	18.766	5,11	78.171	8,23	123.671	8.68
./. Lektorat	6.500	1,71	6.500	0,68	6.500	0,46
./. Gemeinkosten	9.802	2,58	9.802	1,03	9.802	0,69
= DB II	**2.464**	**0,65**	**61.869**	**6,51**	**107.369**	**7,53**
DB II in % des VE	**3,3%**		**33,4%**		**38,6%**	

Ein Vergleich der relevanten Deckungsbeiträge der Stufe II zwischen allen drei Auflagenhöhen verdeutlicht die Unterschiede. Allein der erste Auflagensprung um den Faktor 2,5 läßt den Überschuß (DB II) um den Faktor 25 in die Höhe schnellen – prozentual steigt die Überschußmarge von 3% auf 33%. Eine weite Absatzsteigerung wirkt sich nur noch sehr geringfügig aus, was mit dem Umstand zu tun hat, daß sich konstante Fixkostenvolumina bei Produktionsmengensteigerungen anteilsmäßig an den Gesamtkosten reduzieren und so die potentielle Fixkostendegressionswirkung abflauen lassen.

Ein Blick in die relevanten Kostenpositionen legt die Herkunft der Effekte offen (vgl. Tab. 6.6.2.1 [3]): Die Verlagskosten (Lektorat und sonst. Gemeinkosten) stellen

157 Daten: Vgl. Tab. 6.6.2.1 [1]. Die Werte der technischen Herstellung weichen geringfügig von jenen Daten ab, wie sie in der Tab. 4.3.1 [1] auf S. 94 präsentiert wurden: Dort beziehen sich alle Kostenpositionen der Einfachheit halber auf die gesamte Druckauflage. In der hiesigen Tabelle wurden die Zahlenwerte nur auf die verkaufsfähige Auflage (Druckauflage abzügl. aller Frei- u. Rezensionexemplare) umgelegt, da nur die Verkaufsauflage entsprechende Erlöse einspielen kann.

158 Diese Kostenposition kann genaugenommen variable und fixe Kostenbestandteile enthalten: Die Honorierung für dritte Auslieferungsbetriebe stellt für einen Verlag variable Kosten dar; der Aufwand für einen eigenen Vertreterstamm ist je nach Entlohnungsmodalitäten entweder fix (festes Gehalt) oder auch variabel (Fixum plus anteilige Umsatzprovision). Da in den meisten Fällen eine fremde Verlagsauslieferung auch für Frei- und Rezensionexemplare honoriert wird, müssen die Stückkosten in diesem Fall auf die gesamte Druckauflage bezogen werden, wie es hier unterstellt wurde.

absolut gesehen den größten Fixkostenblock dar, weshalb sie auch die größten Degressionswirkungen entfalten können. Im Kostenbereich der technischen Herstellung ist es der sprungfixe Druckaufwand, der diese Kostenposition pro Stück reduziert.

Tab. 6.6.2.1 [3]: Fixkostendegressionseffekte in DM und in %
bei unterschiedlichen Auflagenhöhen (Beispiel Hardcover–Roman

Auflagensteigerung	Ausgangsfall	Fall 1 + 150%	Fall 2 + 275%
tHK pro Ex.	5,66 DM 100%	4,40 DM **– 22,2%**	4,19 DM **– 26,0%**
darunter Druck	*1,44 DM* *100%*	*0,87 DM* ***– 39,6%***	*0,74 DM* ***– 48,6%***
Werbung	1,58 DM 100%	0,63 DM **– 60,1%**	0,42 DM **– 73,4%**
Lektorat und Gemeinkosten	4,29 DM 100%	1,71 DM **– 60,1%**	1,15 DM **– 73,1%**
Stückkosten insgesamt	18,86 DM 100%	13,00 DM **– 31,1%**	11,98 DM **– 36,5%**

Summa summarum reduzieren sich die Kosten in dieser Konstellation beim ersten Auflagensprung von 150% um 31%, bei einer nochmaligen Steigerung um insgesamt 275% nur noch um 36%. Da sich Überschüsse nicht nur prozentual definieren, sondern Gewinnvolumina auch über die Menge entstehen, schlägt hier der stärkste Effekt durch: Eine um den Faktor 3,75 höhere Auflage läßt den Überschuß um den Faktor 43 steigen.

Die vollständige Ausnutzung solcher Fixkostendegressionswirkungen setzt einerseits ein entsprechendes Absatzvolumen voraus, zum anderen eine möglichst genaue Einschätzung der absetzbaren Auflage von vornherein. Letzteres ist auf vielen Marktsegmenten aufgrund der beschriebenen Intransparenz der Nachfragepräferenzen sehr schwierig. Dieses Optimierungsproblem wird von Verlag zu Verlag recht unterschiedlich, d.h. in aller Regel mittels Erfahrungswerten und/oder auch Faustformeln gelöst.[159] Die unterschiedliche Stückkostenentwicklung im Fall einer genauen Druckauflagenschätzung (15.000 Ex.) von vornherein versus einer zweimaligen versus einer viermaligen Auflagenfolge ist in Tab. 6.6.2.1 [4] durchgerechnet. Bei Nachauflagen fallen im Einzelnen erneut fixe Kosten wie im Fall der Erstauflage an (z.B. sprungfixer Druckaufwand bzw. Einrichten der Druckmaschinen, organisatorischer Verlagsaufwand), andere Fixkosten indes (z.B. Lektorat) bleiben davon unberührt.

159 Der Eichborn–Verlag beispielsweise kalkuliert die Druckauflage nach der Faustformel „Vorbestellungen durch die Vertreterreise mal Faktor 2".

Tab. 6.6.2.1 [4]: Fixkostendegressionseffekte bei 15.000 Druckexemplaren, aber unterschiedlichen Auflagenfolgen

	Fall 1: viermalige Auflagenfolge 3 x 4.000 Ex. + 3.000 Ex.		Fall 2: zweimalige Auflagenfolge 10.000 Ex. + 5.000 Ex.		Fall 3: einmalige Druckauflage 15.000 Ex.	
Werte in DM	absolut	pro Ex.	absolut	pro Ex.	absolut	pro Ex.
Verlagserlös	292.650	19,51	292.650	19,51	292.650	19,51
./. Honorar	50.400	3,54	50.400	3,54	50.400	3,54
./. tHK	84.948	5,96	72.339	5,08	62.779	4,41
– Satz	*2.280*	*0,16*	*2.280*	*0,16*	*2.280*	*0,16*
– Papier	*21.541*	*1,51*	*21.355*	*1,50*	*21.212*	*1,49*
– Druck	*20.472*	*1,44*	*15.090*	*1,06*	*10.498*	*0,74*
– Verarbeitung	*34.384*	*2,14*	*30.765*	*2,16*	*28.789*	*2,02*
./. Werbung	6.000	0,42	6.000	0,42	6.000	0,42
./. Vertreter/ Auslieferung	49.800	3,32	49.800	3,32	49.800	3,32
= DB I	101.502	7,12	114.111	8,00	123.671	8.68
./. Lektorat	6.500	0,46	6.500	0,46	6.500	0,46
./. Gemeinkosten	9.802	0,69	9.802	0,69	9.802	0,69
= DB II	85.200	5,98	97.809	6,86	107.369	7,53
DB II in %/VE	30,7%		35,2%		38,6%	

Die Unterschiede halten sich in vergleichsweise engen Grenzen. Prozentual gesehen differieren die beiden extremen Fälle 1 und 3 um 8 Prozentpunkte, absolut gesehen würde ein Verleger im Fall 1 verglichen mit der besseren Situation einer einmaligen Druckauflage in der tatsächlich benötigten Höhe rd. 20% des insgesamt möglichen Überschußvolumens (DB II) 'verschenken'.

Für Querfinanzierungspotentiale ist nun von Bedeutung, in welchem Umfang einzelne Buchtitel in ihrem Lebenszyklus Neuauflagen erleben. Die Buchhandelsstatistik des Börsenvereins unterscheidet in ihrem Zahlenwerk die jährliche Titelanzahl nur nach der Anzahl von Erstauflagen (sog. Novitäten) und Neuauflagen (Nachauflagen, d.h. zweite und weitere Auflagen). 1995 lag das Verhältnis beispielsweise zwischen Erst- und Nachauflagen bei 72% zu 28%. Dieses Verhältnis ist seit mehreren Jahren stabil, was bedeutet, daß der Produkt- bzw. Lebenszyklus von knapp 30% aller Bücher über das ursprünglich seitens der Anbieter geschätzte Marktpotential hinausgeht.

Differenziertere Zahlen zur Anzahl der Nachauflagen oder zum Auflagenvolumen einzelner Titel werden (leider) nicht erhoben. Eine grobe Quantifizierung zu dieser Art von Querfinanzierungspotential ist daher nicht möglich. Daten zur Häufigkeit von Nachauflagen hat indes für den Zeitraum 1950 bis 1958 SCHULZ (1960) t.w. in mühevoller Kleinarbeit zusammengetragen. 1955 beispielsweise war das Verhältnis zwischen Erst- und Nachauflagen nicht sehr viel anders als in den 90er Jahren: 76% zu 24%. Schlüsselt man die Nachauflagen weiter auf, so entfallen von den insgesamt 24% Nachauflagen 8,7 Prozentpunkte auf eine Zweitauflage, 3,4

Punkte auf eine dritte und 2,5 Prozentpunkte auf eine vierte Auflage. Die restlichen Punkte verteilen sich auf numerisch noch höhere Nachauflagen mit abnehmenden Anteilen, worunter hauptsächlich die sog. Longseller der Literaturgeschichte fallen dürften.

Interessanter ist eine Differenzierung der Auflagenstatistik nach einigen relevanten Gattungen, die SCHULZ (1960: 104 f, 115) für den Zeitraum 1950–58 gemittelt hat und die ansatzweise (bis zu 4 Nachauflagen) in Tab. 6.6.2.1 [5] wiedergegeben ist.

Tab. 6.6.2.1 [5]: Auflagenverteilung deutschsprachiger Buchtitel für den Zeitraum 1950–58 nach einigen relevanten Gattungen

	Schöne Literatur		Jugendbücher		Schulbücher		Wiss. Literatur	
	absolut	in %	absolut	in %	absolut	in %	absolut	in %
Erstauflagen	24.455	100	9.769	100	8.462	100	90.630	100
2. Aufl.	2.403	9,8	1.009	10,3	2.677	31,6	9.931	11,0
3. Aufl.	732	3,0	388	4,0	1.404	16,6	3.739	4,1
4. Aufl.	471	1,9	222	2,3	1.074	12,7	2.176	2,4
5. Aufl.	334	1,4	200	2,1	825	9,8	1.389	1,5

Quelle: SCHULZ: 1960: 115

Zusammengefaßt lautet das nicht allzu überraschende Ergebnis, daß Schulbücher – zumindest in den 50er Jahren – mit Abstand die größte Chance hatten, die Schwelle zu einer (ersten) Nachauflage zu überschreiten (31,6%), gefolgt von der wissenschaftlichen Literatur (11,0%) sowie Kinder- und Jugendbüchern (10,3%). Am Ende der Skala rangieren die Schönen Künste mit knapp 10% (9,8%). Unter dem Aspekt einer Querfinanzierung mittels Fixkostendegressionsvorteilen über den individuellen Produkt- bzw. Lebenszyklus hinweg haben demnach wissenschaftliche Bücher mit hohem Unverzichtbarkeitsgrad bzw. hohem Gebrauchswert erheblich bessere ökonomische Chancen als etwa die Schöne Literatur.[160]

6.6.2.2 Autorenpflege als langfristiges Investitionskalkül: Investitionen in den Produktions- und Lebenszyklus von Autoren

Wenn Nicht–Akzeptanz bzw. nicht ausreichende Akzeptanz von vornherein zum Problem möglichen Absatzes von Aussagenproduktion wird, ist eine Lösung grundsätzlich über eine längerfristige Veränderung von Nachfragepräferenzen denkbar. Dieses aus der allgemeinen Marketinglehre bekannte Problem kann sich auf Buch-

160 Wie sehr die Anzahl der Nachauflagen und die Auflagenvolumina selbst bei sog. Bestsellerautoren streuen können, hat SCHULZ (1960: 172–175) am Beispiel von Hedwig COURTHS-MAHLER (1867–1950) untersucht, von der sich für 155 Titel die Abrechnungsunterlagen im damaligen Rothbarth Verlag bis ins Jahr 1941 erhalten haben: 29 Titel kamen auf eine Verkaufsauflage bis zu 10.000 Ex.emplare, 59 Titel auf 10- 50.000, 21 auf 50.–100.000, 32 auf 100.–300.000, 9 auf 300.–500.000,, 3 Titel schafften 500.–1.000.000 und 2 Titel überschritten die Millionenmarke.

märkten in sehr viel ausgeprägterer Form darstellen, weshalb auch ein ungleich längeres ökonomisches Durchhaltevermögen erforderlich wird.

Beispiele für lange Akzeptanzgewinnungs- bzw. Präferenzveränderungszeiten bietet die Literaturgeschichte oder die Historie der Publizistik zuhauf. Von GOETHEs Iphigenie war bereits mehrfach die Sprache. Die klassische Tragödie verkörpert darüber hinaus für Autor und Verleger ein zusätzliches 'Problem': Künstlerische bzw. zeitlose Werke können mit ihrem Produktrezeptionszyklus die biologische bzw. ökonomische Lebensdauer des Schöpfers bzw. des Verlegers überdauern oder auch erst danach ihren eigentlichen Markt–Durchbruch schaffen. Für letzteren Fall steht beispielsweise das kompositorische Werk von Antonio VIVALDI[161] oder die Malerei Vincent van GOGHs.

Autoren, in die Verleger noch zu deren Lebzeiten erfolgreich investiert hatten, waren etwa Franz KAFKA (1883–1924), dessen 1912 erschienenes Werk *Betrachtung* im ersten Jahr des Erscheinens weniger als 200 Käufer gefunden hatte oder Samuel BECKETT (1906–1989), dessen 1948 entstandenes Stück *Warten auf Godot* ebenfalls im ersten Jahr der Veröffentlichung (1952) nur 125 Interessenten finden konnte (vgl. LINDON 1979: 22).[162] Auch Max FRISCHs Roman *Stiller* aus dem Jahre 1954 wurde in den ersten beiden Jahren von weniger als 5.000 Käufern akzeptiert (*DER SPIEGEL* 49/1995: 208) und ist längst ein sog. Longseller–Erfolg.

Wenn Medienunternehmer auf Buchmärkten Produktpräferenzen aufbauen wollen, können sie dies für ein bestimmtes Produkt, also etwa einen bestimmten Buchtitel machen oder auch für eine ganze Produktlinie, beispielsweise für den Fall eines spezifisches Sujets, in dem sich ein Autor bewegt. Die andere Variante besteht darin, den Autor als solchen bekannt, d.h. anerkannt und akzeptiert zu machen. Dieser Fall läuft in der Regel auf den längerfristigen Aufbau eines spezifischen Image eines Autors und seiner Werke hinaus. Im Idealfall profitieren Autor und Verlag über die seitens der Rezipienten empfundene Identität zwischen Autor, Werk und verlegendem Unternehmen. Es sind dies die typischen Fälle, in denen Verleger mit ihren Autoren eine literarische bzw. publizistische Stilrichtung oder ein bestimmtes Sujet maßgeblich prägen und über den Markt durchsetzen. In diesem Zusammenhang war bereits vom Naturalismus die Sprache, der sich in Namen wie Gerhart HAUPTMANN bzw. S. Fischer Verlag manifestiert. Das Genre des literarischen Kriminalromans, für das Namen wie Patricia HIGHSMITH oder Eric AMBLER stehen, würden Kenner automatisch mit Büchern aus dem Hause Diogenes verbinden, unverwechselbar bereits durch das Markenzeichen der schwarz-gelben Um-

---

161 Antonio VIVALDI (1675 od. 1678–1741), zunächst erfolgreicher Musiker in Venedig, aber dennoch in seinen letzten Lebensjahren aufgrund zunehmender Kritik zur Flucht bemüßigt, war knapp 200 Jahre in völlige Vergessenheit geraten, bis 1927 durch Zufall der größte Teil seiner Werke in einem Kloster aufgefunden wurden (vgl. RIEMANN II 1961: 862). MÜHLMANN sieht ob solcher Tatsachen „jede Illusion zerstört, als gebe es im Kulturellen so etwas wie eine 'natürliche Selektion' des Hochwertigen, – obwohl gerade diese Illusion zum ideologischen Inventar jedes Publikums gehört. Allgemein gilt die Feststellung: Zu keiner Zeit gibt uns ein Querschnitt durch das Anerkannte, Durchgesetzte und Erfolgreiche ein zutreffendes Bild von den Kulturwerten, die 'wirklich vorhanden', genauer gesagt: realisierungsmöglich wären" (MÜHLMANN 1957: 122).

162 Das Stück wurde 1952 zunächst in Buchform aufgelegt (Paris: Minuit, Frankfurt/M.: Suhrkamp) und erstmals 1953 in Paris uraufgeführt. In englischer Sprache erschien es erst 1954 (New York: Grove Press). Das Stück gehört heute zu den wohl bekanntesten Theaterwerken und ist auch verfilmt.

schlagsgestaltung. In dieser Hinsicht sind Marketingstrategien von Buchverlagen durchaus solchen in anderen Branchen vergleichbar.

Was den Medienunternehmer vom Wirtschaftsunternehmer unterscheidet, ist die möglicherweise notwendige Dauer und die Hartnäckigkeit, die ein Verleger für sein publizistisches Investment aufbringen muß. Vergleichsweise größer ist auch das Risiko, daß sich der 'Return on Investment' weitaus geringer entwickelt als dies mit einer Investition in andere Branchen möglich wäre.

So hatte etwa der Verleger Samuel FISCHER Thomas MANNs Roman *Buddenbrooks* 1901 ob seines gewaltigen Umfangs von über 1.000 Manuskriptseiten erst gar nicht verlegen wollen (vgl. BERMANN 1971/1994: 457), sich aber dennoch zur Aufnahme in sein Verlagsprogramm entschieden. Zu diesem Zeitpunkt war weder dessen spätere Erfolgsentwicklung absehbar noch die Akzeptanz des Romans überhaupt. Das seitenreiche Romanwerk hatte sich dann schnell zu einem Bestseller entwickelt, wobei der eigentliche Welterfolg erst knapp 30 Jahre später einsetzte, als Thomas MANN 1929 den Literatur–Nobelpreis für die *Buddenbrooks* zugesprochen bekam (vgl. Abb. 6.6.3.3 [1] einige Kapitelabschnitte weiter). Da FISCHERs publizistische Unternehmensphilosophie darin bestand, nicht nur einen Autor zu verlegen, sondern dessen gesamtes Werk, dürfte er auch einen möglichen Nichterfolg von vornherein mit einkalkuliert haben.

Ähnlich hatte auch Johann Friedrich COTTA 1797 kalkuliert. Nachdem er 1787 die vom Vater übernommene Buchhandlung zu einem Verlag ausgebaut hatte und nach knapp zehn Jahren um 1795 den wirtschaftlichen Durchbruch erzielen konnte (vgl. FISCHER, B. 1996), inzwischen auch den Jenaer Ex–Geschichtsprofesssor, Autor und Herausgeber der *Horen*, Friedrich SCHILLER, in seinem Verlagsprogramm untergebracht hatte, der gerade zusammen mit dem Weimarischen Staatsrat Johann Wolfgang GOETHE mittels der *Xenien* eine beispiellose Literaturfehde anzettelte, die auf ihrem Höhepunkt kochte, wollte COTTA auch GOETHE in seine Angebotspalette aufnehmen. Zu diesem Behufe bat er SCHILLER freundlichst um Empfehlung und Vermittlung. Dieser gab COTTA den Rat, GOETHEs Zeitschriftenprojekt *Propyläen* zu übernehmen, was der schwäbische Verleger trotz großer Enttäuschung über ein solch ökonomisch unbedeutendes Vorhaben auch tat[163] –

163 SCHILLER hatte COTTA diesen Rat gegeben, weil er wußte, daß sich GOETHE bei seinen bisherigen Verlegern GÖSCHEN, UNGER, VIEWEG nicht unbedingt 'beheimatet' fühlte: „Es ist, um es gerade heraus zu sagen, kein guter Handel mit Goethe zu treffen, weil er seinen Wert ganz kennt und sich selbst hoch taxiert und auf das Glück des Buchhandels, davon er überhaupt nur eine vage Idee hat, keine Rücksicht nimmt. Es ist noch kein Buchhändler mit ihm geblieben. Er war noch mit keinem zufrieden, und mancher mochte auch mit ihm nicht zufrieden sein. Liberalität gegen seine Verleger ist seine Sache nicht" (zit. n. BORCHERDT 1922: 16). GOETHE hatte daraufhin COTTA bei seiner Reise in die Schweiz in Tübingen besucht, um ihn persönlich näher kennen zu lernen (beide waren sich 1795 in Jena 1795 begegnet, als COTTA unterwegs zur Leipziger Messe war). 1798 gab COTTA zu diesem Projekt dann sein Einverständnis, wobei er die schriftliche Zusage nicht an GOETHE, sondern an SCHILLER mitteilte. Einen regelrechten Vertrag gab es in diesem Fall nicht: Vielmehr teilte SCHILLER GOETHEs Bedingungen wiederum schriftlich an COTTA mit. Erst danach setzte sich GOETHE erstmals auf schriftlichem Wege zwecks Herausgabe der *Propyläen* mit COTTA in Verbindung. Diese ungewöhnliche Kontaktaufnahme zeugt von der Dringlichkeit des Wunsches seitens COTTA, mit GOETHE 'ins Geschäft' zu kommen (GOETHE hatte zuvor seine erfolgreichen frühen Titel wie den Werther, Wilhelm Meisters Lehrjahre oder Hermann und Dorothea bei WEYGAND, UNGER bzw. VIEWEG publiziert), andererseits aber auch von der hohen Achtung, die er dem Schriftsteller GOETHE gegenüber hatte. Seine kaufmännische Vorsicht riet ihm offenbar,

COTTA sah die Probleme aus dem beschränkten Marktpotential einer solch 'elitären' Zeitschrift, wie er sie SCHILLER gegenüber auch formulierte[164]: „zu klein für den Verleger von Goethes Schriften (gemeint: in Zukunft, Anm.d.Verf.), der auf einen sehr zahlreichen Absatz muß rechnen können."

COTTA sah das Verlustobjekt *Propyläen*, als welches es sich schon aufgrund des sehr geringen Absatzes (450 verk. Ex., vgl. HAGEN 1983: 35) und des gleichzeitig hohen Honorars für GOETHE herausstellen mußte, als Investition in den zukünftigen Verlagsautor GOETHE, die allerdings die ersten Jahre über nur einen bescheidenen 'Return on Investment' einbrachte: GOETHE ließ eine Reihe vergleichsweise unbedeutenderer Schriften bei COTTA veröffentlichen.[165] Erst die Gesamtausgabe der GOETHEschen Werke in 13 Bänden in den Jahren 1806–1810, in der dann auch erstmals das von COTTA anvisierte Projekt *Faust* enthalten war, machte COTTA zum Verleger GOETHEs bzw. zahlte sich für COTTA nachhaltig aus: Rund zehn Jahre nach der ersten konkreten Kontaktaufnahme konnte COTTA dem Weimarischen Dichter ein Sonderhonorar für die gerade auf den Markt gebrachten ersten vier Bände anweisen[166]: „für glücklichen Absatz".[167]

Die möglichen Querfinanzierungspotentiale können bei dieser verlegerischen Investitionstrategie in Autoren als „Rohstofflieferanten" (HERZFELDE 1928: 246) bzw. in deren Werke in zwei Varianten bestehen. Sie unterscheiden sich vor allem in ihrem Produktlebenslauf, konkret darin, inwieweit ein bestimmter Titel einen (nur) vorübergehenden Produktzyklus erlebt oder sich – auf welchem Niveau auch immer – über längere Zeit ein (gewisses) Marktpotential erhalten kann. Die erste Situation entspräche grundsätzlich einem Diffusionsprozeß, wie man ihn in Analogie zur GAUßschen Normalverteilung aus der Marketinglehre kennt. Der zweite Produktlebenslauf hingegen läuft über einen ungleich längeren Zeithorizont, so daß man von einem 'normalverteilten' Produktzyklus sprechen könnte, der keinen bzw. nur einen erst sehr viel später einsetzenden Niedergang (Abflauen der Nachfrage) kennt: Die zeitliche Amplitude der Produktnachfrage ist dabei größer als der angebotsseitige Produktionszyklus des Autors.

Aus diesen unterschiedlich gelagerten Produktlebensläufen (eher kurzlebig versus eher längerfristig stabil) lassen sich die beiden verschiedenartigen Querfinanzierungsmöglichkeiten ableiten:

---

diese Geschäftsverbindung einfühlsam und sensibel gegenüber dem Autor aufzubauen. Die *Propyläen* erschienen dann ab Ende 1798 bis 1800 mit insgesamt 6 Heften und wurde, wie später bei vielen Einzelwerken von GOETHE üblich, auf Wunsch von GOETHE im Auftrag COTTAs von der Weimarer Druckerei Gädecke technisch hergestellt, was für GOETHE u.a. den Vorteil des einfacheren Korrekturlesens hatte.

164 Brieflich am 11.4.1798; vgl. HAGEN (1983: 35 f.).

165 z.B. Mahomet (Druckauflage: 4.000 Ex.), Tancred (4.000 Ex), Was wir bringen (4.000 Ex), Das Leben des B. Cellini (1.000 Ex), Taschenbuch auf das Jahr 1804 (4.000 Ex), Die natürliche Tochter 1 und 2 (5.000 bzw. 1.000 Ex), Winkelmann und sein Jahrhundert (1.000 Ex). GOETHE hatte dafür insgesamt 3.490 Th erhalten, was nur doppelt so viel war wie für die 6 Ausgaben der nach knapp zwei Jahren (1800) wieder eingestellten Zeitschrift Propyläen, für die er 1.950 Th. erhalten hatte; vgl. GOETHE–COTTA/KUHN (1979–83 III, 1: 228 f.).

166 COTTA hatte GOETHE 705 Th extra zu dem vereinbarten Honorar von insgesamt 10.000 Th übersandt; für die später erscheinenden Bände bekam GOETHE 500 Th extra (vgl. QuZ I: 1458).

167 COTTA an GOETHE am 27.8.1808.

1) Eine Autoren–Verlags–Bindung kann sich in (mehr oder weniger) regelmäßiger Inputlieferung niederschlagen, deren eher kurzlebige Produktlebenszyklen sich permanent nacheinander ablösen: Der Verlag baut sich damit ein kontinuierlich präsentes und im Idealfall auch kontinuierlich nachgefragtes Angebot auf, repräsentiert durch den fraglichen Autor. Investitionen in diesen Autor (Verlustobjekte, Vorabhonorare oder sog. Autorenrenten wie beim Gustav Kiepenheuer Verlag) amortisieren sich damit wieder über den Zeitablauf.[168] Die Ergiebigkeit hängt in diesen Fällen zum einen vom Produkt- bzw. Nachfragezyklus ab (Größe des absoluten Marktvolumens, zeitliche Dauer, Tempo der jeweiligen Markterschließung), zum anderen vom Produktionszyklus des Inputproduzenten selbst: Entsprechen sich nachfragebedingter Produktzyklus und etwas zeitversetzter Input–Produktionszyklus auf der Angebotsseite, so kann sich ein Verlag einen kontinuierlich stabilen Markt über einen bestimmten Zeitraum erschließen, der sich über den fraglichen Autor definiert (vgl. Abb. 6.6.2.2 [1]).

Abb. 6.6.2.2 [1]: Investitionen in den Produktions- und Lebenszyklus eines Autors

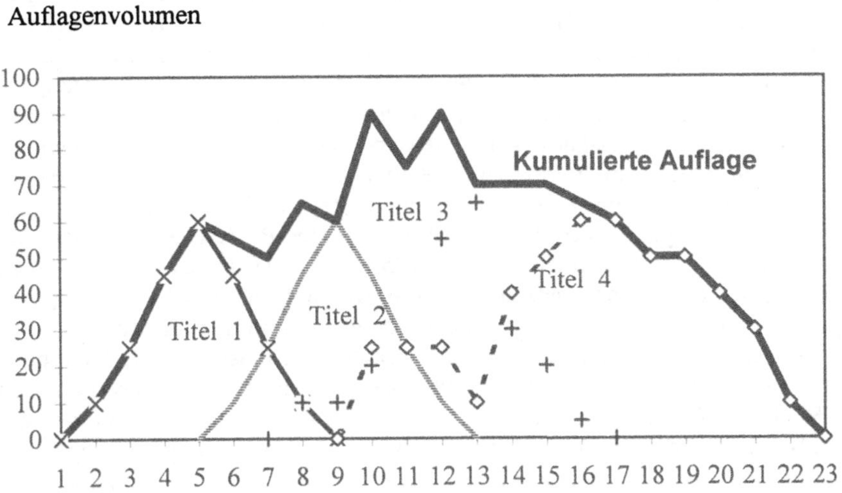

2) Fallen die Produktlebensläufe der einzelnen Werke eher längerfristig stabil und die zeitlichen Produktionszyklen des Inputproduzenten vergleichsweise kurz aus, so daß sich mittelfristig eine immer größere (und nachgefragte) Angebotspalette seitens eines einzigen Autors aufbaut, so liegt das Ergiebigkeitspotential in diesem sich mehr als selbsttragenden Wachstumseffekt.[169]

---

168 Finanzmathematisch betrachtet würde eine bestimmte Investitionshöhe abhängig vom Investitionszeitraum bzw. der Phase bis zum ersten Return on Investment entsprechend längere Rückflußzeiträume danach bedeuten, wenn man solche Zahlungsreihen diskontieren würde.

169 Ein solcher sich selbst tragender Wachstumseffekt wird in der Betriebswirtschaftslehre als Kapazitätserweiterungseffekt beschrieben, der mittels (liquider) Abschreibung möglich ist und der auch

Ein Beispiel gibt das Investment des Rowohlt–Verlags in die schottische Autorin Rosamunde PILCHER ab.[170] Rowohlt hatte die Autorin Mitte der 80er entdeckt, für interessant auch für den bundesdeutschen Markt befunden und die Rechte für 11 Romane äußerst günstig erworben. Deutschlandweit wurde die Autorin nach und nach eingeführt bzw. ein entsprechendes Image für den Namen und das dazugehörige Sujet entwickelt. Zwar handelt es sich im konkreten Fall um die Verwertung von Lizenzrechten, diese lassen sich aber ebenso als Investment in eine ausländische Autorin betrachten, die nun auf einem anderen Markt 'aufgebaut' werden soll. Das ökonomische Ziel bestand zum einen in der finanziellen Ausschöpfung des bisherig eingekauften Produktbestandes sowie zum zweiten in der Verwertung aller künftigen Produktionen.

Die Markterschließung, die mittels einer exklusiven Einmalinvestition in einen Inputproduzenten erreicht werden sollte, hatte der Verlag wie im Fall eines längerfristig angelegten Autoreninvestments angelegt und praktiziert, wie in Abb. 6.6.2.2 [2] rekonstruiert: 1990 wurde der erste Titel als Hardcover (HC) auf dem Markt präsentiert, der sehr gut ankam. Bereits ein Jahr später wurde der zweite Hardcover–Titel aufgelegt und gleichzeitig zwei andere Bücher im Taschenbuchformat: Das Produkt „Rosamunde PILCHER" sollte auf beiden Marktsegmenten, Hardcover- und Taschenbuchmarkt, präsent sein. Um vorhandene Wahrnehmungseffekte seitens der Rezipienten und der Metamedien–Berichterstattung wirksam auszunutzen, wurden ab 1992 ein dritter HC–Titel sowie drei weitere TB–Titel lanciert. Da sich der Produktlebenszyklus aller bisher angebotenen und auch aller später aufgelegten Bücher jeweils langlebiger als die Periodizität der Erscheinungsweise erwies, konnte sich ein kumulierendes Wachstumspotential aufbauen: Regelmäßig addierte sich zum vorhandenen Nachfragevolumen nach einem bestimmten PILCHER–Titel das Nachfragepotential des nächsten Buches. Ende 1995 bestand das bisher 'bediente' Marktpotential aus rd. 8 Mio. abgesetzten Büchern, die sich bis zu diesem Zeitpunkt aus insgesamt 17 verschiedenen Titeln einer einzigen Autorin rekrutierten.

Das Beispiel Rosamunde PILCHER repräsentiert hinsichtlich Schnelligkeit des Return on Investment und des Erfolgsvolumens den Idealfall. Andere Lebenszyklen von Büchern und/oder Produktionszyklen von Autoren sind nicht minder typisch. Oftmals benötigen bestimmte Bücher bzw. Autoren eine lange Akzeptanz- bzw. ökonomische Aufbauphase, bevor sich Investitionen in solche Produkte 'rechnen', und vielfach mißlingt eine solche Strategie sogar auf Dauer.

Lohmann–Ruchti–Effekt genannt wird. Der grundsätzliche Zusammenhang zwischen vergleichsweise schnellem Wachstum, dadurch realisierter Liquidität und freien Liquiditätspotentialen für weitere Investitionen wurde erstmals von Karl MARX und Friedrich ENGELS formuliert und ist grundsätzlich auch unter der Bezeichnung Marx–Engels–Effekt bekannt. In den Wirtschaftswissenschaften wird indes die Bezeichnung Lohmann–Rucht–Effekt präferiert.

170 Der Verfasser dieses Buches ist gerade dieser Autorin persönlich zu Dank verpflichtet: Aufgrund des großen Erfolgs praktisch aller PILCHER–Titel ist der Rowohlt Verlag imstande, eine andere Buchveröffentlichung des Verfassers über „*Die deutsche Wohnmisere*" von 1995 – zu einem wegen der vergleichsweise schwachen Nachfrage offenbar nicht zeitgeistgemäßem Zeitpunkt – zu verlegen und immer noch im Verlagsprogramm zu halten – eine erfolgreiche Investmentstrategie sowie eine Art von Querfinanzierung, wie detaillierter im Kap. 6.6.3 beschrieben.

Abb. 6.6.2.2 [2]: Rosamunde PILCHER: Markterschließung mittels HC- und TB-Titeln

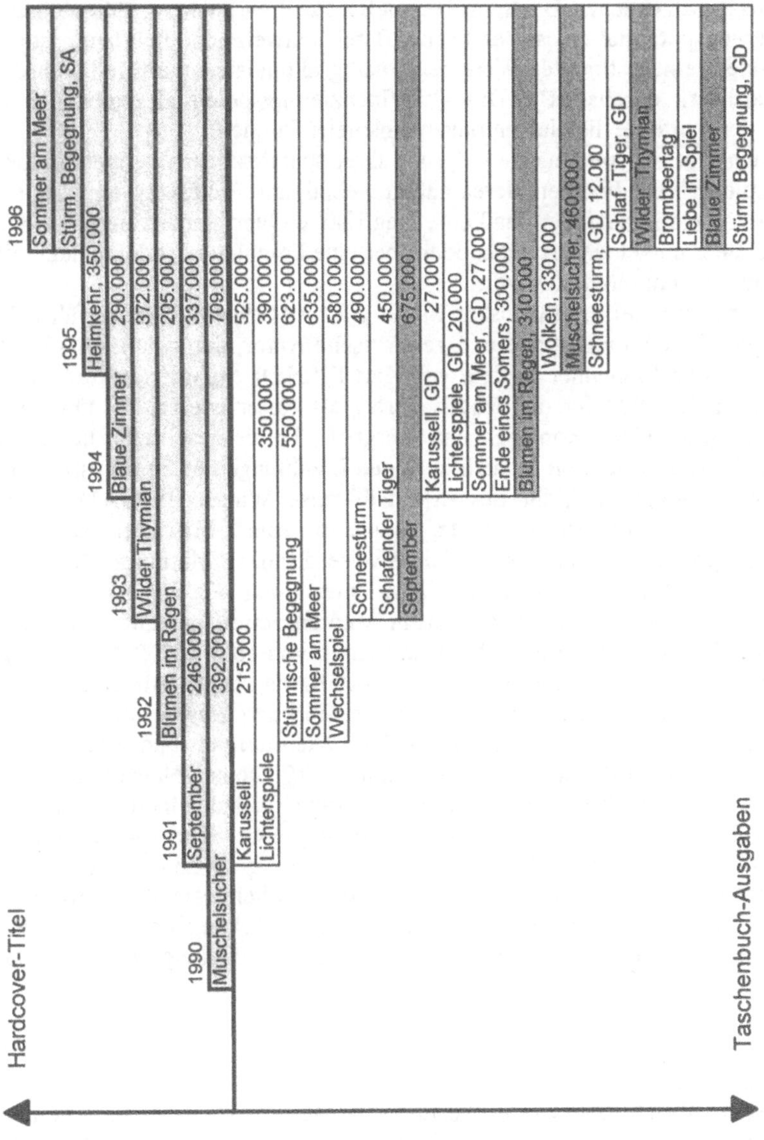

Legende: GD = Großdruck; dunkelgrau gemarkte Kästen: Zweitverwertung eines HC als TB; Daten: Rowohlt-Verlag

Bei wissenschaftlichen Büchern, beispielsweise Lehrbüchern, läßt sich das Querfinanzierungspotential eines spezifischen Titels teilweise dadurch langfristig stabilisieren, indem ein bestimmtes Werk regelmäßig aktualisiert wird und sich dadurch als Standardwerk durchsetzt[171]. Das Querfinanzierungspotential ergibt sich dann aufgrund der Vorteile, die Nachauflagen einspielen können.

Auch gibt es Autoren, die aufgrund ihrer spezifischen Aussagenproduktion zwar kontinuierlich produzieren, deren nachfragebedingte Produktzyklen aber so schwach und/oder so kurz ausfallen, daß eine langfristige Querfinanzierung über den Lebenszyklus eines einzelnen Produkts oder über eine komplette Produktpalette eines einzigen Autors nicht möglich wird.

Beispielhaft sei hierfür Oskar Maria GRAF (1894–1967) angeführt. Der politische, pazifistisch eingestellte und zeitkritische Autor, der sich 1918/19 aktiv an der Revolution im Münchner Umfeld von Kurt EISNER engagierte, wurde von Wieland HERZFELDE 1922 für den Malik Verlag als Autor entdeckt.[172] O.M. GRAF, der regelmäßig in seinen Romanen Partei ergriff „für die gesellschaftlich Benachteiligten" und „deren Situation er auch in seinen Erzählungen oft mit drastischem Humor" wiedergab (KILLY)[173], für dessen Erzählweise Walter BENJAMIN den Begriff „volkstümlicher Realismus" prägte, konnte mit seiner kritischen, aber 'volksnahen' Aussagenproduktion nur ein vergleichsweise geringes Marktpotential mobilisieren. Selbst sein 1927 autobiographisch angelegtes Buch *Wir sind Gefangene. Ein Bekenntnis aus diesem Jahrzehnt*[174], das in Autorenkreisen, namentlich bei Thomas und Heinrich MANN, Maxim GORKIJ und Hugo von HOFMANNSTHAL „große Bewunderung" hervorgerufen hatte und O.M.GRAFs „erster großer Erfolg" (KILLY) wurde, hatte ökonomisch nicht übermäßig Wirkung zeigen können.[175] GRAF, der sich zur Zeit der Machtergreifung 1933 in Wien aufhielt und nach der Bücherverbrennung auf dem Berliner Opernplatz am 10. Mai seinen Namen auf der offiziellen Liste der von den Nazis „empfohlenen" Literatur gefunden hatte, woraufhin er sofort aus Solidarität mit allen verbannten und verjagten Schriftstellerkollegen empört einen weltweit beachteten Protestbrief mit der groß gesetzten Überschrift „Verbrennt mich!" in der Wiener *Arbeiter–Zeitung* veröffentlichte, mußte, obwohl 'bayerisch' bzw. 'arisch', ins Exil ausweichen. O.M. GRAFs Wirken war damit im deutschsprachigen Raum praktisch zu Ende, obwohl er sich regelmäßig von Prag, London und

---

171 Dies praktiziert beispielsweise der Vahlen Verlag, München: Wissenschaftliche Lehrbücher werden vielfach nur in kleinen Auflagen (2.500–3.000 Ex.) auf den Markt gebracht, um über eine vergleichsweise kürzere Absatzdauer den Autor für die nächste „verbesserte" Auflage zu Korrekturen, Ergänzungen oder Aktualisierungen zu veranlassen.

172 1922: *Frühzeit*. Prosa; *Zur freundlichen Erinnerung*, beide Malik Verlag, Berlin.

173 z.B. 1925: *Die Heimsuchung*. Bonn (Verlag der Buchgemeinde); *Die Chronik von Flechtheim. Ein Dorfroman*. München (Drei Masken–Verlag). 1931: *Bolwieser*. München (Drei Masken–Verlag) u.a.m..

174 1927: *Wir sind Gefangene. Ein Bekenntnis aus diesem Jahrzehnt*. München (Drei Masken–Verlag).

175 Die erste Auflage in einer Höhe von 3.000 Ex. war offenbar im ersten Jahr ausverkauft. 1928 eine 2. Auflage gedruckt, deren Exemplare den Vermerk „4.–10. Tsd." tragen. Allerdings gab es 1928 auch eine gekürzte Ausgabe (308 S.; Originalausgabe von 1927: 744 S.), die von der Büchergilde Gutenberg vertrieben wurde, worüber sich offenbar keine Absatzzahlen erhalten haben.

später von New York aus publizistisch zurückgemeldet hatte.[176] GRAF gehört damit zu jenen publizistisch engagierten Autoren, die stets gegen 'mainstream', Opportunismus und apolitischem Zeitgeist anschrieben, was sich über den Markt weder für den Autor noch den Verleger rechnen konnte.[177]

6.6.2.3 Mehrfachverwertung mittels technischer Verbundproduktion und unterschiedlichen Absatzmärkten

Querfinanzierung ist auf Buchmärkten unter anderem auch in Form einer Mehrfachverwertung von Aussagenproduktionen möglich. Dies geschieht angebotsseitig mittels technischer Verbundproduktionsmöglichkeiten, nachfrageseitig spielt sich dies auf unterschiedlichen Märkten ab. Die fraglichen Märkte weisen teilweise ausgesprochen große Unterschiede, etwa in ihrem Volumen auf. Der Münchner Hanser Verlag beispielsweise konnte von Umberto ECOs *Im Namen der Rose*, das in deutscher Übersetzung als Hardcover (HC) 1982 erschienen war, bis 1993, also innerhalb eines zwölfjährigen Zeitraums, knapp 490.000 HC–Exemplare verkaufen. Als Taschenbuch, 1986 von dtv, München, auf den Markt gebracht, waren in der Hälfte dieser Zeitspanne 1,380 Mio. Exemplare abgesetzt.[178] Die beiden Buchclub–Lizenzen, die Hanser vergeben hatte, verkörperten in noch kürzerer Zeit das gleiche Auflagenvolumen, für das Hanser immerhin sechs Jahre gebraucht hatte: über 500.000 Exemplare.[179] In prozentualen Anteilen gemessen und ohne Berücksichtigung des Faktors Zeit entfallen damit 20% des gesamten Absatzvolumens auf die originale Hardcover–Ausgabe, 22% auf die Buchclubausgaben und 58% auf die *Rose* als Taschenbuch.

---

176 z.B. 1936: *Der Abgrund*. London (Malik). 1937: *Anton Sittinger*. London (Malik). 1945: *Der Quasterl*. New York (Aurora; Nachfolgeverlag von Malik in den USA). 1947: *Unruhe um einen Friedfertigen*. New York (Aurora). 1966: *Gelächter von außen*. München (Kurt Desch)

177 Im Literaturlexikon von KILLY heißt es dazu: „Im Nachkriegsdeutschland wurde G. zunächst kaum zur Kenntnis genommen. Seine realistische Prosa galt als überholt, bis er in den späten 60er Jahren als politischer Schriftsteller entdeckt wurde.“ Wilfried SCHOELLER (1994), der eine Gesamtausgabe von GRAF editiert hat, beschrieb das publizistisch-ökonomische Problem so: „Der Rebell Graf hatte lebenslang etwas von einem falschen Autor an sich. Er hat immer wieder, vom jeweils herrschenden Standpunkt aus gesehen, das Falsche gesagt. Oder zur falschen Zeit das Richtige. Er schien mit 'Wir sind Gefangene' der Sprecher einer jungen Weltkriegs–Generation zu sein und hat sich anschließend - wie zuvor schon – in Dorfgeschichten vergraben, das Bild vom versprengten Provinz- und Winkelschreiber, vom Kanzlisten der Entlegenen entworfen. Er schrieb mit dem rasant aktuellen Roman 'Der Abgrund' zu einem Zeitpunkt bereits der Volksfront zu, als sie politisch noch nicht einmal diskutiert wurde, und konnte sein Buch erst veröffentlichen, als die Hoffnung auf Vereinigung Einigung der antifaschistischen Kräfte schon wieder gescheitert war.
Er war eben oft nicht synchronisiert – und das gerade als Augenzeuge und Kommentator von zeitgeschichtlichen Ereignissen und Figuren. Sein nicht überaltertes, sondern aus der Zeit geratenes Bild- und Zeitgedächtnis enthält ein Potential von Widerstandskraft und Beharrungsvermögen, mit dem er sich gegen den Zugriff der Ideologien, gegen ihre Verführung wehrte. Der Rebell: der anachronistische Zeitgenosse.“

178 HC–Verkauf bei Hanser bis 1993: 488.868 Ex.. Alle Zahlen sind Angaben des jeweiligen Verlags.

179 Rekonstruiert nach einer Meldung des Branchenblattes *Buchreport* v. 31.7.86 sowie Angaben des Hanser Verlags; Lizenznehmer waren die Buchclubs Büchergilde Gutenberg 1984 sowie der Deutsche Bücherbund 1985. Die Buchclubausgaben wurden abgesetzt, bevor die Markteinführung dieses Titels als Taschenbuch durch dtv im Jahre 1986 geschah.

Diese Art von Querfinanzierung mittels Mehrfachverwertung ist möglich, weil aus Sicht der Nachfragermassen ein Hardcover–Buch bzw. auch eine Paperback–Ausgabe und ein Taschenbuch unterschiedliche Märkte darstellen. Inhaltlich gesehen geht es in beiden Fällen um ein- und dasselbe Produkt; äußerlich unterscheiden sich beide Buchausgaben hinsichtlich Ausstattung (Umschlag, Umschlaggestaltung, Papierqualität), Größe (sog. Taschenbuch–Format) und vor allem in der Preisgestaltung: Der Preis für Taschenbuchausgaben beträgt oft nur ein Drittel des originären Hardcovertitels. Die Mehrfachverwertung als Hardcover und Taschenbuch stellt daher eine Kombination aus Produkt- und Preisdifferenzierung dar. Bei einer Buchclubausgabe, die im nächsten Kapitelabschnitt diskutiert werden soll, kommt ein weiterer relevanter Unterschied hinzu: die Art des Vertriebsweges bzw. aus der Sicht der spezifischen Nachfragergruppe 'Clubmitglieder' gesehen, die Art des Marktzugangs.

Die Historie des Marktes Taschenbuch, genauer gesagt, die Entwicklung zum billigen Buch, bzw. in der Sprache des 18. Jahrhunderts gesprochen zur „wohlfeilen Ausgabe", ist lang und soll hier nicht rezipiert werden.[180] In jedem Fall ist der Preis für viele Käuferschichten ein entscheidendes Marktkriterium.[181] Um Überschneidungen, meßbar etwa anhand der Kreuzpreiselastizität der Nachfrage, zu vermeiden, muß eine Mehrfachverwertung vor allem zeitlich abgestimmt sein. Die Preisdifferenzierung wird dabei vorrangig über die sachliche Produktdifferenzierung vorgenommen, die auf einer deutlich günstigeren Kostenstruktur beruht: Die Hardcover–Ausgaben erhalten einen zeitlichen Vorlauf, bis der höherpreisige Markt ausgeschöpft ist. Erst danach werden die billigeren Ausgaben auf den Markt gebracht. Dies hat den zusätzlichen Vorteil, daß die fraglichen Titel bereits die kritische Phase der öffentlichen Wahrnehmung durchlaufen haben und häufig in ihrer Existenz allgemein bekannt sind. Damit haben sich im Idealfall entsprechende 'Investitionskosten' (Planung, Lektorat, Markteinführung) bereits amortisiert.

Die unterschiedlichen Kosten- und Ertragsstrukturen zwischen Hardcover- und Taschenbuchausgaben sind der Tab. 6.6.2.3 zu entnehmen. Die Daten beziehen sich auf einen 320seitigen Roman, der zunächst als Hardcover Ausgabe zum Preis von 38 DM in einer Auflagenhöhe von 10.000 Exemplaren auf den Markt kommt. In einem zweiten Marktverwertungsschritt wird der umfangsmäßige unveränderte Titel in einer (ersten) Auflage von 15.000 Exemplaren zu einem Preis von 12,90 DM als Taschenbuch verkauft. Die Zahlenwerte spiegeln eine typische Kalkulation für das Jahr 1995 aus dem Hause Rowohlt wider.

180 Verwiesen sei auf FALLBACHER (1992), KOCH (1994/95), SIPPELL-AMON (1974), BöBl (37/1981)

181 Dafür steht etwa das Zitat des ehemaligen Vorstandsvorsitzenden des US–amerikanischen Bantam Books Verlages, Oscar DYSTEL, aus dem Jahre 1980. Bantam Books ist der größte Taschenbuch–Verlag in den USA und gehört inzwischen zur Bertelsmann–Gruppe: „Wir brachten das Buch unter Leute, die nie zuvor Zugang dazu hatten und zu einem geringen Preis, den Millionen Leute erschwingen konnten. Wir eröffneten Märkte, die Hardcoververleger nie durchdrungen hatten und gewannen dazu noch große Anzahlen von Magazin–Lesern. Dieses Marketing und Handelsereignis wurde als die 'Paperback–Revolution' bekannt" (zit.n. BöBl 37/1981: 1162).

Tab. 6.6.2.3: Hardcover- versus Taschenbuchkalkulation (1995)
Daten: Rowohlt Verlag, Reinbek

(1) Daten:

	Hardcover	Taschenbuch
Umfang	320 S, Deckenband u. Schutzumschlag	320 S, kartoniert
Auflage	10000 Ex	15000 Ex
Verkaufspreis	38,00 DM	12,90 DM
BH-Rabatt	46%	46%
Remisson	5%	5%
PR- u. Frei-Ex.	300 Ex	300 Ex
Werbung	10%/VE	8%/VE

(2) Kalkulation

	absolut	in DM/Ex	VE = 100%	VP = 100%	absolut	in DM/Ex	VE = 100%	VP = 100%
Verkaufspreis		38,00		100		12,90		
./. 7%		2,49		6,5		0,84		
= Nettopreis		35,51				12,06		
./. BH-Rabatt		16,33		43%		5,55		
= VE	176.456 (aus 9.200 Ex)	19,18	100%	50,5	90.814 (aus 13.950 Ex)	6,51	100	50,5
./. Honorar	35.000	3,80	19,8	10	10.850	0,78	12	6,1
./. Satz/Korr.	5.500	0,60	3,1	Summe/tHK:	2.150	0,15	2,3	Summe/tHK:
./. Papier	12.700	1,38	7,2	13,9	5.350	0,38	5,8	12,6
./. Druck/Bindung	21.750	2,36	12,3		11.450	0,82	12,6	
./. Umschlag	6.430	0,70	3,6		3.150	0,23	3,5	
./. sonst.	2.500	0,27	1,4		500	0,04	0,6	
./. Werbung	17.646	1,93	10,1	5,1	7.265	0,52	8	4
./. Vertrieb (10%/VE)	17.646	1,92	10,1	5,1	9.081	0,65	10	5
= DB I	57.284	6,22	32,4	16,4	43.018	3,08	47,3	23,9
./. Gemeinkosten (26%/VE	45.879	4,99	26	13,1	23.612	1,69	26	13,1
= DB II	11.405	1,23	6,4	3,2	19.406	1,39	21,4	10,8

Der auffälligste Unterschied liegt in der Höhe der möglichen Deckungsbeiträge II, d.h. des erzielbaren Gewinnvolumens. Im Fall des Taschenbuchs (TB) liegt das Volumen der Verlagserlös bei rund 50% desjenigen der Hardcoverausgabe (HC): rd. 90.000 DM gegenüber rd. 176.000 DM. Trotzdem fällt der Überschuß beim Taschenbuch um rd. 70% höher aus als beim Hardcover: 19.000 DM versus 11.000 DM.

Die Unterschiede kommen durch's Detail zustande. Allein das Autorenhonorar liegt beim TB trotz höherer Auflage um zwei Drittel niedriger als beim HC – Taschenbuchausgaben werden in der Regel erheblich schlechter honoriert. Der zweite große kalkulatorische Entlastungsposten liegt in den Kosten der technischen Herstellung: Die technisch gering aufwendigere Ausstattung sowie zusätzliche Fixkostendegressionsvorteile aus der größeren Produktionsmenge reduzieren die technischen Herstellkosten beim TB auf weniger als 50% des HC–Kostenniveaus (rd. 22.000 DM gegenüber rd. 46.000 DM). Eine finanziell ausgedünnte Werbung sowie ein zwar prozentual unveränderter Honorarsatz für die Vertragsauslieferung, der sich aber auf einen wesentlich geringeren Preis (bzw. Verlagserlös) bezieht, laufen auf ein Kostenvolumen hinaus, das letztlich nur noch rd. 55% des HC-Aufwands beträgt: rd. 71.000 DM versus rd. 130.000 DM.

Das Ergiebigkeitspotential für eine Querfinanzierung entweder desselben Titels oder anderer, weniger gut gehender Buchprodukte bei einer Mehrfachverwertung ein- und desselben Titels auf unterschiedlichen Märkten speist sich daher aus zwei Komponenten: Zum einen aus den Kostenvorteilen der technischen Verbundproduktion (z.B. identische Aussagenproduktion, unveränderter Satz usw.) sowie einem durch die Produktdifferenzierung absolut niedrigerem Kostengerüst, zum anderen aus dem in der Regel größeren Marktpotential, was sich insbesondere auf das absolute Volumen des Gewinns auswirkt (1,39 DM Stückgewinn x 14.700 Ex. gegenüber 1,23 DM x 9.700 Ex.)

Das angeführte Fallbeispiel stellte zwei Marktvolumina gegenüber, die nur um ein Drittel differieren (TB versus HC). In der Realität können gut eingeführte Bücher ungleich höhere TB–Auflagen realisieren. Ein Beispiel stellt die erfolgreiche Gründung des dtv–Verlages, München, dar. 1961 hatten sich elf bundesdeutsche Verlage im „Deutschen Taschenbuchverlag“ zusammengeschlossen, um gegenüber den Verlagen Rowohlt, Fischer, Goldmann, Heyne und Ullstein nicht ins Hintertreffen zu geraten. Die namentlich genannten Verlagsunternehmen waren die einzigen, die neben Hardcovertiteln auch Taschenbuchausgaben produzierten und dadurch ganz erhebliche Wettbewerbsvorteile u.a. in der (Quer-)Finanzierung ihrer Verlagsprogramme ausspielen konnten. So setzte sich als Anpassungsreaktion bei den Verlagen Kiepenheuer & Witsch, Piper, Artemis, Beck, DVA, Hanser, Insel u.a.m. der genossenschaftliche Gedanke durch, die Zweitverwertung nicht mehr über Lizenzvergabe an die oligopolistisch strukturierten Konkurrenzverlage mit eigenem Taschenbuchdruck, sondern in einem Gemeinschaftsunternehmen selbst durchzuführen. Mit der inhaltlichen und drucktechnischen Kooperation waren nicht nur Größenvorteile zu realisieren, sondern auch eine stabile Auslastung der Kapazitäten durch ausreichenden Inputzulieferung gesichert. Kiepenheuer & Witsch, bei dem Heinrich BÖLL verlegen ließ, brachte alle erfolgsträchtigen Werke dieses Autors als Taschenbuch heraus: BÖLLs *Irisches Tagebuch* (1961) kam auf über 1 Mio. Ex., *Die verlorene Ehre der Katharina Blum* (1974) auf 1,9 Mio. Ex., die *Ansichten eines Clowns* (1982) auf 1,5 Mio. Ex., *Nicht nur zur Weihnachtszeit* (1982) schaffte es auf über 700.000 Exemplare.[182]

Die Mehrfachverwertung in Form von zeitlich versetzten Hardcover- und nachfolgenden Taschenbuchausgaben hat sich nach 1945 auf dem deutschen Markt als die gängigste und daher wohl auch ergiebigste Form von Querfinanzierung durchgesetzt. Mehrfachverwertung von Büchern als Kombination aus sachlicher plus preislicher Differenzierung läßt sich auch ohne zeitliche Differenzierung realisieren, wenn bei einer Produktdifferenzierung aus der Sicht der Nachfrager die sachlichen Unterschiede eine unterschiedliche Preisstellung rechtfertigen.[183]

Um dies für Querfinanzierungszwecke einzusetzen, konkret um damit bei sog. besserverdienenden Einkommensschichten zusätzliche Kaufkraft abzuschöpfen und dafür geringverdienenden Einkommensgruppen äußerst günstige Preise anzubieten, nicht zuletzt um damit Preis–Mengen–Effekte auszulösen, hatte in den 20er Jahren der Berliner Malik–Verlag unter seinem Verleger Wieland HERZFELDE seine Angebotspalette sehr ausgeprägt sachlich und preislich differenziert:[184] Für einzelne

182 Querschnittsdaten des Verlages für das Stichjahr 1991; vgl. dtv (1991). Relativ schnell, nämlich bereits 1962, hatte sich dtv unter dem damaligen Geschäftsführer Heinz FRIEDRICH, der vormals Cheflektor beim Fischer Verlag war, entschlossen, die Produktpalette nicht nur auf Lizenzverwertungen aufzubauen, sondern den neuen Verlag auch mit einem inhaltlichen Programmkonzept, d.h. einem eigenen und erkennbaren Verlagsprogramm auszustatten. Heute sind etwa 1/3 aller neuen Titel Originalausgaben bzw. deutsche Erstausgaben. Der dtv–Verlag ist inzwischen u.a. auch aufgrund seiner vielen und sehr verschiedenartigen Reihen bekannt. Die Angebotspalette besteht aus rd. 3.000 lieferbaren Titeln, die sich auf 15 Reihen verteilen, die rund 50 Einzelgebiete abdecken. Um der vergleichsweise für Taschenbücher einfachen Coverausstattung ein unverwechselbares Erkennungsmerkmal zu geben, hatte dtv von früh an den bekannten Designer Celestino PIATTI verpflichtet.

183 Vgl. hierzu die Ausführungen im Kap. 5.3.2, wo es u.a. um subjektives Preisempfinden und die Vorstellungen von Konsumenten hinsichtlich „fairer Preise“ ging.

184 Dazu muß man allerdings auch ein wenig den historischen, d.h. den politischen und wirtschaftlichen Hintergrund der 20er Jahre berücksichtigen. 1924, ein Jahr nach der Beendigung der gigantischen Inflation durch eine ebenso drastische Währungsreform, war ein Jahr mit ersten dezenten konjunkturellen Aufwärtsbewegungen, nicht zuletzt aufgrund des überwundenen Inflationsschocks und einer gewissen Aufbau–Stimmung. Dieses Jahr markiert auch auf dem Buchmarkt eine gewisse (Aufwärts-)Wende: Es begann die Zeit der Buchclubgründungen (z.B. 1924 die Büchergilde Gutenberg), die in den nachfolgenden Jahren zu heftigen Auseinandersetzungen zwischen dem traditionellen Buchhandel und den Billigbuchanbietern führte. Aber auch traditionelle Verlage verlegten sich auf billigere Buchausgaben: 1924 bot der Verleger Wilhelm GOLDMANN erstmals einen Titel (Emil DROONBERG: *Das Gold der Nebelberge*) in zwei Ausgaben an: in Halbleinen für 4,80 RM und als blinde Kartonage für 3,80 RM, die vor allem im Bahnhofsbuchhandel abgesetzt wurde. Das Projekt wurde ein voller Erfolg, weshalb GOLDMANN dazu überging, deutschsprachige Krimi–Übersetzungen von Edgar WALLACE preiswert und erfolgreich zu verkaufen (vgl. KOCH 1994/95: 83 f.). 1925 folge der Verleger Adalbert DROEMER mit seinem Knaur Verlag und eröffnete eine noch billigere Buchreihe „Romane der Welt“ für 2,85 RM, in der auch, wie bereits beschrieben, 1928/29 Thomas MANNs *Buddenbrooks* erscheinen sollten. Zum Vergleich: Das durchschnittliche Ladenpreisniveau für Bücher betrug 4,78 RM im Jahre 1925, 5,62 RM im Jahre 1928 und 6,19 RM im Jahr 1929 (SCHÖNROCK, zit.n. SCHULZ 1960: 177). Trotz der politischen und wirtschaftlich sehr unruhigen und völlig instabilen Zeiten (die man in kultureller Hinsicht oft auch als die „Goldenen Zwanziger“ tituliert) war der Büchermarkt ständig in Bewegung: 1924 kamen 23.082 Neuerscheinungen auf den Markt, 1928 erschienen 27.794 neue Buchtitel. Erst danach sank die Titelproduktion bis 1932 auf 21.452 Ex. wieder ab (UMLAUFF 1947: 3, hier zit.n. STUCKI-VOLZ 1993: 109).

Titel wurden bis zu 6 unterschiedliche Einbandvarianten und Preisstufen entwickelt. Insgesamt betraf dies 80% der gesamten Angebotspalette (vgl. HERMANN 1989: 31).[185]

Ein Beispiel aus heutiger Zeit praktiziert der Rowohlt Verlag, Reinbek, den man auch als TUCHOLSKYs Verlag bezeichnen kann. Rowohlt hält bis zum Jahre 2005 nicht nur die gesamten Rechte an den TUCHOLSKY–Werken, sondern besitzt auch aufgrund der damaligen Autoren–Verleger–Bindung das Material und das Know How für die Herausgabe kritischer Ausgaben bzw. Gesamtausgaben. TUCHOLSKY–Bücher, die bei Rowohlt zu den Longsellern gehören – von TUCHOLSKYs bekanntestem und populärsten Titel *Schloß Gripsholm* aus dem Jahre 1931 wurden bis 1994 rd. 1,1 Mio. Exemplare verkauft (entspricht im jährlichen Durchschnitt rd. 17.000 Ex.) – werden bei Rowohlt als Einzelausgabe in Taschenbuchformat, als zehnbändige Gesamtausgabe im Taschenbuchschuber, in einzelnen Ausgaben als Hardcover sowie t.w. als Tonkassette, gelesen von dem Schauspieler Uwe FRIEDRICHSEN, verkauft. Seit 1996 gibt der Verlag eine neue kritische Gesamtausgabe in 10 Bänden heraus, die bis zum 70. Todesjahr des Autors im Jahre 2005 rechtzeitig abgeschlossen bzw. vermarktet sein wird.

Die Produkt- und Preisdifferenzierung von Verwertungsrechten gehört nicht nur bei Rowohlt zu den bedeutendsten Ergiebigkeitspotentialen für die Querfinanzierung, unabhängig davon, ob damit ein Werk über den eigenen publizistischen Lebenszyklus querfinanziert werden muß oder ob das Querfinanzierungspotential für andere Titel und/oder Autoren benötigt wird.

6.6.2.4 Mehrfachverwertung im Rahmen medialer Verbundproduktion auf unterschiedlichen Medienmärkten

Die Mehrfachverwertung einer Aussagenproduktion nicht nur auf unterschiedlichen Marktsegmenten eines Mediums, sondern auch auf unterschiedlichen Medienmärkten, die jeweils nach medienspezifischen ästhetischen und technischen Produktionsregeln funktionieren, stellt eine ökonomisch entwicklungslogische Weiterentwicklung sachlicher Produktdifferenzierung dar. Aufgrund der Unterschiedlichkeit der einzelnen Medienmärkte, d.h. aufgrund ausreichend ausgeprägter Produktvariation, die sich über die jeweils ureigenen intermediären Wettbewerbsvorteile definiert, kann in vielen Fällen auch das oft notwendige Erfordernis einer parallelen zeitlichen Angebotsdifferenzierung entfallen. Unterschiedliche Zeitpunkte des Marktzugangs bestimmter Aussagenproduktions–Angebote sind in diesen Fällen eher Ergebnis kurzfristig optimierter Marketingstrategien, etwa um von Wahrnehmungs- und Aufmerksamkeitseffekten auf dem ersten Medienmarkt zusätzlich auf einem zweiten bzw. weiteren Markt profitieren zu können.

---

185 Als Beispiel sei Leonhard FRANKs (1882–1961) Roman *Die Bürger* angeführt, von dem der Malik–Verlag offenbar nicht zuletzt aufgrund gezielter Ansprache unterschiedlicher Interessenten- bzw. Käufergruppen gleich im Erscheinungsjahr 1924 44.000 Exemplare aufgelegt hatte. Als *Ganzbuckram* (*Englisch Buckram*) kostete der 394seitige Roman 5 Mk, in Halbleinen gebunden 4 Mk, gebunden 2,20 Mk und als Broschur 1,80 RM. Die Broschurausgabe kostete damit nicht ganz ein Drittel der bestausgestatteten Ausgabe (vgl. HERMANN 1989: 31).

Ökonomisch geht es hierbei um das Ausschöpfen möglichste vieler unterschiedlicher Marktpotentiale, die das rechtliche Institut „Verwertungsrechte“ eröffnet. Da es nach der ökonomischen Theorie bei ökonomischen Transaktionen nicht auf die Eigentumsrechte ankommt,[186] sondern auf die Verfügungsrechte, die im speziellen Fall Verwertungsrechte heißen, sind damit grundsätzlich alle relevanten medialen Möglichkeiten abgedeckt. Die ökonomischen Mehrfachverwertungsmöglichkeiten ergeben sich dabei rechtlich aus den individuellen Vertragsvereinbarungen zwischen Urhebern (Inputproduzenten) und den Trägern der jeweiligen Verwertungsrechte ergeben (Medienunternehmen). In der Regel sind in solchen Arrangements auch der mögliche Umfang und Grad der Produktdifferenzierung geregelt: Die ästhetisch-technischen, aber auch die wirtschaftlichen Verwertungsmöglichkeiten sind dabei von den jeweils spezifischen Gesetzmäßigkeiten der publizistisch-ökonomischen Arbeitsteilung auf den fraglichen Medienmärkten vorgegeben.

Überlegungen zu Mehrfachverwertungsmöglichkeiten im Rahmen medialer Verbundproduktionen und den darin enthaltenen Querfinanzierungspotentialen unterscheiden sich im Prinzip nicht von den bisherigen Betrachtungen zu Produkt- und/oder Preisdifferenzierungen geistig-kreativer Schöpfungen. Der Kapitelabschnitt kann vergleichsweise knapp ausfallen: Die relevanten Zusammenhänge wurden bereits an unterschiedlichen Stellen diskutiert.

Querfinanzierung über Mehrfachverwertung mittels medialer Verbundproduktionen rechtfertigt dennoch einen eigenen Kapitelabschnitt, weil wie bereits früher gezeigt, unterschiedliche Medien spezifische Akzeptanz- und damit Marktpotentiale haben. Ein audiovisuelles Medium wie das Fernsehen eröffnet als „Massenmedium“ bzw. „Leitmedium“ der Nachkriegsära für eine mediale Verbundproduktions–Querfinanzierung andere Ergiebigkeitsvolumina als die Zweitverwertung eines als Hardcover erschienenen Buchtitels entweder in Taschenbuchform, als Theaterstück auf der Bühne oder als Hörspiel im Rundfunk. Aus diesem Grund ist es schon theoretisch denkbar, daß bestimmte Aussagenproduktionen nur dann möglich sind, wenn sie ihre eigentliche Querfinanzierungsquelle im Ergiebigkeitspotential einer Fernsehfinanzierung finden können. Umgekehrt gibt es Fälle, in denen die Mehrfachverwertung in anderen, also auch beispielsweise finanziell ergiebigeren Medien, vorrangig zur Ertragsoptimierung eingesetzt wird und nicht zur querfinanzierten Kostendeckung notwendig ist.

Aus diesem Grund sollen in den drei nächsten Abschnitten nur einige Fallbeispiele skizziert werden, die unterschiedliche Trends und längerfristige Entwicklungen anzudeuten geeignet sind. Die empirische Beispielsammlung wird ebenfalls weitaus knapper ausfallen, da die Recherchen, Rekonstruktionen und Ausarbeitungen der vorliegenden Untersuchung vorrangig auf die Printmedien ausgerichtet sind.

---

186 Das (geistige) Eigentum an einem Werk wird rechtlich abgedeckt durch das Urheberrecht, nachdem das Eigentum an einem Werk nicht übertragen werden kann. Übertragbar, d.h. ökonomisch handelbar sind nur sog. Leistungsschutz- bzw. Verwertungsrechte.

6.6.2.4.1 Buchclub–Märkte mittels Buchclub–Ausgaben

Aus der Sicht von Buchverlagen stellt die Mehrfachverwertung eines Titels über Buchgemeinschaften (Buchclubs) eine Zusatzverwertung dar, die sich – vom Medium her betrachtet – auch als Verwertung auf einem spezifischen Buchmarktsegment interpretieren läßt und die so gesehen im vorigen Kapitelabschnitt ihren Platz finden könnte. Da der Buchclub–Markt indes einen sehr spezifischen Marktzugang voraussetzt, der Buchverlagen direkt verschlossen ist, soll diese Art der Mehrfachnutzung im hiesigen Rahmen von Medienverbundproduktionen behandelt werden: Eine Buchclubvermarktung setzt einen Produktionsverbund mit einem Buchclubunternehmen voraus, der vor allem über die spezifische Vertriebs- und Absatzmarktstruktur verfügt.

Die besondere Vertriebsstruktur von Buchgemeinschaften ergibt sich aus dem spezifischen Markt: Clubmitglieder gehören nicht immer bzw. nicht immer von vornherein zu den typischen Buchkäufern bzw. Buchrezipienten. Die Motive sind vielfältiger Natur und reichen vom Bedürfnis nach Rezeption bestimmter Inhalte („Teilnahme an literarischen Ereignissen", vgl. ROSZINSKY-TERJUNG 1981: 116) bis hin zum Bedürfnis nach Repräsentation: Buchclubausgaben werden vielfach unter dem Aspekt produziert, daß die ausgelieferten Titel letztlich ein „Element der Wohnkultur" repräsentieren, Bücher demnach einen „prestige-besetzten, wertvollen Besitz" (LANGENBUCHER/TRUCHSEß 1974, zit.n. ROSZINSKY-TERJUNG 1981: 116) verkörpern sollen. Ungeachtet der individuellen Motive ist der Marktzugang ein völlig anderer: Buchclubs beliefern ihre Mitglieder nach Katalog und/oder auch über spezielle Buchclub–Center. Über den teilweise anonymisierten Zugang (Katalog), aber auch über die Regelmäßigkeit der Marktteilnahme (Mindestabsatzverpflichtung innerhalb eines bestimmten Zeitraumes) werden vielfach ganz andere Nachfragerschichten angesprochen bzw. Marktpotentiale mobilisiert, die den Erstproduzenten völlig verschlossen bleiben.

Der anonymisierte Buchclub–Marktzugang löst beispielsweise das Problem, das viele potentielle Nachfrager vom Besuch eines Theaterstücks abhält: Der Besuch erfordert technische und zeitliche Vorbereitungen, vermittelt gegebenenfalls das Gefühl von Deplaziertheit im Theater selbst, weil man mit den dort praktizierten Usancen bzw. kulturellen Codes (vgl. BOURDIEU) nicht vertraut ist. WAHLZIEGER (1978: 246) spricht von „subjektiv empfundenen, schichtenspezifischen Hemmnissen." Buchclub–Organisationen sind imstande, bestimmte Märkte für solche Nachfragergruppen zu öffnen. Diese spezifische Buchclub–Infrastruktur schlägt sich in spezifischem Aufwand nieder (z.B. Clubcenter, Mitgliederwerbung). Andererseits haben Buchgemeinschaftsunternehmen erhebliche Produktions- und Marketingvorteile: In die Angebotspalette werden nur erfolgreiche Titel aufgenommen (risikolose Zweitverwertung), die produzierten Auflagenmengen werden mittels zeitliche vorgelagerter Testmärkte optimiert, der Absatz verläuft rasch und ohne größere Lagerhaltung. Die Preisstellung liegt regelmäßig deutlich unter jener der Erstverwertungsmärkte. Aufgrund der großen Absatzmengen, die Buchgemeinschaften Lizenzgebern garantieren können – ein sog. Hauptvorschlagsband wird von größeren Buchclubs nicht unter 200.000 Exemplaren abgesetzt – haben sich vergleichsweise geringe Lizenzmargen durchgesetzt: Clubunternehmen zahlen in der Regel eine 4%ige Lizenzgebühr bezogen auf den Clubverkaufspreis, die unter den Lizenzgebühren für reguläre Taschenbücher liegt (5–7%).

Trotz geringer Margen ist eine Clubverwertung auch für Buchverlage interessant, da sich das Lizenzvolumen vorrangig über die Lizenzmenge ergibt. Aus der Sicht von Buchverlagen stellt ein Buchclub–Absatzmarkt eher eine zusätzliche, oft nur eine Restverwertungsstrategie dar, die allerdings für die Buchclubunternehmen selbst außerordentlich profitabel sein kann.[187]

6.6.2.4.2 Verfilmung

In einem dominant audio-visuellen Zeitalter liegt eine Verwertung über entsprechende Medien nahe, wobei eine Vermarktung als Kino- und/oder Fernsehfilm bzw. als individuell nutzbare Videokassette in Frage kommt. Der unterschiedliche Medien(markt)einsatz läßt sich zudem durch zeitliche und räumliche Differenzierung optimieren, wie dies immer mehr die Regel bei großen Kinofilmprojekten im Rahmen von Medienverbundstrategien beispielsweise durch die großen Medienkonzerne wird.[188] Als Beispiel sei der 1994 von Paramount Pictures produzierte Spielfilm *Forrest Gump* skizziert, der in der Herstellung 55 Mio. DM gekostet hatte. Die Mehrfachverwertung dieses mit 6 Oscars preisgekrönten Films[189] lief auf den Märkten Kinofilm, Fernsehen (Free TV, Pay TV, Paramount Home Video) und Videokassette – räumlich (z.B. nach Ländern) und zeitlich so aufeinander abgestimmt, daß alle Märkte optimal ausgeschöpft werden konnten. Im Ergebnis spielte das mediale Verbundprojekt weltweit rd. 480 Mio. DM ein.[190] Einen Buchtitel als Vorlage gab es hierfür nicht – „Das Buch zum Film“ wurde erst parallel zum Erfolg auf den Markt gebracht. Die Daten geben einen (kleinen) Einblick in das Querfinanzierungspotential erfolgreicher Filmvermarktungen.

Als Beispiel für den umgekehrten Fall der Verfilmung einer Buchvorlage sei auf den Erfolgsroman *Vom Winde verweht* von Margaret MITCHELL verwiesen, dessen Verfilmung Ende der 30er Jahre zum teuersten, aber auch erfolgreichsten Kinofilm-

---

187 Zahlen dazu hat SCHÖNSTEDT (1991: 106 f.) vorgelegt, indem er eine reguläre Buchverlagskalkulation mit jener eines Buchclubunternehmens anhand eines Romans vergleicht, der auf dem Erstverwertungsmarkt mit 38 DM eine Auflage von 5.000 verk. Ex. erzielt und beim Buchclub 24,70 DM kostet, wobei die Buchgemeinschaft 100.000 Exemplare verkaufen kann. Vereinfacht ausgedrückt wirken sich die Kalkulationsunterschiede folgendermaßen aus: Auflage und Unternehmenserlös steigen um den Faktor 20 (Buchclub ohne Buchhandelsspanne!): die technischen Herstellkosten steigen (nur) um den Faktor 10, das Honorarvolumen (Lizenz) um den Faktor 5 und die Gemeinkosten um den Faktor 26 (inkl. eines Abschreibungsbetrages für austretende Mitglieder bzw. Werbung für Neumitglieder). Das Überschußvolumen (Deckungsbeitrag II) hingegen schnellt steil in die Höhe: um den Faktor 68. In absoluten Zahlen betrachtet macht der Erstverwertungsverlag mit einer 5.000er Auflage 9.650 DM Gewinn, der Buchclub mit 100.000 abgesetzten Exemplaren 659.000 DM.

188 Vgl. z.B. FAULSTICH 1990: Bestseller–Literatur im internationalen Medien–Produktverbund. Querschnitts-untersuchung zum Jahr 1950 als Teil einer Langzeitstudie oder ARTOPÉ, Alexander/ZERDICK, Axel (1996): Die Folgen der Media–Mergers in den USA. Die neue Ausgangssituation auf dem deutschen und europäischen Fernsehmarkt.

189 Regie: Robert ZEMECKIS, Hauptdarsteller: Tom HANKS

190 Daten: Variety, zit.n. Wirtschaftswoche 30.3.1995: 52

projekt wurde.[191] 1994 gab es eine Art von Remake: Die US–Autorin Alexandra RIPLEY hatte im Auftrag der MITCHELL–Erben einen Fortsetzungsroman unter dem Titel *Scarlett* geschrieben, der mehr oder weniger zeitgleich von einem internationalen Produzentenkonsortium[192] produziert und im Fernsehen von 21 Ländern zeitgleich ausgestrahlt wurde, und schon aufgrund des abgestimmten Marketings weltweit finanziell außerordentlich erfolgreich war. Über Einspielergebnisse liegen leider keine Informationen vor.[193]

Wie Verlage und Autoren von Buchtiteln in Form externer Effekte bei nachträglicher Verwertung z.B. durch Dritte profitieren können, läßt sich an dem Buch *Schindlers Liste* des australischen Autors Thomas KENEALLY zeigen. KENEALLY, der zwei Jahre für seinen Report recherchiert hatte, der 1982 erschienen war,[194] konnte davon in knapp 13 Jahren bis 1994 rd. 5.000 Exemplare absetzen. 1994 brachte Steven SPIELBERG seinen gleichnamigen Film weltweit in die Kinos, der ein sehr großes Publikum erreichte und ähnlich wie die TV–Serie *Holocaust* im Jahre 1980 eine längerlebige öffentliche Diskussion auslöste.[195] Mit dem weltweiten Anlaufen des Films kam der längst verebbte Absatz der Buchtitel wieder in Schwung: Die Bertelsmann–Gruppe, die Lizenzen auf dieses Buch besaß, konnte bis zum September 1994 weltweit 1,9 Mio. Exemplare dieses längst vergessenen Buches verkaufen. Die zusätzlichen Erlöse aus der jetzt erst erfolgreichen Mobilisierung von Marktpotentialen auf den unterschiedlichsten Marktsegmenten mittels sachlicher (Hardcover, Taschenbuch, Buchclubausgaben) und räumlicher Differenzierung (länderspezifische Übersetzungen) stellen ökonomisch gesehen externe Effekte eines eigentlich anderen medialen Produktes dar.[196] So angenehm sich solche Effekte pekuniär niederschlagen, sie liegen außerhalb der eigenen unternehmerischen Planung(shoheit) und stellen damit keine strategische Problemlösung dar.

Eine beispielhafte Vorstellung von der Größe von Querfinanzierunspotentialen gibt der 1994 im Eichborn Verlag erschienene Roman *Campus* von Dietrich SCHWANITZ, einem Hamburger Hochschullehrer für Anglistik, der das im angelsächischen Raum traditionelle Genre Universitätsroman auf ein deutsches, sprich

191 Verfilmt von David O. SELZNICK 1937–1939 unter dem Titel *Gone with the wind*. Der Film erhielt seinerzeit 10 Oscars.

192 Leo KIRCH, Silvio BERLUSCONI und Robert HALMI, der zugleich Regie führte. Der Film lief in Deutschland in SAT.1

193 Hingegen wurde bekannt, daß das aufwendige Filmunternehmen, für das 2.200 Schauspieler und Komparsen tätig waren, und das 6 Monate Produktionszeit in Anspruch nahm, rd. 60 Mio. DM gekostet hatte. Umgerechnet 9 Mio. DM hatte die Erben für die Vergabe der Filmrechte erhalten (vgl. *Berliner Morgenpost* v. 13.11.1994).

194 1982 bei Hemisphere Publishers, 1983 als Hardcover bei C. Bertelsmann, München. KENEALLY hatte für seine Arbeit den Booker–McConnell–Literaturpreis in London erhalten.

195 Die mehrteilige TV–Serie *Holocaust* wurde damals von durchschnittlich rd. 14 Mio. Zuschauern gesehen. Der Kinofilm *Schindlers Liste*, der am Karfreitag 1997 von Pro7 ausgestrahlt wurde, erzielte eine Einschaltquote von 6,74 Mio. Reichweite (vgl. *Tagesspiegel* v. 30.3.1997). In den deutschen Kinos hatten den Film 1994 etwa 3,5 Besucher rezipiert (vgl. *Die Woche* v. 21.4.1994).

196 Die Produktion von *Schindlers Liste* hatte 26 Mio. $ gekostet; eingespielt hatte das Projekt rd. 300 Mio. $ (vgl. *Die Woche* v. 2.4.1994). SPIELBERG finanziert damit u.a. sein ehrgeiziges publizistisches Projekt *The Survivers of the Shoah Foundation*: Dort werden weltweit Informationen gesammelt und Interviews mit (noch) Überlebenden des Holocausts geführt und archiviert, um damit eine große multimediale Datenbank aufzubauen, die später online allen Interessierten zugänglich sein soll.

hamburgisch-hanseatisches Sozialmilieu übertrug. Seine „Universitätssatire“ (*Süddeutsche Zeitung*) verkaufte sich rd. 60.000 Mal, was nach Eichbornscher Kalkulation (vgl. Tab. 6.6.2.1 [4]) ein Überschußvolumen von rd. 350.000 DM bedeutet. Das Erlösvolumen aus der Lizenzvergabe als Taschenbuch betrug 400.000 DM, die Lizenzgebühr für die Verfilmungsrechte 350.000 DM.[197] Unabhängig der unterschiedlichen Rezipientenpotentiale bzw. Reichweiten auf den einzelnen Märkten spielte in diesem Fall die mediale Verbundproduktion in etwa gleichgewichtige Erlösanteile ein.[198]

Mehrmediale Verbundproduktions–Strategien werden für Bücher produzierende Unternehmen immer wichtiger. Aufgrund bereits länger anhaltender Entwicklungstrends, die sich in stetig sinkenden Auflagenhöhen bei Nicht–Bestsellern niederschlagen, fällt auch das absolute Überschußvolumen immer geringer aus. Im selben Maße steigt die Notwendigkeit zusätzlicher Querfinanzierungsquellen, insbesondere für jenen Teil des Produktangebots, das über vergleichsweise kleine, d.h. normale Auflagenhöhen nicht hinauskommt. Auflagenhöhen in der Größenordnung von 3.000 bis 5.000 Exemplaren gelten inzwischen als Normalauflage.

Darüber hinaus gehender Absatz gilt als überdurchschnittlicher Erfolg. Von einem Bestseller spricht man branchenweit, wenn ein Titel in die Nähe von 100.000 Verkaufsexemplaren gelangt. Diese Werte sind als branchenübliche Durchschnitts- bzw. Erfahrungswerte anzusehen. Eine offizielle oder branchenspezifische Auflagenstatistik gibt es deutschlandweit nicht.[199]

Wie eng die finanziellen und innovatorischen Spielräume ohne Verwertung von Nebenrechten sind, machen die folgenden groben kalkulatorischen Überlegungen deutlich. Normalauflagen in der Größenordnung von beispielsweise 4.000 Exemplaren spielen bei einem Hardcover–Verkaufspreis von 36 DM bzw. knapp 20 DM Verlagserlös ein absolutes Überschußvolumen (Deckungsbeitrag II) von durchschnittlich 2.500 DM ein (vgl. Tab. 6.6.2.1 [1]). Diese Summe wird indes nur bei vollständigem Verkauf der Auflage über den individuellen Produktzyklus eines Buches hinweg realisiert. Der vollständige Absatz kann sich dabei über mehrere Jahre hinziehen. So gesehen handelt es sich bei den als reiner Buchtitel kalkulierten Erträgen um vergleichsweise geringe Beträge, die immer weniger ausreichen, um damit Investitionen in neue Projekte, sprich Buchtitel durchzuführen.

Allerdings schlägt das grundsätzliche Problem der vergleichsweise geringen Akzeptanz bestimmter Aussagenproduktionen letztlich auch auf die Mehrfachverwertung etwa in Form einer potentiellen Verfilmung durch: Titel, die auf dem Buchmarkt nicht 'gehen', haben auf dem Filmmarkt ebenso geringe Chancen. Die finanziellen Möglichkeiten medialer Verbundproduktionen konzentrieren sich daher

---

197 Quelle: Verlagsangaben

198 Nach der im Eichborn–Verlag üblichen Aufteilung von Zusatzerlösen aus Rechteverwertungen erhält der Autor 60%, der Verlag 40%, so daß sich das Ertragsvolumen aus der Mehrfachverwertung für den Verlag auf 300.000 DM stellt und damit in etwa dem Ertrag aus der Erstverwertung entspricht.

199 Weder existiert eine Statistik, die Auflagen einzelner Titel oder durchschnittsweise für Verlage oder Sachgebiete erhebt, wie sie für die 50er Jahre noch von SCHULZ (1960) zusammengestellt werden konnte, noch werden Daten zum jeweiligen Auflagenvolumen erhoben. Alle hier genannten Auflagendaten fußen, sofern nicht anders angegeben, auf Verlagsangaben.

auf bestimmte Titel oder Genres in einzelnen Marktsegmenten, die als Querfinanzierungspotentiale in Betracht kommen.[200]

6.6.2.4.3 Merchandising

Das, was man üblicherweise nur aus den Medienbranchen Film und Fernsehen kennt, die Vermarktung eines spezifischen Medienprodukts auch im Rahmen von Logos, sujetgebundenen Nebenprodukten wie Spielzeugfiguren oder sonstigem Accessoire, das sich auf Inhalte und/oder Protagonisten des eigentlichen Medienprodukts bezieht (Beispiel Kinofilm *Jurassic Park* und Dino–Spielzeugfiguren), läßt sich grundsätzlich auch bei Buchprodukten realisieren. Der Eichborn Verlag hatte sein Verlagsprogramm von Anfang an mit humorvollen Titeln, Karikaturbüchern und Scherzartikeln gemischt. Eines der Produkte, das aufgrund schneller Nachfrage Serien- bzw. Fortsetzungscharakter bekam, waren humorvoll gemeinte Bücher des Zeichners Walter MOERS. Die tragende Titelfigur, *Das kleine Arschloch*, entwickelte sich rasch zur Symbolfigur – der Verlag reagierte nicht nur mit neuen Buchtiteln, sondern auch mit vielseitig einsetzbarem Gebrauchs- und Medienutensil:

Die Protagonistenfigur wurde als Kalender, Schlüsselbundanhänger, Aschenbecher, Geschirr und T–Shirtzeichnung usw. weiterentwickelt. 1997 kommt gar ein erster Kinofilm auf den Markt. Mit dem *Kleinen Arschloch*–Merchandising erwirtschaftet der Verlag inzwischen rd. 20% seines jährlichen Umsatzvolumens, wobei sich dieser Umsatzanteil aufgrund des Bekanntheitsgrades des Signets als eine verläßlich stabile Einnahmequelle erwiesen hat. Für den hinsichtlich seiner Produktpalette experimentierfreudigen Verlag stellt diese Produktlinie nach eigenen Angaben ein unverzichtbares Querfinanzierungspotential dar.

Als zukünftige Märkte konkret absehbar, aber noch nicht in ihren Größenordnungen einzuschätzen, sind digitalisierte und/oder multimediale Verbundproduktionsmöglichkeiten. Sie bleiben hier außer Ansatz.

---

200 Beim Rowohlt Verlag sind dies beispielsweise die erfolgreichen Unterhaltungstitel von Rosamunde PILCHER. Der Roman *Schneesturm im Frühling* war am 4.2.1997 im ZDF gelaufen. Im selben Monat liefen drei Kinofilme an, bei denen Rowohlt an der Verbundproduktion mitbeteiligt war: Bereits im Herbst 1996 hatte der Verlag *Männerpension*. Das Buch zum Film von Edith BELEITES und Eckhard THEOPHIL für den Kinostart von *Männerpension*, Deutschland, herausgebracht. Ebenso hatte Rowohlt den Titel *Töten ist ein einsames Geschäft* seiner Krimi–Autorin Paula GOSLING neu aufgelegt, der als Vorlage für den Film *Fair Game, USA*, gedient hatte. Ein drittes Projekt betraf den Titel *Four Rooms*. Das Buch zum Film von Quentin TARANTINO, Allison ANDERS und Alexandre ROCKWELL. Solche medialen Verbundproduktions- bzw. Vermarktungsstrategien erfordern ein langfristiges internationales Planungsmanagement, weil es u.a. auch um den teilweise komplizierten Lizenzrechtehandel geht.
Vergleichsweise einfacher ist dieses Geschäft für einen Verlag wie Bastei–Lübbe (Unternehmensgruppe LÜBBE), der ausschließlich in einem Printmarktsegment agiert, das eine hohe Massenakzeptanz aufweist. Der Verlag hat inzwischen ein spezielles Lektorat „Buch&Medien" eingerichtet. Aus der ebenfalls inzwischen eingespielten Zusammenarbeit mit Unterhaltungsfernsehsendern sind bereits erste Projekte hervorgegangen: Vorabendserien wie *Dr. Stefan Frank* (RTL), *Kurklinik Rosenau* (SAT.1) oder *Bergdoktor* (SAT.1) sind Ergebnisse solcher ökonomisch erfolgreichen Mehrfachverwertungsstrategien.

6.6.3 Querfinanzierung innerhalb der eigenen Angebotspalette

Die bisher diskutierten Querfinanzierungstechniken waren Ergebnis von Strategien, Erlöspotentiale auszuschöpfen bzw. zu erschließen, die sich vorrangig aus dem Lebenszyklus von publizistischen Produkten und/oder ihrer Inputproduzenten ergaben. Die ökonomisch-technischen Vorteile ergaben sich überwiegend aus Größenvorteilen (economies of scale and scope). Die Ausnutzung dieser Möglichkeiten ist an deren Voraussetzungen gebunden: hohe Auflagen bzw. verkaufte Absatzmengen.

Nach DIDEROTs Erfahrungsregel von 1767 und auch heutigen Gesetzmäßgkeiten sind diese Effekte nur bei einem geringen Anteil der Angebotspalette zu realisieren. Querfinanzierung innerhalb des eigenen Produktionsangebots, d.h. zwischen marktgängigen und weniger marktgängigen Titeln, wird daher zu einer weiteren unverzichtbaren Querfinanzierungsstrategie. Diese Art des finanziellen Risikoausgleichs beruht auf vergleichsweise simplen Techniken, die letztlich auf eine 'summa–summarum'–Betrachtung bzw. eine Ergebnisbetrachtung 'unter dem Strich' hinauslaufen. Für diese Art von Überlegungen wird daher auch weniger inhaltlicher Raum benötigt, weshalb die nachfolgenden Kapitelabschnitte kurz ausfallen (können).

6.6.3.1 DIDEROTs Erfahrungsregel und das NICOLAIsche Mischprinzip

DIDEROT hatte seine offenbar empirische Erfahrung, daß „am Ende der Rechnung man bei zehn verlegerischen Unternehmungen mit nur einer – und das wäre viel – zu Erfolg kommt, während vier auf die Dauer gerade die Kosten einbringen und man mit fünfen Verlust erleidet“ (DIDEROT 1767/1861: 39 f.), 1767 zu Papier gebracht. In etwa zur gleichen Zeit hatte der Berliner Buch- und Zeitschriftenverleger, Aufklärer und Autor in einer Person, Christoph Friedrich Wilhelm NICOLAI (1733–1811), die grundsätzlichen Probleme des Mediums Buch und die Organisation des Buchmarktes in einen dreibändigen Roman *Leben und Meinungen des Herrn Magisters Sebaldus Nothanker* verpackt, erschienen 1773–1776 in seinem eigenen Verlag.[201] In diesem Buch läßt NICOLAI seinen Protagonisten Sebaldus Nothanker darüber räsonieren, wie man wohl das – von DIDEROT beschriebene, bei NICOLAI aber nicht namentlich genannte – Problem der unterschiedlichen Marktgängigkeit von Büchern lösen könne. NOTHANKER schlußfolgert ökonomisch: „So könnte es ja wohl der Vorteil der Buchhändler erfordern, zuweilen schlechte Bücher zu verlegen“ (NICOLAI 1773-76/1986: 85).

---

201 Als typisch anzusehen ist die unterschiedliche wissenschaftliche Rezeption dieses Werks in heutiger Zeit. In dem Nachschlagewerk Daten deutscher Dichtung wird ausschließlich auf die literarisch-ideologische Auseinandersetzung NICOLAIs mit dem Pietismus rekurriert. In der zehnbändigen *„Sozialgeschichte“ Deutsche Literatur*, hgv. Horst Albert GLASER, wird zumindest reichlich knapp der eigentliche Inhalt und das Anliegen des Autors und Verlegers NICOLAI skizziert: die Auseinandersetzung mit publizistischen und ökonomischen Problemen. Eine ernsthaft gemeinte und sehr ausführliche Darstellung dieses literarisch wie wirtschaftshistorisch bedeutsamen Werks hat in neuerer Zeit erst der bekannte Historiker und Literaturexperte Horst MÖLLER mit seiner Dissertationsschrift *Aufklärung in Preußen. Der Verleger, Publizist und Geschichtsschreiber Friedrich Nicolai 1971/1974* vorgelegt.

Dieses NICOLAIsche Mischungsprinzip mit „schlechten“ Büchern zieht sich durch die gesamte Geschichte des Mediums Buch. Unter der Begrifflichkeit „schlecht“ sind in NICOLAIs Sinne unterschiedliche Fallsituationen zu verstehen: inhaltlich wenig anspruchsvoll, dafür marktgängig. Beispiele für dieses ökonomisch pragmatische wie einfache Lösungsprinzip wurden bereits mehrfach gegeben. Erinnert sei nur an den Gründer des Malik Verlags, Wieland HERZFELDE, der seine Angebotspalette mit vorrangig engagiert politisch-revolutionärer Publizistik mit ebenso kritischen, aber weitaus marktgängigeren Erfolgstiteln des „amerikanischen Zola“ (Leo LANIA) Upton SINCLAIR gemischt hatte, oder an den Verleger Helmut KINDLER, der zwecks Aufbau seines publizistischen Unternehmens sich nicht zu schade war, Autoren wie KONSALIK oder eine Zeitschrift namens *Bravo* zu verkaufen. Friedrich NICOLAI hatte dieses Mischkalkulationsprinzip selbst mit Erfolg und Konsequenz praktiziert.[202]

Als gängige Mischprinzipien bzw. Kalkulationsbetrachtungen haben sich heute Querfinanzierungsperspektiven *innerhalb* einzelner „Reihen“, aber auch *zwischen* einzelnen Reihen durchgesetzt:[203] Verlage 'machen' einen bestimmten Titel, der ihnen 'wichtig' ist, wissen aber um die ökonomisch schwachen oder aussichtslosen Chancen. Den Ausgleich muß die „Reihe“ bzw. ein oder mehrere andere Titel bringen.

Das Verlagsunternehmen Rowohlt, das heute eine Tochtergesellschaft der HOLTZBRINCK–Unternehmensgruppe ist und in gewissem Rahmen ein ökonomisch vorzeigbares Ergebnis erwirtschaften muß, realisiert dies im Prinzip über die „kulturelle Mischkalkulation“ (NAUMANN 1995). Die unumgängliche betriebswirtschaftliche Kalkulation (Deckungsbeitragsrechnung) wird vorrangig als Indikator für die ausreichende Funktionsfähigkeit der verschiedenen Querfinanzierungstechniken genutzt. Die Deutsche Verlagsanstalt (DVA), Stuttgart, „produziert Gott sei Dank zehn Zeitschriften“, damit sie sich „auch die Bücher leisten“ kann, wie es der damalige Geschäftsführer formulierte (FRANK-PLANITZ 1985: 58).

Letztlich ist die Kalkulationsperspektive nicht vordergründig relevant: Wer Bücher bestimmter Genres bzw. mit spezifischen Aussagenproduktionen für eine (völlig) ungewisse Nachfrage vorhält, muß summa summarum darauf achten, daß er dies ökonomisch durchhalten kann. Den Umfang des dazu notwendigen Querfinanzierungspotentials geben zum einen die Kosten bzw. (Nicht-)Erlöse der schwer marktgängigen Titel, zum anderen der Grad der monetären Interessen vor.

Vergleicht man DIDEROTs Erfahrungsregel aus dem 18. Jahrhundert mit empirischen Erfahrungswerten der 90er Jahre des 20. Jahrhunderts, so bestätigt sich die durchgehend anhaltende Gesetzmäßigkeit im Prinzip bis heute. Bei Rowohlt entfallen 20% aller Titel auf die Sparte voller Erfolg, 20% spielen zumindest die kalkulatorischen Kosten ein (Deckungsbeitrag II = 0) und 60% schließen mit roten Zahlen ab. Der Kindler Verlag kalkulierte bis in den 70er und 80er Jahren mit 20% erfolg-

202 Vgl. auch Anm. 99 in Kap. 4.6.3.

203 STIEHL (1989) benutzt dafür die Begrifflichkeiten „große Mischkalkulation“ bzw. „titeltranszendente Mischkalkulation“ bzw. auch von „Titelprogrammkalkulation“ für die 'Mischung' über die gesamte Angebotspalette hinweg sowie von „kleiner“ bzw. „titelimmanenter Mischkalkulation“ für den Fall einer Mischung über alle Ausgaben/Auflagen hinweg. HEINOLD (1988: 98) spricht von titel- versus programmbezogener Mischkalkulation.

reichen Büchern, bei 40% mit plusminusnull und einer 0%igen Mißerfolgsquote[204] – ein finanzielles Mischungsverhältnis, das auf heutige Zeiten übertragbar ist. Eichborn stützt sich zu knapp 20% auf die Buchreihe inklusiver Merchandising–Verwertung des Sujets *Das kleine Arschloch*, mit weiteren drei gleichen Anteilen schlagen erfolgreiche, selbstkosteneinspielende und erfolglose Bücher zu Buch.[205] Eine durchgehende Drittelverteilung auf ökonomischen Erfolg, Kostendeckung und Mißerfolg nennen die Kleinverlage Rasch und Röhring, Hamburg, sowie Klaus Wagenbach, Berlin.[206] Fast identisch mit der DIDEROTschen Risiko–Erfolgsverteilung fallen die Ergebnisse des Berliner Kleinstverlages LitPol aus, der von 1977–1985 existierte.[207] Abb. 6.6.3.1 faßt die Erfahrungsregeln nochmals grafisch zusammen.

Abb. 6.6.3.1: Querfinanzierungserfahrungen von Buchverlagen im 20. Jahrhundert

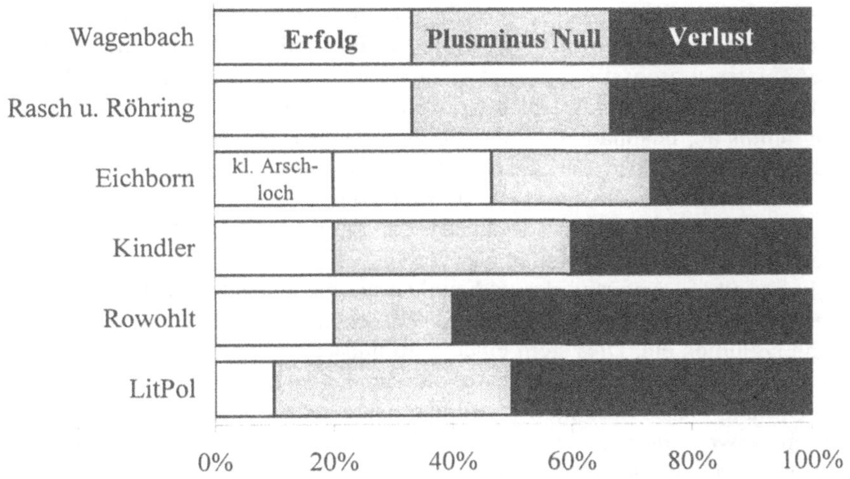

204 Quelle: Brieflicher Kontakt und telefonische Gespräche mit Helmut KINDLER im Jahre 1995 an einem seiner (schönen) Wohnorte Brissago/Tessin sowie Interview mit dem früheren Verlagsgeschäftsführer Klaus JOST in Limeshain am 18.4.1996.

205 Quelle: Mehrere Gespräche mit dem früheren Verlagsgründer und Verleger Vito von EICHBORN, bei dem der Verfasser der vorliegenden Untersuchung selbst vier Buchtitel verlegen ließ, sowie Interview v. 22.4.1996 in Frankfurt/M.

206 Die Daten zu Rasch und Röhring entstammen einem Gesprächsinterview mit dem Verleger Hans-Helmut RÖHRING v. 19.8.1996 in Hamburg; die Angaben zum Wagenbach–Verlag nannte der Verleger in einer seiner Schriften (vgl. WAGENBACH 1982: 92).

207 Gespräch am 13.4.1997 mit dem ehemaligen Verleger der LitPol VerlagsGmbH, Thomas FRIEDRICH, Berlin. Der Verlag stellte seine Arbeit ein, nachdem aufgrund des geänderten GmbH–Gesetzes das Mindest–Stammkapital von 20.000 auf 50.000 DM erhöht worden war. Der kleine Verlag, der über keinerlei freie Liquiditätsreserven verfügte, sah sich nicht imstande, eine solche Kapitalaufstockung mitzumachen und wurde deshalb von Amts wegen handelsregisterlich gelöscht. Eines der erfolgreichsten Bücher war das mit 10.000 verk. Ex. und in 2 Auflagen erschienene *Abschreibungs–Dschungelbuch* von Micha ULSEN & Susanne CLAASSEN aus dem Jahre 1982.

6.6.3.2 Backlist versus Novitäten

Verlage, die ihren publizistischen Erfolg auf Zeitgeist, Mainstream und konjunkturelle Modewellen aufbauen, realisieren in der Regel eine ökonomische Erfolgsstrategie, müssen sich aber flexibel dem regelmäßigen Nachfragewandel unterwerfen. Für die eigene Produktion bedeutet dies im Normalfall, daß die Angebotspalette aufgrund vergleichsweise kurzer Produkt(lebens)zyklen ständig wechselt: Titel, einmal außer Mode geraten, sind nicht mehr über den Verlag zu haben. Den gegensätzlichen Fall verkörpern verlegerische Unternehmen, deren inhaltliches Programm nicht nur aus – im Sinne NICOLAIs – „schlechten" Büchern besteht, sondern die spezifische Aussagenproduktionen aufgrund erwarteter längerer Akzeptanzbildungsprozesse vorhalten: Das Angebotssortiment, das sich im Laufe der Jahre aufbaut, enthält einen vergleichsweise großen Anteil von bereits erschienen Büchern.

Die unterschiedlich große und kostenintensive Lagerhaltung, die damit verbunden ist, schlägt sich bei Verlagen in einem indirekten Indikator nieder: der Umfang der Verkäufe aus der sog. Backlist, die im Gegensatz zu den Novitäten (Neuerscheinungen) den bisher vorhandenen Bestand an Titeln und gedruckten Buchexemplaren umschreibt, gibt erste Hinweise auf die inhaltliche Ausrichtung der Produktpalette. Backlist plus Novitäten decken die Aktivitäten des gesamten Verlagsprogramms ab, unabhängig davon, ob man dies anhand der Titelzahl, dem mengen- oder am wertmäßigen Verkaufsvolumen mißt.

Die Backlist hat für Verlage zweierlei Bedeutung:

1) Hohe Backlist–Umsätze aus vorhandenem Titel- und Lagerbestand garantieren für eine gewisse Regelmäßigkeit an frischer Liquidität: Die herstellbedingten Kosten stellen irreversiblen Aufwand dar und sind so gesehen 'abgeschrieben' – zusätzliche Verkäufe bringen die Kalkulation an den break–even–point oder spielen das geplante Überschußvolumen ein. Dies stellt einen Stabilitätsaspekt dar, der für die Funktionsfähigkeit der Querfinanzierung ganz wesentlich ist.

2) Der Umfang dieses Return on Investment hat zudem Einfluß auf die Innovationsaktivitäten, soweit diese nicht über Fremdmittel vorfinanziert werden sollen oder können: Die Backlist determiniert damit den Grad der Selbst- bzw. Innenfinanzierung des künftigen Verlagsprogramms. Dieser letzte Aspekt ist für Verlage von besonderer Bedeutung, da Verlage eine im Vergleich zu anderen Branchen sehr hohe Innovationsrate aufweisen. Wirtschaftsunternehmen, die im Investitions- und/oder Konsumgüterbereich produzieren und aufgrund des Wettbewerbsdrucks zu ständiger Produkt- und weiterentwicklung gezwungen sind wie beispielsweise die Siemens AG, erwirtschaften zwei Drittel ihres Umsatzvolumens mit Produkten bzw. Produktentwicklungen, die nicht älter als fünf Jahre sind. Bei dem US–amerikanischen Konsumgüter–Konzern Johnson & Johnson (Gesundheitspflege, pharmazeutische Präparate u.a.m.) etwa liegt dieser Anteil nur bei einem Drittel.[208]

Buchverlage weisen ungeachtet ihrer spezifischen Marktsegmente, die sie vorrangig bedienen, eine sehr viel höhere Innovationsaktivität auf: Der Anteil der Novitäten liegt in der Regel jedes Jahr bei mindestens 50% bzw. eher höher. Taschenbuchverlage, die schwerpunktmäßig Zweitverwertung von als Hardcover erschiene-

208 Daten für Siemens: Firmenangabe; Zu Johnson & Johnson vgl. *Handelsblatt* v. 11.9.1996.

nen Erfolgstiteln betreiben, kommen auf eine Quote bei den Neuerscheinungen von bis zu 90% bzw. weisen eine eher unbedeutende Backlist auf.[209] Unternehmen, die eher Zeitloses produzieren (z.B. Kunstbildbände, kulturhistorische Reiseführer), leben von einer großen Backlist, die bis zu 70% des Jahresumsatzes reichen kann.[210] Kleinere und mittlere Verlagsunternehmen, die (noch) nicht auf eine größere Produktpalette zurückgreifen bzw. sich (noch) nicht auf stochastische Erfolgswahrscheinlichkeiten verlassen können, sind ebenfalls zu großer Kreativität gezwungen, wenn sie keine ergiebige 'cash–cow' im Verlagsstall haben: Hier fällt die Backlist aufgrund des noch geringen Titelvolumens kleiner aus.[211]

Ein hohes Umsatzvolumen aus der Backlist stellt somit ein potentielles Ergiebigkeitsreservoir dar, um Querfinanzierung über das NICOLAIsche Mischungsprinzip mit dem bereits vorhandenen Angebotsbestand zu betreiben. Ungeachtet marktsegmentspezifischer Unterschiede in den Backlist–Quoten zählen Buchverlage aufgrund der kaum prognostizierbaren Kalkulierbarkeit vieler ihrer Produkte und den gleichzeitig absehbar geringen Gewinnvolumina selbst der sich ökonomisch rechnenden Titel zu den innovativsten 'Branchen': Hohe Absatzrisiken, die sich in ihrer grundsätzlichen Existenz nicht abbauen lassen, setzen auf der Angebotsseite ein entsprechendes Kreativitätsniveau voraus. Die Backlist garantiert ein bestimmtes Minimumniveau für Querfinanzierung, um notwendige Innovationen in Gestalt von Novitäten abzusichern.

6.6.3.3 Bestseller- und Longseller–Phänomene

Branchenüblicherweise spricht man von einem Bestseller, wenn ein Titel ein Auflagenvolumen von annähernd 100.000 verkauften Exemplaren erreicht oder überschritten hat. Für Longseller bzw. auch Steadyseller genannt gibt es eine solche numerische Abgrenzung nicht: Longseller sind Bestseller, die sich über längere Zeit 'halten' können. Ökonomisch betrachtet verkörpern Best- bzw. Longseller alle denkbaren Möglichkeiten von Querfinanzierungspotentialen, die sich realiter kumulieren: Bestseller bedeutet hohe Auflagen und Ausschöpfen der Fixkostendegression, bedeutet gleichzeitig ein hohes Erlöspotential über den Produktzyklus hinweg, es lassen sich mittels Produkt-, Zeit- und Preisdifferenzierung unterschiedliche Märkte bedienen ebenso wie eine mediale Verbundproduktion in Betracht kommen kann, und wenn der Bestseller zum Longseller wird, profitiert davon auch noch die Backlist. Bestseller repräsentieren im Sinne NICOLAIs das Mischungspotential, d.h. in unserer hier verwendeten ökonomischen Formulierung die notwendige Querfinanzierungsmasse, und wie ergiebig diese unter dem Strich sein muß, hatte bereits DIDEROT konstatiert.

---

209 Beispielhaft seien die Taschenbuchverlage Goldmann oder Heyne aus München genannt.

210 Darunter fiele etwa der DuMont Buchverlag, Köln.

211 Beispielsweise erzielte der Hamburger Rasch und Röhring Verlag, der 1984 durch den ehemaligen Cheflektor und Verlagsleiter des Hoffmann und Campe–Verlags, Hans-Helmut RÖHRING, neu gegründet wurde, 1994 bzw. 1995 einen Backlistumsatz von 22 bzw. 28%.

Die wirtschaftliche Bedeutung solcher Best- und Longseller läßt sich stellvertretend an einigen wenigen Beispielen ermessen. Im Prinzip muß jedes Buchverlagsunternehmen eine Art Bestseller im Portefeuille bzw. auf der Backlist haben:

* Suhrkamp in Frankfurt/M., ein literarisch-publizistisch und auch wissenschaftlich ausgerichtetes Verlagshaus, lebt trotz breiter und immer neu ergänzter Produktpalette von Hermann HESSE, aber noch mehr von Bert BRECHT, der sehr zur Freude des Verlags zu den „verordneten Schuldichtern" (UNSELD 1978: 151) gehört: Sein *Galileo Galilei*, 1955 in einer Erstauflage von 5.000 Exemplaren erschienen, wurde beispielsweise bis 1994 rd. 2 millionenmal verkauft (GRIMM 1994). Von der BRECHTschen Gesamtausgabe aus dem Jahre 1967 hatte der Verlag bis 1977 immerhin 130.000 Exemplare abgesetzt. Da BRECHT immer noch zu den meistgespielten Autoren auf deutschsprachigen Bühnen gehört, sind für den Suhrkamp Verlag auch die Tantiemen nicht ganz unbedeutend.
* Rowohlt, Reinbek, wiederum stützt sich u.a. auf historische Longseller wie TUCHOLKSKY oder auch HEMINGWAY, aktuelle Best- bzw. Steadyseller–Eigenschaften verkörpern die Romane von Rosamunde PILCHER: mit ihren inzwischen 19 Titeln aus einer Produktpalette von insgesamt 5.000 Einzeltiteln erwirtschaftet das Verlagshaus über 10% seines gesamten Jahresumsatzes. Der Münchner Hanser Verlag konnte mit seinem unerwarteten Bestsellererfolg von Umberto ECOs *Im Namen der Rose* fünf Jahre lang sein gesamtes belletristisches Verlagsprogramm querfinanzieren.

Zu den historisch bedeutsamen und interessanten Fällen gehört auch ein Kinderbuch aus dem Jahre 1845, das für die ein Jahr zuvor erfolgte Verlagsgründung der „Literarischen Anstalt" in Frankfurt/M. und später umbenannt in Rütten & Loening, ökonomisch nicht unwesentlich war: Heinrich HOFFMANNs *Struwwelpeter*.[212] Das Buch, das auf der Stelle zum Erfolg wurde und im Jahre 1995 vom immer noch bestehenden Verlag in Berlin in 542. Auflage neu aufgelegt wurde, zählt – die 'religiös verordnete' *Bibel* ausgenommen – zu den längstanhaltenden Dauersellern überhaupt.

Durchgehende Daten zum Auflagenvolumen haben sich leider nicht erhalten. Einer Schätzung aus dem Jahre 1936 zufolge, zu einem Zeitpunkt, als der damalige Urheberrechtsschutz ausgelaufen war, war der *Struwwelpeter* in einer Auflage von über 7 Mio. Exemplaren verbreitet.[213] Genaue Informationen liegen aber aus den ersten Jahren der Verlagsgründung vor.[214] Den beiden Verlegern, Joseph RÜTTEN,

212 Erschien zunächst unter dem Titel *Lustige Geschichten und drollige Bilder mit fünfzehn schön kolorierten Tafeln für Kinder von 3–6 Jahren*. Der Autor, Nervenarzt in Frankfurt/M., ließ dieses Buch zunächst unter dem Pseudonym Reimerich KINDERLIEB veröffentlichen. Der Titel *Struwwelpeter* existiert erst seit der 4. Auflage im Jahre 1846.

213 GV 1936/37, zit.n. WURM (1994: 63). 1887 hatte der Autor Heinrich HOFFMANN in einem Artikel in der *Gartenlaube* davon gesprochen, daß der „jährliche Verbrauch ... der fünf Bilderbücher zusammen" etwa 30.000 Exemplaren entspreche; vgl. HOFFMANN-DONNER (1893: 18).

214 Die 1. Auflage erschien, rechtzeitig zum 'Weihnachtsgeschäft' in einer Auflage von 1.500 Exemplaren und war nach 4 Wochen ausverkauft (HOFFMANN-DONNER 1893a: 18). Verkaufspreis: 18 Gr (GV). Dem GV läßt sich entnehmen, daß 1846 wurden drei weitere Auflagen veranstaltet wurden, über deren einzelne Auflagenhöhe nichts bekannt ist. Von 1847 bis 1851, also innerhalb von 5 Jahren wurden 10 weitere Auflagen auf den Markt gebracht; zwischen 1852 und 1862 waren es die 16. bis 35. Auflage. Aus der raschen Auflagenabfolge läßt sich aber auch ohne Kenntnis der jeweiligen Volumina schließen, das es sich um große Absatzmengen gehandelt haben mußte, deren technische Herstellung aufgrund der bereits fortgeschrittenen Drucktechnik keine nennenswerten Probleme be-

der inzwischen 40 Jahre alt war und seinen gutgehenden Manufakturhandel mit einem eigenen Verlag aus Überzeugungsgründen getauscht hatte, sowie Carl Friedrich LOENING, dessen Neigungen weniger im Kaufmännischen lagen, wie er es vom elterlichen Haus her kannte, sondern mehr im Literarischen, wobei er auch persönlich mit Karl GUTZKOW bekannt geworden war, kam der Erfolg nicht ungelegen: Sie hatten im selben Jahr ein kritisches Werk mit dem Titel *Die heilige Familie. Oder: Kritik der kritischen Kritik. Gegen Bruno Bauer & Consorten* aufgelegt, deren Autoren Karl MARX und Friedrich ENGELS hießen.[215] Und Karl GUTZKOW, dessen sofort verbotenes Buch *Wally, die Zweiflerin* von LOENING vor dessen Zusammengehen mit RÜTTEN bereits 1835 verlegt worden war, ließ gerade seine erste Gesamtausgabe in 12 Bänden und einer Auflage von 3.500 Exemplaren verlegen: GUTZKOW, zeitlebens in Geldsorgen und Geldnöten hatte einen stattlichen Vorschuß von 4.000 Th erhalten.[216] Inwieweit die zwölf Bände – und dadurch die Absatzchancen – mit der Zensur zurechtkommen würden, war nicht abzusehen. Die ungebrochene Nachfrage nach dem *Struwwelpeter* war für Rütten & Loening mit Sicherheit ein ökonomischer Stabilisator, das Verlagsprogramm auch weiterhin für kritische Autoren und Schriften verfolgter Revolutionäre öffnen zu können, deren Absatzmärkte schon aufgrund obrigkeitsstaatlicher Zensurregulierung unkalkulierbar waren.

Der ökonomische Lebenslauf einer literarischen Best- und Longsellers ist in Abb. 6.6.3.3 dargestellt: Thomas MANNs *Buddenbrooks*. Wie bereits im Abschnitt 6.6.2.2 (Investitionen in den Produktions- und Lebenszyklus von Autoren) erwähnt, begann der eigentliche Erfolg dieses Werkes 1929, knapp 30 Jahre nach Entstehung dieser Familiengeschichte.[217] Die Erfolgskurve wurde allerdings 1933 jäh unterbro-

reitet haben dürfte: Um diese Zeit waren Schnellpressen bereits in größerem Einsatz, mit denen beispielsweise COTTA 1837/38 seine große SCHILLER–Ausgabe in 100.000 Exemplaren hatte drukken lassen.

215 MARX war gerade wegen zweier antipreußischer Artikel im Pariser *Vorwärts* (in Paris lebten damals etwa 85.000 deutsche, meist vertriebene Landsleute im Exil) auf Betreiben der preußischen Regierung aus Paris bzw. Frankreich ausgewiesen worden, woraufhin er sich nach Brüssel begab. Nach Paris war MARX 1943 gekommen, als er nach dem endgültigen Verbot der *Rheinischen Zeitung*, Köln, die er zuletzt als Chefredakteur maßgeblich journalistisch gemanagt hatte (vgl. Kap. 2, insbes. Tab. 2.8 und 2.9), im April 1943 weder Brot noch Lohn hatte. Arnold RUGE hatte ihm in Paris die Mitherausgabe eines dort geplanten Periodikums *Deutsch–Französische Jahrbücher* angeboten, für die MARX dann arbeitete. Das 344 Seiten (GV) umfassende „Pamphlet" (KILLY) war gegen die Junghegelianer und insbesondere auch gegen PROUDHON gerichtet, den MARX in Paris kennengelernt, von dem er sich aber inzwischen, ebenso wie von RUGE, ideologisch entfernt hatte. Über die Auflagenhöhe ließ sich leider nichts ermitteln.

216 Der Verkaufspreis lag bei 10 Th 15 Gr (HEINSIUS), so daß der Verlagserlös abzüglich der handelsüblichen Buchhandelsrabatte bei 7 Th für alle 12 Bände gelegen haben dürfte. Daraus läßt sich ein Gesamterlös bei Absatz aller Bände von 24.500 Th errechnen. GUTZKOWs Honoraranteil betrug demnach 16%, was eine vergleichsweise hohe Entlohnung darstellt.

217 Die Vorgeschichte lief differenzierter ab: Im August hatte der Verleger DROEMER Thomas Mann, der seine Werke bisher nur bei S.Fischer verlegen ließ, ein Angebot gemacht: DROEMER, der in seinem Knaur Verlag bereits seit 1927 eine Volksausgaben–Reihe von „Romanen der Welt" für jeweils 2,85 Mk. herausgab, die Thomas MANN als Herausgeber inhaltlich mitgestaltete, wollte auch den Titel *Buddenbrooks*, der bei S.Fischer im Leinendruck 16 Mk und gebunden immerhin noch 12 MK kostete, für 2,85 Mk. in einer Auflage von 1 Mio. Exemplaren auf den Markt bringen. MANNs Honorar sollte 100.000 Mk. betragen. Samuel FISCHER, dem Thomas MANN von diesem Angebot berichtet hatte und um eine Lizenz bat, konnte sich nicht entscheiden. Sein Schwiegersohn, Gottfried

chen, Thomas MANN offiziell ausgebürgert. SCHULZ (1960: 124) erwähnt die Zahl von 5.000 Exemplaren, die in den Jahren 1935 bis 1950 auf deutschem Boden – zumindest bis 1945 illegal – vertrieben worden seien. Für den von Stockholm aus agierenden Bermann–Fischer Verlag begann der Absatz im Nachkriegsdeutschland erst wieder 1951 zum 50jährigen Jubiläum dieses Titels. Die weitere Entwicklung ist der genannten Abbildung zu entnehmen, die die jährlichen Auflagenmengen, aber auch die kumulierte Auflagenhöhe ausweist.

In den ersten dreißig Jahren war das Querfinanzierungspotential der *Buddenbrooks* ausgesprochen ergiebig. Ab 1930 waren die *Buddenbrooks* für den S. Fischer Verlag 'der' Bestseller schlechthin. Die damit querfinanzierten Titel lassen sich indirekt anhand der Verlagsbibliographie ermitteln.[218] Oskar LOERKE, Lektor im Fischer–Verlag, der „ohne sich je bei einem breiteren Publikum durchgesetzt zu haben ... als einer der bedeutendsten und einflußreichsten deutschen Lyriker des Jahrhunderts" gelten kann (KILLY), hatte beispielsweise 1929 und 1930 je einen Gedichtband vorgelegt[219] – Auflagenhöhen: 700 bzw. 1.000 Exemplare. Walter MEHRING ließ 1929 sein Stück *Der Kaufmann von Berlin. Ein historisches Schauspiel aus der deutschen Inflation* bei S. Fischer verlegen, das einen der nachhaltigsten Theaterskandale der Weimarer Zeit provoziert hatte. Auflagenhöhe: 3.000 gedruckte Exemplare. Auch das 1931 erschienene Liederbuch *Arche Noah. SOS. Neues trostreiches Liederbuch* kam nicht über 4.000 Druckexemplare hinaus.

In den 70er Jahren waren es beispielsweise die literarischen Werke von Arno SCHMIDT, die ob ihrer geringen Auflagenhöhen ökonomischer Stütze bedurften: *Die Schule der Atheisten* (1972) wurde zu SCHMIDTs Lebzeiten in 7.000 Exemplaren, *Zettels Traum* (1970/1973) bei S. Fischer in 3.500 Exemplaren[220] und *Abend mit Goldrand* (1975) in 5.000 Exemplaren gedruckt. Erst nach SCHMIDTs Tod 1979 wuchs der Markt der Fan–Gemeinde und auch das Absatzvolumen.

Die ökonomische Bedeutung von Best- und im Idealfall Longsellern läßt sich – aus der Sicht der Verlage – verallgemeinernd wie folgt komprimieren: Zunächst repräsentiert ein Bestseller den publizistischen Erfolg eines bestimmten Titels. Die eigentliche Bedeutung liegt indes – ökonomisch und daher auch publizistisch – vorrangig darin, im Wege der Querfinanzierung Garant für den innovatorischen Produktionsprozeß von Buchverlagen zu sein.

BERMANN FISCHER, hatte dafür plädiert, dieses Projekt einer „wohlfeilen" Volksausgabe selbst zu veranstalten und konnte seinen Schwiegervater nur mit Mühe umstimmen. Als die Vorbereitungen für ein Auflagenvolumen von 100.000 Exemplaren im Sommer bereits angelaufen waren und in die Öffentlichkeit durchsickerten, nahmen erst die Vorbestellungen deutlich zu, so daß der Verlag seine Druckauflage auf 150.000 Ex. erhöhte. Sechs Tage nach der Erstauslieferung am 7. November wurde MANN der Nobelpreis zuerkannt: Nun konnte der S.Fischer Verlag gar nicht so schnell und so viele Exemplare drucken, wie nachgefragt. Allerdings schafften es die Verleger bei S. Fischer dann doch, bis Ende des Jahres rd. 650.000 Exemplare auszuliefern (vgl. MENDELSSOHN 1970: 1182 ff.).

218 Vgl. die Verlagsbibliographie 100 Jahre S. Fischer Verlag 1886–1986. Frankfurt/M. (Fischer)

219 1929: *Pansmusik.* Zweite Aufl. der Gedichte von 1916. 1930: *Atem der Erde. Sieben Gedichtkreise.*

220 Das 1.334 Seiten umfassende Typoskript wurde 1970 erstmals beim Verlag Stahlberg, Karlsruhe, verlegt, bevor es dann 1973 ins S. Fischer Programm wechselte.

Abb. 6.6.3.3: Literarisch-ökonomischer Lebenslauf 1901-1994 von Thomas MANNs *Buddenbrooks* im S.Fischer Verlag

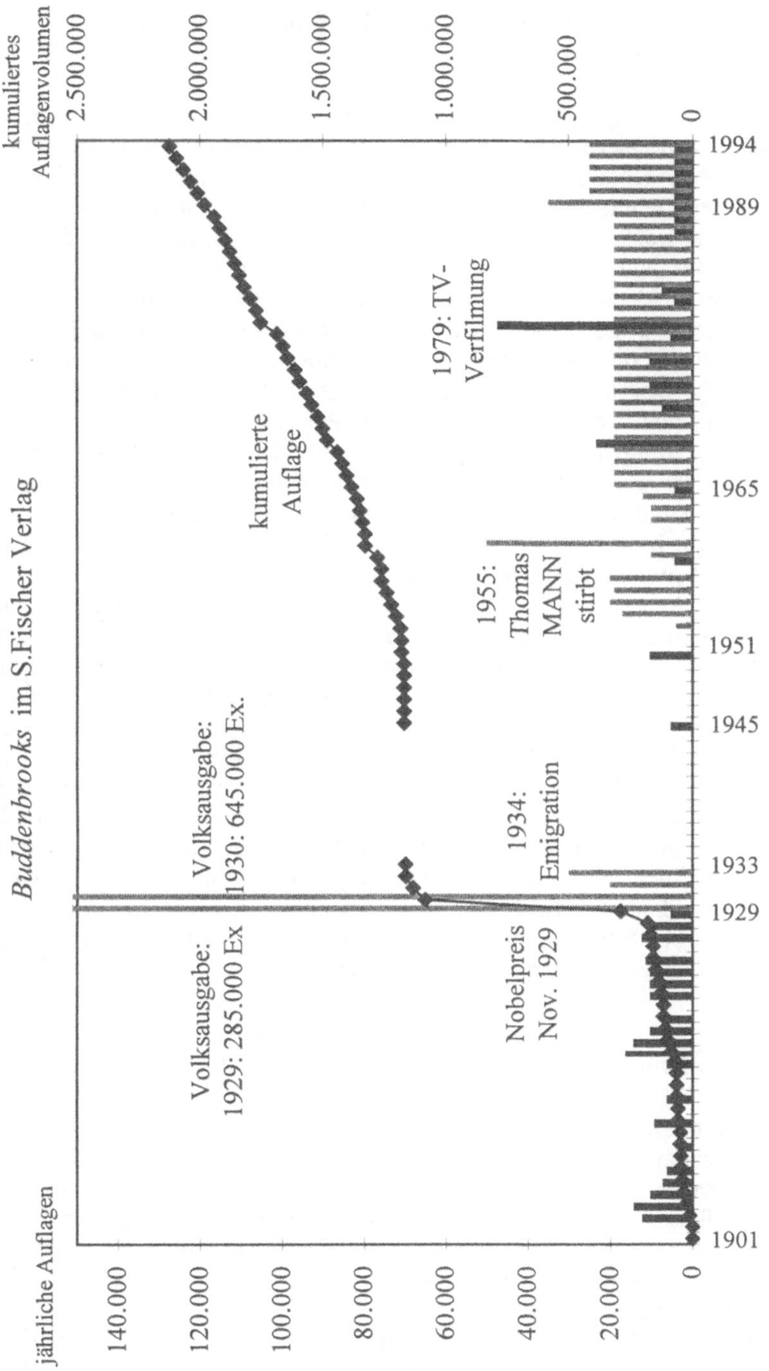

Legende: schwarz = Hardcoverausgaben, grau = vor 1933 Volksausgabe von 1929, nach 1945 Taschenbuch.
Zusammengestellt n. 100 Jahre S.Fischer Verlag 1886-1986, POTEMPA 1992 sowie eigenen Rekonstruktionen

6.7 Querfinanzierungtechniken freischaffender Autoren (Inputproduzenten)

Periodische Printmedien produzieren zwischen zwei polaren Fallsituationen, die unterschiedlichen Querfinanzierungsbedarf nach sich ziehen: Entweder sie bedienen hinsichtlich ihrer Kommunikationsangebote spezielle Nachfrageinteressen, die sich aufgrund ihres Gebrauchswertes hinsichtlich Marktpotential und/oder Zahlungsbereitschaft als ausreichend groß erweisen und deshalb nicht immer auf Querfinanzierungspotentiale angewiesen sind (Beispiele: Programmzeitschriften, Informationsdienste). Oder sie decken allgemeinere Kommunikationsbedürfnisse ab, deren Nachfrage allein keine ausreichende Zahlungsbereitschaft auslösen und/oder Marktpotentiale freisetzen würde: Der ökonomische (Risiko-)Ausgleich kommt mittels Anpassung des Angebots als Mixgüterangebot plus zusätzlicher Querfinanzierung, insbesondere über eine Verbundproduktion mit Werbebotschaften zustande (Beispiel Tageszeitung). In allen Fällen definiert sich diese ökonomische Stabilisierungstechnik durch *bereits realisierte* Akzeptanz seitens der Nachfrager. Zwischen den beiden Extremfällen liegt das vielseitige, reale periodische Printmediengeschehen.

Buchverlage bewegen sich bei ihrer Produktion zwischen zwei ähnlich gegensätzlichen Fallsituationen: zwischen special interest–Angeboten mit hohem Gebrauchswert oder Angeboten, die auf allgemeinere Kommunikationsbedürfnisse zielen. Aufgrund der *Nicht-Periodizität* der einzelnen Produkte, der vergleichsweise größeren Intransparenz dieses Marktes und der schwer kalkulierbaren Akzeptanz der Produkte durch die Anbieter von vornherein und den schlechten Werbeträgereigenschaften des Mediums Buch, fallen die Querfinanzierungstechniken sehr viel differenzierter aus: Neben den technisch-ökonomischen Effekten der Fixkostendegression sind es vor allem Mehrfachverwertungsstrategien, die im Wege unterschiedlicher Mischungsprinzipien das Querfinanzierungspotential bilden. Die Mehrfach–Verwertungstechniken basieren vorrangig auf sachlicher, zeitlicher, preislicher, und nicht auf räumlicher Produktdifferenzierung. Der ökonomische Risikoausgleich basiert dabei auch auf der Größe der Angebotspalette.

Die spezifische Situation von Autoren hingegen schon aufgrund ihrer Stellung im Produktions- und Vermarktungsprozeß ganz anders aus.

6.7.1 Besonderheiten der Mehrfachverwertung

Autoren, die als geistig-kreative Inputproduzenten den eigentlichen „Rohstoff" liefern, produzieren ebenfalls unter Bedingungen, die sehr gegensätzlich ausfallen können: Entweder ist der „Stoff" von der Marktgängigkeitsgüte, daß weitere Erlösquellen überflüssig sind, oder das Marktpotential ist gering, so daß sich die „Stoff"–Produktion nur mittels eigener Querfinanzierung aufrecht erhalten läßt – unabhängig davon, ob die mediale Weiterverarbeitung in einem periodischen oder nicht-periodischen (Print-)Medium erfolgt.

Das Kostengefüge eines Inputproduzenten unterscheidet sich von jenem der technischen Weiterverwerter in einigen bedeutsamen Positionen. So entfallen bei einem 'reinen' Autor die Kosten der technischen Herstellung der (Massen-)Verbreitungsfähigkeit sowie der Aufwand der technisch-organisatorischen Distribution. Ebenso spielen die Managementkosten eine vergleichsweise untergeordnete Rolle.[221] Der eigentliche Aufwand besteht in der geistig-kreativen Produktion selbst, der sich – abhängig vom Produkt, von Produktansprüchen und dabei wirkenden Produktivitätsunterschieden – sehr verschiedenartig niederschlagen kann. Im Ergebnis handelt es sich hauptsächlich um Kostenaufwand, der seiner Natur nach fix ausfällt. Kann ein Autor diesen fixen Inputproduktionsaufwand plus seiner sonstigen Kosten und eines entsprechenden Mehrerlöses über die Kosten über den Markt einspielen, so stellt sich kein ökonomisches Anschlußproblem. Anders verhält sich die Situation, wenn dies nicht realisierbar ist. Aufgrund der potentiellen Fixkostendegressionswirkungen und soweit weitere Verwertungsmöglichkeiten nur geringe Grenzkosten, d.h. Mehrfachverwertungskosten (z.B. Verkaufsaufwand) verursachen, die geringer als die möglichen Zusatzerlöse ausfallen, bietet sich eine Mehrfachverwertungsstrategie des einmal geschaffenen Inputs als relevante Lösung an. Ein anderer Lösungsweg liefe beispielsweise auf eine Mischproduktion von marktgängigen Produkten mit weniger marktgängigen Angeboten hinaus.

Inwieweit das zur medialen Weiterverarbeitung geschaffene Werk in seiner Nutzung rivalisiert oder nicht, hängt aufgrund der spezifischen Einbindung eines Inputproduzenten in den gesamten Produktions- und Vermarktungsprozeß von der speziellen Marktsituation und den getroffenen Transaktionsvereinbarungen zwischen Autor und Medienunternehmen ab. Inhaltlich-technisch gesehen rivalisiert das geschaffene Werk nicht in seinem Konsum, soweit es die 'Endverbraucher' betrifft. Allerdings kann das Medienunternehmen als technischer Hersteller der Verbreitungsfähigkeit eines in seinem 'Genuß' und in seiner Wirkung nicht rivalisierenden medialen Produktes genau aus diesem Grund auf einer exklusiven Weiterverwertung bestehen, um eine möglichst große Zahlungsbereitschaft auf Seiten der Nachfrager mobilisieren zu können. Hier sind sehr unterschiedliche Fallvarianten denkbar, die unter anderem von der Art des Mediums, dessen medialer Reichweite oder auch vom Periodizitätsgrad der Erscheinungsweise usw. abhängen. Medien, die einen sehr großen Kommunikationsraum abdecken, werden eher auf exklusiver Weiterverarbeitung bestehen als eine lokale Tageszeitung, die vorrangig ihr eigenes Einzugsgebiet monopolisiert sehen möchte und sich für eine Mehrfachverwertung seitens des Autors auf einem nicht konkurrierenden Markt nicht mehr interessiert.

Inwieweit für Autoren Mehrfachverwertungsstrategien in Frage kommen, und welcher Art diese sein können bzw. müssen, hängt daher von mehreren Faktoren ab:

1) Nachfrageseitig bestimmt darüber zunächst die potentielle Kommunikationsreichweite des fraglichen Produktes (Kommunikationsbedürfnisse, Rezipienteninteressen).

2) Produktions- bzw. angebotsseitig entscheiden darüber die fraglichen Medienunternehmen bzw. geben deren jeweiligen Kommunikationsräume und deren publizistisch-wettbewerbliche Konkurrenzsituation auf diesen Kommunikationsmärkten die

221 Der Managementaufwand eines Autors bzw. Inputproduzenten besteht beispielsweise in allen Tätigkeiten, die der laufende Betrieb seines eigenen Produktionsapparates mit sich bringt: Buchhaltung und Mahnwesen (Honorare) oder auch alle Marketing- und Verkaufsaktivitäten, sofern man diese unter dieser Position subsumieren möchte.

relevanten Entscheidungsparameter vor (z.B. potentielle Überschneidung in der räumlichen Reichweite).

Summa summarum kommen als Mehrfachverwertungsmöglichkeiten sachliche, zeitliche und vor allem auch räumliche Produktdifferenzierungen in Betracht, die sich in medialen und dann auch meist preislichen Differenzierungen auswirken können. Dies können unterschiedliche Fassungen des geistig-kreativen Produktes etwa in unterschiedlicher Länge oder Schwerpunktsetzung in der Aussagenproduktion für unterschiedliche Nutzungsprofile sein (sachliche Unterschiede), zeitversetzte Angebote oder auch bewußt redundante Präsentation (Ausnutzung einer Themen- und/oder Sujetkonjunktur, Mitschwimmen auf einer Nostalgiewelle usw.), oder auch Produktionen, die für nicht miteinander konkurrierende Kommunikationsräume bestimmt sind (z.B. aufgrund von Unterschieden in der Sprache).

Die Gestaltung der originären Aussagenproduktion in unterschiedlichen Medien (Zeitschrift, Buch, Fernsehen u.a.m.) stellt dabei eine ebenso relevante Variante dar, weil sich hier aufgrund unterschiedlicher Zahlungsbereitschaften und (Quer-)Finanzierungsmöglichkeiten, d.h. Ergiebigkeiten auf Seiten der Medienproduzenten für den Autor grundsätzlich die Möglichkeit von (Verkaufs-)Preisdifferenzierungen eröffnen.

So vielfältig die Möglichkeiten einer Mehrfachverwertung grundsätzlich sind, so schwierig können sie sich – abhängig vom eigenen Produktanspruch bzw. dessen konkreter Nachfrage danach – in der Umsetzung erweisen. Die mehrfache Vermarktung eines Romans von Rosamunde PILCHER dürfte sich aufgrund der überwiegenden Unterhaltungskomponenten in der Aussagenproduktion als vergleichsweise problemlos erweisen. Mittels Aussagenproduktion Wirklichkeitssuche zu betreiben und öffentlichen Diskurs anzustoßen, etwa eine historische Aufarbeitung von Vergangenheitsproblemen, beispielsweise Arisierungen im Dritten Reich sowie deren 'Wiedergutmachungs'–Problematik in den 90er Jahren, konkret deren Auswirkungen auf staatliche Finanzen oder auf den Zielkonflikt Investitionsvorrang versus Aufschwung Ost, wie sie sich etwa durch die Wiedervereinigung mit der Ex–DDR ergibt, transparent zu machen, stößt auf weit weniger Nachfrageinteresse und gibt geringere Mehrfachverwertungsmöglichkeiten vor.[222] Auf die vielfältigen Gründe

222 Vgl. dazu z.B. die Auflagenzahl eines Buches, das sich mit dieser Thematik auseinandersetzte: Rüdiger LIEDTKE (1993) (Hg.): *Die Treuhand und die zweite Enteignung der Ostdeutschen.* München (edition spangenberg). Das Buch, in dem Beiträge von Regine HILDEBRANDT, Hans-Joachim MAAZ, Margarete MITSCHERLICH, Rolf HOCHHUTH, Elmar Faber, Johannes LUDWIG, Birgit BREUEL, Thomas EBERMANN, Gregor GYSI, JÖRG HEIMBRECHT, Rudolf HICKEL, Jan PRIEWE u.a.m. (Reihenfolge laut Buchcover) enthalten sind, wurde in einer Auflage von 5.000 Exemplaren gedruckt, von denen sich aber nur 3.800 Ex. regulär verkaufen ließen. Der Rest wurde verramscht. Zweitverwertungen waren nur in einem einzigen Fall möglich: Das Kapitel von Johannes LUDWIG: *Die doppelte Moral der Reprivatisierung: Das jüdische Eigentum zwischen zweiter und dritter Enteignung* erschien als gekürzter Vorabdruck in der Wochenzeitung *DIE ZEIT.* Zusätzlich könnte man in diesem konkreten Fall von einer zusätzlichen Drittverwertung sprechen, da die Recherche- und Niederschriftarbeiten zu diesem Kapitel (22 Seiten), die rd. 250 (vorrangig Abend-)Stunden in Anspruch genommen hatten, im Rahmen der Lehrtätigkeit des Verfassers einen mehrmaligen Niederschlag gefunden hatten: Innerhalb des Studiengangs Journalisten–Weiterbildung an der FU Berlin, war ein Teil dieser Inhalte Bestandteil eines medial aufbereiteten Vortrags (Multivision) mit dem Titel „Wirtschaftskrise und 'Arisierung 1933 – Aufschwung Ost und Restitution in den 90er Jahren. Ein Lichtbilderstreifzug durch 60 Jahre deutscher Geschichte", der mehrmals gehalten wurde und dessen Zusatzaufwand so gesehen über die reguläre Entlohnung zu-

wurde bereits mehrfach eingegangen. Aus denselben Gründen ist auch die Anzahl potentieller Abnehmer in Gestalt von Medienunternehmen eher gering. Umgekehrt verfügt ein Medienunternehmen schon aufgrund seiner Mixgutproduktion über sehr viel mehr Auswahlmöglichkeiten hinsichtlich seiner einzelnen Produktionskomponenten bzw. der dazu notwendigen Input–Lieferanten. Dieses ungleichgewichtige Verhältnis von Nachfragemacht wirkt sich ökonomisch auch in der publizistischen Lieferanten–Abnehmer–Beziehung aus. So hatte beispielsweise Theodor FONTANE mit diesem Problem regelmäßig zu kämpfen.

6.7.2 Fallbeispiel Theodor FONTANE

Mehrfachverwertungen können unterschiedlichen Zielen dienen. Zum einen läßt sich mittels einer medial abgestimmten Vermarktungsstrategie das Honorarvolumen maximieren.[223] Den gegensätzlichen Fall verkörpert die Notwendigkeit, solche Möglichkeiten als Querfinanzierungspotential einzusetzen. Daß auf solche Lösungen selbst Autoren zurückgreifen mußten, die „tüchtig gelobt, aber mäßig gekauft" wurden, zeigt das Beispiel Theodor FONTANE. In der Übersicht 6.7.2 ist die literarisch-schriftstellerische Phase des ursprünglichen Journalisten und späteren historisch-dokumentarisch schreibenden Autors wiedergegeben: Die Titel seiner Novellen und Romane sind in ihrer zeitlichen Abfolge vorrangig danach ausgewiesen, inwieweit sie von FONTANE mehrfachverwertet wurden bzw. werden mußten – FONTANE, dessen finanzieller Lebensstil sich eher als karg denn als bescheiden beschreiben läßt, hätte ohne die Vorverwertung seiner Produkte in Zeitschriften oder Zeitungen von seinen dichterischen Buchhonoraren nur noch eingeschränkter leben können.

Von seinen hier 20 Werken, die in seiner späten Lebensphase entstanden waren – bei Veröffentlichung seines ersten Romans 1878 war FONTANE 58 Jahre alt – konnte er 11 Titel vorverwerten; 8 Titel erschienen nur als Buch, 1 Erzählung nur in Zeitschriftenform. Zwischen Vorabdruck und Buchveröffentlichung lagen in der

---

mindest indirekt abgedeckt war. Für eine genauere Kosten–Nutzen–Analyse aus der Sicht des Verfassers müßten indes die zusätzlichen Kosten der medialen Aufbereitung (600 DM) sowie der zusätzliche Zeitaufwand (125 Std.) gegengerechnet werden. Die anderen im Buch enthaltenen Beiträge waren bereits Ergebnis einer Zweitverwertung, da die Kalkulation des Buches eine Honorierung aller Autoren nicht zuließ. Eine ähnliche Thematik, die auf die aktuelle Restitutionsproblematik von (Einfamilien-)Häusern und Wohnungen in den Neuen Ländern abstellte (Daniela DAHN: *Wir bleiben hier oder Wem gehört der Osten*. Reinbek: Rowohlt 1994), konnte ein weit höheres Absatzpotential realisieren: 22.000 Exxemplare innerhalb dreier Jahre.

223 Ein Beispiel hierfür gibt der frühere *stern*–Chefredakteur, Michael JÜRGS aus Hamburg, ab, der sich inzwischen auf das Bücherschreiben verlegt hat und sich dabei auf die Bekanntheit seines Namens (Wahrnehmung) sowie auf sein mediales Netzwerk (Publicity–Erfolgs–Spirale) stützen kann. Sein vorletztes Buch, *Der Fall Axel Springer. Eine deutsche Biographie*. München, Leipzig (List) 1995, wurde auszugsweise erst im *SPIEGEL* abgedruckt, dann als Buch veröffentlicht und schließlich als *SPIEGEL–TV*–Reportage (Vox) gesendet. Gut eingefädelte Vorabdrucks- und Rezensionsaktivitäten ließen das Projekt zum publizistischen wie ökonomischen Erfolg werden.

Übersicht 6.7.2: Mehrfachverwertung (Vorverwertung) bei FONTANE in der späten Schaffensperiode

Jahr	Titel	Vorabdruck in	als Buch	gerade in Arbeit
1878 (58 J.)	*Vor dem Sturm*	*Daheim*	1878	*Grete Minde*
1879				*Der Schach von Wuthenow*
1880	*L'Adultera*	*Nord und Süd*	–	
			Grete Minde	*Graf Petöfy*
1881	*Ellernklipp*	*Westermanns Monatshefte* (zuvor abgelehnt v. *Deutsche Rundschau)*	1881	*Stine*
1882	*Schach von Wuthenow*	*Vossische Zeitung*	1883	
1883	*Graf Petöfy*	*Über Land und Meer*	1884	
1884				*Irrungen, Wirrungen*
1885 (65 J.)			*Scherenberg*	*Cécile*
1886	*Cécile*	*Universum (*zuvor von *Nationalzeitung* abgelehnt*)*	1887	
			Unterm Birnbaum	
1887				*Stine* *Unwiederbringlich* (Sohn George stirbt)
1888			*Irrungen, Wirrungen*	*Frau Jenny Treibel;* fertig: *Stine* (Sohn Theo stirbt, Sohn Friedrich gründet eigenen Verlag)
1890 (70 J.)	*Stine*	*Deutschland* (zuvor abgelehnt von *Vossische Zeitung* und von *Vom Fels zum Meer)*	1890	
			Quitt	*Poggenpuhls* fertig *Unwiederbringlich*
1891	*Unwiederbringlich*	*Deutsche Rundschau*	1892	fertig: *Jenny Treibel*
FONTANE erhält zusammen mit K. GROTH den Schiller-Preis; Aufsatz: *Die gesellschaftliche Stellung des Schriftstellers*				
1892	*Frau Jenny Treibel*	*Deutsche Rundschau*	1892	*Effie Briest, Poggenpuhls* (FONTANE sehr krank; schreibt an *Meine Kinderjahre*)
1893			*Meine Kinderjahre*	
1894	*Effie Briest*	*Deutsche Rundschau*	1895	
Die fünfjährige Arbeit an diesem Roman zahlt sich aus: *Effie Briest* wird sein größter Erfolg, der sogar ältere Titel mitreißen kann (vgl. OHFF 1995: 395), z.B. *Vor dem Sturm*: 2A=1896, 3A=1898				
			Von, vor und nach der Reise	
1895	*Die Poggenpuhls*	*Vom Fels zum Meer* (zuvor abgelehnt von *Daheim*)	1896	*Der Stechlin*
1897	*Der Stechlin*	*Über Land und Meer*		
1898			*Von Zwanzig bis Dreißig*	
20. September: FONTANE stirbt im Alter von 78 Jahren				
1899			*Der Stechlin*	

Legende: 2A, 3A= zweite, dritte Auflage; Daten zusammengestellt nach NÜRNBERGER 1993, DAVIDIS 1981, OHFF 1995

Regel mehrere Monate, maximal ein Jahr.[224] Von vier Werken ist bekannt, daß der Autor FONTANE Probleme hatte, sie in periodischen Printmedien unterzubringen.

Über diese für einen Autor frustrierende und teilweise auch entwürdigende Situation sowie über die Abhängigkeitsprobleme eines Inputproduzenten von seinen medialen Verwertern finden sich bei FONTANE viele Aussagen in seinen Briefen.[225] Kalkulationen zum Querfinanzierungspotential fehlen in der Übersicht: Die Druckhistorie der FONTANEschen Buchproduktion wurde von DAVIDIS (1981) erschlossen, eine ökonomische Auswertung der Printmedien–Querfinanzierung steht noch aus.[226]

Einschlägige Querschnittsuntersuchungen der 70er Jahre des 20. Jahrhunderts wie etwa den „Autorenreport" (FOHRBECK/WIESAND (1972), den „Journali-sten–Bericht" (WIESAND (1977) oder in den „Künstler–Report" (FOHRBECK und WIESAND 1975) belegen, daß sich an der grundsätzlichen Situation für viele freischaffende Publizisten und Autoren rund einhundert Jahre nach FONTANE wenig geändert hat: Mehrfachverwertungsstrategien stellen ein unverzichtbares Querfinanzierungselement für's publizistische (Über-)Leben dar.

6.8 Querfinanzierung über Kostenreduktionsmechanismen

Die ökonomische (Über-)Lebensformel, Gewinn/Verlust = Erlöse ./. Kosten, eröffnet eine letzte Lösungsdimension, ein wirtschaftlich unbefriedigendes Ergebnis (Verlust, zu geringer Gewinn) zu verbessern, konkret zu optimieren: über die Reduzierung

---

224 Lediglich sein vorletztes Werk, *Der Stechlin*, erschien erst zwei Jahre später bzw. erst nach seinem Tod.

225 Beispielsweise zum Problem des Verkaufs: „Wenn Westermann manierliche Schriftsteller braucht, so brauchen die manierlichen Schriftsteller noch viel mehr Westermann. Denn während dieser unter einem Dutzend – mehr freilich sind im ganzen Deutschland nicht herauszubringen – das Aussuchen hat, hat das Dutzend Schriftsteller nur unter einem Vierteldutzend von Journalen die Wahl: Westermann, Rundschau, Nord und Süd" (so an Gustav KARPELES am 24.6.1881; vgl. FONTANE 1969: 184, hier zit. n. WINCKLER 1986: 91). Oder: „Es ist nicht gleichgültig für mich, ob ich die 'Rundschau' habe, aber es ist absolut gleichgültig für die 'Rundschau', ob sie mich hat" (FONTANE an RODENBERG, den Besitzer bzw. Herausgeber der Zeitschrift *Deutsche Rundschau* am 12.2.1880; vgl. FONTANE 1969: 23, hier zit. n. WINCKLER 1986: 91). Oder an seine Frau am 10.8.1880 nach Ablehnung seiner *Ellernklipp* durch die *Deutsche Rundschau* und der unverhofften Annahme durch die *Westermanns Monatshefte* (vgl. FONTANE 1969: 184, hier zit. n. WINCKLER 1986: 91): „Ich bilde mir ein, friedfertig und für einen alten Herrn und anerkannten Schriftsteller keineswegs unbescheiden in meinen Forderungen zu sein; dennoch steht es, ohne jegliches Verschulden meinerseits so, daß ich eigentlich gar keine Blätter zur Verfügung habe. Bei der 'Gartenlaube' kann ich mich nicht melden, und auffordern wird man mich nicht, die 'Daheim'–Leute haben sich nüchtern und ungentil gegen mich benommen, 'Nord und Süd' hat weder durch Lindaus noch durch Schottländers (halb ridiküle) Haltung irgend etwas Ermutigendes für mich, und Rodenberg ist ein Esel, mit dem ich fertig bin, wenn er sich nicht befleißt, ganz andre Saiten aufzuziehn." Auf seine Darlegungen über Die gesellschaftliche Stellung des Schriftstellers wurde bereits hingewiesen.

226 Eine solche Auswertung hätte (leider) auch den Rahmen dieser Arbeit gesprengt, gleichwohl sie von großem Interesse wäre. So sind nach Angaben des Fontane–Archivs in Potsdam beispielsweise die Wirtschaftsbücher seiner Frau bisher weder veröffentlicht noch auf solche Fragestellungen hin untersucht worden: Emilie FONTANE hatte immer sehr akkurat Buch über Einnahmen und Ausgaben geführt, was schon aufgrund des engen finanziellen Spielraums der Familie unerläßlich war. KRIEG (1953) und HAFERKORN (1964) haben sich (leider) nicht mit FONTANE beschäftigt.

von Kosten, d.h. über ein absolut niedrigeres Kostenniveau. Bisherige Kostenbetrachtungen stellten vorrangig auf Kostenstruktureffekte ab.

Zwei Ansatzpunkte lassen sich unterscheiden:

1) Strategische Kostenreduzierung im eigenen Einflußbereich. Dies kann grundsätzlich mittels verschiedener Kostenmanagementtechniken realisiert werden. In einer anderen Form kann Kostenreduktion Ergebnis reduzierter Anspruchsnormen sein: Der Querfinanzierungseffekt ergibt sich durch Verzicht.
Den Fall einer Reduzierung eigener Lohnansprüche, d.h. einer an sich möglichen Norm, die alternativ eine Verlustsituation bewirken würde, repräsentiert das Beispiel *taz, die tageszeitung*. Ein anderer Fall kann in einem Verzicht auf Qualität bzw. eigenen qualitativen Produktansprüchen bestehen, die mit Kostensenkung verbunden sind. Beispiele hierfür geben im Bereich der Medien standardisierte Informationsbeschaffungssysteme bzw. mit Qualitätseinbußen behaftete Produktionsprozesse ab.

2) Kostenreduzierung mittels Ausübung von wirtschaftlicher Macht bzw. ökonomischen Drucks, etwa durch Ausspielen ökonomischer Abhängigkeiten seitens Dritter.

Aus der Praxis wie aus der wirtschaftspolitischen Diskussion sind solche Phänomene hinlänglich bekannt (Beispiele: Nachfragemacht des Handels bzw. sog. Regalmacht, formaljuristische Umwandlung von abhängig Beschäftigten in selbständige Subunternehmer). In der wirtschaftswissenschaftlichen, insbesondere in der finanzwissenschaftlichen Theorie sind solche Anpassungseffekte ebenfalls Gegenstand der Analyse: Im Zusammenhang mit der Weiterwälzung steuerlicher Lasten seitens eines Unternehmens unterscheidet man in Überwälzung 'nach vorne' auf die Endverbraucher und in eine sog. Rückwälzung, etwa auf Lieferanten. Die Rückwälzung einer Steuer auf Lieferanten kann beispielsweise dadurch vonstatten gehen, daß sich Zulieferer aufgrund ihrer Abhängigkeit mit geringeren Abnahmepreisen bescheiden müssen – das überwälzende Unternehmen holt damit die Steuerlast, die einen Kostenfaktor darstellt, durch eine entsprechende – in diesem Fall erzwungene – Kostenentlastung an anderer Stelle wieder herein. Eine solche Situation läßt sich ebenfalls als Querfinanzierung interpretieren: Die zusätzlich entstandenen Kosten (Beispiel Steuererhöhung) werden nicht durch höhere Absatzpreise seitens der Nachfrager 'finanziert', etwa aufgrund einer wettbewerblich schwachen Marktstellung, sondern durch (erzwungene) Bezugspreisreduktionen seitens der Vorlieferanten, gegenüber denen die Ausübung wirtschaftlichen Drucks oft eher möglich ist. Dieser Fall beschreibt vielfach die Situation freischaffender Publizisten bzw. Inputproduzenten.

Mit ökonomischen Strategien zur Kostenminimierung können erhebliche publizistische Auswirkungen verbunden sein. Aufgrund von adverser Informationsverteilung, die sich in abnehmenden Qualitätsspiralen und/oder Wahrnehmungsverlusten sozialer Relevanz niederschlagen kann, werden Qualitätsverluste in der Aussagenproduktion in der Regel von Rezipienten nicht wahrgenommen bzw. höhere Kosten zu Aufrechterhaltung eines bestimmten qualitativen Standardniveaus nicht immer durch entsprechende Zahlungsbereitschaft akzeptiert. HEINRICH (1996), der zum potentiellen Zielkonflikt „Qualitätswettbewerb und/oder Kostenwettbewerb im Mediensektor?“ Überlegungen vorgelegt hat, kommt zu dem Ergebnis, daß auf den Rezipientenmärkten eine Reihe von Insuffizienzen existieren, „die einen Qualitätswettbewerb behindern und fast verhindern“ (a.a.O.: 180 f.).

Inwieweit diese theoretische Einschätzung im Einzelnen zutrifft, muß empirischen Belegen vorbehalten bleiben. Als gesichert kann davon ausgegangen werden, daß Kostenminimierungsstrategien unter hohem Wettbewerbsdruck auf Rezipienten- wie Anzeigenmärkten umso eher wahrscheinlich sind, als diese mit einer für die Anbieter kostenmerklichen Reduzierung von Qualitätskriterien wie Richtigkeit, Relevanz, Vermittlungskompetenz usw. der Aussagenproduktion verbunden sind, die aber von den Rezipienten nicht bemerkt werden (können). Andererseits sind Rezipientenmärkte erkennbar, auf denen eine Absenkung von Qualitätsstandards der publizistischen Angebote durchaus registriert werden – je eher die Rezeption auf Wirklichkeitssuche und Wirklichkeitsauseinandersetzung ausgerichtet ist, umso eher sind auch parallele Informationsbedürfnisse vorhanden, die nach dem Zustandekommen der Produkte und ihrer Komponenten fragen. Je weniger hingegen Kommunikationsbedürnisse zum Tragen kommen, die nicht auf Diskurs ausgelegt sind, umso eher läßt sich die Beliebigkeit und Austauschbarkeit von Qualitätsstandards seitens der Nachfrager vermuten.

Angebotsseitig muß man sehen, daß die Lösung eines Zielkonflikts zwischen Kostenreduktion versus Qualitätsreduzierung von den Interessen und Motiven der Produzenten abhängig ist. Je eher Zielgewichtungen einseitig auf die monetäre Dimension fixiert sind, umso mehr läßt sich eine Lösung zugunsten dieser Zielkategorie vermuten, konkret zulasten publizistischer Qualität. Wie bereits mehrfach gezeigt, läßt sich aber gerade auf vielen Medienmärkten ein ungewöhnlich hohes Maß an nicht ausschließlich monetär ausgerichteter publizistischer Interessen beobachten.

Inwieweit ökonomische Mechanismen zur Kostenreduktion bzw. zwecks Nutzung als Querfinanzierungspotential Qualitätsfolgen mit sich bringen, hängt demzufolge von der jeweiligen Interessenslage der Anbieter ab, die gleichzeitig auch eine Entscheidung darüber beinhaltet, welche Art von Kommunikation und Publizistik für welche Rezipientenmärkte angeboten werden soll.

Im folgenden sollen drei relevante Formen von Kostenreduktionsstrategien, 1) standardisierte Inputprozesse, 2) Reduzierung monetärer Anspruchsnormen und 3) freischaffende Inputproduzenten, analysiert werden. Grundsätzlich ließen sich zum Stichwort Querfinanzierungspotentiale durch Kostenreduktionsmechanismen auch einzelne Besonderheiten auf Medienmärkten zählen wie etwa der reduzierte Mehrwertsteuersatz oder der t.w. nicht kostendeckend kalkulierte Postzeitungstarif. Da die Gebühren der Postzustellung inzwischen neu strukturiert werden (vgl. KNOCHE/ZERDICK 1991a, b; LUDWIG 1994: 188 f.) und die ökonomische Bedeutung der Umsatzsteuerbelastung aufgrund ihrer – in hohem Maße vermutbaren – Überwälzbarkeit vergleichsweise gering ausfällt,[227] kann auf eine nähere Betrachtung verzichtet werden.

227 Grundsätzlich ist die Überwälzbarkeit und der Grad der überwälzten Steuerlast abhängig von der Preiselastizität der Nachfrage. Darüber gibt es keine empirischen Daten. Zu vermuten ist aber aufgrund der bekannten Nutzungsprofile, daß die Nachfrage vergleichsweise unelastisch ist. Davon abgesehen wäre dies letztlich eine Frage des Gewöhnungseffektes an ein alternativ (um derzeit 8 Prozentpunkte) höheres Copypreisniveau. Die Umsätze von Medien mit Anzeigenkunden unterliegen ohnehin dem Normalsteuersatz von derzeit 15%. Das Vorteilspotential aus der Umsatzsteuervergünstigung für die Rezipientenmärkte kann daher als sehr gering angesehen werden.

6.8.1 Kostenreduktion durch standardisierte Informationsverarbeitungsprozesse

BAERNS hat 1985/1991 eine Untersuchung vorgelegt, die zum ersten Mal das Problem, d.h. den Einfluß „standardisierter Informationsverarbeitungsprozesse" auf das tägliche Mediengeschehen, eingefangen hat. Ihr Ansatz ging weniger von einer ökonomischen (Kosten-)Problemstellung aus als vielmehr von der Frage, inwieweit das öffentliche Informationsgeschehen mehr von durch Öffentlichkeitsarbeit geprägter Selbstdarstellung oder eher von journalistischer Auseinandersetzung („Fremddarstellung") dominiert wird. Die Ergebnisse zeitigten für das Untersuchungsgebiet (Medienmarkt Nordrhein–Westfalen) im fraglichen Zeitraum (1978) ein eindeutiges Bild: „In der Tagespresse stellen Pressemitteilungen und Pressekonferenzen insgesamt 64%, in Fernsehsendungen 63%, in Hörfunksendungen 61% der themengeleiteten Primärquellen" (BAERNS 1991: 87). Die eigene „Medienleistung" bestand nach BAERNS „überwiegend in Form schneller Verarbeitung durch Schreiben oder Produzieren, durch Auswählen und Redigieren" (a.a.O.: 89). Im Kern bedeutet dieser Befund ökonomisch, daß sich originäre Medienleistungen in sehr starkem Umfang auf „Träger der Öffentlichkeitsarbeit" verlagern, d.h., daß sich Medienproduzenten in hohem Maß 'auf Kosten' relevanter Zulieferer finanzieren, was in solchen Fällen nicht erzwungen ist, sondern im Interesse der Informatoren und Akteure selbst liegt.[228]

Unabhängig von der Frage nach den Gründen einer solchen Arbeitsteilung bzw. Kosten(ver)teilung und ihren publizistischen Folgen – BAERNS zeichnet ein vergleichsweise sehr nüchternes Bild dergestalt, daß sich die subjektive Wahrnehmung von Informationsvielfalt vorrangig aufgrund von Selektion und/oder unterschiedlicher Interpretation mehr oder weniger ein- und derselben Quellen bzw. verteilten Informationen bildet – stellt sich aus ökonomischer Sicht die Frage nach der wirtschaftlichen Bedeutung solcher Kostenreduktionsmechanismen. Insbesondere auch hinsichtlich ihres Grades der 'Notwendigkeit'. Dies wäre auch aus der publizistischen Perspektive relevant, wenn sich der damit involvierte Zielkonflikt durch eine publizistisch wie ökonomische Kosten–Nutzen–Kalkulation aller in Frage kommender Alternativen besser fassen, d.h. auf Lösungen hin diskutieren ließe.

Dazu liegen praktisch keine quantitativen und/oder flächendeckenden Informationen oder Arbeiten vor. Grundsätzlich kann wohl davon ausgegangen werden, daß die Vorteile aus weitgehend standardisierten Zulieferprozessen nicht unerheblich sind. Dies dürfte insbesondere für die auf Aktualität und schnelle Informationsverarbeitung hin ausgelegten Medien zutreffen wie Tageszeitungen, Hörfunk und aktuell berichtende Fernsehsendungen. Andererseits dürften sich auch in periodisch größeren Abständen produzierende Medien solcher Vorteile bedienen, wenn aufgrund

228 Diese Einschätzung wird im Prinzip durch die Befunde der Kommunikatorstudie der Forschungsgruppe Journalistik an der Universität Münster indirekt gestützt. Die Untersuchung *„Journalismus in Deutschland"* von WEISCHENBERG/LÖFFELHOLZ/SCHOLL (1994) hatte zwar andere Untersuchungsziele zum Gegenstand, aber im Rahmen der Erhebung von Einstellungen von Journalisten auch nach deren „Bewertung von Pressemitteilungen" gefragt (a.a.O.: 164). Grundsätzlich werden diese 'Hilfsmittel' als überwiegend positiv bewertet, d.h. als „zuverlässig", zeitsparend beim Recherchieren und als anregend für die Themenfindung angesehen (vgl. LÖFFELHOLZ 1995: 48).

ihres speziellen Genres und ihrer speziellen Rezipientenklientel die dazu benötigte Informations(zuliefer)leistung nur von ebenso speziellen Informatoren erbracht werden kann (Beispiel Automagazine, Einladungen der Kommunikatoren durch die Informatoren zwecks Informationsvermittlung).[229] Hier werden auch sehr schnell publizistische Problemzonen erreicht, für die – sofern man sich überhaupt auf Interessenkonfliktösungen einlassen will – eindeutig funktionierende Steuerungsmechanismen notwendig werden.

Qualitative und quantitative Überlegungen zum Ergiebigkeitspotential von querfinanzierenden Kostenreduktionsmechanismen müßten zunächst auf die publizistischen Alternativen der Informationsbeschaffung und -verarbeitung ausgelegt werden, um diese mit den derzeit standardisierten Produktionsprozessen vergleichen zu können. Dies würde eine dezidierte Analyse publizistischer Input- und Outputleistungen in verschiedenen Produktionssystemen voraussetzen, was den Rahmen dieser Arbeit sprengen würde. So verbleiben für grundsätzliche Überlegungen an dieser Stelle Hinweise auf möglich Formen von Kostenreduktionsprozessen sowie beispielhafte Daten, um die Relevanz solcher Zusammenhänge zu belegen.

Kostenreduktionsmechanismen in Form standardisierter Informationsverarbeitungsprozesse liegen, wie von BAERNS untersucht, vorrangig in der Nutzung und Weiterverarbeitung von Pressemitteilungen, Pressekonferenzinformationen und Agenturmeldungen. Neuerdings entwickeln sich insbesondere im Bereich des privaten Hörfunks, der unter ganz erheblichem Kosten- und teilweise auch Wettbewerbsdruck auf Rezipienten- wie Werbemärkten steht, Formen, die sich eigentlich nur mit dem Begriff „vom Auftraggeber bezahlte journalistische Beiträge“ umschreiben lassen. Diese widersprechen zwar so gut wie allen Bestimmungen der Landesrundfunkgesetze und Richtlinien der Landesmedienanstalten, schon weil sie den direkten Werbecharakter nicht kenntlich machen, nehmen aber ganz offensichtlich in ihrem Angebot sowie im publizistischen wie ökonomischen Einsatz zu.[230] Inzwischen etablieren sich sogar regelrechte Agenturen, die bei potentiellen Werbekunden gezielt bezahlte PR–Beiträge akquirieren.[231] Größere PR–Informatoren bzw. Öffentlichkeitsarbeitstreibende unterhalten bereits eigene Hörfunkstudios wie beispielsweise der ADAC, München, der ebenfalls gezielt vorproduzierte PR–Beiträge kostenlos verteilt, oder auch das Bundespresseamt, Bonn, wie dies aus einer parlamentarischen Anfrage und der Antwort seitens der Bundesregierung darauf aus dem Jahre 1994

---

229 Bis hin zu Einladungen zu Pressegesprächen für Medienjournalisten während einer Kreuzfahrt im Mittelmeer, wie dies auch schon vorgekommen ist.

230 Dem Verfasser liegen beispielsweise ein Angebot des Senders Antenne Bayern aus dem Jahr 1995 vor, nach dem Reiseveranstalter die Sendung „Reisequiz 'und ab'“ mit Gewinnspiel quasi kaufen können: „Der Sponsor erhält in der Sendung die Möglichkeit, in einem zweiminütigen Gesprächs–Take beliebte Reiseziele zu präsentieren und als Exklusiv–Sponsor aufzutreten. Die vom Sponsor zur Verfügung gestellten Reisen stellen ein Kompensationsgeschäft dar, das mit der Medialeistung verrechnet wird.“ Vorgesehen sind 14 Sendungen, die 160.000 DM kosten, „abzüglich der zur Verfügung gestellten Reisen im Wert von ca. 60.000 DM.“ Dazu addieren sich 3.000 DM Produktionskosten. Das Hamburger Alsterradio bot 1994 für die Sendung „Blickpunkt Wirtschaft“, in der ebenfalls Verlosungen möglich sind, folgendes Arrangement an: „Grundlage der Produktion oder des Interviews ist ein vom Kunden geliefertes Gesprächsmanuskript oder ein Gesprächsleitfaden.“ Angebotspreis für den 2minütigen „PR–Beitrag“: 1.800 DM inklusive Produktionskosten.

231 Vgl. REIFFERSCHEID, Paul (1992): Garantiert auf Sendung. In: *Journalist* 7/1992: 20–22.

deutlich wurde.[232] Über den Stellenwert solcher Ersparnispotentiale und die daraus ableitbaren publizistischen Auswirkungen existieren keine Erkenntnisse.

Weitere Formen stellen vielfach gängige journalistische Arbeitsminimierungstechniken wie blankes Abschreiben aus anderen Medien oder das Aufgreifen fremder Themen für eigene Zwecke, etwa im Rahmen einer aktuellen Themenkarriere. Absolute Kostenvorteile, wie sie sich aus medialen Kooperationen ergeben können, unabhängig davon, ob sie gegenseitig arbeitsteilig organisiert sind oder einen zentral produzierenden Verbund darstellen, wie man sie in unterschiedlichen Ausprägungen bei Zeitungsverbund–Unternehmen beobachten kann,[233] wurden in Kap. 6.3.3 unter Verbundvorteilen zwecks Realisierung von Größenvorteilen subsumiert.

6.8.2 Querfinanzierung durch Reduktion nicht-publizistischer Anspruchsnormen: Fallbeispiel *taz*

DORER (1995) hat für den nichtkommerziellen Zeitschriftenmarkt in Österreich Untersuchungen mit aufschlußreichen Ergebnissen durchgeführt, die sich auch auf das Phänomen der „Selbstausbeutung“ (DORER 1992) von Inputproduzenten beziehen, die für alternative Pressemedien arbeiten. Danach lassen 77,3% der sog. Alternativmedien kostenlos für sich Inputleistungen erbringen, 18,2% zahlen gelegentlich Honorare und nur 4,5% sind wirtschaftlich in der Lage, regelmäßig Honorare für Autorenleistungen zu erbringen. Die relevanten Motivationen seitens der schreibenden Zulieferer dürften in vorwiegend nicht-monetären Interessensstrukturen zu finden sein, wie man sie bei ehrenamtlichen Tätigkeiten, sozialem und/oder gesellschaftspolitischem Engagement usw. beobachten kann.

Von dieser Situation unterscheidet sich das Fallbeispiel *taz*: Die alternative Tageszeitung ist als professionelles Medienunternehmen anzusehen, auch wenn diese Begrifflichkeit bzw. Charakterisierung vom betroffenen Unternehmen selbst anders interpretiert wird. Professionell wird hier im Sinne einer 'hauptberuflichen' Ausübung verstanden, was in der Regel mit einem bestimmten Mindeststandard an Qualitätsniveau und Routine einhergeht. Die hauptberufliche Ausübung bedeutet zusätzlich meist auch die Einzigartigkeit der Einkommensquelle, während nebenberufliche oder ehrenamtliche Tätigkeiten finanziell anderweitig abgedeckt sind. Einschränkungen bei einer wirtschaftlich so bedeutsamen Anspruchsnorm wie das Lohn- und Gehaltsniveau läßt auf großes inhaltliches Engagement bzw. umgekehrt auf nachrangig finanzielle Ziele schließen. Eben dies ist bei der *taz* der Fall, die seit ihrer Gründung im Jahre 1979 – bis 1997 also 18 Jahre lang – nur mittels einer 'Selbstausbeutungs'–

232 Das Bundespresseamt produziert Hörfunk- und TV–Beiträge, die kostenlos abgegeben werden: „elektronische Pressemitteilungen“, wie es das Presseamt bezeichnet, zu allen denkbar politisch aktuellen Themen und Fragen. Zu tagesaktuellen Fragen hatte die Bundesregierung 1993 insgesamt 960 solcher Beiträge hergestellt, die 18.600mal abgefordert wurden. Vgl. Kleine Anfrage (BT–Drucksache 12/6684) und Antwort der Bundesregierung v. 16.3.1994 (BT–Drucksache 12/7027, zit.n. wib 7/1994: 22).

233 Walter J. SCHÜTZ baut hierauf sein Kriterium „publizistische Einheit“ auf: Kostensparende Kooperationen in Gestalt einheitlicher Bücher und/oder Zeitungsmäntel werden für SCHÜTZ erst dann zum publizistischen Vielfaltsproblem, wenn davon der politische Teil der Zeitungsberichterstattung betroffen ist.

Philosophie ökonomisch überleben konnte. Der Grund liegt in einem weitgehenden Verzicht auf eine für periodische Medien sehr ergiebigen Einnahmequelle, nämlich Werbe- und Anzeigenerlöse. Diesen Verzicht versucht die *taz* mittels Querfinanzierung über zwei Möglichkeiten auszugleichen: zum einen über die Mobilisierung zusätzlicher Zahlungsbereitschaft, zum anderen über ein erheblich niedrigeres Entlohnungsniveau, das hier zur Analyse ansteht.

Bis 1991 praktizierte das Medienunternehmen ein Einheitslohnsystem: 1.550 DM netto für jeden Mitarbeiter, unabhängig von dessen Funktion im Unternehmen, Ausbildungsweg bzw. Qualifizierung und unabhängig auch von dessen Steuerklasse (ledig, verheiratet). Eine weitere Differenzierung gab es nur hinsichtlich der Anrechnung von Kindern durch eine sog. *taz*–Kinderzulage. Mit dem 1.1.1992 kam der „Einstieg in den Ausstieg aus dem Einheitslohn“ (*taz*): Die Gehälter wurden auf die Bruttoberechnung umgestellt und in 4 Lohngruppen differenziert: 1.750 DM in der untersten und 2.250 DM in der obersten Lohnstufe, zusätzlich versehen mit einem vom Volumen her gesehen schwach ausgeprägten Zulagesystem, was nunmehr beispielsweise besondere Verantwortlichkeiten honoriert. Unverändert existiert die *taz*–Kinderzulage.[234]

Der Verzicht bzw. der Ausfall an potentieller Querfinanzierung durch eine Limitierung von Anzeigenerlösen auf etwa 15% der Gesamterlöse läßt sich durch einen Vergleich zumindest in seiner Größenordnung fassen. Vergleicht man die Werbe-/Anzeigenerlöse der *taz* pro Mitarbeiter gerechnet im Jahre 1992 mit jenen des *SPIEGELs*, der zu diesem Zeitpunkt ein sehr erfolgreiches Jahr abgeschlossen hatte, so zeigt diese Gegenüberstellung den totalen Kontrast, der zwischen diesen beiden unterschiedlichen Welten liegt, soweit es die seitens des Marktes zuerkannte Verbreitungsfähigkeit von Werbebotschaften betrifft: *DER SPIEGEL* erzielte rd. 370.000 DM Werbe-/Anzeigenerlöse pro festangestelltem Mitarbeiter, die *taz* brachte es auf rd. 27.000 DM. Dies entspricht in etwa einem Verhältnis von 1 :14. Würde bzw. wollte bzw. könnte das Unternehmen *taz* seinen Querfinanzierungsgrad auf 50% erhöhen, also gleichgewichtige Einnahmen aus Produkt- und Anzeigenverkauf realisieren, flösse pro Beschäftigtem gerechnet rd. 146.000 DM in die Unternehmenskasse. Eine solche Situation würde die alternative Tageszeitung von all ihren finanziellen Dauersorgen erlösen. Fraglich bliebe, ob dies ein realistisches Szenario, d.h. eine ökonomisch relevante Alternative darstellt.

Dieses geringe 'Ergiebigkeitsverhältnis' - pro Mitarbeiter gesehen - versucht die *taz* durch ein geringeres Entlohnungsniveau zu kompensieren. Vergleicht man wiederum zwei gegensätzliche Entlohnungswelten, so bezahlte der *SPIEGEL* 1992 im Durchschnitt pro Mitarbeiter eine Jahreslohnsumme von knapp 160.000 DM. Bei der

234 Für das erste Kind zahlt die *taz* 400 DM brutto, für das zweite Kind 300 DM – zusätzlich zu der staatlichen Kindergeldregelung. Die taz kann damit grundsätzlich als soziales und familienfreundliches, d.h. auch in finanzieller Hinsicht gesellschaftspolitisch engagiertes Unternehmen bezeichnet werden, da auch in ein einer sog. Sozialen Marktwirtschaft das Entlohnungssystem über den freien Markt nicht auf soziale Verantwortlichkeiten (Größe der zu ernährenden) Familie Rücksicht nimmt. Allerdings muß man auch sehen, daß selbst das 'Spitzengehalt' für eine Familienernährung mit zwei Kindern im Vergleich zu anderen Gehältern einer solchen Berufsausübung nicht eben sonderlich üppig ausfällt.

taz lag der durchschnittliche Lohnaufwand bei knapp 53.000 DM.[235] Interessanter ist ein Vergleich, der auf alternative Situationen abstellt: Würde *DER SPIEGEL* nur *taz*–Gehälter zahlen, so würde er 90 Mio. DM einsparen und damit seinen Gewinn fast verdoppeln.[236] Umgekehrt würde sich der Verlust 1992 bei der taz, der 3,5 Mio. DM betrug, auf 18,4 Mio. vergrößern und damit in etwa die Höhe der Verkaufserlöse des Produktes *taz* erreichen.[237] Die *taz* wäre bankrott. Selbst eine Aufstockung auf das doppelte Einkommensniveau, was in etwa dem Durchschnitt branchenüblicher Entlohnung entspräche, bedeutete das sichere ökonomische 'Aus' für das Unternehmen.

Auch die verbesserten betriebswirtschaftlichen Rahmendaten seit Ende 1993, die der *taz* durch Einführung dreier regulärer Preise höhere Verkaufspreiserlöse bescheren, ändern an der grundsätzlichen Situation nichts, daß die alternative Tageszeitung auf dieses Querfinanzierungspotential in Form von erheblich reduzierten Einkommensstandards angewiesen ist. Die Abb. 6.8.2 zeigt nochmals die reguläre Situation des Jahres 1994 verglichen mit jenem fiktiven Fall eines verdoppelten bzw. branchenüblichen Entlohnungsniveaus. Ein verdoppeltes Lohnniveau, das keinen Verzicht mehr auf gängige Einkommensstandards beinhalten würde, würde das fast ausgeglichene Ergebnis des Jahres 1994 wieder tief in die roten Zahlen abrutschen lassen: auf ein Verlustvolumen von 6,7 Mio. DM. Exakt dieser Betrag entspricht dem fraglichen Querfinanzierungspotential. Die Querfinanzierung über das differenzierte Verkaufspreissystem, mit dem die *taz* 1994 in die Nähe eines ausgeglichenen Jahresergebnisses gekommen war, betraf vom Volumen rd. 2 Mio. DM. Die Ergiebigkeit der Anzeigenerlöse betrug im selben Zeitraum rd. 4 Mio. DM. Insgesamt betrachtet rechnet sich das Presse–Modell *taz, die tageszeitung* mittels dreier Strategien (Anzeigen, Preisdifferenzierung, Selbstausbeutung), die summa summarum über 12 Mio. DM bedeuten. Dieses ‘Ausgleichsvolumen’ entspricht immerhin ziemlich genau der Hälfte aller Verkaufspreiserlöse.[238]

235 Der Umstand, daß der Bruttolohnaufwand der *taz* bei rd. 53.000 DM jährlich liegt, obwohl das durchschnittliche Monatsbrutto eines Mitarbeiters bei 2.000 DM bzw. jährlich 24.000 DM liegt, während der Bruttolohnaufwand beim *SPIEGEL* nur das Dreifache ausmacht bei wesentlich höheren Bruttogehältern für die Angestellten, hängt zum einen mit der großzügigen Kindergeldregelung bei der taz zusammen, ergibt sich zum größten Teil aber aus dem Sozialversicherungsrecht bzw. der Gestaltung der sog. Lohnnnebenkosten: Alle Sozialabgaben haben eine Beitragsbemessungsgrenze. Die Beitragspflicht für die Rentenversicherung endete 1992 bei einem Jahresbrutto von 81,600 DM, jene der Krankenversicherung bei 61.200 DM. Die *taz*–Entlohnung fällt damit voll unter diese Bemessungsgrenzen, die hohen *SPIEGEL*–Gehälter sind fast zur Hälfte sozialversicherungsfrei.

236 Gewinnvolumen 1992: 98 Mio. DM. Weitere 90 Mio. DM bedeuteten 188 Mio. DM Gewinn.

237 Verkaufserlöse 1992: 20,5 Mio. DM. Berechnung der Kalkulation: 140 *taz*–Mitarbeiter x 160.000 DM = 22,4 Mio. DM Lohnsumme ./. bisher gezahlter Löhne in Höhe von 7,5 Mio. DM ergibt einen zusätzlichen Lohnaufwand von 14,9 Mio. DM, der die Aufwandsseite um eben diesen Betrag erhöht bzw. den bereits vorhandenen Verlust auf der Einnahmenseite aufstockt.

238 Verkaufspreiserlösvolumen 1994: 25 Mio. DM.

Abb. 6.8.2: Querfinanzierungspotential der *taz* durch „Selbstausbeutung".
Dargestellt in Mio DM anhand der G+V 1994
im Vergleich zur alternativen Situation eines Normallohnniveaus

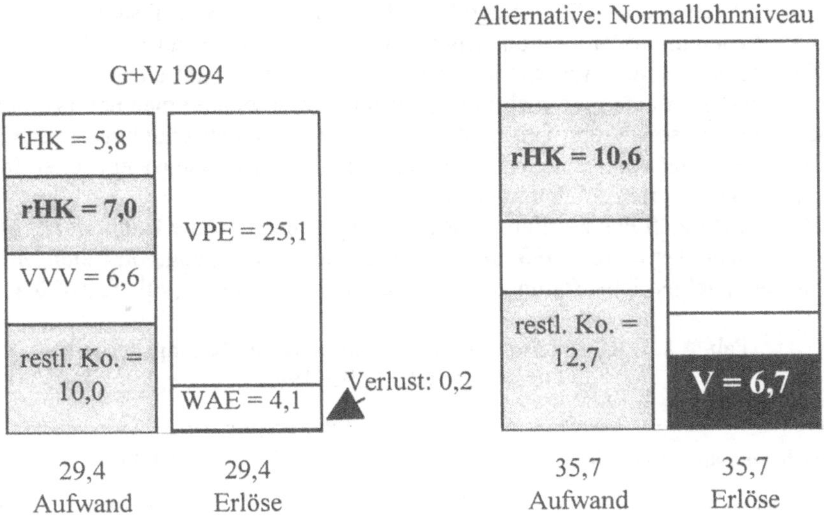

Von der ökonomischen Bedeutung her stellt die Reduktion monetärer Anspruchsnormen hinsichtlich des Einkommens, das vielfach als relevante Orientierungs- und gesellschaftliche Anerkennungsgröße gilt, die eigentliche Finanzierungsmasse dar. Im Gegensatz zu den traditionellen Medien, die die Ergiebigkeit ihrer Querfinanzierungsmasse indirekt über die Nachfrager bzw. Rezipienten re-finanzieren, sind es im Fall *taz* vor allem die *taz*–Macher selbst, die ein gesellschaftlich relevantes Medienprodukt über Einschränkungen monetärer Lebensqualität (quer-)finanzieren.[239]

6.8.3 Querfinanzierung über freie Inputproduzenten

Freischaffende Journalisten, Autoren und Publizisten bzw. Inputproduzenten ganz allgemein stellen für das Mediensystem einen unverzichtbaren „Rohstoff"–Faktor dar. Dies läßt sich anhand mehrerer Indikatoren belegen. Die Forschungsgruppe Journalistik an der Universität Münster hat in ihrer Studie *Journalismus in Deutschland* Zahlen vorgelegt: Von rd. 54.000 als „Journalisten" gezählte Inputproduzenten arbeiten rd. 18.000 auf freier, d.h. rechtlich selbständiger Basis,also ein ganzes Drittel (vgl. WEISCHENBERG/LÖFFELHOLZ/SCHOLL 1994: 154). Mit Hilfe der Daten der sog. Pressestatistik lassen sich Zuordnungen für Redakteure und „freie

239 Zur gesellschaftspolitischen Bedeutung alternativer Medien hat DORER aufschlußreiche Überlegungen und Ergebnisse vorgelegt: vgl. DORER (1992), (1995).

Mitarbeiter" vornehmen, wobei die amtliche Statistik nicht mehr nach „frei" arbeitenden und davon sich überwiegend ernährenden Journalisten bzw. sonstige Autoren differenziert, die Schreiben im Nebenberuf, als Freizeitbeschäftigung oder aus sonstigen Gründen betreiben. Weder ist die Berufs- bzw. Tätigkeitsbezeichnung „Journalist" genau oder allgemeingültig definiert noch ist exakt festgeschrieben, was den rechtlichen und/oder ökonomischen Status eines „Freien" ausmacht.[240] Für hiesige Zwecke sollen als Abgrenzungskriterien für „Freie", „freelancer" oder „freie Journalisten" zum einen die rechtlich eigenständige (Kleinunternehmer-)Verantwortlichkeit dienen sowie der Umstand, daß die Einkommenserzielung überwiegend (größer 50%) aus einer solchen Aktivität stammt. Ausbildungswege oder formale Qualifikationskriterien spielen keine Rolle.

Für den Bereich des Mediums Tageszeitung offenbaren die Daten der Pressestatistik etwa jene des Jahres 1990, die unterschiedliche Verteilung von freien Mitarbeitern auf unterschiedliche Zeitungs- bzw. Unternehmensgrößen (vgl. Tab. 6.8.3).

Tab. 6.8.3: Redakteure und freie Mitarbeiter in Zeitungsverlagen nach Betriebsgröße (1990

Jahresumsatz in Mio. DM	10–25	25–50	50–100	> 100
entspricht verk. Aufl. in Tsd. Ex.	16–42	42–80	80–170	> 170
durchschnittlich Beschäftigte				
* Redakteure	19	43	73	250
* Volontäre	2–3	5–6	8	15
* freie Mitarbeiter	20	62	225	263

Quelle: Pressestatistik 1990, eigene Berechnungen; vgl. LUDWIG (1994: 188)

Die Zahlen verdeutlichen, daß im Durchschnitt auf eine bestimmte Anzahl von Redakteuren mindestens dieselbe Anzahl freier Mitarbeiter kommt. Je nach Unternehmensgröße bzw. Auflagenhöhe bzw. Verbreitungsgebiet wird diese Ressource und unterschiedlichem Maße genutzt: Zeitungsverlage mit einer Auflagengröße von 80.000 bis 170.000 Exemplaren nutzen Inputproduzenten offenbar in deutlich höherem Umfang – das Verhältnis zwischen festangestellten Redakteuren und freien Mitarbeitern liegt hier bei 1 : 3. Leider stellen die Daten auf eine reine Personenzählung ab, ohne die quantitative oder qualitative Input- bzw. Outputleistung zu messen. Eine kleine Marktübersicht für die Situation bei einigen wenigen Zeitschriften hat die Redaktion von *Sage&Schreibe* zusammengestellt (Nr. 8/1995: 35).

Aus neueren Untersuchungen sind inzwischen Erkenntnisse über die Vorteile des Einsatzes freier Mitarbeiter bzw. Journalisten für die Medienunternehmen bekannt. HAENECKE (1994: 141) hat für die schweizerischen Verhältnisse Kriterien wie Flexibilitäts–Vorteile, Kompetenz–Aspekte, Vielfalt–Aspekte ermittelt. Ökonomische Überlegungen („kostengünstiger") – in der HAENECKEschen Befragung unter dem Kriterium Flexibilität an zweiter Stelle nach „flexibel; frei verfügbar" genannt,

240 Vgl. Definitionen und Abgrenzungen bei WIESAND (1977: 165), HAENECKE (1994: 8 ff.) u.a.m..

was aber aufgrund der sonst relevanten Alternative ebenfalls einen ökonomischen Aspekt darstellt – dominieren aus der Sicht der befragten Redaktionen das Vorteilsspektrum. Weitere wesentliche Entscheidungskriterien waren nach diesen Ergebnissen spezifische und lokale Kenntnisse („Fachleute auf einem bestimmten Gebiet"; „örtliche Vertrautheit").

Unabhängig des jeweils dominierenden Aspekts stellt für Medienunternehmen der Einsatz freier Kräfte einen ganz erheblichen Kostenvorteil dar. Dieser kann sich aus sehr unterschiedlichen Regelungen rekrutieren:

* Zum ersten wird die Honorierung in der Regel nie nach Aufwand (zeitlich oder sachlich-finanziell), sondern nach dem Umfang des letztlich endgefertigten Medienprodukts vorgenommen: Honorare werden entweder als Pauschale, meist aber nach gedrucktem Zeilen- oder Seitenumfang gezahlt. Der eigene Input- bzw. Rechercheaufwand der Aussagenproduktion eines freien Autors geht ausschließlich auf dessen Risiko.
* Freie Inputproduzenten arbeiten wirtschaftlich auf eigene Rechnung: Der Auftraggeber ist nicht Arbeitgeber, so daß zum größten Teil die in ihrer Höhe bedeutsamen Lohnnebenkosten entfallen – die Unternehmen sind nur indirekt und nur mit vergleichsweise geringen Umlagesummen an den Sozialversicherungskosten freischaffender Inputproduzenten beteiligt (Künstlersozialkasse).[241]
* Lohnnebenkosten, die für Urlaubs- oder Krankheitstage bei Arbeitnehmern entstehen, entfallen bei diesen Arbeits- bzw. Auftragsverhältnissen ebenfalls – Ausfallzeiten gehen ausschließlich zulasten eines Selbständigen.
* Aufgrund einer losen Zulieferbeziehung, denen (in der Regel) keinerlei dauerhaften Rechte zugrunde liegen, erwachsen den Auftraggebern auch keine Verpflichtungen (Fürsorgepflichten, Kündigungsfristen, Unkündbarkeitsfälle usw.). Vielmehr muß der potentielle Auftragnehmer grundsätzlich von Fall zu Fall um die Anbahnung einer 'Geschäftsverbindung' buhlen. Dies erhöht den Spielraum des wirtschaftlich stärkeren Partners ganz erheblich und bewirkt ein potentielles Abhängigkeitsverhältnis.
* Die Ausübung wirtschaftlicher Macht versetzt die stärkere Seite in die Lage, relevante Vertragsparameter wie Entlohnung, Abdrucksvereinbarungen, Zahlungsfristen usw. zu 'diktieren'.

---

241 Die Künstlersozialkasse (KSK) ist keine eigenständige Krankenkasse oder Rentenanstalt, sondern übernimmt lediglich für die bei ihr Versicherten deren Beitragszahlungen an die regulären bzw. individuellen Sozialversicherungsträger a) Krankenkasse und b) Rentenversicherung, bei denen die Versicherungspflicht letztendlich besteht. Die versicherten „Freien" zahlen, wie sonst Arbeitnehmer auch, 50% der regulären Beiträge. Die anderen 50% werden hälftig aus einem Bundeszuschuß finanziert sowie von den abgabepflichtigen Unternehmen im Rahmen einer Umlage, der „Künstlersozialabgabe", erhoben. Da nur ein Teil aller „freien Mitarbeiter" bei den Medien aufgrund hauptberuflichen Status bei der KSK eine Mitgliedschaft beantragen kann und die abgabepflichtigen Unternehmen nur mit 25% an deren Sozialabgaben beteiligt werden, die Bemessungsgrundlage für die Künstlersozialabgabe aber die Gesamtheit aller Honorarzahlungen darstellt, machen die effektiven 'Arbeitgeber'- bzw. Auftraggeberabteile prozentual nur geringe Sätze aus. 1990 betrug dieser Satz in der Sparte Wort 3,8%, 1992 Null Prozent, 1995 0,8% und 1996 3,0%, also ganz erheblich weniger als die sonst üblichen Arbeitgeberanteile, die 1995 im Mittel 19,6% und 1996 20,2% betrugen.

Ein Blick auf branchenübliche Honorare zeigt die starke Streuung üblicher Entlohnungssätze, aber auch das generell niedrige Niveau. Ein von der IG Medien erstellter Honorarspiegel aus dem Jahre 1992 weist für Tageszeitungen Zeilenhonorare von 0,40 DM (*Alb Bote*, *Bergedorfer Zeitung*) bis zu 2,90 DM bei der *Süddeutschen Zeitung* aus (vgl. *Publizistik & Kunst* 12/92: Beihefter). Aufgrund oftmaliger Umfangsbegrenzungen läßt sich das Honorarvolumen nicht durch eine größere Zeilenmenge erhöhen – 200 Zeilen bedeuten bei einem Zeilensatz von 0,40 DM insgesamt 80 DM. Um sich eine Bruttoeinnahme von 6.000 DM monatlich zu erschreiben, müßte ein freier Autor, ohne seinen Kostenapparat gerechnet, monatlich 88 Artikel à 200 Zeilen unterbringen, bei 22 Arbeitstagen werktäglich 4.[242] Auf dem Zeitschriftenmarkt sieht die Lage den äußeren Daten nach besser aus. *DER SPIEGEL* zahlt (noch heute) für 1 Seite 1.500 DM – Artikel normaler Länge haben eine Größenordnung von 1–2 Seiten. Um ein Honorar von 3.000 DM bei einem Blatt wie *DER SPIEGEL* zu realisieren, sind erhebliche Vorarbeiten in Form von Recherchen und/oder besonders exklusive Informationen notwendig.[243] Die Illustrierte *stern* zählt zu den bestzahlensten Zeitschriftenmedien; zwar gibt es Rahmenrichtsätze für Honorare, die laut Honorarspiegel bei längeren Geschichten bis zu 7.000 DM ausmachen, grundsätzlich sind solche Honorare aber Verhandlungssache, wobei sogar der individuelle Aufwand Berücksichtigung findet. Dies stellt indes einen Ausnahmefall dar, der grundsätzlich die Regel der Nichtberücksichtigung von Rechercheaufwand bestätigt.

6.8.3.1 Auswirkungen auf der Ebene freier Autoren

Das ungleichgewichtige Verhältnis zwischen Autorenhonorar und Inputkosten, das vor allem von der Art der Aussagenproduktion determiniert wird – Recherchengeschichten sind aufwendiger als reine Kommentierung –, sei an einem konkreten Fallbeispiel exemplifiziert, eines 243 Zeilen umfassenden Beitrags des Verfassers dieser Arbeit für die Wochenzeitung *DIE ZEIT* aus dem Jahre 1988 mit dem Titel „Ein lukrativer Trick“: Der Verfasser war einem Hinweis nachgegangen, die Fa. Schering, weltweit Marktführer bei dem Produkt die „Pille“, würde, um zusätzliche Subventionen nach dem früheren Berlinförderungsgesetz zu kassieren, die in Berlin (bereits mit Berlin–Subventionen) produzierte „Pille“ nicht von dort direkt ins Flugzeug laden, sondern die gesamte Produktion zuvor per LKW ins Bundesgebiet verfrachten, auf daß sie „körperlich“ in bzw. „durch eine westdeutsche ‘Betriebsstätte gehen’“ könne. Dadurch ließen sich zusätzliche Gelder aus der Staatskasse erlösen. (Tat-)Ort der fraglichen Handlung: eine Halle auf dem Frankfurter Flughafen (vgl. die Kopie des Artikels in Abb. 6.8.3.1[2]).

Der Hinweis war im Kern richtig, im Detail falsch. Keine Flughafenhalle, sondern Lagerräume einer Fa. „Säcke–Service–Import–Export“ fungierten als Betriebs-

---

242 Kalkulation: 6.000 DM x 14 (12 Monate + Urlaub + Krankeheitstage) : 12 = 84.000 DM jährlich bzw. 7.000 DM monatlich. 7.000 DM : 80 DM–Artikel = 87,5.

243 Die Honorierung richtet sich selbstverständlich auch beim *SPIEGEL* nach dem Marktwert eines Autors – FONTANE hätte da wohl wenig Glück gehabt. Bekannte Namen und/oder sog. Edelfedern werden beim Hamburger Nachrichtenmagazin mit 3.000 bis 5.000 DM pro Seite honoriert.

stätte. Und nicht nach Frankfurt/M. wurde die weiße Ware verbracht, sondern nach Hamburg. Erst von dort gelangte sie – mittels eigener Container–Zubringerdienste der großen Fluglinien – aus der Hanseatenstadt zum Rhein–Mainflughafen, der bekanntermaßen etwas weiter südlich liegt.

Das Ergebnis dieser insgesamt 12tägigen Arbeit für Recherchen per Telefon und vor Ort, für diverse Informationskontakte, Gespräche und Reisen, für Schreiben und Verkaufen bestand in einem Honorar von 781,10 DM inkl. MwSt bzw. einem Zeilenhonorar von 2 DM, wobei *DIE ZEIT* freiwillig und aus Gründen der Anerkennung aller Mühen einen Sonderzuschlag von 1 DM pro Zeile gewährte. Mit dieser Einnahme waren in etwa die direkt zurechenbaren Kosten der Recherche abgedeckt (Telefon, Reisekosten). Die Finanzierung der fixen Kosten oder des zwölftäglichen Lebens war damit nicht mehr zu realisieren. Dies mußte mittels einer anderen Quelle geschehen: Publizistischer Aufwand und finanzielles Ergebnis fielen weit auseinander, trotz Sonderhonorierung (vgl. Übersicht 6.8.3 [1]).

Übersicht 6.8.3.1 [1]: Rechercheaufwand und publizistisch-ökonomisches Ergebnis eines Artikels für *DIE ZEIT* aus der Perspektive eines „Freien“

Entstehungsidee:
ein vager Hinweis von dritter Seite Anfang des Jahres 1988: Die SCHERING AG, die ihr Image regelmäßig durch den Hinweis pflegte, daß sie eines der wenigen Unternehmen sei, das aus Überzeugung am Standort 'West-Berlin' festhalte, würde auf dem Frankfurter Flughafen eine Halle unterhalten, in der in Berlin gefertigte Ware „umgeladen“ würde, um nach dem Berlinförderungsgesetz Umsatzsubventionen in Anspruch zu nehmen, die es auf Exportware sonst nicht gäbe. Das „Berühren“ westdeutschen Bodens käme einer Lieferung in eine westdeutsche Betriebsstätte gleich. Andere Möglichkeit: eine spezielle Tochterfirma.

1. Arbeitstag:
Sehr viele Telefonate von Berlin aus mit der Frankfurter Flughafenverwaltung, diversen Zollstellen, Speditionsfirmen usw., die man alle nicht direkt hinsichtlich des eigentlichen Zwecks des Anrufes ausfragen kann – inhaltlich verlängerte Gespräche verlängern die Telefonrechnung. Weitere Recherchen mittels Branchenbücher und Handelsregister verlaufen ebenfalls ergebnislos: eine firmeneigene Tochter existiert dort nicht. Auch keine Halle.

2. und 3. Tag:
Geschäftsbericht organisieren und Durchsicht: keine Exportfirma, die dort genannt wäre. Angezapfte Informanten und Kontaktleute (telefonisch und persönlich) aus der Branche Pharmazie usw. wissen nichts. Ergebnis immer noch gleich Null.

4. Tag:
Beschaffung einer Beteiligungsliste aller Tochtergesellschaften auf Umwegen ergibt einen ersten Anhaltspunkt: eine Firma in Hamburg, nicht Frankfurt.

5. Tag:
vormittags Telefonrecherche über das Hamburger Handelsregister. Nachmittags Außenrecherche vor den Werktoren SCHERINGS: Namen der vielen Speditionsfirmen und deren Autonummern.

6. Tag:
Nach unzähligen Telefonaten inzwischen zum Fachmann in Sachen Luftfracht–Logistik, Cargo–Tarifen und internationalen Zollmodalitäten avanciert. Erkenntnisgewinn, daß alle großen Fluggesellschaften eigene LKW–Containerdienste zu allen wichtigen Flughäfen unterhalten. Auch auf der Autobahn von Hamburg nach Frankfurt.

7. Tag:
Telefonate mit der Konkurrenz von SCHERING in der Schweiz stärkt Know How in Sachen Grob–Kalkulation von Pharmaprodukten, insbesondere der „Pille“, relevante Exportländer, Handelsspannen usw. – ungeachtet der Folgen für die Telefonrechnung. Erste Abschätzung bzw. Hochrechnung möglich, wie hoch die Bemessungsgrundlage für die SCHERING–Subventionen ist.

8. Tag:
Eine ganze Woche Recherche (Büroinfrastruktur, anteilige Miete, Auswertung relevanter Medien, Archivpflege usw., aber ohne Lebenshaltungskosten gerechnet) plus Telefonate kostet ziemlich genau 1.000 DM.[244] Ein konkretes Ergebnis war bisher nicht abzusehen. Trotzdem Fahrt nach Hamburg zwecks Inaugenscheinnahme der SCHERINGschen Exportfirma: nur Büroräume, kein Lager.
9. Tag:
Anruf beim Geschäftsführer der Exporttochter mit der Bitte um einen sofortigen Termin, was glücklicherweise noch am selben Tag klappt. Gespräch über Exportprobleme im allgemeinen und solcher auch im speziellen. Erworbene Kenntnisse in Sachen Luftfracht, Pharmakalkulationen und Exportländerspezifika ermöglichen unauffälliges, aber gezieltes Nachfragen nach dem eigentlichen Kern meiner Wissensbegierde: Die Tochterfirma ist zwar offiziell für die „Pillen"-Exporte zuständig, das fragliche Lager indes befindet sich im Ortsteil Wilhelmsburg, Straße Soundso, ohne Nummernangabe.
In der Straße Soundso hängen viele Firmenschilder, nur keines von SCHERING. Eine mehr gefühlsmäßig ablaufende Außenrecherche lenkt das Augenmerk auf ein Gebäude einer Fa. „Säcke-Service-Import-Export": Um 19 Uhr ist das Werktor verschlossen. LKWs lassen sich aber dennoch erkennen – zwar keine Autonummern, aber die Namen einer mir inzwischen bekannten Spedition.
10. Tag:
Zurück nach Berlin wegen eines unaufschiebbaren Termins in anderer Sache. Ein Anruf bei SCHERING in der Pressestelle, bei dem die harten Fakten nüchtern präsentiert werden, bringt die unfreiwillige Bestätigung: Die Pille wird wie alle Medikamente erst nach Hamburg gekarrt, dort „disponiert" und anschließend via LKW-Container nacht Frankfurt verfrachtet. Von dort aus in alle Welt.
11. Tag:
Gespräch im Hause SCHERING im Beisein der Leiter der Rechts- sowie der Steuerabteilung, flankiert vom zuständigen Pressesprecher: Die Herren bestätigen mir meine Schätzungen über Stückzahlen, Marktanteil, Abgabepreis an die Hamburger Tochter, Wertschöpfung und Subventionssatz. Meine Hochrechnung zum Subventionsvolumen können sie nicht dementieren: 20 Mio. DM jährlich.
Ein nachmittägliches Telefonat mit Manfred CASPARI, Direktor der Abteilung Wettbewerb bei der Brüsseler EG-Kommission, bestätigt mir, daß dieser Trick einen „Umgehungstatbestand" darstellt – er will den Fall „prüfen".
Der **12. Tag**
bringt den üblichen Rest: Schreiben und verkaufen. *DIE ZEIT* akzeptiert die Geschichte und nach Abdruck mehrere Wochen später erfolgt nochmals mehrere Wochen später die Honorarüberweisung: 781,10 DM für 243 Zeilen à 3 DM Sonderhonorar. Umgerechnet pro Arbeitsstunde (10-Stundentag): 6,51 DM brutto bzw. 6,08 DM netto.

Ökonomisch-publizistische Kosten-Nutzen-Analyse:
Nutzen: Die Geschichte kommt an, die EG-Kommission prüft positiv, kann sich zu Maßnahmen aber nicht entschließen und die Kritiker der Berlinförderung freuen sich über einen weiteren Beispielsfall – der öffentliche Diskurs funktioniert.
Kosten: Entstandene Ausgaben lassen sich regelmäßig dem Kontostand entnehmen, der bei dieser Geschichte mit einem spürbaren Minus abschließt: 12 Tage Aufwand bedeuten rd. 1.700 DM laufende Kosten, die eigene Lebenshaltung nicht mitgerechnet – Honorarerlös abzüglich Aufwand ergeben rd. 900 DM Verlust. Inklusive Lebenshaltung kumuliert sich das betriebswirtschaftliche Negativergebnis auf mindestens 1.800 DM.
Weitere Aussichten: Für ein Wochenblatt wie *DIE ZEIT* solche Artikel zu schreiben, muß man sich entweder leisten können (Lotto-Gewinn, Erbe usw.) oder einmal im Jahr durch Mehrarbeit an anderer Stelle 'subventionieren'. *DIE ZEIT* selbst interessiert sich für solcherlei Probleme nicht – sie sitzt ökonomisch am längeren Hebel und findet immer Autoren, die für sie schreiben wollen. Daraus folgt: Engagierte Publizistik hat eine ganze Menge mit Einkommensverteilung bzw. Honorarsätzen zu tun.

244 Ausweislich meiner Gewinn- und Verlustrechnung bzw. der Steuererklärung für das Jahr 1988.

Der Versuch, anläßlich dieses Artikels bei der *ZEIT* bzw. deren Herausgeber, Altbundeskanzler Helmut SCHMIDT, die Frage nach einer adäquateren Entlohnung zwecks zukünftiger Sicherung ähnlich aufwendiger Geschichten aufzuwerfen, lief ins Leere. Ein Schreiben mit einer präzisen Darstellung zur Entstehung und Ökonomie dieser Geschichte (wie in obiger Übersicht) beantwortete *ZEIT*–Herausgeber Helmut SCHMIDT, von dem die geflügelten Worte als Bundeskanzler stammten, Leistung müsse sich wieder lohnen, mit einem Zweizeiler: Er habe den Brief an den Chefredakteur „weitergereicht" und der werde wohl demnächst von sich hören lassen. Selbiges geschah nie.

Die magere Honorierung grundsätzlich, d.h. die in keinem ökonomisch funktionierenden Verhältnis stehende Entlohnungsphilosophie vieler Medien wirkt sich auf Seiten freischaffender Inputproduzenten auf Lebensqualität und Möglichkeiten engagierter Publizistik aus, aus der Sicht der Unternehmen stellt sie eine dem Volumen nach ausgesprochen bedeutsame Kosteneinsparungsstrategie dar: Aufgrund der teilweise monopsonartigen Stellung[245] können die Vorteile der eigenen Querfinanzierung auf die Zulieferer verlagert werden.

Hinsichtlich der Einkommenssituation von freien Journalisten, Publizisten bzw. Autoren bestätigen für die 60er und 70er Jahre und für deutsche Verhältnisse der „Autorenreport" (FOHRBECK/WIESAND (1972 bzw. 1974), der „Journalisten–Bericht" (WIESAND (1977) oder auch der „Künstler–Report" (FOHRBECK und WIESAND 1975) diese Folgen.

Die Einkommensprobleme ergeben sich dabei u.a. auch als Folge des eigenen publizistischen Anspruchs.[246] Für die USA existieren Daten zu den 50er Jahren, die dieselben Zusammenhänge und Probleme, insbesondere für freie Autoren und Schriftsteller aufzeigen (vgl. LORD 1962/1968).

Neuere Daten für die Schweiz, wie sie von HAENECKE (1994: 44 ff.) vorgelegt wurden, sprechen davon, daß das monatliche Bruttoeinkommen „aus der printjournalistischen Tätigkeit als Freie(r) ... vergleichsweise sehr tief" ist mit durchschnittlich 3.480 Franken. In den Einkomensklassen bis 3.000 Franken befanden sich 57% aller Befragten (a.a.O.: 152). Eine Auswertung des Münchner ifo–Instituts von Einkommensdaten der Sparte „Wort", die in Deutschland der Künstlersozialkasse für das Jahr 1991 gemeldet wurden, ergab, daß in den Bruttoeinkommensklassen bis

245 Monopson = Nachfragemonopol

246 Zur Einkommenssituation bzw. auch zur Einkommens- bzw. Honorierungshierarchie zwischen TV, Publikumspresse und Tageszeitungen vgl. FOHRBECK/WIESAND 1974: 57. Zum Problem von Anpassungsstrategien seitens Inputproduzenten findet sich folgendes Zitat eines Befragten: „Da Sendeminuten und Arbeitsaufwand gerade bei wissenschaftlich-kulturellen Themen in völlig indiskutabler Relation stehen, findet ein Anpassungsprozeß statt: Bei Vertretbarkeit einer Minimalqualität (Prädikat: tragbar, sendefähig) wird ein Maximum an Minuten produziert, die dann aber wieder auf den verfügbaren (oder vermeintlich verfügbaren) Sendezeitraum zurechtgestutzt werden" (a.a.O.: 52). Hinsichtlich engagierter Publizistik bzw. hinsichtlich auch eines interrogativen Journalismus im Sinne von PROSS kommen FOHRBECK/WIESAND zum Ergebnis: „Wirtschaftliche Probleme, gekennzeichnet u.a. durch Schwierigkeiten, sich eine dauerhafte ökonomische Existenz aufzubauen, finden sich nicht zuletzt bei denjenigen Autoren, die versuchen, den Trend zur aktuellen oder auch zur marktgängigen Gebrauchsware zu unterlaufen, die sich experimentell um neue Vermittlungskonzepte zu ihren Zielgruppen bemühen oder die auf einer unkonventionellen literarischen Linie bestehen" (a.a.O.: 58).

DIE ZEIT – Nr. 14 – 1. April 1988

Berlinförderung

Ein lukrativer Trick

Wie Unternehmen auf Umwegen Subventionen kassieren /Von Johannes Ludwig

Die Firma Helopharm ist ein Unternehmen so ganz nach dem Geschmack des Berliner Wirtschaftssenators Elmar Pieroth. Der mittelständische Pharmabetrieb, eine GmbH & Co. KG, betreibt vor allem Forschung und Entwicklung. Die rund hundert Mitarbeiter, darunter zahlreiche Forscher, entwickeln Herz-Kreislaufmittel bis zur Marktreife und verkaufen ihr Know-how in Form von Lizenzen an interessierte Unternehmen.

In Konkurrenz zu den großen Pharmakonzernen ist das kein leichtes Geschäft. Der „Große" sitzt gleich in der Nähe: die weltweit operierende Schering AG.

Mit diesem Nebeneinander im marktwirtschaftlichen Wettbewerb findet sich die Firma ab. „Was aber den finanziellen Ausgleich von Standortnachteilen durch die Berlinförderung angeht, so sind wir klar benachteiligt", klagt der Geschäftsführer Gerd Petrik. „Wir forschen zuviel und produzieren zu wenig, obwohl gerade das Zweck der geänderten Berlinförderung war, nämlich zukunftsträchtige Produktionsstrukturen und qualifizierte Arbeitsplätze zu schaffen."

Das klingt pervers und ist es wohl auch. Was das mittelständische Pharmaunternehmen in jahrelanger Arbeit entwickelt, muß klinisch getestet, vor allem aber auch toxikologisch geprüft werden. In Berlin geht das nicht – es fehlt an der nötigen Infrastruktur. Also läßt man diese Untersuchungen in Westdeutschland machen.

Pech für die Forscher: Ein Arzneimittel, bis zur Marktreife in Berlin entwickelt, aber außerhalb getestet, gilt nicht mehr als „in Berlin hergestellt". Die Folge: Fördermittel, zum Ausgleich von Standortnachteilen und „zur Sicherung und Schaffung höherwertiger Arbeitsplätze in Berlin" – Zitat aus der Gesetzesbegründung –, gibt es dafür nicht.

Dem Berliner Pharmagiganten Schering geht das nicht anders. „Doch was uns an Geldern verlorengeht, kann Schering bei der Produktion und beim Vertriebsweg wieder reinholen", kommentiert der Mittelständler. „Das sind ungleiche Wettbewerbschancen."

Was damit gemeint ist, geht aus zwei Untersuchungen hervor, die das Deutsche Institut für Wirtschaftsforschung (DIW) erst kürzlich Bundesfinanzminister Gerhard Stoltenberg und dem Berliner Senat vertraulich vorgelegt hat: Begünstigt durch die öffentlichen Fördergelder sind nicht so sehr die von Wirtschaftssenator Pieroth favorisierten zukunftsträchtigen Produktlinien, sondern das verarbeitende Gewerbe, und zwar vor allem die „standardisierten Massenproduktionen", also auch Arzneimittel, die in großen Stückzahlen produziert werden. Bei Schering ist dies beispielsweise „die Pille", die ausschließlich in Berlin hergestellt und weltweit vertrieben wird: jährlich rund 130 Millionen Packungen, Marktanteil: über dreißig Prozent.

Doch der „Musterknabe Schering" (so die Gewerkschaft IG Chemie), der als eines der wenigen Großunternehmen seine Hauptverwaltung und große Teile seiner F&E-Abteilung in Berlin unterhält, geniert sich nicht, auch solche Vertriebspraktiken in Anspruch zu nehmen, die zwar weit verbreitet sind, aber eigentlich nicht im Sinne des Gesetzgebers waren.

Beispiel: Seit Beginn der fünfziger Jahre gibt es Subventionen auf den Umsatz von in Berlin hergestellten und ins Bundesgebiet verkauften Waren (die sogenannte Herstellerpräferenz). Damit soll die Berliner Wirtschaft angekurbelt werden. Um aber auch Nachfrage auf Berliner Produkte zu lenken, bekommt auch der westdeutsche Abnehmer eine Subvention auf den aus Berlin bezogenen Warenwert (die sogenannte Abnehmerpräferenz). Lieferungen in das Ausland allerdings waren von dieser Art des „Ausgleichs von Standortnachteilen in Berlin" nicht erfaßt.

Doch es dauerte nicht lange, bis die Unternehmer auch einen Weg für die Subventionierung ihrer Exporte fanden. Schering praktiziert es par excellence. Da Arzneimittel klein und leicht sind, werden Pillen selbst in großen Mengen weltweit per Luftfracht verschickt – allerdings nicht vom Berliner Flughafen Tegel aus, sondern von Frankfurt. Dies geschehe der Anschlußflüge wegen, meint Horst Bedey, Geschäftsführer der Schering-Tochter Germapharm GmbH Import-Export-Spe-

27

Zwischenlandung nicht erforderlich: Subventionierte Exportgeschäfte sind auch per Luftfracht möglich

dition mit Sitz in Hamburg. Germapharm ist für das weltweite Im- und Exportgeschäft von Schering zuständig.

Tagtäglich werden daher gegen zehn Uhr in der Berliner Fennstraße Lkws der Spedition H. Klitz mit Exportware beladen. Gegen Mittag setzen sich die Laster in Bewegung. Doch nicht in Richtung Frankfurt, sondern nach Hamburg, Ortsteil Wilhelmsburg, geht die Fahrt zur Firma Friedrich W. Goosmann GmbH, bei der Schering ein „Betriebslager", so Germapharm-Geschäftsführer Bedey, unterhält.

Was dort passiert, schildert er so: „Die Ware wird gelagert, komplettiert und von Berlin per Telephon dann disponiert. Jetzt erst gehen von hier aus die Frachten entweder mit Lufthansa-Maschinen oder mit Lkw-Containern via Autobahn zum Frankfurter Flughafen und von da aus in alle Welt."

Der Umweg über Hamburg ist der direkte Weg, die Umsatzsubventionen nach dem Berlinförderungsgesetz auch für Exporte zu kassieren: in diesem Fall 6,5 Prozent des Warenwertes (die sogenannte Innenumsatzpräferenz). Die Hauptsache ist, daß die Ware durch eine westdeutsche Betriebsstätte gegangen ist; ein Warenlager reicht nach Paragraph 12 der Abgabenordnung dazu aus.

Doch nicht jedes Berliner Unternehmen hat im Bundesgebiet ein Betriebslager, eine Verkaufsfiliale oder eine Tochterfirma, über die man Exportware laufen lassen könnte. Aber auch für sie gibt es ein Rezept: Ein westdeutscher Zwischenhändler muß eingeschaltet werden. Keine „Briefkastenfirma" sollte es sein, rät die Berliner Industrie- und Handelskammer, sondern ein echter „Exporthändler".

Worauf dabei zu achten ist, wird in einem dreiseitigen Aufsatz (Untertitel: Wachsender Beratungsbedarf bei Berliner Unternehmern) genau erläutert. Und weshalb dies wichtig ist, steht dort ebenfalls: „Staatliche Beihilfen dürfen nicht gewährt werden, wenn sie in den Wettbewerb innerhalb des Gemeinsamen Marktes eingreifen."

Nach Artikel 92 des EWG-Vertrages ist dies sogar ausdrücklich verboten. Daher auch die Empfehlung des Autors Hartmut Scholz, gleichzeitig Steuerspezialist der Berliner IHK, in einem vorangegangenen Papier: „Um auch von dieser Seite eine Gefährdung der Berlinpräferenzen auszuschließen, muß es im ureigensten Interesse der Berliner Wirtschaft liegen, eine extensive ... Inanspruchnahme der Präferenzen auszuschließen."

Die Gebrauchsanweisungen der Industrie- und Handelskammer sind das einzige, was zu diesem „kitzligen Thema" (Oberfinanzdirektion Berlin) schriftlich existiert. „Das ist bereits eine politische Frage", wehrt OFD-Sprecher Peter Skrodzki Fragen ab und verweist an den Finanzsenator. Der bestätigt zumindest, daß die Empfehlungen der Industrie- und Handelskammer mit ihm abgestimmt worden seien.

Im Jahre 1984 machte ein Urteil des Finanzgerichtes Berlin allerdings unmöglich, was bis dahin Usus war. Zwei Fälle hatten die Richter zu entscheiden.

Erster Fall: Unter Einschaltung eines Exporthändlers wurden Labormaschinen per Lkw von Berlin auf der Transitstrecke nach Braunschweig verfrachtet. Dort wartete schon ein Lkw des DDR-eigenen Speditionskombinates Deutrans und ab ging's, zurück auf dem gleichen Weg, dieses Mal allerdings an West-Berlin vorbei, nach Warschau.

Der andere Fall lag ähnlich: Maschinenteile wurden per Lastwagen rund 600 Kilometer erst nach München gekarrt, um von dort per Bahnfracht nach Dresden zu gelangen.

In beiden Fällen war die Voraussetzung erfüllt, daß nicht nur ein Zwischenhändler eingeschaltet werden muß, sondern die Waren auch bundesdeutschen Boden berühren müssen.

Die Richter empfanden die umständliche Abwicklung der beiden West-Ost-Transaktionen dann doch als eine mißbräuchliche Gestaltungsweise und erkannten die Rechtmäßigkeit der Berlinsubventionen nicht an.

Schon der Bundesfinanzhof hatte 1981 unmißverständlich klargestellt: „Die Förderung des Wirtschaftsverkehrs zwischen Berlin (West) und dem Ausland lag zu keiner Zeit in der Absicht des Berlinförderungsgesetzes." Die Subventionierung des Ost-West-Handels wird durch dieses Urteil aber nicht in Frage gestellt. Wer des Lesens eines gängigen Steuerkommentars mächtig ist, weiß, welcher Lieferweg ganz ungefährlich ist: „Werden in Erfüllung eines Reihengeschäfts Waren durch die Post in Ostblockstaaten versandt, so gelangen sie dabei ‚durch' Westdeutschland; denn der gesamte Berliner Postverkehr in diese Länder wird über Postämter in Westdeutschland geleitet (Hannover, Nürnberg, München)."

Exporte ins westliche Ausland waren von diesem Richterspruch ohnehin nicht betroffen. Hier läuft alles problemlos nach bewährtem Muster. Und auch das rechtliche Erfordernis, die Ware müsse zumindest westdeutschen Boden berühren, hat sich zwischenzeitlich dem verkehrstechnischen Standard angepaßt, wie es der Steuerkommentar erläutert: „Werden die Gegenstände mit dem Flugzeug befördert, so reicht das Überfliegen des Bundesgebietes aus; eine Zwischenlandung in Westdeutschland ist nicht erforderlich." In der Praxis sieht der Ablauf solcher Exportgeschäfte so aus: Die Berliner Hersteller schicken ihrem Zwischenhändler die eigene Preisliste mit, zu deren Konditionen der Exporthändler gleich weiterverkauft. „Der Gewinn des Zwischenhändlers besteht häufig nur in der Umsatzsubvention nach dem Berlinförderungsgesetz", wie OFD-Fachmann Günter Reinartz bestätigt. „Beispiel: Einkauf für eine Million Mark, Verkauf für eine Million Mark – daraus ist kein Gewinn zu ziehen. Der Gewinn besteht aus der Subvention in Höhe von 4,2 Prozent. Das wären in diesem Beispiel 42 000 Mark." Unabhängig davon profitiert der Berliner Hersteller von seiner eigenen Subvention.

Daß man von derlei Geschäften gut leben kann, beweist die Firma Wimex, westdeutscher Import und Export Hans Rohrbach in Köln, die als Marktführer für derartige Operationen gilt. Ihr Umsatz wird auf hundert Millionen Mark geschätzt. Ist die Wimex Subventionsmillionärin? „Interviews geben wir grundsätzlich nicht. Wir machen auch keine Werbung", wehrt die Tochter Helga-Maria Rohrbach ab. „Das haben wir gar nicht nötig." Fragen beantworte die Industrie- und Handelskammer in Berlin. Dort würde auch die Firma Wimex um Rat nachfragen. Der zuständige Experte dort hieße Hartmut Scholz.

Der Autor der zitierten Gebrauchsanweisung macht aus solcher Beratung kein Geheimnis: Er stehe selbstverständlich nicht nur für Berliner, sondern auch westdeutschen Unternehmen zur Verfügung, die die Berlinförderung in Anspruch nehmen wollen. Das stelle auch weniger eine Steuerberatung dar, „sondern das ist das, was wir unter ‚Wahrung des gesamtwirtschaftlichen Interesses' verstehen".

20.000 DM jährlich (entspricht einem durchschnittlichen Monatsbrutto von 1.666 DM ohne 13. Monatsgehalt) 54% aller Versicherten lagen (HUMMEL et al 1994: 19). Das durchschnittliche Bruttomonatseinkommen lag bei 2.140 DM (a.a.O.: 22). Für den bundesdeutschen Bevölkerungsquerschnitt hatte das DIW für 1992 einen Anteil von 29% der in Westdeutschland lebenden Privathaushalte ermittelt, die maximal ein Bruttoeinkommen von bis zu 2.000 DM haben. Das durchschnittliche Monatsbrutto lag danach bei 6.400 DM[247] (DIW 1994: 777).

Eine von diesen Ergebnissen abweichende Einschätzung hatte die Forschungsgruppe Journalistik an der Universität Münster im Zusammenhang mit ihrer neuesten „Journalismus in Deutschland"–Studie vorgetragen. Aufgrund dort verwendeter Erhebungsmethoden kamen „freiberufliche Journalisten" auf mehr oder weniger identische Einkommensniveaus wie ihre festangestellten Kollegen (vgl. WEISCHENBERG/LÖFFELHOLZ/SCHOLL 1994: 157). Die dort präsentierten Ergebnisse für freie Journalisten (nur hauptberufliche „Freie") haben indes einen nur eingeschränkten Aussagewert.[248]

6.8.3.2 Querfinanzierungspotential aus der Sicht eines Medienunternehmens: Fallbeispiel *DIE ZEIT*

Ein wesentlicher Bestandteil des publizistischen Konzepts der Wochenzeitung *DIE ZEIT* besteht in der Zusammenarbeit mit sehr vielen Autoren, die nicht der Redaktion angehören. Die Gründe liegen in der gewünschten Spannbreite der Themen sowie der Vielfalt der Meinungen ebenso wie im Konzept der Leser–Autoren–Bindung (vgl. LUDWIG 1996b: 291): Bekannte Köpfe, Namen oder Schreiber, die den Lesern aus anderen Zusammenhängen bekannt sind, sollen ebenfalls zur weithin aner-

---

247 inklusive Einkommen aus selbständigen (Neben-)Tätigkeiten und Vermögen

248 Die Autoren ermittelten bei ihrer umfangreichen Befragung ein für die Berufsgruppe durchschnittliches Nettoeinkommen von 3.900 DM monatlich. Hauptberuflich „Freie" lagen danach mit 3.700 DM nur geringfügig unter diesem Durchschnitt. Die Zahlen zu den freiberuflichen Journalisten dürften indes wenig repräsentativ sein, woraus sich auch die Unterschiede zu den Auswertungen der KSK–Einkommensdaten erklären (die KSK versichert nur hauptberuflich „Freie"!): Da es bundesweit keinerlei Grundgesamtheitsliste für „Freie" gibt, war die Forschungsgruppe gezwungen, sich eine Grundgesamtheit mithilfe der Medienunternehmen selbst zusammenzustellen, um daraus eine 'repräsentative' Stichprobe ziehen zu können. Da nach Einschätzung und persönlicher Erfahrung des Verfassers der vorliegenden Dissertationsschrift den Medienunternehmen bzw. den Redaktionen im Zweifel die Namen solcher „Freier" präsent sind, die mehr oder weniger regelmäßig zuliefern und schon aufgrund der Regelmäßigkeit der Einkünfte und des damit entfallenden Absatzrisikos sowie entfallender Aktivitäten für eigenes Marketing auf höhere Honorarvolumina kommen dürften, ist zu vermuten, daß mehrere Gruppen von „Freien", die sich hinsichtlich der Regelmäßigkeit in der Zulieferung sowie in der Art der Aussagenproduktion u.a.m. unterscheiden, wenig Chancen hatten, überhaupt als Grundgesamtheit berücksichtigt zu werden. Diese Zweifel an den Aussagen der Forschungsgruppe Journalistik konnten mit einem der Autoren dieser Kommunikatorenstudie, Armin SCHOLL, früher Münster, heute FU Berlin, bestätigt werden: Eine repräsentative Stichprobe unter „Freien" zu ziehen, ist aufgrund fehlender Branchenbücher oder 'Melderegister' usw. praktisch nicht möglich. Der Verfasser dieser Dissertationsschrift geht daher davon aus, daß die Einkommensdaten ein völlig falsches Bild von der finanziellen Situation vieler „Freier" vermitteln. Diese Einschätzung wird durch die völlig andersartigen Ergebnisse des ifo–Instituts zusätzlich untermauert.

kannten 'Qualität' des inhaltlichen Produktanspruchs mit beitragen. Im Durchschnitt über alle Rubriken und 'Bücher' liegt der Anteil freier Inputproduzenten bei 50%.[249]

Dieser flächendeckende Einsatz einer Zulieferung von außen schlägt sich in erheblichen Kostenvorteilen nieder. *DIE ZEIT* arbeitet dabei mit zwei unterschiedlichen Gruppen von Autoren, vertraglich gebundenen Pauschalisten und freien Autoren von Fall zu Fall.

Pauschalisten sind publizistisch und ökonomisch dergestalt in das Produktkonzept eingebunden, indem sie ein pauschales Entgelt erhalten, ohne dabei einer publizistischen Mindestleistung zu unterliegen. Der Vorteil für Pauschalisten liegt in der Ungezwungenheit der kreativen Produktion, das Unternehmen spart sich die hohen Lohnnebenkosten, Büroinfrastruktur u.a.m., kann aber bei Bedarf auch gezielt auf publizistische Zulieferung zurückgreifen. Die Gruppe der „freien" Autoren setzt sich für *DIE ZEIT* aus zwei Untergruppen zusammen: Zum einen aus bekannten Namen, die vorrangig aus anderen Gründen (Renommee, Mitteilungsbedürfnis u.a.m.) als Einkommenserzielung schreiben, zum anderen aus freischaffenden Autoren, für die Schreiben gleichzeitig die Existenzgrundlage darstellt.

Die Honorierung freier Inputproduzenten richtet sich bei der *ZEIT* nach festgelegten Zeilenhonorarsätzen, die bei gegebenem Anlaß geringfügig aufgestockt werden („Sonderhonorar"). In den 80er Jahren lag das Zeilenhonorar bei 2 DM, in den 90er Jahren wurde es auf bis zu 3 DM angehoben (vgl. Honorarspiegel 1992). *DIE ZEIT* liegt damit zwar höher als alle Tageszeitungen bundesweit, angesichts der geforderten Produktqualität hinsichtlich Exklusivität der Information, Relevanz, Professionalität im Schreibstil usw. ist dies kein sonderlich hohes Entgelt, zumal aufgrund der Größe des relevantes Kommunikationsraums (u.a. haben praktisch alle Zeitungsredaktionen die Wochenzeitung abonniert) für Inputproduzenten eine Zweitverwertungsmöglichkeit oft entfällt.

Eine Kalkulation der Kostenvorteile bzw. des Umfangs der dadurch möglichen Querfinanzierung läßt sich durch den mengen- und wertmäßigen Leistungsanteil freier Autoren an dem Produkt *DIE ZEIT* durchführen. Eine anschließende Überlegung zur relevanten Alternative, nämlich die Produktion der bisherigen Zulieferungen durch eigene Redakteure, legt die Bedeutung dieser Querfinanzierungsstrategie für ein publizistisches Konzept wie jenes der *ZEIT* offen (vgl. im ff: LUDWIG 1996b: 292 f.).

---

249 Der Zulieferanteil von außen schwankt sehr stark in Abhängigkeit des jeweiligen Themenfelds: So ist die Rubrik „Politik" Domäne der fest angestellten Redakteure, t.w. auch des Chefredakteurs und der Herausgeber. „Freie" schreiben dort nur, wenn sie zugleich „VIP" (Very Important Person) sind und einen bekannten Namen tragen. Die Rubrik „Reise" wird zu etwa 80% von Freien bestritten, bei „Wirtschaft", „Wissen", „Zeitläufte" oder „Das politische Buch" liegt der Zulieferanteil von außen zwischen 30% und 60% (vgl. LUDWIG: a.a.O.).

Abb. 6.8.3.2: Querfinanzierungspotential der *ZEIT* durch Einsatz freier Autoren
Dargestellt anhand der G+V für die reale Situation 1992 und den alternativen Fall der Eigenproduktion in Mio. DM

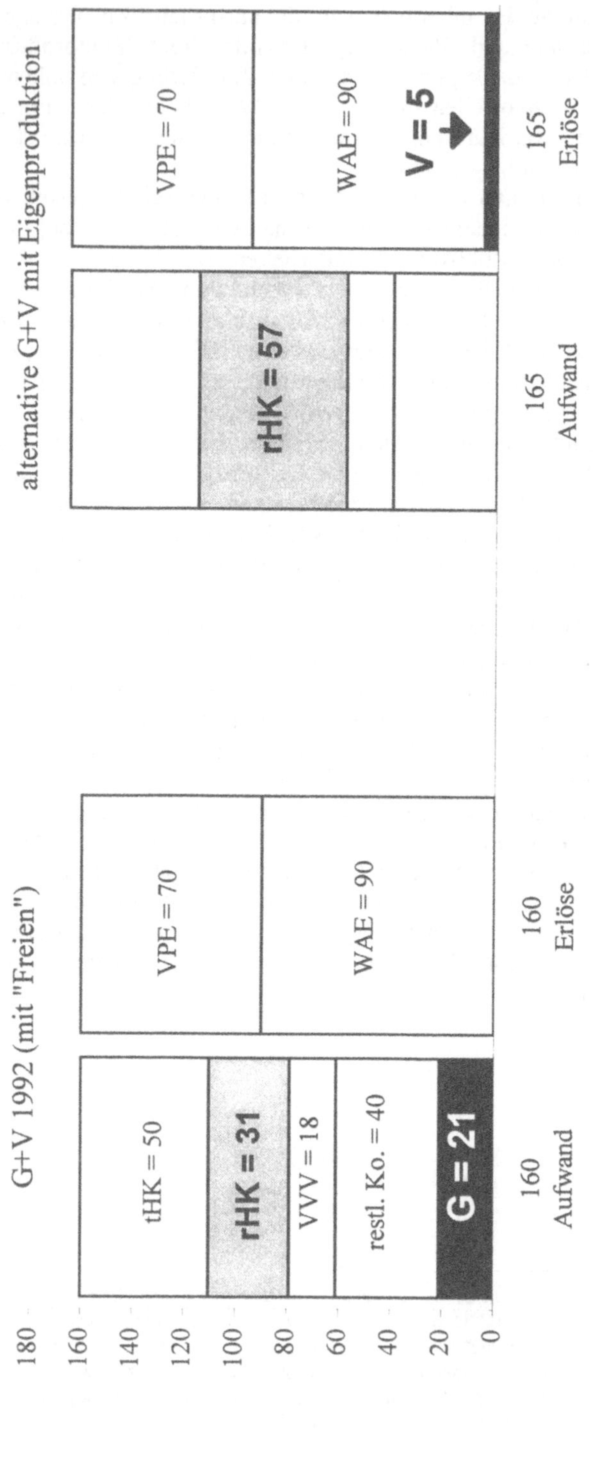

Legende: tHK= techn. Herstellkosten, rHK=redakt. Herstellkosten, VVV=Versand, Verpackung, Vertrieb; restl.Kosten=Verlagskosten etc.; VPE=Verkaufspreiserlöse; WAE=Werbe-/Anzeigenerlöse; G=Gewinn; V=Verlust

DIE ZEIT produzierte im Jahre 1992 rd. 900.000 Zeilen Text im Zeitungsteil und ca. 250.000 Zeilen im *ZEITmagazin*, zusammen 1.150.000 Textzeilen.[250] Redakteure und Pauschalisten bestritten rd. 600.000 Zeilen. Pro redaktionellem Mitarbeiter (193 Redakteure + 46 Pauschalisten) gerechnet sind dies 2.500 Zeilen im Jahr bzw. 210 Zeilen monatlich bzw. durchschnittlich 52 Zeilen in jeder *ZEIT*–Ausgabe. Setzt man den Input in Form der Lohn- und Gehaltssumme ins Verhältnis zum Output, gemessen am produzierten Zeilenumfang, so ergibt sich ein Betrag von 51 DM pro gedruckter Zeile.[251] Dies sind die kalkulatorischen Kosten der *ZEIT* für die geschriebene Zeile eines redaktionellen Mitarbeiters.

Ein freischaffender Inputproduzent erhält für die gleiche Zeile ein Honorar von 3 DM bzw. 4 DM (z.B. Sonderhonorar). Das Kostenverhältnis zwischen festangestelltem Redakteur und freiem Autor aus der Sicht des Auftraggebers liegt bei 1 : 13.

Eine Kalkulation auf das Gesamtergebnis der *ZEIT* sieht folgendermaßen aus: 1992 zahlte das Unternehmen 2,2 Mio. DM an Zeilenhonorar. Die Alternative zu freischaffenden Publizisten in Form der Eigenproduktion würde einen Entlohnungsaufwand von 28,2 Mio. DM auslösen.[252] Abzüglich der bisher gezahlten Autorenhonorare entspräche dies einem effektiven Mehraufwand von rd. 26 Mio. DM. Für *DIE ZEIT*, die 1992 bei einem Umsatzvolumen von 160 Mio. DM einen Gewinn von 21 Mio. DM ausweisen konnte (Umsatzrendite: 14%), hätte dies bedeutsame Konsequenzen: Sie würde bei dieser Alternative mit 5 Mio. DM im Minus stehen.

Der Vergleich zwischen tatsächlicher Situation und möglicher Alternative ist in der Abb. 6.8.3.2 dargestellt. Das Querfinanzierungspotential des Medienunternehmens *DIE ZEIT*, soweit es über Strategien der Kostenreduktion läuft, läßt sich ökonomisch als ganz erheblich bewerten.

6.9 Zur ökonomischen Funktionstüchtigkeit und Zieladäquanz von Querfinanzierungsstrategien

Das Paradigma der Ökonomie, „optimale Allokation" garantieren zu wollen, läßt sich im Kern auf ein Ziel–Mittel–Problem reduzieren: Für eine gegebene Zielstellung wird nach geeigneten Strategien gesucht. Das eigentliche Feld des ökonomischen Ansatzes besteht in der Evaluation der Lösung.

Die traditionelle wirtschaftswissenschaftliche Lehre geht darüber oft hinaus, indem sie sich vielfach auch für die Zielfindung als kompetente „Lehre" andient. Viele Ziele bzw. Interessen indes generieren sich nicht immer aus einer ausschließlich ökonomischen Dimension. Aus diesem Grund bedarf „Allokation" als Zielvorgabe einer konkreten Definition, insbesondere was ihre Bewertungskriterien anbelangt. Dies wird vielfach übersehen, weshalb die traditionelle Ökonomie sehr stark auf – in ihrem Verständnis definierte – 'ökonomische', d.h. in der Regel monetäre

250 Der Umfang der *ZEIT* (1991) betrug 4.562 Seiten, davon 52% redaktionelle Seiten mit durchschnittlich 375 Textzeilen pro Seite. Das *ZEITmagazin* hatte 3.582 Seiten, davon 1.969 redaktionell gestaltete Seiten mit durchschnittlich 130 Zeilen pro Seite, was 50% des Seitenumfangs entspricht.

251 Rechnung: 10.800 DM Brutto–Lohnkosten (8.000 DM + anteilige Arbeitgeberbeiträge x 13 Monatsgehälter) : 210 Monatszeilen.

252 Sofern zumindest ein Teil nicht durch Mehrleistung der bisherigen Redakteure aufgefangen würde.

Zielvorgaben focussiert ist. Daraus läßt sich auch die oft beobachtbare Eindimensionalität ihrer Lösungsansätze und Handlungsanweisungen erklären.

6.9.1 Publizistisch-ökonomisches Zielsystem der Medienproduktion

Interpretiert man den ökonomischen Ansatz als vorrangig funktionalen Ansatz, indem man Zielstellungen als wie auch immer zustandegekommene Vorgaben betrachtet, die beispielsweise Ergebnis politischer Übereinkünfte darstellen oder wie hier Ergebnis eines künstlerisch-publizistischen Entscheidungsfindungsprozesses sein können, so stellen sich für die Auswahl funktionstüchtiger Maßnahmen zwecks Zielerreichung drei Fragen: 1) Wird das Ziel damit grundsätzlich erreicht? 2) Wie sieht dabei das Verhältnis zwischen Mitteleinsatz und Ergebnis aus (Effizienzkriterium)? 3) Welche Nebenwirkungen sind mit dem Ziel–Mitteleinsatz verbunden, etwa in Gestalt von Zielkonflikten?

Diese Fragen lassen sich sinnvollerweise nur im Kontext des jeweiligen Zielsystems beantworten, das sich im Falle der Aussagen- bzw. Medienproduktion als zweidimensionales Zielsystem interpretieren läßt: Die Ökonomie wird zum Subziel bzw. Instrument eines vorrangig publizistischen primären (Ober-)Ziels (vgl. Abb. 6.9.1).

Die grundsätzliche Zieladäquanz etwa der Ökonomie der Marktes, aber auch von gegebenenfalls notwendigen Querfinanzierungsstrategien wurde – indirekt durch Beschreibung ihrer Funktionsweisen – bereits mehrfach bestätigt. Somit verbleiben für eine kritische Würdigung die beiden letzten Prüfkriterien: ökonomische Effizienz und möglicherweise vorhandenes Nebenwirkungspotential.

Abb. 6.9.1: Publizistisch-ökonomisches Zielsystem der Medienproduktion

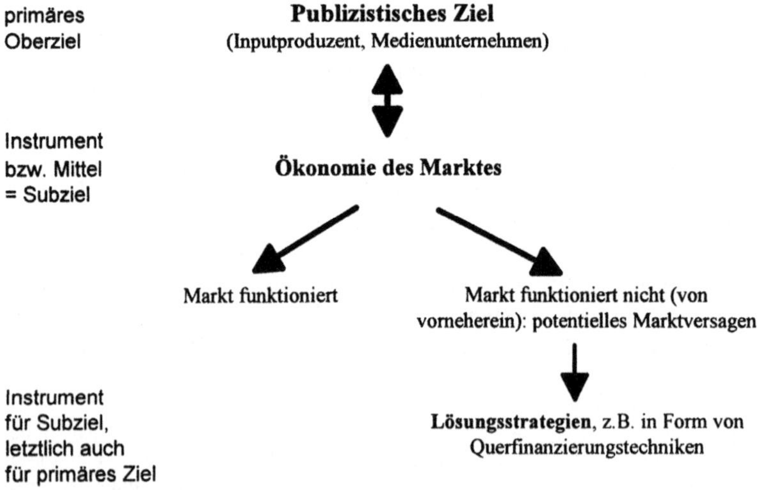

Für die Analyse lassen sich auf der ersten Subziel- bzw. Instrumentenebene 2 Fälle unterscheiden. Fall 1 ist unproblematisch: Das System 'Markt' funktioniert für die anvisierten Zwecke der medialen Aussagenproduktion (in ausreichender Weise). Fall 2 deckt die potentielle Marktversagenssituation ab: Die Ökonomie des Marktes funktioniert entweder nicht oder nur eingeschränkt, weshalb zusätzlicher Lösungsbedarf entsteht, der für die Zwecke einer funktionierenden Marktfähigkeit zur publizistischen Zielerreichung weitere Instrumente erforderlich macht, wie sie bereits ausführlich analysiert worden sind. Vorrangig diese Subziel–Instrumenten–Ebene steht hier im Vordergrund.

Hinsichtlich der Effizienz dieser nachgelagerten Ziel–Mittel–Ebene sind wiederum unterschiedliche Fallvarianten sind denkbar. Eine 100%ige Lösung ohne jegliche Probleme stellt den (seltenen) Idealfall dar. Nicht funktionierende Wege scheiden von vornherein aus. Lösungsmöglichkeiten, die nur bedingt funktionieren, sind die Regel. Die Einschränkungen bzw. Restriktionen können vielfältiger Natur sein. Die „Ökonomie“ des Ziel–Mittel–Einsatzes oder anders interpretiert: die „Ökonomie“ dieser Problemlösung besteht darin, einen möglichst hohen (klar definierten) Zielerreichungsgrad mit möglichst geringem Aufwand zu realisieren. Unter der Kategorie „Aufwand“ lassen sich grundsätzlich auch potentielle Nebenwirkungen bzw. Insuffizienzen aus konfligierenden Zielen subsumieren.

6.9.2 Ökonomische Effizienz und Nebenwirkungen

Ökonomische Effizienz kommt durch Optimierung zustande und solches Handeln setzt Entscheidungsfreiheit bzw. relevante Alternativen voraus. In die Evaluation möglicher Ertrags–Aufwands–Konstellationen geht auch der Stellenwert des angestrebten Zieles bzw. Zielerreichungsgrades ein. Hierbei stellen die individuellen Interessenslagen bzw. Motive eine entscheidende Bewertungs- und Steuerungsvariable dar: Je gewichtiger die Zielerreichung bzw. dessen Bewertung, umso (vergleichsweise) unbedeutender fällt die Kalkulation des instrumentellen Aufwands aus et vice versa. Existiert eine Auswahlfreiheit relevanter Alternativen nicht und soll das angestrebte (Ober-)Ziel trotzdem nicht aufgegeben werden, so kann sich die an sich entscheidungsrelevante Bewertung des Aufwands bis zur Bedeutungslosigkeit reduzieren. Dies gilt zumindest dann, wenn der Aufwand keine unüberwindbare Restriktionsgröße darstellt, sondern 'irgendwie' zu managen ist. Im Bereich der Publizistik und der Medien kann dies bis zur „Selbstausbeutung“ (DORER 1992) gehen. Von Bedeutung ist der Umstand, daß die Effizienz auf individueller Ebene bewertet wird - diese Tatsache beläßt daher grundsätzlich Entscheidungsspielräume. Insofern stellen die fraglichen Querfinanzierungstechniken marktkonforme Instrumente dar.

Allerdings: Ein für viele als völlig 'unökonomisch' empfundenes Verhältnis von ökonomischem Aufwand (etwa in Gestalt von Einschränkungen oder Verzichten) und publizistischem Ergebnis (öffentliche Wahrnehmung oder erfolgreich angestoßener Diskurs) kann an Grenzen stoßen. Die Grenzen werden dabei von nur noch sehr schwer selbst steuerbaren Faktoren determiniert. Solche Faktoren liegen beispielsweise in physischen und/oder psychischen Kapazitätsgrenzen, aber auch in ökonomisch-technischen Kapazitätsrestriktionen. Beobachtbar sind solche Situationen, wenn etwa spezifisch notwendige Querfinanzierungsstrategien einen vergleichsweise geringen Ergiebigkeitsgrad aufweisen (Beispiel schlecht entlohnte Haupt- oder notwendige Nebeneinkommensquelle bei Inputproduzenten) und daher einen größeren Umfang ihres ökonomischen Einsatzes erforderlich machen: Diese absorbieren für den Aussagenproduktionsprozess Kraft und Zeit (vgl. LORD 1962/1968: 304). Ein solcher Kräfteverschleiß kann sich längerfristig in physischen Produktionseinschränkungen und/oder auch psychischen Folgewirkungen niederschlagen (beispielsweise Frust, Demotivation), die bis zur Produktionseinstellung hinauslaufen (können). In diesen Fällen versagen solche Strategien.

Von solchen (Extrem-)Fällen abgesehen spricht die individuelle Ziel-Mittel-Optimierbarkeit von Querfinanzierungstechniken aufgrund ihrer Variabilität und Flexibilität –gerade hinsichtlich ihrer nicht ausschließlich monetärer Entscheidungs- und Steuerungsvariablen – für ein hohes Maß an ökonomischer wie publizistischer Problemlösungstauglichkeit solcher 'Modelle'. Für eine solche Einschätzung spricht nicht zuletzt auch die Frage nach der relevanten Alternative: Existiert eine solche nicht bzw. wäre ein solche nicht erwünscht (z.B. staatliche Angebotsorganisation der Medienproduktion), so würde dies den Verzicht auf das sonst (doch noch) mögliche publizistische Ergebnis implizieren.

Ein drittes Bewertungskriterium für die Funktionstüchtigkeit von Instrumenten stellen (potentielle) Nebenwirkungen dar, die durch Ziel- bzw. Interessenskonflikte ausgelöst werden (können). Dabei lassen sich zwei Fallsituationen unterscheiden: grundsätzliche, d.h. systemimmanente oder auch längerfristig involvierte Antinomien versus Konfliktsituationen, die sich im Einzelfall ergeben (können).

Zielkonflikte werden im Bereich der Medien vor allem im Zusammenhang mit der Querfinanzierung über Werbe-/Anzeigenmärkte diskutiert. Das Konfliktpotential liegt in der Ergiebigkeit der Finanzierungstechnik begründet: Wer um den eigenen Beitrag zur Finanzierung eines Produktes/Projektes weiß, der über die eigentliche Kostenverursachung weit hinausgeht und ganz bewußt als Ausgleichsinstrument für einen anderen Zweck eingesetzt wird, dem könnte ein gewisses Mitspracherecht als selbstverständlich erscheinen - unabhängig davon, daß dieser Finanzierungs- bzw. Kostenbeitrag letztlich an Dritte weitergegeben wird.

Inwieweit aus einer solchen Situation ein Konflikt erwachsen kann, hängt von mehreren Faktoren ab. Grundsätzlich können Medien und werbetreibende Unternehmen unterschiedliche Ziele haben, die nicht miteinander konfligieren: Im Idealfall will ein Medienunternehmen eine bestimmte Art von Aussagenproduktion an eine Nachfragerschicht verkaufen, die für die werbetreibenden Unternehmen zumindest teilweise deren eigene Zielgruppe darstellt. Das Medienunternehmen fungiert aufgrund der Vorteile, die es dem werbetreibenden Unternehmen anbieten kann (Zugang zur Zielgruppe, positives Image bzw. Werbeumfeld usw.) als Makler und gleichzeitig auch als Produzent (Verbundproduktion). Diesen Fall sieht man als weitgehenden Normalfall an. Potentielle Probleme können im Einzelfall auftreten, wenn die Ziele des „Systems Publizistik" mit dem „System Wirtschaft" nicht mehr in Übereinstimmung zu bringen sind oder wenn sich der Konflikt partiell entzündet. Beispielsweise wenn spezielle publizistische Aussagen dem werbetreibenden Unternehmen mißfallen und dieses seine eigene Zielstellung (Verbreitung von Werbebotschaften) entweder nachhaltig gefährdet sieht und/oder seinen bisherigen Zielkatalog dahingehend erweitert, daß es nunmehr auch (indirekt) Einfluß auf die mediale Aussagenproduktion nehmen möchte.[253]

Ein solches Zielkonfliktpotential stellt sich bei genauerem Hinsehen als weit schäwcher heraus als allgemein angenommen. Aufgrund der Verbundproduktion verteilen sich die Vorteile aus dieser spezifischen Arbeitsteilung 'Querfinanzierung gegen Zielgruppenzugang' wie gegebenenfalls auch die Abhängigkeiten daraus zunächst auf beide Seiten. Allerdings hängt die Verteilung der Vorteile, die gleichzeitig eine Verteilung des potentiellen Anpassungsdrucks darstellt, auf beiden Seiten von mehreren Einflußgrößen ab: Auf der einen Seite davon, wie unverzichtbar für das werbetreibende Unternehmen der Zugang zu den Rezipienten des Medienunternehmens ist, worauf publizistischer Marktanteil und Reichweitenqualitäten Einfluß haben. Auf der anderen Seite spielt eine Rolle, wie stark publizistischer und ökonomischer Wettbewerbsdruck beim querfinanzierenden Medienunternehmen ausfallen. Hier sind sehr unterschiedliche Situationen denkbar. Dabei gilt grundsätzlich auch auf diesen Märkten, daß monopol- oder monopsonartige Marktstellungen (z.B. lokale Monopolzeitung, Großunternehmen mit potentiell großem politischen und wirtschaftlichen Einfluß) zu Ausbeutungssituationen führen (können). Solche Fälle stellen jedoch keinen eigentlichen Zielkonflikt zwischen dem „System Publizistik" und dem „System Wirtschaft" dar, sondern sind Folge einer spezifischen Marktsituation, die in der Regel grundsätzlich keinen fairen Ausgleich unterschiedlicher Interessen zuläßt.[254]

Somit verbleibt als potentiell relevanter Fall vor allem die mögliche Konfliktsituation im Einzelfall, die sich ebenso grundsätzlich über Konfliktmanagement auffangen läßt (konsequente Trennungzwischen Redaktion und Anzeigenabteilung, unmißverständliche Signalgebung nach außen, usw.). Genauere Erkenntnisse sind

253 Von dieser Situation unterscheidet sich eine ganz andere, die dann besteht, wenn sich ein Medienunternehmen grundsätzlich bzw. von vornherein vorrangig an den Präferenzen des werbetreibenden Unternehmens ausrichten möchte und die Art der medialen Aussagenproduktion als Optimierungsinstrument für einen möglichst großen Verkauf von Werbeplätzen einsetzt: Die anvisierte eigene Nachfragerschicht wird unter dem Aspekt ihrer Zielgruppenverkäuflichkeit optimiert. Dieser Fall unterscheidet sich vom obigen in allen relevanten Punkten, denn hier steht an erster Stelle das primäre Ziel in Gestalt des „Systems Wirtschaft" und das Medienprodukt („System Publizistik") hat nur noch instrumentalen Charakter. Diesen Fall hatte auch Karl BÜCHER im Sinn gehabt, als er beispielsweise an der Schwelle des letzten Jahrhunderts der wilhelminischen Ära ganze Zeitungsgattungen des vorrangig Gewinnemachenwollens bezichtigte, was durch den „Verkauf von Anzeigenraum" möglich ist, d.h. wenn der „redaktionelle Teil ... als bloßes Mittel zum Zweck" eingesetzt wird: „'Öffentliche Interessen' werden in der Zeitung nur gepflegt, soweit es den Erwerbsabsichten des Verlegers nicht hinderlich ist" (BÜCHER 1926: 405). BÜCHER hatte vor allem die „Nachrichtenpresse", „Parteipresse", „Interessenten-presse" und auch die „großen Zeitungsaufkäufe industrieller Konzerne" im Visier seiner Kritik. Bei Unternehmen, die ihre vorrangig monetär ausgerichteten Ziele auf Medienmärkten zu verwirklichen suchen, sind die publizistischen Folgen, die heute etwa im Zusammenhang mit der Kommerzialisierung bei privatwirtschaftlich organisierten Rundfunkanbietern beklagt werden (Verflachungstendenzen, Zunahme von Wissensklüften usw.), weniger ein Konfliktproblem der beschriebenen Art, sondern ein zwangsläufiges und zumindest in Kauf genommenes Marktergebnis (mit Langzeitfolgen) eines bestimmten Produktangebots, das auf freien Medienmärkten seine Nachfrage findet.

254 Ähnliches gilt für den Fall eines kartellierten Boykotts.

allerdings mangels ausreichender Managementforschung in diesem Bereich ausgesprochen Mangelware.

Eine Aussagenproduktion mit Werbung und Anzeigen querzufinanzieren, die nachhaltig bzw. auf Dauer von Interessensgegensätzen geprägt ist, macht weder publizistisch noch ökonomisch Sinn. Aus solchen Gründen verzichten beispielsweise *taz* oder auch die Zeitschrift *ÖKO–Test* auf bestimmte Arten von Werbung bzw. Werbekunden von vornherein. Die französische Wochenzeitung *Le Canard* verzichtet auf diese Einnahmenquelle gänzlich und dies ganz bewußt.

Eine Betrachtung der Funktionstüchtigkeit auch unter dem Kriterium potentieller Nebenwirkungen fällt somit sehr viel besser aus als gemeinhin vermutet, wenngleich zu konstatieren ist, daß hier erheblicher Forschungsbedarf besteht.

6.9.3 Forschungsbedarf zur ökonomisch-publizistischen Effizienz

Versuche, publizistische und ökonomische Unabhängigkeit zu praktizieren, hat es auf vielfältige Weise gegeben: angefangen von Selbsthilfe–Modellen (Dessauer Buchhandlung im 18. Jahrhundert, Filmverlag der Autoren im 20. Jahrhundert) über spezifische Subskriptions- und Vertriebskanäle (KLOPSTOCK, R.Z.BECKERs *Noth- und Hülfsbüchlein*, *taz*–Kampagnen) bis hin zum „Lyrikkartell" Anfang dieses Jahrhunderts (vgl. MARTENS 1975). Eines ist ihnen allen gemeinsam: Die Alternativen haben alle unterschiedlich effizient funktioniert. Eine flächendeckende Aufarbeitung der Struktur und Effizienz solcher Organisationsmodelle, wie sie auf der Inputseite des Mediensystems die Outputseite des gesellschaftlichen Kommunikationssystems determinieren, existiert nicht. Eine solche Aufarbeitung indes würde einen erheblichen Erklärungswert für mögliche relevante Alternativen und ggfs. (medien-)politischen Handlungsbedarf haben.[255] Im vorliegenden Zusammenhang konnte das Problem nur ausschnittartig hinsichtlich des ökonomisch-publizistischen Spannungsfeldes zwischen potentiellem Marktversagen und Lösungstechniken diskutiert werden, und dies auch nur für den Bereich der Printmedien. Angesichts der Akzeptanz der audio-visuellen Medien würde sich eine Fortschreibung der hier entwickelten Fragestellungen geradezu anbieten.

Gerade, was die 'klassische' Werbe-/Anzeigenfinanzierung auf elektronischen Medienmärkten anbelangt, so wurde als Lösungsansatz angedacht, das für die Anbieterseite rein ökonomisch gesehen gut funktionierende Querfinanzierungsmodell auch den Rezipienten transparent zu machen, um Mechanismen und Interessen offenzulegen und damit eine größere Entscheidungssouveränität der Mediennutzung zu ermöglichen. Eine solche Strategie als Lösungsmodell zu begreifen, liefe auf die in den Wirtschaftswissenschaften überaus kontrovers geführte Diskussion zur Konsumentensouveränität hinaus. In der Kommunikationswissenschaft ist dieses Phänomen weit weniger umstritten. Allerdings ist auch hier der Zusammenhang zwischen Merklichkeit relevanter Marktparameter (effektiver Kostenaufwand, qualitative Standards, Folgewirkungen) auf der Angebotsseite und bewußtem Entscheidungsprozess (zwecks Anpassungsreaktionen) auf Seiten der Rezipienten kaum erforscht.

---

255 Darauf hat gerade jüngst KIEFER (1997: 56 f) hingewiesen.

Wenn man dem Mediensystem eine öffentliche Aufgabe zuspricht, würde dies indes einen 'souveränen' Rezipienten voraussetzen, so wie man in anderen Bereichen, in die das „System Publizistik“ implementiert ist, das Leitbild vom „mündigen“ Staatsbürger bzw. vom „souveränen“ Konsumenten voraussetzt.

Einem solchen (Forschungs-)Vorhaben mag man überzogene Erwartungen und unerfüllbare (wissenschaftliche) Ansprüche anlasten. Wenn man jedoch die Welt und deren Probleme „wenigstens ein bißchen so sehen und über sie reden will, wie sie ist, dann muß man akzeptieren, daß man sich immer im Komplizierten, Unklaren, Unreinen, Unscharfen usw. und also im Widerspruch zu den gewöhnlichen Vorstellungen von Wissenschaft befindet“, wie dies BOURDIEU (1991: 283) umschrieben hatte.

7. Zusammenfassung

Zur Problemstellung

Vereinfacht ausgedrückt geht es darum, zu ergründen, ob und unter welchen Bedingungen Medien ökonomisch funktionieren. Da die Nutzung von Medien inzwischen im täglichen Leben einen dominanten Stellenwert einnimmt, erscheint eine Analyse darüber, welche Medienangebote bzw. welche Arten von Kommunikationsbedürfnissen von vorneherein mit ökonomischer Stabilität rechnen können und welche Angebote auf (freien) Märkten eher gefährdet sind, von nicht unerheblichem Interesse zu sein. Dies schon deshalb, weil sich daraus grundsätzlich Anhaltspunkte für medienpolitischen Handlungsbedarf ergeben können. Auf eine einfache Formel gebracht bewegt sich die Aussagen- und Medienproduktion in einem ökonomischen Spannungsfeld, das zwischen Marktversagen und kreativen Lösungen aus eigener Kraft oszilliert. Nachfragegerechte Unterhaltungsangebote sehen sich dabei weniger mit Problemen konfrontiert als Kommunikationsangebote (Beispiel Hintergrundinformationen), die nur ein vergleichsweise kleines Marktpotential mobilisieren können. Da die Medien in demokratisch organisierten Gesellschaftsordnungen die Funktion einer „öffentlichen Aufgabe“ ausfüllen (sollen), dienen ökonomisch innovative und funktionsfähige Problemlösungstechniken nicht nur der ökonomischen Absicherung individueller publizistisch-medialer Produktionsziele, sondern sind auch für das gesamtgesellschaftliche Kommunikationssystem von Bedeutung.

Zu den Details des Problems

Märkte funktionieren über das Zusammenspiel von Angebot und Nachfrage, wobei die nachfrageseitigen Präferenzen und die dafür geäußerte Zahlungsbereitschaft das Marktpotential determinieren. Auf Märkten, auf denen Wirtschaftsgüter gehandelt werden, kommt es angebotsseitig längerfristig zu einer weitgehenden Anpassung der Produktion an die Produktvorstellungen der Nachfrager, da sonst das Angebot aufgrund fehlender Verrechnung der bei der Produktion verbrauchten Ressourcen in Form von entstandenen Kosten nicht aufrecht erhalten werden kann.

Auf Medienmärkten, auf denen spezifische Arten an Aussagenproduktion (Information/Nachrichten, Bildung/Wissen, Kritik und Kontrolle, Meinungen, Unterhaltung) in Form von publizistischen Produkten in unterschiedlich medial aufbereiteter Darstellung (Buch, periodische Printmedien, audio-visuelle Medien wie Film und Fernsehen) angeboten werden, lassen sich vielfach andere Situationen beobachten: Die publizistisch-medialen Angebote richten sich entweder nicht (von vornherein) an den unmittelbaren Nachfragebedürfnissen aus oder sind von der Art, daß sie über die realisierbaren Erlöse, d.h. über erzielbaren Preis und absetzbarer Menge, nicht kostendeckend sind. Ein politisches „Nachrichtenmagazin“ wie *DER SPIEGEL* kann mit dem unmittelbaren Verkaufspreis für seine Aussagenproduktion 'Nachrichten' und 'Hintergrund-information' nur knapp die Hälfte seiner dabei entstehenden

Kosten erlösen, obwohl das Medium bekannt und mit einer durchschnittlichen Auflage von über 1 Mio. Exemplaren auf dem Markt eingeführt ist. Die (Aussagen-)Produktion von Lyrik kann nicht (von vornherein) auf Produkt- und Markttransparenz setzen und zeichnet sich durch ein vergleichsweise sehr kleines Marktpotential aus: Lyrische Buchproduktionen lassen sich im deutschen Sprachraum über ihren gesamten Produktlebenszyklus hinweg gesehen nur in einer Auflagenmenge von 1.500 bis 2.000 Exemplaren verkaufen: Für Lyrikproduzenten, egal ob Autor oder Verlagsunternehmen, rechnet sich diese Art von Aussagenproduktion im Normalfall nicht. Dennoch wird Lyrik produziert.

Diese spezifische Problematik, die auf Seiten der Rezipienten entweder durch nicht-kostendeckender Preise aufgrund unzureichender Zahlungsbereitschaft zustande kommt oder sich als Folge zu geringer Größe des (eigentlich benötigten) Marktpotentials und darüber erzielbarer Erlöse (Umsätze) einstellt, läßt sich als ökonomisches Grundproblem bezeichnen, das viele Medienmärkte prägt. Es manifestiert sich in so bekannten Namen wie Johann Wolfgang GOETHE oder Theodor FONTANE.

Der Autor der *Iphigenie auf Tauris*, des *Faust* und vieler anderer bekannter Werke der Weltliteratur hätte aus der Zahlungsbereitschaft und über die mengenmäßige Anzahl der Rezipienten seiner Werke bis zu seinem 50. Lebensjahr nur am Rande des Existenzminimums leben können – der deutsche Klassiker aus Weimar schrieb indes im Nebenberuf. Der märkische Romancier FONTANE hingegen hatte keine zusätzliche Einkommensquelle und war auf Verkauf seiner Roman–Produktion angewiesen: Er glich zu geringes Marktpotential bzw. unzureichende Erlöse durch Einschränkung seiner Lebensqualität aus. Daß sich angebotsseitig publizistisches Profil bzw. nachfrageseitiges Image eines bekannten Verlagsunternehmens sowie die Ökonomie dieser Aussagenproduktion völlig gegenläufig entwickeln können, zeigt das Beispiel des Gustav Kiepenheuer Verlags von 1917 bis 1933: Mit zunehmender Anzahl an „Rohstofflieferanten" in Gestalt bekannter Autorennamen wie BRECHT, FEUCHTWANGER oder Walter MEHRING und expandierender literarischer Angebotspalette wuchs auch der nicht mehr über den Markt refinanzierbare Kostenapparat, so daß das Unternehmen letztlich vom Markt verschwinden mußte. Dieses Beispiel legt ein potentielles Folgeproblem des ökonomischen Grundproblems offen: das der Fixkostendominanz der Aussagen- und der Medienproduktion.

Geistig-kreative Produktion auf der Ebene der publizistischen Inputproduzenten ist ihrem Kostencharakter nach durchgehend fix, die technische Herstellung ihrer medialen Verbreitungsfähigkeit auf der Ebene der Medienunternehmen ist ebenfalls in weiten Teilen durch diese (Fixkosten-)Eigenschaft geprägt. Dies bedeutet, daß solche fixen Kostenvolumina zunächst völlig unabhängig von der Produktionsmenge oder auch der nachgefragten Absatzmenge anfallen, daß aber die Kosten pro Stück gesehen mit zunehmender Produktions- bzw. Nachfragemenge sinken würden, wenn sich das Marktpotential ausweiten ließe. In diesem Fall würden die vom Produzenten benötigten Erlöse über die (Absatz-)Menge steigen bei gleichzeitiger (relativer) Kostenentlastung.

Eine solche Situation, die in den Wirtschaftswissenschaften unter den Stichworten „natürliches Monopol" und/oder „sinkenden Durchschnittskosten" diskutiert wird, kann sich in Marktversagen niederschlagen, wenn eine (Aussagen-)Produktion aufgrund fehlender Kostendeckung entweder eingestellt wird, obwohl Nachfrage grundsätzlich vorhanden ist, oder wenn das Angebot nur (noch) in eingeschränkter, beispielsweise qualitativ reduzierter Form weiter aufrecht erhalten werden kann.

Die ökonomische Bedeutung der Fixkostendominanz hängt dabei von der absoluten Fixkostenhöhe wie von der (fixen) Kostenstruktur insgesamt ab. Darauf wiederum wirken der Grad der Körperlichkeit eines Mediums bei der Erstellung der Verbreitungsfähigkeit ein (Vervielfältigung in gedruckter Form, terrestrische oder elektronische bzw. digital-virtuelle Verbreitung), aber auch die spezifischen technischen und ästhetischen Charakteristika ein.

Die Buchproduktion beispielsweise ist durch einen vergleichsweise langen Produktionszeitraum auf Seiten des geistig-kreativen Input–Produzenten (Autor) gekennzeichnet, deren Kostenaufwand bei der technisch-medialen Umsetzung (Verlag, Druck) ebenso vergleichsweise gering ausfällt. Die Angebotsbereitstellung eines periodischen Printmediums erfordert schon aufgrund der Periodizität der Marktpräsenz einen ungleich höheren Kostenaufwand durch einen sehr viel größeren (Aussagen)Produktions-apparat (Redakteure, Korrespondenten) sowie der aufwendigeren technisch-organisatorischen Distribution. Die Diffusion publizistischer Inhalte über das Medium Film bedeutet einen kostenmäßigen Quantensprung durch die Notwendigkeit, unterschiedliche mediale Genres und ebenso viele Inputproduzenten zusammenzuführen, um die medial-ästhetischen, aber auch die technischen Möglichkeiten bei der Produktion ausschöpfen zu können. Im laufenden Produktionsbetrieb eines Fernsehsenders kumulieren sich diese Möglichkeiten in fast durchgängiger Fixkostendominanz der Medienproduktion. In der Übersicht 1.2 (S. 37) sind die Kostenstrukturen und Kostenvolumina unterschiedlicher Mediengattungen gelistet, die den Zusammenhang zwischen Medium und notwendiger Marktgröße verdeutlichen.

Die Größe des benötigten Marktpotentials steigt dabei mit zunehmendem absoluten Fixkostenvolumen ebenso wie dessen relativem Gewicht am gesamten Kostenaufwand. Im genannten Fallbeispiel der lyrischen Aussagenproduktion hätte es eines Absatzes von rd. 23.000 verkauften Buchexemplaren bedurft oder einer Verdoppelung des Absatzpreises. *DER SPIEGEL* müßte, um seine spezifisches Produkt „Nachrichtenmagazin“ im Wege sinkender Stückkosten kostendeckend zu produzieren, entweder sein Marktpotential verdreifachen oder ebenfalls seinen Verkaufspreis um mehr als das Doppelte heraufsetzen. Beide Lösungsvarianten sind aufgrund nachfrageseitiger Gegebenheiten unrealistisch, so daß andere Lösungen notwendig werden, wie später im Kapitel 6 vorgestellt und analysiert.

Zur Historie des ökonomischen Grundproblems auf Medienmärkten

Auch entwicklungsgeschichtlich läßt sich die Fixkostendominanz der Medienproduktion und deren ökonomische Implikationen nachzeichnen (2. Kapitel). Im 18. Jahrhundert wirkte das ökonomische Grundproblem aufgrund geringer Auflagenhöhen bei Büchern, Zeitungen und Zeitschriften sowie gegebener technischer Möglichkeiten nur latent, selten real: Stufen einzelner Produktions- und Distributionsprozesse, die heute fixkostengeprägt sind, wurden damals als variabler Kostenaufwand empfunden. Überdies war das Absatzpreisniveau auf den jeweils kleinen Medienmärkten vergleichsweise hoch: Die Angebote richteten sich auf eine kleine, aber zahlungskräftige Oberschicht. Das potentielle Marktversagensproblem war damals über die Variable Preis entschärft.

Mit zunehmender Technisierung der medialen Produktionsprozesse und wachsender Ökonomisierung des gesellschaftlichen Lebens trat auch das Grundproblem zwischen immer stärker werdendem Fixkostendruck und notwendigen Absatzpotentialen immer deutlicher zutage: Massenkaufkraft bzw. Zahlungsbereitschaft potentieller Mediennutzer entwickelten sich langsamer als dies für die nachhaltige Ausweitung der Medien–Marktpotentiale eigentlich notwendig gewesen wäre. Die Anbieter periodischen Printmedien entdeckten die technischen und ökonomischen Möglichkeiten einer Verbundproduktion zwischen medialer Aussagenproduktion und der gleichzeitigen Verbreitung von Werbebotschaften: Über eine reduzierte Preisstellung konnten die Märkte für Zeitungen und Zeitschriften erheblich vergrößert werden; die nicht kostendeckenden Erlöse wurden mittels Einnahmen aus dem Zusatzgeschäft des Anzeigenraumverkaufs ausgeglichen. Die Ökonomie der Medien funktionierte nunmehr über die nachhaltige Ausweitung der Produktion (economies of scale) sowie einer Querfinanzierung über einen neuen Markt. Die Arbeitsteilung zwischen Medienunternehmen und Nachfrager nach Werbeplätzen ergab sich aufgrund der Vorteile dieser speziellen Verbundproduktion (economies of scope): Hohe finanzielle Ergiebigkeit für das Medienunternehmen sowie unmittelbarer Marktzugang für die werbetreibenden Unternehmen zu den Mediennutzern, die von diesen als relevante Zielgruppe zwecks Verkauf eigener Produkte angesehen werden.
Im zeitlichen Längsschnitt läßt sich die Entwicklung an Zahlen ablesen: Die Herstellung eines wissenschaftlichen Buches war um 1730 zu rd. 30% von fixem Aufwand geprägt; um 1910 machten die Fixkostenbestandteile 77% aller Kosten aus. Die Kalklation der Rheinischen Zeitung im Jahre 1842 wies einen Fixkostenanteil von rd. 50% aus; Tageszeitungen sind 1990 zu 71% fixkostendominiert (vgl. S. 54).

Die ästhetisch-technisch bedingte Kostenexplosion der audio-visuellen Medien (Film, Hörfunk, Fernsehen) katapultierte das potentielle ökonomische Grundproblem fixkostengeprägter Medienproduktion in eine neue Größendimension: Vergleicht man die absoluten Kostenniveaus (Volumina) der verschiedenen Mediengattungen anhand eines einheitlichen Wertschöpfungsindikators (Kosten dividiert durch einen fiktiv unterstellten einheitlichen Durchschnittslohn), wie in Abb. 2.4 [2] auf S. 58 dargestellt, so werden die Unterschiede im ästhetisch-technisch bedingten Produktions- und Distributionsaufwand deutlich: Herstellung und Vertrieb eines Buches mit durchschnittlicher Auflagenhöhe entsprechen dem fiktiven Jahreslohn von 5 Beschäftigten, ein Kinofilm aus US–Produktion benötigt rd. 1.800 Beteiligte, der Aufwand des Nachrichtenmagazins *DER SPIEGEL* liegt in fast 7.000 Mitarbeitern und ein Fernsehsender wie das *ZDF* funktioniert mit einem Kostenapparat von rd. 28.000 durchschnittlichen Jahreslöhnen. Diese Zahlen stehen stellvertretend für die zwecks Kostenverrechnung jeweils benötigten Marktvolumina.

Zum forschungslogischen Konzept

Die traditionellen wirtschaftswissenschaftlichen Disziplinen haben diesen Realitätsbereich bis heute aus ihrer Wahrnehmung praktisch ausgeblendet (vgl. Kapitel 3). Dies mag einen Grund darin haben, daß nicht-kostendeckende Angebote zumindest längerfristig nicht vorstellbar sind. Zwar werden vereinzelt auch Fälle problematischer Kosten- und Erlössituationen diskutiert – beispielsweise der Fall einer kurzfristigen Preisuntergrenze –, die marktliche Konstellation einer permanenten Kostenunterdeckung indes scheint kaum denkbar zu sein: Nach reiner ökonomischer Logik müßte ein solches Angebot vom Markt verschwinden. Merkwürdigerweise beschränkt sich auch die sog. Kunstökonomik, die sich inzwischen als Subdisziplin der Volkswirtschaftslehre herausgebildet hat, ausschließlich darauf, auf den marktlichen Erfolgsfall zu rekurrieren und Probleme bei Produktion und Nachfrage auszuklammern.

Dies ist der Anspruch der vorliegenden Arbeit: offenkundige Probleme bei der Medienproduktion auf ihre Ursachen hin zu ergründen sowie die relevanten Nachfragedeterminanten nach Medienprodukten aufzuspüren, um die beobachtbaren Marktversagensphänomene auf vielen Medienmärkten genauer zu analysieren, die sich aus dem eingeschränkt funktionierenden Zusammenspiel beider Marktseiten ergeben (können). Ausgangspunkt aller Überlegungen war der Umstand, daß trotz vorhandener Probleme publizistische und mediale Angebote auch dann zustandekommen, wenn eine Kostendeckung nicht (in ausreichendem Maße) möglich ist. Da entstandener Ressourcenverzehr immer Einschränkung an anderer Stelle bedeutet, d.h. Kostenaufwand gezwungenermaßen irgendwo eine Verrechnung erfährt, steht letztlich die Frage nach den konkreten Lösungen im Vordergrund des Interesses. Beispielhaft werden Probleme und ökonomische Lösungstechniken anhand konkreter Fallanalysen exemplifiziert, deren Informations- und Datenbeschaffung in einem mehrstufigen sequentiellen Such- und Überprüfungsverfahren ablief. Mittels der auf überwiegend induktive Weise gewonnenen Erkenntnisse wird ein theoretischer Ansatz formuliert, der das ökonomische 'Funktionieren' von Medien auf ihren jeweiligen Märkten weitgehend als selbstregulierende, d.h. ausreichend funktionstüchtige Lösungstechniken beschreiben kann, potentielle Marktversagensprobleme aufzufangen. Diese Strategien werden im Gegensatz zu meist zeitlich befristeten Mischkalkulations- techniken, wie sie in der Betriebswirtschaftslehre Gegenstand der Betrachtungen sind, hier wegen der Nachhaltigkeit ihres Planungshorizonts als Querfinanzierung(sstrategien) bezeichnet. Die Formulierung des medienökonomischen Ansatzes bezieht sich auf Medienmärkte ganz allgemein; die weitere Ausarbeitung in Gestalt konkreter Analysen und Fallbeispiele beschränkt sich auf die Printmedienmärkte. Die Analyse der strukturellen Besonderheiten auf Medienmärkten differenziert dazu zunächst in angebots- und nachfrageseitige Problemlagen.

Zu den vielfältigen strukturellen Besonderheiten

Auf der Angebotsseite (Kap. 4) sind es vorrangig fünf Eigenschaften, die die Medienproduktion prägen:

1) Die Einschätzung mehrerer Autoren, daß beispielsweise die Aussagenproduktion 'Information'(svermittlung) ein sog. öffentliches Gut darstelle und deshalb nicht auf Zahlungsbereitschaft potentieller Nutzer rechnen könne, läßt sich differenzieren: Information stellt ein partiell öffentliches Gut dar. Die relevanten Abgrenzungskriterien a) Nicht–Rivalität im Konsum und b) Nichtanwendbarkeit des Nutzungsausschlusses für Nichtzahler unterliegen Veränderungen in den Ausschlußtechniken wie Veränderungen in den Verhaltensweisen potentiellen Rezipienten. Inwieweit sich die

grundsätzlich gegebene Nicht–Rivalität von Informationen und auch anderer Arten der Aussagenproduktion letztlich für die Rezipienten auswirkt, hängt vom medialen Verarbeitungsprozeß bzw. Endprodukt sowie von den Rezeptionsgewohnheiten ab. Für das ökonomische Folgeproblem unterschiedlicher (Nicht–)Rivalitäts- und/oder (Nicht-)Ausschließbarkeitsgrade, das in der Nicht–Verrechenbarkeit von entstandenen Kosten bzw. in nicht vollständig mobilisierbaren Zahlungsbereitschaften liegen kann, haben sich Anpassungsmechanismen entwickelt: werbetreibende Unternehmen werden in ihrer Querfinanzierungsfunktion nicht nur für die unmittelbaren Käufer, sondern auch für alle nicht-ausschließbaren Nutzer herangezogen (Reichweite), die ihrerseits Konsum–Sharing betreiben. Für die Produzenten bedeutet dies, daß sie versuchen (müssen), die nicht verrechenbaren Kosten – u.a. für die t.w. erheblichen externen Effekte (Themenkarrieren, öffentliche Meinungsbildung) – über den bedingt praktizierbaren Ausschluß bei der Mediennutzung einzuspielen (Kap. 4.2).

2). Dem Versuch, nutzungsmengenunabhängige, d.h. fixe Entstehungskosten sowohl der geistig-kreativen Inputproduktion als auch der technischen Medienproduktion durch Realisierung von economies of scale mittels Ausweitung der Absatzmenge zu 'finanzieren', steht der Effekt entgegen, daß sich die Wirkungen der Fixkostendegression mit zunehmendem Output abschwächen (Kap. 4.3).

3) Medienproduktion ist auf der Produktionsstufe der geistig-kreativen Aussagenproduktion durch eine spezifische Dimension an Produktivität geprägt, die sich nicht mit industriell und arbeitsteilig organisierten technischen Produktionsprozessen vergleichen läßt: Die schöpferische Produktivität hängt vorrangig von inneren Befindlichkeiten und Zielstellungen (eigener Produktanspruch), letztlich vom individuellen publizistischen Selbstverständnis, aber auch von äußeren Umwelteinflüssen ab (z.B. geistige Atmosphäre/Klima). Spezifische Medienprodukte zeichnen sich durch unterschiedliche Produktivitätsziffern aus. Ein Querschnittsvergleich zwischen unterschiedlichen Genres der Aussagenproduktion, aber auch innerhalb einer bestimmten Gattung legte sowohl unterschiedliche Qualitätsstandards und Werkansprüche seitens der Produzenten offen, steckte gleichzeitig aber auch das mögliche Handlungsspektrum ab, ein auf unzureichende Kostedeckung zurückgehendes Marktversagensproblem mittels erhöhter Produktionsmenge im selben Zeitraum, d.h. über ein höheres Produktionstempo auszugleichen: Je origineller die geistig-kreative Produktion und je höher der eigene Produktanspruch, umso weniger kommt eine solche Lösung in Betracht (vgl. S. 108): Die Spannbreite liegt dabei zwischen einem Werk wie GOETHEs *Iphigenie*, deren endgültige Produktionsdauer 4 Jahre in Anspruch nahm, und inhaltlich wie formalästhetisch standardisierten Textproduktionen für das Massenmedium 'Heftromane', etwa eines Autors Jason DARK (Genre „John Sinclair") mit 192 Romanen in 4 Jahren.

4) Die verschiedenen geistig-kreativen 'Produktivitätsmeßziffern' spiegeln gleichzeitig unterschiedliche Inhomogenitätsgrade publizistisch-medialer Angebote wider. Zwischen angebotsseitiger Inhomogenität (Einzigartigkeit, Originalität) der Produktion, nachfrageseitig empfundenen Substitutions- bzw. Gebrauchswertgraden und marktlicher Akzeptanz bestehen sehr vielfältige Beziehungen, die sich u.a. in (Markt-)Transparenzproblemen niederschlagen können. Unabhängig eines solch möglichen Marktversagensgrundes setzt ein niedriger Grad an Produkthomogenität, der dem allgemein empfundenen Geschmacksempfinden oder Zeitgeist zuwiderläuft,

ein entsprechend hohes Maß an Lernbereitschaft bzw. Präferenzveränderungsfähigkeit auf Seiten der potentiellen Rezipienten voraus. Dies kann als wesentliche Determinante dafür angesehen werden, daß publizistisch-mediale Innovationen oft eine sehr lange Akzeptanzgewinnungsphase benötigen. In dieser Zeit ist an Kostendekkung nicht zu denken. Beispielhaft wird dies anhand GOETHEs Tragödie *Iphigenie* aufgezeigt, deren Akzeptanz erst lange nach des Autors Tod einsetzte (Kap. 4.5.2). Ein Vergleich dreier publizistisch bedeutender Printmedien bestätigt diesen Wirkungszusammenhang: In Abhängigkeit der Marktgängigkeit verschiedenartiger Produktkonzepte ließen sich auch Markterschließung und ökonomische Lebensfähigkeit nur in unterschiedlichem Tempo realisieren (vgl. S. 185): Der *stern* (Illustrierte) benötigte dafür 20 (Aufbau-)Jahre, *DER SPIEGEL* (Nachrichten-magazin) 34 und *DIE ZEIT* (Kommentierung) 46 Jahre.

5) Diese vergleichsweise ungewöhnlichen Marktkonstellationen und Verhaltensweisen auf Seiten der Anbieter (Angebotsbereitstellung trotz nicht absehbarer direkter Kostendeckung) lassen sich durch unterschiedlich ausgeprägte Interessen und Gewichtungen zwischen rein monetären und nicht-monetären Zielen erklären: Aussagen- und Medienproduzenten, die vorrangig monetäre Interessen verfolgen, richten ihre Produktion sehr stark an den gegebenen Präferenzen der Nachfrager aus. Publizistisch-literarisches bzw. mediales Engagement läßt sich mangels 'perfekter' Marktfähigkeit in der Regel nur bei hohen nicht-monetären Zielgewichtungsgraden ökonomisch realisieren (Kap. 4.6 bzw. vgl. S. 134). Die Gegensätze bewegen sich zwischen so unterschiedlichen Blättern wie die *taz*, deren Ziel vorrangig in der Verbreitung „unterdrückter Nachrichten“ liegt, und der Illustrierten *Bunte*, deren Interessen der Bundesgerichtshof u.a. mit „Gewinnsucht“ beurteilt hatte.

Determinanten der Nachfrage (Kap. 5) und ihre Besonderheiten sind aus begreiflichen Gründen (Media–Planung) weit besser erforscht als die spezifischen Rahmenbedingungen der Medienproduktion. Zur Mediennutzung und deren Profile, aber auch zu den Entstehungsgründen unterschiedlicher Kommunikationsbedürfnisse liegen mehrere sozialpsychologische und kommunikationswissenschaftliche Erklärungsansätze vor (z.B. Uses–and–Gratification–Theorie). Anders sieht die Forschungslage zu den – für das ökonomische Grundproblem relevanten – Nachfragequantitäten aus. Die unterschiedlich großen Absatzpotentiale auf Medienmärkten lassen sich weitgehend mittels einer Ungleichverteilung, d.h. mit einer Asymmetrie der Präferenzen hinsichtlich der Nutzung von Information/Nachrichten versus Bildung/Wissen versus Kritik und Kontrolle versus Unterhaltung erklären.

Erklärungsmuster für diesen Umstand finden sich beispielsweise in BOURDIEUs Soziologie der Geschmacksverteilung. Erweitert man diesen Ansatz um die ökonomische Dimension ‘Einkommensschichtung’ (Kap. 5.1.2.1) und verallgemeinert man diese Theorie und deren empirisch abgesicherte Erkenntnis einer sozialisationsbedingten Geschmacks- bzw. Präferenz(aus)bildung, so läßt sich die Herkunft solcher Asymmetrien zwischen „populärem“, „mittlerem“ und „legitimem Geschmack“ auch hinsichtlich publizistisch-medialer Angebotsnutzung erklären: Danach würden rd. 60% der Nachfragepräferenzen auf den „populären“ (Massen-)Geschmack entfallen. Am BOURDIEUschen Beispiel zweier ausgewählter Musikstücke läßt sich zeigen, daß die „populäre“ Vorliebe für die Melodie *An der schönen blauen Donau* von

Johann STRAUSS ungleich größer ausfällt als die Nachfrage nach Johann Sebastian BACHs *Wohltemperiertem Klavier*.

Literatursoziologische Ansätze stellen auf die Dichotomisierung der Publizistik seit Ende des 18. Jahrhunderts ab, d.h. auf die Herausbildung einer sog. Zwei-Klassen-Literatur. Gegen Ende des 18. Jahrhunderts manifestierten sich die Gegensätzlichkeiten auf Produzentenseite in Personen wie Friedrich SCHILLER versus Gottfried August BÜRGER. Letzterer verstand sich als „Volkssänger" und wollte „sowohl in den Palästen wie Hütten ... gleich verständlich, gleich unterhaltend" sein. SCHILLER indes setzte sich als Verfechter KANTscher Autonomieästhetik bewußt vom „großen Haufen" (Massengeschmack) ab, indem er sich zu allen damals aktuellen Fragen und Problemen des politisch-gesellschaftlichen Umbruchs enthielt. Andererseits wurde genau dies von dem „großen Haufen" auf Seiten der Rezipienten erwartet. Mangels adäquater Angebote hinsichtlich Inhalt und stilistischer Form verlegten sich die Leser weitgehend auf die Rezeption von vorrangig unterhaltender Literatur. ADORNOs Einschätzung zur „Kulturindustrie" oder ENZENSBERGERs These von der „Bewußtseins–Industrie" (ENZENSBERGER) stellen weitere Versuche dar, die Asymmetrie unterschiedlicher Kommunikationspräferenzen zu belegen, sind aber empirisch nur schwach unterlegt. Grundsätzlich zielen sie in die Richtung, die Ungleichverteilung der Mediennutzung zwischen wirklichkeitssuchenden und mehr eskapistischen Aussagenproduktionen hervorzuheben.

Hingegen ist das Phänomen asymmetrischer Informationsverteilung(en) sehr gut geeignet, nicht nur quantitative, sondern auch qualitative Mindernachfrage erklären zu können. Der längerfristige Effekt einer solchen Verteilungslage, ein sog. adverser Ausleseprozess, gilt auf Märkten für spezifische Aussagenproduktionen in besonderem Maße: Rezipienten sind nicht in der Lage, relevante publizistische Qualitätskriterien wie Relevanz, Faktizität oder Authentizität zu beurteilen. Dies kann dies zu einer abnehmenden Qualitäts–Spirale, aber auch zu Wahrnehmungsverlusten sozialer Relevanz führen, wenn Aussagen- und/oder Medienproduzenten beispielsweise ihre Kritik- und Kontrollfunktion im Rahmen ihrer „öffentlichen Aufgabe" mangels (qualitativer) Nachfrage nicht oder nur noch eingeschränkt wahrnehmen.

Reiht man relevante Kommunikationsbedürfnisse nach Kriterien wie Auseinandersetzungsgrad mit Realitätsbildern, Inhomogenitätsgrad in der inhaltlichen wie publizistisch-gestalterischen Aussagenproduktion oder Akzeptanz auf den einzelnen Nachfragermärkten, so läßt sich als gemeinsamer Nenner aller bisherigen Erklärungsansätze konstatieren, daß auf einer gedachten Skala, die von Unterhaltung, Infotainment, Trivialliteratur und Popularkunst über Informations- und Nachrichtenverarbeitung bis hin zur Rezeption von Kommentierung und kritischen Hintergrundanalysen reicht, die Größe der jeweiligen Marktpotentiale abnimmt.

Für die Frage, inwieweit monetäre Zahlungsbereitschaften als relevante Determinanten bzw. ggf. Restriktionsgrößen für das jeweilige Marktpotential von Bedeutung sind, muß zunächst das typische publizistisch-ökonomische Beziehungsgeflecht auf Medienmärkten analysiert werden (Kap. 5.3): Auf vielen Märkten, auf denen sich Medienunternehmen über Werbe-/Anzeigenmärkte querfinanzieren, unterscheidet sich das übliche marktliche Austauschmodell von Leistung (Angebot) und Gegenleistung (Preis) ganz erheblich. Auf periodischen Printmedienmärkten zerfällt der Zahlungsvorgang in zwei Akte: 1) in einen für den Nachfrager direkten und merklichen Kauf- bzw. Zahlungsakt an das Medienunternehmen (z.B. Copypreis) sowie 2) in einen unmerklichen Zahlungsvorgang, der darin besteht, daß die beim Medienunternehmen Anzeigenraum kaufenden werbetreibenden Unternehmen ihren Werbeaufwand wiederum über ihre eigene Preisstellung der beworbenen Produkte auf die Rezipienten überwälzen. Auf Märkten, auf denen sog. privatwirtschaftliche Rundfunkunternehmer ihre Medienprodukte für den Nutzer vermeintlich 'kostenlos' anbieten, ist der effektive Zahlungsvorgang ausschließlich von weitgehender Unmerklichkeit seitens der (vermeintlich souveränen) Medienkonsumenten geprägt. Als Ergebnis läßt sich festhalten, daß sowohl unter Aspekten der objektiven Zahlungsfähigkeit als auch der subjektiven Zahlungswilligkeit die monetären Medienbudgets nur einen recht geringen Anteil am verfügbaren Einkommen absorbieren. Typische Daten für einen „4-Personen-Arbeitnehmerhaushalt mit mittlerem Einkommen“ weisen dafür 2,8% am ausgabefähigen Einkommen bzw. 3,6% bezogen auf den privaten Konsum aus. Eine Hinzurechnung der indirekten Nutzungskosten (Werbeaufwand) erhöht die ‘Belastung’ nicht wesentlich (vgl. dazu Kap. 6.3.6.1). Monetäre Begrenzungen erscheinen in ihrer Wirkung daher eher nachrangig.

Inwieweit nicht-monetäre Einflußgrößen, beispielsweise Zeitbudgets, eine sehr viel relevantere Begrenzungsgröße darstellen (können), ist grundsätzlich eine Tatbestandsfrage. Die Spielräume werden beispielhaft anhand einer hypothetischen Modellrechnung ausgelotet: Wollte man das mengenmäßige Absatzpotential für Bücher dahingehend ausweiten, daß jeder deutschsprachige Autor kostendeckend produzieren könnte, würde dies für das Medienbudget eines 4–Personen–Arbeitnehmerhaushalts mit mittlerem Einkommen eine relative Aufstockung der monetären Zahlungsbereitschaft von 0,5% auf 3,0% bedeuten, beim verfügbaren Zeitbudget indes eine Ausdehnung von 4,3% auf 12,0% (täglich 50 Minuten) erforderlich machen. Aus dieser Perspektive erscheinen nicht-monetäre Determinanten wie Zeitbudgets bzw. Zeithandeln eine weitaus wichtigere Rolle zu spielen als monetäre Größen.

Zu den Lösungsstrategien im Detail

Potentielle Lösungsstrategien stehen im eigentlichen Blickpunkt des Interesses (Kap. 6). Diese liegen vorrangig in sog. Querfinanzierungstechniken. Drei Kriterien zeichnen dieses Finanzierungsprinzip aus.

1) Aufgrund der Nachhaltigkeit des ökonomischen Grundproblems der Medienproduktion liegt es nahe, daß auch die Lösungsstrategien gleiche Fristigkeiten haben (müssen). 2) Im Gegensatz zum üblichen Begrifflichkeit der Mischkalkulation, die meist als preispolitisches Instrument bei Absatzschwankungen eingesetzt wird, wird hier die Entscheidung als grundsätzliches Problem bereits auf der Ebene der Produktion bzw. bereits bei deren Planung und unternehmerischen Entscheidung darüber notwendig. 3) Aufgrund der Dauerhaftigkeit der ökonomischen Problemsituation orientiert sich die Kalkulation der notwendigen Zusatzerlöse nicht an deren eigenen Kostenverursachung, sondern an den ungedeckten Kosten des ausgleichsbedürftigen Medienprodukts. Die Finanzierung erfolgt dabei ‘quer’ über zwei oder auch mehrere Märkte. Diese können – aus der Sicht der Produzenten – auf der Absatzwie Vorleistungsseite liegen.

Mehrere konzeptionelle Techniken lassen sich beobachten:

1) Die Querfinanzierung über Werbe–/Anzeigenmärkte stellt eine weit verbreitete Problemlösung dar, wobei sehr unterschiedliche Grade ihres Einsatzes zu beobachten sind (vgl. Tab. 6.3 [2] auf S. 227). Anhand des Fallbeispiels *SPIEGEL* (Kap. 6.3.1) wurden die Möglichkeiten dieser Art der Finanzierungstechnik aufgezeigt und das publizistisch-ökonomische Wirkungsgefüge zwischen Rezipientenmarkt und Werbemärkten untersucht. Modellartig wurden unter jeweils veränderten Prämissen ökonomisch relevante Alternativen kalkuliert, die die Bedeutung dieses Instruments betonen: Eine Anhebung des Absatzpreisniveaus auf 11,30 DM bei Verzicht auf Werbeeinnahmen bzw. eine Ausweitung der absetzbaren Auflagenhöhe (Fixkostendegression) um das 2,7fache zwecks ausschließlicher Kostendeckung bzw. um das 4fache zwecks Gewinnerzielung wie bisher kann als völlig unrealistisch verworfen werden. Im Vergleich der Deckungsbeitragskalkulationen von *stern* und *SPIEGEL* und deren jeweils spezifischen Gewinnsituationen wurden die unterschiedlichen Produkt- bzw. Querfinanzierungsphilosophien skizziert, die zwischen Maximierung (*SPIEGEL*) und Optimierung der Auflagenhöhe (*stern*) liegen können (S. 240).

Ökonomisch begründbare normative Finanzierungsregeln für diese Technik gibt es nicht: Die Querfinanzierung hat instrumentalen Charakter, deren Einsatz auch hinsichtlich ihres Umfangs entweder von konkreten Zielvorgaben oder einfach nur von gegebenen Realisierungsmöglichkeiten abhängen kann. Allerdings können sich in Abhängigkeit des jeweiligen Querfinanzierungsgrades weitere Folgewirkungen ergeben. Ein vergleichsweise geringer Querfinanzierungsgrad (Beispiel *taz*) macht die eigene Produktion von konjunkturellen Entwicklungen auf den Werbe–/Anzeigenmärkten unabhängig, et vice versa. Eine hohe Querfinanzierungsquote kann Ergebnis einer „Anzeigen–Auflagen–Spirale" sein, deren kumulativer Wirkungsmechanismus sowohl in eine positive wie negative Richtung laufen kann. Über diese, bereits von Max WEBER 1910 vermutete These, existieren indes keinerlei empirische Erkenntnisse. Anhand einer Modellrechnung für den *SPIEGEL* kann quantitativ demonstriert werden, daß sich die vielfach umschriebenen Vorteile aus der vermuteten Spiralwirkung zu einem erheblichen Teil auch aus den Wirkungen der Fixkostendegression zusammensetzen (vgl. S. 253).

Der Einsatz der Querfinanzierung über Werbung und Anzeigen hängt dabei von den Werbeträgereigenschaften eines Mediums ab. Diese lassen sich über a) die Zielgruppe, b) die Planbarkeit von Werbe- und Marketingmaßnahmen, c) die mögliche Regelmäßigkeit der Werbebotschaftsverbreitung, d) über vorhandene Anpassungs- und Korrekturmöglichkeiten sowie e) über die Akzeptanz der jeweiligen Rezipienten eines Mediums definieren. Periodische Printmedien haben aufgrund ihrer Periodizität und ihrer bereits marktlich durchgesetzten Akzeptanz ungleich bessere Werbeträgereigenschaften als beispielsweise das Medium Buch.

Von erheblicher Bedeutung für das Querfinanzierungspotential ist vor allem die jeweilige Ergiebigkeit, die darin besteht, daß die Kalkulation der Erlöse der Querfinanzierungsquelle auf die Kostenkalkulation des querzufinanzierenden Medienprodukts ausgerichtet sein muß. Hierfür wird ein Meßkonzept entwickelt: Die Differenz zwischen Querfinanzierungserlös und technisch bedingtem Kostenaufwand, der bei Printmedien in den Kosten der technischen Herstellung der Anzeigenseiten besteht, wird als Ergiebigkeit(squote) bezeichnet. Da der Zweck dieses Finanzierungsprinzips im Ausgleich ungedeckter Kosten der Medienproduktion besteht, kann man die Betrachtung weiter differenzieren: Der Ergiebigkeit(sgrad) abzüglich der gesamten Herstellkosten des eigentlichen medialen Produkts (Printmedien: publizistischer + technischer Herstellungsaufwand der redaktionellen Seiten) führt zur Netto–Ergiebigkeit(squote). Anhand dieser letzten Größe läßt sich ermessen, inwieweit die Querfinanzierung beispielsweise über Werbe–/Anzeigen-märkte ihre Funktion erfüllt und ob darüber hinaus zusätzliche Erlösreserven für anderen Kostenaufwand (oder anteiligen Gewinn) zur Verfügung stehen (Kap. 6.3.5.2 bzw. vgl. S. 261).

2) Analog zur Querfinanzierung aus Werbe- und/oder Anzeigenmärkten ist Querfinanzierung ebenso über andere Märkte, beispielsweise auch über Medienmärkte möglich, unabhängig davon, ob dabei wiederum die Werbe–/Anzeigenquerfinanzierung eingesetzt wird. Entscheidend für die möglichen Wege ist vorrangig das Kriterium Ergiebigkeit. Beispielhaft läßt sich dies an der Aufbaufinanzierung der Wochenzeitung *DIE ZEIT* darstellen, deren Gründer sein publizistisches Projekt rund drei Jahrzehnte aus den Gewinnen seiner *stern*–Beteiligung querfinanzieren mußte, bis das – aufgrund seines spezifischen Produktkonzepts – schwer marktgängige Meinungsblatt seine kritische Mindest–Marktpotential–Größe erreicht hatte (Auflagenhöhe bzw. Verkaufspreiserlöse, Reichweite bzw. erzielbare Werbepreise/Werbeerlöse), um künftig ökonomisch auf eigener funktionsfähiger Basis stehen zu können. Auch dieses Fallbeispiel ließ sich als Beleg für die hohen nichtmonetären Zielgewichtungen von Medienunternehmern werten. Läßt sich mit publizistischem Engagement auch (meist unerwartet bzw. nicht vorrangig angepeilt) Geld verdienen, so nehmen Medienunternehmen dies 'billigend in Kauf'. Andere Fallbeispiele bestätigten die potentielle Kreativität der Lösungsfindungen bei Querfinanzierungsstrategien ganz grundsätzlich.

3) Ein vergleichsweise ungewöhnliches Lösungsmodell praktiziert die Tageszeitung *taz*: Seit Ende 1993 gibt es 3 „reguläre", aber unterschiedlich hohe Absatzpreise („SoliPreis, Leider, leider Preis, Politischer Preis"). Traditionelle Theorien besagen, daß Preisdifferenzierung für ein- und dasselbe Produkt nur bei Marktsegmentierung möglich ist. Ferner geht man davon aus, daß unterschiedlich hohe Zahlungsbereitschaften für ein- und dasselbe Gut nur im Wege des Zwangs durchzusetzen sind (Beispiel progressive Steuer). Bei der *taz* funktioniert dies alles anders: Sie fordert auf freiwilliger Basis eine unterschiedlich hohe Zahlungsbereitschaft für ein- und dasselbe Produkt, abhängig von der individuellen Einkommenssituation bei gleichzeitiger Selbstveranlagung. Erklärungen liegen in einem Zusammenhang, der bereits bei der Betrachtung monetärer Zahlungsbereitschaften diskutiert wurde: Preisbereitschaft und Transparenz nicht nur über die gekaufte Leistung, sondern auch über deren erlös- und kostenmäßiges Zustandekommen können sich wechselseitig bedingen. Daß Preisstellungsmodelle grundsätzlich auch nach Fairneß–Prinzipien funktionieren können anstatt einer 'freien' Preisbildung nach Angebot und Nachfrage bzw. Kaufkraftverteilung, belegt dieses Fallbeispiel nachdrücklich. Die quantitative Größenordnung aus der Querfinanzierung über Preisdifferenzierung bzw. über die freiwillige Mobilisierung unterschiedlich hoher Kaufkraftpotentiale macht 8% der Verkaufspreiserlöse bzw. rd. 7% der Gesamterlöse aus (Kap. 6.5).

4) Am vielfältigsten sind Querfinanzierungstechniken auf dem Buchmarkt ausgeprägt. Dies hängt mit den spezifischen Eigenschaften des Mediums zusammen, wes-

halb auch der Markt eine sehr spezifische Angebotsstruktur (Programm- versus Publikumsverlage), ein stark ausdifferenziertes und durchrationalisiertes Distributionssystem (brancheneinheitliche Abrechnungstechniken über zentrale Clearingstellen) sowie auch sonstige Eigenheiten aufweist (Buchpreisbindung). Das Medium Buch, das sich durch eine sehr große Spannbreite von Gattungen und Genres ausweist, die sehr unterschiedliche Gebrauchswertgrade und damit auch Nachfrage–Wertigkeiten haben (vgl. S. 299), zeichnet sich durch eine extrem hohe Intransparenz aus. Dies ergibt sich schon aufgrund der Größe und Breite der Angebotspalette, die mit rd. 74.000 neuen Buchtiteln im Jahre 1995 (bzw. rd. 650.000 lieferbaren Titeln) weltweit ziemlich einzigartig ist. Die Wahrnehmungsbarrieren für potentieller Käufer bzw. Leser werden bereits aus dem Umstand deutlich, daß werktäglich rd. 250 Buchtitel ihren Weg auf den Buchmarkt wagen. Angesichts des zusätzlichen Umstandes, daß Bücher in der Regel Ergebnis einer Einmalproduktion sind, auch wenn sich deren Absatz über mehrere Jahre hinzieht, müssen die Werbeträgereigenschaften als ausgesprochen schlecht ausfallen. Da damit eine sehr ergiebige Querfinanzierungsquelle von vornherein entfällt, spielen Finanzierungspotentiale aus der Fixkostendegression eine ungleich gewichtigere Rolle. Die Techniken lassen sich in zwei Gruppen einteilen: in Querfinanzierung über den Produkt- und Lebenszyklus hinweg sowie in Querfinanzierungsprinzipien innerhalb der eigenen Angebotspalette.

Relevante Querfinanzierungspotentiale der ersten Kategorie ergeben sich aus a) Wiederholungsfrequenzen in der Produktion (Zweit- und Mehrauflagen), b) durch Investitionen in den Produktions- und Lebenszyklus von Autoren sowie c) Mehrfachverwertungen der verschiedensten Arten, die vorrangig auf Produktdifferenzierung bei gleichzeitiger zeitlicher und preislicher Differenzierung hinauslaufen können (Hardcover- versus Taschenbuchausgaben), die aber grundsätzlich ebenso im Rahmen medialer Verbundproduktionen auf unterschiedlichen Medienmärkte möglich sind (sog. Buchclubausgaben, Verfilmung, Merchandising usw.). In die zweite Kategorie fallen die bedeutsameren Techniken, die hier als DIDEROTsche Erfahrungsregel und NICOLAIsches Mischprinzip bezeichnet werden: DIDEROT hatte bereits im Jahre 1767 konstatiert, daß von 10 Buchproduktionen 5 Titel Verluste machen, 4 Titel gerade die produktionsbedingten Herstellkosten einspielen und 1 einziger Titel Gewinn einfährt. Stichprobenartige Überprüfungen hatten ergeben, daß diese Erfahrungsregel im Grundsatz noch heute gilt (vgl. S. 341). Aus diesem medienspezifischen Quasigesetz ergibt sich ein querfinanzierendes Mischprinzip, das NICOLAI im 18. Jahrhundert beschrieben hatte, praktisch von selbst: Verlage benötigen Bestseller, um ihre breite und von der Akzeptanz her gesehen unkalkulierbare Angebotspalette aufrecht erhalten zu können. Beispielhaft wurde dies an dem Best- und Longsellern *Struwwelpeter* (Kinderbuch von 1845) sowie dem Romanwerk *Buddenbrooks* (Erstauflage 1901) von Thomas MANN diskutiert (vgl. S. 347).

5) Querfinanzierungstechniken auf der Ebene von freischaffenden Autoren (Inputproduzenten) beschränken sich aufgrund hoher Fixkostenanteile bei der geistig-kreativen Produktion und vergleichsweise geringem eigenem Angebotsumfang (Problem geistig-kreativer Produktivitäten) vorrangig auf Mehrfachverwertungsstrategien, um damit Kostendeckung zu erreichen. Ein bekanntes Fallbeispiel gibt etwa Theodor FONTANE ab (vgl. S. 352), der ohne solche Doppelverwertungsstrategien noch nicht einmal seine äußerst bescheidene Ansprüche hätte finanzieren können.

6) Kostenreduktionsmechanismen stellen eine letzte Art an Querfinanzierungsmöglichkeiten dar, um Kostendeckung zu ermöglichen. Auf der Ebene periodischer Printmedien wird Kostenreduktion durch Nutzung standardisierter Informationsverarbeitungsprozesse (BAERNS) praktiziert. Diese Art von Querfinanzierung über Kosteneinsparung läuft in der Regel auf eine Reduktion publizistischer Anspruchsnormen hinaus.

Ein Querfinanzierungsmodell über die Reduktion nicht-publizistischer Anspruchsnormen praktiziert die Tageszeitung *taz* (zusätzlich zur Preisdifferenzierung und zur geringen Querfinanzierung über Anzeigenmärkte): Durch freiwillig zurückgenommene Ansprüche bzw. Standards bei der eigenen Entlohnung kommt es zur „Selbstausbeutung". Quantifiziert man diesen Effekt, so fällt dieser erheblich aus: Ohne Selbstausbeutung hätte die *taz* 1994 ihre Medienproduktion nicht knapp mit plusminusnull abgeschlossen, sondern mit einem Verlust in Höhe von fast 20% ihres gesamten Jahresumsatzes (vgl. S. 361).

Selbstausbeutung freischaffender Inputproduzenten durch nicht kostendeckenden Verkauf von Aussagenproduktionen an Medienunternehmen stellen für diese einen ganz erheblichen Kosteneinsparungsfaktor dar. Das so erzwungene Querfinanzierungsvolumen wird exemplarisch anhand der Gewinn- und Verlustrechnung der Wochenzeitung *DIE ZEIT* kalkuliert: Ohne freie Mitarbeiter hätte *DIE ZEIT* im Jahre 1992 nicht 21 Mio. DM Gewinn ausgewiesen, sondern in Höhe von 5 Mio. DM Verlust gemacht und damit aus ihrer Sicht keine Kostendeckung realisieren können (vgl. S. 372).

Zur Frage der ökonomischen und publizistischen Funktionstüchtigkeit

Für die Frage nach der Funktionstüchtigkeit und Zieladäquanz von Querfinanzierungsstrategien stellt ein ökonomischer Ansatz brauchbare Evaluationsinstrumente zur Verfügung (Kap. 6.9). Ökonomie wurde hier im Sinne einer Ziel–Mittel–Optimierung bzw. als adäquate Problem–Lösungssuche verstanden, auch wenn die Ziel–Mittel–Betrachtung um die zusätzliche Dimension eines publizistisch-medialen Zielsystems erweitert wurde. Unter praktisch allen relevanten Bewertungskriterien (prinzipielle Zielerreichungsfähigkeit, Zielerreichungsgrade, ökonomisches Ziel–Mittel–Verhältnis, Zielkonflikte bzw. Nebenwirkungen) konnte den Querfinanzierungstechniken ein hoher 'Tauglichkeitsgrad' zugesprochen werden. Diese Prüfung der ökonomisch-publizistischen Funktionstüchtigkeit ergab sich aber auch aus einem weiteren Grund, der aus einer ökonomischen Perspektive einen erheblichen Stellenwert hat: die Bewertung aus der Sicht einer ökonomisch relevanten Alternative. Existiert eine solche nicht bzw. wäre eine solche nicht erwünscht (z.B. staatliche Angebotsorganisation der Medienproduktion über Steuern), so würde dies den Verzicht auf das sonst (doch noch) mögliche publizistische Ergebnis implizieren. Allerdings können Querfinanzierungstechniken auch an kritische ökonomische Grenzen stoßen, die letztlich den publizistischen Output tangieren können.

Eine theoretische Diskussion der Tauglichkeit unter dem Aspekt potentieller Nebenwirkungen, insbesondere möglicher Zielkonfliktsituationen zwischen dem „System Publizistik" und dem „System Wirtschaft" (Werbung/Anzeigen), kommt zu differenzierteren Ergebnissen als man sie gemeinhin diskutiert (Kap. 6.9.2). Aufgrund der publizistischen wie ökonomischen Verbundproduktion verteilen sich die

Vorteile aus dieser spezifischen Arbeitsteilung 'Querfinanzierung gegen Zielgruppenzugang' ebenso wie deren potentielle Abhängigkeiten aus diesem Lösungsmodell, so daß das mehr oder weniger reibungslose Funktionieren dem Normalfall entspricht. Ein Interessenskonflikt entzündet sich daher eher partiell bzw. im Einzelfall und reduziert sich daher auf ein 'normales' Konfliktmanagementproblem, wie dies vielfach auch zu beobachten ist. Allerdings muß man konzedieren, daß hierüber im kommunikationswissenschaftlichen Bereich wenig Erkenntnisse existieren.

Ökonomisch potentiell relevante Alternativen zu den hier analysierten Querfinanzierungsstrategien zeichneten sich im Einzelfall ab, sind aber kurz- und mittelfristig nicht zu realisieren, solange sich eingespielte Gewohnheiten und Marktusancen nicht verändern. Hierüber mehr Erkenntnisse zutage zu fördern und auch die längerfristigen Zusammenhänge zwischen ökonomischen und publizistischen Inputs auf die Outputseite (z.B. Medienwirkungen) zu berücksichtigen, bleibt künftigen Forschungen vorbehalten. Gleiches gilt für die Überprüfung des hier entwickelten medienökonomischen Ansatzes für die audio-visuellen Medienmärkte.

Dort zeichnen sich unterschiedliche Praktiken und Techniken ab. Öffentlich-rechtliche Fernsehanstalten können sich auf ihre politisch-administrierte (Grund-)Finanzierung verlassen, die sich nicht ausschließlich an der renditeorientierten Marktgängigkeit ihrer Angebote auszurichten braucht (Beispiel Grundversorgung). Privatwirtschaftlich organisierte TV-Anbieter hingegen müssen –schon aufgrund der hohen monetären Gewichtung der Zielvorgaben ihrer Kapitaleigner – vorrangig und längerfristig profitorientiert produzieren. Aufgrund des reinen ökonomischen Wettbewerbs um Zielgruppen und Reichweitenquoten sind publizistische Wettbewerbsparameter weitgehend ausgeblendet. Anderes läßt sich in der weltweiten (Kino-)Filmindustrie beobachten, die zwar von mehreren großen Film- bzw. Medienkonzernen beherrscht wird (z.B. 7 Major-Studios in den USA), in der aber auch viele kleine Anbieter existieren (Steve Spielberg, Wolfgang Petersen), die sich gegenüber den Oligopolisten publizistisch wie ökonomisch durchzusetzen vermögen - offenbar auch aufgrund eines direkten Preis-Leistungsverhältnisses zwischen Anbieter und Rezipient auf Kinofilmmärkten spielt die publizistische Güte der inhaltlichen Aussagen (immer noch) eine dominante Rolle. Dennoch müssen die Anbieter in diesem Genre – ähnlich wie bei der Buchproduktion – mit Mischkalkulations- bzw. Querfinanzierungspraktiken arbeiten. Die enorme Kostenexplosion erzwingt zudem geschlossene und kontrollierbare Systeme der Mehrfachverwertung von Aussagenproduktionen auf möglichst vielen medialen, räumlichen und zeitlichen Märkten (Globalisierung). Allerdings geht es hierbei nicht nur um den (permanenten) Ausgleich von Verlusten, sondern auch um Maximierung des sog. shareholder value von börsennotierten Medienunternehmen, die unter hohem 'Gewinndruck' stehen.

Die absehbaren technisch-medialen und ökonomisch-organisatorischen Verflechtungen beim Zusammenwachsen zu 'Multimedia' dürften die hier diskutierten kreativen Problemlösungstechniken vermutlich um weitere Varianten erweitern.

Im Hinblick auf die Diskussionen um Regulierungsbedarf oder Selbstregulierungsfähigkeit von gesellschaftlichen Aktivitäten scheint das bedeutenste Charakterstikum der hier analysierten Problemlösungsstrategien darin zu liegen, daß sie sich aus eigener Kraft entwickeln.

Literatur-und Quellenverzeichnis

ADORNO, Theodor W. (1967): Résumé über Kulturindustrie. In: DERS: Ohne Leitbild. Parva Aesthetica. Frankfurt/M. (Suhrkamp): 60-70

AKERLOF, George A (1970): The Markets for „Lemons" - Quality Uncertainty and the Market Mechanism. In: Quarterly Journal of Economics: 488-500

ALBERT, Hans (1967): Modell-Platonismus. Der neoklassische Stil des ökonomischen Denkens in kritischer Beleuchtung. In: DERS.: Marktsoziologie und Entscheidungslogik. Neuwied-Berlin. (Luchterhand): 331-367

ALBERT, Hans (1974): Zur Theorie der Konsumnachfrage. In: EBERLEIN, Gerald/KROEBER-RIEL, Werner/LEINFELLNER, Werner (Hg.): Forschungslogik der Sozialwissenschaften. Düsseldorf: Bertelsmann Universitätsverlag: 227-283

ALCHIAN Armen A./WOODWARD, Susan E. (1987): Reflections on the Theory of the Firm. In: *JITE*: 110-136

AMANN, Klaus (1978): Stifter und Heckenast. Literarische Produktion zwischen Ästhetik und Ökonomie. In: Vierteljahresschrift des Adalbert Stifter Institutes Linz, Folge 1/2: 47-58

ARROW, Kenneth J (1963): Uncertainty and Medical Care. In: American Economic Revue 53: 941-973

ARTOPÉ, Alexander/ZERDICK, Axel (1996): Die Folgen der Media-Mergers in den USA. Die neue Ausgangssituation auf dem deutschen und europäischen Fernsehmarkt. Im Auftrag der MGM MediaGruppe München. München (MGM)

AUFERMANN, Jörg/LANGE, Bernd-Peter/ZERDICK, Axel (1973): Pressekonzentration in der BRD: Untersuchungsprobleme, Ursachen und Erscheinungsformen. In: AUFERMANN, Jörg/BOHRMANN, Hans/SÜLZER, Rolf: Gesellschaftliche Kommunikation und Information. Forschungsrichtungen und Problemstellungen. Ein Arbeitsbuch zur Massenkommunikation. Frankfurt/M. (Athenäum): 242-302

BADELT, Christoph (1987): Altruismus, Egoismus und Rationalität. In: HEINEMANN, Klaus (Hg.): Soziologie wirtschaftlichen Handelns. Sonderheft 28 der Kölner Zeitschrift für Soziologie und Sozialpsychologe: 54-72

BAERNS, Barbara (1985/1991): Öffentlichkeitsarbeit oder Journalismus? Zum Einfluß im Mediensystem. Köln (Verlag Wissenschaft und Politik)

BAIN, Joe Staten (1959): Industrial Organization. New York (Wiley)

BALET, Leo/GERHARD, E. (1979): Die Verbürgerlichung der deutschen Kunst, Literatur und Musik im 18. Jahrhundert. Mit einem Nachwort v. Eberhard Rebling. Dresden (Verlag der Kunst; DDR-Lizenzausgabe des Verlages Valentin Koerner, Baden-Baden)

BARK, Joachim (1972): Trivialliteratur - Überlegungen zur gegenwärtigen Diskussion. In: Sprache im technischen Zeitalter 41: 52-65

BARTH, Dieter (1992): Zeitschriften, Buchmarkt und Verlagswesen. In: DL VII: 70-88

BAUMOL, William J. (1977): On the Proper Cost Test for Natural Monopoly in a Multiproduct Industry. In: American Economic Revue, Vol. 67: 809-822

BAUMOL, William J. (1979): On Two Experiments in the Pricing of Theatre Tickets. In: BOSKIN, M. (Ed): Economics of Human Welfare. New York: 41-58

BAUMOL, William J./BOWEN, William G. (1966): Performing Arts - The Economic Dilemma. New York (Twentieth Century Fund)

BAUMOL, W./PANZAR, J.C./WILLIG, R.D. (1982): Contestable Markets and the Theory of Industry Structure. New York (Harcourt)

BAUMOL, William J. (1992): Über die Ökonomie von morgen. In: HANUSCH/Horst/RECKTENWALD, Horst Claus (Hg.): Ökonomische Wissenschaft in der Zukunft: 21-27

BAUSINGER, Hermann (1993): Ist der Ruf erst einmal ruiniert ... Zur Karriere der Unterhaltung. In: Communication Socialis 2: 106-118

BDZV-Jahrbuch Zeitungen 19.., Bonn: div. Jahrgänge

BEAUJEAN, Marion (1987): Frauen-, Familien-, Abenteuer- und Schauerromane. In: DL V: 216-228

BECK, Klaus (1994): Medien und die soziale Konstruktion von Zeit: über die Vermittlung von gesellschaftlicher Zeitordnung und sozialem Zeitbewußtsein. Opladen (Westdt. Verlag)

BECKER, Eva D. (1969): „Zeitungen sind doch das Beste". Bürgerliche Realisten und der Vorabdruck ihrer Werke in der periodischen Presse. In: KREUZER, Helmut (Hg.): Gestaltungsgeschichte und Gesellschaftsgeschichte. Literatur-, kunst- und musikwissenschaftliche Studien. Festschrift für Fritz Martini. Stuttgart (Metzler): 382-408

BEDAU, Klais-Dietrich (1994): Das Einkommen sozialer Haushaltsgruppen in Westdeutschland im Jahre 1992. In: DIW-Wochenbericht 45: 769-778

BERG/Klaus/KIEFER, Marie-Luise (1992) (Hg.): Massenkommunikation IV. Eine Langzeitstudie zur Mediennutzung und Medienbewertung 1964-1990. Frankfurt/M. (A. Metzner)

BERG, Hartmut/TIELKE-HOSEMANN, Notburga (1989): Luftfahrtindustrie. In: OBERENDER, Peter (Hg.): Marktökonomie. Marktstruktur und Wettbewerb in ausgewählten Branchen der Bundesrepublik Deutschland. München (Vahlen): 109-166

BERMANN-FISCHER, Gottfried (1981): Bedroht-Bewahrt. Der Weg eines Verlegers. 2. Aufl. Frankfurt/M. (S.Fischer)

BERTENBURG, Carl (1912): Die Preisgestaltung im Druckereigewerbe. In: Schriftenreihe des Vereins für Socialpolitik 142, II. München-Leipzig (Duncker & Humblot): 1-140

BIEG, Hartmut (1983): Finanzierungsregeln. In: Wirtschaftswissenschaftliches Studium (WiSt) 10: 491-496

BIERMANN, F.W./KRENKLER, U. (1974): Publikumsuntersuchung am Theaterwissenschaftlichen Institut der Universität München. In: Bayerisches Staatsschauspiel, Theaterzeitung 1: 17-21; zit. n. POMMEREHNE/FREY (1980): 30 bzw. Anm. 5

BLANKART, Charles B. (1980): Ökonomie der öffentlichen Unternehmen: eine institutionelle Analyse der Staatswirtschaft. München (Vahlen)

BLANKART, Charles B. (1991): Öffentliche Finanzen in der Demokratie. Eine Einführung in die Finanzwissenschaft. München (Vahlen)

BLASBERG, Cornelia (1990): Adalbert Stifter und sein Verleger Gustav Heckenast. Eine andere Geschichte des 'Nachsommers'. In: ESTERMANN, Monika/KNOCHE, Michael (Hg.): Von Göschen bis Rowohlt. Beiträge zur Geschichte des deutschen Verlagswesens. Festschrift für Heinz Sarkowski. Wiesbaden (Harrassowitz): 103-121

BOEDECKER, Sven (1994): Ost-Plus, West-Minus. In: Die Woche v. 5.5.94: 29

BONFADELLI, Heinz (1991): Infotainment: Angebot - Nutzung - Wirkungen. In: Medienwissenschaft Schweiz 2: 11-17

BOURDIEU, Pierre (1979/1987): Die feinen Unterschiede. Kritik der gesellschaftlichen Urteilskraft. Frankfurt/M. (Suhrkamp)

BOURDIEU, Pierre (1991): „Inzwischen kenne ich alle Krankheiten der soziologischen Vernunft". Pierre Bourdieu im Gespräch mit Beate Krais. In: BOURDIEU, Pierre/CHAMBOREDON, Claude/PASSERON, Jean-Claude (1991): Soziologie als Beruf: wissenschaftstheoretische Voraussetzungen soziologischer Erkenntnis. Berlin, New York (de Gruyter): 269-283

BORCHERDT, H.H. (1922): Das Schriftstellertum von der Mitte des 18. Jahrhunderts bis zur Gründung des Deutschen Reiches. In: Verein für Sozialpolitik (Hg.): Die geistigen Arbeiter. 2 Tle. München-Leipzig (Duncker & Humblot) (Schriften des Vereins für Sozialpolitik, Bd. 152); Bd.1: SINZHEIMER, Ludwig (Hg.): Freies Schriftstellertum und Literaturverlag: 2-55

BRANAHL, Udo (1992): Medienrecht. Eine Einführung. Opladen (Westdt. Verlag)

BRANCHENGESPRÄCH (1985): Einzelne Gattungen kennen noch Preis-Spielräume. In: Buchreport 40 v. 3.10.85: 55-62

BRAUN, Adolf (1922): Grundlinien der äußeren und inneren Gliederung des Schriftstellertums und Verlages. In: Verein für Sozialpolitik: Die geistigen Arbeiter, Teil II: FRANCKE, Ernst/LOTZ, Walther (Hg.): Journalisten und bildende Künstler. München-Leipzig (Duncker & Humblot [Schriften des Vereins für Sozialpolitik, Bd. 152]): 1-27

BRENDER, Irmela (1990): Christoph Martin Wieland. Reinbek (rororo)

BRÜNE, Gerd/HAMMANN, Peter/KLEINALTENKAMP, Michael (1987): Der relevante Markt der Wochenzeitung DIE ZEIT. Bochum (Ruhr-Universität - Seminar f. Angewandte Wirtschaftslehre); erschienen auch als DBW-Depot 88-2-1, Stuttgart (Poeschel) 1988

BUCERIUS, Gerd (1974): Der angeklagte Verleger. München (Piper)

Buch und Buchhandel in Zahlen. Frankfurt/M. (Börsenverein des Deutschen Buchhandel); div. Jahrgänge

BUCHHOLTZ, Arend (1904): Die Vossische Zeitung. Geschichtliche Rückblicke auf drei Jahrhunderte. Zum 29. Oktober 1904. Berlin (o.V.)

BÜCHER, Karl (1903): Der deutsche Buchhandel und die Wissenschaft. Denkschrift im Auftrage des Akademischen Schutzvereins. Leipzig (Teubner)

BÜCHER, Karl (1910): Das Gesetz der Massenproduktion. In: Zeitschrift für die gesamte Staatswissenschaft:429-444; abgedr. in BÜCHER (1920): Die Entstehung der Volkswirtschaft II: 89-106

BÜCHER, Karl (1919/1920): Die Entstehung der Volkswirtschaft. Vorträge und Aufsätze. Erste Sammlung, 12. u. 13. Aufl. Tübingen (Laupp'sche Buchhandlung)

BÜCHER, Karl (1919/1922): Die Enstehung der Volkswirtschaft. Zweite Sammlung, 3. u. 4. verm. u. verb. Aufl. (1920), Tübingen (Laupp'sche Buchhandlung)

BÜCHER, Karl (1926): Gesammelte Aufsätze zur Zeitungskunde. Tübingen (Laupp'sche Buchhandlung)

BÜCHER, Karl (1921/1981): Auswahl der publizistikwissenschaftlichen Schriften. Eingel. u. hg. v. FISCHER, Heinz-Dietrich/MINTE, Horst. Bochum (Studienverlag Brockmeyer)

BÜHNER, Rolf (1989): Bestimmungsfaktoren und Wirkungen von Unternehmenszusammenschlüssen. In: Wirtschaftswissenschaftliches Studium (WiSt) 4: 158-165
BÜRGER, Christa (1982a): Die Dichotomie von hoher und niederer Literatur. Eine Problemskizze. In: BÜRGER, Christa/BÜRGER, Peter/SCHULTE-SASSE, Jochen (Hg.): Zur Dichotomisierung von hoher und niederer Literatur. Frankfurt/M. (Suhrkamp): 9-39
BÜRGER, Christa (1982b): Das menschliche Elend oder Der Himmel auf Erden? Der Roman zwischen Aufklärung und Kunstauronomie. In: BÜRGER, Christa/BÜRGER, Peter/SCHULTE-SASSE, Jochen (1982) (Hg.): Zur Dichitomisierung von hoher und niederer Literatur. Frankfurt/M. (Suhrkamp): 172-207
BÜRGER, Peter (1982): Literarischer Markt und autonomer Kunstbegriff. Zur Dichotomisierung der Literatur im 19. Jahrhundert. In: BÜRGER, Christa/BÜRGER, Peter/SCHULTE-SASSE, Jochen (Hg.): Zur Dichotomisierung von hoher und niederer Literatur. Frankfurt/M. (Suhrkamp): 241-265
BUCHNER, Karl (1871): Wieland und die Weidmannsche Buchhandlung. Zur Geschichte deutscher Literatur und deutschen Buchhandels. Berlin (Weidmannsche Buchhandlung)
BUCHNER, Karl (1873): Aus den Papieren der Weidmannschen Buchhandlung. Berlin (Weidmannsche Buchhandlung)
BUNDESKARTELLAMT (1980): Tätigkeitsbericht 1980. BT-Drucksache 9/565
BUNGE, Mario (1967): ScientificResearch. Berlin, Heidelberg, New York (Springer)
BURSCHELL, Friedrich (1958): Schiller. Reinbek (rororo)

COASE, Ronald H. (1937): The Nature of the Firm. In: Economica 4: 386-405
(COTTA-ASt): Cotta-Ausstellungskatalog „Cotta und das 19. Jahrhundert. Aus der literarischen Arbeit eines Verlages. Ständige Ausstellung des Schiller-Nationalmuseums und des Deutschen Literaturarchivs Marbach am Neckar“. Hgv. Dorothea KUHN. Marbach (Deutsche Schillergesellschaft) 1980.

DANN, Otto (1987): Die Lesegesellschaften des 18. Jahrhunderts und ihre Erforschung. In: BOBROWSKY, Manfred/LANGENBUCHER, Wolfgang R. (Hg.): Wege zur Kommunikationsgeschichte, Bd. 13. München (Ölschläger): 304-310
DAVIDIS, Michael (1981): Der Verlag von Wilhelm Hertz. Beiträge zu einer Geschichte der Literaturvermittlung im 19. Jahrhundert, insbes. zur Verlagsgeschichte der Werke von Paul Heyse, Theodor Fontane und Gottfried Keller. In: Archiv für Geschichte des Buchwesens: 1253-1590
(DdD): Daten deutscher Dichtung: siehe FRENZEL/FRENZEL
Deutsche Bank AG (Oktober 1996): Deutsche Telekom. Marktstudie über den Telekommunikationsmarkt anläßlich der Börseneinführung der T-Aktie. Frankfurt/M.
(DL): Deutsche Literatur. Eine Sozialgeschichte. Hgv. Horst Albert GLASER. 10 Bde, Reinbek (Rowohlt). Hier abgekürzt als DL I-X
DIDEROT, Denis (1767): Lettre historique et politique adressée a un magistrat sur le commerce de la librairie. Introduction et notes marginales par Bernard Grasset. Paris (Grasset) 1937
DIEZ, Hermann (1910): Die Zeitung. Leipzig (Teubner)
DÖBLIN (1968): Die Vertreibung der Gespenster. Autobiographische Schriften. Betrachtungen zur Zeit. Aufsätze zu Kunst und Literatur. Berlin (Aufbau)
DONSBACH, Wolfgang (1988): Selektive Zuwendung zu Medieninhalten. Forschungsstand und Feldstudie am Beispiel des Selektionsverhaltens von Zeitungslesern. (Habilitationsschrift/Uni Mainz)
DONSBACH, Wolfgang (1991): Medienwirkung trotz Selektion. Einflußfaktoren auf die Zuwendung zu Zeitungsinhalten. Köln (Böhlau)
DORER, Johanna (1992): Selbstausbeutung. Zur Finanzierung der Alternativpresse in Österreich. In: medium 4: 71-73
DORER, Johanna (1995): Struktur und Ökonomie der „Alternativpresse“. Eine Bestandsaufnahme des nichtkommerziellen Zeitschriftenmarktes am Beispiel Österreich. In: Publizistik 3: 327-344
DYSTEL, Oscar (1981): Die Zukunft hat begonnen. Richard-Rodgers-Bowker-Memorial-Rede von 1980. In: BöBl 37 v. 29.4.81: 1162-1168

EBERHARDT. Hans (1951): Goethes Umwelt. Forschungen zur Struktur Thüringens. Weimar (Böhlau)
EICHENBERGER, Reinhard (1992): Verhaltensanomalien und Wirtschaftswissenschaft: Herausforderung, Reaktionen, Perspektiven. Wiesbaden (Dt. Universitäts-Verlag)
ELDER, Glen H./CASPI, Avsholm (1990): Persönliche Entwicklung und sozialer Wandel. Die Entstehung der Lebenslaufforschung. In: Sonderheft 31 der Kölner Zeitschrift für Soziologie und Sozialpsychologie: 22-57
EMMERICH, Volker (1991): Kartellrecht. 6., völlig neubearb. u. wesentl. erw. Aufl. d. Schrift Wettbewerbsrecht. München (Beck)
ENGEL, Peter (1981): Teuer erkauftes Statussymbol Buch. Zur Praxis der bundesdeutschen Selbstkostenverleger. In: ARNOLD, Heinz Ludwig (1981) (Hg.): Literaturbetrieb in der

Bundesrepublik Deutschland. Ein kritisches Handbuch. 2. völlig veränd. Aufl. München (Edition Text + Kritik): 166-174
ENGELSING, Rolf (1968): Dienstbotenlektüre im 18. und 19, Jahrhundert in Deutschland. In: International Review of Social History: 384-492
ENGELSING, Rolf (1973): Analphabetentum und Lektüre. Zur Sozialgeschichte des Lesens in Deutschland zwischen feudaler und industrieller Gesellschaft. Stuttgart (J.B.Metzlersche Verlagsbuchhandlung)
ENGELSING, Rolf (1974): Der Bürger als Leser. Lesergeschichte in Deutschland 1500-1800. Stuttgart (Metzler)
ENGELSING, Rolf (1976a): Wieviel verdienten die Klassiker? In: Neue Rundschau 1:124-136
ENGELSING, Rolf (1976b): Arbeit, Zeit und Werk im literarischen Beruf. Göttingen (Vandenhoeck & Ruprecht)
ENGELSING, Rolf (1973/1978): Zur Sozialgeschichte deutscher Mittel- und Unterschichten. 2. erw. Aufl. 1978. Göttingen (Vandenhoeck & Ruprecht)
ENZENSBERGER, Hans Magnus (1962/1964): Bewußtseins-Industrie. In: DERS.: Einzelheiten I. Bewußtseins-Industrie. Frankfurt/M. (Suhrkamp): 7-17
ENZENSBERGER, Hans Magnus (1970/1974): Baukasten zu einer Theorie der Medien. In: Kursbuch 20, März 1970: 159-186. Wiederabgedr. in: DERS. (1974): Palaver. Politische Überlegungen 1967-1973. Frankfurt/M. (Suhrkamp): 91-129
ERDMANN, Georgg/FRITSCH, Bruno (1990): Zeitungsvielfalt im Vergleich: Das Angebot an Tageszeitungen im Europa. Mainz (v.Hase & Koehler)
ERLER, Gotthard (1994): Selbsteinschätzung: tüchtig gelobt, mäßig gekauft. In: BöBl 102 v. 23.12.1994-5-7
ESCARPIT, Robert (1958/1961): Das Buch und der Leser. Entwurf einer Literatursoziologie. Köln, Opladen (Westdeutscher Verlag)
ESCARPIT, Robert (1967): Die Revolution des Buches. Gütersloh (Bertelsmann)

FABER, Elmar (1984): 75 Jahre Gustav Kiepenheuer Verlag. Marginalien zu einer Verlagsgeschichte. Laudatio, gehalten auf der Festveranstaltung am 7.9.84 in Leipzig. Leipzig (Kiepenheuer)
FABER, Michael (1991): Joseph Roths Beziehungen zum Gustav Kiepenheuer Verlag. Ein Kapitel zum Autor-Verleger-Verhältnis in der Zeit der Weimarer Republik. In: Marginalien. Zeitschrift fürs Buchkunst und Bibliophilie 123: 36-42
FALLBACHER, Karl-Heinz (1992): Taschenbücher im 19. Jahrhundert. Katalog zur Ausstellung im Schiller-Nationalmuseum Marbach Nov. 1992-Februar 1993. Marbach (Marbacher Magazin 62)
FAULHABER, G.R. (1975): Cross Subsidizing: Pricing in Public Enterprises. In: American Economic Review, Vol. 65: 966-977
FAULSTICH, Werner (1990): Bestseller-Literatur im internationalen Medien-Produktverbund. Querschnittsuntersuchung zum Jahr 1950 als Teil einer Langzeitstudie. In: Media Perspektiven: 455-463
FELDMANN, Horst (1995): Eine institutionalistische Revolution? Zur dogmenhistorischen Bedeutung der modernen Institutionenökonomik. Berlin (Duncker & Humblot)
FERTIG, Ludwig (1996): „Abends auf den Helikon". Dichter und ihre Berufe von Lessing bis Kafka. Darmstadt (Wiss. Buchgesellschaft)
FESTINGER, Leo (1957): A theory of cognitive dissonance. Stanford/Cal. (Univ. Press)
FINSINGER, Jörg (1991): Wettbewerb und Regulierung. München (VVF)
FISCHER, Bernhard (1996): Wirtschaftshistorische Perspektiven der Verlagsgeschichtsschreibung am Beispiel Cottas. In: Wolfenbütteler Notizen zur Buchgeschichte 1: 1-21
FISCHER, Ernst (1996): Vortrag „Gustav Kiepenheuer" im Rahmen der 34. Büdinger Gespräche „Medienunternehmer vom 18. bis 20. Jahrhundert", April 1996, Schloß Büdingen/Oberhessen
FISCHER, Heinz-Dietrich (1975) (Hg.): Deutsche Presseverleger des 18. bis 20. Jahrhunderts. Pullach (Verlag Dokumentation)
FISCHER, Heinz-Dietrich (1981): Handbuch der politischen Presse in Deutschland 1480-1980. Synopse rechtlicher, struktureller und wirtschaftlicher Grundlagen der Tendenzpublizistik im Kommunikationsfeld. Düsseldorf (Droste)
FISCHER, Heinz-Dietrich (1987): Der Verleger als Kommunikator. In: DERS. (Hg.): Position und Strukturen bei Druckmedien: Beiträge aus publizistischer Praxis und Wissenschaft. Festschrift für Dietrich Oppenberg. Düsseldorf (Econ): 13-40
FISCHER-LICHTE, Erika (1977): Probleme der Rezeption klassischer Werke - am Beispiel von Goethes 'Iphigenie'. In: CONRADY, Karl Otto (Hg.): Deutsche Literatur zur Zeit der Klassik. Stuttgart (Reclam jun): 114-140
FISHBEIN, Martin/AJZEN, Icek (1975): Believe, attitude, intention and behavior: An introduction to theory and research. Reading/Mass. (Addison-Wesley)
FLADE, Antje/KRÖNING, Wolfgang (1985): Familiengerechtes Wohnen im Geschosswohnungsbau. Darmstadt (Institut Wohnen und Umwelt)
FLIEGER, Wolfgang (1992): Die TAZ. Vom Alternativblatt zur linken Tageszeitung. München (Ölschläger)

FOHRBECK, Karla/WIESAND, Andreas J. (1972): Der Autorenreport. Reinbek (Rowohlt)
FOHRBECK, Karla/WIESAND, Andreas J. (1974): Zur beruflichen Situation von Autoren. Aus den Ergebnissen der Autoren-Enquete. In: SILBERMANN, Alphons/KÖNIG, René (Hg.): Künstler und Gesellschaft. Sonderheft 17 der Kölner Zeitschrift für Soziologie und Sozialpsychologie. Opladen (Westdeutscher Verlag): 45-67
FOHRBECK, Karla/WIESAND, Andreas J. (1975): Der Künstler-Report. München-Wien (Hanser)
FOHRBECK, Karla (1981): Kunstförderung im internationalen Vergleich. Ein Bericht über Förderformen, Kunst-Fonds und Beispiele praktischer Unterstützung der Bildenden Kunst. Köln (DuMont)
FRANCKE, Ernst/LOTZ, Walther (1922) (Hg.): Journalisten und bildende Künstler. In: Verein für Sozialpolitik (Hg.): Die geistigen Arbeiter. II
FRANCKEN, Theodor (1912): Über Gestehungkosten im Buchdruckgewerbe (mit Einschluß des Buchhandels und der Papiermacherei). In: Schriften des Vereins für Socialpolitik 142, I. München-Leipzig (Dunkcker & Humblot): 1-109
FRANK-PLANITZ, Ulrich in: BRANCHENGESPRÄCH (1985): Einzelne Gattungen kennen noch Preis-Spielräume. In: Buchreport 40 v. 3.10.85: 55-62
FRANZMANN, Bodo/LÖFFLER, Dietrich (1993): Leseverhalten in Deutschland 1992/93. Ergebnisse der ersten Repräsentativstudie zur Lage der lesenden Nation. In: Media Perspektiven: 454-464
FRENZEL, Herbert A. und Elisabeth (1990): Daten deutscher Dichtung. Chronologischer Abriß der deutschen Literaturgeschichte, Bd. 1 und 2. München (dtv)
FREY, Bruno S./POMMEREHNE, Werner W. (1988): Wie fair ist der Markt? Eine empirische Untersuchung von Einschätzungen in der Bevölkerung. Berlin (Discussion Papers on Public Sector Economics)
FRITSCH, Michael/WEIN, Thomas/EWERS, Hans-Jürgen (1993): Marktversagen und Wirtschaftspolitik. Mikroökonomische Grundlagen staatlichen Handelns. München (Vahlen)
FRITZ, Angela (1990): Individuelle Kommunikationsstrukturen, Information und Wissen. In: Media Perspektiven: 584-599
FÜGEN, Hans Norbert (1964): Die Hauptrichtungen der Literatursoziologie und ihre Methoden. Ein Beitrag zur literatursoziologischen Theorie. Bonn (Bouvier)
FÜGEN, Hans Norbert (1968) (Hg.): Wege der Literatursoziologie. Neuwied, Bern (Luchterhand)

GABLER: Gabler Wirtschaftslexikon. Taschenbuch-Kassette in 6 Bd. 12. Aufl. Wiesbaden (Gabler) 1988
GEHRKE, Gernot/HOHLFELD, Ralf (1994): Themenstruktur im dualen Fernsehsystem. Eine exemplarische Untersuchung von ARD, ZDF, RTL und SAT.1. In: Media Perspektiven: 241-251
GEIßLER, Rainer (1994) (Hg.): Soziale Schichtung und Lebenschancen in Deutschland. 2., völlig neu bearb. u. aktual. Aufl. Stuttgart (Ferdinand Enke)
Gemeindefinanzbericht 1994. In: Der Städtetag 3: 134-220
GÖMMEL, Rainer (1979): Realeinkommen in Deutschland. Ein internationaler Vergleich (1810-1914). Nürnberg (Zentralinstitut)
GÖPFERT, Herbert G. (1977): Vom Autor zum Leser. Beiträge zur Geschichte des Buchwesens. München-Wien (Hanser)
(GOETHE-COTTA/KUHN): Goethe und Cotta. Briefwechsel 1797-1832. Hgv. KUHN, Dorothea. Stuttgart (Cotta) 1979-1983
GOLDFRIEDRICH, Johann Adolf (1909): Geschichte des deutschen Buchhandels vom Beginn der klassischen Literaturperiode bis zum Beginn der Fremdherrschaft (1740-1804). Unveränd. fotomech. Nachdr. d. Original-Ausgabe Leipzig (Geschichte des deutschen Buchhandels. Im Auftrag des Börsenvereins der deutschen Buchhändler hg. v. der hist. Kommission desselben, Bd. 3)
GOLDFRIEDRICH, Johann Adolf (1913): Geschichte des deutschen Buchhandels vom Beginn der Fremdherrschaft bis zur Reform des Börsenvereins im neuen Deutschen Reiche (1805-1889). Unverändert. fotomech. Nachdr. d. Original-Ausgabe Leipzig (Geschichte des deutschen Buchhandels. Im Auftrag des Börsenvereins der deutschen Buchhändler hg. v. der hist. Kommission desselben, Bd. 4)
GREIFFENBERG, Horst (1989): Neue Medien. In: OBERENDER, Peter (Hg.): Marktstruktur und Wettbewerb in ausgewählten Branchen der Bundesrepublik Deutschland:571-632
GRIMM, Rudolf (1994): Werke der besten Autoren sind meist auch die wahren Bestseller. dpa-Meldung (Hamburg) v. 19.9.94
GROTH, Otto (1928-30): Die Zeitung. Ein System der Zeitungskunde, 4 Bde. Mannheim-Berlin-Leipzig (J.Bensheimer)
GRÜSKE, Karl-Dieter (1985): Effektive Umverteilung in der Bundesrepublik Deutschland. In: HANUSCH, Horst/ROSKAMP, Karl/WISEMANN, Jack (Hg.): Staat und politische Ökonomie heute. Stuttgart (G.Fischer): 347-365
GRUNERT, Klaus G./STUPENING, Eduard (1981): Werbung - ihre gesellschaftliche und ökonomische Problematik. Frankfurt/M., New York (Campus)
Gutenberg-Dokumentation (div. Jg.): Informationen, mehrere Tle. Mainz (Gutenberg-Museum)

GUTENBERG, Erich (1954): Grundlagen der Betriebswirtschaftslehre. Bd. I: Die Produktion, 1.Aufl. Berlin, Heidelberg (Springer)
(GV): Gesamtverzeichnis des deutschsprachigen Schrifttums (GV). Bearb. unter d. Ltg. v. Hilmar SCHMUCK und Willi GORZNY. Bibliographische u. redaktionelle Beratung: Hans POBST u. Rainer SCHÖLLER. München-New York-London-Paris (K.G. Saur)

HABERMAS, Jürgen (1962): Strukturwandel der Öffentlichkeit. Untersuchungen zu einer Kategorie der bürgerlichen Gesellschaft. Neuwied-Berlin (Luchterhand)
HAENECKE, Frank (1994): Problemfeld Freier Journalismus. Ergebnisse aus Befragungen von Freien und Redaktionen. Zürich (Seminar f. Publizistikwissenschaft)
HAFERKORN, Hans Jürgen (1964): Der freie Schriftsteller. In: Archiv für Geschichte des Buchwesens: 613-648, 683-696.
HAGEN, Waltraud (1983): Goethes Werke auf dem Markt des deutschen Buchhandels. Eine Untersuchung über Auflagenhöhe und Absatz der zeitgenössischen Goethe-Ausgaben. In: Goethe-Jahrbuch 1983. Weimar (Böhlau): 11-58
HALLER, Michael/LUDWIG, Johannes/WEßLER, Hartmut (1994): Entwicklungschancen und strukturelle Probleme der Zeitschriftenpresse in den Neuen Bundesländern. Forschungsbericht für den Bundesminister des Innern. Band I: Der Zeitschriftenmarkt Ost. Leipzig (Inst. f. Kommunikations- und Medienwissenschaft der Universität Leipzig)
HAMMER, Walter (1911): Die Generalanzeiger-Presse kritisch beurteilt als ein Herd der Korruption. 2. Aufl. Leipzig (Vollrath)
Handbuch Deutscher Aktiengesellschaften. Berlin, Leipzig (Verlag für Börsen- und Finanzliteratur), div. Jg.
HANUSCH/Horst/RECKTENWALD, Horst Claus (1992) (Hg.): Ökonomische Wissenschaft in der Zukunft. Ansichten führender Ökonomen. Düsseldorf (Verlag Wirtschaft und Finanzen)
HASEBRINK, Uwe (1995): Vergleichende Betrachtungen zur Fernsehnutzung in Europa. ERBRING, Lutz (Hg.): Kommunikationsraum Europa. Berichtsband der Jahrestagung der DGPuK v. 17.-19.6.1993 in Berlin. München, Konstanz (Ölschläger): 190-202
HEINEMANN, Klaus/LUDES, Peter (1978): Zeitbewußtsein und Kontrolle der Zeit. In: HAMMERICH, Kurt/KLEIN, Michael (Hg.): Materialien zur Soziologie des Alltags. Sonderheft 20 der Kölner Zeitschrift für Soziologie und Sozialpschologie: 214-231
HEINEN, Edmund (1985): Einführung in die Betriebswirtschaftslehre. 9. Aufl. Wiesbaden (Gabler)
HEINEN, Edmund (1982): Ziele und Zielsystem in der Unternehmung. In: Handwörterbuch der Wirtschaftswissenschaft.
HEINOLD, Wolfgang Ehrhardt (1992): Bücher und Buchhändler. Was man vom Einzelhandel mit Büchern wissen sollte. 3. überarb. Aufl., Heidelberg (Hüthig)
HEINRICI, Karl (1899): Die Verhältnisse im deutschen Colportagebuchhandel. In: Untersuchungen über die Lage des Hausiergewerbes in Deutschland, Bd. 3 (Schriften des Vereins für Socialpolitik, Bd. 79). Leipzig (Duncker & Humblot): 183-234
HEINRICH, Jürgen (1992): Ökonomische und publizistische Konzentration im deutschen Fernsehsektor. In: Media Perspektiven: 338-356
HEINRICH, Jürgen (1994): Medienökonomie. Band 1: Mediensystem, Zeitung, Zeitschrift, Anzeigenblatt. Opladen (Westdeutscher Verlag)
HEINRICH, Jürgen (1996): Qualitätswettbewerb und/oder Kostenwettbewerb im Mediensektor? In Rundfunk und Fernsehen 2: 165-184
HEINSIUS, Wilhelm (1812): Allgemeines Bücher-Lexikon oder vollständiges Alphabetisches Verzeichnis der von 1700 bis zu Ende 1810 erschienenen Bücher, welche in Deutschlnad und in den durch Sprache und Literatur damit verwandten Ländern gedruckt worden sind. 4 Bde. Neue umgearb., verb. u. vermehrte Ausgabe. Leipzig (J.Fr. Gleditsch) bzw. Nachdruck 1962 durch Akademische Druck- und Verlagsanstalt, Graz
HERMANN, Frank (1989): Malik. Zur Geschichte eines Verlages 1916-1947. Düsseldorf (Droste)
HERMANN, Georg (1924): Verlagsschmerzen. In: Die Weltbühne 9: 260-266
HERZFELDE, Wieland (1926/1986): Prinzipielles vom Verleger. In: Deutschland im Spiegel seiner Verleger. Aus: Die neue Bücherschau, 5. u. 6. Schrift, zit. n. Malik Verlag (1986: 77)
HERZFELDE, Wieland (1928): Das deutsche Buch ist zu teuer. In: Weltbühne 33: 245-249
HILDEBRANDT, Alexandra (1996): „Zum Kapitel Kiepenheuer...". Autor-Verleger-Beziehungen im Gustav Kiepenheuer Verlag (1909-1945). In: Wolfenbütteler Notizen zur Buchgeschichte: 44-73
HOCKS, Paul/SCHMIDT, Peter (1975): Literarische und politische Zeitschriften 1789-1805. Von der politischen Revolution zur Literaturrevolution. Stuttgart (Metzler)
HODEIGE, Fritz (1958): Die Stellung von Dichter und Buch in der Gesellschaft. Eine literarsoziologische Untersuchung. In: Archiv für Geschichte des Buchwesens: 141-170
HÖFLICH, Joachim R. (1995): Vom dispersen Publikum zu elektronischen Gemeinschaften". Plädoyer für einen erweiterten kommunikationswissenschaftlichen Blickwinkel. In: Rundfunk und Fernsehen 4: 518-537

HOFFMANN-DONNER, Heinrich (1893): Vom Struwwelpeter. Ein Brief an die Redaktion der „Gartenlaube". In: Die Gartenlaube 1: 17-19

HOHORST, Gerd/KOCKA, Jürgen/RITTER Gerhard A. (1975) (Hg.): Sozialgeschichtliches Arbeitsbuch I. Materialien zur Statistik des Kaiserreichs 1870-1914. Ein historisches Lesebuch. München (Beck)

HOHLS, Rüdiger (1995): The sectoral structure of earnings in Germany, 1885-1985. In: SCHOLLIER, Peter, ZAMAGNI, Vera (Eds): Labour's Reward. Real wages and economic change in 19th- and 20th-century in Europe. Aldershot (Edward Elgar Publ.): 37-60 sowie Appendix: 210-231

HOLTHUSEN, Hans Egon (1971): Mörike. Reinbek (rororo)

HRADIL, Stefan (1993): Schicht, Schichtung und Mobilität. In: KORTE, Hermann/SCHÄFERS, Bernhard (Hg.): Einführung in Hauptbegriffe der Soziologie. 2. Aufl. Opladen (Leske + Budrich): 145-164

HUCKE, Karl-Heinz (1984): Jene „Scheu vor allem Mercantilischen". Schillers „Arbeits- und Finanzplan". Tübingen (Niemeyer)

HUMMEL, Marlies (1990): Die Lage der freien publizistischen und künstlerischen Berufe in der Bundesrepublik Deutschland. Beitrag des Ifo-Instituts zum Bericht der Bundesregierung über die Lage der freien Berufe. München (ifo-Institut)

HUMMEL, Marlies/BERGER, M. (1988): Die volkswirtschaftliche Bedeutung von Kunst und Kultur. Gutachten im Auftrag des Bundesminister des Innern. München (ifo-Institut)

HUMMEL, Marlies/SAUL, Christoph/WALDKIRCHER-HEYNE, Cornelia (1994): Ursachen spezifischer wirtschaftlicher Probleme freischaffender Künstler und Publizisten und Ansätze zur Verbesserung der wirtschaftlichen Lage dieser Berufsgruppen: Gutachten im Auftrag des Bundesministeriums f. Wirtschaft. München (ifo-Institut)

HUMMEL, Marlies/WALDKIRCHER, Cornelia (1992): Wirtschaftliche Entwicklungstrends von Kunst und Kultur. Berlin-München (ifo-Institut)

HUTH, Rupert/Pflaum, Dieter (1991): Einführung in die Werbelehre. 4. Aufl. Stuttgart, Berlin, Köln (Kohlhammer)

HUTTER, Michael (1995): Verlagsgeschäft und Literatur. In: ALTENHEIN, Hans (Hg.): Probleme des Verlagsgeschäfts. Beiträge zur Entwicklung des Literaturmarktes. Wiesbaden (Harrassowitz): 103-111

Jahrbuch Lesen '95. Fakten & Trends. Hgv. SPIEGEL-Verlag und Stiftung Lesen. Hamburg, Mainz

100 Jahre S.Fischer Verlag 1886-1986. Eine Bibliographie. Bearb. v. Knut BECK. Frankafurt/M. (S.Fischer)

JAKOBS, Hans-Jürgen/MÜLLER, Uwe (1990): Augstein, Springer & Co. Deutsche Mediendynastien. Zürich (Orell Füssli)

JÄGER, Georg (1974): Die Wertherwirkung. Ein rezeptionsästhetischer Modellfall. In: MÜLLER-SEIDEL, Walter (Hg.): Historizität in Sprach- und Literaturwissenschaft. Vorträge und Berichte der Stuttgarter Germanistentagung 1972. In Verbindung mit Hans FROMM und Karl RICHTER herausgegeben. München (Wilhelm Fink): 389-409

JANßEN, Karl-Heinz (1995): Die Zeit in der ZEIT. 50 Jahre einer Wochenzeitung. Berlin (Siedler)

JENTSCH, Irene (1937): Zur Geschichte des Zeitungslesens in Deutschland am Ende des 18. Jahrhunderts. Mit besonderer Berücksichtigung der gesellschaftlichen Formen des Zeitungslesens. Leipzig (Diss.)

(IVW): Informationsgemeinschaft zur Feststellung der Verbreitung von Werbeträgern: Auflagenlisten. Bonn (o.V.), div. Jahrgänge

KAISER, Joachim (1993): Einnahmen und Ausgaben ausgewählter privater Haushalte im früheren Bundesgebiet sowie in den neuen Ländern und Berlin-Ost 1992. Ergebnis der laufenden Wirtschaftsrechnungen. In: Wirtschaft und Statistik: 568-578

KAISER, Joseph H. (1979): Das Recht des Presse-Grosso. Baden-Baden (Nomos)

KATH, Dietmar (1983): Der zinslose Notenbankkredit als Finanzierungsinstrument des Staates? In: Wirtschaftsdienst 7: 357-364

KAYSER, Christian Gottlob (1834): Vollständiges Bücherlexikon enthaltend alle von 1750 bis Ende des Jahres 1832 in Deutschland und in den angrenzenden Ländern gedruckte Bücher. Leipzig (Ludwig Schumann) bzw. Nachdruck 1961 durch Akademische Druck- und Verlagsanstalt, Graz

KATZ, Richard (1954): Leid in der Stadt. Reinbek (rororo)

KEYNES, John M. (1975): Essays on J.M.Keynes. Ed. by Milo Keynes. London (Cambridge Univ. Press)

KIEFER, Marie-Luise (1996): Massenkommunikation 1995. Ergebnisse der siebten Welle der Langzeitstudie zur Mediennutzung und Medienbewertung. In: Media Perspektiven: 234-248

KIEFER, Marie-Luise (1997): Ein Votum für eine publizistikwissenschaftlich orientierte Medienökonomie. In: Publizistik 1: 54-61

KIESEL, Helmuth/MÜNCH, Paul (1977): Gesellschaft und Literatur im 18. Jahrhundert. Voraussetzungen und Entstehung des literarischen Marktes in Deutschland. München (Beck)

KIEPENHEUER, Gustav (1924): Verleger. In: Weltbühne 4: 105-108

KIEPENHEUER, Noa (1951) (Hg.): Vierzig Jahre Kiepenheuer 1910-1950. Ein Almanach. Weimar (Kiepenheuer)

KILLY, Walther (1988-1993) (Hg.): Literatur Lexikon. Autoren und Werke deutscher Sprache. 15 Bde. Gütersloh, München (Bertelsmann Lexikon Verlag)

KINDLER, Helmut (1992): Zum Abschied ein Fest. Die Autobiographie eines deutschen Verlegers. München (Knaur)

KIRCHGÄSSNER, Gebhard (1990): Homo oeconomicus: das ökonomische Modell individuellen Verhaltens und seine Anwendung in den Wirtschafts- und Sozialwissenschaften. Tübingen (Mohr)

KIRCHNER, Joachim (1928-1931): Die Grundlagen des deutschen Zeitschriftenwesens. Mit einer Gesamtbibliographie der deutschen Zeitschriften bis zum Jahre 1790. 2 Tle. Leipzig (Hiersemann)

KIRCHNER, Joachim (1957): Der Hamburger „Patriot". Eine Untersuchung zur Frühgeschichte der Zeitschrift. In: Publizistik 3: 143-156

KIRCHNER, Joachim (1958-62): Das deutsche Zeitschriftenwesen, seine Geschichte und seine Probleme. 2 Bde. Wiesbaden (Harrassowitz)

KIRCHNER, Joachim (1960): Redaktion und Publikum. Gedanken zur Gestaltung der Massenzeitschrift im 19. Jahrhundert. In: Publizistik: 463-475

KIRCHNER, Hans Martin (1962): Wirtschaftliche Grundlagen des Zeitschriftenverlages im 19. Jahrhundert. In: KIRCHNER, Joachim: Das deutsche Zeitschriftenwesen, seine Geschichte und seine Probleme. Bd. 2: Vom Wiener Kongress bis zum Ausgange des 19. Jahrhunderts: 379-476

KLAUE, Siegfried/KNOCHE, Manfred/ZERDICK, Axel (1980) (Hg.): Probleme der Pressekonzentrationsforschung. Baden-Baden (Nomos)

KLAUS, Elisabeth (1996): Der Gegensatz von Information ist Desinformation, der Gegensatz von Unterhaltung ist Langeweile. In: Rundfunk und Fernsehen 3: 402-417

KLIEMANN, Horst (1940): Der gerechte Ladenpreis. Überlegungen zur Berechnung des Ladenpreises im Buchhandel. Stuttgart (Poeschel)

KLUCKHOHN, Paul (1949): Dichterberuf und bürgerliche Existenz. Tübingen, Stuttgart (Rainer Wunderlich Verlag H. Leins)

KLUTENTRETER, Wilhelm (1967): Die 'Rheinische Zeitung' von 1842/43 in der politischen und geistigen Bewegung des Vormärz. 2 Bde. Dortmund (Ruhfuß)

KNIEPS, Günter (1985): Entstaatlichung im Telekommunikationsbereich. Eine theoretische und empirische Analyse der technologischen, ökonomischen und institutionellen Einflußfaktoren. Tübingen (Mohr)

KNIEPS, Günter (1987a): Deregulierung im Luftverkehr: neuere Entwicklungen in der Wettbewerbstheorie und ihre Auswirkungen im Linienverkehr. Tübingen (Mohr).

KNIEPS, Günter (1987b): Entstaatlichung und Wettbewerb im nationalen Telekommunikationsbereich. In: WINDISCH, Rupert (Hg.): Privatisierung natürlicher Monopole im Bereich von Bahn, Post und Telekommunikation. Tübingen (Mohr): 147-203

KNIEPS, Günter (1987c): Zur Problematik der internen Subventionierung in öffentlichen Unternehmen. In: Finanzarchiv 2: 268-283

KNIEPS, Günter/MÜLLER, Jürgen/WEIZSÄCKER, Carl Chr. von (1981): Die Rolle des Wettbewerbs im Fernmeldebereich. Baden-Baden (Nomos)

KNIEPS, Günter/WEIZSÄCKER, Carl Christian v. (1989): Telekommunikation. In: OBERENDER, Peter (Hg.): Marktstruktur und Wettbewerb in ausgewählten Branchen der Bundesrepublik Deutschland:453-490

KNOCHE, Manfred/ZERDICK, Axel (1973): Zur wirtschaftlichen Situation der Tageszeitungen in der Bundesrepublik. In: Media Perspektiven: 141-151

KNOCHE, Manfred/ZERDICK, Axel (1974): Subventionsforderungen ohne Grundlage. Zur Repräsentatitivität und Validität der vom Bundesverband Deutscher Zeitungsverleger zur Erlangung staatlicher Hilfen vorgelegten Daten. Berlin (Manuskript)

KNOCHE, Manfred/ZERDICK, Axel (1991a): Bedeutung des Postzeitungsdienstes und Preiserhöhungs-akzeptanz in der Bevölkerung. Bad Honnef (Wiss. Inst. f. Kommunikationsdienste, Disk.Beitrag Nr. 67)

KNOCHE, Manfred/ZERDICK, Axel (1991b): Die Wirtschaftlichkeit der Verlage und der Postzeitungsdienst. Bad Honnef (Wiss. Inst. f. Kommunikationsdienste, Disk.Beitrag Nr. 68)

KOCH, Karen (1994/95): Die Entwicklung des deutschen Taschenbuchmarktes von 1945 bis heute. Mit einem speziellen Blick auf den Goldmann-Verlag. In: „Macht unsre Bücher billiger!" Die Anfänge des deutschen Taschenbuchs 1946-1963. Begleitband zur Ausstellung in der Kreisbibliothek Eutin 1994/1995: 79-93

KOCKA, Jürgen (1990): Weder Stand noch Klasse. Unterschichten um 1800. Bonn (Dietz)

KÖNIG, René (1974): Das Selbstbewußtsein des Künstlers zwischen Tradition und Innovation. In: SILBERMANN, Alphons/KÖNIG, René (Hg.): Künstler und Gesellschaft: 341-353

KÖRNER, Fritz (1920): Das Zeitungswesen in Weimar (1734-1849). Ein Beitrag zur Zeitungsgeschichte. Leipzig (Reinicke)

KOOTZ, Robert (1908): Statistik der deutschen Zeitschriften. In: Zeitschrift für die gesamte Staatswissenschaft: 526-560

KOPPER, Gerd G. (1982): Medienökonomie - mehr als Ökonomie der Medien. In: Media Perspektiven: 102-115

KOPPER, Gerd G. (1983), Marktzutritt - Grundlage funktionierenden Wettbewerbs. Schlußfolgerungen aus Expertenmeinungen, Pressestatistik und empirischer Forschung. In: Media Perspektiven: 145-154

KOSZYK, Kurt (1966): Deutsche Presse im 19 Jahrhundert. Geschichte der deutschen Presse. Teil II. Berlin (Colloquium)

KOSZYK, Kurt (1972): Deutsche Presse 1914-1945. Geschichte der deutschen Presse. Teil III. Berlin (Colloquium)

KRAMER, Henriette (1985): Georg von Cotta (1796-1863) als Verleger. Frankfurt/M. (Buchhändler-Vereinigung)

KREITLING, Holger (1996): Er war Jerry Cotton. Zum Tode des Krimi-Autors Heinz Werner Höber. In: *Tagesspiegel* v. 20.5.96

KREMSKI, Peter (1986): Europäisches Bestsellerkino. Der Name der Rose. In: medien und erziehung 6: 362-369

KRIEG, Walter (1953): Materialien zu einer Entwicklungsgeschichte der Bücherpreise und des Autorenhonorars vom 15.-20. Jahrhundert. Wien, Zürich (Stubenrauch)

KROEBER-Riel, Werner (1972): Theoretische Konstruktionen und empirische Basis in mikroökonomischen Darstellungen des Konsumentenverhaltens. In: DLUGOS, G./EBERLEIN, G./STEINMANN, H. (Hg.): Wissenschaftstheorie und Betriebswirtschaftslehre. Eine methodologische Kontroverse Düsseldorf (Bertelsmann Universitäts Verlag): 209-219

KROEBER-RIEL, Werner (1992): Konsumentenverhalten. 5.Aufl. München (Vahlen)

KRÜGER, Udo Michael (1996): Boulevardisierung der Information im Privatfernsehen. Nichttagesaktuelle Informations- und Infotainmentsendungen bei ARD, ZDF, RTL, SAT. und PRO SIEBEN 1995. In: Media Perspektiven: 362-374

KRÜGER, Udo Michael (1996): Tendenzen in den Programmen der großen Fernsehsender 1985-1995. Elf Jahre Programmanalyse im dualen Rundfunksystem. In: Media Perspektiven: 418-440

KRUSE, Jörn (1994): Die amerikanische Dominanz bei Film- und Fernseh-Produktionen. In: RuF: 184-199

KUBITSCHKE, Lutz/TREBBE, Joachim (1992): Zur Ermittlung einer medienübergreifenden Nutzungstypologie. Eine explorative Sekundäranalyse der Media-Analyse 1988. In: Media Perspektiven: 199-212

KUNCZIK, Michael (1992): Massenmedien und Gesellschaft. Theoretische Modelle unter besonderer Berücksichtigung des Aspekts Kultur und Kommerz. In: Bundeszentrale für pol. Bildung (Hg.): Privat-kommerzieller Rundfunk in Deutschland. Entwicklungen, Forderungen, Regelungen, Folgen. Bonn: 13-30

LANGE, Bernd-Peter (1984): Vielfaltstheorien und funktionaler Wettbewrb im Zeitungsmarkt: Realistisches Leitbild oder Ideologie? In: KOPPER, Gerd G. (Hg.): Marktzutritt bei Tageszeitungen - zur Sicherung von Meinungsvielfalt durch Wettbewerb. München (Saur): 96-107

LANGENBUCHER, Wolfgang R. (1972): Das Publikum im literarischen Leben des 19. Jahrhunderts. In: Der Leser als Teil des literarischen Lebens. Eine Vortragsreihe mit Marion BEAUJEAN, Hans Norbert FÜGEN, Wolfgang R. LANGENBUCHER, Wolfgang STRASS. Bonn (Bouvier): 52-84

LANGENBUCHER, Wolfgang R. (1975): Kommunikation als Beruf. Ansätze und Konsequenzen kommunikationswissenschaftlicher Berufsforschung. In: Publizistik 3-4; 1-2/75: 256-277

LANGENBUCHER, Wolfgang R. (1993): Wahrheit-Aufklärung-Verantwortung. Thesen zu einer historischen Theorie des modernen Journalismus. In: Publizistik 3: 311-321

LANGENBUCHER, Wolfgang R./TRUCHSESS, Wolfgang F. (1974): Buchmarkt der neuen Leser. Studien zum Programmangebot der Buchgemeinschaften. Berlin (Spiess)

(LEXIKON PMK 1993): Fischer Lexikon Publizistik/Massenkommunikation. Hgv. NOELLE-NEUMANN, Elisabeth/SCHULZ, Winfried/WILKE, Jürgen. Frankfurt/M. (Fischer)

LINDON, Jérome (1979): Mit der 'Freiheit' der Buchpreise kommt der Tod der Literatur. In: Der Freibeuter 2: 21-24

Literarische Welt Nr. 26 v. 25.6.1926: Reportage und Dichtung. Eine Rundfrage.

LÖFFELHOLZ, Martin (1994): Komplexe Beziehung. In: Journalist 6: 46-50

LÖFFLER, Martin/RICKER, Reinhart (1986): Handbuch des Presserechts. 2. neubearb. Aufl. München (Beck)

LORD, William Jackson (1962/1968): Die finanzielle Lage der amerikanischen Schriftsteller. In: FÜGEN, Hans Norbert (1968) (Hg.): Wege der Literatursoziologie. Neuwied, Bern (Luchterhand): 287-314

LUCIUS, Wulf D. (1995): Probleme des Verlagssgeschäfts. In: ALTENHEIN, Hans (Hg.): Probleme des Verlagsgeschäfts. Beiträge zur Entwicklung des Literaturmarktes. Wiesbaden (Harrassowitz): 9-19

LUDWIG, Johannes (1991a): Steuern ohne Ende. Von der Mehrwert- bis zur Mineralölsteuer. Frankfurt/M. (Eichborn)

LUDWIG, Johannes (1991b): Das falsche Spiel mit der Lohn- und Einkommensteuer. Frankfurt/M. (Eichborn)

LUDWIG, Johannes (1992): Wirtschaftskriminalität. Schleichwege zum großen Geld. Frankfurt/M. (Fischer)
LUDWIG, Johannes (1994): Medienökonomie. Eine Einführung in die ökonomischen Strukturen und Probleme von Medienunternehmen. In: Medien und Journalismus, Bd. 1. Hgv. Otfried Jarren. Opladen (Westdeutscher Verlag): 145-209
LUDWIG, Johannes (1995): Die deutsche Wohnmisere. Reinbek (Rowohlt)
LUDWIG, Johannes (1996a): Kosten, Preise und Gewinne. Zur Betriebswirtschaft von Medienunternehmen: Das Beispiel DER SPIEGEL. In: Klaus-Dieter Altmeppen (Hg.): Ökonomie der Medien und des Mediensystems. Grundlagen, Ergebnisse und Perspektiven medienökonomischer Forschung. Opladen (Westdeutscher Verlag 1996): 81-99
LUDWIG, Johannes (1996b): Wie sich publizistische Hochkultur 'rechnet'. Ein ökonomisches Portrait der „ZEIT“. In: Publizistik 3: 277-297
LUDWIG, Johannes (1997a): Zur Ökonomie des Internet. In: BECK, Klaus/VOWE, Gerhard (Hg.): Computernetze - ein Medium öffentlicher Kommunikation. Berlin (Spiess): 203-224
LUDWIG, Johannes (1997b): Unternehmer zwischen Kunst und Kommerz. In: SCHULZ, Günther (Hg.): Medienunternehmer vom 18. bis 20. Jahrhundert. München (Oldenbourg), erscheint Ende 1997
LÜBBE (1993): Unternehmensbroschüre „Bastei-Verlag, Gustav Lübbe Verlag, Bastei-Lübbe Taschenbücher, Druckhaus Lübbe“. Bergisch Gladbach (Bastei-Lübbe)
LÜCKOFF, Dietrich (1996): Die Scherben auf der Mauer. Eugenio MONTALE zum 100. Geburtstag. Sendemanuskript des Sender Freies Berlin, Sendung v. 13.10.1996

MAHRHOLZ, Werner (1922): Die Wesenszüge des schriftstellerischen Schaffensprozesses. In: Verein für Sozialpolitik (Hg.): Die geistigen Arbeiter. 2 Tle. München-Leipzig (Duncker & Humblot [Schriften des Vereins für Sozialpolitik, Bd. 152]). Bd.1: SINZHEIMER, Ludwig (Hg.): Freies Schriftstellertum und Literaturverlag: 58-73
MALETZKE, Gerhard (1976): Ziele und Wirkungen der Massenkommunikation. Grundlagen und Probleme einer zielorientierten Mediennutzung. Hamburg (Hans Bredow-Institut)
(Malik-Verlag 1986): Der Malik-Verlag 1916-1947: Chronik eines Verlages mit e. vollst. Bibliographie aller im Malik-Verlag ersch. Titel. Hgv. HAUBERG, Jo/De SIATI, Giuseppe/ZIEMKE, Thies. Kiel (Neuer Malik Verlag) 1986
MANDELKOW, Karl Robert (1975-1984) (Hg. u Komm): Goethe im Urteil seiner Kritiker. Dokumente zur Wirkungsgeschichte Goethes in Deutschland, I-IV. München (Beck)
MANTHEY, Jürgen (1963): Hans Fallada. Reinbek (Rowohlt)
MARCUSE, Herbert (1937/1965): Über den affirmativen Charakter der Kultur. In: DERS: Kultur und Gesellschaft 1. Frankfurt (Suhrkamp)
MARTENS, Wolfgang (1975): Lyrik kommerziell: Das Kartell lyrischer Autoren 1902-1933. München (Wilhelm Fink)
MARTENS, Wolfgang (1968): Die Botschaft der Tugend. Die Aufklärung im Spiegel der deutschen Wochenschriften. Stuttgart (Metzler)
MARX, Karl (1953): Marx'sche Frühschriften. Hgv. Siegfried Landshut. Stuttgart (Kröner)
MAX, Hubert (1943): Wesen und Gestalt der politischen Zeitschrift. Ein Beitrag zur Geschichte des politischen Erziehungsprozesses des deutschen Volkes bis zu den Karlsbader Beschlüssen. 2. Aufl. Essen (Essener Verlagsanstalt)
MAYER, Karl Ulrich (1990): Lebensverläufe und Sozialer Wandel. Anmerkungen zu einem Forschungsprogramm. In: Sonderheft 31 der Kölner Zeitschrift für Soziologie und Sozialpsychologie: 7-21
Media Daten. Handbuch der deutschen Werbeträger. Frankfurt/M. (Media-Daten VerlagsGmbH)
MENDELSSOHN, Peter de (1970): S.Fischer und sein Verlag. Frankfurt/M. (S.Fischer)
MENZ, Gerhard (1928): Die Zeitschrift. Ihre Entwicklung und ihre Lebensbedingungen. Eine wirtschaftsgeschichtliche Studie. Stuttgart (Poeschel)
MERTEN, Klaus (1977): Kommunikation. Eine Begriffs- und Prozeßanalyse. Opladen (Westdt. Verlag)
MERTEN, Klaus (1994): Evolution der Kommunikation. In: MERTEN, Klaus/SCHMIDT, Siegfried J./WEISCHENBERG, Siegfried (Hg.): Die Wirklichkeit der Medien. Opladen (Westdeutscher Verlag): 141-162
MEYER, Herbert (1958): Anmerkungen zu *Bürgers Gedichte*. In: Schillers Werke. Nationalausgabe XXII: Vermischte Schriften, hgv. Herbert MEYER. Weimar (Böhlau): 410-422
MEYER-DOHM, Peter (1967): Buchhandel als kulturwirtschaftliche Aufgabe. Gütersloh (Bertelsmann)
MEYER-DOHM, Peter (1970): Verlegerische Berufsideale und Leitmaximen. In: Das Buch in der dynamischen Gesellschaft. Festschrift für Wolfgang Strauß zum 60. Geburtstag. Hgv. ADRIAN, Werner/HINZE, Franz/MEYER-DOHM, Peter/UHLIG, Christian. Trier (Spee) 1970: 133-153
MIKOS, Lothar (1995): Internationale Fernsehformate und nationale Sehgewohnheiten. ERBRING, Lutz (Hg.): Kommunikationsraum Europa. Berichtsband der Jahrestagung der DGPuK v. 17.-19.6.1993 in Berlin. München, Konstanz (Ölschläger): 169-180
MÖLLER, Horst (1974): Aufklärung in Preußen. Der Verleger, Publizist und Geschichtsschreiber Friedrich Nicolai. Berlin (Einzelveröffentl. d. Hist. Komm. zu Berlin, Bd. 15)

MONOPOLKOMMISSION (1990/91), Neuntes Hauptgutachten: Konzentration und Wettbewerb im Medienbereich. Köln: Tz. 627-810
MOTTE-HABER, Helga de la (1972) (Hg.): Das Triviale in der Literatur, Musik und bildenden Kunst. Frankfurt/M. (Klostermann)
MÜHLMANN, Wilhelm Ernst (1957): Soziologie des Genie-Mythos. Zur Neuauflage des Werkes von Lange-Eichbaum. In: Kölner Zeitschrift für Soziologie und Sozialpsychologie 9: 118-124
MÜLLER, Jürgen/VOGELSANG, Ingo (1979): Staatliche Regulierung. Baden-Baden (Nomos)
MÜNNICH, Frank E. (1980): Zur ökonomischen Analyse der Kunst. In: Wirtschaftspolitische Blätter 6: 17-26
MUSGRAVE, Richard A./KULLMER, Lore (1969): Finanztheorie. Tübingen (Mohr)

NANNEN, Henri (1995): Der Freund. In: *DIE ZEIT* 41 v. 6.10.95: 2
The National Union Catalog. Pre-1956 Imprints. Chicago (American Library Association), London (Mansell Information/Publishing Ltd.)
NAUMANN, Michael (1993): Vorwort zum Rowohlt Almanach 3 - 1983-1992. Hgv. Horst VARRELMANN. Reinbek (Rowohlt): 7-31
NELSON, Phillip (1970): Information and Consumer Behavior. In: Journal of Political Economy: 311-329
NEUMANN, K.H./SCHWEIZER, U./WEIZSÄCKER, Carl Chr. von (1982): Tarifpolitik im Telekommunikationsbereich. Eine Wohlfahrtsanalyse. In: Zeitschrift für die gesamte Staatswissenschaft: 185-204
NICOLAI, Friedrich (1773-76/1986): Leben und Meinungen des Herrn Magisters Sebaldus Nothanker. Frankfurt, Berlin(Ullstein Werkausgaben)
NIESCHLAG, Robert/DICHTL, Erwin/HÖRSCHGEN, Hans (1994): Marketing. 17. neubearb. Aufl. Berlin (Duncker und Humblot)
NOELLE-NEUMANN, Elisabeth/SCHULZ, Rüdiger (1984): Zur Psychologie des Bücherschenkens. Bericht über die 2. Allensbacher Studie „Das Buch als Geschenk". Frankfurt/M. (Verl.d. Buchhändler-Vereinigung): 1815-1844 (Beilage zum BöBl 82 v.12.10.84)
NOLL, Jochen (1977): Die deutsche Tagespresse. Ihre wirtschaftliche und redaktionelle Struktur. Frankfurt/New York (Campus)
NOLTE, Mathias (1996): „Ich habe das hier lange Zeit nicht betrieben". In: Die Welt v. 18.5.96 (Geistige Welt: 3)
NÜRNBERGER, Helmuth (1968): Fontane. Reinbek (Rowohlt)
NUSSBERGER, Ulrich (1954): Die Grundlagen der Zeitungsbetriebswirtschaft. München (Pohl)
NUSSBERGER, Ulrich (1961): Dynamik der Zeitung. Stuttgart (Daco)
NUSSBERGER, Ulrich (1971): Die Mechanik der Pressekonzentration. Berlin-New York (de Gruyter)
NUSSER, Peter (1991): Trivialliteratur. Stuttgart (Metzler)
NUTZ, Walter/SCHLÖGELL, Volker (1991): Die Heftroman-Leserinnen und -Leser in Deutschland. Beiträge zur Erfassung popularkulturaler Phänomene. In: Communications: 133-235

OBERENDER, Peter/VÄTH, Andreas (1989): Von der Industrieökonomie zur Marktökonomie. In: OBERENDER, Peter (Hg.): Marktökonomie: 3-27
OBERENDER, Peter (1989) (Hg.): Marktökonomie. Marktstruktur und Wettbewerb in ausgewählten Branchen der Bundesrepublik Deutschland. München (Vahlen)
OBST, Bernhard (1987): Ein Heidelberger Professorenstreit. Die Auseinandersetzung zwischen Adolf Koch und Max Weber 1910-1914. Köln (Studienverlag Hayit)
OHFF, Heinz (1995): Theodor Fontane. Leben und Werk. München, Zürich (Piper)
OLSON, Mancur (1965/1968): Logik des kollektiven Handelns. Tübingen (J.C.B. Mohr)
OPPERMANN, Hans (1970): Raabe. Reinbek (Rowohlt)

PFORTE, Dietger (1976): Bedingungen und Formen der materiellen und immateriellen Produktion von Heftromanen. In: RUCKTÄSCHEL, Annamaria/ZIMMERMANN, Hans Dieter (Hg.): Trivialliteratur. München (Fink): 30-60
PICARD, Robert G. (1989): Media Economics. Concepts and Issues. London (Sage)
POMMEREHNE, Werner W./FREY, Bruno S. (1980): Kunst zwischen Freiheit und Demokratie. In: Wirtschaftspolitische Blätter 6: 27-37
POMMEREHNE, Werner W./FREY, Bruno S. (1985): Kunst: Was sagt der Ökonom dazu? In: Schweizerische Zeitschrift für Volkswirtschaft und Statistik 2: 139-167
POMMEREHNE, Werner W./FREY, Bruno S. (1987): Staatliche Förderung von Kunst und Kultur: Eine ökonomische Betrachtung. In: Jahrbuch für Sozialwissenschaft: 259-275
POMMEREHNE, Werner W./FREY, Bruno S. (1987b): Ökonomie der Kunst. Stand der Forschung und Entwicklungsperspektiven. In: Robert-Bosch-Stiftung (Hg.): Kunstförderung - Steuerstaat und Ökonomie. Gerlingen (Bleicher): 81-104
PORTER, Michael E. (1980): Competitive Strategy. New York (Free Press)

PORTER, Michael E. (1985/1986): Wettbewerbsvorteile. Spitzenleistungen erreichen und behaupten. Dt. Übers. von Competitive Advantage 1985. Frankfurt/M. (Campus)
PORTER, Michael E. (1990): The Competitive Advantage of Nations. London (Macmillan)
PRASCHEK, Helmut (1963): Neues zur Druckgeschichte der 'Horen'. Unbekannte Doppeldrucke und Zeugnisse. In Goethe. Neue Folge des Jahrbuchs der Goethe-Gesellschaft Bd. 25. Weimar (Böhlaus Nachf): 334-348
PRESSE-GROSSO: Geschäftsberichte des Bundesverband Deutscher Buch-, Zeitungs- und Zeitschriften-Grossisten e.V. (PRESSE-GROSSO), Köln, div. Jg.
(Pressestatistik): Statistisches Bundesamt (Hg.): Fachserie 11 („Bildung und Kultur"), Reihe 5 („Presse"). Wiesbaden, Ausgaben 1990 und 1992
PRINZ, August (1856/1978): Stand, Bildung und Wesen des Buchhandels. Faksimile der Ausgabe Altona (Verlagsbureau) 1856. Heidelberg (Carl Winter)
PRUTZ, Robert (1847/1973): Schriften zur Literatur und Politik. Ausgewählt u.m.e. Einf. hgv. Bernd HÜPPAUF. Tübingen (Niemeyer)

QuZ I-IV: Quellen und Zeugnisse zur Druckgeschichte von Goethes Werken. Ergänzungsband in 4 Teilen hgv. Zentralinstitut für Literaturgeschichte der Akademie der Wissenschaften der DDR. (Ost-)Berlin (Akademie-Verlag) 1966-1985
QuZ I: Ergänzungsband 2, Teil 1 (1966): Gesamtausgaben bis 1822. Bearb. v. HAGEN, Waltraud
QuZ II: Ergänzungsband 2, Teil 2 (1982): Die Ausgabe letzter Hand. Bearb. v. HAGEN, Waltraud
QuZ III: Ergänzungsband 2, Teil 3 (1986): Die Nachgelassenen Werke und die Quartausgabe. Bearb. v. NAHLER, Edith
und NAHLER, Horst
QuZ IV: Ergänzungsband 2, Teil 4 (1984): Die Einzeldrucke. Bearb. v. JENSEN, Inge

RAABE, Paul (1985): Die Autoren und Bücher des literarischen Expressionismus. Ein bibliographisches Handbuch in Zusammenarbeit mit Ingrid Hannich-Bode. Stuttgart (Metzlersche Buchhandlung)
RADDATZ, Fritz. J. (1996): In der Gewäschanlage. Achtzig Talk-Shows und kein Gedanke: Das Politische verkommt zur Platitüde. In: DIE ZEIT v. 22.3.96
RAGER, Günther/WEBER, Bernd (1992): Publizistische Vielfalt zwischen Markt und Politik. In Media Perspektiven:357-366
RARISCH, Ilsedore (1976): Industrialisierung und Literatur. Buchproduktion, Verlagswesen und Buchhandel in Deutschland im 19. Jahrhundert in ihrem statistischen Zusammenhang. Berlin (Colloquium)
Reclams Literaturkalender 1957. Leipzig (Reclam)
REDDAWAY, W.B. (1963): The Economics of Newspaper. In Economic Journal: 201-218
REIFFERSCHEID, Paul (1992): Garantiert auf Sendung. In: Journalist 7: 20-22
REUMANN, Kurt (1968): Entwicklung der Vertriebs- und Anzeigenerlöse im Zeitungsgewerbe seit dem 19. Jahrhundert. In: Publizistik 2-4: 226-271
„R.H." (1912): Durchschnittliche Herstellungskosten eines wissenschaftlichen Werkes im 18. und 20. Jahrhundert. In: Der Bibliothekar 10: 507
RICHTER, Rudolf (1991): Institutionenökonomische Aspekte der Theorie der Unternehmung. In: ORDELHEIDE, Dieter/RUDOLPH, Bernd/BÜSSELMANN Elke (Hg.): Betriebswirtschaftliche und ökonomische Theorie. Stuttgart (Poeschel): 395-429
RIEMANN MUSIKLEXIKON (1959): 12. völlig neubearb. Aufl. in 3 Bänden. Mainz (Schott's Söhne)
ROEPKE, Jochen (1970): Zur politischen Ökonomie von Hörfunk und Fernsehen. In: Publizistik: 98-113
ROH, Franz (1948): Der verkannte Künstler. München (Heimeran)
ROHRWASSER, Michael (1994): Bayerischer Kopf zwischen lichtprahlenden Palästen. In: Der Tagesspiegel v. 10.4.94: 15
ROJAN-SANDVOSS, Ilsemarie (1991): Freiräume machen sicher. In: Die Familie 3: 8-11
ROSENSTRAUCH, Hazel E. (1976): Zum Beispiel Die Gartenlaube. In: RUCKTÄSCHEL, Annamaria/ZIMMERMANN, Hans Dieter (Hg.): Trivialliteratur. München (W.Fink): 169-189
ROSZINSKY-TERJUNG, Arnd (1981): Imperien auf dem Hauptvorschlagsband. Über Buchgemeinschaften. In: ARNOLD, Heinz Ludwig (1981) (Hg.): Literaturbetrieb in der Bundesrepublik Deutschland. Ein kritisches Handbuch. 2. völlig veränd. Aufl. München (Edition Text + Kritik): 112-124
Das kleine Rotbuch. Almanach. Berlin (Rotbuch) 1979
ROTH, Roland (1985): Politische Korruption in der BRD - Notizen zu einem verdrängten Thema. In: FLECK, Christian/KUZMICS, Helmut (Hg.): Korruption. Zur Soziologie nicht immer abweichenden Verhaltens. Frankfurt/M. (Athenäum): 143-158
ROWOHLT, Ernst (1928): Ist das deutsche Buch zu teuer? In: Weltbühne 20:753-757
RÜHL, Manfred (1993): Marktpublizistik. Oder: Wie alle - reihum - Presse und Rundfunk bezahlen. In: Publizistik 2: 125-152
SAALFELD, Diedrich (1980): Materialien zur Beurteilung der Buchpreise und Leihgebühren im Rahmen der allgemeinen Preisentwicklung und der Lebenshaltungskosten des 19. Jahrhunderts. In: Die

SAALFELD, Diedrich (1980): Materialien zur Beurteilung der Buchpreise und Leihgebühren im Rahmen der allgemeinen Preisentwicklung und der Lebenshaltungskosten des 19. Jahrhunderts. In: Die Leihbibliothek als Institution des literarischen Lebens im 18. und 19. Jahrhundert. Hgv. JÄGER, Georg/SCHÖNERT, Jörg. Hamburg (Hauswedell): 63-88

SALOMON, Ludwig (1900-1906): Geschichte des Deutschen Zeitungswesens von den ersten Anfängen bis zur Wiederaufrichtung des Deutschen Reiches. 2 Bde., Oldenburg-Leipzig (Schulzesche Hofbuchhandlung)

SELBMANN, Rolf (1994): Dichterberuf. Zum Selbstverständnis des Schriftstellers von der Aufklärung bis zur Gegenwart. Darmstadt (Wissenschaftliche Buchhandlung)

SIEGERT, Reinhart (1978): Aufklärung und Volkslektüre. Exemplarisch dargestellt an Rudolph Zacharias Becker und seinem 'Noth- und Hilfsbüchlein'. In: Archiv für Geschichte des Buchwesens: 565-1348

SIEGERT, Reinhart (1980): Volksaufklärung und Buchhandelsstrategie um 1800. Zu R.Z.Beckers 'Noth- und Hülsbüchlein für Bauersleute'. In: Buchhandelsgeschichte, BöBl 44 v. 23.5.1980: B 305-B 317

SILBERMANN, Alphons/KÖNIG, René (1974) (Hg.): Künstler und Gesellschaft. Sonderheft 17 der Kölner Zeitschrift für Soziologie und Sozialpsychologie

SILBERMANN, Alphons (1982): Handwörterbuch der Massenkommunikation und Medienforschung. 2 Tle. Berlin (Spiess)

SINN, Hans-Werner (1989): Kommentar zu „Verbraucherschutz als Problem asymetrischer Informationskosten". In: OTT, Claus/SCHÄFER, Hans-Bernd (Hg.): Allokationseffizienz in der Rechtsordnung. Berlin-Heidelberg (Springer): 81-90

SINZHEIMER, Ludwig (1922) (Hg.): Freies Schriftstellertum und Literaturverlag. Band II von: Verein für Socialpolitik (Hg.): Die geistigen Arbeiter. München-Leipzig (Duncker & Humblot (Schriften des Vereins für Sozialpolitik, Bd. 152).

SIPPELL-AMON, Birgit (1974): Die Auswirkung der Beendigung des sogenannten ewigen Verlagsrechts am 9.11.1867 auf die Editionen deutscher „Klassiker". In: Archiv für Geschichte des Buchwesens: 349-416

SCHATZ, Heribert/SCHULZ, Winfried (1992): Qualität von Fernsehprogrammen. Kriterien und Methoden zur Beurteilung von Programmqualität im dualen Fernsehsystem. In: Media Perspektiven: 690-712

SCHELLE, Hansjörg (1975-77): Wielands Beziehungen zu seinen Leipziger Verlegern. Neue Dokumente, 3 Teile. In: Lessing Yearbook, München: VII/1975: 149-219; VII/1976: 140-239; IX/1977: 166-258

SCHELLE, Hansjörg (1983-85): C.M.Wielands Briefwechsel mit Friedrich Vieweg. In MLN (vormals Modern Language Notes), I = Bd 98/1983: 399-425; II = 99/1984: 673-699; III = 100/1985: 632-637

SCHENDA, Rudolf (1977): Volk ohne Buch. Studien zur Sozialgeschichte der populären Lesestoffe 1770-1910. Frankfurt/M. (Klostermann)

SCHENDA, Rudolf (1976): Die Lesestoffe der Kleinen Leute. Studien zur populären Literatur im 19. u. 20.Jahrhundert. München (Beck)

SCHENDA, Rudolf (1971): Die Lesestoffe der Beherrschten sind die herrschende Literatur. Bemerkungen zu Klassencharakter und sozialer Schichtng des literarischen Kommunikationsfeldes. In: BAYER, Dorothee (1971): Der triviale Familien- und Liebesroman im 20. Jahrhundert. 2. erw. Aufl. Tübingen (Vereinigung für Volkskunde e.V.): 187-211

SCHENDA, Rudolf (1972): Die Konsumenten populärer Lesestoffe im 19. Jahrhundert. Zur Theorie und Technik ihrer Erforschung. In: MOTTE-HABER, Helga de la (Hg.): 63-77

SCHENDA, Rudolf (1986): Vorlesen: Zwischen Analphabetentum und Bücherwissen. In: Bertelsmann-Briefe 119: 5-13

SCHENK, Michael/HENSEL, Matthias (1987): Medienökonomie - Forschungsstand und Forschungsaufgaben. In: Rundfunk und Fernsehen: 535-547

SCHERER, Frederic M. (1980): Industrial market structure and economic performance. 2.Ed. Chicago (Rand McNally College Publ. Co)

SCHMALEN, Helmut (1985): Kommunikationspolitik: Werbeplanung. Stuttgart (Kohlhammer)

SCHMID, Ulrich/KUBICEK, Herbert (1994): Von den „alten" Medien lernen. Organisatorischer und institutioneller Gestaltungsbedarf interaktiver Medien. In: Media Perspektiven: 401-408

SCHMIDT, Georg/SCHMALENBACH, Werner/BÄCHLIN, Peter (1947): Der Film: wirtschaftlich, gesellschaftlich, künstlerisch. Basel (Holbein)

SCHMIDT, Peter (1980): Buchmarkt, Verlagswesen und Zeitschriften. In: DL IV: 55-71

SCHMIDT, Peter (1987): Buchmarkt, Verlagswesen und Zeitschriften. In: DL V: 74-92

SCHMIDT-WEIßENFELS, E. (1867): Die Literatur und der Buchhandel. In: BöBl Nr. 157 v 10.7.1867:1713-1714

SCHMOLLER, Hans (1994): Die Taschenbuch-Revolution. In: „Macht unsre Bücher billiger!" Die Anfänge des deutschen Taschenbuchs 1946-1963. Begleitband zur Ausstellung in der Kreisbibliothek Eutin 1994/1995: 10-21

SCHNEIDER, Carl (1940): Anzeigenwesen. In: Handbuch der Zeitungswissenschaft, hgv. HEIDE, Walthert, bearb. v. LEHMANN, Ernst Herbert. Leipzig (Hiersemann) I: 89-231

SCHNEIDER, Jürgen/SCHWARZER, Oskar/ZELLFELDER, Friedrich (1991) (Hg.): Die Währungen der Welt, 10 Bde. Stuttgart (Franz Steiner)
SCHNEIDER, Rolf (1996): Franz Felders Autobiographie. In: Berliner Morgenpost v. 7.7.96: 79
SCHOELLER, Wilfried F. (1994): Der Rebell, der aus der Heimat kam. In: SZ v 23./24.7.1994 (Feuilleton-Beilage)
SCHÖNSTEDT, Eduard (1991): Der Buchverlag. Gesch, Aufbau, Wirtschaftsprinzipien, Kalkulation und Marketing. Stuttgart (Metzler)
SCHOTTENLOHER, Karl (1968): Bücher bewegten die Welt. Eine Kulturgeschichte des Buches. 2 Bde., 2. Aufl. Stuttgart (A. Hiersemann)
SCHREIBER, Jürgen (1995): Der Aufbauer. In: Die Woche v. 28.7.95: 31
SCHREIBER, Mathias (1974): Die kollektivierten Einzelgänger. Zur kulturellen Situation des Schriftstellers in der heutigen Gesellschaft. In: SILBERMANN, Alphons/KÖNIG, René (Hg.): Künstler und Gesellschaft. Sonderheft 17 der Kölner Zeitschrift für Soziologie und Sozialpsychologie. Opladen (Westdeutscher Verlag): 11-26
SCHRÖDER, Jörg (1995): Schröder erzählt, Folge 20, Sonderausgabe So-ja Bohnen 1995: 23
SCHROEDER, Wolfram (1996): Seid verschlungen, Millionen! In: *Berliner Illustrirte Zeitung*, Beilage der *Berliner Morgenpost*, Pfingsten 1996: 3
SCHÜCKING, Levin L. (1923/1961): Soziologie der literarischen Geschmacksbildung. Bern, München (Francke)
SCHÜTZE, Christian (1995): Wild profitabel. In: *Wirtschaftswoche* v. 23.3.95: 36-37
SCHULZ, Günther (1960): Schillers Horen. Politik und Erziehung. Analyse einer deutschen Zeitschrift. Heidelberg (Deutsche Presseforschung, Bd. 2)
SCHULZ, Hans Ferdinand (1960): Das Schicksal der Bücher und der Buchhandel. 2. Aufl. Berlin (de Gruyter)
SCHULZ, Werner (1985): Der monetäre Wert besserer Luft: Eine emp Analyse individueller Zahlungsbereitschaften und ihrer Determinanten auf der Basis von Repräsentativumfragen. Frankfurt/M. (Lang)
SCHUMANN, Jochen (1971/1992): Grundzüge der mikroökonomischen Theorie. 6. überarb. u. erw. Aufl., Berlin, Heidelberg (Springer)
SCHWANITZ, Dietrich (1995): Der Campus. Frankfurt/M. (Eichborn)
SCHWEIGER, Guenter/SCHRATTENECKER, Gertraud (1986/1992): Werbung. Eine Einführung. 3. bearb. u. erg. Aufl. Stuttgart, Jena (G.Fischer)
SCHWENGER, Hannes (1979: Literaturproduktion: zwischen Selbstverwirklichung und Vergesellschaftung. Stuttgart (Metzler)
SERKE, Jürgen (1979): Die verbrannten Dichter. Berichte, Texte, Bilder einer Zeit. Weinheim, Basel (Beltz und Gelberg)
SIEGERT, Reinhart (1978): Aufklärung und Volkslektüre. Exemplarisch dargestellt an Rudolph Zacharias Becker und seinem 'Noth- und Hilfsbüchlein'. In: Archiv für Geschichte des Buchwesens: 565-1348
SIEGERT, Reinhart (1980): Volksaufklärung und Buchhandelsstrategie um 1800. Zu R.Z. Beckers 'Noth- und Hülfsbüchlein für Bauersleute'. In: Buchhandelsgeschichte, BöBl 44 v. 23.5.1980: B 305-B 317
STAHMER, Frank (1995): Ökonomie des Presseverlages. München (R. Fischer)
Statistisches Bundesamt (Hg.): Datenreport 1994. Bonn (Bundeszentrale f. pol. Bildung)
Statistisches Bundesamt (1992): Kostenstruktur der Unternehmen im Verbrauchsgüter produzierenden Gewerbe und im Nahrungs- und Genußmittelgewerbe. Fachserie 4, Reihe 4.3.3.: 1992. Wiesbaden
Statistisches Bundesamt: Fachserie 15 (Wirtschaftsrechnungen), Reihe 1: Einnahmen und Ausgaben ausgewählter Haushalte (laufende Wirtschaftsrechnungen). Wiesbaden, div. Jahrgänge
Statistisches Bundesamt: Fachserie 15 (Wirtschaftsrechnungen), Reihe 1: Einkommens- und Verbrauchsstichprobe 1988 (EVS). Wiesbaden
Statistisches Bundesamt: Fachserie 11 (Bildung und Kultur), Reihe 5: Pressestatistik (inkl. zweijährlicher Kostenstrukturstatistik), letztmalig 1990 bzw. 1994. Stuttgart (Metzler Poeschel)
Statistisches Bundesamt: Fachserie M, Reihe 13 Wirtschaftsrechnungen: I Einnahmen und Ausgaben ausgewählter Arbeitnehmerhaushalte mit mittlerem Einkommen 1965. Stuttgart (Kohlhammer)
Statistisches Jahrbuch für das Deutsche Reich. Hgv. Statistischen Reichsamt. Berlin (Hobbing)
STERN-BIBLIOTHEK (1986): Dialoge 2: Der Bürger im Spannungsfeld von Öffentlichkeit und Privatleben. Hamburg (Gruner + Jahr)
STERN-BIBLIOTHEK (1987): Dialoge 2: Typologien und Fallbeispiele. Hamburg (Gruner + Jahr)
STERN-BIBLIOTHEK (1991): Publikumszeitschriften und Fernsehen im Vergleich. Hamburg (Gruner + Jahr)
DIE STERN BIBLIOTHEK (1992): Fernsehen und Zeitschriften: Zehn Argumente. Hamburg (Gruner + Jahr)
STIEHL, Ulrich (1989): Die Buchkalkukation. Ein Lehr- und Übungsbuch. 4. völlig überarb. u. stark erw. Aufl. Wiesbaden (Harrassowitz)

STIELER, Kaspar von (1695): Zeitungs Lust und Nutz. Hamburg. Neudruck der Originalausgabe. Hgv. Gert Hagelweide. Bremen (Schünemann) 1969

STOCKLOSSA, Paul (1913): Die periodischen Druckschriften Deutschlands. Eine statistische Untersuchung. In: Schmollers Jahrbuch II: 225-258

STUCKI-VOLZ, Germaine (1993): Der Malik-Verlag und der Buchmarkt der Weimarer Republik. Bern (Peter Lang)

STÜRZEBECHER, Dieter (1995): Vertriebspreise als Wettbewerbsfaktor. In: Media Perspektiven: 594-609

TIETZ, Bruno/ZENTES, Joachim (1980): Die Werbung der Unternehmung. Reinbek (Rowohlt)

THOMAS, Michael Wolf (1980): Tendenzwende: „Der STERN". In: DERS. (Hg..): Porträts der deutschen Presse. Berlin (Spiess): 163-182

THROSBY, David C./WITHERS, Glenn A. (1979): The Economics of Performing Arts. London-Melbourne (Arnold)

TROMMSDORF, Volker (1993): Konsumentenverhalten. 2.überarb. Aufl. Stuttgart (Kohlhammer)

UNGERN-STERNBERG, Thomas von/WEIZSÄCKER, Carl Christian von (1981): Marktstruktur und Marktverhalten bei Qualitätsunsicherheit. In: Zeitschrift für Wirtschafts- und Sozialwissenschaften: 609-626

UNSELD, Siegfried (1978): Der Autor und seine Verleger. Vorlesungen in Mainz und Austin. Frankfurt (Suhrkamp)

Unternehmensgruppe LÜBBE (1993): Unternehmensbroschüre „Bastei-Verlag. Gustav Lübbe Verlag, Bastei-Lübbe Taschenbücher, Druckhaus Lübbe". Bergisch Gladbach (Lübbe)

VEBLEN, Thorstein (1899/1958): Theorie der feinen Leute. Eine ökonomische Untersuchung der Institutionen. Köln, Berlin (Kiepenheuer & Witsch)

VEIL, Wolfgang H. (1945): Schillers Krankheit. Eine Studie über das Krankheitsgeschehen in Schillers Leben und über den natürlichen Todesausgang. Naumburg/Saale (Uta Verlag)

Verein für Sozialpolitik (1922) (Hg.): Die geistigen Arbeiter. 2 Tle. München-Leipzig (Duncker & Humblot (Schriften des Vereins für Sozialpolitik, Bd. 152); Bd.1: SINZHEIMER, Ludwig (Hg.): Freies Schriftstellertum und Literaturverlag; Bd. 2: FRANCKE, Ernst/LOTZ, Walther (Hg.): Journalisten und bildende Künstler.

VESTER, Frederic (1983/1992): Ballungsgebiete in der Krise. Vom Verstehen und Planen menschlicher Lebensräume. München (dtv)

VIETTA, Silvio (1981): Die Buddenbrooks im Fernsehen. Eine Mannheimer Studie zur Rezeption der Verfilmung des Romans von Thomas Mann. In: KREUZER, Helmut/VIEHOFF, Reinhold (Hg.): Literaturwissenschaft und empirische Methoden. Eine Einführung in aktuelle Projekte. Göttingen (Vandenhoeck & Ruprecht): 244-263

VOGT-PRACLIK, Kornelia (1987): Bestseller in der Weimarer Republik 1925-1930. Eine Untersuchung. Herzberg (Bautz)

VOIT, Friedrich (1975): Der Verleger Peter Suhrkamp und seine Autoren. Kronberg (Scriptor)

VORDERER, Peter (1996): Rezeptionsmotivation: Warum nutzen Rezpienten mediale Unterhaltungsangebote? In: Publizistik 3: 310-326

WAGENBACH, Klaus (1974/1982): Seichthans, Nostalgustav und Schmockotto als Krisenkleister. In: DERS.: Eintritt frei: Beiträge zur öffentlichen Meinung. Darmstadt-Neuwied (Luchterhand): 98-103

WAGENBACH, Klaus (1982): Ökonomie und Bewußtsein im Buchhandel. In: DERS.: Eintritt frei: Beiträge zur öffentlichen Meinung. Darmstadt-Neuwied (Luchterhand): 86-97

WAGNER, Iris (1994): Thriller-Millionär. In: Für Sie v. 20.7.94: 155-160

WEBER, Max (1910/1911): Rede auf dem 1. Deutschen Soziologentag. In: Verhandlungen des ersten deutschen Soziologentages v. 19.-22.10. in Frankfurt/M. Tübingen (Schriften der Deutschen Gesellschaft für Soziologie, 1. Serie, 1. Bd.)

WECK-HANNEMANN, Hannelore/POMMEREHNE, Werner W. (1989): Einkommenssteuerhinterziehung in der Schweiz: Eine empirische Analyse. In: Schweizerische Zeitschrift für Volkswirtschaft und Statistik: 515-556

WEISCHENBERG, Siegfried/LÖFFELHOLZ, Martin/SCHOLL, Armin (1994): Merkmale und Einstellungen von Journalisten. Journalismus in Deutschland II. In: Media Perspektiven: 154-167

Werbetrend. Januar-Dezember 1995. Informationen über die branchen- und medienbezogene Entwicklung des Werbevolumens nach Nielsen Werbeforschung S+P. Hamburg (G+J - Verlag, Fachbereich Anzeigen)

WICKE, Lutz (1986): Die ökologischen Milliarden: das kostet die zerstörte Umwelt - so können wir sie retten. München (Kösel)

WIESAND, Andreas J. (1977): Journalisten-Bericht. Berufssituation-Mobilität-Publizistische Vielfalt. Berlin (Spiess)

WILLIAMSON, Oliver E. (1975): Markets and Hierarchies: Analysis and Antitrust Implications. New York-London (Free Press)
WILLIAMSON, Oliver E. (1985): The Economic Institutions of Capitalism: Firms, Markets, Relational Contracting. New York (Free Press)
WILLIAMSON, Oliver E. (1990): A Comparison of Alternativ Approaches to Economic Organization. In: JITE: 61-71
WILSON, Daniel W. (1991): Geheimräte gegen Geheimbünde. Ein unbekanntes Kapitel der klassisch-romantischen Geschichte Weimars. Stuttgart (Metzler)
WILSON, Daniel W. (1994): Zum Dichten geboren, zum Spitzeln bestellt. In: DIE ZEIT v. 30.12.94:28
WINCKLER, Lutz (1986): Autor-Markt-Publikum. Zur Geschichte der Literaturproduktion in Deutschland. Berlin (Argument)
WINDISCH, Rupert (1987): Privatisierung natürlicher Monopole: Theoretische Grundlagen und Kriterien. In: WINDISCH, Rupert (Hg.): Privatisierung natürlicher Monopole im Bereich von Bahn, Post und Telekommunikation: 1-146
WINDISCH, Rupert (1987) (Hg.): Privatisierung natürlicher Monopole im Bereich von Bahn, Post und Telekommunikation. Tübingen (Mohr)
(WuW): Wirtschaft und Wettbewerb: WuW/E BKartA 1863; WuW/E OLG 3897; WuW/E BGH 2112
WISWEDE, Günter (1987): Über die Entstehung von Präferenzen. In: HEINEMANN, Klaus (Hg.): Soziologie wirtschaftlichen Handelns. Sonderheft der Kölner Zeitschrift für Soziologie und Sozialpsychologe. Bd. 28:40-53
WITTE, Eberhard/SENN, Joachim (1984): Zeitungen im Medienmarkt der Zukunft. Eine betriebswirtschaftliche Untersuchung. Stuttgart (Poeschel)
WITTE, Kerstin (1984): Le Canard enchaine. Ein Portait. In: medium 7-8: 57-64
WITTMANN, Reinhard (1982): Buchmarkt und Lektüre im 18. und 19. Jahrhundert. Beiträge zum literarischen Leben. Tübingen (Niemeyer)
WOLFF, Kurt (1965): Autoren, Bücher, Abenteuer. Betrachtungen und Erinnerungen eines Verlegers. Berlin (Wagenbach)
WURM, Carsten (1994): 150 Jahre Rütten & Loening ... mehr als eine Verlagsgeschichte 1844-1994. Berlin (Rütten & Loening)

ZABKA, W. (1980): Einfluß der Konstruktion auf die Kosten am Beispiel des MBB-Bauteils des Großraumflugzeugs Airbus und der Träferrakete Ariane. In: SCHULZ, W./WILKE, W. (Hg.): Jahrbuch der deutschen Gesellschaft für Luft- und Raumfahrt I. Köln: 037-1 ff; zit.n. BERG, Hartmut/TIELKE-HOSEMANN, Notburga (1989): Luftfahrtindustrie. In: OBERENDER, Peter (Hg.): Marktökonomie: 109-166
(ZAS): Verband Deutscher Zeitschriftenverleger (VDZ): Zentrale Anzeigenstatistik (ZAS). Bonn (fotokop. Zusammenstellungen)
(ZAW): Zentralverband der deutschen Werbewirtschaft (ZAW): Werbung in Deutschland. Bonn, div. Jahrgänge
ZELLFELDER, Friedrich (1991): Die Einführung der Reichsmark. In: SCHNEIDER/SCHWARZER/ZELLFELDER (Hg.): Die Währungen der Welt I. Stuttgart (Franz Steiner): 136-145
ZIMMERMANN, Horst/HENKE, Klaus-Dirk (1987): Finanzwissenschaft. Eine Einführung in die Lehre der öffentlichen Finanzwirtschaft. 5. überarb. u. erg. Aufl. München (Vahlen)
ZOHLNHÖFER, Werner (1989): Zur Ökonomie des Pressewesens in der Bundesrepublik Deutschland. In: SCHENK, Michael/DONNERSTAG, Joachim (Hg.): Medienökonomie - Einführung in die Ökonomie der Informations- und Mediensysteme. München (Fischer): 35-75

Index (Namen und Unternehmen)

GPSR Compliance

The European Union's (EU) General Product Safety Regulation (GPSR) is a set of rules that requires consumer products to be safe and our obligations to ensure this.

If you have any concerns about our products, you can contact us on ProductSafety@springernature.com

In case Publisher is established outside the EU, the EU authorized representative is:

Springer Nature Customer Service Center GmbH
Europaplatz 3
69115 Heidelberg, Germany

Batch number: 10809468

Printed by Printforce, the Netherlands